깊고 넓게 읽는

고전문학 교육론

창비교육총서 3

깊고 넓게 읽는
고전문학 교육론

초판 1쇄 발행 • 2017년 7월 17일
초판 2쇄 발행 • 2020년 10월 30일

지은이 • 고화정 서유경 송미경 송혁기 이민희 이성환 이현일 이호승 전길운 정지영 최광석 최윤영 하윤섭
엮은이 • 이민희 이호승 고화정 하윤섭 송미경
펴낸이 • 강일우
편집 • 김은주 박문수
디자인 • 최윤창 씨디자인
펴낸곳 • (주)창비교육
등록 • 2014년 6월 20일 제2014-000183호
주소 • 04004 서울특별시 마포구 월드컵로12길 7
전화 • 1833-7247
팩스 • 영업 070-4838-4938 / 편집 02-6949-0953
홈페이지 • www.changbiedu.com
전자우편 • textbook@changbi.com

ISBN 979-11-86367-60-5 94370

창비교육총서 3

깊고 넓게 읽는 고전문학 교육론

이민희
이호승
고화정
하윤섭
송미경
엮음

창비교육
ChangbiEdu

머리말

고전문학 교육, 현재와 미래를 읽는 자화상

1

고전문학은 구비 문학과 국문 문학, 그리고 한문학이 만들어 온 2천 년 역사의 산물로서 현재와 긴밀히 맞닿아 있는 진행형의 정신 유산이다. 오늘날 아무리 '법고창신(法古創新)', '온고지신(溫故知新)'이 표구 속 사자성어로도 인정받지 못하는 시절이 되었다지만, 옛것을 익혀 새것을 추구하는 탐구 자세는 동서고금을 막론하고 여전히 유효한 진리임에 틀림없다. 현대인의 관점에서 고전문학 작품은 고루한 것으로 비칠 수 있지만, 시각을 달리하면 과거에 그 시대를 선도하던 최첨단의 문화 상품이자 인기 있는 독서물이었다. 고전문학이라 쓰고, 과거 추수의 학문이 아니라 도전적 학문이라 읽을 수 있는 이유가 바로 여기에 있다. 실은 당대에 가장 급진적이고 치열한 문제의식을 문학적으로 형상화한 것이 현전하는 고전문학 작품들이기 때문이다. 그 속에는 선인들의 감정과 지혜가 영롱한 보석처럼 남아 있다. 보석은 캐내지 않으면 한낱 돌멩이에 불과하다. 현대와 과거의 만남과 소통이 이루어질 때 비로소 원석도 빛을 발하게 된다.

오늘날 고전문학은 교육을 통해서만 현대인과 만난다. 고전문학 교육이 필요한 근본적인 이유이다. 그런데 고전문학 교육의 현실은 그 가치와 위상마저 크게 위협받는 상황에 놓여 있다. 디지털 시대에 고전문학이 화석(化石)이 아닌 보고(寶庫)임을 증명할 수 있을지 되묻게 된다. 고전문학은 현대인의 편견과 오해와 싸워야 하고, 고전문학 교육의 존재 의미를 스스로 증명하지 않으면 안 된다. 새로운 사회 변화와 문화 변동에 맞춰 가되, '왜, 무엇을, 어떻게' 가르쳐야 할지 현대에 답하고 대안을 제시해야 하는 과제를 안고 있다. 그런 점에서 고전문학 연구와 고전문학 교육이 더는 나

홀로 청청할 수 없고, 그래서도 안 된다.

이 책은 고전문학이 교육과 만났을 때 빚어지는 여러 불만과 아쉬움을 해소하고, 미래 지향적 고전문학 교육의 자화상을 그려 보기 위한 목적에서 기획되었다. 지금까지 학생과 교사는 교과서 또는 교사용 지도서를 참고해 왔지만, 정작 문학 교육 현장에서는 주요 작품에 대한 현재적 이해와 이를 통한 자기 성장을 이루기 어려웠다. 고전문학 작품 자체에 대한 잘못된 정보와 지식들이 제대로 걸러지지 않은 채 교육 현장에서 주먹구구식으로 교육되기도 하였다. 기준과 지침이 무엇인지 제대로 알 수 없는 상태에서 고전문학을 교육하고 배워 왔던 것이다.

이 책은 현 고전문학 교육의 문제를 진단하고, 이를 해소할 수 있는 방법을 찾고자 머리를 맞대고 구하고 토론하면서 산출해 낸 결과이다. 이 책의 미덕은 '반성과 쟁점, 그리고 실제'를 종합적으로 고려하였다는 데 있다. '반성'은 고전문학 교육의 현재에 대한 진단과 비판을 포함한다. '쟁점'은 교과 교육 내용론과 방법론이 주가 된다. 교육 현장에 반영될 필요가 있는 연구 내용이 무엇이고 그것을 어떻게 가르칠 것인가에 대해 정성껏 답하고자 하였다. '실제'는 장르 및 작품별 각론, 그리고 교육 현장에서 이루어지는 수업 내용 구상을 의미한다. '왜, 무엇을, 어떻게 가르쳐야 하는가?'에 대한 반성적 성찰과 실천 문제를 집중적으로 다루었다. 책 제목을 '깊고 넓게 읽는 고전문학 교육론'으로 정한 이유도 바로 오랫동안 교육 현장에서 제기되어 온 요구에 부응하고자 한 결과이다.

첫째, 고전문학 교육 관련 내용을 '깊이' 다루고자 하였다. 구비 문학, 고전 소설, 고전 시가, 한문학 등 전공별 연구자들이 자기 전공에서 요구되는 핵심 내용들을 쉽고 간결하게 책임 집필하되, 세부 하위 장르별로 나누어 내용의 깊이를 더하고 지적 호기심을 충족시키고자 하였다.

둘째, 고전문학 교육 관련 내용을 '폭넓게' 다루고자 하였다. 고전문학 연구 성과가 고전문학 교육으로 환치·적용되는 과정과 그 결과를 종합적으로 파악할 수 있게 하고자 했다. 이 책은 고전문학을 교육할 때 요구되는 핵심 내용을 빠짐없이 다룬 종합 선물 세트와도 같다. 고전문학 교육 관련 지식과 이해의 범주를 두루 망라하여 다룸으로써 별도의 책을 추가로 찾아 읽을 필요가 없도록 하였다.

셋째, 고전문학 교육을 깊고 넓게 이해할 필요가 있는 독자를 적극 고려하고자 하였다. 고전문학 전공 학부생과 대학원생, 교사 임용 시험 준비생, 현직 교사가 이 책의 주된 독자이다. 이들에게 실질적인 도움이 될 만한 내용으로 꾸미고자 하였다. 따라서 이 책은 특정한 문제의식을 중심으로 세세하게 시비하는 학술서라기보다 본격적인 개론서에 가깝다. 그렇기에 가치와 취향을 넘어서고자 하였다.

2

이 책은 전체 5부로 구성되었다. 내용상 고전문학 교육 내용론과 교육 방법론, 교육 제재론과 교육 실천론에 해당하는 것들을 총론과 각론, 실제의 형식을 갖춰 보여 주고자 하였다.

1부와 2부는 고전문학 교육의 과제와 방향, 그리고 방법론적 거점에 관한 것이다. 고전문학 교육의 반성, 과제, 쟁점, 제언을 종합한 총론에 해당한다. 현재 고전문학 교육에서 문제가 되는 내용들을 끄집어내어 문제의식을 예각화하고 이를 공론화하고자 하였다. 공동 집필을 원칙으로 삼아 공동 집필의 장점을 최대한 살리면서 집필자들의 역량과 사유의 총화를 다 쏟아부어, 다른 교재와의 차별화를 시도하였다.

3부와 4부는 고전 산문과 고전 시가의 내용 이해와 교육적 적용에 관한 것이다. 구비 문학과 국문 문학, 한문 문학 작품을 고전 산문과 고전 시가로 대별한 뒤, 하위 장르별 실제적 특성을 교육적 관점에서 제시하고자 한 각론에 해당한다. 이론, 전공 지식을 그럴듯하게 포장하는 데 급급한, 영혼 없는 전달자 노릇은 그만두고, 교과 내용 중 현장에서 필요로 하는 핵심 지식이 무엇일지 자문하며 독자의 요구에 충실한 안내자가 되고자 하였다. 고전 소설, 고전 수필, 설화, 판소리, 민속극, 고전 시가 등 여섯 장르로 대별하되, 실제 서술은 그 하위 장르 단위에서 이루어졌다. 장르 중심의 논의가 단조로울 수는 있지만, 고전문학 교육은 궁극적으로 문학사적 교육을 지향해야 한다고 믿기에 폭넓은 고전문학 작품 세계의 전체적 윤곽과 역사적 전개 과정을 파악하는 데 용이한 장르 단위 서술을 기본으로 삼았다. 그 과정에서 기존 교육 내용이나 교육론에서 틀린 내용이 있다면 그 지점을 밝히고 이를 바로잡았다. 아울러 정전(正典) 작품뿐만 아니라 예전(例典) 작품도 다룸으로써 고전문학 작품 세계에 대한 이해의 편폭을 넓혔다.

5부는 고전문학 교육 현장에서의 실제적 적용에 관한 것이다. 교육 현장과 긴밀하게 연결된 기획과 사례를 구체적으로 보여 주고자 하였다. 교육 현장을 담당하고 있는 선생님들이 적극 참여하여 수업 현장의 생생한 목소리를 들려줌으로써 고전문학 교육이 실제 수업 현장에서 살아 숨 쉴 수 있는 가능성과 그 가치를 확인할 수 있도록 하였다.

3

이 책을 처음 구상하고 첫 회의를 시작한 지 3년 6개월이란 시간이 흘렀다. 그 과정에서 때로는 열정이 지나쳐 제 풀에 지치기도 하고, 예기치 못한 시행착오도 여러 번 겪었다. 이민희, 이호승, 고화정, 하윤섭, 송미경 등 다섯 명의 연구자와 현장 교사가 머리를 맞대어 틀을 짜고 허물기를 반복하면서 여기까지 왔다. 이 책의 취지에 공감하고 기꺼이 참여해 주신 서유경, 송혁기, 이현일 교수님과 이성환, 전길운, 정지영, 최광석, 최윤영 선생님의 열정적인 교육적 사명감은 이 일을 마무리하는 데 결정적인 힘이 되었다.

1부와 2부에서 이민희는 고전문학 교육의 현황과 문제, 교육적 위상과 목표, 가치, 그리고 텍스트 문제를, 송미경은 고전문학 교육의 교육과정과 교과서, 그리고 매체 문제를, 하윤섭은 고전문학 교육과 장르, 그리고 정전 문제를 맡아 집필하였다. 고전문학 연구와 고전문학 교육 양자를 가로지르고자 하는 필자들이 평소 갖고 있던 문제의식을 비판적인 시각에서 진단하고 공론화 가능성을 모색하였다. 서유경은 고전문학 교육의 성찰과 전망을 통해 고전문학 교육이 나아갈 방향을 심도 있게 보여 주었고, 최광석은 교육 현장 경험을 최대한 살려 고전문학 교육과 전통, 그리고 교수·학습 방법론을 다각도로 검토하고 개진하였다.

3부와 4부에서 이민희는 고전 소설 총론과 하위 장르 전체, 고전 수필 총론과 가전, 국문 수필을 책임지고 집필하였다. 송혁기는 어렵게 느껴지기 쉬운 한문 수필의 작품 세계와 장르적 특징을 쉽고 깊이 있는 서술로 안내해 주었다. 송미경은 구비 문학 중 설화 및 판소리 총론과 각 하위 장르 각론 전체를 맡아 집필하였으며, 이호승은 민속극 총론과 각 하위 장르 각론 전체, 그리고 민요와 무가를 맡아 자신의 내공을 마음껏 드러내었다. 하윤섭은 고전 시가 총론과 국문 시가 장르 전체를 맡아 고전 시가의 서정과 오묘한 매력을 이해하기 쉽게 풀어내었고, 이현일은 한시 전반에 대한 통시적 고찰과 작품 세계 개관으로 충실한 한시 이해를 돕는다.

5부는 현직 교사들의 교육 경험과 문제의식이 고스란히 녹아 있다. 고전문학 수업의 실제적 내용을 주요 장르별로 제시한 것은 고전문학 교육이 지식이 아닌 실천의 소산임을 보여 주기 위해서이다. 정지영은 향가 수업, 이성환과 송미경은 가사 수업, 고화정은 고전 소설과 신화 수업, 최윤영은 고전 수필 수업을 매개로 고전문학 수업 설계 및 진행 시 참고가 될 만한 사례를 생생히 보여 주었다. 전길운은 고등학교 고전문학 평가 문항 개발의 실제를 집필하면서 교육 내용과 평가가 교육의 성패를 좌우하는 요소임을 강조하였다. 이 각편 하나하나가 무수한 고민과 사유의 결정체이다. 고전문학 연구 성과가 실제로 교육 현장에서 어떻게 환류 가능하고 적용될 수 있는지를 보여 주는 이 글들은 고전문학 교육의 미래를 여는 창문과도 같다.

『깊고 넓게 읽는 고전문학 교육론』은 지식 제공이나 분석 위주의 문학 교육을 목적으로 기획된 교재가 아니다. 교사가 이끄는 정전 이해 또는 주해식 수업에서 벗어나 학습자라면 누구나 문학을 자기 주체적으로 수용하고 삶 속의 일부로 적용할 수 있을뿐더러 궁금증을 풀고자 스스로 뒤적거리게 하는 고전문학 교육 안내서이고자 하였다. 그러나 그것 또한 어쩌면 공상에 가까운 희망 고문일 수 있다. 이 책이 교사 중심이 아닌 학습자 중심, 해설과 분석 중심이 아닌 활동과 이해 중심의 고전문학 교육, 더 나아가 문학사 교육으로 가는 길에 친절한 최소한의 길동무가 된다면 족할 것이다. 이런 바람이 충분히 담겨졌는지는 독자들이 판단할 몫이리라. 다만 훗날 작지만 의미 있는 시도였다고 평가받는 순간이 있으면 좋겠다는 소망을 가져 본다. 이 책이 세상에 나온 뒤 받게 될 질정들은 또 다른 출발을 위한 동력이 될 것이다. 첫 출발부터 동고동락한 창비교육의 김이구 상임 기획위원님과 김은주 편집자님의 노고가 없었다면 이 기나긴 항해는 끝나지 못했을 것이다. 이 항해 초반에 기획하고 문제의식을 다듬는 데 함께하셨던 김현양 교수님의 헌신과 학문적 열정 또한 이 책 곳곳에 오롯이 배어 있다. 함께해 주신 이 모든 분들의 노고에 감사의 마음을 전한다.

2017년 6월

엮은이

일러두기

1. 고전문학 작품과 여러 글의 인용은 원문을 따름을 원칙으로 하되, 이 책을 활용하는 이들을 위하여 분명한 오기나 비문 등은 수정하여 제시하기도 하였다.
2. 학계에 널리 통용되는 학설이나 개론적인 성격의 논의에 대해서는 출처를 일일이 밝히지 않은 경우도 있고, 서술 체계상 인용의 출처를 각주로 상세히 밝히지 못한 경우도 있다. 연구자들의 양해를 바라며, 미비한 것은 이후 보완하고자 한다.
3. 가독성을 높이기 위해 본문에는 한자 병기를 최소화하고, 인명과 작품명에 대해서는 '찾아보기' 항목에 한자를 병기하는 것을 원칙으로 하였다.

차례

03

고전 산문의 내용 이해와 교육적 적용

1부
고전문학 교육의 과제와 방향

고전문학 교육의 현황과 문제

'고전문학'이라 하면 연구나 교육의 대상으로 국한되고, 일반인들이 즐겨 찾아 읽는 독서물이 되지 못한 지 오래이다. 그래서일까? 그나마 문학에 관심 있는 이들도 그리스·로마 신화나 『삼국지』 같은 동서양의 고전을 선호하지, 정작 우리 것을 찾아 읽고 거기서 재미와 위안을 얻으려 하는 이는 많지 않아 보인다. 이유야 많겠지만, 읽을 만한 작품이 없어서일까? 혹은 우리의 독서 생활과 문학 교육에 문제가 있는 것은 아닌가? 사실 학교에서야 고전문학 작품을 읽고 공부하지만, 사회인이 된 후에도 고전 작품을 일부러 찾아 읽는 경우는 아주 드물다. 단지 '고전문학'이어서가 아니다. 여전히 『레미제라블』을 읽고 셰익스피어의 비극 한 대사를 외우는 외국의 사정이나 각종 영화·드라마의 소재로 고전이 계속 재생되는 현재의 경향을 보더라도 '고전문학' 자체가 문제는 아닌 듯하다.

단적으로 말하면, 고전문학이 지금까지 우리들에게 별다른 울림도 감동도 없었기 때문이다. 일생을 살아가면서 힘들거나 어렵다고 느낄 때, 우리 고전 작품 가운데에서 선뜻 읽을 만한 마땅한 책을 찾지 못했기 때문이다. 한편으로는 고전문학이라는 것을 내 삶의 문제로 환치하거나 적용시키지 못한 채, 이해 또는 지식 교육 차원에서 머물고 말았기 때문이다. 좋은 대학에 가기 위해 마지못해 공부해야 하는 대상으로 문학을 만나는 이상, 고등학교를 졸업하고 나면 고전문학과는 영영 이별이다. 더욱이 다종다양한 매체가 발달하고 디지털 문화가 생활 깊숙이 침투해 있는 오늘날, 현대인에게 '고전'이란 가치와 '고전문학'이란 대상은 명분도, 실제도, 절실함도 없는 무덤덤한 대상 자체이기 쉽다. 사회 환경은 급속히 바뀌는데 고정적이고 멈춰 버린 듯한 고전문학 작품에서 현대인들이 현실에 필요한 것을 찾아내고 현재적 가치를 향유하는 일이란 여간 부담되는 일이 아닐 수 없다. 심지어는 굳이 고전을 읽을 필요조차 없다고 생각한다. 이유가 무엇일까?

물론 단순히 답할 수 있는 문제는 아니다. 현재 고전문학을 만날 수 있는 공식적 기회는 교육 현장뿐이다. 문제가 여기서 비롯되는 것인 만큼 해법도 여기서 찾아야 한다. 무엇이 문제인지를 진단해야 해결 방법을 찾을 수 있는 것이다. 고전문학 교육의 현실을 짚어야 할 이유가 바로 여기에 있다. 실상을 중심으로 객관적으로 바라볼 때 고전문학 교육의 현실과 문제점을 냉철하게 직시할 수 있다. 이를 위해 학습자의 고전문학 교육 학습 단계를 고려하여 몇 가지 상상을 해 보자.

1——고전문학 교육의 현실

하나. 고전문학과의 첫 만남

해인이는 세 살 무렵까지 엄마 아빠가 들려주는 동화를 들으며 잠자리에 들었다. 네댓 살 때에는 그림책을 보며 엄마가 재구성한 이야기를 듣는가 하면, 텔레비전에서 「뽀롱뽀롱 뽀로로」와 「로보카 폴리」를 보며 만화 세계에 흠뻑 빠져들었다. 유치원에 가서는 한글을 익혀 스스로 책을 읽을 수 있게 되었다. 어린이 도서관이나 집에서 수십 권의 그림책을 직접 찾아 읽는 독서가가 되었다. 『곶감과 호랑이』 같은 그림책이 너무나 재미있었고, 때때로 선생님이 직접 구연해 주는 전래 동화 이야기도 흥미로웠다. 초등학교에 들어가기 전부터 수십 권의 동화책과 그림책을 읽는 해인이의 모습에 부모는 속으로 무척 대견스러워했다. 다독(多讀) 교육의 중요성을 되새기며, 한편으로는 '글자가 좀 더 많은 책을 읽으면 좋겠다'라고 부모는 생각했다. 그런데 해인이는 자기가 읽은 책을 대부분 이미지로 기억할 뿐, 시간이 좀 지난 뒤 책 내용을 물어보면 잘 기억하지 못했다. 물론 해인이가 특별히 좋아하는 책 몇 권은 여러 번 읽어 내용을 달달 외우는데, 부모는 그 책엔 관심이 없다. 대신 명작 동화나 '고전'을 읽었으면 하고 자꾸 권할 뿐이다.

그러다가 해인이가 초등학교에 들어갔다. 초등학교에서는 1학년 때부터 전교생이 규칙적인 읽기 지도를 받았다. 등교 후 수업 전 30분 동안은 학급 전체 학생의 독서 시간이다. 자기가 읽고 싶은 책이 아니라 선생님이 정해 주는 책을 읽어야 했다. 해인이는 'Why' 시리즈를 읽고 싶지만, 선생님은 다른 책을 권했다. 학교에서는 권장 도서가 늘어나고, 점점 더 그림보다 글자가 많은 책을 읽어야 했다. 읽고 난 뒤 책 내용을 기억하는 일은 더 어려워졌다. 4학년이 되자 교과서에서 '상상하며 읽어 보자'라는 학습 활동을 어떻게 하는 것인지 몰라 당황할 수밖에 없었다. 그동안 많은 책을 읽으면서 선생님에게 받았던 질문은 "내가 주인공이라면 어떻게 했을까?", "주인공은 왜 그렇게 했을까?" 정도였기 때문이다. 그런데 상상하며 읽는 법이 무엇인지 배우지는 못했지만, 다행히도 선생님이 알려 준 작품 읽기 방법은 「효녀 심청」의 내용을 분석하는 것임을 알게 되었다. 5~6학년이 되자 작품 분석은 더 자세해졌고, '상상하기'란 작품의 주제와 작가와 주인공에 초점을 맞춰 말하면 되는 것으로 인식하기 시작했다. 그렇지만 여전히 해인이는 만화나 게임, 애니메이션이 재미있다. 꼭 그림 형식이라거나 친숙하기 때문만은 아니었다. 그것을 보거나 읽고 난 뒤에 친구들과 나눌 수 있는 이야깃거리가 있었기 때문이다.

둘. 중학교 교육, 너무 높아진 벽

설렘과 긴장감으로 중학생이 된 해인이는 『국어』 교과서에 수록된 고전문학 작품을 읽고 학습 활동을 하면서 적잖이 당황했다. 초등학교 때와는 달리 완고한 갈래 규범을 전제로 읽기 수업을 행했기 때문이다. 초등학교 6년 동안 『읽기』 교과서에서 '시', '이야기', '문학'이란 용어를 배웠지만, 중학교에 들어와 처음으로 '소설', '시조', '서정시', '희곡', '신화'와 같은 갈래와 용어를 접하게 된 것이다. 또한 '콩쥐 팥쥐 이야기'나 '선녀와 나무꾼' 같은 구비 문학 작품이나 전래 동화 대신 『홍길동전』과 시조를 원문에 가까운 형태의 현대어 번역문으로 읽어야 했다. 문학을 '지식'으로 접하게 되는 빈도가 높아지고, 본격적으로 '문학'에 대해 공부하게 되자 문학이 어렵게 느껴지기 시작했다. 해인이가 읽을 만한 것이거나 스스로 읽고 싶어서 작품을 읽는 것이 아니라, 고전 명작은 꼭 읽어야 한다는 교사와 부모의 무언의 압박 때문에 어쩔 수 없이 작품을 읽게 되었다. 자발적인 '몰입'에 의한 작품 읽기가 아니라, 수단적인 '집중'이 요구되는 읽기가 된 것이다. 이런 상황에서 『홍길동전』은 사회 소설로서 당시 조선 사회의 적서 차별을 비판한 내용임을 이해해야 했고, 사대부들이 지은 시조를 배우며 '안빈낙도(安貧樂道)'와 '강호 한정(江湖閑情)'이란 화자의 태도와 정서를 알고 있어야 시험에서 좋은 성적을 받을 수 있음을 깨닫게 되었다. 그렇지만 '안빈낙도'의 정서를 언어 사용 맥락과 문자 자체의 뜻만으로는 이해할 수 있었지만, 시공간적 거리감을 뛰어넘어 문화적 배경까지 이해하는 것은 쉽지 않았다. 그래서 해인이는 이것을 무작정 외워야만 했다.

셋. 고등학교 교실에서의 불편한 진실

고등학교 2학년 문학 수업 시간에 선생님이 물었다. "고전문학 작품이 재미있다고 생각하는 사람?" 그러자 반 아이들은 주위 친구들의 눈치를 보기 시작한다. 그나마 서너 명 정도의 학생이 쭈뼛거리며 손을 반쯤 들었다. "왜 고전문학이 좋지?" 선생님이 다시 물었다. "조상의 삶을 이해할 수 있고, 옛것이니까 가치가 있다고 생각해서요." 한 친구가 개미 목소리로 조그맣게 대답했다. "국어 선생님이 좋아서요."라고 애교스럽게 대답하는 소리도 들려온다. 고전문학이 그냥 좋아서라고 답한 친구는 없었다. 이유를 '나'가 아닌 타인과 명분에서 찾아 대답하는 식이었다. 더 구체적으로 좋아하는 고전문학 작가나 작품을 말해 보라면 선뜻 대답하는 친구가 없었다.

선생님이 해인이에게도 물었다. 해인이는 솔직히 왜 고전을 배워야 하는지 잘 모르겠다고 대답했다. 표현도 까다롭고, 어휘도 낯설고, 한자어도 어렵다고 했다. 요즘 쓰지 않는 표현들이 많아 쉽게 공감이 되지 않는다고도 했다. 해인이는 학원 선생님이 알려 준 대로 대학 입학 시험을 대비하기 위해 고전문학 참고서와 문제집을 사다 놓고 열심히 설명을 읽고, 문제를 풀고 있었다. 교과서와 참고서에는 짧은 시가(詩歌) 작품이나 단편 산문이 아닌 경우 부분만 실려 있거나 줄거리 또는 요약식으로 제시되어 있기 때문에 그 부분을 통째로 외워야만 했다. 그러다 보니 정작 작품 전체를 제대로 읽고 감동을 느껴 본 경험은 별로 없었다.

해인이는 『금오신화』에 수록된 「이생규장전」을 배우며, 김시습이 지은 우리나라 최초의 소설임을 꼭 기억해 두라는 선생님의 설명에 동그라미 표시를 해 두고 외웠다. 선생님은 또 교과서에는 없지만 참고서에 나오는 이야기라며, '고전 소설의 일반적 특징'을 강조하셨다. '대부분 작자 미상이다', '권선징악적 내용이 많다', '행복한 결말로 끝난다', '비현실적이고 우연적인 전개가 많다', '전형적·평면적 인물이 등장한다', '주인공의 일대기적 구성을 취한다' 등등. 해인이는 시험 문제로 출제하기 쉬운 지식 확인용 내용으로 이만한 것이 없겠다고 여겼다. 실제로 선생님이 이런 내용의 문제를 중간고사나 기말고사에 출제하진 않았지만, 혹시나 하는 불안한 마음에 선생님이 외우라고 알려 주는 내용을 중점적으로 외웠다. 문제집도 열심히 풀고 암기도 열심히 한 결과, 성적은 그럭저럭 괜찮게 나왔다.

고등학교 3학년이 되자, 해인이는 문제집과 참고서, EBS 교재의 문제와 거기에 적힌 내용들만 달달 외우기 시작했다. 그러면서 언제부턴가 고전 소설은 현대 소설보다 수준이 낮고 완성도가 떨어지는 어설픈 작품 정도로 인식하게 되었다. 고전 소설에 대한 부정적 선입견이 한번 생기고 난 뒤로는 어떤 작품을 읽어도 따분하고 괴로운 읽을거리가 되어 버리고 말았다. 해인이는 고전문학이 현대 문학 작품에 비해 수준은 떨어지지만, 그래도 우리 것이라 어쩔 수 없이 배워야 하는 것이라며 스스로를 다독였다. 그러고는 대학 입학 시험 준비를 위해 기필코 넘어야 할 정복의 대상으로 여긴 채 수능 시험을 치렀다. 그리고 시험이 끝난 후, 그동안 달달 외운 고전문학 지식은 문제를 푸는 데 별 소용이 없었다는 사실을 절실히 깨달았다. 그러나 그것도 잠시뿐, 수능 시험이 끝났으니 그게 무슨 대수랴?

넷. 예비 교사가 아닌 임용 준비생으로 보낸 대학 시절

국어교육과에 진학한 해인이는 2학년 1학기에 개설된 전공 과목 '고전 소설 교육론' 강의를 들었다. 교수가 첫 시간에 물었다 "우리나라 최초의 소설은 무엇인가?" 해인이를 비롯한 다수의 학생들은 너무 쉽다는 표정으로 "김시습이 지은 『금오신화』입니다."라고 자신 있게 대답했다. 그러자 교수가 되묻는다. "그러면 왜 『금오신화』가 최초의 소설이지?" 순간 해인이는 머릿속이 하얘졌다. '왜냐고?' '고등학교에서 그렇게 배웠는데, 아닌가?' 고개를 갸우뚱거릴 뿐이다. 교수가 추가 질문을 한다. "『금오신화』가 최초의 소설이라면, 그 이전 시기에 존재했던 서사 문학 작품들은 모두 소설이 아니란 말인가? 그렇다면 그 이전 서사 작품과 『금오신화』는 어떻게 같고 다르며, 무슨 이유에서 『금오신화』는 소설이라 말할 수 있는가?" 그제야 해인이는 처음으로 '소설이 뭐지?'라고 자신에게 되묻게 되었다. 그러면서 지금까지 한 번도 이 문제에 대해 생각해 본 적이 없었다는 사실이 내심 부끄러웠다. 최초의 소설이 『금오신화』라는 그 지식 자체가 중요한 것이 아니라, 소설과 설화의 차이가 무엇이며, 소설의 특성과 본질이 무엇인지를 스스로 고민하는 것이 중요하다는 교수의 말에 자신이 그동안 배워온 고전문학 교육이 뭔가 잘못된 것 같다는 생각을 처음 하게 되었다. 이후 실제로 작품 전체를 읽고 나서 작품의 주제와 문체, 관점 등을 스스로 파악해 보고 친구들과 토론하는 과정에서 과거 고전문학이 산출된 시대와 만날 수 있었고, 왜 오늘날 고전을 배워야 하고, 현대인에게 고전이 어떤 의미가 있는지를 짚어 보는 시간을 자주 갖게 되었다.

해인이는 좋은 국어 교사가 되고 싶었다. 교사가 되기 위해서는 임용 시험을 치러야 하고, 1차 필기시험 합격이 필수다. 3학년 때부터는 선배들의 조언대로 고등학교 때 공부했던 방식으로 전공 수업 시간에 배운 내용과 전공 교재를 달달 외우기 시작했다. 2학년 때부터 전공 수업 위주로 들었지만, 교수와 함께 했던 다양한 토론 수업과 자유로운 사고는 임용 시험에 도움이 안 된다고 판단하여 다시 암기 위주로 임용 시험을 준비하는 수험생 태도로 돌입하여 암기 위주의 공부로 전환할 수밖에 없었다. 임용과 무관한 일체 교양 수업과 다른 학과 수업은 들을 엄두도 내지 못했다. '구비 문학 교육론'과 '고전 수필 교육론' 수업이 개설되었지만, 임용 시험에 비중이 적다는 선배의 말을 듣고 주요 전공 과목 위주로 공부할 생각으로 '고전 시가 교육론' 수업을 재수강했다. 임용 시험이 끝날 때까지 대학에서 배운 건 고전문학을 가르칠 수 있는 풍부한 지식과 고전에 대한 교양, 학제 간 종합적 사고와 비판이 가능한 예비 교사로서의 자질이 아니라, 임용 시험에 합격하기 위한 전문 지식만을 갖춘 수험생으로서의 소양이었던 것이다.

2——고전문학 교육, 무엇이 문제인가

이상에서 언급한 해인이의 경우는 비단 개인적인 문제만은 아닐 것이다. 해인이의 고전문학 교육 과정을 참고하면서 현행 고전문학 교육의 문제점을 몇 가지 짚어 보기로 하자.

첫째, 고전문학 교육 목표와 방향성에 관한 것이다. 단계별 교육 목표가 과연 적절한지 따져 볼 필요가 있다. 공교육 내에서 고전문학의 난이도는 초등학교와 중등학교 간, 중등학교 내에서도 중학교와 고등학교 단계 간 내용상 차이가 현저하다. 초등학생들이 읽고 배우는 고전문학은 학습자가 접근하기 쉬운 형태로 변용된 것이다. 초등학교 교과서에 수록된 고전 작품 제재 중 비교적 원문 형태가 유동적인 구비 문학 작품들은 전 학년에 제시되어 있지만, 5~6학년 고학년 교육 내용에는 원문 형태가 결정된 문헌 제재가 편성되어 있다. 고학년이 될수록, 중등학교로 갈수록 원문 형태가 고정적인 작품 위주로 위계가 만들어지는 것이다. 그런 까닭에 초등학교에서는 '고전'보다는 '문학'이라는 특성에 초점을 맞춘 교육이 주가 되는 반면, 중등학교에서는 '문학'보다는 원문의 형태를 유지하고 '고전'의 성격을 강조한 교육이 주가 된다. 중등학교에서 '고전'을 강조하는 고전문학 교육은 결국 '문학 감상'이 아닌 '고전 지식'에 방점을 두기 쉽다. 단계 변화에 따른 교육 내용(목표)의 차이가 너무 큰 나머지 학습자는 이를 낯선 교육 대상으로 받아들이고 부정적 선입견을 갖기 마련이다. 이러한 고전문학 교육 목표의 차이와 위계화가 근본적으로 잘못된 것은 아니지만, 현재 그 목표가 문학 교육 평가와 연관된 지필 고사 형식의 대학 입시 평가 방식과 긴밀히 연동되어 설정되어 있기 때문에 문제가 더 심각하게 다가온다.

현재 고등학교에서는 작품의 주제 파악을 위주로 한 문자 중심 텍스트 교육이 근간을 이룬다. 예컨대 『구운몽』의 주제를 놓고 보자면, '환몽 구조를 근간으로 한 인생무상'을 정답인 양 '아는 것'에 초점이 맞춰져 있지, 왜 그런 주제가 도출되고, 달리 해석할 수는 없는지 고민하고 이를 내면화하는 과정은 찾아볼 수 없다. 사설시조는 세태 비판과 풍자를 주제로 하고, 평시조는 강호 한정으로 귀결된다는 식의 작품 이해가 목표 학습의 근간이 되기도 한다. 문학 교육을 문자화된 텍스트 안에서 모두 해결하려는 시각이 고전문학 교육을 체험과 감상, 적용이 아닌 이해 위주의 교육으로 단순화한 것이다. 따라서 학습자가 가슴으로 느낄 수 있도록 고전 작품을 그 자체로 만나는 방법을 찾는 데 소홀할 수밖에 없는 것이다. 예술 일반이 그러하듯 고전문학 역시 감각 또는 감성 차원의 수용이 앞서야 하며, 현재의 문학적 삶과 연결될 수 있어야만 한다.

둘째, 고전문학 교육 내용에 관한 것이다. 현재 고전문학 교육 내용 중 학계에서 합의가 제대로 이루어지지 않은 사항이 적지 않은 상황에서, 교과서도 아닌 참고서나 문제집에서 사용되는 정체불명의 용어와 설명이 교육 현장에서 큰 영향력을 발휘하고 있다. 갈래 귀속과 이에 따른 용어 사용 문제가 한 예이다. 고려 시대의 '가전(假傳)'을 예로 들어 보자. 혹자는 이를 '가전체', '가전체 소설', '의인 문학', '의인체 소설', '고전 수필' 등으로 갈래를 규정하고 다양하게 명명하고 있다. 그런가 하면 조선 전기에 심성(心性)을 의인화한 작품군, 즉 「수성지」, 「천군전」, 『천군연의』 등까지 가전의 연장으로 보아 '심성 가전' 또는 '가전체'로 부른다. 고려 가전은 교술 갈래를 전제로 한 용어 사용이다. 그러나 조선 전기의 천군류 작품의 경우, 고려 '가전'과는 차이가 있는 별개의 갈래, 곧 '소설'(천군 소설 또는 가전체 소설)로 보아야 한다는 주장도 만만치 않다. 심지어 이 두 견해 외에, 천군류 작품은 소설도 교술도 아닌 '복합 갈래'로 파악해야 한다는 주장까지 있다. 그러다 보니 어떤 교재에는 소설로 분류되는 작품이 다른 교재에서는 수필 또는 가전으로 불리는 혼란이 버젓이 일어나고 있다. 그 결과, 연구자뿐 아니라 일반인, 학습자, 교사 모두에게 혼란을 가져오고, 특히 학습자들에게는 그러한 모호함 때문에 고전 작품에 대한 무관심과 오해를 불러일으켜 부정적 선입견을 갖게 만들기 쉽다.

이는 더 나아가 해당 작품을 바라보는 일정한 관점 형성과 이해에도 영향을 미친다. 따라서 '교육용' 고전문학 용어에 대한 학계와 교육계의 연구와 합의, 그리고 그에 따른 적용이 필요하다. 하지만 아직 구체적인 실천이 따르지 못하고 있는 실정이다. 만약 작품의 성격 규명과 갈래 규정에 대한 합의를 이룰 수 없다면 논란이 되는 지점과 이유 등을 학습자에게 허심탄회하게 알려 주고 스스로 해답을 찾도록 안내하는 것이 필요하다. 단순 지식 교육이 아니라 사고하고 탐구하는 교수·학습법을 강조하는 고전문학 교육으로 교육 패러다임이 바뀌어야 할 것이다.

셋째, 고전문학 작품의 원문 제시에 관한 것이다. 예컨대 교과서 본문에 원문을 수록하는 문제와 관련하여 고전문학 연구자는 현대어로 쉽게 풀어 쓴 번역본은 원본의 맛과 가치를 훼손할 수 있으므로 가능한 한 원문에 가까운 표기와 표현을 그대로 살린 텍스트를 다루어야 한다고 주장한다. 고어 표기나 한자가 그대로 노출된 텍스트를 통해 원전의 묘미를 맛보아야 한다며 고전문학 교육의 정체성을 운운한다. 그러나 학습자나 교사, 그리고 교육 전문가는 중등 교육 과정에서 고전문학의 본령이 '고전 원문'에 있다고 보지 않는다. 오히려 원전의 뜻과 멋을 충실히 살려 현대적 감각에 맞게 고쳐 쓴 현대어 풀이가 학습자의 거부감을 불식시키고, 쉽게 이해가 되므로 흥미도 유발할 수 있음을 강조한다. 어느 것이 교육적으로 더 바람직한지 많은 고민과 논의가 필요해 보이나, 아직은 연구자와 교사들이 만나 해법을 찾으려는 시도가 활발하지 않다. 현실은 연구자가 선(先)이고, 교육자는 후(後)를 수습하는 형국이다. 연구와 교육의 불통이 교육 현장에서 크고 작은 혼란과 문제를 야기하고 있다.

넷째, 교수자의 교수 방법과 태도에 관한 것이다. 오늘날 학습자들은 21세기를 살면서 이 시대의 감각과 체험, 지식을 가지고 고전문학이 함유한 과거의 감각과 시대 의식을 만날 수밖에 없다. 따라서 시간적·정서적·문화적 거리감을 넘어서거나 간극을 좁히는 교육적 노력이 필요하다. 지금까지 고전문학 교육은 그러한 거리감을 무시한 채 일방적으로 교사 중심으로, 또는 교사를 기준으로 수행된 것이 일반적이었다. 학습자와 텍스트뿐 아니라 학습자와 교사 간에도 시간적·정신적 거리감이 존재한다. 그럼에도 학교 현장에서는 대개 교사를 기준으로 학습자에게 일방적으로 그 거리감을 뛰어넘을 것을 강요하는 경우가 많았다. 그 결과, 시조에 제목이 없는 이유가 과거에는 시조가 노래로 불렸기 때문임을 학습자들은 알 수가 없다. 국문 소설을 묵독이 아닌 낭독의 방식으로 향유하였다는 사실을 아는 것과 모르는 것은 차이가 크다. 고전문학을 학습하는 것은 과거 한 시대의 사고와 문화 패턴을 파악하는 것과 같다. 문학 교육과정은 문화를 전승하고 반영하며 재생산하는 성격을 지녀야 한다. 그동안 많이 나아졌다고는 하나, 아직 그 거리감을 좁히기 위한 교수자의 실천적 노력이 미흡하였기에 고전문학은 과거의 화석이자 유물에 불과하다는 부정적 선입견이 여전히 작동하고 있다.

다섯째, 고전문학 교육의 평가 방식을 거듭 생각해 볼 일이다. 교육 내용과 방법이 구태의연한 경우가 적지 않다. 대학 수학 능력 시험이 도입된 이래로 '언어적 사고 능력'에 떠밀려 문학은 자리를 잃고 말았다. 문학은 전체적 유기성(有機性)이 중요한 특질인데, 작품을 한 부분만 읽고 나머지는 줄거리만 알고 마는 것으로 끝이 난다. 분석과 사고 훈련용으로 부분적 이해만을 추구하는 교육으로 전락한 문학은 문학이 아니다. 공감과 감탄이 정서 차원에 자리 잡을 수 없기 때문이다. '수능'이라는 평가 괴물 앞에서 고전문학 교육은 정체불명의 돌연변이로 굳어 버린 지 오래이다. 그나마 창의적 사고를 이끄는 작품 읽기와 토론식 수업 및 평가는 일회용 수행 평가로 대체되기 일쑤이다. 대학 입시 준비를 위해서는 예전 방식으로 수업하지 않으면 학생이나 교사 모두 불안하다. 그렇기 때문에 여전히 주입식으로 가르치려는 유혹에서 벗어나기 어렵다. 어구 해석, 주제, 소재, 제재, 구성, 줄거리 요약 등 판에 박힌 내용을 '전달'하기에 바쁘다 보니 수업 진도 나가기에도 빠듯하다. 고전문학 작품이 문제 풀이용 텍스트로 존재하는 한, 학습자가 자발적으로 고전문학 작품을 가지고 소위 '누워 있는 사유를 일으켜 세우는' 교육은 요원해 보인다. 그래서 교사의 역할이 더욱 중요하다.

3——고전문학 교육 문제, 어떻게 해결할 것인가

고전문학은 '고전' 이전에 '문학'이고, 고전문학 교육은 그러한 고전 '문학'을 어떻게 교육할 것인가를 탐구하는 학문이다. 따라서 지식으로서의 '고전'보다 문학 교육이라는 과제를 실천하는 과목이 되어야 한다. 이를 수행하기 위해서는 기본 지식을 토대로 끊임없이 현대적 적용과 재해석의 문제를 끌어와 사유하도록 하는 데 교육 내용과 방법의 초점을 맞추어야 한다.

고전문학 교육은 '고전'보다 '문학'과 '교육'을 살리는 방향으로 나아가야 한다. 고전문학 작품을 매개로 감상과 이해, 그리고 소통의 코드로 활용할 수 있는 능력을 키우는 데 목표를 두어야 한다. 이를 위한 첫 번째 실천적 단계는 학습자가 교육의 궁극적 주체로서 참여할 수 있는 교육 방법을 마련하는 것이다. 그동안 이에 대한 인식이 미흡하였다. 고전문학이 왜 필요한지 학습자가 스스로 답을 찾는 과정이 필요하다. 작품을 꼼꼼히 읽고, 특정 주제를 정한 뒤 토론을 통해 자신의 생각을 정리하여 표현하고, 타인의 의견을 비판적으로 수용하는 것이 필요하다. 교사는 학생들이 직접 사유하고 상상할 수 있도록 질문을 던지고, 토론이 원활히 이루어질 수 있도록 '안내자' 역할만 해 주면 된다. 작품을 직접 읽어 오도록 하고, 내용을 말해 봄으로써 수업에 임할 준비가 되어 있는지 확인한 다음 학생들과 더불어 작품에 대해 자유로운 토론을 벌인다. 물론 토론이 능사는 아니다. 한 예일 뿐이다. 중요한 것은 토론을 하다 보면 자연스럽게 작품의 주제는 물론, 창작 배경과 작가, 문학사적 배경에 대해서까지 이야기가 확장됨으로써 폭넓은 사유 세계를 경험할 수 있게 되는 것이다. 그럴 경우 고전 작품 속 '사랑' 이야기를 오늘날 우리들의 '사랑' 이야기로 환치하여 느낄 수 있고, 작품 속에 나타난 문제의 원인을 헤아려 오늘을 살아가는 지혜를 발견하고 '나'의 경우에는 어떻게 행동할 것인지를 스스로 판단할 수 있는 능력을 갖추게 된다. 결국 고전문학 교육은 끊임없이 학생들 스스로 '그때, 거기의 대상'을 '지금, 여기의 나'의 문제로 연결할 수 있도록 이끄는 방향으로 초점이 맞춰져야 한다. 평가가 이를 뒷받침할 수 있는 방향으로 변모해야 함은 물론이다.

참고 문헌

문학 교육의 과제와 방향에 관해서는 우한용, 『문학 교육과 문화론』(서울대학교 출판부, 1997); 한국고소설학회, 『고전 소설 교육의 과제와 방향』(월인, 2005); 최지현, 『문학 교육 심리학』(역락, 2014) 등을 참고하면 좋다.

고전문학 교육의 위상과 목표, 그리고 가치

1——고전문학 교육의 범주

고전문학 교육은 문자 그대로 '고전문학'과 '교육'을 연관 짓는 일체의 활동을 말한다. 흔히 '고전문학을 가르치고 배우는 것' 정도로 이해하기 쉬운데, 어떤 맥락과 범주에서 말하느냐에 따라 고전문학 교육의 목표와 내용은 달라질 수밖에 없다. 예를 들어 고전문학 교육을 '고전문학을 가르치고 배우는 것' 정도로 본다면 고전문학 교육의 내용은 자칫 고전문학에 대한 지식과 작품 수용에 국한될 가능성이 높다. 더욱이 실제로 교육과정에 그렇게 반영된다면, 고전문학 작품 수용을 다루는 교육 현장에서의 학습 활동이란 지식 전달 위주에 그치고 말며, 그 시간 역시 적을 수밖에 없다. 그러나 고전문학 교육을 넓게 본다면, 고전문학 작품을 활용한 모든 종류의 가능태, 곧 언어 활동 자료로서의 고전문학 교육까지 두루 포함될 수 있다. 따라서 고전문학 교육의 범주를 어떻게 잡을지 우선적으로 고려하지 않을 수 없다. 다음 세 가지 정도가 고전문학 교육의 내용에 해당한다.

첫째, 고전문학 작품에 대한 교육이다. 이는 고전문학 작품 자체를 대상으로 하는 교육을 말한다. 지금까지 이루어진 교육 내용이 주로 이에 해당한다.

둘째, 고전문학 작품을 통한 교육이다. 이는 고전문학 작품을 가르치는 활동을 통해 무엇인가 가치 있는 것에 도달하고자 하는 교육을 의미한다.

셋째, 고전문학 작품을 자료로 활용한 모든 교육 활동이다. 이는 고전문학 작품을 국어 교육의 활동 자료로 삼아 다양한 국어 사용 능력을 신장하는 교육을 의미한다. 최근 고전문학을 매개로 새로운 문화 콘텐츠로 변용을 시도하는 매체 언어 교육이 한 예이다.

이 세 가지를 모두 포함하느냐, 좁게 적용하느냐에 따라 고전문학 교육의 위상과 목표, 그리고 가치 또한 달라질 수밖에 없다. 그나마 오늘날 고전문학 교육이 유의미한 개념으로 다루어질 수 있는 것은 학교 내 제도 교육, 곧 국어 교과 교육의 일원으로 존재하기 때문이다. 따라서 국어 교과 교육의 관계 속에서 고전문학 교육의 위상과 목표, 그리고 가치를 논할 수 있다. 국어과 교육과정을 중심으로 한 고전문학 교육의 실제를 살펴보려는 것도 이 때문이다.

2——고전문학 교육의 위상

고전문학 교육의 역사는 국어 교육, 그중에서도 문학 교육의 일원으로 자리해 온 역사라 해도 과언이 아니다. 1945년 해방 이후부터 1955년까지 중학교 국어과 교수요목에는 '읽기, 말하기, 짓기, 쓰기, 문법, 국문학사'가 있었다. 이 중 '국문학사'는 고등학교 3학년 학습자를 대상으로 한 수업으로, "국문학의 사적 발달의 대요를 가르쳐, 국민의 특성과, 고유문화의 유래를 밝혀, 문화사상에의 우리 고전(古典)의 지위와 가치를 알림."이라는 교육 내용을 표방하였다. 제2차 교육과정에서 '고전'이라는 교과가 자리를 잡게 되었고, 제4차 교육과정에 이르러 비로소 현대 문학과 더불어 고전문학이 독립 과목이 되는 변화가 생겼다. 그러나 제5차 교육과정부터 고전문학이 현대 문학과 함께 '문학' 과목의 하위 영역으로 병합되면서 고전문학 교육은 지금까지 현대 문학 교육과 대별되는 '문학' 교육의 일원으로 고착되어 왔다. 더욱이 제6차 교육과정에서 '말하기, 듣기, 읽기, 쓰기, 언어, 문학'이라는 하위 영역이 마련되고 '국어 사용 능력의 신장'이라는 기능 교육에 우선순위를 두게 되면서 고전문학 교육은 점차 비중이 약화될 수밖에 없었다. 제7차 교육과정 이후로는 실제적인 언어 활동을 강조하는 방향으로 나아가게 됨에 따라 이러한 현상은 더욱 굳어졌다.

2007, 2009 개정 교육과정을 거쳐 '2009년 개정 교육과정 총론에 따른 국어과 교육과정'이라는 긴 이름의 2011 개정 교육과정이 마련된 후로는 국어 교과 수업 시수 자체가 단축되었다. 이로 인해 국어 교과 내에서 고전문학 교육이 설 자리는 더욱 좁아지게 되었다. 그나마 2011 개정 교육과정에서 '고전' 과목이 신설되어 국내외 고전 작품을 다룰 수 있게 된 것은 다행이나 여기에도 희비가 교차한다. 그 이유는 '고전' 과목이 단지 국내의 고전문학 작품만을 다루는 과목이 아니라, 우리나라와 세계의 인문, 사회, 과학, 예술, 문학 등 다양한 분야의 '고전'을 배우는 과목이기 때문이다. 전통적인 의미의 고전문학 교육과는 거리가 있는 '고전' 과목인 셈이다. 게다가 대학 입시를 앞둔 고등학교 2학년 또는 3학년 학생들이 배우게 되기 때문에 교육 현장에서 '고전' 과목이 제대로 운용될 수 없었다. 이처럼 이제는 고전문학 작품 중 일부만이, 그것도 교양 교육 차원에서 다루어지게 된 것이 현실이다. 교육과정 내의 고전문학 교육이란 자칫 고전문학 자체의 고유한 위상마저 희석되고 교양 교육을 위한 대상으로 전락할 우려마저 배제할 수 없는 상황이다.

더욱이 수십 년 동안 이루어져 온 고전문학 교육임에도 정작 교육과정에서는 고전문학 교육의 목표조차 제대로 독립적으로 마련된 적이 없었다. 그나마 "문학에 대한 기본적인 지식을 익힌다.", "문화 창조에 이바지하려는 태도를 기른다."(제7차 교육과정)와 같은 문학 교육 목표 설정이 고전문학 교육과 관련될 수 있겠으나, 그것 역시 고전문학 교육과 직접적으로 관련된 진술은 아니다. 최근 2011 개정 교육과정에서 신설된 '고전' 교과의 교육 목표로 마련한 성취 기준 12가지에서 고전문학 교육과 직간접적으로 가까운 목표를 제시하고 있는 것에 반가움을 표해야 할 지경이다.

교육과정 변천사를 고려할 때, 고전문학 교육은 점차 문학 교육의 하위 영역으로 자리한 역사임을 알 수 있다. 고전문학 작품을 제재로 한 국어 교육도 '말하기, 듣기, 읽기, 쓰기'의 국어 사용 영역에서 언어 활동을 위한 자료로 연계되어 활용되고 있는 것이 실상이다. 물론 이러한 사정은 현대 문학 교육도 마찬가지이다. 그렇기 때문에 향후 고전문학 교육이 국어과 교육과정에서 독립된 영역으로 자리 잡을 가능성은 더욱 희박해졌다 할 것이다.

이처럼 실제로 고전문학과 현대 문학이 별도의 구분 없이 함께 다루어지기 때문에 교과서에 실리는 작품별 특성에 대한 고려가 부족한 것 또한 사실이다. 현행 교육과정 체제에서 개발된 교과서 역시 넓은 의미의 성취 기준에 맞추어 고전문학 작품이 자료로 이용되고 있을 뿐, 거꾸로 고전문학 작품의 특성에 맞춘 성취 기준이 구현되어 있지는 못하다. 다만 폭넓게 적용할 수 있는 대단원 또는 상위 학습 목표를 정해 놓고 거기에 포함될 만한 고전문학 작품을 가져와 관련 활동을 설계해 놓은 것이 대부분이다. 예를 들어 제7차 교육과정에서 마련된 '능동적인 의사소통'이라는 대단원에서 "문학적 의사소통 특성을 파악하여 글을 능동적으로 읽고 쓸 수 있는 능력과 태도를 기르는 활동을 한다."라는 학습 목표 아래 예시 작품으로 소설 『구운몽』을 다루고 있는데, 『구운몽』의 내용과 장르적 성격을 고려할 때 이 작품이 과연 '문학적 의사소통 특성'과 '능동적인 의사소통'이라는 교육 목표에 얼마나 부합한 작품인지 되묻지 않을 수 없다. 그보다는 『구운몽』이라는 작품을 이해하기 위해 긴요하다고 판단되는 특성 한두 가지를 정한 후 그것에 맞는 학습 활동을 전개할 때 실질적인 학습 효과를 기대할 수 있으련만 현실은 그렇지 못하다.

3——고전문학 교육의 목표

앞에서 잠시 언급했듯이, 그동안 고전문학 교육의 목표가 교육과정에서 제대로 명시된 적은 한 번도 없었다. 그렇기에 교육 목표를 새롭게 제시해야 할 형편이다. 그렇다면 고전문학 교육의 목표는 무엇인가? 이는 국어 교육에서 고전문학 교육을 받지 않으면 이를 수 없는 목표가 무엇인지 질문하는 것과 다르지 않다. 게다가 국어 교육의 목표로 상정하는 인간상을 떠올려 볼 때 얻을 수 있는 대답이어야 그 목표가 더욱 선명해진다. 답하기 어려운 일이지만, 요지는 시대와 사회 변화에 부응한 고전문학 교육이 되어야 한다는 것이다. 물론 시대와 무관하게 변하지 않아야 할 요소를 고려하는 동시에 사회 변화에 능동적으로 대응할 수 있는 교육 목표를 설정하는 일이 중요하다.

첫째, 고전문학에 대한 지식이 풍부한 사람을 기르는 교육이다. 고전 소설이나 고전 시가, 그리고 구비 문학 작품이 산출된 시대의 창작 관습과 향유 방식, 당대 민중들의 염원을 포함하는 '문학적 전통문화'의 실상을 파악하는 것이다. 그와 같은 토대가 있어야 고전문학을 향유할 수 있을 뿐 아니라 오늘날 우리 삶의 보편적이고 전통적인 가치를 이해할 수 있는 자양분을 확보할 수 있을 것이다.

둘째, 고전문학이 함유한 문화적 의미를 이해하고, 이를 토대로 현대 문화에 접목시킬 줄 아는 능력을 쌓는 교육이다. 고전문학의 의미를 창의적이고 생산적으로 재해석하고 재구성할 수 있는 인간을 고전문학 교육을 통해 길러 낼 수 있어야 한다. 이는 문화 창조와 계승의 문제와도 직결된다. 문학의 역사를 통해 인간 삶의 태도와 의식이 어떻게 변화해 왔는지를 이해하는 한편, 고전에 대한 이해와 감수성을 가지고 이를 적극적으로 활용하거나 적용하면서 가치 있는 문화를 만들어 갈 줄 아는 존재로 키우는 데 목표를 두어야 한다. 고전문학 작품이 문화와 가치의 보고(寶庫)이자 인간 형성의 통로라는 특성을 지니고 있음을 적극 활용할 필요가 있다.

셋째, 고전문학 작품을 활용하여 현대 매체로 적극 변용할 줄 아는 인간을 길러 내는 교육이다. 문화 콘텐츠 생산과 적용을 위한 자료로서 고전문학의 활용도는 다양하다. 학습자가 성장하면서 경험한 수업 환경과 매체 활용 정도를 무시할 수 없다. 학습자의 기대치와 시대의 변화를 고려하면서 사회의 요구에 부응할 수 있는 좋은 방안이 바로 매체 변용 활동인바, 고전문학 원천 자료를 새로운 매체 역할에 결부시킨 교육을 적극 모색해 나갈 필요가 있다. 디지털 시대에서 인공 지능 시대로 변화해 갈 미래 사회에서는 매체를 활용한 고전문학 교육이 더욱 활성화되어야만 할 것이다.

넷째, 이미 전통적인 교육 방식이라 할 수 있겠지만, 고전문학 작품을 언어 활동 자료로서 활용할 줄 아는 인간을 길러 내는 교육이다. 고전문학 작품을 자료로 하여 말하기, 듣기, 읽기, 쓰기 활동을 설계하는 것이다. 고전문학 작품이 언어 사용 양상과 관련된 모습을 보여 주는 언어 자료라는 점을 그대로 인정하는 연장선상에서 이것은 여전히 유효한 교육 목표가 될 수 있다. 고전문학 작품 속의 표현에서 일상 언어적 속성을 발견하고, 이를 토대로 한 국어 활동을 설계하는 것이다.

고전문학 작품은 현대 문학과 달리 상층과 하층 위주로 향유된 것도 있고, 상하층 모두 공유하던 것도 있으며, 하위 갈래별 양식적 차이는 물론 한시문(漢詩文)과 국문 시가 및 산문, 문어와 구어 등 다채로운 언어 사용 양상을 보여주고 있다. 따라서 현대 문학에서 감당할 수 없는 언어 활동 자료로서 아주 유용하다. 이야기 문체 외에 가창(歌唱), 음영(吟詠), 송독(誦讀) 등 근대 이전에 행해졌던 실제 연행에 대한 학습과 적용 활동이 한 예가 될 수 있다.

이상 네 가지 방향에서 고전문학 교육의 목표를 제안해 보았지만, 다 함께 고민하며 풀어 가야 할 문제로서 공론화가 필요하다. 이를 실천하기 위한 방법은 고전문학 작품을 '문학적 전통문화'로 다룰 수 있는 교육과정과 성취 기준을 마련하는 일로부터 시작된다. 그런 후에야 교육과정과 성취 기준에 입각하여 적절한 작품을 선정하고 직접적으로 관련 있는 학습 활동을 제시할 수 있을 것이다.

4——고전문학 교육의 가치

고전문학이 단순히 과거의 문학이어서는 안 된다. 현대의 학습자에게 감동과 의미를 동시에 선사해 주어야 하고, 국어 교육 속에서 고전문학 교육이 필요하고 가치 있는 이유를 적극 찾아내야 한다. 이를 고민하다 보면 고전문학 교육의 위상과 목표를 만나게 된다. 필요충분조건에 해당하는 이 삼자가 선순환 구조 속에서 적절히 어울리는 환경을 마련해야 한다.

이를 위해서는 실제 교육 현장에서 수업 내용을 통해 교사와 학습자 모두가 고전문학 교육의 가치와 필요성을 자각하는 것이 급선무이다. 그러나 머리로 아는 데 그쳐서는 안 된다. 저절로 느낄 수 있어야 한다. 주지하듯이 학습자가 고전문학 작품에 흥미를 느끼지 못하는 이유는 여럿 있다. 모든 작품이 그런 것은 아니지만, 주제는 대개 권선징악(복선화음), 일장춘몽 등 교훈적인 것이 주를 이룬다. 어휘와 표현은 현재와 많이 달라 거부감이 들기 일쑤이며, 관습적 표현이나 시대적 특성을 이해하기 어려운 작품 또한 적지 않다. 사건은 비슷한 유형이 여러 작품에서 반복 재생되고, 주인공은 비범한 인물이라 공감하기 어렵다. 이러한 작품을 이해하는 것을 목표로 하는 교육에서 고전문학 작품을 통해 현재의 '나'를 자각하고 성찰할 수 있는 기회를 갖기란 쉽지 않다. 따라서 이를 극복할 수 있는, 우선적으로 요구되는 교육 목표를 실질적으로 설정할 필요가 있다. 예를 들어 '학습자로 하여금 고전문학 작품을 통해 흥미와 재미를 느끼고 이를 현대에 적용할 수 있도록 한다.'와 같은 학습 목표를 마련한 후, 목표 실현을 위한 타당한 방법을 찾아내는 일이 필요하다. 고전문학 작품만이 지닌 특별한 요소를 발견하고, 고전문학 작품에서만 얻을 수 있는 재미를 제공할 때 고전문학 교육의 의의를 찾을 수 있다.

이처럼 고전문학 교육의 가치를 확인하는 일은 교육 방법과 실천을 수반한다. 고전문학 교육이 재미있다는 것은 그 교육이 수단이 아니라 목적이며, 설명적 수준이 아닌 수행적 단계로 제시될 수 있는 근거를 마련할 때에 가능하다. 무엇보다 교수자와 학습자, 학습자와 고전문학 텍스트 간에 의사소통의 장(場)과 기회를 마련하는 것이 긴요하다. 의사소통에는 현대어 풀이, 현대적 적용 및 학습자의 동감을 가능하게 할 각종 수행 활동, 시대적 특성을 이해할 수 있는 미적 요소의 개발, 참여식 수업 등이 포함될 수 있다.

이를 위해 고전 작품의 원문 표기는 중등학교 고전문학 교육 목표에서 지양해야 할 것이다. 오늘날 문자 사용 환경에서 이는 학습 효과를 약화시키고 읽는 재미를 반감시키는 요인이 된다. 국어, 문학, 고전 과목에서 고전문학 학습의 목적이 고전문학 전문가를 배출하는 것이 아닐진대, 원전 자료를 교과서에 싣고 자구 해석을 하게 만드는 교육은 이제 지양되어야 한다. 이는 대학 이상의 고등 교육 전공 영역에서 다루어져야 마땅하다. 따라서 중등 교육에서 고전문학 교육은 창작 당시의 관습을 엿볼 수 있는 자료나 시대를 초월하여 인간과 세계에 대한 이해를 꾀할 수 있는 흥미로운 독서물을 매개로 학습자에게 다가가야 한다. 고전문학 작품을 상황에 맞게 활용하고 향유할 수 있는 지혜의 보고로 인식하도록 하는 작업이 필요하다. 이를 위해서는 고전문학 교육에 맞는 학습 목표의 조정과 이에 따른 작품의 선정과 적용이 절실하다. 이것이 고전문학 교육의 위상과 가치를 바꾸는 출발점이 될 것이다.

우리는 인공 지능 시대의 도래를 눈앞에 두고 있다. 미래를 준비하는 차원에서 문학 교육의 역할과 더불어 고전문학 교육의 목표와 가치를 심각하게 고민해야 할 때가 되었다. 국어 교육 중 일부 언어 기능 중심 교육은 인공 지능으로 대체될 여지가 있다. 이에 비해 인간의 감정과 사유 체계는 단순히 정보와 논리의 총합으로만 해결할 수 없는 영역이다. 인공 지능이 빅 데이터에 기초한 정보 집약적 기술의 총아라면, 그것 역시 기존의 인간 지식을 새로운 방식으로 결합시킨 결과물에 불과하다. 따라서 기존 지식과 자료를 바탕으로 한 새로운 지식 체계와 사고 유형을 발견하고 재구성하는 것이 요구된다.

기존 패러다임이 바뀌어야 한다. 이를 위해서는 지식 소비자가 아닌 지식 생산자를 기르는 교육, 결과가 아닌 과정을 가르치는 교육이 필요하다. '문제 해결력'도 중요하지만, 이제는 '문제 발견력'이 더 중요한 시대가 되었다. 따라서 타자와 소통하며 스스로 탐구할 줄 아는 능력을 교육 목표로 설정하고 그런 인재를 길러 내야 할 것이다. 취업 준비 교육이 아니라 새로운 직업을 창출할 수 있는 역량 중심 교육이 필요하다. 이를 충족시킬 수 있는 교육이 문학 교육이며, 고전문학 교육이 이를 감당할 수 있다. 이를 위해서는 고전문학 교육이 지식 위주의 교육이 아닌, 고전문학 작품을 활용한 감성과 사유 능력을 키우는 교육으로 체질을 변화시켜 나가야 한다. 디지털 시대에서 인공 지능 시대로 변화하는 사회적 흐름 속에서 이에 부응할 수 있는 미래 지향적 학습자를 길러 내는 데 고전문학이 지닌 지혜와 사고 체계를 적극 활용할 필요가 있다.

이런 점에서 현재 예비 교사를 위한 사범 대학의 교육 내용도 변해야 한다. 고전문학 교육이 임용 시험 합격을 위한 지식 교육과 실제 수업 능력 평가 대비 교육으로 전락해서는 안 된다. 평가 방식이 대학 교육 내용과 방법까지 좌우하는 교육에서 과감히 탈피해야 한다. 대학 교육부터 교사가 되기 위한 취업 준비 교육이고, 그것이 고전문학 교육의 본질처럼 다루어지는 한, 인공 지능을 주체적으로 다루고 그 시대에 살아남을 수 있는 교사를 양성하는 일은 요원해 보인다. 질문을 잘 하도록 유도하는 교육도 중요하지만, 시대는 질문을 발굴하는 교육을 요구하고 있다. 지금까지 수용적 학습 태도에 길들여진 학습자를 능동적이고 창의적인 학습 능력을 갖춘 학습자로 탈바꿈하여 자신의 의견과 논리를 펴 나가는 교육, 소통하는 교육으로 바꾸어야 한다. 이런 점에서 교사의 역할이 앞으로 더욱 중요하다. 교육 패러다임의 전환은 고전문학 교육뿐 아니라 다른 영역에서도 동시에 요청된다. 이를 현실화할 수 있는 방법은 평가 방법을 개선하고, 교육과정 내용 체계뿐 아니라 교육 목표를 바꾸는 일에서 시작되어야 한다.

문학 연구와 교육은 문학 작품의 속성상 해석에 있어서 어떤 표준적인 정답이 없다. 고전문학의 해석과 교육 방법도 정해진 답을 찾아가는 과정이 아니다. 문학의 이해와 적용은 객관적 지식을 전수하듯이 이루어질 수도 없거니와, 그래서도 안 된다. 그렇기 때문에 교사는 학습자로 하여금 스스로 해석의 주체임을 자각하도록 이끌면서 정답 없는 해석을 찾는 모험에 나설 수 있도록 격려해야 한다. 교사는 학습자가 스스로 사유하고 자기 논리를 펼칠 수 있도록 이끄는 안내자 역할에 충실할 필요가 있다. 문학적 이해와 주제 파악, 그 적용과 해석에 있어 소위 '정답'을 제시하는 전달자 노릇은 이제 끝내야 한다. 왜 시조에는 제목이 없는지, 소설은 설화와 어떻게 다른지, 경기체가와 가전, 시조와 가사 등의 작품이 왜 고려 후기에 나타나게 되었으며 유독 유교 이념에 경도된 작품이 많았는지 등등을 질문하며 그 답을 스스로 찾도록 안내하는 역할에 좀 더 애를 써야 한다. 그러한 탐구 과정에서 현재의 문학 활동이 이루어지는 이유와 문학의 본질, 문학 창작 방법과 세계를 읽는 시각 등과 만날 수 있다. 현재 이와 관련한 문제의식이 상당 부분 공유되고 있는 만큼, 머지않아 평가 방식의 획기적인 변화가 일어나리라 기대한다.

모름지기 교육은 학습자를 건전한 사회 구성원으로 기르는 데 목적이 있다. 그렇기 때문에 고전문학 교육도 고전문학 작품을 통해 학습자의 자아를 확립하고, 세계 발견 능력과 해석 능력을 길러 세계 인식 능력을 확장시킬 줄 아는 현대인을 양성하는 데에서 그 의미를 찾아야 한다. 전통문화를 체화하는 과정에서 우리 조상이 지녔던 인간적 연대감과 책임감을 공유하도록 하는 것이 고전문학 교육의 고유한 가치 중 하나이다.

요컨대 고전문학의 교육적 가치와 위상, 그 목표는 유기적·상보적 관계에 있다. 이것을 어떻게 관계 지어 나가느냐에 고전문학 교육의 미래가 달려 있다. 시대의 변화에 능동적으로 대처하고, 고전문학의 고유한 특성을 발굴하고 공유하는 교육 체계를 마련하는 일에 힘을 모아야 할 것이다. 고전문학 교육은 그 자체로 공통적이고 보편적인 교육의 한 요소로서 계승되고 지속될 수 있어야만 한다.

참고 문헌

국어 교육 및 고전문학 교육의 목표와 위상 정립을 위한 일반론으로는 김대행, 『국어 교과학의 지평』(서울대학교 출판부, 1995); 이삼형 외, 『국어 교육학』(소명출판, 2000); 서유경, 「국어과 교육과정에서의 고전문학 교육 위상 정립을 위한 연구」, 『고전문학과 교육』 제9집(한국고전문학교육학회, 2005); 김현양, 「'문학 전통' 교육과 창의성 — 교육과정을 통해 살펴본 '문학 전통' 교육의 목표」, 『국어 교육, 어떻게 할 것인가』, 고용우 외(창비교육, 2014) 등을 참고할 만하다.

고전문학 교육과 관련하여 구체적인 고민을 논한 각론으로는 김종철, 「고전문학 교육의 방향과 교과서」, 『민족 문학사 연구』 제12호(민족문학사연구소, 1998); 김용기, 「교과서 속 고소설의 정전화 양상과 교수·학습 방향 — 2009 개정 교육과정에 따른 11종 『국어』 교과서를 중심으로」, 『고소설 연구』 제38집(한국고소설학회, 2014); 김성룡, 「고전문학의 재미와 고전문학 교육의 의미」, 『고전문학과 교육』 제28집(한국고전문학교육학회, 2014) 등이 있다.

고전문학 교육의 내용

교육과정과 교과서의 문제를 중심으로

1 —— 학교 교육의 중추가 되는 교육과정, 교량 역할을 하는 교과서

문학 교육의 내용을 구성하는 것은 교육과정과 교과서이다. 문학 교육은 국가 차원에서 고시·시행하는 교육과정과 그에 의거하여 개발된 교과서를 통해 이루어지며, 교실에서 진행되는 대부분의 교수·학습 활동은 교과서를 전제로 한다. 국가 교육과정에 제시된 목표, 내용, 방법, 평가 등이 재해석과 구체화의 과정을 거쳐 교과서의 형태로 교실에 전달되는 것이다. 그런 점에서 교육과정은 학교 교육의 중추, 교과서는 교육과정의 의도를 현장에 실현하는 교량 역할을 한다고 볼 수 있다.

지난 2015년 9월, 2015 개정 교육과정의 총론 및 각론이 고시되었다. 교육과정은 교육 사상의 변화 또는 국가적·사회적 요구 등에 따라 개정된다. 해방 직후부터 지금까지 우리나라의 중등 교육에는 그간 십여 차례의 교육과정 개편이 있어 왔다. 그에 따라 국어과 교육과정도 강조점을 달리하며 개정을 거듭해 왔다.

교육 과정	고시 연도(국어과)	주요 내용
교수요목기	1946	교과 중심 교육과정, 애국 애족의 교육 이념 반영, 국어과 6영역(읽기, 말하기, 짓기, 쓰기, 문법, 국문학사)
제1차 교육과정	1955	교과 중심 교육과정, 지식 중심 교육 탈피에 한계, 국어과 4영역(말하기, 듣기, 읽기, 쓰기)
제2차 교육과정	1963	경험 중심 교육과정, 생활 중심·경험 중심의 진보주의 교육관 영향, 국어과 4영역(제1차 교육과정과 동일)
제3차 교육과정	1973(중학교) 1974(고등학교)	학문 중심 교육과정, 국어과 교육을 통한 언어 사용 기능의 신장·가치관 교육의 강화, 국어과 4영역(제1차 교육과정과 동일
제4차 교육과정	1981	인간 중심 교육과정, 국어과 특성 명료화, 학습 내용 적정화, 국어과 3영역(표현·이해, 언어, 문학)
제5차 교육과정	1987(중학교) 1988(고등학교)	통합 교육과정, 기초 교육·정보화 사회 대응 교육 강화, 기능 중심 교과로서의 국어과 성격 부각, 국어과 6영역(말하기, 듣기, 읽기, 쓰기, 언어, 문학)
제6차 교육과정	1992	통합 교육과정, 공통 필수 과목 축소 및 선택 과목의 확충, 국어과의 도구 교과적 성격 강조, 국어과 6영역(제5차 교육과정과 동일)
제7차 교육과정	1997	수준별 교육과정, 수요자 중심 교육으로의 전환, 국민 기본 공통 교육 과정/선택 중심 교육 과정, 국어과 6영역(듣기, 말하기, 읽기, 쓰기, 국어 지식, 문학)
2007 개정 교육과정	2007	학교 및 교사 수준에서의 수준별 학습으로 전환, 국어과 검인정 교과서 체제 도입, '매체' 관련 내용 확대, 국어과 6영역(듣기, 말하기, 읽기, 쓰기, 문법, 문학)
2009 개정 교육과정*	2011(중학교) 2009(고등학교)	창의 인재 양성, 국민 공통 교육 과정 조정 및 학교 교육과정 편성·운영의 자율성 강화, 국어과 5영역(화법, 독서, 작문, 문법, 문학)
2015 개정 교육과정	2015	문·이과 통합형 교육과정, 창의 융합형 인재 양성, 핵심 역량 반영, 국어과 5영역(2009 개정 교육과정과 동일)

교육과정의 체제는 '누구를 위하여(대상 학년), 왜(목표), 무엇을(내용), 어떻게(방법, 평가)'에 대한 내용으로 구성되므로 교육과정이 새로 개편되면 교과서도 그에 준하여 제작·발행된다. 우리나라의 교과서는 국가가 직접 교과서 제작

* 문학 과목의 경우 교육과정이 2009년 12월에 고시된 '2009 개정 고등학교 국어과 선택 과목'과 2011년 이후의 '국어과 교육과정 내 문학 교육과정'의 둘로 제시되어 명명에 혼란이 있다. '국가 교육과정 정보 센터'에는 '2009 개정 교육과정'으로 되어 있으므로 이 글에서는 이를 따른다.

에 관여하여 1종의 교과서를 보급하는 국정제, 민간에 공모하여 제작한 후 국가의 검정 기준을 통과한 것을 교과서로 편찬하는 검인정제의 두 방식에 따라 개발되어 왔다. 고전문학을 포함하는 중등학교 '국어' 및 '문학' 과목에 한해 살펴보면, '국어' 교과서의 경우 제7차 교육과정까지 국정제로 1종씩 발행되어오다 2007 개정 교육과정부터 검인정제로 전환되었다. '문학' 교과서의 경우 제4차 교육과정기에 『고전문학』과 『현대 문학』 교과서가 나왔고, 제5차 교육과정기 이후 고전문학과 현대 문학을 통합한 『문학』 교과서가 검인정제로 발행되어 오고 있다.

이를 통해 볼 때 고전문학 교육의 내용은 어떤 고정불변의 실체일 수 없다. 교수요목기 이후 현재까지, 고전문학 교육의 내용을 구성하는 교육과정과 교과서가 계속 바뀌어 왔기 때문이다. 2017년 현재도 2015 개정 교육과정에 따른 중고등학교 『국어』, 『문학』 교과서가 개발되었거나 개발 중이다.

2——국어과 교육과정 및 교과서 개편에 따른 고전문학 교육 내용의 변천

고전문학 교육의 내용이란 '무엇'을 교육하는가의 문제와 직결된다. 그렇다면 해방 이후 지금까지의 고전문학 교육에서는 과연 '무엇'을 가르치고 배워 왔는가. 여기서는 국어과 교육과정 및 중등 교과서의 개편을 기준으로 고전문학 교육 내용의 변천사를 살펴보고자 한다. 현대적인 의미의 국어과 교육이 이루어진 것은 개화기부터라 하겠으나, 교육과정상의 연속성을 고려할 때 교수요목기부터 짚어 보아도 무방하겠다.

1946년 미 군정청 편수국이 교수요목을 공포했다. 교수요목이란 오늘날의 교육과정에 해당하는 것으로, 이것이 해방 직후의 교육을 주도하였고 이후 교육과정의 기본 틀이 되었다. 고전문학 교육과 관련해서는 국어과 교수요목의 '교수 방침' 중 "(ㄴ) 국어 국문의 전통과 그 표현을 이해하게 하고, 국어 국문의 사적(史的) 발달을 구명하여, 종래의 사상 문화의 연원과 발달을 자세히 알려, 국민 정신을 기르고, 우리 문화를 창조 확충케 하는 신념을 배양함."과 '교수 사항' 중 "6. 국문학사: 국문학의 사적 발달의 대요를 가르쳐, 국민의 특성과, 고유문화의 유래를 밝혀, 문화사상에의 우리 고전(古典)의 지위와 가치를 알림." 두 부분을 주목할 필요가 있다. 고전문학 중심의 문화 전달주의 문학 교육관, 문학사 중심의 문학 교육관에 대한 강조가 훗날의 국어과 교육과정은 물론 고전문학 교육의 전반적인 방향성을 정립하는 데 적지 않은 영향을 미쳤기 때문이다. 이 시기에는 『중등 국어 교본』, 『중등 국어』, 『고등 국어』 등의 국정 교과서 외에 국문학자들이 제도권 교육 밖에서 자신의 이름을 '편(저)자'로 내건 '-독본'류의 부교재를 편찬하였고, 이로부터 촉발된 독본류의 유행은 고전문학 정전의 형성에도 일부 기여하였다. 교수요목기의 중등 국어 교과서에는 작자 미상의 「유산가」, 『왕랑반혼전』, 『춘향전』, 조선 순조 대 유씨 부인의 「조침문」, 정철의 「관동별곡」, 정극인의 「상춘곡」, 박인로의 「태평사」 등 고전문학 작품과 정인보의 「정송강과 국문학」, 조윤제의 「가사 문학론」 등 국문학사적 관점에서의 비평이나 논설이 수록되었다.

1955년 8월 1일, 현대적 개념의 첫 번째 교육과정이 공포되었다. 해방 직후 교수요목이 지향하였던 '지식' 중심에서 학생들의 '경험'과 '생활'을 중시하는 방향으로 변화가 시도되었는데, "물론 고전을 읽는 것도 좋고, 문학 작품을 바르게 이해하도록 하는 것도 필요한 일이나, 종래에는 너무나 지나치게 그러한 학습에 중점을 두어 왔기 때문에, 그것이 국어 학습의 본연의 자태에서 벗어난 것이 되고 말았다."(제1차 중학교 국어과 과정)라는 반성적 서술에서 그 근거를 엿볼 수 있다. 국어과 교육과정에는 '말하기, 듣기, 읽기, 쓰기'의 기초 4영역이 마련되었으며, 문학 영역은 별도로 분리되지 않고 '읽기, 쓰기' 영역의 하위 요소로 편입되었다. 고전문학 교육에 대한 내용은 읽기 영역의 '4. 고전 학습'에 다음과 같이 제시되었다.

4. 고전 학습

중요한 고전에 대한 이해를 가지게 한다. 전 학년을 통하여 고문의 독해, 고전의 감상을 지도하고, 2학년에서는 국어학사, 3학년에서는 국문학사의 개략을 아울러 지도한다. 고전 학습의 내용을 좀 더 구체적으로 들면 다음과 같다.

ㄱ. 대표적인 작품을 읽혀 고전을 이해하고 감상하게 한다.

ㄴ. 고전을 읽고, 선인의 인생관, 세계관, 자연관 및 그 시대의 풍습, 사회 제도 등을 이해한다.

ㄷ. 고전을 내용적으로 검토하여, 사상, 정취, 신앙, 기지, 해학 등에 대하여 연구한다.

ㄹ. 고전을 시대적으로 구분하고, 작가별로 연구하여 그 특질을 이해한다. (국문학사)

ㅁ. 현대 문학에 계승될 고전문학의 전통을 연구하고 이해한다.

ㅂ. 국어학사를 다루어 문자 언어의 변천을 이해한다.

ㅅ. 고어 문법과 현대어 문법을 비교 연구한다.

ㅇ. 방언, 속담, 민요, 민담, 전설 등을 채집하여 연구하게 한다.

ㅈ. 한문학이 우리 문학에 끼친 영향을 이해하게 한다. (한문과 연결)

고전은 시대별로 구분하기도 하고, 향가, 가요, 가사, 시조, 설화, 소설, 수필 등 장르별로 나누기도 하나, 교재 단원으로는 '자연과 문학', '시대와 문학', '고전과 현대', '전통과 문학' 등과 같은 관점으로 나누는 것이 좋을 것이다.

이 시기에는 문학과 현대 문학, 고전문학 간 경계가 뚜렷하지 않았다. 문제는 '3. 문학 학습의 목표'에서 시, 소설, 수필, 희곡, 전기를 언급하고 '4. 고전 학습'을 따로 두어 마치 고전문학이 문학 외의 별개 영역인 양 오인될 여지를 남겼다는 것이다. 고전문학이 현대 문학과 함께 문학 영역으로 통합된 것은 제4차 교육과정에 이르러서였다. 제1차 교육과정기에는 『국어』, 『중학 국어』, 『고등 국어(Ⅰ·Ⅱ·Ⅲ)』 등이 국정 교과서로 발행되었다. 이 가운데 『고등 국어』의 고전문학 제재 수록 양상을 살펴보면 다음과 같다.

제1차 교육과정 『고등 국어』 교과서 고전문학 제재 수록 양상

	단원명	수록 제재
고등 국어 Ⅰ	Ⅳ. 고전의 세계	1. 고전문학에 대하여(조윤제) 2. 동명일기(연안 김씨) 3. 토끼 화상 4. 고시조(정몽주 외)
고등 국어 Ⅱ	Ⅶ. 고전	1. 집 떠나는 홍길동(허균) 2. 조침문(유씨 부인) 3. 가효당의 설움(혜경궁 홍씨) 4. 어부사시사(윤선도) 5. 사미인곡(정철) 6. 사모곡(작자 미상)
고등 국어 Ⅲ	Ⅳ. 우리말과 글의 옛 모습	1. 훈민정음 2. '용비어천가'에서 3. '두시언해'에서 4. '소학언해'에서
	Ⅵ. 우리의 고전 문학	1. '춘향전'에서 2. 태평사(박인로) 3. 관동별곡(정철) 4. 상춘곡(정극인) 5. 정과정(정서)
	Ⅶ. 국문학의 전통	1. 시조 감상 한 수(이희승) 2. 정송강과 국문학(정인보) 3. 가시리 평설(양주동) 4. 은근과 끈기(조윤제)

제2차 교육과정은 1963년 2월 15일에 제정·공포되었다. 이전 교육과정이 목표와 내용 위주였다면, 제2차 교육과정에 이르러서는 '지도상의 유의점'이 신설되는 등 교수·학습 방법과 관련한 체계를 갖추게 되었다. 고전문학에 해당되는 내용은 제1차 교육과정과 마찬가지로 'ㄷ. 고전 학습'에 기술되었다. 한문학이 우리 문학에 끼친 영향이나 현대 문학에 계승된 고전문학의 전통을 언급한 항목은 그대로 유지되었고, "(4) 고문의 중요한 어구의 뜻과 용법에 대하여 알도록 한다.", "(5) 문맥 단락을 생각하여 주제, 요지, 대의를 바르게 파악할 수 있도록 한다.", "(6) 기초적이고 대표적인 근세 이후의 작품을 중심으로 하여, 고전의 이해와 감상에 힘쓰도록 한다.", "(7) 고문 독해에 필요한 사전, 참고서, 도표 등 각종 참고서를 이용할 수 있도록 한다.", "(8) 고문을 읽고 선인의 사상 감정을 이해하고, 사물에 대하여 보는 힘, 느끼는 힘, 생각하는 힘을 높일 수 있도록 한다.", "(10) 고문을 좋아하고, 국어에 대한 애정을 기르고, 언어 감각을 닦도록 한다."라는 항목이 추가되었다. 고전문학에 대한 독해를 강조한 점, 대상 작품의 시기와 관련하여 "근세 이후의 작품을 중심으로"라는 단서가 붙은 점을 눈여겨볼 만하다. 이 시기에는 『국어(Ⅰ·Ⅱ·Ⅲ)』, 『중학 국어』 등이 편찬되었으며 그 분량이 늘어났다. 그리고 고등학교 '문학' 과목이 심화

과정으로 신설되었는데, 『고전』, 『우리 고전』 등의 교과서명에서 볼 수 있듯 완전히 고전문학 중심이었다. 고전문학 작품에 대한 정독과 국문학사에 대한 학습 위주의 교육이 이루어졌으며, 이 체제가 제3차 교육과정까지 지속되었다. 아래는 고등학교 『국어』 교과서의 고전문학 제재 수록 양상으로, 제1차 교육과정기 교과서에 이어 다시 실린 부분은 굵게 표시하였다. (이후 제시하는 목록에서도 전 시기 교과서와 중복되는 제재명은 굵은 글씨로 구분한다.)

제2차 교육과정 고등학교 『국어』 교과서 고전문학 제재 수록 양상

	단원명	수록 제재
국어 Ⅰ	Ⅷ. 고전문학의 이해	1. 고전 문학의 흐름(박성의) 2. **동명일기(연안 김씨)** 3. **토끼 화상** 4. **고시조**
국어 Ⅱ	Ⅳ. 고대 산문의 음미	1. **집 떠나는 홍길동(허균)** 2. **조침문(유씨 부인)** 3. 고대 소설 평설(손낙범)
	Ⅵ. 고대 시가의 여운	1. **사미인곡(정철)** 2. **어부사시사(윤선도)** 3. **사모곡(작자 미상)**
국어 Ⅲ	Ⅱ. 국문학의 전통	1. **시조 감상 한 수(이희승)** 2. **가시리 평설(양주동)** 3. **은근과 끈기(조윤제)**
	Ⅴ. 고전문학의 감상	1. **'춘향전'에서** 2. **관동별곡(정철)** 3. **상춘곡(정극인)** 4. **정과정(정서)**
	Ⅶ. 우리말과 글의 옛 모습	1. **훈민정음** 2. **'용비어천가'에서** 3. **'두시언해'에서** 4. **'소학언해'에서**
	Ⅸ. 한국 문학과 중국 문학	1. 한국 문학과 중국 문학(이병도) 2. 한시선(한국)(정몽주 외 3인) 4. 한시선(중국)(맹호연 외 3인)

제3차 교육과정 개편의 기본 방향이 된 것은 1968년 '국민교육헌장'이었다. 1973년 8월 31일에 중학교 교육 과정, 1974년 12월 31일에 고등학교 교육 과정이 제정·공포되었다. 이 시기의 교과서는 지나치게 정치 이념이나 국가관 등을 드러냈다는 점에서 비판을 받기도 하였는데, 교육과정에 신설된 '제재 선정의 기준'부터가 '근면, 성실, 투철한 국가관, 주체성' 등 대부분 국어과와 직접적인 관계가 없었던 데에서 이미 노정된 문제였다. 이 시기 고전문학 교육과 관련하여 주목할 부분은 문학사에 대한 강조라 하겠다. 고등학교 『국

어』 교과서에서는 '국문학의 발달' 단원을 따로 두어 국문학사의 흐름을 시기별로 구분하였다. 조윤제의 「국문학의 발달」에서는 고대 문학 전기(삼국·신라)부터 고대 문학 후기(고려)까지, 조윤제의 「국문학의 발달(2)」에서는 근세 문학 전기(조선 초~임진왜란)부터 근세 문학 후기(임진왜란~갑오경장)까지 다루었다.

제3차 교육과정 고등학교 『국어』 교과서 고전문학 제재 수록 양상

	단원명	수록 제재
국어 Ⅰ	고전의 세계	**16. 고시조(이조년 외 13인) 17. 동명일기(연안 김씨) 18. 토끼 화상** 19. 시문수제(주문공 외 3인)
	국문학의 발달(1)	24. 국문학의 발달(조윤제) 25. 옛 노래의 모습(충담사 외 6인) 26. 호원(일연) 27. 진삼국사표(김부식)
국어 Ⅱ	고전의 세계	**11. 조침문(유씨 부인)** 12. 물(박지원) **13. 집 떠나는 홍길동(허균)**
	국문학의 발달(2)	22. 국문학의 발달(2)(조윤제) 23. 악장(정도전 외 2인) 24. '용재총화'에서(성현) **25. 상춘곡(정극인) 26. 고시조(유응부 외 15인)**
국어 Ⅲ	국어의 이해(3)	**7. 훈민정음 8. '용비어천가'에서 9. '두시언해'에서 10. '소학언해'에서**
	고전의 세계	**18. 정과정(정서) 19. 관동별곡(정철) 20. '춘향전'에서**

제4차 교육과정은 1981년 12월 31일에 공포되었다. 이때부터 '연구 개발형'의 교육과정이 나오게 된다. 국어과의 내용 영역은 '말하기, 듣기, 읽기, 쓰기' 4영역에서 '표현·이해, 언어, 문학' 3영역으로 개편되었는데, 여기서 '문학' 영역의 위상 변화를 볼 수 있다. 이 시기 『국어』 교과서의 대단원 구성 방식은 갈래 중심이었다. 이전까지는 '고전', '고전의 세계', '고전문학의 감상'과 같이 고전문학만을 모아 놓은 별도의 대단원이 있었으나, 이 시기부터는 고전문학 작품도 시, 소설, 기행문, 수필 등의 갈래를 다루는 해당 대단원에 배치되었다. '시조와 가사', '시가' 등의 대단원은 고전문학의 역사적 갈래를 반영한 예이다. 『국어 Ⅰ』과 『국어 Ⅱ』의 '국문학의 이해' 대단원에서는 국어 지식으로서의 고전문학사를 다루었는데, 이는 제3차 교육과정의 '국문학의 발달' 대단

원과 그 성격이 동일하다. 한편, 제4차 교육과정기에 이르러 고등학교 심화 과정에 '현대 문학', '작문', '고전문학', '문법'이 설정되었고, 고전문학 과목 중심의 '문학' 교과는 고전문학과 현대 문학으로 분리되었다.

제4차 교육과정 고등학교 『국어』 교과서 고전문학 제재 수록 양상

	단원명	수록 제재
국어 I	9. 시조	**(1) 고시조(이조년 외 19인)**
	10. 소설	**(1) '홍길동전'에서(허균)**
	13. 기행문	**(1) 동명일기(의유당)**
	14. 시(2)	(1) 공무도하가(백수 광부의 처) (2) 찬기파랑가(충담사) (3) 청산별곡(작자 미상) **(4) 사모곡(작자 미상)** (5) 우중문에게 주는 시(을지문덕) (6) 가을 밤에 비 내릴 때(최치원) (7) 임을 보내며(정지상)
	15. 국문학의 이해	(1) 고전문학사(1)(조윤제) (2) 구비 문학과 기록 문학(장덕순)
국어 II	3. 소설	(1) '구운몽'에서(김만중)
	5. 시조와 가사	**(1) 고시조(맹사성 외 14인) (3) 상춘곡(정극인)**
	7. 기행문	(1) 유한라산기(최익현)
	8. 국문학의 이해	(1) 고전문학사(2)(조윤제) (2) 한국 문학의 사상적 배경(정병욱)
	9. 수필	**(1) 조침문(유씨 부인)**
국어 III	3. 국어의 이해	**(1) '훈민정음'에서 (2) '소학언해'에서**
	4. 시가	**(1) '용비어천가'에서 (2) '두시언해'에서 (3) 관동별곡(정철)**
	6. 소설	**(1) '춘향전'에서**

제5차 교육과정의 경우 1987년 3월 31일에 중학교 교육과정, 1988년 3월 31일에 고등학교 교육과정이 제정·공포되었다. 국어과의 교과 목표는 '말하기, 듣기, 읽기, 쓰기, 언어, 문학' 6개 영역으로 제시되었고, '문학' 영역에서는 작품을 인물, 구성, 배경, 시점, 주제, 어휘, 운율 등 여러 구성 요소로 쪼개어 감

상하는 이른바 형식주의 문학 교육이 권장되었다. 결과보다 과정을 중시하는 교육과정 방침에 따라 교과서의 단원 학습 평가 문제에 대한 명명을 '학습 문제'에서 '학습 활동'으로 바꾼 것도 중요한 변화라 하겠다. 당연히 고전문학 교육도 그 영향권 내에 놓여 있었다. 제재 선정의 기준을 교육과정 목표 및 활동에의 적합성 여부에 두면서 교과서 단원도 목표 중심으로 구성하였고, 고전문학 작품은 '소설과 사회', '노래와 삶' 등의 대단원에 수록되었다. 교과서 체제와 관련해서는 국어 교과가 '국어', '문학', '작문', '문법' 과목으로 재편되고, '국어'는 공통 필수 과목, 나머지는 선택 과목으로 지정되는 변화가 있었다. '문학'은 고전문학과 현대 문학이 통합된 과목으로, 이로부터 문학사에서 고전문학과 현대 문학의 연속성이 확보되었다고 할 수 있다. 한편, 제5차 교육과정부터 『국어』 교과서에 실리는 읽기 제재의 편수가 크게 줄었는데, 고전문학도 마찬가지였다. 특히 시조는 제1차부터 제4차 교육과정까지는 30여 편씩 실렸으나 제5차 교육과정에서는 『국어(상)』에만 5편이 실리는 데 그쳤다.

제5차 교육과정 고등학교 『국어』 교과서 고전문학 제재 수록 양상

	단원명	수록 제재
국어(상)	4. 소설과 사회	(3) 허생전(박지원)
	6. 시의 세계	**(3) 고전 시가(정몽주 외)**
	10. 독서의 방법	**(3) 유한라산기(최익현)**
	11. 수필 감상	(1) 슬견설(이규보)
국어(하)	5. 노래와 삶	(1) 제망매가(월명사 · 김완진 옮김) **(2) '청산별곡'에서 (3) '용비어천가'에서 (4) 관동별곡(정철) (5) 유산가 (6) '춘향전'에서**
	10. 희곡과 무대	(2) '봉산 탈춤'에서

제6차 교육과정의 개발에는 교육청, 교원 양성 대학, 연구 기관, 연구 학교, 관련 학회 등 전문가와 교육 관계자가 광범위하게 참여하였으며, 1992년 6월 30일에 중학교 교육과정, 1992년 10월 30일에 고등학교 교육과정이 제정·공

포되었다. 학습자의 자주적이고 창의적인 학습 참여가 강조되었고, 교과서에도 각 단원에 학습 목표, 준비 학습, 학습할 원리, 각 학습 활동에 관한 도움말 등을 새로 넣어 이른바 능동적인 자율 학습이 가능한 형태를 갖추었다. 또 고전문학 작품이 실리는 경우 '작품 소개'와 '작품의 줄거리'를 현대 문학에 비해 충실히 수록하는 경향을 보였다. 이는 많은 학생들이 고전문학 작품에 대한 일차적인 이해 및 감상에 어려움을 겪게 되었음을 보여 주는 것이기도 하다.

제6차 교육과정 고등학교 『국어』 교과서 고전문학 제재 수록 양상

	단원명	수록 제재
국어 (상)	2. 문학의 즐거움	(1) 차마설(이곡) **(2) 청산별곡**
	5. 문학의 유형	(1) 시조 **(5) 봉산 탈춤**
	7. 작자, 작품, 독자	**(3) 춘향전 (4) 관동별곡(정철)** (5) 안민가(충담사·양주동 옮김)
	9. 비판적 이해	(2) 기예론(정약용)
	10. 문학과 현실	**(2) 두시언해(두보) (5) 허생전(박지원·이우성 옮김)**
국어 (하)	3. 언어와 문화	(3) 흥부가 **(5) 용비어천가**
	4. 설명과 설득	(3) 매헌에게 주는 글(홍대용·유승주 옮김)
	6. 문학과 문화	**(1) 유산가** (4) 연행가(홍순학)

제7차 교육과정은 1997년 12월 30일에 제정·공포되었다. 국어과 교육과정에도 국민 공통 교육 기간 및 수준별 교육과정이 도입되었으며, 고등학교의 경우 '국어'가 국민 공통 기본 교과, '국어 생활'이 일반 선택 과목, '화법'·'독서'·'작문'·'문법'·'문학'이 심화 선택 과목으로 지정되었다. 이 시기 고전문학 교육과 관련하여 주목할 만한 내용 중 하나가 설화의 위상 변화이다. 제7차 교육과정에서는 학습자가 학습 상황에 능동적으로 참여하는 활동이 중시되었으며, 문자 언어뿐 아니라 음성 언어 및 시각 언어로 표현된 언어 자료와 매체 자료를 학습 자료로 활용할 것이 권장되었다. 이에 따라 음성 언어 및 시각 언어의 성격을 포함하는 구비 문학 갈래이자 향유자에 따라 창조적인 재수용이 가능한 설

화가 조명을 받게 되었다. 설화의 부각은 문학을 바라보는 관점의 전환과도 관계된다. 제3차부터 제6차 교육과정기까지 중학교 『국어』 교과서에 꾸준히 실렸던 이병주의 「국문학 이야기」에서는 국문학을 "우리나라 사람이, 우리말로 쓴 것"이라 보고, "국문학의 처음에서부터 개화기까지 나타난 종류들 중에서 향가, 고려 가요, 시조, 가사, 소설, 수필 등 중요한 몇 가지와 한국 한문학"에 대해서만 개관하였다. 다음은 제7차 중학교 『국어』 교과서에 실린 글이다.

> 문학에는 말로 된 문학과 글로 된 문학이 있는데, 말로 된 문학을 구비 문학(口碑文學)이라 하고, 글로 된 문학을 기록 문학(記錄文學)이라 한다. 구비 문학에는 설화, 민요, 판소리, 가면극 등이 있고, 기록 문학에는 시와 소설을 비롯하여 여러 가지 문학 양식이 있다. (김대행, 「한국 문학의 개념과 특질」)

문학을 바라보는 관점이 기존의 기록 문학 중심에서, 구비 문학을 기록 문학과 대등하게 국문학의 범위에 포함시켜 정의하는 쪽으로 나아간 것이다.

제7차 교육과정 고등학교 『국어』 교과서 고전문학 제재 수록 양상

	단원명	수록 제재
국어(상)	2. 짜임새 있는 말과 글	(1) 용소와 며느리바위(김용규 구술·조희웅 채록)
	3. 다양한 표현과 이해	**(2) 봉산 탈춤**(김진욱, 민천식 구술·이두현 채록)
	5. 능동적인 의사소통	(1) 유배지에서 보낸 편지(정약용·박석무 옮김) (2) 구운몽(김만중·김병국 주해)
	6. 노래의 아름다움	**(1) 청산별곡** (2) 어부사시사(윤선도)
	8. 언어와 세계	(1) 동국신속삼강행실도
국어(하)	2. 정보의 조직과 활용	**(2) 허생전(박지원·이우성 옮김)**
	5. 감동을 주는 언어	**(1) 관동별곡(정철)**
	7. 전통과 창조	**(1) 춘향전**

제7차 교육과정 이후부터는 교육과정의 체제 자체가 바뀌어 전면 개정이

아닌 부분 개정, 수시 개정도 가능하게 되었다. 2007 개정, 2009 개정 등은 명목상으로 제7차 교육과정을 수정·보완한 교육과정에 해당하나 『국어』 교과서 발행이 검인정 체제로 전환되는 등 단순한 수정·보완을 넘어서는 부분도 적지 않다. 다른 한편으로 제7차 교육과정이 10여 년간 현장에 적용되었던 것과 비교해 이후에 나온 교육과정들은 그 수명이 지나치게 짧은바, 그중에는 어떤 유의미한 차이를 찾기 힘든 부분도 있다. 단일 과목이었던 '문학'이 2009 개정 국어과 교육과정에 따라 '문학 I'과 '문학 II' 두 과목으로 분리되었지만, 과목의 성격, 목표, 내용, 성취 기준 등의 실상에는 큰 변화가 없었다. 한편, 시기상 아직 이들을 아우르는 종합적인 평가를 내리기 어려운 점도 있다. 이에 2007 개정, 2009 개정 교육과정과 관련해서는 2개 이상 출판사의 중학교 『국어』 교과서에 소단원 본 제재로 채택된 고전문학 작품의 수록 양상을 표로 정리해 제시하는 것으로 대신하고자 한다.

		2007 개정	2009 개정
수록 작품	시가	「가시리」, 「개를 여남은이나 기르되」, 「서동요」, 「송인」, 「십 년을 경영하여」, 「어져 내 일이야」, 「오우가」, 「제망매가」, 「황조가」	「가시리」, 「하여가」, 「단심가」, 「천만리 머나먼 길에」, 「묏버들 가려 꺾어」, 「훈민가」, 「오우가」
	산문	「규중칠우쟁론기」, 「바리공주」, 「박씨전」, 「봉산 탈춤」, 「수궁가」, 「슬견설」, 「심청전(심청가)」, 「이옥설」, 「자린고비 이야기」, 「주옹설」, 「차계기환」, 「춘향전(춘향가)」, 「하회별신굿 탈놀이」, 「흥부전(흥부가)」	「아기장수 우투리」, 「홍길동전」, 「양반전」, 「박씨전」, 「심청전」, 「토끼전」, 「이옥설」, 「두 아들에게」
성취 기준		• 한국 문학의 대표적인 고전 작품을 찾아 읽고, 그 가치와 중요성을 이해한다. • 우리나라의 전통적인 해학 문화를 이해하고, 이를 재담에 활용한다.	• 문학의 가치 • 창작 의도 소통 맥락 • 비유, 운율, 상징 • 다양한 해석 • 사회·문화·역사적 상황 • 주체적 관점 평가 • 작가의 태도(풍자) • 갈등 • 문학의 가치 • 의미 있는 경험 표현 • (듣기·말하기) 전통 말 문화 • (읽기) 요약 • (읽기) 논증 방식 • (읽기) 내용 예측 • (읽기) 독자 정체성

'문·이과 통합형 교육과정'이 그 출발점이 된 2015 개정 교육과정의 기본 방침은 '창의 융합형 인재 양성, 모든 학생이 인문·사회·과학기술에 대한 기초 소양 함양, 학습량 적정화, 교수·학습 및 평가 방법 개선을 통한 핵심 역량 함양 교육, 교육과정과 수능·대입 제도 연계, 교원 연수 등 교육 전반 개선' 정도로 요약 가능하다. 이 중 문학 교육과 관련되는 핵심 역량은 작품에 대한 주체적 해석과 심미 체험을 통해 함양되는 '정보 활용 역량'·'자기 성찰 계발 역량'·'문화 향유 역량', 다양한 사람들과 작품 세계를 공유하고 소통하는 과정에서 길러지는 '의사소통 역량'·'공동체·대인 관계 역량'이라 할 수 있다. 한편 '국어' 과목에 연극 단원이 신설된 점(중학교만 해당), 한 학기 한 권 책 읽기 활동이 도입된 점 등도 주목할 필요가 있다.

3—— 고전문학 교육, '무엇'을 '어떻게' 가르치고 배울 것인가

교과서는 교육 내용의 핵심이자 표본이다. 따라서 교과서에 수록된 고전문학 작품은 고전문학 교육의 실현을 위한 핵심이자 표본이 된다. 그간 『춘향전』, 『심청전』, 『구운몽』, 『홍길동전』, 「조침문」, 「동명일기」, 「봉산 탈춤」, 「관동별곡」, 「용비어천가」 등의 제재가 오랜 기간 지속적으로 그 역할을 담당해 왔다. 최근의 2009 개정 『국어』 및 『문학』 교과서에서도 이러한 작품들을 어렵지 않게 찾아볼 수 있다. 이 작품들은 '고전문학'의 범주로 한데 묶였다가 한때는 시·소설·수필 등 현대 문학의 갈래 체계에 각기 편입되기도 하였다. 현재는 교과서에 실린 '작품 자체'를 배운다기보다는 그 작품을 자료로 하여 '교육과정이 제시한 내용'을 배운다는 관점에 따라 설정된 단원들에 배치되어 있다. 고전문학 교육과 관련하여 '무엇'을 가르치고 배울 것인가의 문제만이 아니라 '어떻게' 가르치고 배울 것인가의 문제가 함께 고려되어야 하는 이유이다. 국가 차원의 교육과정의 핵심이자 표본으로서의 교과서만을 수업의 최종 목표로 여기는 인식을 넘어 교과서 재구성을 논의하는 것도 넓게는 여기에 포함되겠다.

교육과정은 그것을 편성하고 운영하는 주체에 따라 국가 교육과정, 지역 교육과정, 학교 교육과정 등으로 구분된다. 또 이 부류가 '문서로서의 교육과정'이라면, 학교와 교실에서 하루하루 교사와 학생이 실제 가르치고 배우는 '실천으로서의 교육과정'도 있다. 고전문학 교육의 내용과 관련해서도 '어떻게'에 대한 고민이 수반될 때 좀 더 발전적인 구상이 가능하지 않을까.

참고 문헌

고전문학 교육의 내용과 관련한 국어과 교육과정 및 교과서의 변천사 전반은 한국어교육학회 편찬위원회 엮음, 『국어 교육론 1 — 국어 교과 교육론』(한국문화사, 2005); 『국어 교육론 3 — 국어 문학·한문·특수 교육론』(한국문화사, 2005); 손영애, 『국어과 교육과정과 교과서』(박이정, 2014); 이도영, 「국어 교육에서 교육과정의 의미와 역할」, 『국어 교육, 어떻게 할 것인가』, 고용우 외(창비교육, 2014) 등에서 확인할 수 있다. 윤여탁 외, 『국어 교육 100년사 I』(서울대학교 출판부, 2006)의 '제2부 국어과 교육과정과 교재'와 정재찬 외, 『문학 교육 개론 1 — 이론편』(역락, 2014)의 '제6장 교육과정론', '제8장 교재론'; 최미숙 외, 『국어 교육의 이해』(사회평론, 2016)의 '제2장 국어과 교육과정', '제3장 국어 교과서'도 참고하기 바란다. 최창헌, 「고등학교 문학 교육 형성의 역사적 연구」(강원대학교 박사 학위 논문, 2015)에서는 문학 교육에 중점을 두어 그 변천을 상세히 살폈다. 국어과 교과서에 실린 고전문학 제재에 대한 검토를 통해 고전문학 교육의 실상을 파악한 논의로 조희정, 『고전문학 교육 연구』(한국문화사, 2011); 「2009 개정 교육과정 시기 국어·문학 교과서 고전문학 제재 수록 양상 연구」, 『고전문학과 교육』 제32집(한국고전문학교육학회, 2016) 등을 추천한다.

고전문학 교육의 교수·학습 방법론

1——무엇이 문제인가

문학 교육의 목표는 학습자가 문학 능력을 밑천으로 주체적 삶을 살 수 있도록 그들의 문학 능력을 신장시키는 것이다. 문학 능력이란 문학 텍스트에 형상화된 삶의 진실을 수용하고 자신의 문학 텍스트를 생산하는 능력을 말한다. 문학 교육의 교수·학습 방법도 당연히 이 목표를 실현할 수 있도록 설계되어야 한다. 교수·학습 방법론이란 교사의 교수와 학습자의 학습이 만나 학습자의 배움이 일어나도록 하는 방법에 대한 전략적 접근이기 때문이다. 그런데 문학의 하위 영역인 '고전문학' 교육으로 문학 교육의 목표를 실현할 수 있을까 하고 반문할 수 있다. 고전문학 텍스트에 형상화된 삶의 진실이 학습자 자신의 문학 텍스트를 생산하고 주체적 삶을 설계하는 데 쓸모가 있겠느냐는 의문이 들 법하기 때문이다.

이 지점에서 고전문학의 특수성 문제가 제기된다. 고전문학은 '고전'이면서 '문학'이다. 그래서 고전문학은 '고전'이라는 특수성과 '문학'이라는 보편성을 갖는다. 고전문학도 '문학'이기에 학습자의 문학 능력 신장이라는 문학 교육의 목표를 지향한다. 이것이 고전문학의 보편성이다. '고전'의 특수성은 언어적·시간적·문화적 거리 때문에 생기는데, 이는 수업 현장에서 학생들에게 고전문학 텍스트를 가르칠 때 가장 명료하게 드러난다. 고전문학 텍스트를 읽는 학생들의 반응은 '무슨 말인지 모르겠다', '화자의 정서나 태도, 인물의 행동이나 심리를 이해할 수 없다', '그것이 나와 무슨 상관이 있는가'로 요약된다.

첫째는 텍스트의 교과서 수록 및 언어 문제이고, 둘째는 텍스트 및 맥락의 문제이며, 셋째는 텍스트와 학습자 간의 문제이다. 고전문학 교육의 교수·학습 방법은 이러한 의문에 답하는 일일 것이다. 학습자의 사고 활동을 중심으로 한 고전문학 교수·학습 방법론을 설계하면 이러한 의문에 충분한 답을 할 수 있으리라 본다.

2—— 고전문학 텍스트의 특수성과 텍스트 선정·활용의 문제

고전문학 텍스트의 특수성은 언어, 사회·문화적 맥락, 작가와 독자, 문학적 특성·관습·장치 등의 이질성으로 구체화할 수 있다. 이러한 특수성 때문에 고전문학 텍스트는 동시대 문학[1] 또는 현대 문학에 비해 문식성(文識性)이 떨어진다.

학습자의 '무슨 말인지 모르겠다'라는 반응으로 나타나는 언어의 특수성은 고전문학 텍스트의 교과서 수록의 문제이면서 텍스트 언어의 문제이다. 이 문제는 교과서 수록 과정에서 상당 부분 해결해야 할 것이다. 전승 과정상 고전소설과 고전 시가는 많은 이본(異本)이 존재하므로 학계의 연구 성과를 받아들여 문학적 형상화가 뛰어나고 문제의식이 뚜렷한 최선본을 수용하는 것이

1 동시대 문학이란 학습 주체가 속한 시대와 사회·문화적 맥락을 같이하는 시대의 문제를 다루는 문학이다. 동시대 문학의 시대 구분은 그 문제가 무엇이냐에 따라 시작과 끝이 다를 수 있다. 즉, 저출산 문제라면 21세기부터 동시대 문학이라 할 수 있지만, 환경 오염 문제라면 1970년대부터 동시대 문학이라 할 수 있다.

좋다. 수업 목표가 고전문학 텍스트의 표기에 대한 것이 아닌 한 원전의 표기를 그대로 수록하는 것은 적절하지 않다. 대략 중학교에서 원전의 언어는 "작품의 정조나 분위기를 살려서 현대적인 어휘로 되살리는" 방향으로 수록하여 "현대어로 고전 소설 읽기"[2]가 될 수 있도록 하는 것이 바람직하다. 고등학교 수준이라면 옛말의 가락과 맛을 가능한 살리되 언어 해독에 너무 많은 시간이 걸리지 않을 정도로 수용할 수 있다. 다만 원전의 고유한 의미를 훼손하거나 원전의 여백을 함부로 메워 학습자 스스로 빈 공간을 채울 기회를 박탈하지 않아야 한다. 요컨대 고전문학 텍스트는 언어적 장벽이 연속적 읽기를 방해하지 않는 범위 안에서 최대한 원전에 가깝게 수록해야 한다. 수록된 텍스트의 언어에 대한 이해는 텍스트 이해의 출발점이므로 과제 제시나 수업 시간을 통해 반드시 이해하는 과정이 필요하다.

고전문학 텍스트는 '고전'이라는 특수성 때문에 정전(正典)의 위상을 차지하기 마련이다. 그래서 고전을 함부로 훼손하는 것을 불경한 짓으로 나무라기 쉽다. 그러나 문학 교육의 관점에서 볼 때 고전문학 텍스트는 정전이자 범례이며 자료(material)로 보는 것이 합당하다. 정전으로만 여기면 신성불가침의 대상으로 박제화하여 숭상하는 데 그치고 말아 현재적 의의를 찾기 어렵다. 범례로 보되 그 의미를 "적절한 변용을 거쳐 대강의 원리를 유추할 수 있는 데 기여한다는 정도의 의미"[3]로 설정하면 숨통이 좀 트이게 된다. 그러나 이 둘은 '그것이 나와 무슨 상관이 있는가'라는 질문에 답할 수 없다. 고전문학 교육이 문학 교육의 궁극적 목표인 학습자의 주체적이고 인간다운 삶에 기여할 수 있으려면 '지금, 여기', '나'의 삶과 맞닿아야 한다. 학습 목표가 무엇이냐에 따라 고전문학은 정전이 될 수도 있고, 범례가 될 수도 있으며, 자료가 될 수도 있다는 유연한 관점으로 고전문학 텍스트를 수용하고 활용해야 한다.

2 임치균, 「고전 소설의 이해 확산을 위한 교육 방안」, 『고전 소설 교육의 과제와 방향』, 한국고소설학회, 월인, 2005, 75면.
3 우한용, 「문학 교육의 구조와 실천 논리」, 『실용과 실천의 문학 교육』, 우한용 외, 새문사, 2009, 42면.

3—— 해석을 위한 예비적 지식의 중요성과 학습 방법의 문제

고전문학 텍스트의 낮은 문식성은 해석을 위한 예비적 지식을 더욱 긴요하게 만든다. 고전 언어, 그 시대 사회와 문화, 문학 갈래의 관습이나 특성, 그 시대 작가와 독자, 나아가 텍스트의 변이(變異)나 이본을 파생시킨 고전문학 텍스트의 존재 방식에 대한 지식 등은 동시대 문학이라면 필요 없거나 별다른 노력을 기울이지 않아도 쉽게 습득할 수 있는 지식이다. 이것들에 관한 깊고 넓은 지식이 있으면 고전문학 텍스트에 대한 이해 정도와 속도는 크게 높아질 가능성이 크다.

그러므로 고전문학 텍스트 이해를 위한 예비적 지식은 매우 중요하다. 그런데 텍스트 외적 맥락 지식을 습득하는 데 지나치게 시간을 들이는 것은 바람직하지 않다. 텍스트 외적 맥락에 대한 정보나 지식이 오히려 텍스트 이해를 방해하거나 오도할 수 있기 때문이다. 텍스트 외적 맥락은 텍스트 이해에서 출발하여 유추하거나 텍스트와 맥락화해야 할 대상이다. 그러므로 맥락을 가르치기보다는 맥락과 연관 지어 텍스트를 해석하는 능력을 기르도록 교수·학습 전략을 수립해야 한다. 작가 및 독자와 그들이 속한 사회·문화적 맥락에 대한 이해는 평소 독서 활동 등을 통해 갖추어야 할 인문학적 소양에 가까운 것이다. 특정 고전문학 텍스트 수용에 선행하여 필요한 예비적 지식은 스스로 찾도록 하되 수업 시간을 할애하여 가르치는 것은 바람직하지 않다. 우리는 고전문학 연구에서 역사주의적 관점이나 실증주의적 관점의 폐해를 잘 알고 있다. 이러한 관점으로 고전문학 교육에 접근하면 문학 텍스트 주변만 무성하고 정작 문학 텍스트는 사라지고 말 것이다. 그러므로 이러한 관점으로 밝혀낸 풍부한 맥락 정보를 활용할 수 있는 방향으로 접근하는 지혜가 필요하다.

그래서 우리는 텍스트 이해를 위한 예비적 지식의 중요성을 인식하고 그 위험성을 줄이는 교수·학습 전략을 세워야 한다. 맥락 지식을 아는 것과 비례하여 고전문학 텍스트를 이해하는 정도가 높아지도록 해야 한다. 이것은 문학 지식을 문학 능력으로 전이시킬 수 있는 방법을 찾는 것과 같다. 그 방법은 '어떻게' 문학 지식을 습득하게 할 것인가로 귀결된다. 즉, 고전문학 텍스트 이해를 위한 지식 또한 고전문학 텍스트를 수용하는 과정에서 외연을 확장해 나가야 문학 능력으로 전이될 수 있다.

결국 텍스트 이해를 위한 예비적 지식은 텍스트 수용 활동 과정에서 넓고 깊게 습득해야 할 것이다. 그 방법은 학습자가 텍스트 이해를 위해 쓸모 있는 선지식을 동원하여 텍스트를 맥락화하는 능력을 기를 수 있도록 교수·학습 방법을 설계하는 것이다. 평소에 고전문학 시대의 사회·문화적 맥락에 대해 관심을 갖고 넓고 깊게 이해해 두었다가 고전문학 텍스트를 만났을 때 선지식 가운데 필요한 것을 동원하여 텍스트를 이해하는 데 활용할 수 있는 능력을 기르도록 교수·학습 전략을 세워야 한다. 그리고 텍스트 맥락화의 출발점은 텍스트라는 점을 명심해야 한다. 그래야 고전문학 텍스트를 문학 텍스트답게 접근할 수 있다.

4——고전문학의 주체적 수용을 위한 전략

문학 수업에서 교사는 학생들에게 권위 있는 해석을 소개하기 마련이다. 예를 들어 「서경별곡」의 "네가시럼난디몰라셔"에 대해 교사는 그럴듯한 해석을 몇 가지 제시할 수 있다. 그러나 이러한 방식으로 교수·학습이 이루어지면 학습자의 능동적이고 주체적인 사고 활동이 이루어지기 어렵다. 권위 있는 해석을 소개하더라도 학습자 스스로 그 해석의 그럴듯한 점과 문제점을 판단하는 재료로 활용하도록 해야 문학 텍스트를 보는 눈과 힘이 생긴다. 그러므로 교수·학습 방법의 요체는 학습자의 주체적 사고 활동을 활성화하는 방향으로 이루어져야 한다.

교사는 학습자가 문학 텍스트에 대해 근거와 논리를 갖추어 설명할 수 있으면 해석의 하나로 인정해 주어야 한다. 그러나 문학 교육에서 해석의 다양성은 인정하되 더 나은 해석이 있다는 관점이 필요하다. 더 나은 해석이 있다는 것은 문학 텍스트의 의미가 확정되어 있지는 않지만 해석의 공동체가 진리에 더 가깝다고 인정하는 해석이 있다는 의미이다. 수업 현장에서 해석의 공동체는 수업에 참여하는 학생들이다. 학생들이 논리와 근거를 갖추어 제 나름의 해석을 내놓고 서로 토론하고 비판하면서 학습 공동체의 다수가 인정하는 해석을 만들어 가도록 교사가 마당을 열어 주어야 한다.

그렇다면 고전문학 텍스트를 주체적으로 수용하기 위해서는 교수·학습 전략을 어떻게 설계해야 할까? 필자는 구조론적 이해, 맥락적 이해, 주체적 이해, 메타적 이해를 융합하는 것이 주체적 이해의 지름길이라 여긴다.

문학 교육의 중심 대상은 문학 텍스트이다. 문학 텍스트는 그 자체로 완결된 구조물이다. 고전문학 텍스트도 텍스트의 내적 논리를 해명하는 데에서 출발해야 한다. 구조론적 이해는 텍스트 자체를 교수·학습의 중심 대상으로 삼아 부분과 부분, 부분과 전체의 관계 속에서 텍스트를 이해하는 능력을 기르기 위한 것이다. 문학 텍스트의 궁극적 의미 해석은 사회·문화적 맥락 등과 연관 지어 해야겠지만, 그것은 문학 텍스트 자체의 내적 질서와 논리를 토대로 할 때 정당화될 수 있다. 교사는 자신의 수업 전략에 따라 학습자가 지금까지 습득한 선지식 또는 배경지식과 문학 능력을 동원하여 주어진 텍스트의 의미를 재구성하도록 한다. 이때 교사는 학습자들에게 텍스트 자체의 질서와 논리에 따라 개별 학습자의 '각자 읽기'를 통해 작품 내적 상황을 파악하도록 유도해야 한다. 그런 다음 '각자 읽기'로 파악한 상황을 학습 공동체에 풀어놓으며 서로의 읽기를 비교하고 상호 토론하는 '함께 읽기' 활동을 수행한다. 집단 지성을 발휘하는 과정에서 텍스트의 실체에 한층 근접한 상황의 최대치를 끌어낼 수 있을 것이다. 이와 같은 구조론적 이해는 권위 있는 해석으로부터 텍스트를 떼어 놓고, 학습자 자신의 관점으로 텍스트에 접근하게 한다. 나아가 구조론적 이해를 바탕으로 텍스트 밖 맥락을 추론하는 활동을 할 수 있다. '맥락 추론하기' 활동은 문학이 삶의 기록 또는 반영이라는 관점에서 작품 외적 세계를 이해하게 하는 것이다.

문학 텍스트는 그 자체로 완결된 구조물이지만, 구체적 맥락에 놓여야 의미가 확정된다. 문학 텍스트와 관련된 맥락은 사회·문화적 맥락, 작가 맥락, 독자 맥락, 문학사적 맥락 등을 포괄한다. 문학 텍스트의 의미는 이러한 맥락에 의해 제한되거나 구체화되고, 절실해지거나 심화된다. 비근한 예를 들면, 임제의 시조 "북천(北天)이 맑다커늘 우장(雨裝) 없이 길을 나니/산에는 눈이 오고 들에는 찬 비로다/오늘은 찬 비 맞았으니 얼어 잘까 하노라"는 날이 맑아 우장 없이 길을 나섰다가 찬 비를 맞아 추위에 떨며 잘 수밖에 없다는 뜻의 평범한 시로 보이지만, 기녀(妓女) 한우와 그의 시를 외적 맥락으로 가져오면 표현과 의미가 범상하지 않은 시가 된다. 그러므로 우리는 텍스트의 구조론적 이해에만 머무를 수 없다.

맥락을 지식으로 습득하는 것은 오히려 텍스트 이해에 방해가 된다. 맥락 지식은 텍스트를 이해하는 과정에서 부수적으로, 또는 필요에 따라 넓혀야 할 지식이다. 맥락적 이해는 '그때, 거기', '그(들)'의 맥락을 텍스트와 연관 지어 이해하는 능력을 기르기 위한 학습 전략으로, 텍스트 맥락화 능력을 신장하는 데 초점을 맞춘다. 텍스트 맥락화란 텍스트와 맥락을 상호 소통시켜 텍스트의 의미를 확정하는 활동이다. '화자의 정서나 태도, 인물의 행동이나 심리를 이해할 수 없다'라는 문제는 맥락적 이해로 풀릴 수 있다.

맥락적 이해를 위해 다음과 같은 활동을 할 수 있다. 교사는 학생들로 하여금 주어진 텍스트를 이해하는 데 적합한 맥락 정보나 지식을 가져오게 하거나, 교사가 다양한 맥락 정보를 제공하고 학생이 텍스트 이해에 필요한 것을 취사선택하게 할 수 있다. 홍랑의 시조 "묏버들 가려 꺾어 보내노라 임에게/자시는 창밖에 심어 두고 보소서/밤비에 새잎 나거든 날인가도 여기소서"에서 '버들'[류(柳)]이 '머무르다'[류(留)]와 동음이의어 관계에 있음과 꺾꽂이가 잘되는 생식적 특성이 있음을 안다면, 떠나는 임을 붙잡고 싶은 화자의 간절한 마음과 떠나더라도 자신을 잊지 않고 기억해 주기를 바라는 화자의 애틋한 마음을 더욱 절실하게 공감할 수 있다.

또한 학습자의 텍스트 맥락화 능력을 기르기 위해 '맥락 치환하기'와 '맥락

조작하기'를 활용할 수 있다. '맥락 치환하기'는 교사가 학습자에게 맥락 정보를 선택적으로 제공·차단함으로써 텍스트의 의미 해석이 달라지는 양상을 탐구하거나, 서로 충돌하는 맥락을 함께 제공함으로써 학습자가 적절한 맥락을 선택하게 하는 활동이다. 교사가 통제·조절하여 제공하는 맥락 정보를 학습자가 텍스트 맥락화함으로써 텍스트 해석이 달라질 수 있음을 깨닫게 될 터이다. '맥락 조작하기'는 가공의 맥락('만약 ~이라면')을 만들어 제공함으로써 맥락 변화에 따라 텍스트의 의미 해석이 어떻게 달라지는지를 경험하는 활동이다. 윤선도의 「산중신곡」 둘째 수 "비 오는데 들에 가랴 사립 닫고 소 먹여라/마히 매양이랴 쟁기 연장 다스려라/쉬다가 개는 날 보아 사래 긴 밭 갈아라"는 작품 외적 맥락을 가져오면, 혼란한 시대에는 조정에 나아가지 않고 물러나 있으면서 학문과 심성을 닦다가 태평한 시대가 도래하면 조정에 나아가 그동안 연마한 학문과 경륜을 펼쳐 자신의 이상을 실현하겠다는 의지를 드러낸 시로 읽을 수 있다. 만약 텍스트가 가문이 몰락하여 불운한 신세를 한탄하며 술로 세월을 보내는 아들에게 아버지가 써 준 시라면 어떻게 해석할 수 있을지 물을 수 있을 것이다. 이처럼 학습자는 맥락이 바뀜에 따라 텍스트를 재해석하는 경험을 함으로써 텍스트 맥락화 능력을 신장할 수 있다.

주체적 이해는 '지금, 여기', '나'의 맥락, 즉 학습 주체인 학습자 자신의 맥락에서 텍스트를 수용하는 것이다. 문학은 인문·사회·자연에 관한 문제의식을 토대로 인간의 삶에 대한 문제를 제기하는 텍스트라는 관점에서 고전문학 텍스트를 '지금, 여기'에 있는 '나(학습 주체)'의 맥락에서 이해하는 것이다. 이것은 고전문학 텍스트와 학습자가 속한 동시대 문학 텍스트를 상호 텍스트의 관점에서 접근하는 것으로 구체화된다. 예컨대 '자연 친화'를 읊은 고전 시가와 오늘날 생태 문학의 상호 텍스트성을 탐구할 수 있다. 이들은 자연을 객체가 아닌 상호 소통할 수 있는 주체로 보는 관점을 공유하며 인간다움의 회복을 지향하는 주제 의식을 내포하고 있다는 점에서 동질적이다. 학습자는 현재적 관점에서 고전문학 텍스트의 '자연 친화'에 접근함으로써 문학의 생태적 본질 및 인간과 자연에 대한 진지한 성찰이 요구되는 오늘날의 문제에 접근할 수 있다.

교사는 맥락의 변화나 가치관·세계관에 따라 텍스트 이해와 평가가 달라질 수 있음을 학습자가 깨달을 수 있도록 수업을 설계해야 한다. 이것은 고전문학 텍스트를 '그때, 거기', '그(들)'의 맥락에 비추어 이해·평가하는 것과 '지금, 여기', '나(우리)'의 맥락에 비추어 이해·평가하는 것을 견주어 보는 방법으로 접근할 수 있다. 예를 들어 『흥부전』의 "잘난 사람도 못난 돈, 못난 사람도 잘난 돈", 「봉산 탈춤」의 "시대가 금전이면 그만", 「우부가」의 "입구멍이 제일이라 돈 날 노릇 하여 보세" 등에 나타나는 물질 또는 자본에 대한 인식을 '그때, 거기', '그(들)'의 맥락에서 평가했을 때와 '지금, 여기', '나(우리)'의 맥락에서 평가했을 때 다를 수밖에 없다. 즉, 중세에서 근대로의 이행을 역사 발전의 당위로 평가하는 것과 맞물리면서 '그때, 거기', '그(들)'이 내보인 물질 또는 자본에 대한 인식을 긍정적으로 평가할 수 있다. 그러나 물질 만능의 폐해를 극복하고 정신적 가치와 인간다움의 회복이 필요한 '지금, 여기', '나(우리)'의 맥락에서 평가한다면 이 작품들에 나타난 물질 또는 자본에 대한 인식을 부정적으로 평가할 수도 있다. 이러한 활동을 통해 학습자는 자기 시대를 인식하고 판단·평가하는 능력을 기를 수 있으며, 그것은 고전문학 텍스트에 현재적 가치나 의미를 부여하는 일이 될 터이다.

고전문학 텍스트를 오늘날 되살리는 일은 메타적 이해를 통해 더욱 탄력을 받는다. 메타적 이해는 고전문학 작품을 활용하여 '지금, 여기', '나'의 맥락에서 텍스트를 재생산하는 것이다. 고전문학 텍스트 및 그와 관련된 맥락 정보들은 학습자가 생산할 텍스트 자료로 활용된다. 이를 위해서는 학습자 자신의 맥락을 정확하고 깊이 있게 통찰하여 문제를 발견하도록 해야 한다. 학습자 맥락에 대한 문제의식을 명료히 하기 위해 고전문학 텍스트의 관점에서 오늘날의 맥락을 비판할 수도 있고, 현재적 관점에서 고전문학 텍스트와 그 맥락을 비판할 수도 있다. 한편, 고전문학 텍스트에서 문제의 핵심에서 비켜서 있는 것도 '나'가 생산할 텍스트의 핵심 문제로 가져올 수 있다. 「허생전」의 허생 처에 주목하여 여성 해방의 관점에서 텍스트를 생산하거나, 「이생규장전」 등의 혼사 장애 모티프에 주목하여 경제, 신체, 나이 등을 이유로 남녀의 만남과 사랑에 장애가 일어나는 이야기를 생산할 수 있다.

이처럼 구조적 틀에서부터 모티프에 이르기까지 주어진 고전문학 텍스트와 관련된 것은 무엇이든 학습자가 생산할 텍스트의 주제로 활용될 수 있다. 무엇보다 중요한 것은 고전문학 텍스트의 문제의식을 '지금, 여기'의 '나(우리)'가 생산할 텍스트의 문제의식으로 수용·전환하는 일이다. 또한 문학 텍스트 생산 전후에 문학 비평 텍스트를 생산하는 활동도 할 수 있다. 즉, '나'의 문학 텍스트 생산을 위한 점검 차원에서 고전문학 텍스트에 대한 메타 텍스트 생산 활동을 할 수 있으며, 학습자가 생산한 문학 텍스트를 대상화하여 상호 비평적 메타 텍스트를 생산할 수 있다.

이상의 활동은 학습자 자신의 맥락에 대한 문제의식을 가지고 고전문학 텍스트에 접근하는 자세를 갖게 할 것이다. 그 결과, 고전문학 텍스트를 자기 시대와 결부시켜 자기 시대의 문제로 전환하는 능력, 문학 텍스트 비평 능력, 문학 텍스트 생산 능력을 신장시킬 수 있다. 이와 같은 활동이 고전문학을 오늘날에도 살아 있는 문학으로 만드는 길이다. 이것이 '그것이 나와 무슨 상관이 있는가'에 대한 답이다.

5——새로운 방향을 모색하기 위한 제언

이 글은 고전문학 작품을 배우는 학생들의 세 가지 회의적 반응에 답할 수 있는 고전문학 교육의 교수·학습 방법론을 모색한 것이다. 그것은 문학 텍스트의 수용과 생산 능력을 문학 능력의 핵심으로 보고, 학습자의 사고력과 비평적 능력을 신장시키는 방향과 고전문학 텍스트를 정전이자 범례이면서 자료로 보는 관점이었다. 구체적으로는 구조론적 이해, 맥락적 이해, 주체적 이해, 메타적 이해 방법을 융합하는 것이었다. 학년급, 학습 목표에 따라 무게 중심이 달라질 터이지만, '고전'이라는 특수성과 '문학'이라는 보편성을 아우르면서 문학을 문학답게 다루는 일이야말로 고전문학을 현재에도 미래에도 살아 있는 문학으로 만드는 길이다.

앞으로의 고전문학 교육의 방법론 모색 또한 학습자들의 의문에 답할 수 있는 것이어야 한다. 이를 위해 고전문학 텍스트에 대한 유연한 관점으로 텍스트를 가지고 놀면서 학습자들의 문학 비평적 사고력을 신장시키는 방향으로 교수·학습 방법을 모색해야 한다. 교수·학습 방법론에서 교수·학습 활동의 중심 주체를 학습자로, 중심 대상을 텍스트로 설정해야 함은 물론이다.

참고 문헌

문학 교육 전반에 대해 문제의식을 가다듬는 데에는 한국문학교육학회, 『문학 교육의 새로운 구도와 실천』(태학사, 2000); 우한용 외, 『실용과 실천의 문학 교육』(새문사, 2009) 등을 우선 참고할 만하다. 고전문학 교육에 관해서는 염은열, 『고전문학의 교육적 발견』(역락, 2007), 고전 시가 영역으로는 류수열, 『고전 시가 교육의 구도』(역락, 2008), 고전 소설 영역으로는 한국고소설학회, 『고전 소설 교육의 과제와 방향』(월인, 2005) 등을 추천한다.

고전문학 교육의 성찰과 전망

1——고전문학 교육의 범위와 의미

고전문학 교육은 초중등학교에서 이루어지는 제도 교육 범위인지, 학교 밖의 계속 교육이나 생활 교육의 범위인지, 학령과 상관없는 성인 대상 범위인지에 따라 현상과 과제와 전망이 달라질 것이다. 일반적으로 특정한 대상이나 제도 교육과의 관련성을 언급하지 않고 고전문학 교육을 논하면 대개 제도 교육으로 존재하는 초중등학교 국어 교과의 하위 영역을 생각하기 쉽다. 그렇지만 고전문학 교육의 범위와 함의를 폭넓게 생각하는 차원에서 보면 비단 초중등학교 국어 교과의 일원으로 한정하지 않는 시각이 필요하다. 국어과 교육의 하위 영역으로서의 고전문학 교육은 국어과 교육과정에 준해야 한다는 속성 때문에 그 범위나 내용, 방향이 제한될 수밖에 없기 때문이다.

학교 밖의 일상생활과 평생 교육 범위에까지 고전문학 교육의 논리와 이론이 영향을 미칠 것인지는 결론 짓기가 간단하지 않다. 그 기저에는 교육의 효과와 영향력을 산정할 수 없다는 현실적 어려움이 있다. 고전문학 교육의 현재와 미래, 그리고 과제와 전망을 논하는 이 자리에서는 고전문학 교육의 대상이 될 수 있는 범위를 최대한 폭넓게 고려하되, 우선적으로는 초중등학교 교육 범위를 중심으로 하고자 한다.

고전문학 교육이라 하면 당연히 갑오경장 이후 근대 교육의 성립과 관련하여 생긴 것이라 생각하기 쉽지만 실상은 이전부터 이미 이루어졌던 것이라 할 수 있다. 새삼 고전문학 교육이라는 명칭이 부여되고 교과로서의 성격을 갖게 된 것은 근대 학교 교육에서 비롯된 것이지만, 고전문학 교육이라 할 수 있는 실천적 행위는 우리의 문자·문학 향유와 함께 늘 있었던 것으로 볼 수 있는 것이다. 고전문학 교육을 근대 교육과 자연스럽게 연관 짓게 된 것은 학교 교육 곧 제도 교육 내의 국어과 교육에서 기능 교육이 아닌 문학 교육, 현대 문학이 아닌 고전문학을 다루는 교육과 같은 대타적 개념으로서 고전문학 교육이 자리 잡은 역사 때문인 것으로 보인다. 그래서 고전문학 교육의 실체가 무엇인지를 말하자면 엄정하게 구분하기 어려운 점이 있다. 몇백 년 전에 쓰인 소설이어서 고전 소설로 분류가 되지만 현대에 영화로 재생된 작품을 가르친다면 이는 고전문학 교육인지 현대 문학 교육인지 아니면 매체 교육인지, 국어 시간에 고전문학 작품을 다루기는 하지만 이를 말하기·듣기·읽기·쓰기 능력을 기르기 위한 자료로 활용하는 경우 고전문학 교육으로 보아야 하는지 아니면 말하기·듣기·읽기·쓰기 능력을 기르는 국어 교육으로 보아야 하는지 등과 같은 예가 그러하다.

이 글에서는 고전문학 교육의 의미를 고전문학 작품을 가르치고 배우는 행위와 실천, 이론을 아우르는 범주로 보면서 그 대상을 우선적으로 제도 교육 범위에서 다루고자 한다. 그렇다고 해서 고전문학 교육의 의미가 제도 교육 범위 안에만 있다고 보는 것은 아니다. 장기적인 관점에서는 제도 교육 범위 밖으로 의미를 확대하고자 하는 노력이 필요할 것이다.

고전문학 작품의 개념에 대해서도 의미를 확정하는 일이 필요하다. 여기서는 고전문학 작품을 우리나라의 '옛 문학'이라는 범주에 포함되는 작품이라는 의미와 '전범성'이라는 가치를 지닌다는 의미로 보고, '고전문학'의 개념을 별도로 논하지는 않을 것이다. 고전문학을 정의할 때 '옛 문학'이라는 의미와 '전범성'이라는 두 범주는 때로는 교집합, 때로는 합집합의 개념으로 쓰인다. 여기서는 국어 교육적으로 접근이 가능한 가치 있는 우리 옛 문학이라면 고전문학으로 대상화할 수 있다고 보고자 한다. 다시 말하면, 고전문학 작품이 문학 영역 내에서 문학 교육 자료로 쓰이든, 말하기·듣기·읽기·쓰기를 위한 활동 자료로 쓰이든 고전문학 교육의 범위 내에 포함될 수 있다고 본다.

고전문학 교육의 과제와 전망을 논하는 자리에 적합한 이야기를 하기 위해서는 지금까지 이루어진 고전문학 교육의 성과와 함께 앞으로 해결해야 할 과제를 도출하고 방향을 모색해야 할 것이다. 현행 제도 교육 내에서 국어 교육의 현황과 위상 변화를 볼 때 고전문학 교육의 근본 문제는 고전문학 교육의 가치와 필요성이 무엇인지 국어 교육 연구자와 실천 주체(교사, 학생 등) 사이에, 심지어 고전문학 연구 종사자 사이에도 서로 공유하지 못하는 데 있는 것으로 보인다. 학교 현장에서 고전문학 작품은 이해하기 어려운 것, 알 수 없는 문자들이 많은 것 등 부정적 요소의 대명사인 것처럼 거론되는 경우가 있다. 고전문학이라 '고전(苦戰)'한다느니, 오래된 뻔한 이야기를 뭐하러 읽어야 하느냐느니, 굳이 이런 어려운 말을 이해해 가면서까지 읽어야 하느냐느니 따위의 의문이 제기되기도 한다.

고전문학 교육이 이런 평가를 받게 된 데에는 전공자로서 일말의 책임감을 느껴야 할 것이다. 그리고 고전문학 교육을 논의하고 강조하는 것은 단지 기존에 해 왔고 전공자가 있기 때문이 아니라 정말로 우리가 알아야 하고, 알면 살아가는 데 어떤 효용이 있기 때문이라는 것을 공유할 필요도 있다.

이러한 논의에서 중요한 것은 고전문학 교육의 범위가 어디까지인 것보다는 국어 교육 내에서의 고전문학 교육을 상정할 때 고전문학이 어떻게 다루어져야 한다고 보는 관점의 문제이다. 고전문학 교육과 관련하여 연구의 영역이든 실천의 영역이든 주요 쟁점은 고전문학을 국어 교육의 틀 안에서 어떻게 바라보고 교육 자료로 삼느냐에 있기 때문이다. 따라서 여기서는 고전문학 교육의 현실적 문제들을 정리하고, 고전문학 교육에 필요한 실천적 과제들을 도출해 봄으로써 향후 고전문학 교육을 전망해 보고자 한다.

2——고전문학 교육의 현실적 과제

1) 고전문학 교육의 현실 문제

고전문학에 대한 초중등 학생들의 관심이나 교사들의 인식은 대체로 부정적인 편으로 보인다. 실제 초중등 학생들을 대상으로 한 설문 조사를 통해서도 이러한 경향을 확인할 수 있다. 고전문학에 대한 부정적인 인식은 추정하건대, 현대 문학에 비해 크게 느껴지는 시공간적 거리감, 고전문학의 언어나 표현이 지닌 어려움, 옛것이라는 데에서 비롯되는 부정적 선입관 등에서 찾을 수 있다.

시공간적 거리감이나 고전문학의 표현으로 인한 난점은 근원적인 것이어서 고전문학 교육을 주창하는 위치에서 볼 때 근본적인 해결이 불가능할 수도 있다. 따라서 이 문제가 그리 새삼스러운 것은 아니다. 그렇다고 해서 전혀 해결할 수 없는 문제도 아니다. 고전문학의 표현 문제는 최대한 학습자의 수준에 맞는 표현으로 교재화하는 작업으로 어느 정도 해결할 수 있기 때문이다. 또한 시공간적 거리감의 문제는 근본적인 해결책은 없을지 모르나 학습자를 고려한 다양한 교수·학습 방법으로 해결할 수 있다.

그런데 최근 들어 이 문제가 심각하게 느껴지는 것은 국어과 교육과정의 변화 추이와 관련이 있다. 제7차 교육과정 이후의 변화 과정을 보면 수업 시간이 전반적으로 감축됨에 따라 국어과 자체적으로 성취 기준이 지속적으로 감소해 온 것이다. 그래서 교육과정 개정 때마다 국어과의 하위 영역별로 교육 내용 조정과 성취 기준 감축이 이루어지는바, 이는 '문학' 영역도 마찬가지이다. 다른 한편으로 고전문학 교육의 현실적 문제와 어려움이 현대 문학에 비해 더 크게 보이는 것은 국어과 교육과정의 '문학' 영역에서 고전문학 작품과 현대 문학 작품의 비중을 명시하지 않고 있기 때문이다. 다음은 2015 개정 국어과 교육과정에 제시된 내용 체계에서 '문학' 영역의 갈래에 해당하는 부분이다.

핵심 개념	초등학교 1~2학년	초등학교 3~4학년	초등학교 5~6학년	중학교 1~3학년	고등학교 1학년
▶문학의 갈래와 역사 • 서정 • 서사 • 극 • 교술 ▶문학과 매체	• 그림책 • 동요, 동시 • 동화	• 동요, 동시 • 동화 • 동극	• 노래, 시 • 이야기, 소설 • 극	• 노래, 시 • 이야기, 소설 • 극 • 교술	• 서정 • 서사 • 극 • 교술 • 문학 갈래의 역사

주목할 만한 것은 '문학' 영역의 하위 갈래가 이전과 달라진 점이다. 2011 개정 국어과 교육과정에서는 '시(시가), 소설(이야기), 극, 수필, 비평'이었는데, 2015 개정 국어과 교육과정에서는 '문학의 갈래와 역사'와 '문학과 매체'라는 항목을 분리하여 제시하고, 문학 갈래는 '서정, 서사, 극, 교술'의 4분법을 적용한 것이다. 어쨌든 최근까지 국어과 교육과정에서 제시된 문학의 갈래 적용에서는 고전과 현대를 구분 짓지 않는다. 이는 문학 교육에서 고전과 현대의 구분보다는 서정, 서사, 극, 교술이라는 갈래의 차이가 더욱 중요하다는 것을 전제로 하기 때문이라 할 수 있다. 이러한 국어과 교육과정 내에서의 문학 교육 현실은 고전문학 교육을 현대 문학 교육과 분리하여 보기 어렵게 한다. 그래서 고전문학 교육의 근원적 난점은 국어과 교육의 실행 차원에서는 불리하게 작용할 수밖에 없는 것이 현실이다.

고전문학 교육의 현실적 과제는 제도 교육을 벗어난 범위에까지 영향을 미칠 수 있다. 다시 말해, 초중등 교육에서 고전문학을 제대로 만나지 못하고 정규 교육을 마친 학습자의 경우 고전문학에 대한 적절한 학습 경험을 가지지 못하였기 때문에 성인 학습자가 되어서도 고전문학에 대해 긍정적 관심이나 인식을 갖지 못할 가능성이 큰 것이다.

2) 고전문학 작품 수용의 빈도 부족

고전문학 교육이 현실적으로 맞닥뜨리고 있는 또 하나의 과제는 국어과 교육 내에서 고전문학 작품의 다양한 수용이 이루어지지 못하고 있다는 것이다. 여기에는 두 가지 원인이 있다고 판단되는데, 한 가지는 고전문학 작품이 국어 교육에서 다루어질 기회가 점점 줄어들고 있는 현실이다. 다시 말해, 고전문학 작품이 교과서에 실리는 빈도나 작품 수가 현저히 줄어들고 있다는 것이다. 이는 제7차 교육과정 개정 이후 2009 개정 국어과 교육과정이 적용된 교과서가 나오기까지 고전문학 작품의 빈도수를 조사해 보면 알 수 있다.

고전문학 작품이 교재화되는 빈도수가 낮아진 문제는 특히 국민 공통 기본 교육과정에 해당하는 교과서에서 심각하다. 고등학교 국어과에서는 어느 과목을 선택하느냐에 따라 달라지기는 하지만, 문학 과목에서 다루어지는 고전문학 작품의 수와 종류가 어느 정도 확보되어 있다. 하지만 국민 공통 기본 교육과정 시기의 경우는 우리나라의 모든 학생이 공통으로 배우는 국어 시간임에도 어느 교과서를 선택하느냐에 따라 중학교 3년 동안 5~6편 정도 배울 수도 있지만, 극단적으로는 1편밖에 배우지 못할 수도 있다.

이러한 문제는 앞에서 살펴본 국어과 교육과정의 진술 방식에서 비롯된다고 할 수 있다. 교육과정상으로는 문학의 하위 갈래로 서정, 서사, 극, 교술이 있을 뿐 고전과 현대의 구분은 없기 때문이다. 그래서인지 국민 공통 기본 교육과정 시기의 국어 교과에서 고전문학을 다룰 수 있는 기회 자체가 줄어들고, 이에 따라 작품의 종류도 빈약해지고 있다. 이러한 상황에 맞닥뜨리고 보면 다른 어떤 문제보다도 일단 교과서에 고전문학 작품이 실리도록 해야 한다는 고민을 하게 된다. 어떤 방식으로든 초중등학교 국어 시간에 고전문학 작품이 다루어질 수만 있으면 좋겠다는 생각이다.

또 한 가지는 고전문학 작품이 국어과 교육과정의 실행 단계에서 다루어진다 하더라도 정작 그 수업이 고전문학 작품을 제대로 수용하는 방향으로 이루어지지 못하고 있는 것은 아닌가 하는 우려이다. 이러한 의문과 우려의 기저에는 제7차 교육과정 이후에 달라진 성취 기준 중심의 교육이 있다.

최근 들어 성취 기준 중심의 수업이 강조되고 있는바, 이는 최근까지 추구되어 온 국어과 교육과정의 역사와 다르지 않다. 성취 기준 중심의 수업은 학습자의 성취 수준을 명시하면서 달성해야 할 목표를 분명히 한다는 장점이 있다. 그렇지만 다른 한편으로는 단위 차시에서 달성되어야 할 학습 목표를 분절적으로 성취하도록 수업이 이루어지기 때문에 고전문학 작품이 지닌 총체성이나 맥락을 함께 다루기가 어려울 수도 있다.

예를 들어 "작품을 읽고 인물이 겪는 갈등을 설명할 수 있다."와 같은 성취기준이 있다면, 교과서 개발 시 교재화 과정에서 어떤 고전문학 작품을 선택하더라도 인물의 갈등에 초점을 맞추어야 한다. 달리 말하자면, 고전문학 작품과 관련된 다른 교육 내용은 다루든 안 다루든 상관이 없고 인물의 갈등만 다루면 되는 것이다. 이를테면 『홍길동전』을 다룰 때 작가나 주제, 작품의 구조 등은 다루지 않아도 인물의 갈등에 대해서만 교육할 수 있는 교재이면 되는 것이다.

이 같은 문제는 현재와 같은 교과서 검인정 체제하에서는 교육과정의 준수를 엄격히 적용하는 경향과 관련되어 더욱 심각한 양상으로 나타난다. 물론 기본적으로 모든 교과서는 교육과정을 최대한 잘 구현해야 하는 것이 맞지만, 교육과정의 성취 기준을 너무 경직되게 적용한다거나 교육과정 서술을 문면 그대로 구현하는 데 그쳐서는 안 되는 것 아닌가 하는 의문이 생긴다.

3) 고전문학 연구, 교육 연구, 실천 영역의 소통 문제

한편, 국어 교육학의 성립 과정에서 이루어진 논의들에서 일어난 고전문학 교육에 대한 관점의 변화가 현재의 고전문학 교육의 어려움으로 연결되는 부분이 있다. 국어 교육학에 대한 관점이 성립되기 이전에는 국어 교육의 의미가 국어 국문학의 이론적 성과를 적절한 교수법으로 전달하는 것이었다. 즉, 국어 국문학 교육이 국어 교육이라는 관점이 강했다. 이를 고전문학 교육으로 말하면, 국어 국문학 연구에서 다루어진 고전문학 연구 결과를 바탕으로 고전문학 작품과 이론을 교육하는 것이 고전문학 교육이라는 것이다. 그렇지만 국어 교육학의 발전과 함께 국어 교육과 고전문학 교육에 대한 이러한 관점은 거의 사라졌다. 좀 극단적으로 말하는 논자들은 국어 국문학은 국어 교육의 한 부분일 뿐이라며 국어 교육학과 국어 국문학을 연관 짓기를 꺼린다.

물론 국어 교육학의 이론적 성립 과정에서 보면 이러한 관점에 논리적 타당성이 있다고 할 수 있을지 몰라도, 그렇다고 해서 굳이 국어 국문학과 국어 교육을 상관없는 영역으로 보고 경계선을 그을 일은 아니라고 판단된다. 특히 고전문학 교육은 국어 교육의 다른 영역과 달리 국어 국문학 연구와 긴밀한 소통이 필요한 영역이다. 고전문학 교육이 국어 교육의 목표로서 성취 기준을 달성해야 하는 책무가 있기는 하지만, 이를 위해서는 기본적으로 고전문학 연구를 바탕으로 해야 하기 때문이다. 그렇다면 오히려 고전문학 교육의 경우 국어 국문학 연구와 더욱 적극적으로 소통이 이루어져야 할 필요가 있다.

고전문학 교육의 연구와 실천, 고전문학 연구 영역과의 소통 문제가 실제로 국어 교육에서 주요하게 작용하는 지점은 크게 국어 교육 자료로서의 작품 선정 문제, 교재화 방향과 내용 구성 문제, 교수·학습 과정에서의 해석 문제 등이다. 고전문학 교육에서 다룰 작품을 선정하기 위해서는 지금까지 고전문학 연구에서 가치 평가를 받은 작품을 참조해야 하고, 새로운 자료의 발굴이나 관점, 문학사적 사실이나 평가를 지속적으로 반영하기 위해서는 고전문학 연구 영역과 끊임없는 소통이 이루어져야 한다. 또한 어떤 고전문학 작품을 어떻게 교재화하고 어떤 교육 내용을 선정해야 하는지를 결정하기 위해서도 고전문학 연구의 결과를 참조해야 한다. 뿐만 아니라 고전문학 작품의 교수·학습 과정에서 해석의 다양성을 어디까지 허용할 것인지, 어떤 해석이 적합하고 정당한 해석인지 결정하는 과정에도 고전문학 연구의 성과가 필요하다.

3——고전문학 교육의 미래와 전망

지금까지 살펴본 고전문학 교육의 현실적 문제들에서 앞으로 고전문학 교육에서 해결해야 할 과제를 알 수 있었다. 우선적으로는 고전문학 작품과 학습자 또는 교사의 거리를 좁히는 노력이 교육과정 내에서의 고전문학 교육이 존재하는 방식에 대한 고민을 구체화하고 고전문학 작품의 교재화 방식을 개선하는 등 다양한 방향으로 이루어져야 한다. 제도 교육 내에서의 국어 교육, 그리고 그 안에서 고전문학 교육이 존재하는 범위 내에서는 이와 같은 노력이 이루어져야만 해결될 수 있기 때문이다.

제도 교육을 벗어난 범위에서의 고전문학 교육은 매우 자유로운 방식의 더 창의적이고 획기적인 방법으로 변화할 수 있을지도 모르겠다. 제도 교육 내에서 고전문학 교육이 존재해야 하는 이유에 공감한다면 이러한 노력은 더욱 적극적으로 이루어져야 할 것이다. 무엇보다 중등학교 국어과 교육과정의 변화에 대해 적극적으로 고민해야 하고, 실행 방안을 마련할 수 있어야 한다. 말하기, 듣기, 읽기, 쓰기, 문법 등 다른 영역과 함께 실행되는 국어 과목 내에서의 고전문학 교육의 위상을 근본적으로 검토해 보고, 문학 과목에서의 고전문학 교육과 어떻게 같고 다른지를 짚어 보아야 한다.

그리고 고전문학 교육을 위한 이론들이 계속해서 공급되어야 한다. 정작 고전문학 교육이 실행되는 국어 교육 현장에서는 어떻게 해야 할지를 몰라 우왕좌왕하는 경우가 많은 데다가 이론적 근거 없이 교육과정 실행으로 바로 연결되는 경우도 없잖아 있기 때문에 이에 대한 관심이 필요하다. 이제는 고전문학 작품이라는 것이 마땅히 교육해야 할 것으로 여기는 시대도 아니다. 오히려 거꾸로 지금과 시간적·문화적 거리감이 있는 고전문학 작품을 왜 가르쳐야 하는지 그 정당성을 피력해야 하는 처지가 된 것이다. 이러한 상황에서 고전문학 교육을 위한 이론들이 풍성하게 제공되어야 할 것이다.

고전문학 교육을 위한 이론을 마련하고 국어과 교육과정 내에서 고전문학 교육의 위상을 강화하기 위해서는 고전문학 교육과 관련된 제반 학문 분야와 적극적인 소통이 이루어져야 한다. 이는 고전문학 교육 연구와 고전문학 연구, 교육학 연구, 사회 문화 연구 등 이론과 이론 간의 소통이기도 하지만, 고전문학 교육 연구와 현장 간의 소통이기도 하다. 이렇게 고전문학 교육을 둘러싼 제반 분야의 다각적 소통은 현재 당면한 문제뿐만 아니라 앞으로 다가올 과제를 해결할 수 있는 방안이 될 것이다.

한편으로 현재 우리 앞에 놓인 고전문학 교육의 현실과 과제를 인식하고 해결하는 데에도 고민과 노력을 해야겠지만, 앞으로 고전문학 교육의 나아갈 바를 찾는 것도 필요하다. 초중등학교 교육 내에서의 고전문학 교육뿐만 아니라 평생 교육, 교양 교육 등 학령기를 벗어난 시기의 교육 분야에서 고전문학이 자리 잡을 수 있는 길과 방법, 그리고 의의 찾기가 논의되어야 한다. 예를 들면, 최근 주목받고 있는 치유 관점의 적용이나 일반 교양으로서 고전문학 읽기의 의의 찾기 등이 그것이다. 이는 근본적으로 고전문학이 단지 교육의 범주 내에서만 의미 있는 것이 아닌 데다가 고전문학이 지닌 효용성은 매우 넓은 범위에 작용하기 때문이다.

참고 문헌

국어 교육의 한 영역으로서의 고전문학 교육에 대한 전반적 검토와 고전문학 교육 이론에 대한 논의로는 이상익 외, 『고전문학 어떻게 가르칠 것인가』(집문당, 1994); 김대행, 『국어 교과학의 지평』(서울대학교 출판부, 1995); 박경주, 「고전문학 교육의 연구 현황과 전망 — 시가 교육을 중심으로」, 『고전문학과 교육』 제1집(청관고전문학회, 1999); 김대행 외, 『문학 교육 원론』(서울대학교 출판부, 2000); 염은열, 「고전문학의 교육적 대상화에 대한 연구 — 문화론적 관점을 중심으로」, 『고전문학과 교육』 제3집(청관고전문학회, 2001); 한국고소설학회, 『고전 소설 교육의 과제와 방향』(월인, 2005); 서유경, 「고전문학 교육 연구의 새로운 방향」, 『국어 교육』 제123호(한국어교육학회, 2007) 등이 있다.

고전문학 교육의 과제와 지향에 대해서는 김종철, 「고전 소설 교육의 과제와 방향」, 『고전 소설 교육의 과제와 방향』, 한국고소설학회(월인, 2005); 권순긍, 「중학교 고전 소설 교육의 지향과 방법 — '환상성'과 '상호 소통성'을 중심으로」, 『반교 어문 연구』 제21집(반교어문학회, 2006); 서유경, 「고전문학 교육의 실행 현황과 향후 과제」, 『국어 교육학 연구』 제43집(국어교육학회, 2008); 「고전 소설 교육 실행과 연구의 과제」,『고소설 연구』 제38집(한국고소설학회, 2014) 등을 참고할 수 있다.

고전문학 교육과 국어과 교육과정의 문제에 대해서는 염은열,「국어 활동 영역과 문학 영역의 관계 설정에 대한 연구」,『문학 교육학』 제18호(한국문학교육학회, 2005); 류수열,「문학 교육과정의 경험 범주 내용 구성을 위한 시론」,『문학 교육학』 제19호(한국문학교육학회, 2006) 등의 논의가 있다.

고전문학 교육의 실천적 과제와 관련해서는 김종철,「고전문학 교육의 방향과 교과서」,『민족 문학사 연구』 제12호(민족문학사연구소, 1998); 김석회,「고전 시가 교육과 작품 해석의 개방적 정합성」,『국어 교육』 제100호(한국어교육학회, 1999); 김성룡,「중세 시대의 대구 학습과 문학 교육」,『문학 교육학』 제9호(한국문학교육학회, 2002); 서인석,「고전 산문 연구와 국어 교육」,『국어 교육』 제107호(한국어교육학회, 2002) 등의 논의를 참고할 만하다.

고전문학의 교재화와 관련한 논의로는 한창훈,「언어와 예술 자료로서의 고전문학과 교육 — 주로 고전 시기를 대상으로 하여」,『문학 교육학』 제4호(한국문학교육학회, 1999); 조희정·서명희,「교과서 수록 고전 제재 변천 연구(1) — 건국 과도기부터 제7차 교육과정기까지 문헌 제재를 중심으로」,『문학 교육학』 제19호(한국문학교육학회, 2006); 김현정,「중등학교 고전문학 교육의 위계성 검토(1) — 2009 개정 교육과정과 교과서를 중심으로」,『국어 교육 연구』 제32집(서울대학교 국어교육연구소, 2013) 등이 있다.

고전문학 교육에 대한 다각적 관점의 정립에 관해서는 김종철,「문학 교육의 문화론적 관점」,『국문학과 문화』, 한국고전문학회(월인, 2001); 정운채,「고전문학 교육과 문학 치료」,『국어 교육』 제113호(한국어교육학회, 2004); 조희정,「고전 리터러시(Literacy) 교육을 위한 새로운 구도 — 근대적 변화 양상의 검토를 통해」,『국어 교육학 연구』 제21집(국어교육학회, 2004) 등에서 논의한 바 있다.

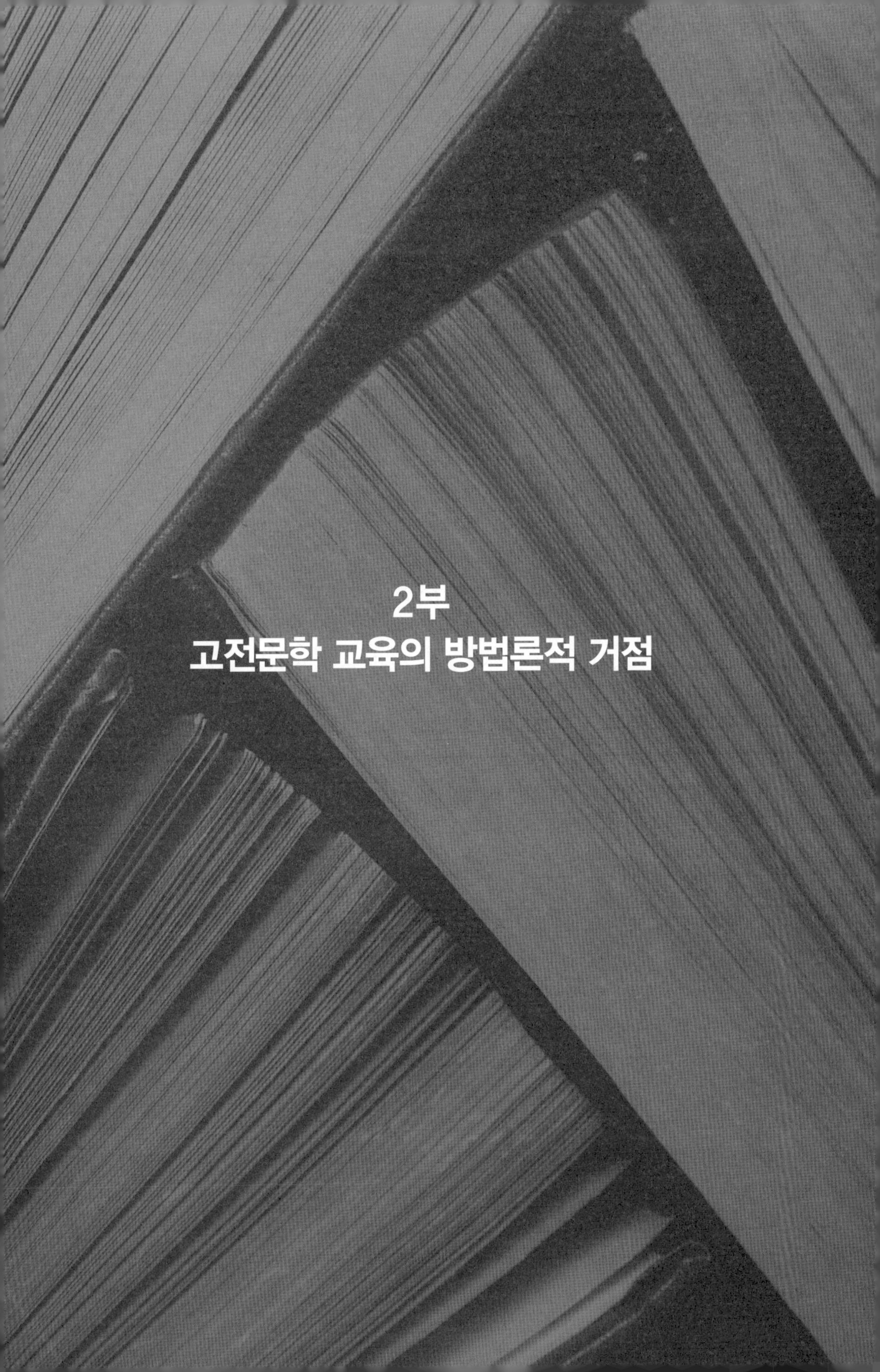

2부
고전문학 교육의 방법론적 거점

고전문학 교육과 텍스트

1——고전문학 교육에서의 텍스트의 개념과 범위

고전문학의 경우, 현대 문학과 달리 텍스트가 존재하는 양상과 속성을 이해할 필요가 있다. 고전문학 텍스트가 생성된 시공간적 거리가 현재와 커다란 차이가 날 뿐만 아니라 언어 자료라는 측면에서 볼 때 현재와 달리 낭독, 필사, 판각, 활자 등 여러 형태의 텍스트로 존재하였기 때문이다. 그렇다면 고전문학 교육에서 텍스트란 과연 무엇인가? 현행 고전문학 교육에서 '텍스트(text)'를 어떤 의미로 사용하는지 그 개념부터 확인하고 넘어가자.

고전문학 교육도 문학 교육의 일부이므로 교육과정의 '문학' 영역에서 규정하고 있는 '텍스트'의 의미를 적용해야 할 것이다. 교육과정에서는 영역별로 '텍스트'의 의미를 다르게 파악한다. 즉, 듣기·말하기 영역에서는 '담화'를, 쓰기 영역에서는 '글'을, 문법 영역에서는 '언어 자료'를, 문학 영역에서는 '작품'을 '텍스트'로 규정하고 있다. 이렇게 본다면 고전문학 교육에서 '텍스트'는 '작품'의 대체어로 사용 가능한 의미어가 된다. 단, 고전문학에서는 입말의 채록까지 작품으로 인정하기 때문에 글말로 기록된 일반 작품과 함께 문학 내 '텍스트'의 성격과 문체를 좀 더 정확히 이해할 필요가 있다.

사실 고전문학 '연구'에서 말하는 '텍스트'는 기본적으로 서지적 이해와 판단의 대상이다. '원전 비평'이라는 것이 바로 이것을 의미한다. 그러나 고전문학 '교육'에서는 이뿐만 아니라 학습자에게 제공될 필요가 있는 여러 정보도 텍스트로 간주할 수 있다. 오늘날 텍스트 언어를 해독하거나 갈래적 관습과 특성을 이해하고, 사회적·문화적 요인과 문학사적 맥락을 이해하기 위해서는 다각도의 접근과 이해가 필요하기 때문이다. 이런 의미에서 교육 현장에서 사용될 수 있는 고전문학 '텍스트'의 형태는 다양하다. 아니, 다양해야 한다.

2——무엇이 문제인가

그렇다면 고전문학 교육에서 텍스트와 관련하여 무엇이 문제인가?

첫째, 시간적 거리가 큰 나머지 고전문학 텍스트가 오늘날 독자의 감각과 많이 다르다는 점이다. 학습자가 고전문학에 대해 느끼는 심리적 거리감을 시공간적 거리감이라 할 때, 이것은 독자가 고전문학에 대해 느끼는 거부감이나 낯선 감정, 또는 당혹감으로 표출되곤 한다. 표기 방식과 어휘 및 표현의 차이가 커 원전의 의미를 직접적으로 파악하기 어렵다. 작가 시대의 현실적 시공간과 작품 속에 구현된 시공간 사이에도 거리가 분명 존재하는데, 거기에 더해 현대 독자와의 현실적 시공간까지 고려할 때 그 간극은 고전문학 이해에 커다란 걸림돌로 다가온다. 따라서 이것을 어떻게 극복하느냐가 관건이다.

둘째, 무엇보다 고전문학 작품은 현대 문학 작품과 달리 원작 또는 저자 개념이 희박하다. 실제로 작자 미상의 작품이 많은 데다가 이본(異本)이 많은 까닭에 원작과 저자를 규명하는 것이 쉽지 않다. 고소설의 경우만 하더라도 작품의 유형이 다양하고 다수의 이본이 존재한다. 이본이 많다는 것은 그만큼 작품의 내용과 성격 역시 다를 수 있음을 의미한다. 따라서 특정 역사 갈래종에 대한 이해뿐 아니라 그런 이본들을 향유하였던 작가와 독자, 언어 표기 형태(한문, 국문), 유통 방식(세책본, 방각본, 활자본 등)에 대한 종합적 이해가 요구된다.

셋째, 현대어 번역의 문제이다. 현재 고전문학 텍스트와 만나는 주 독자는 고등학생이다. 교과서를 통해 고전문학을 접하므로, 교과서에 제시된 텍스트 형태야말로 학습자가 고전문학 교육에 대해 느끼는 첫인상이자 흥미 유발의 직접적 원천이 된다. 따라서 학습자가 대면하는 텍스트가 어떤 형태로 다가가야 하는가라는 문제는 매우 중요한 의미를 갖는다. 즉, 어떤 수준의 텍스트를 제시하는 것이 고전문학 교육에서 적절한가 하는 것이다. 소위 난이도와 교육 내용의 위계 설정이 중요한데, 두 가지 다른 관점이 대립하고 있다. 하나는 고어와 옛 표현 또는 표기가 그대로 노출된 원전 아닌 원전 텍스트를 제시하여 당대 언어에 내포된 고유한 심미안과 정서를 알게 하는 것이 교육적으로 필요하다는 것이고, 다른 하나는 학습자의 수준과 감각·정서 등을 고려하여 원전의 묘미를 충실히 살리며 번역한 훌륭한 현대어 번역본을 교과서 텍스트로 제시하는 것이 더 중요하다고 보는 견해이다. 그런가 하면 직역도 의역도 아닌, 문화적 의미까지 고려한 복합적 번역을 지향해야 한다는 소수의 목소리도 존재한다.

넷째, 고전문학 텍스트는 콘텍스트(context)와 밀접한 관련을 갖는다. 고전문학 텍스트야말로 문화 변동의 역사적 조건 속에서 산출되었기 때문이다. 앞서 언급했듯이, 고전문학 텍스트는 현대인에게 시간적·정서적 거리감을 유발하는 주요인으로 인식되어 있다. 그러나 과거 역사 속 시간과 공간, 사회·문화적 환경, 말과 글이 사용된 상황과 환경을 고려하지 않고는 현대인이 고전문학 텍스트에 담긴 주제 의식과 문학적 관습을 제대로 이해하기 어렵다. 따라서 텍스트상의 맥락과 독서 환경상의 전후 사정까지 두루 고려한 콘텍스트적 이해와 접근 방법이 긴요하다. 고전문학 텍스트와 관련하여 주제(사상)와 서사 구조, 곧 텍스트 그 자체보다 문화 변동의 역사적 조건, 곧 콘텍스트에 기초한 텍스트 이해가 필요한 이유가 바로 여기에 있다.

예컨대 시조나 가사 등 국문 시가의 경우는 구비 전승되다가 기록으로 정착된 것이 적지 않다. 시조에 제목이 없는 것은 현대 시와 근본적으로 다른 향유 방식에서 출발하였기 때문이다. 오늘날 즉흥적으로 입말로 짓고 향유하는 삼

행시처럼 노래로 불리고 구전에 의해 존재하였던 시가 작품을 문자 텍스트로 인식한다면 이는 실상을 잘못 이해할 수 있고 또 다른 오해를 낳을 수 있다. 민요와 판소리의 사설, 봉산 탈춤과 꼭두각시놀음(인형극)의 대사가 현대의 시나리오나 극본처럼 태생적으로 창작 텍스트로 존재한 것이 아니라, 구전 대사를 후대에 몸짓 연기와 음악까지 고려하여 채록해 놓은 결과물임을 제대로 인식하는 것이 필요하다.

다섯째, 교과서에 수록된 고전문학 텍스트 제시와 출처 제시의 정확성 문제이다. 전자는 교과서에 수록된 텍스트가 비선본(非善本)이거나 원 출처의 텍스트와 비교해 부분 누락된 것이 있다거나 잘못된 번역 텍스트를 사용한 경우이다. 후자는 교과서에서 제공하는 서지 관련 정보가 부정확하거나 텍스트 저본 사항이 잘못 기재된 경우인데, 간혹 복수 출처를 합성한 것도 있다. 따라서 교과서에 수록된 고전문학 텍스트와 그 출처 제시는 다른 영역에 비해 상당한 주의와 정확성이 요구된다.

3——어떤 텍스트로 어떻게 가르칠 것인가

그렇다면 문제는 다양한 텍스트 이본과 콘텍스트성을 지닌 고전문학 작품을 어떻게 교육용 학습 내용과 방법으로 체계화하고 체화하느냐는 것이다. 고전문학 독서를 위한 텍스트 제공뿐 아니라 교육 자료로서의 텍스트 활용 문제를 함께 고민해야 할 것이다.

현재 접하는 텍스트가 어느 시기에 생성된 것인지를 아는 일에서 작품 이해와 감상의 기본 지식이 확보될 수 있다. 예컨대 『홍길동전』이 17세기에 쓰였다고 하나 현재 전하는 가장 이른 시기의 텍스트는 19세기 중반 이후의 경판본 텍스트이다. 시조도 사실 고려 후기부터 노래로 불리거나 구전되던 것이 18세기에 이르러 김천택, 김수장, 박효관 등 전문 가객에 의해 비로소 기록으로 남게 되었다. 그런 만큼 현전하는 텍스트의 실상과 창작 및 향유 환경을 역사적 맥락에서 이해하는 것이 중요하다.

현재 시조, 가사는 대학 수학 능력 시험을 비롯한 국가시험에서 원전 텍스트를 그대로 제시하고, 필요한 경우 각주 또는 여백 부분에다 어휘 뜻풀이를 해 놓고 있다. 율격과 시어 표현을 원문에 따름으로써 우리말 노래의 맛을 느낄 수 있도록 하기 위해서이다. 민속극에서의 대사도 원 채록본을 그대로 사용한다. 「봉산 탈춤」의 경우 채록 시기가 가장 오래된 만큼 구연과 현장 문화적 성격이 강한 탈춤의 맛을 오롯이 전하기 위해 원문 텍스트를 그대로 보여 주고 있는 것이 좋은 예이다.

그런데 앞서 언급한 대로, 고소설 등 긴 분량의 고전 산문 텍스트의 경우 상대적으로 원문 표기 그대로 제시할 필요가 있는가에 대해 논란이 많다. 원전을 통한 내용 이해 및 감상 교육을 중시하는 쪽에서는 원문 텍스트를 교과서 지문으로 제시할 것을 고집한다. 이에 반해 학습자 또는 일반 독자를 우선적으로 고려하여 눈높이와 감각에 맞는 현대어 번역문을 교과서 전문에 게재해야 한다고 주장하는 절충파도 있다.

학습자가 텍스트와 만나는 구체적 활동은 바로 '작품 읽기'이다. '작품 읽기'는 기본적이면서도 핵심적인 교육 내용을 차지한다. 학습자들은 작품을 읽음으로써 수용과 창작 능력을 함양하고 새로운 문학 주체로 성장하게 된다. 특히 교사는 학습자의 작품 읽기 내용과 방향을 결정짓는 데 큰 영향을 미친다는 점에서 문학 교육에서 교사의 역할이 매우 중요하다.

고전문학 교육의 핵심은 고전문학 텍스트를 잘 읽는 법을 가르치는 것이다. 과거의 고전문학 텍스트가 갖는 의미는 고정되어 있지 않고 현재화되기 마련이다. 물론 고전문학 텍스트는 그 자체로 내재적 가치를 지닌다. 문제는 원래의 텍스트가 가치 있다고 해서 그것이 곧바로 교육적 가치를 획득하는 것은 아니라는 점이다. 고전문학 텍스트를 온전히 읽어 내기 위해서는 여러 다른 텍스트가 필요하다. 문학사적 지식도 필요하고, 갈래의 특성도 이해할 필요가 있으며, 사상과 예술, 경제에 대한 이해도 요구된다. 이런 텍스트별 특성을 제대로 이해할 때 고전문학 텍스트의 교육적 가치를 고려할 수 있다.

교육적 가치는 어떤 내용이 대상 학습자의 유의미한 성장에 적극적으로 관련될 때 성립된다. 즉, 교육적 가치는 존재론적으로 '주어져 있는 것'이 아니라 대상과의 관계에 의해서 '성립되는 것'이다. 그런데 현행 고전문학 교육에서 텍스트는 기형적으로 학습자와 만나고 있다. 학습자들은 오로지 시험을 보기 위해 교과서에 수록된 고전 작품을 '이해'가 아닌 '암기'의 대상으로 대면한다. 그렇기에 정철의 「관동별곡」은 고전문학 텍스트로서 모두가 그 고전성을 인정하지만, 고등학생에게는 가장 싫어하는 작품이 되고 만다. 『구운몽』과 『춘향전』을 한 번도 제대로 읽지 않고 작품의 성격도 파악하지 못하는 학습자가 만점을 받고 고전문학을 잘한다는 환상을 갖게 된다. 이를 보더라도 고전문학 텍스트 원본 자체는 교육적 의미를 강하게 지니고 있지 않다. 오히려 제대로 된 번역과 주석이라는 매개를 통해 당대의 관습과 시대적 맥락을 이해하고 그에 따른 문제의식을 종합적으로 파악할 수 있을 때 비로소 교육적 가치가 살아 있게 된다.

또한 특정 텍스트의 편식성은 지양되어야 한다. 제7차 교육과정에서 만든 『국어(상·하)』 교과서에 김만중의 『구운몽』, 박지원의 「허생전」, 판소리계 소설 『춘향전』이 수록된 이후로 2007, 2009, 2011 개정 교육과정에 입각하여 집필된 『국어』 교과서에도 여전히 박지원의 작품과 판소리계 소설이 전체 고전문학 수록 작품 중 절반을 넘는다. 그렇기 때문에 학교 정규 과정을 이수한 학습자들이 12년 동안 8종의 고소설 작품만을 읽고 졸업하는 꼴이 된다. 국어 교과 내 텍스트 선정 및 체계화 문제는 정전(正典)을 재정전화하는 것에 다름 아니다. 다양한 텍스트가 제시될 수 있도록 선택의 기준을 다각화할 필요가 있다. 문학사적인 의미도 있으면서 문학적 완성도도 높은 작품을 택해야 할 것이다. 장르적 변화를 이끈다거나 문제적 주제를 보여 주는 작품, 시대와 사회를 이끌 만한 비판과 통찰을 담고 있는 작품, 시대와 성별을 뛰어넘어 공감을 줄 만한 작품이 교과서에 예전(例典)으로 소개되는 것이 검인정 교과서 체제하에서 그 취지에 부합한 것이 된다.

4——원문과 번역문의 교육적 가치

텍스트 교육은 실제로 다양한 이본이 존재하였으며, 역사적 갈래종 역시 시대와 문학 담당층에 따라 달리 산출되었다는 것을 주지시키는 것으로부터 시작된다. 다양한 이본이 있을 경우 그중 선본(善本)을 정하는 것이 필요하다. 물론 선본이 정해졌다 하더라도 다른 이본과 교감·교주 과정을 거쳐 교감본(校勘本)이나 교합본(校合本)을 만들 수 있다. 본격적 주해를 가한 주석본(註釋本)은 물론, 주석본을 토대로 한 현대어 번역본도 가능하다. 따라서 교사는 어떤 이본을 읽고, 배우고, 가르쳐야 할 것인지를 고려한 후에 학습자가 텍스트를 만날 수 있도록 해야 한다.

그렇다면 풀어 쓴 텍스트를 어떻게 볼 것인가? 교육적 가치에 방점을 둔다면, 소설이든 시조든 풀어 쓰는 것이 필요하다. 그래서 중고등학생 학습자들이 쉽게 읽을 수 있는 현대어 번역본을 교과서에 수록하기도 한다. 예컨대 2007 개정 교육과정까지는『한국 고전 문학 전집』(고려대학교 민족문화연구원) 텍스트를 원전으로 보고 이 텍스트를 교과서에 수록하였지만, 2009 개정 교육과정에 의거해 만들어진 교과서부터는 휴머니스트 출판사에서 간행한 청소년용 책 등의 번역문을 교과서 본문에 싣기 시작하였다. 이 현대어 번역본이 일선 전문가의 책임 있는 번역 결과물이라는 암묵적 합의 또는 동의가 있었기 때문에 가능한 일이었다. 이처럼 고전문학 교육에서 텍스트는 필연적으로 번역의 문제와 만날 수밖에 없다. 국문 작품의 현대문이 원문을 대신할 수 있고, 한문 이해를 돕기 위한 좋은 번역문이 또 하나의 창작물이 될 수 있다. 결국 고전문학 교육은 텍스트 언어를 스스로 해석하고 이해하는 바탕 위에서 시작될 수 있다. 학습자는 다양한 번역 텍스트와 만날 때, 문학의 가치와 전통을 이해하고 문학 활동에 능동적으로 참여하여 문화 발전에 기여할 수 있는 기본 소양을 갖출 수 있게 된다.

이때 번역본은 예상 독자를 고려하여 번역의 층위와 수위를 달리할 필요가 있다. 어린이들이 읽을 수 있도록 쉽게 번역·개작한 텍스트부터 중고등학교 학생들을 위해 현대어로 쉽게 풀어 쓴 텍스트에 이르기까지 여러 이본과 작품들은 고전문학 교육용 텍스트로서 하나하나가 소중하다. 대학생 이상 일반인 독자를 위해 원전에 충실한 현대어 번역본도 있다. 이처럼 번역본을 대상 독자를 기준으로 몇 가지 수준별로 나누어 이해하는 것이 필요하다.

5——합의를 위한 제언

고전문학 작품을 읽고 난 후 학습자들은 '나는 어떻게 살아야 할 것인가?'라는 질문에 스스로 답하려는 자기 성찰적 사유를 하게 된다. 고전문학 텍스트는 존재 자체의 가치 외에도 교육될 만한 가치와 속성을 지니고 있으며, 오랜 시간 전승되는 과정에서 지속적으로 향유되고 재해석되어 현재에도 일정한 정서적 영향력을 갖고 있기 때문이다. 고전문학이 심미적인 가치를 유지한 채 학습자의 삶의 체험을 확장시키는 현재적 실체라는 것은 대다수의 현대인이 공감하고 인정하는 바이다. 학습자가 고전문학을 통해 인간의 보편적인 삶에 대한 체험을 확장하고 자기실현을 꾀할 뿐 아니라, 우리 문화의 원형 속에 위치한 자신의 존재를 자각하는 것이 중요해졌다.

이런 점에서 원전 텍스트의 현대적 변용은 중요한 의미를 지닌다. 고전문학의 원 텍스트를 개작, 윤색, 패러디하여 재창작(rewriting)하는 일이 빈번해졌을 뿐 아니라, 여러 매체 변환을 통한 텍스트 변용이 활발해진 상황에서 고전문학 교육에서도 매체 변환이 빈번하게 이루어지고 있다. 특히 디지털 시대에 고전문학 텍스트는 끊임없이 디지털 기술과 만나고 변용될 것을 요구받고 있다. 이제 고전문학은 '읽을거리'를 넘어, 보고 듣고 연행하는 복합 감각적 '놀 거리' 역할까지 수행해야 하는 단계에 이르렀다. 이 같은 변화는 분명 도전적이다. 그리고 변화된 조건을 고려하여 고전과 변용된 텍스트 간의 대화적 읽기를 시도하거나 디지털 문화 콘텐츠 시각으로 고전 읽기 방법을 개척하는 일 또한 필요해 보인다.

텍스트 문제는 결국 소통을 전제로 한다. 고전문학 교육의 목표를 원전의 멋과 아름다움, 그리고 가치를 느끼는 데 초점을 맞출 경우 원전에 가까운 텍스트를 교육 자료로 제시해야 할 것이다. 그러나 교육 목표가 고전문학에 대한 흥미 제고와 현재적 적용에 있다면 어렵게 느끼는 원문 텍스트보다는 번역문이나 개작물을 적극 활용할 필요가 있다. 결국 텍스트 선정과 사용 문제는 교육 목표를 어디에 두느냐에 따라 달라질 수 있다. 고전문학 교육을 통해 얻고자 하는 교육적 가치가 무엇인지에 대한 사회적 합의가 필요한 이유가 바로 이 때문이다. 그러할 때 원문과 번역문, 개작문의 의의와 활용은 얼마든지 다면적으로 적용·해석될 수 있다.

교육과정상 고전문학 교육의 목표 설정이 중요한 이유도 바로 여기에 있다. 번역을 포함한 넓은 의미의 변용 텍스트에 따른 교육적 효과와 구체적인 목표를 제시해야 할 것이다. 다시 말하면, 변용에 대한 기본 원칙과 목표, 예상 효과가 적절하고도 구체적으로 수립되어야 하며, 변용 결과물에 대한 텍스트적 평가가 이루어져야 한다. 교육적으로 텍스트 변용의 방향과 목적이 분명히 제시되지 못할 경우 그에 따른 평가 또한 무의미해질 수 있다. 재창작 텍스트의 가치와 의미를 선입견 없이 원전 텍스트와 등가적 작품으로 인식하기란 쉽지 않은 일이다. 이를 불식시키기 위해서라도 고전문학 텍스트 제시의 수위와 범위, 그를 통한 교육적 목표와 방향 제시가 절실히 요청된다.

교과서 외에 보조 교재 성격의 풀어 쓴 텍스트 선집도 다수 마련되어야 할 것이다. 교과서에 수록된 텍스트 범주만으로는 고전문학 텍스트의 한계와 제약을 해결하기 어렵기 때문이다. 아울러 텍스트에 대한 출처 오류를 시정해야 한다. 좋은 번역문 수록 역시 여전히 과제다. 그러나 고전 산문 텍스트와 달리, 고전 시가 텍스트는 교과서나 대학 수학 능력 시험에서 그대로 제시되고 있다. 분량이 짧은 데다 원전 텍스트가 갖는 고유한 감흥과 정서를 현대어 번역 텍스트로는 제대로 전달하기 어렵기 때문이다. 원전 감상이 요구되는 고전 시가 분야에서의 텍스트 활용 방안도 계속 고민할 필요가 있다.

참고 문헌

고전문학 교육과 텍스트에 관해서는 임치균, 「고전 소설의 대중화 문제」, 『정신 문화 연구』 제86호(한국정신문화연구원, 2002); 한창훈, 「고전문학 '텍스트'의 정체성과 교육적 가치 — 2009 개정 교육과정에 따른 검정 교과서를 중심으로」, 『문학 교육학』 제24호(한국문학교육학회, 2007); 최호석, 「고등학교 『문학』 교과서 수록 고전 소설 텍스트의 출처 제시 오류에 대한 고찰」, 『우리 어문 연구』 제44집(우리어문학회, 2012); 고정희, 『고전 시가 교육의 탐구 — 시공간적 거리감, 전유, 정서를 중심으로』(소명출판, 2013) 등에서 펼친 다양한 논의를 참고하면 좋다.

고전문학 교육과 매체

1——2015 개정 국어과 교육과정에 나타난 매체 활용

매체란 '어떤 작용을 한쪽에서 다른 쪽으로 전달하는 물체, 또는 그런 수단', '둘 사이에서 어떤 일을 하는 구실을 하는 물건' 등으로 정의된다. 예를 들어 A와 B가 직접 만난 것이 아니라 휴대 전화 통화로 이야기를 주고받았다면, 이때 매체가 된 것은 휴대 전화이다. 매스 미디어 즉 대중 매체란 어느 한쪽이 많은 수의 사람을 상대로 하는 매스 커뮤니케이션의 매체를 말한다. A가 텔레비전 방송사이고 B가 시청자라면, 텔레비전은 매체인 동시에 대중 매체이다. 뉴미디어란 1980년대 이후 전자 기술의 발전에 따라 새롭게 발달한 온라인 신문, 위키피디아, 블로그, 소셜 미디어 등의 매체를 일컫는 용어이다. 메시지가 일방적으로 흐르는 올드 미디어, 즉 책이나 신문, 텔레비전, 영화와 같은 기존의 전통적인 매체에서는 일반인들이 정보의 수동적 수용자에 머물게 되지만, 디지털 기반의 대화형 상호 작용이 보장되는 뉴 미디어에서는 일반인들도 정보의 적극적인 창조자 또는 제공자로서 매체에 접근할 수 있다.

국어 교육에서는 이러한 매체를 어떻게 수용하고 있을까? 국어과 교육과정에 매체와 관련한 내용이 도입된 것은 제7차 교육과정 이후이다. 이전부터 매체 활용 교육을 위한 움직임이 있었으나, 그 개념이 본격적으로 명시된 것은 제7차 교육과정에 이르러서였다. 그로부터 2015 개정 교육과정에 이르기까지 매체는 꾸준히 주요하게 다루어져 왔다. 교과서에서는 매체를 '정보와 지식, 사상과 정서를 전달하고 공유하는 수단'으로 정의하며, 책, 신문, 잡지, 라디오, 사진, 광고, 영화, 텔레비전, 컴퓨터, 인터넷, 이동 통신 기기 등을 예로 제시한다. 전통적인 대중 매체로서의 올드 미디어에서부터 미디어 시대의 쌍방향 소통을 특징으로 하는 뉴 미디어까지 국어 교육에서는 다양한 매체를 두루 포괄한다.

매체 교육은 그 목적과 내용에 따라 둘로 나뉜다. 첫째, 매체를 통한 교육이다. 학생들의 학습 동기 유발이나 학습 내용의 원활한 이해 등을 목적으로 하며, 이때의 교육 내용은 전통적인 국어과 영역에 속한다. 둘째, 매체에 관한 교육이다. 매체를 읽고 쓰는 능력, 즉 매체 언어의 운용 능력을 기르는 것을 목적으로 하며, 교육 내용의 초점은 매체의 이해와 활용이다. 2015 개정 교육과정에 선택 과목으로 신설된 '언어와 매체'가 그 심화형이다. 문학 작품이 있고 이를 원작으로 한 영화가 있다고 해 보자. 원작 즉 본디 작품에 대한 이해를 고취시킬 목적으로 영화의 일부 장면을 활용하며 수업을 진행하는 것은 전자의 매체 교육이고, 개작된 영화의 카메라 기술, 주인공의 동선, 의상과 분장 등을 분석하여 숨겨진 메시지와 의도를 학습하는 것은 후자의 매체 교육에 해당한다. 이 글에서 주로 논하고자 하는 것은 전자의 매체 교육이다.

2015 개정 국어과 교육과정에 나타난 매체 활용 가운데 고전문학 교육과 관련되는 부분은 다음과 같다. 우선 공통 과목 '국어'의 '문학' 영역에서는 '문학의 갈래와 역사'와 더불어 '문학과 매체'를 핵심 개념으로 설정하였다. 여기에는 '문학의 갈래와 역사'를 보여 주는 여러 고전문학 작품이 현대에 와서 다양한 매체로 변용된 양상을 함께 조망해 본다는 취지가 깃들어 있다. ⑨의 '원작'이나 ②의 갈래별 대표 작품으로 고전문학 작품이 제시될 수도 있다. (강조는 인용자)

학년(군)	교수·학습 방법 및 유의 사항
중학교 1~3학년	⑨ **재구성된 작품과 원작을 비교하며 감상하기**를 지도할 때에는 **원작과 재구성된 작품의 내용과 표현만이 아니라 관점의 변화나 그에 따른 형식과 맥락, 매체 등의 변화 양상**을 파악하도록 한다. 원작의 내용과 재구성된 작품에 반영된 새로운 상상과 가치 등을 발견하며 감상함으로써 비판적·창조적 재구성의 다양한 가능성을 이해하도록 한다. 나아가 **학습자 개인 또는 공동으로 시, 소설, 영화, 만화, 연극, 뮤지컬 등 다양한 매체와 갈래의 양식을 활용하여 재구성하도록 하는 활동**도 가능하다. 이러한 활동을 통해 작품에 형상화된 다양한 상상의 세계와 그 작품만의 가치를 이해하고 존중하는 태도를 갖추도록 한다.
고등학교 1학년	② **갈래의 특성에 따른 형상화 방법**을 중심으로 작품을 감상하기를 지도할 때에는 (중략) 극 갈래의 특성에 주목하여 영화의 형상화 방법을 파악하고 감상하는 등 **문학 갈래와 매체의 변환** 등을 연관 지어 지도할 수도 있다.

선택 과목 '문학'의 '문학의 수용과 생산', '한국 문학의 성격과 역사' 영역에 제시된 아래의 성취 기준도 고전문학 교육에서의 매체 활용과 관련된다. (강조는 인용자)

'문학의 수용과 생산' 영역	
성취 기준	**다양한 매체로 구현된 작품의 창의적 표현 방법과 심미적 가치를 문학적 관점에서 수용하고 소통한다.**
해설	이 성취 기준은 다매체 시대의 특성을 반영하여, **전달 매체의 특성을 고려한 작품 감상의 능력과 태도**를 기르기 위해 설정하였다. 오늘날 문학 작품의 소통은 신문, 잡지, 단행본 등 기존의 매체 외에 라디오, 텔레비전, 영화, 애니메이션, 인터넷, 휴대 전화 등 다양한 매체를 통해서 이루어진다. 동일한 작품이라도 이를 전달하는 매체의 성격에 따라 작품의 미적인 특성이나 감상 내용이 달라지기도 한다. 전달 매체의 특성이 작품의 창의적 표현 방법과 심미적 가치에 어떻게 반영되었는지를 살펴봄으로써 **다양한 매체로 구현된 작품을 문학적 관점에서 수용하고 소통**하도록 지도한다.

'한국 문학의 성격과 역사' 영역	
성취 기준	**지역 문학과 한민족 문학, 전통적 문학과 현대적 문학 등 다양한 양태를 중심으로 한국 문학의 발전상을 탐구한다.**
해설	이 성취 기준은 한국 문학의 내적 다양성과 외적 전개 양상을 살펴봄으로써 한국 문학에 대한 입체적이고 포괄적인 이해를 돕고 한국 문학의 발전상을 모색하는 태도를 기르기 위해 설정하였다. 공간적으로는 (중략) **시간적으로는 문자로 기록된 전통적인 문학과 디지털화된 새로운 문학의 관계 및 변화 양상 등을 다양하게 살펴보고 미래의 한국 문학이 나아갈 바를 탐색해 보도록 지도**한다. 나아가 세계화와 더불어 한국 문학의 개념이나 범위가 고정적이지 않고 역동적으로 전개될 것임을 예측해 보도록 한다.

선택 과목 '문학'의 '문학에 대한 태도' 영역 중 '교수·학습 방향' 3)-④에서 의미 있는 배움을 위한 학습자 참여형 교수·학습 방법론으로 매체 활용을 적극 제안한 점도 눈여겨볼 만하다. 고전문학 교육 연구의 장(場)에서 '재미'의 개념이 화두로 떠오른 바 있다. '재미'는 고전문학 작품 안에 이미 고정되어 존재하는 것이 아니라, 학습자의 읽기 과정 및 그 결과로 경험되는 것이다. 많은 학생들이 난해한 한자와 고어, 시공간적 거리감, 문화적 차이 등을 이유로 고전문학 자체를 기피한다. 따라서 고전문학 작품 읽기 과정에 학습자가 비교적 쉽고 친숙한 것으로 인식하는 매체를 폭넓게 활용하는 것은 학습자로 하여금 흥미를 가지고 수업에 참여하게 하는 계기가 될 수 있다.

2——고전문학 교육에서 매체 활용을 어떻게 할 것인가

교사는 학습 목표, 학습 내용, 학습자의 특성과 요구 등을 고려하여 그에 부합하는 다양한 교수 기법과 전략을 사용한다. 수업 방식에 따라 학생 집단을 적절하게 구성하여 운영할 수 있고, 수업 단계 및 상황에 따라 교수 기법과 전략을 달리할 수도 있다. 고전문학 교육의 경우도 그러하다. 학생들이 고전 시가 작품의 시적 화자가 처한 상황 및 심경을 파악할 수 있도록 '역할극'이나 '극중 인물과의 대화'와 같은 교육 연극을 시도하고, 고전 산문 작품의 인물, 사건, 배경을 깊이 있게 이해할 수 있도록 모둠별 협동 학습, 프로젝트 수업, 토의, 토론 등을 계획한다. 책, 신문, 잡지, 라디오, 사진, 광고, 영화, 텔레비전, 컴퓨터, 인터넷, 이동 통신 기기 등 다양한 매체를 활용하는 것도 고전문학 교육을 위한 효과적인 방편 중 하나이다. 여기서는 실제 고전문학 수업 현장에서 어떤 방식으로 매체를 활용할 수 있으며, 어떤 점에 유의해야 할지 '성취동기 부여' → '학습 내용 이해' → '심화 발전 학습'의 단계에 따라 찬찬히 짚어 보기로 한다.

1) 성취동기 부여를 위한 매체 활용

흥미는 학습의 자발적인 동기로 작용한다. 매체 활용으로 작품에 대한 흥미를 자극하여 학생들의 적극적인 성취동기를 유발할 수 있다면, 그 효과는 해당 작품은 물론 그와 연관되는 또 다른 작품들로도 파급·확장될 수 있다.

고전문학 수업에서 학생들의 성취동기 부여를 위한 매체 활용을 계획하고 준비할 때에는 다음 사항을 고려할 필요가 있다. 첫째, 작품에 따라 매체 자료의 수준을 조절해야 한다. 『춘향전』이나 『홍길동전』과 같이 널리 알려진 고전문학 작품의 경우, 대부분의 학생들은 이미 해당 작품에 대한 어느 정도의 배경지식을 갖추고 있다. 따라서 단순한 배경지식에 해당하는 내용만을 담은 매체 자료는 오히려 작품에 대한 흥미를 반감시키거나 학습 의욕을 떨어뜨릴 수 있다. 둘째, 매체를 활용하는 목적 및 매체-작품 간 연관성에 대한 충분한 설명이 이루어져야 한다. 수업 중에 단순히 작품과 관련된 사진이나 영상을 보여주는 데 그쳐서는 동기 유발의 교육적 효과를 얻기 힘들다. 제시한 매체 자료에 대한 친절한 설명이 부연될 때 학생들은 흥미와 기대를 가지고 작품에 다가갈 수 있다. 셋째, 매체 활용에 소요되는 시간과 자료의 수를 적절히 제한해야 한다. 성취동기 부여를 목적으로 하는 수업에서는 학습자 주도형의 활동보다 교사 주도의 간략한 매체 활용이 적절하다.

고전문학 수업을 위한 매체 자료를 준비할 때 교사가 직접 영상을 편집할 수도 있지만, 'EBS 클립뱅크'(http://clipbank.ebs.co.kr/main)와 같은 사이트를 활용하는 방법도 있다. 여기에는 고전문학 작품의 작자 및 시대 배경과 관계된 내용을 좀 더 쉽고 흥미롭게 이해시키는 데 도움이 될 만한 영상 자료가 DB화되어 있다.

고전문학 작품의 텍스트, 핵심 장면, 줄거리 등을 토대로 하였거나 고전문학 작가의 생애와 예술을 다룬 대중가요도 성취동기 부여 단계에서 활용하기에 적절한 매체 자료이다. 홍서범의 「김삿갓」, 이상은의 「공무도하가」, 이정표의 「황조가」, 육각수의 「흥보가 기가 막혀」 등이 좋은 예이다. 방식을 조금 달리하여 이러한 자료들을 심화 발전 학습 단계의 매체 변용 활동에 이용할 수도 있다.

2) 학습 내용 이해를 위한 매체 활용

학습 내용이란 학습 목표를 성취하기 위하여 학생들이 학습하는 내용을 말한다. 학습 내용에 대한 이해는 수업에서 가장 핵심이 되는 부분으로, 교과서에 수록된 작품 본문에 대한 기초적인 이해는 물론 '문학의 본질', '문학의 갈래와 역사'와 같은 학습 목표와 관련되는 종합적인 이해를 아우른다.

고전문학 수업에서 학습 내용 이해를 위한 매체 활용을 계획하고 준비할 때에는 매체 자료의 선택 기준이 학습 내용 이해라는 목적에 부합하도록 할 필요가 있다. 학습 내용에 대한 이해를 목표로 하는 만큼 매체 자료도 본문과 밀접하게 관련된 것이어야 한다. 성취동기 부여나 심화 발전 학습이 목적이라면 시대 배경, 사회적 맥락, 현대적 변용 등 좀 더 넓은 범위에서 작품과 간접적으로 연관되는 매체 자료를 활용할 수도 있겠으나, 이 단계에서는 그것이 본문 이해 및 학습 목표 실현에 적합하며 효과적인가 하는 것을 기준으로 삼아야 한다. 혹 원작과 다른 관점에서 인물, 주제 등을 해석한 매체 자료를 활용하게 되면 자칫 학생들에게 혼란을 줄 수 있다. 좀 더 체계적인 매체 활용 수업을 진행하고자 한다면 교사가 학습지를 만들어 배부하는 방법도 있다. 교사가 자기 나름의 수업 전략을 세워 준비를 한다 하더라도 일부 학생들의 관심은 작품 이해가 아닌 매체 자료 감상에 쏠릴 수 있기 때문이다.

요즘 오디오북이나 플래시 동영상 낭송시(영상 시), 팟캐스트 극장 등을 통해 문학을 즐기는 이들이 늘어나고 있다. 글이나 책 속에 문자로 존재하던 문학은 미디어 시대의 도래와 함께 그림, 음성, 소리, 이미지, 동영상 등과 만나 다양한 형태로 바뀌고 있으며, 이와 함께 문학의 수용과 생산, 유통 방식 역시 크게 변화하고 있다. 수업 중 작품 감상 시간에도 이를 활용할 수 있다. 사이버 문학 광장 사이트 '문장'(http://munjang.or.kr)의 '시 배달', '문장 배달', '라디오 명작 극장'이 비교적 널리 알려져 있기는 하나 근현대 문학 작품을 대상으로 하고 있어 고전문학 수업에 바로 활용하기는 어렵다. 팟캐스트 '명로진 권진영의 고전 읽기'(http://www.podbbang.com/ch/8256)에서는 『춘향전』, 『심청전』, 『흥부전』, 『삼국유사』 등을 라디오 드라마 형식으로 변환하여 다루고 있으므로 교과서에 수록된 작품 본문에 해당되는 부분이나 줄거리 소개로만 대체된 부분을 필요에 따라 들려줄 수 있다.

시조, 가사, 민요, 판소리 등을 수업할 때에는 KBS 프로그램 '국악 한마당'의 편집 영상을 활용할 수 있다. 가사 또는 사설이 자막으로 첨부되어 있어 교과서 본문이나 별도의 유인물을 참조할 필요 없이 영상 매체 활용의 효과를 온전히 거둘 수 있다. 가면극, 인형극 등 민속극 작품을 감상할 때에는 국립문화재연구소(http://www.nrich.go.kr)의 '영상 자료관'이나 DVD로 제작된 EBS 다큐멘터리 '한국 문화 유산 체험 — 한국의 무형 문화재'(총 10매, 2007)를 활용할 수 있다. 영상 가운데 교과서 본문에 해당되는 부분을 보여 주면서 무대, 연희자, 소도구, 대사, 연기 등과 관계된 특징적인 부분을 설명해 주면 민속극 갈래에 대한 학생들의 이해도 깊어질 것이다.

한편, 작품의 줄거리, 구조, 인물 관계, 어휘 등에 대한 기본적인 내용 이해를 도모하는 수업이라면 파워포인트나 프레지를 활용한 프레젠테이션 자료와 이미지를 보조 도구로 쓰는 것도 효과적이다. 파워포인트는 제작이 비교적 간편한 데다가 만화, 사진 등의 이미지나 여러 사운드와의 동시 활용이 가능하다는 점에서 학습 활동에 자주 활용된다. 이 방식은 특히 고전문학 작품의 어휘 풀이 과정에 유용하다. 교과서 본문 옆의 어휘 풀이만으로는 해당 어휘의 뜻이 온전하게 전달되지 않을 수 있고, 종종 학생들이 그 풀이 내용 자체를 이해하지 못하는 경우도 있기 때문이다.

3) 심화 발전 학습을 위한 매체 활용

심화 발전 학습 단계는 학습자가 앞서 배운 내용을 강화·발전시키는 한편 해당 작품을 자신의 것으로 완전히 내면화하는 것을 목적으로 하는바, 여기서 학습자 주도의 매체 활용을 본격적으로 시도해 볼 수 있다.

국어과 교육과정이나 교과서에서 매체를 강조하는 경향은 이전과 크게 달라진 독자들의 취향과 문학 환경, 그리고 학습자들의 요구와 관심이 국어 교육의 주요한 요인으로 부각된 상황과 무관하지 않다. 문학의 생활화를 문학 교육이 궁극적으로 추구해야 할 목표로 삼는 관점과 상통하는 것이다. 문학의 생활화를 위해서는 단순히 문학을 읽고 감상하는 데에서 나아가, 문학적으로 이해하고 문학적으로 말하고 쓰는 언어 활동을 영위할 수 있어야 하며, 이때 언어 활동의 대상에는 다양한 매체도 포함된다. 매체를 활용한 학생들의 자발적이고 자기 주도적인 언어 활동은 고전문학 교육의 심화 발전 학습 단계에서도 수행 가능하다. 물론 이러한 언어 활동의 목적은 매체 활용 자체가 아니라, 앞서 익힌 고전문학 작품 및 학습 목표에 대한 이해를 심화하는 한편 그것을 내면화하는 데 두어야 한다.

이 단계에서 매체 활용을 계획하고 준비할 때에는 활동의 중심이 고전문학 교육에 있음을 염두에 둘 필요가 있다. 매체 언어적 관점에 따른 문학 교육과 어느 정도 경계를 넘나들 수 있으나, 핵심은 학습 대상이 되는 고전문학 작품 및 학습 목표가 되어야 한다. 그렇지 않은 경우 작품에 대한 이해·감상과 심화 발전 학습이 학생들에게 별개의 활동으로 인식될 우려가 있다. 매체를 활용한 심화 발전 학습에 소요되는 시간과 난이도도 고려해야 한다. 학교에 따라서는 '블록타임제'를 활용하여 두 차시 연속 수업을 100분간 진행하면서 수업 시간 내에 심화 발전 학습을 수행할 수도 있다. 학습 목표를 잘 구현한 활동이라 하더라도 학생들이 지나치게 많은 시간과 노력을 들여 매체 자료를 만들어야 한다면 부담으로 작용할 수 있으니 유의할 필요가 있다.

심화 발전 학습의 경우에는 학생들이 해당 고전문학 작품 및 관련 지식에 대한 기본적인 학습이 이루어졌다는 전제하에 진행하는 것이 바람직하다. 학습 내용 이해를 목적으로 하는 수업을 마치고 심화 발전 학습으로 들어가기에 앞서 해당 작품의 줄거리, 인물, 사건 등을 정리할 때에도 매체를 활용할 수 있다.

예를 들면, 교사가 파워포인트로 퀴즈를 만들어 제시하거나, 학생들 스스로 마인드맵을 그려 보게 할 수 있다. 마인드맵의 경우 종이에 직접 그리는 방식 외에 Xmind, 알마인드와 같은 디지털 기반의 마인드맵 작성 프로그램을 이용하는 방법도 있다.

잡지나 신문 매체에 포함된 기사, 인터뷰, 광고, 사설 등 다양한 형식을 빌려와 고전문학 작품의 인물, 사건, 배경과 관계된 깊이 있는 내용을 표현해 볼 수도 있다. 「속미인곡」의 여성 화자를 인터뷰 대상으로 설정하고 기자와의 대담을 통해 그 처지와 심경을 드러내도록 하는 방법, 『전우치전』의 삽화들을 기사 형식으로 정리하도록 하는 방법 등이 예가 된다.

현대 시 수업에서 주로 활용되는 영상 시 제작 활동을 향가, 시조, 가사 등 고전 시가 수업에 적용해 보는 방법도 있다. 작품의 분위기에 어울리는 사진이나 그림, 배경 음악을 찾고, 감정을 살려 노랫말을 낭송한 녹음 파일을 만든 다음 이를 편집하여 수업 시간에 상영하고 함께 감상·평가하는 방식으로 활동을 진행할 수 있겠다.

3——고전문학 교육에서의 매체 활용의 효과와 한계

매체 활용은 교사가 고전문학 교육을 위해 선택할 수 있는 여러 교수 전략 가운데 하나이다. 교사는 성취동기 부여를 위한 매체 활용을 통해 학생들이 고전문학에 대해 가지고 있는 부정적 선입견이나 고정 관념, 편견을 어느 정도 내려놓고 작품 자체에 관심을 가져 보도록 유도할 수 있다. 학습 내용 이해 단계에서 매체 활용이 가장 효과적으로 나타날 수 있는 부분은 어휘 및 작품 본문에 대한 파악이라 하겠다. 사전적 정의만을 간략히 제시하는 교과서 어휘 풀이의 부족한 부분을 사진, 그림, 영화 등 다양한 시각 매체 자료의 활용으로 보완할 수 있으며, 작품 본문 감상에 매체 변용 자료나 관련 동영상 자료를 보조 수단으로 사용함으로써 학생들에게 작품을 더욱 쉽고 실감 나게 읽어 보는 경험을 제공할 수 있다. 심화 발전 학습 단계에서는 앞의 두 단계에서보다 넓은 범위에서 매체를 활용하여 학습자 주도의 적극적인 활동을 진행한다. 이러한 활동은 학생들로 하여금 고전문학에 단순한 관심 또는 호기심을 가지게 하는 데에서 나아가 그것을 내면화·생활화하도록 하는 동기가 될 수 있다.

이상 수업 단계별 매체 활용의 효용과 효과를 개략적으로 살펴보면 다음과 같다. 첫째, 학생들이 어렵고 낯설게 느끼는 고전문학의 내용을 구체적이고 감각적인 형태로 단순화하여 재편성함으로써 능률적이고 효과적인 학습을 도모할 수 있다. 정철의 「관동별곡」을 처음부터 끝까지 활자 형태의 텍스트로만 학습한다면 학생들은 쉽게 흥미를 잃고, 결국은 그와 유사한 시가 작품 및 고전문학 전반에 대해서도 지루하고 어렵다는 인상을 가지게 될 것이다. 단순히 글에 표현된 내용만으로는 관동 곳곳의 풍경에 대해 작자 정철이 느꼈을 감회를 정확히 파악하거나 공감하기 어려울 수 있다. 이때 그림, 사진, 지도와 같은 시각 자료를 적극 활용하여 그 내용을 구체적이고 감각적인 형태로 전달하면 학생들도 한층 관심을 가지고 수업에 임하게 되는 효과가 있다.

둘째, 작품 이해 및 감상의 폭을 넓힐 수 있다. 고전문학 작품 중 소설의 경우에는 비교적 장편이 많다. 교과서에는 보통 학습 목표와 관계되는 부분만 발췌하여 제한적으로 수록하고 있으며, 작품당 안배 가능한 수업 시수도 제한적이다. 이런 경우 영화나 드라마와 같은 매체를 활용하여 부족한 부분을 보충할 수 있다. 교과서 본문에는 생략되었지만 작품 전체 또는 본문에 대한 이해를 위해 반드시 필요한 부분을 매체 자료에서 찾아 편집하여 제시함으로써 수업 시간을 효율적으로 운영하면서 작품 이해 및 감상의 폭도 넓힐 수 있다.

셋째, 매체 활용을 통해 학습 경험을 다양하게 확대·심화시킬 수 있으며 이것이 재미의 획득, 여타 고전문학 작품으로의 파급으로 이어질 수 있다. 특히 학습자 주도의 적극적 매체 활용을 통해 이러한 효과를 얻게 되는 경우가 많다. 강의식 수업에 따라 시조를 교과서 본문 텍스트로만 학습한 학습자보다는 모둠별 활동으로 영상 시조를 직접 만들어 발표해 본 학습자가 시조 자체를 흥미롭게 인식할 가능성이 높다. 매체를 통한 다양한 학습 경험은 고전문학에 대한 평소의 선입견, 고정 관념, 편견을 완화하는 계기로 작용할 수도 있다. 학생들은 교과서에 활자 형태로 실린 작품보다 영화나 텔레비전과 같은 매체를 더 익숙하고 흥미롭게 느끼는 만큼, 수업 도입부에서 매체 활용으로 호응과 관심을 손쉽게 끌어낼 수 있다. 물론 그와 같은 호응과 관심을 이후의 수업 단계까지 지속시키기 위해서는 교사의 치밀한 준비가 요구된다.

넷째, 매체 활용은 인상적이고 기억에 오래 남는 학습을 가능하게 한다. 시청각 정보가 지니는 효과에 대한 한 연구 결과에 따르면, 매체를 통해 전달되는 다양한 유형의 정보는 학습자의 학습은 물론 기억 효과를 높이는 데 기여한다고 한다. 학습자는 귀로 들은 정보는 20퍼센트, 눈으로 본 정보는 30퍼센트, 눈으로 보고 귀로 들은 정보는 50퍼센트, 입으로 말한 정보는 80퍼센트, 말하고 직접 체험해 본 정보는 90퍼센트를 기억한다는 것이다. 매체 자료는 여러 감각 기관을 통합적으로 자극하기 때문에 고전문학 작품 및 지식에 대한 집중도를 높이고, 관련 정보를 신속하게 전달하며, 기억에 오래 남도록 하는 등의 효과가 있다.

그러나 고전문학 교육에서 매체 활용을 통해 얻을 수 있는 여러 유의미한 효과의 이면에는 일정한 한계도 있다. 첫째, 매체 활용으로 인해 오히려 수업 집중도를 떨어뜨리는 부작용이 발생할 우려가 있다. 무엇이든 과하면 독이 되는 법이다. '쉽게 쉽게'만 강조한 나머지 고전문학 작품 및 주변 지식과 관계된 내용을 너무 단순화·도식화한 매체 자료는 오히려 학생들의 작품 이해를 왜곡할 수 있다. 작품에 대한 학생들의 관심을 끌어 보고자 현란한 영상과 과도한 음향을 사용하여 제작한 매체 자료도 학생들의 수업 집중도를 떨어뜨리는 요인이 된다. 잠깐 동안의 관심과 흥미를 유발하는 데 그칠 것이 아니라, 수업 전 과정에 걸쳐 일정 정도의 관심과 흥미를 지속시킬 수 있어야 한다.

둘째, 학생들이 소극적이고 수동적인 학습 태도를 가지게 될 수 있다. 수업 시간에 제시되는 다양한 매체 자료를 별다른 생각 없이 감상하는 일이 반복되다 보면 작품 자체에 대해서도 유사한 태도를 취하게 된다. 따라서 학생들이 능동적으로 작품을 감상할 수 있도록 이러한 한계를 보완하는 교수·학습 방법을 마련할 필요가 있다. 또 영화, 애니메이션, 드라마 등 고전문학 작품을 원전으로 한 영상 매체 자료를 자주 접하는 것은 학생들의 문학적 상상력을 저해하는 결과를 낳을 수 있다. 심화 발전 학습 단계에 매체 활용 활동을 실시하는 경우, 학생들이 예시 자료의 내용이나 방식에 사로잡혀 획일적인 결과물을 만들어 내는 데 그치지 않도록 해야 한다. 학생들의 반응을 면밀하게 살피며 매체 활용의 정도와 수준을 조절해 나가는 노력이 필요하다.

셋째, 고전문학 수업에서 매체 활용이 과하면 정기 고사 및 대학 수학 능력 시험을 준비해야 하는 학생들에게 부담으로 작용할 수 있다. 교육 현장의 현실적 여건도 고려해야 한다. 매체 활용에 많은 시간을 들여 정작 작품 이해와 감상, 해석을 위한 시간이 부족하게 되거나, 심화 발전 학습 단계에 너무 어렵고 복잡한 매체 활용 과제를 부여하여 학생들이 거부감을 갖게 되지 않도록 주의해야 한다. 수업 시간에 영상 자료를 사용할 때에는 성취동기 부여, 학습 내용 이해, 심화 발전 학습이라는 수업 단계 및 작품의 내용과 잘 부합하는 부분만을 편집하여 제시하는 것이 좋다.

넷째, 매체를 활용하여 수업을 진행하다 보면 매체가 작품보다 우위에 놓이고, 학생들의 관심도 작품보다 매체 쪽에 놓이게 되는 상황이 발생할 수 있다. 매체 언어 중심의 수업이 아니라 고전문학 수업의 일환으로 매체를 활용하는 것이므로 매체가 작품보다 우선시되어서는 곤란하다. 이러한 한계를 극복하기 위해서는 작품 이해와 학습 목표에 적합한 매체 자료를 엄격한 기준에 따라 선정하려는 노력이 필요하다. 매체 선정의 기준은 그것이 고전문학 작품에 대한 학생들의 흥미를 끌 수 있겠느냐보다는 해당 작품 및 문학 지식을 학습하는 데 얼마나 유용한 보조 수단이 될 수 있겠느냐는 데 두어야 한다.

4——고전문학 교육에서의 매체 활용의 의의 및 제언

앞서 살펴본 바와 같이, 고전문학 교육에서 매체는 작품에 대한 손쉬운 이해를 도우면서 학습 목표에도 더욱 효율적으로 도달하도록 하는 바람직한 보조 수단이 될 가능성이 높다. 오늘날 학생들의 일상 깊숙이 들어온 다양한 매체 자료를 과거의 텍스트에 기반한 고전문학 수업에 활용하는 방식은 문학의 생활화라는 문학 교육의 궁극적 목표와도 연관된다. 다만 이와 같은 방식이 고전문학 교육에서 어떤 효과 또는 부작용을 낳을지는 교사의 주의와 노력에 달려 있다.

고전문학 교육에서 매체를 활용할 때 특히 유념할 것은 '매체 활용=흥미 유발'의 도식에 사로잡혀서는 안 된다는 사실이다. 학생들이 재미를 느끼지 못하는 고전문학을 어떤 맛의 당의(糖衣)로 감싸 먹게 할 것인가 하는 임기응변적인 처방으로 매체를 활용하다 보면, 작품의 이해와 감상, 해석 등 정작 수업의 핵심적인 부분을 놓치게 된다. 고전문학 수업에서의 매체 활용을 그저 많은 자료를 보여 주거나, 매체 변용 및 재창작 활동을 시키는 정도로 가볍게 보는 시각도 문제이다. 수업 시간에 매체 자료를 활용하기 위해서는 오히려 더욱 철저한 수업 설계가 필요하다. 매체 자료가 수업에 도입될 때에는 그것이 수단으로 활용되는 목적이 분명해야 하며, 해당 작품 및 단원의 학습 목표와도 연관되어야 한다. 수업 차시와 시간을 고려해야 하고, 매체를 활용하기 위한 시설을 점검해야 하며, 학생들의 반응도 예상하여 그때그때 적절한 대응이 가능하도록 준비해야 한다.

한 가지 제언을 덧붙이자면, 매체 환경의 변화 및 흐름에 맞게 고전문학 교육 현장에서도 뉴 미디어의 활용을 적극 고려할 필요가 있다. 현재 여러 경로를 통해 공유되고 있는 수업 자료나 학술 연구 논문 등에 제시된 매체 활용 사례는 대부분 올드 미디어에 국한되어 있다. 방송통신위원회의 「2014년 방송매체 이용 행태 조사」에 따르면, 가장 많은 수인 44.3퍼센트가 일상생활에서 없어서는 안 될 필수적인 매체로 텔레비전을 꼽았지만, 수치상 그와 큰 차이 없는 43.9퍼센트가 스마트폰을 들었다. 10대의 경우 69퍼센트가 스마트폰, 14.7퍼센트가 텔레비전, 14.2퍼센트가 PC/노트북, 0.5퍼센트가 신문이라고 응답하였는데, 69.3퍼센트가 텔레비전, 23.9퍼센트가 스마트폰, 4.5퍼센트가

PC/노트북, 0.6퍼센트가 신문이라는 50대의 응답 결과와 비교해 보면 텔레비전과 스마트폰의 순위가 완전히 역전되어 있다. 학생들은 스마트폰으로 책, 신문, 잡지 등을 읽고, 사진, 광고, 텔레비전, 영화 등을 보며, 게임을 한다. 가상의 인터넷 공간에서 사회적 인맥을 만들고 관리하는 새로운 매체인 소셜 미디어에도 익숙하다. 이러한 현실을 고려하여 고전문학 교육에서의 매체 활용 방식 및 제재에도 변화를 주어야 할 것이다.

참고 문헌

매체 언어 및 매체 교육 전반을 폭넓게 다룬 논의로 김대행, 「매체 언어 교육론 서설」, 『국어교육』 제97호(한국국어교육연구학회, 1998); 윤여탁 외, 『매체 언어와 국어 교육』(서울대학교 출판부, 2008); 한국문학교육학회 엮음, 『매체』(역락, 2013) 등이 있다.

기존에 시도된 고전문학 교육에서의 매체 활용 사례가 궁금하다면 전국국어교사모임 매체연구부, 『매체 교육의 길 찾기』(나라말, 2005): 『국어 시간에 매체 읽기』(나라말, 2005): 『국어 시간에 매체 가르치기』(나라말, 2010) 등을 참고하기 바란다.

그 밖에 김정우, 「광고 콘텐츠에서 문학 작품 활용의 한 양상: 고전문학 작품을 활용한 텔레비전 광고를 중심으로」, 『우리 어문 연구』 제37집(우리어문학회, 2010); 정창권, 「고전문학을 활용한 대중가요의 종합적 고찰」, 『어문 논집』 제66집(민족어문학회, 2012) 등을 참고할 만하다.

고전문학 교육과 장르

1——문학과 장르

처음 보는 사물이나 현상 등을 맞닥뜨렸을 때 우리의 분류 체계는 작동하기 시작한다. 자신의 경험과 기억의 저장고에서 자신이 직면한 사물이나 현상과 비슷한 무언가를 끄집어내어 '그것'을 바탕으로 '이것'을 이해하는 것이다. 가령 생면부지의 어떤 사람을 만나게 되었을 때, 우리는 그를 나와 동일한 하나의 개체로 인식하는 동시에 인종과 민족, 국가와 지역, 나이와 성별 등 그가 속한 더 큰 범주를 통해 '먼저' 이해하게 된다. 그와 내가 지닌 어떤 것의 공유 여부에 따라 같고 다른 가상의 공간에 배치되는 것, 이것이 이른바 분류이다. 이러한 분류의 방식은 여기저기 흩어져 있는 낱낱의 개체들에 모종의 질서를 부여하여 해당 개체 혹은 개체가 속한 군집의 전체 상(像)을 더 구체적으로 파악하는 데 효과적이다.

문학에서 말하는 장르 역시 마찬가지이다. '문학'으로 지칭되는 예술 행위의 전모를 파악하기 위해서 지구상에 존재하는 모든 문학 작품을 일일이 확인하는 것은 현실적으로 불가능하다. 그뿐만 아니라 그 모든 작품을 잘 알고 있다고 해서 그것이 '문학'이라는 추상 명사의 실체와 곧바로 연결되는 것도 아니다. 음악, 미술, 영화 등과 등가적인 차원에서의 '문학'을 이해하기 위해서 우리는 '문학'보다는 하위 범주에, 개별 작품보다는 상위 범주에 해당하는 어떤 단위들 사이의 질서와 체계를 살펴볼 필요가 있다. 이를 위해 장르 개념의 기원과 장르 이론의 역사적 추이, 한국 문학에서 통용되어 온 장르론의 종류, 이에 더해 고전문학 교육의 현장에서 장르론이 활용될 수 있는 방법 등을 간략히 살펴보기로 한다.

근대 이후의 생물학자들은 생물 상호 간의 유연(類緣) 관계와 진화의 계통을 밝히기 위해 지구상에 존재하는 모든 생명체를 분류하기 시작하였다. 생물들을 하나하나 분류해서 단위를 설정하고 또 다른 생물들로는 다른 단위를 설정하는데, 이런 식으로 수많은 생물을 분류해 가다 보면 결국 작은 단위는 큰 단위로 묶을 수 있고 그것은 다시 더 큰 단위로 묶을 수 있다. 중고등학교 시절 과학 시간에 배운 '종속과목강문계'가 그것으로, 왼쪽에서 오른쪽으로 갈수록 유연성과 진화의 정도는 느슨해지기 마련이다. '종'과 '속'을 예로 들자면, '종'은 '속'의 부분 집합으로 '속'으로 귀속되는 생물들 중 일부를 제외한 나머지는 '종'으로 귀속될 수 없다. 이러한 생물학의 분류 체계는 자연계가 단지 신의 계시와 같은 비과학적 근거에 의해 창조된 것이 아니라 필연적인 질서와 긴밀한 체계에 의해 점진적으로 진화해 왔음을 시사한다.

문학사가들은 생물학의 이와 같은 분류 방식을 원용하여 수많은 문학 작품들이 이루어 내는 그 나름의 질서와 체계를 파악하고자 했으니, '장르(genre)'라는 말 자체가 생물학에서 '종류' 또는 '유형'을 가리키는 라틴어 '게누스(genus)'를 기원으로 한다. 요컨대 낱낱의 문학 작품들을 평면 위에 펼쳐 놓은 후 작품과 작품 사이에 공유하는 어떤 특징들, 다시 말해 친연성과 유사성을 토대로 하여 하나의 단위로 묶고, 그렇게 해서 묶인 단위들끼리 공유하는 또 다른 특징들을 기준으로 상위 범주의 문학적 단위들을 생성해 내는 것, 이것이 장르론의 기본 목적이다.

2——장르론의 종류

한 편의 문학 작품은 진공 속에 홀로 떠 있는 독립된 개체가 아니다. 그것은 일정한 언어와 문화의 지평 안에서 여러 가지 문학적 관습과 기대를 매개로 하여 작가와 독자 사이에서, 그리고 앞 시대와 동시대의 수많은 작품들 사이에서 숨 쉬고 있는 관계의 의미체이다(김흥규, 1986 : 29면). 장르 역시 작품이 맺고 있는 수많은 관계들 중의 하나일 텐데, 그렇다면 그것은 작품을 창작하는 작가와 작품을 감상하는 독자들에게 어떠한 방식으로 영향을 미치게 되는가?

작가가 작품을 모색하고 창작하는 일체의 과정을 문학 행위라고 부를 수 있다면, 해당 작가는 그 과정에서 기존의 양식 및 관습과 어떤 방식으로든 관계를 맺지 않을 수 없다. 즉, 작품 창작 당시에 존재하는 여러 양식과 관습들에 작가 자신의 의도나 목적 등을 대입하고 적용해 보는 과정이 의식적으로든 무의식적으로든 개입하기 마련이다. 좀 낯설겠지만 "개야 짖지 마라/밤사람 다 도둑인가//조목지 호고려 님이/계신 곳 다녀올세라//그 개도 호고려 개로구나/듣고 잠잠하노라"라는 작품을 예로 들어보자.

임진왜란 때 일본에 끌려간 도공이나 그 후손이 지었을 것으로 추정되는 이 작품에는 사연 많은 작가의 복잡한 심경이 담담한 어조로 그려져 있다. 고향에 대한 사무치는 그리움은 말할 것도 없고, 피랍된 포로로서 감내해야 했던 가혹한 모멸감, 허용되지 않는 야행(夜行)에서 오는 숨 막히는 긴장감, 발각의 순간에서 벗어난 이의 씁쓸한 안도감 등이 그 복잡함의 내용들이다. 짐작건대 이 작품의 작자는 자신이 당면한 현실에서 기인한 절절한 감정의 실체들을 어떠한 문학적 형식에 담아낼 것인가를 고심했을 터, 그가 이러저러한 삶의 현장에서 체득했던 기존의 양식 및 관습들이 그 과정에 깊숙이 관여하였을 것이다. 요컨대 그는 여러 문학적 선택지 가운데에서 '시조'를 선택하였던 것인데, 이와 같이 장르로 명명되는 기존의 문학적 관습들이 새로운 작품의 창작에 미치는 영향은 생각보다 크다.

그렇다면 독자의 경우에는 어떠한가? 독자 역시 낯선 작품을 대할 때 그것과 비슷한 형태와 어법, 구조를 지닌 다른 작품들의 경험을 불식간에 떠올리게 된다. 이는 곧 어떤 작품을 제대로 이해하기 위해서는 작품에 대한 축자적(逐字的) 차원의 이해를 넘어 장르적 차원의 이해에까지 도달해야 한다는 의미일 것이다. 위 작품을 다시 예로 들자면, 시적 화자를 보고 짖어 대는 개와 그런 개를 달래야만 하는 화자 사이의 대립과 긴장이 마지막에 이르러 해소되는 일련의 시적 추이는 초장·중장의 규칙적인 율격의 흐름이 종장에 이르러 급격하게 전환됨으로써 특유의 서정적 고양과 그것의 완결을 안정적으로 구현해 내는 시조의 장르적 특징을 감안할 때 더욱 섬세하게 독해할 수 있다.

이렇듯 장르는 작품의 창작과 수용에 상당한 영향을 미치며, 개별 장르의 효력이 문학 행위의 주체들에게 유의미하다고 인정되는 한 지속적으로 유지된다. 이는 역으로 특정 장르의 효력이 상실되었을 경우 얼마든지 다른 장르로 대체되는 것이 가능하다는 것을 의미하는데, 수천 년에 달하는 고전문학의 시공간에 다양한 장르가 포진되어 있는 것도 바로 이 때문이다. 부연하자면, 어떤 하나의 장르가 문학 행위의 장(場)에 출현하면서 이미 일정한 지분을 점유한 기존의 장르들과 경쟁하여 자신의 비중을 넓혀 가기도 하고, 새로운 장르의 저항을 받아 그 비중이 축소되기도 한다는 것인데, 중요한 점은 이러한 과정에 해당 시기의 근저에 깔려 있는 모종의 미의식이 매우 긴밀하게 개입한다는 것이다. 이는 개별 장르가 여타의 장르와 준별되는 특유의 미의식을 지니고 있다는 전제와 직결되는바, 이렇게 하여 개별 장르의 흥망과 성쇠는 시대적 미의식의 추이를 살피는 중요한 경로가 된다. 요컨대 복수의 장르들 사이에 벌어지는 '생주이멸(生住異滅)'의 역사가 바로 '문학사(史)'라는 것이다.

한편, 이보다는 더 큰 범주의 장르론도 있어 주목을 요한다. 앞서 살펴본 바와 같이 장르는 현실적 필요에 따라 생성되기도 하고 소멸되기도 한다. 이러한 과정을 거쳐 지구상에 존재하게 된 장르의 종류가 너무도 많기 때문에 문학사가들은 그와 같은 다종의 장르들을 적절하게 통어할 수 있는 상위의 장르론을 고안하기 위해 노력해 왔다. 이와 같은 층위의 장르론을 '큰 장르', '장르류', '보편적 장르' 등으로 이름하는데, 해당 명칭들은 각각 '작은 장르', '장르종',

'역사적 장르' 등의 상대어를 짝으로 갖는다.

'큰 장르'와 '작은 장르'의 경우, 작은 것은 큰 것에 포함되기 마련이니 작은 장르보다 상위 범주의 것이 큰 장르이다. 다시 말해, 무수한 작은 장르들 중 특정한 친연성에 의해 묶일 수 있는 것들을 그보다 상위의 차원에서 범주화한 어떤 것이 큰 장르가 되는 것이다. 다음으로는 '장르류'와 '장르종'이다. 생물학에서 '종'은 자연 상태에서 서로 교배하여 생식 능력이 있는 자손을 낳을 수 있는 생물 집단을 가리키는바, 여러 인종이 모여서 하나의 인류를 구성하듯 다수의 장르종(種)이 묶여서 단수의 장르류(類)를 구성한다. 마지막으로, '보편적 장르'와 '역사적 장르'이다. '역사적'이라는 말 속에는 '상대성', '개별성', '특수성' 등의 의미가 깃들어 있는바, 특정 문학권은 다른 문학권에서 갖지 못한 고유의 장르들을 갖게 된다. 예를 들면, 유럽의 소네트, 중국의 한시, 일본의 하이쿠, 조선의 시조 등 개별 문학권은 각각의 언어문화적 토양에 걸맞은 다채로운 문학 장르를 보유한다는 것이다. 이러한 개별 장르들은 다시 '문학'이라는 전체 집합 안에 포함되기에 시대와 지역을 초월하여 '문학' 일반 차원에서 논의될 수 있는데, 이때 필요한 것이 바로 보편적 장르이다.

3——한국 문학과 4분법, 5분법

'문학'의 근본적인 존재 방식이나 형성 원리를 설명하기 위해 요청되는 보편적 장르론은 그것 자체의 필요성에 대한 원론적인 차원의 논의에서부터 큰 장르들의 변별적 자질 및 속성에 대한 논의에 이르기까지 간단하게 요약할 수 없을 만큼 다양하게 전개되어 왔다. 그도 그럴 것이, 보편적 장르에 대해 고심한다는 것은 결국 '어떠한 분류 체계에 의지할 때 복잡하기 그지없는 문학의 실체를 가장 잘 설명할 수 있을 것인가?'라는 질문에 대한 적절한 답안을 만든다는 의미일 텐데, 분류 주체의 시각과 기호에 따라 그 답안이 여럿일 수 있음은 자명하기 때문이다. 그러나 이 자리에서 보편적 장르에 대한 동서양의 이론적 추이를 일일이 소개하는 것은 다소 무리가 있으므로 1980년대부터 최근에 이르기까지 한국 문학을 설명하는 데 통용되어 온 4분법 체계를 중심으로 간략히 논의해 보기로 한다.

주지하듯이 4분법 장르론은 『한국 문학 통사』를 비롯한 수많은 논의들을 통해 한국 문학의 체계화를 모색하였던 조동일에게서 시작된다. 그가 한국 문학 연구사에 끼친 영향은 별도의 지면을 요할 정도이지만, 그중에서도 특기할 만한 점은 한국 문학을 세계 문학사적인 보편성의 구도하에서 규명하고자 하였다는 것이다. 즉, 한국 문학사를 통해 세계 문학사의 보편적인 발전 원리를 찾아내겠다는 것이었는데, 이와 같은 담대한 목표를 감안하면 그가 보편적 장르론을 정립하는 데에 그토록 심혈을 기울였던 까닭을 어렵지 않게 추정할 수 있다. 일국(一國) 문학사의 범위를 넘어 세계 문학사와의 비교를 감행하기 위해서는 무엇보다도 비교의 잣대가 같아야 하는데, 문학권마다 다른 역사적 장르만으로는 이 문제를 온전히 해결하기가 쉽지 않기 때문이다.

이러한 과정을 거쳐 정립된 4분법 체계는 다음과 같다. 모든 문학 작품은 인간이 세계를 경험하는 과정의 산물이기에 그 속에는 세계를 경험하는 주체인 '자아'와 자아가 경험하는 대상인 '세계'가 등장하기 마련이다. 그런데 '세계'라는 것은 다시 작가에 의해 축조된 작품 내적 세계와 그것과 무관하게 현실에 존재하는 작품 외적 세계로 나뉜다. '자아' 역시 마찬가지여서 작중의 상황과 어떤 식으로든 연관된 작품 내적 자아가 있고, 그렇지 않은 외적 자아가 있다. 흔히 드는 예로, 대부분의 고전 소설에는 작중 인물과 세계를 관장하는 제삼의 서술자가 존재하는데, 그는 작중의 상황과는 멀찌감치 동떨어져 있다. 이렇게 하여 4분법 체계는 두 개의 자아와 두 개의 세계라는 변인을 갖게 되며, 그들 상호 간의 조합에 의해 네 개의 범주가 마련된다. 서정, 서사, 극, 교술이 그것이다.

먼저, 서정은 '작품 외적 세계의 개입이 없는 세계의 자아화'로 요약된다. 잘 알려진 왕방연의 시조 "천만리 머나먼 길에 고운 님 여의옵고/내 마음 둘 데 없어 냇가에 앉았으니/저 물도 내 안 같도다 울며 밤길 가는구나"를 예로 들어

보자. 사랑하는 임(임금)과의 이별을 뒤로한 채 흐르는 물과 마주하게 된 시적 자아는 자연적인 물의 흐름을 두고서 '울면서 밤길을 간다'라고 표현한다. 즉, 물이 소리를 내며 흘러가는 일은 해가 뜨고 달이 지는 것처럼 항시 발생하는 물리적 현상(세계)이지만 험지에다 임을 두고 떠나온 자아에게는 구슬픈 울음소리(자아화)로 인식되는 것이다. 이에 반해, 교술은 '작품 외적 세계의 개입이 있는 자아의 세계화'로 요약된다. 교술에 속하는 역사적 장르로 악장을 들곤 하는데, 악장은 조선 왕조 건국의 당위성을 표창하고 무궁한 영속을 기원한다는 외적 세계의 개입에 부응하기 위해 그 외적 세계를 인식하는 주체(자아)가 세계화된다.

서사와 극은 작품의 등장인물들이 작가가 축조한 세계에 맞서 치열하게 대결하는 구조로 되어 있다는 점은 동일하지만, 그 대결의 과정을 제시하는 방식에는 일정한 차이를 보인다. 서사는 그러한 과정을 소상히 말해 주는 서술자(narrator), 즉 작품 외적 자아가 존재하는 반면, 극은 등장인물들 간의 대화를 통해 전개되는 것이다. 따라서 서사가 '작품 외적 세계의 개입이 있는 자아와 세계의 대결'이라면, 극은 '작품 외적 세계의 개입이 없는 자아와 세계의 대결'로 설명할 수 있다.

그 이전까지 서구의 장르론을 무비판적으로 수용하여 우리의 문학 갈래들에 기계적으로 대입하던 수준을 감안하면 조동일의 4분법 체계는 구비 문학과 한문학 작품들을 포함하여 한국 문학사에 존재하였던 여러 다른 갈래들을 정연한 이론적 체계에 의해 일관되게 해석해 낼 수 있다는 점에서 큰 의의를 지닌다. 특히 세계 문학사적 보편성을 추구하면서도 한국을 비롯한 동아시아 문학권의 특수성을 전면에 드러낸다는 점은 이전의 장르 체계가 도달하지 못했던 획기적인 성과인바, 그가 창안한 '교술' 장르 덕분에 교훈적·이념적 전달을 주로 하는 각종 의론류(議論類)와 사실의 기록 및 경험의 서술을 주로 하는 각종 기술류(記述類)를 우리의 문학 유산으로 포함할 수 있게 된 것이다. 그러나 모든 이론은 공과(功過)를 함께 지니고 있는바, 4분법이 지닌 한계를 지적하고 이에 대한 교정 혹은 보완의 차원에서 개진된 갈래론이 김흥규의 5분법이다.

김흥규의 견해는 '근본적으로 큰 갈래의 형식적 범주와 작은 갈래 사이에 정연한 귀속 관계가 성립될 수 있는가?'에 대한 회의적 의문에서 출발한다. 물론 이러한 의문은 한국 문학사에 존재하는 역사적 갈래들 중 일부가 그보다 상위의 범주인 네 개의 영역 중 하나로 귀속되는 일련의 과정이 우리의 생각만큼 그다지 선명하지 않다는 경험적 사실에서 기인한 것이겠으나, 한편으로는 보편적 갈래 자체에 대한 서로 다른 인식에서 비롯된 것이기도 하다. 즉, 장르 이론의 일반적 양태를 '장르 명목론', '보편 실재론', '역사적 실재론' 등 크게 세 가지로 나눈다고 할 때, 조동일은 "어느 나라의 문학에서나 어느 시대의 문학에서나 존재하는 추상적이면서 보편적인 개념이며, 그 수도 넷으로 한정되어 있을 수밖에 없다."(조동일, 1992 : 292면)라는 언급에서 확인할 수 있듯이 보편 실재론에 기울어 있다. 이에 반해 김흥규는 보편적 갈래에 대해 "역사적 갈래들 사이의 복잡한 속성과 상호 관계를 이해하기 위한 작업가설에 지나지 않는 것"(김흥규, 1999 : 119면)으로 보아 그것의 유동성을 상당 정도 인정하고 있다.

이러한 관점에서 보편적 장르는 모든 시대와 모든 문화에 통용되는 고정불변의 완벽한 체계라기보다는 문학사에 존재하였던 수많은 역사적 갈래들을 좀 더 효율적으로 이해하기 위한 편의적 장치 또는 개념틀로서 존재하게 된다. 그뿐만 아니라 그것을 지칭하는 명칭에 있어서도 '서정·서사·희곡·교술'과 같이 불변의 범주성을 전제하는 명사류 대신 '서정적·서사적·희곡적·교술적 갈래' 등과 같이 가변성을 인정하는 관형어적 구분을 택한다. 이 경우 각각의 큰 갈래 개념은 명확한 경계에 의해 구획된 하나의 공간 안으로 귀속되어야만 하는 폐쇄적 구분이 아니라 서정과 서사, 서사와 교술, 서사와 극처럼 상호 간의 넘나듦 혹은 엇걸침을 얼마든지 허용하는 장르적 유연성을 확보하게 된다. 이러한 과정을 거쳐 김흥규는 기존의 4분법 체계 위에 '중간·혼합적 갈래'라는 제5의 장르를 하나 더 마련하고서 그간의 국문학 연구사에서 분분한 시빗거리였던 경기체가, 가사, 가전, 몽유록 등을 그 안으로 귀속시킨다.

이와 같은 5분법 체계는 기존의 4분법이 지닌 한계를 상당 부분 보완함으로써 살아 움직이는 문학 현상들의 역동적인 관련성과 상호 간에 주고받은 영향의 흔적들을 적실하게 포착할 수 있게 되었다는 점에서 분명한 의의를 지닌다. 예컨대 가사의 경우, 시적 화자의 감정을 토로한 서정적인 작품, 이념이나 교훈을 전달하는 데 치중하는 교술적인 작품, 복수의 등장인물들이 허구적인 짜임 속에서 작품 속의 세계와 대결을 벌이는 이야기 중심의 서사적인 작품이 대등하게 혼재되어 있다. 가전 역시 실재하는 사물의 내력과 속성, 효능과 폐단 등을 통해 작품을 구성한다는 점에서 교술적 성격을 갖지만, 허구적인 인물을 상상의 사건 속에 배치함으로써 우리네 삶의 이러저러한 진실을 포착하게 한다는 점에서 서사적 성격을 갖는다. 이와 같은 문학적 실상들은 역사적 장르와 보편적 장르의 일대일 대응을 전제로 하는 4분법 체계에서는 제대로 반영하기가 어렵다.

다만 '중간'과 '혼합'의 차이가 때로는 불분명하다는 점, 중간·혼합적 갈래가 다른 네 가지 갈래들과 동일한 위상에 놓일 수 있느냐의 문제, 좀 더 나아간다면 네 가지 갈래 중 어디에도 귀속되기 힘든 것들을 중간·혼합적 갈래로 귀속시키게 됨으로써 한층 진전된 접근과 모색을 차단할 수 있다는 점 등은 5분법 체계에 내포된 불가피한 한계로 지적할 수 있을 것이다.

4——고전문학 교육과 장르 지식의 문제

교과서를 비롯한 제반 학습 도구들을 일별해 보면, 현재의 문학 교육 현장에서 장르의 문제는 그 중요성에 상응할 만큼 충분히 다루어지기는 어려울 듯하다. 물론 2009 개정 교육과정만 하더라도 '문학' 영역의 '한국 문학의 범위와 역사'라는 단원에 "한국 문학 갈래의 전개와 구현 양상을 통하여 한국 문학의 개념과 범위를 이해한다."라는 목표를 적시하고 있지만, 실제로 구현된 현재의 교과서를 통해 해당 목표에 도달하기란 그리 쉽지 않아 보인다. 일례로, 한 교과서에서는 '한국 고전 문학 갈래의 전개'라는 단원에서 서정, 서사, 극, 교술에 대해 간략히 설명한 후 이를 적용하기 위한 실제 작품으로 「찬기파랑가」, 『운영전』, 「봉산 탈춤」, 「규중칠우쟁론기」를 들고 있다. 이것이 주어진 현실적 조건에서 마련된 고육책임을 모르는 바는 아니나, 단 한 편의 작품을 통해 서정을 위시한 나머지 장르들의 제반 특성을 체험하기란 매우 어렵다. 그뿐만 아니라 개별 작품과 보편적 장르를 매개하는 중간 단계, 곧 역사적 장르에 대한 고려 역시 거의 보이지 않는다. 그렇다 하더라도 장르 지식은 다음과 같은 측면에서 어느 정도 교육적 가치를 지닌다.

첫째, 작품에 대한 정확한 이해를 견인한다. 학습자가 수행한 해석의 다양성을 적극적으로 인정하는 것이 최근의 추세이기는 하지만, 그렇다고 해서 이러한 관점이 해석적 정합성의 포기를 의미하지는 않을 것이다. 그렇다면 해석의 다양성과 정합성의 거리는 가급적 좁히는 것이 마땅할 터, 장르 지식이 이러한 과정에서 유의미하게 작용할 수 있을 것이라 생각한다. 알다시피 시조는 단형의 갈래이지만, 그 안에서 시상을 일으키고 전개한 후 절정에 치달았다가 순차적으로 마무리하는 구조를 지닌다. 초장·중장에서의 평명한 흐름이 종장에 와서 급격하게 전환됨으로써 고도의 정서적 긴장을 유발하는 것이다. 이렇게 볼 때 평시조 한 수의 성패는 종장 전반부의 내용과 형식이 중장에서 종장으로의 비약적 전환을 별다른 무리 없이 이끌어 낼 수 있도록 앞 장과 얼마나 긴밀하게 조응하느냐에 달려 있다. 시조의 장르적 특성에 대한 이 정도 수준의 지식은 효율성의 측면에서든 정확성의 측면에서든 시조 작품을 해석하는 데 기여하는 바가 크다.

둘째, 특정 작품에 대한 해석이 여타의 작품으로 확장되는 가능성을 기대할 수 있다. 『금오신화』를 예로 들자면, 이 작품은 조선 전기의 문인 김시습에 의해 창작된 것이지만, 가까이는 명나라 구우의 『전등신화』, 멀게는 나말여초부터 축적되어 온 전기 소설의 두터운 토양과 결코 무관하지 않다. 고독한 남자 주인공의 설정, 이승과 저승에 대한 유명론적(幽冥論的) 사고, 윤회와 환생의 모티프 및 비극적 결말, 삽입 시가의 빈번한 노출과 환상적 세계의 구축 등에 이르기까지 『금오신화』는 전기 소설의 장르 문법들을 충실히 이행하거나 적절히 변용하면서 탄생하게 되었던 것이다. 이러한 제반 지식이 『금오신화』의 교수·학습 과정에서 학습자들에게 적합한 언어로 번역되어 제시될 수 있다면 『금오신화』와 여타의 전기 소설 작품들, 나아가서는 전기 소설과 여타의 소설군을 비교하며 이해할 수 있는 일종의 문해력(literacy)을 확보할 수 있을 것이다.

셋째, 문학 교육에서 문학사 교육의 비중을 따지는 일이야 논자들마다 다르겠지만, 최소한 그것이 제대로 이행되기 위해서 장르에 대한 교육이 필요하다는 사실은 비교적 분명해 보인다. 이는 문학사를 개별 작품들의 단순한 총합이라기보다는 역사적 갈래들의 생성과 변형, 습합과 소멸의 과정으로 보는 편이 좀 더 타당하기 때문이다. 생각해 보면, 특정의 갈래가 다른 갈래들을 물리치고 해당 시기의 문학 장(場)에서 주종을 차지하게 되는 것은 그 시대를 살아가는 사람들의 감수성과 사유 방식이 '저것'을 버리고 '이것'을 택했을 때에 가능하다. 따라서 다양한 역사적 갈래들의 흥망과 성쇠를 추적해 가는 일은 곧 나와 다른 타자의 삶을 이해해 나가는 과정과 무관하지 않다. 조선 전기 이후 경기체가의 형식이 정격에서 현저히 이탈한 것은 무엇 때문인가? 16세기 조선은 '몽유록'이라는 특이한 서사체를 어떤 이유에서 필요로 하게 되었는가? 사설시조가 조선 후기 들어 성행하게 된 것은 어떤 이유에서인가? 장르적 특징과 연관된 이러한 질문들은 해당 시기의 삶과 인간을 이해하기 위한 바탕이 될 터인즉, 고전문학 교육 현장에서 이와 같은 질문들이 더욱 적극적으로 제기될 필요가 있다.

참고 문헌

서구의 장르론에 대한 기본서로는 노스럽 프라이, 『비평의 해부』, 임철규 역(한길사, 1982); 폴 헤르나디, 『장르론: 문학 분류의 새 방법』, 김준오 역(문장사, 1983) 등을 참고하는 것이 좋다.

장르론 정립의 필요성과 4분법 체계에 대해서는 조동일, 『한국 문학의 갈래 이론』(집문당, 1992)을, 4분법 체계가 지닌 모종의 한계와 이론적 보완은 김홍규, 『한국 문학의 이해』(민음사, 1986): 『욕망과 형식의 시학』(태학사, 1999); 강상순 「『한국 문학 통사』 다시 읽기 : 고전문학사 서술의 지표와 이론」, 『고전문학 연구』 제28집(한국고전문학회, 2005) 등을 보면 좋다.

한국적 장르론의 성립 가능성을 모색한 근간의 논의로는 김창현, 『한국적 장르론과 장르 보편성』(지식산업사, 2005)이 있고, 보편적 장르론을 활용하여 가사의 장르적 성격을 모색한 논의로는 성무경, 『가사의 시학과 장르 실현』(보고사, 2000); 박연호, 『가사 문학 장르론』(다운샘, 2003) 등을 참고할 만하다.

장르 지식과 고전문학 교육의 문제에 대해서는 우한용, 「문학 교육과 장르론」, 『선청어문』 제16~17집(서울대학교 국어교육과, 1988); 한창훈, 「시가 문학 장르의 교육과정 개정 방안」, 『시가와 시가 교육의 탐구 Ⅱ』(월인, 2008); 고정희, 『고전 시가 교육의 탐구 — 시공간적 거리감, 전유, 정서를 중심으로』(소명출판, 2013) 등을 참고할 만하다.

고전문학 교육과 전통

1——전통이란 무엇인가

지금 세상은 인공 지능이 인간의 범주에 근접한 시대이다. 자율 주행 자동차가 인간보다 사고를 적게 낸다. 알파고(AlphaGo)가 이세돌을 이긴다. 인공 지능은 인간의 영역이라 믿었던 정의적 영역까지 접근해 있다. 지식의 수명이 짧아지고 지식을 습득하는 통로가 다양해져 젊은 세대가 기성세대에 의존하는 정도가 낮아졌다. 컴퓨터나 첨단 기기의 활용은 기성세대가 젊은 세대에게 배워야 할 처지이다. 어른이 젊은이들에게 가르치려 들면 '꼰대' 소리 듣기 십상이다. 지금처럼 기성세대가 젊은 세대에게 불신당한 적은 일찍이 없었던 듯하다. 이런 시대에 웬 전통 타령이냐고 반문할 법하다.

전통의 사전적 정의는 "어떤 집단이나 공동체에서, 지난 시대에 이미 이루어져 계통을 이루며 전하여 내려오는 사상·관습·행동 따위의 양식"[1]이다. 이 정의에 따르면 전통은 '공동체, 시간, 계통'이라는 내포와 '사상, 관습, 행동 따위의 양식', 즉 '문화'라는 외연을 갖추어야 한다. 공동체는 민족이나 국가, 크

1 국립국어원 누리집 표준국어대사전(http://stdweb2.korean.go.kr/main.jsp)에서 표제어 '전통(傳統)'을 검색함.

고 작은 단체나 집단을 포괄한다. 한 집안에도 전통이 있으니, 가풍(家風) 또는 문풍(門風)이 그것이다. 이렇게 보면 전통의 가짓수는 무한에 가깝다. 전통은 보통 수백 년의 세월 동안 반복되면서 이어져 온 것이다. 그래서 지난 시대라 하면 꽤 오랜 시간이 흘러야 할 듯하고, 계통을 이루었다고 하려면 무수히 반복되어야 할 듯하다. 그러나 전통을 형성하는 데 필요한 시간의 길이는 일률적으로 말하기 어렵고, 반복의 횟수는 그리 많을 필요가 없다.

예를 들어 보자. 어느 고등학교에서 어느 해 스승의 날에 교사가 제자의 발을 씻어 주는 행사를 했다고 하자. 이것이 관습[2]으로 자리 잡으려면 적어도 그 후 이태 동안 두 번은 더 반복되어야 할 듯하다. 어느 대학 어느 학과에서 한 해 선배가 신입생에게 얼차려를 시행하고 폭탄주를 강요하는 행위가 3년 동안 해마다 1회씩 3회 반복되었다면 이 역시 하나의 행동 양식이 형성되었다고 할 수 있다. 앞의 경우를 전통이라 한다면, 뒤의 경우를 인습이라 할 만하다. 이처럼 하나의 관습이 만들어졌다고 하려면 그것이 시차를 두고 최소 3회는 반복되어야 할 듯하다.

시차를 두고 이루어진 3회 반복은 전통 형성의 최소 요건일 뿐, 우리가 전통이라 부르는 것은 대부분 오랜 세월 동안 수없이 반복되어 온 관습이다. 전통 사회의 대표적 관습으로 관혼상제와 관련된 것을 들 수 있다. 관혼상제와 관련된 관습이 전통인지 인습인지는 관점에 따라 견해가 다를 수 있다. 한때 전통이던 것이 부당한 인습으로 작용할 수도 있고, 인습으로 여겨지던 것이 오늘날 되살릴 만한 전통으로 재발견되기도 한다. 예컨대 전통 사회의 양반가에서 혼인은 가문과 가문의 결합이라는 성격이 강했다. 그래서 부모가 혼처를 정해 주었고, 자녀의 의사는 무시되기 일쑤였다. 「이생규장전」이나 『숙영낭자전』에는 이 같은 혼인 관습이 당연한 전통이라고 생각하는 부모 세대와 이것이 부당한 인습이라고 생각하는 자녀 세대의 갈등이 형상화되어 있다.

그러나 이 글의 초점은 고전문학에 반영된 사회·문화적 전통이 아니라 고

2 전통의 반대 개념은 인습이다. 인습은 버려야 할 잘못 굳어진 관습이다. 전통과 인습을 아우르는 가치 중립적 개념이 관습이다. 습관이 개인의 것이라면, 관습은 집단의 것이다.

전문학 텍스트의 문학적 전통에 놓여 있다. 즉, 이 글의 목적은 교사의 위치에서 보면 고전문학의 전통을 어떻게 가르칠 것인가의 문제이고, 학습자의 위치에서 보면 고전문학의 전통을 발견하는 능력을 어떻게 기를 것인가로 요약된다. 이 둘은 고전문학의 전통에 대한 접근 방법의 문제로 통합된다.

2── '고전', '문학', '교육'과 전통의 접점은 어디인가

문학은 언어로 이루어진 '형상'과 '인식'의 예술이다. 형상은 만들어 낸 무엇이다. 형상을 만들어 내는 것을 형상화라고 한다. 문학에서 가장 포괄적인 형상은 작품 세계이다. 인식은 모르고 있던 것을 알게 되거나, 막연하게 알고 있던 것을 분명하게 알게 되는 것이다. 문학이 아름다움과 진실을 추구한다고 할 때, 문학의 형상은 아름다움과, 인식은 진실과 맞닿아 있다.

문학은 특수성을 기반으로 보편성을 지향한다. 소설이 구체적 시공간에서 특정 인물의 이야기가 펼쳐지는 갈래라면, 서정시는 특정 화자(시적 자아)가 세계를 변용하면서 주관적 정서를 표출하는 갈래이다. 소설의 인물이든 서정시의 화자(자아)이든 특정 문학 작품 속 '그'만의 이야기나 정서에 머무르지 않고 가능한 많은 사람들의 이야기나 정서이기를 지향한다. 소설의 '전형'이니, 시의 '울림'이니 하는 것은 곧 특수성을 기반으로 보편성을 지향하는 문학의 본질을 말한 것이다.

또한 문학은 허위를 부정하고 진실을 추구한다. 진실과 허위는 고정되어 있는 것이 아니다. 그러나 문학에서 삶의 현실과 괴리된 관념은 허위이고, 삶의 현실과 밀착된 실상은 진실이라 할 수 있다. 부정하는 허위와 추구하는 진실이 무엇인가가 그 작품의 가치를 판단하는 근거이다. 그러므로 무엇이 허위이고 무엇이 진실이라고 말하는지가 중요하다.

형상과 인식은 문학 전통의 두 축이다. 즉, 고전문학의 전통을 형상으로서의 전통과 인식으로서의 전통으로 나누어 살펴볼 수 있다. 아름다운 형상과 진실된 인식을 갖춘 문학 작품은 계승할 만한 전통을 넉넉히 갖추고 있을 가능성이 크다. 고전문학의 전통은 곧 고전문학의 형상으로서의 전통과 인식으로서의 전통이다. 이것이 고전문학과 전통의 첫 번째 접점이다.

그런데 고전문학은 '고전'이라는 특수성을 더하여 갖고 있다. 고전의 특수성은 과거와의 시간적 거리와 이로 인한 사회·문화적 거리 때문에 생기는 것이다. 이 거리가 고전문학에서 전통 문제를 필연적으로 불러온다. 즉, 전통은 현재로부터 일정한 시간적·사회적 거리를 전제로 하기 때문에 고전문학에서 필연적으로 전통 문제를 내포하게 된다. 이것이 고전문학과 전통의 두 번째 접점이다.

문학 교육의 목표 중 하나는 학습자의 문학 능력 신장이다. 문학 능력의 핵심은 문학 텍스트를 중심으로 문학 현상을 이해하고 문학 텍스트 및 메타 텍스트를 생산하는 것이다. 물론 고전문학을 통해서만 문학 능력 신장이 가능한 것은 아니다. 고전문학의 '교육'은 현재의 학습자에게 과거의 문학을 가르치는 셈이다. 그러므로 오히려 학습자의 동시대와 가까운 현대 문학이 더 적합한 제재일 수 있다. 그렇다면 고전문학의 의의를 어디에서 찾을 것인가. 고전문학에 반영된 삶과 사상을 확인하는 것만으로는 부족하다. 우리는 고전문학의 문학적 전통에서 그 답을 찾고자 하는 것이다.

3── 고전문학 교육에서 전통의 계승을 어떻게 파악할 수 있는가

학생들에게 고전문학의 전통을 가르치고자 할 때 무엇을 고전문학의 전통으로 가르칠 것인가부터 문제가 된다. 초창기에 '멋', '은근과 끈기', '한(恨)' 등이 거론되다가, 그 이후의 연구 성과를 반영하여 근래 학교 현장에서는 '자연과의 소통과 교감', '이별의 정한과 그 극복', '풍자와 해학, 그리고 신명' 등을 고전문학의 전통으로 가르치고 있다. 그 방식을 보면 고전문학의 전통에 대한 작품 예시가 포함된 설명글을 통해 이루어지고 있다. 이 방식도 고전문학에 이러한 전통이 있음을 이해하는 데 도움이 된다. 그러나 문학 능력 신장이라는 문학 교육의 목표에 비추어 볼 때, 학습자가 고전문학 텍스트를 읽으며 고전문학의 전통을 발견하도록 하는 방향으로 수업을 설계하는 것이 바람직하다.

그래서 학교 수업 현장에서 학습자가 고전문학의 전통이 계승되고 있음을 어떻게 알게 할 것인가로 물음을 바꿀 필요가 있다. 이 물음에 답하기 위해 우리는 문학과 전통의 개념에서 출발할 수 있다. 문학이 언어로 이루어진 형상과 인식의 예술임은 두말할 필요가 없다. 문제는 전통인데, 앞에서 전통을 '시차를 두고 3회 이상 반복되는 문화 흐름'이라 한 데에서 출발할 수 있을 듯하다. 즉, 최소 세 편의 고전문학 텍스트에서 공통적으로 나타나는 형상과 인식의 흐름을 발견할 수 있다면 문학적 전통을 말할 수 있을 것이다. 여기서는 형상 면에서의 전통을 중심으로 전통 계승 문제를 살펴본다.

형상으로서의 전통으로 우선 생각할 수 있는 것은 문학의 갈래이다. 갈래는 관습적으로 형성된다. 10구체 향가[3]나 평시조가 적절한 예이다. 우리가 평시조를 짓는다고 생각해 보자. 우선 3행으로 지어야 한다. 그리고 한 행을 4음보로 짜야 한다. 4행으로 짓거나 3음보로 짜면 시조라 할 수 없다. 즉, 평시조는 미리 정해져 있는 양식적 틀에 맞추어 지어야 하는 정형시이다. 그러면 어느 시점부터 이것이 하나의 양식적 틀로 굳어졌다고 할 수 있을까. 여기에 3회 반복의 법칙을 적용할 수 있다. 태초에 누군가가 4음보로 짜인 3행의 시를 지었을 터이다. 뒤의 두 사람이 이것의 존재를 알았든 몰랐든 같은 짜임새의 시를 두 편 지었다면 양식적 흐름이 형성된 것으로 볼 수 있다. 이렇게 3회 반복으로 틀이 만들어지면 갈래 전통이 형성되었다고 할 수 있다. 수천 편에 달하는 평시조의 시작은 이렇게 만들어진 갈래 전통을 계승한 것이다.

형상과 관련된 다른 사례를 통해 좀 더 생각해 보자. 정철의 「사미인곡」과

3 10구체 향가를 정형시로 인정하는 까닭은 시차를 두고 세 편 이상의 작품이 공통되는 양식적 특성(10줄, 3음보 또는 4음보)으로 생산되었기 때문이다. 만약 10구체 향가가 두 편만 남아 있고 여러 편 있었다는 문헌 근거가 없다면 우연히 생산된 것일 뿐 하나의 전통으로 굳어졌다고 판단하기 어렵다.

「속미인곡」은 사랑하는 임에게 버림받은 여인의 임에 대한 그리움과 사랑을 읊은 작품이다. 남성 작가의 작품이지만 여성 화자를 설정하였다. 남성 작가가 여성 화자를 설정한 작품이 이 둘뿐이라면 개별적 특징에 머무를 뿐 전통이라 말하기 어렵다. 그러나 정철 이전에 정서의 「정과정」이 있었고, 이후에 김춘택의 「별사미인곡」, 이진유의 「속사미인곡」 등으로 이어졌다. 이렇게 보면 남성 작가의 여성 화자 설정이 고전문학의 전통으로 확고하게 자리 잡았다고 말할 수 있다. 「속사미인곡」을 지을 즈음에 이진유는 여성 화자 설정의 전통을 계승하여 작품을 창작한다는 의식을 가졌을 터이다.

이상의 작품은 작품 내적 형상화를 작품 외적 맥락과 결부시켜 관계 치환의 전통으로 이해할 수 있다. 예컨대 정철이 임금(선조)에게 버림받은 신하의 처지에서 임금의 신임 회복을 꾀하여 두 작품을 창작했다고 한다면, 두 작품은 군신 관계를 남녀 관계로 치환하여 형상화한 작품이다. 관계 치환의 전통이라는 관점에서 보면 허전의 「고공가」와 이원익의 「고공답주인가」도 포함될 수 있다. 이 둘은 군신 관계를 주노(主奴 : 주인과 노예) 관계에 빗대어 쓴 작품이기 때문이다.

4——고전문학 전통의 발견과 창조적 계승을 위해 어떻게 접근해야 하는가

위에서 드러나듯이 고전문학 작품에서 전통을 발견하기 위해서는 상호 텍스트성에 입각한 접근이 필요하다. 상호 텍스트성의 관점은 계통을 이루어야 한다는 전통의 본질적 속성 때문에 필연적인 것이다. '영웅의 일생' 서사 구조만 보더라도, 「주몽 신화」 같은 신화, 「바리데기」 같은 서사 무가, 『홍길동전』 같은 고전 소설은 물론 이인직의 『혈의 누』 같은 신소설, 이광수의 『무정』 같은 근대 소설, 더 나아가 현대의 소설이나 드라마에 이르기까지 폭넓게 연관 지을 수 있다. 신소설에서 영웅 소설의 서사 구조를 발견하는 능력은 상호 텍스트성의 관점에서 접근할 때 생긴다. 그러므로 전통을 발견하기 위해서는 고전문학 또는 현대문학 텍스트를 읽으면서 늘 다른 고전문학 텍스트와 상호 텍스트성을 생각해야 한다.

둘째, 고전문학의 전통이 '그때, 거기', '그(들)'에게 갖는 의미가 무엇인가를 탐구하는 관점으로 접근할 필요가 있다.「춘향가」에서 이 도령이 춘향 집을 예고 없이 첫 방문 했을 때 월매가 차려 낸 주안상에는 단옷날 즈음에 남원에서 구하기 어려운 재료로 만든 온갖 음식이 올라와 있다. 이는 현실적 합리성이 떨어진다고 비판할 수 있다. 그러나 이 장면을 다른 관점으로 접근할 수 있다.「춘향가」의 이 장면에서 구현하고자 하는 주제는 '월매는 이 도령을 극진히 대접한다'는 것이다. 월매의 처지에서 자기 고을 사또 자제인 이 도령은 소홀히 대접할 수 없는 귀한 손님이기 때문이다.「수궁가」에서 용왕이 수십 가지 고질병을 한꺼번에 달고 사는 것 또한 현실적 합리성이 떨어진다. 그러나 '용왕은 온갖 병으로 신음하고 있다'는 주제를 구체화하기 위해 용왕이 수십 가지 병을 앓고 있다고 열거한다. 그렇게 함으로써 불의한 권력자로 형상화된 용왕을 풍자하는 의미가 생성된다.

판소리 문학에는 이처럼 현실 맥락상의 합리성과는 다른 차원의 판소리적 합리성을 지향하는 전통이 있다. 이러한 특질은 텍스트의 사실적·논리적 정합성을 지향하는 관점에서 보면 합리성이 결여된 것으로 보일 수 있다. 이는 부분에 집중하는 판소리 공연의 맥락에서 형성된 것으로, 하나의 주제를 중심으로 장면 극대화를 지향하는 판소리 나름의 합리성을 도모하는 전통을 발견할 수 있다. 판소리적 합리성의 전통이라는 관점에서 보면 현실적 합리성이나 서술의 비례적 균형은 부차적인 문제가 된다.

이처럼 고전문학의 사회·문화적 맥락, 작가와 독자 맥락, 문학사적 맥락에서 텍스트에 접근할 때 고전문학에 대한 피상적 오해와 편견에서 벗어날 수 있다. 이러한 관점으로 접근하면 '주제가 권선징악으로 제한되어 있다', '구성이 천편일률적이다', '사건 전개가 우연적이다' 등으로 고전 소설을 폄하하는 따위의 부작용은 생기지 않을 것이다. 고전문학 속의 삶을 이해하는 것이 고전문학을 배우는 목적의 하나이다. 그러므로 고전문학이 생산된 시대의 역사, 사회, 문화에 대한 폭넓은 교양을 평소 쌓아 둘 필요가 있다. 이런 바탕이 있으면 고전문학의 전통을 발견하기가 한결 쉬워진다.

셋째, 고전문학의 전통이 '지금, 여기', '나(우리)'에게 갖는 의미가 무엇인가를 알고 '지금, 여기', '나(우리)'의 문제를 다루는 데 활용하려는 접근이 필요하다. 이것은 학습자 자신이 우리 시대의 전통을 창조하는 주체임을 자각하는 일이다. 학습자의 고전문학 수용이 '지금, 여기'의 문제를 제기하거나 해결하는 토대가 될 수 있도록 수업을 설계하는 것이 바람직하다. 고전문학의 전통을 학습자의 문학 텍스트 생산의 자료로 삼아 학습자 자신의 문제를 다루는 데까지 나아가야 한다. 고전문학 작품을 즐겨 읽으면서 고전문학에서 전통이 될 만한 것을 발견하고 현재 자신의 삶과 연결 짓는 힘을 기르는 방향으로 교육할 일이다.

현대 사회는 인간의 물질적 욕망이 극대화된 사회이다. 이 욕망 때문에 인간은 자연을 정복과 이용의 대상으로 여기며 파괴 행위를 일삼아 왔다. 어떤 학생이 이 문제의 심각성을 인식하고 이에 관한 텍스트를 생산한다고 하자. 그 학생은 국어 시간에 배운 한국 문학의 전통 중에서 자연과 소통하고 공감하려는 전통이 있었음이 떠올라 이것을 오늘날 환경 오염과 자연 파괴의 문제와 연결 지어 자신의 텍스트를 생산할 수 있다. 이렇게 접근하면 자연과 소통하고 교감하려는 전통은 오늘날에도 여전히 유효한 전통이 된다. 사실 현대 문학의 한편에서 일고 있는 생태주의 문학은 위와 같은 고전문학의 전통을 의식하지 않은 가운데 계승한 것이라 할 수 있다.

이렇게 거창한 문제의식이 아니어도 좋다. 학습자 개인의 삶의 문제여도 좋고, 자기 또래에게 있을 법한 문제라도 좋다. 어떤 문제라도 '지금, 여기', '나(우리)'의 문제와 결부시킬 수 있는 원천으로 고전문학의 전통을 가져올 수 있으면 된다. 물론 고전문학 텍스트에서 학습자 스스로 고전문학의 전통을 발견하는 것은 어려운 과제이다. 그러나 전통의 개념 속에 가치 개념이 내재되어 있음을 깨닫고 고전문학 텍스트에서 그것을 발견하려는 자세를 경험하게 하는 것이 중요하다. 문학 교육의 또 다른 목표가 인간다움의 실현임을 상기한다면, 고전문학에서 인간다움을 지향하거나 인간성을 옹호하는 전통을 발견하는 안목을 기르는 훈련이 필요하다.

5——고전문학이 창조의 원천이 되기 위해

고전문학을 어떻게 읽느냐에 따라 위와 같은 창조력이 생길 수도 있고 그렇지 않을 수도 있다. 고전문학 교육의 이상은 학생들이 수업 시간에 공부한 것을 바탕으로 평소 고전문학에 흥미를 갖고 즐겨 읽으면서 고전문학에서 창조의 씨앗을 발견하도록 하는 것일 터이다. 이를 위해 '무엇이 고전문학의 전통인가?'라는 물음은 '무엇을 고전문학의 전통으로 삼을 것인가?'라는 물음으로 바꾸어야 하고, 다시 고전문학에서 '지금 여기, 나(우리)에게 의미가 있는 전통으로 무엇이 있는가?'를 되물어야 한다.

이런 물음을 갖고 고전문학을 읽는 과정에서 과거의 맥락과 현재의 관점이 융합되어야 창조적 재발견이 가능하다. 고전문학을 현재의 관점으로 재단하면 피상적 편견에 사로잡혀 부정적으로 인식할 가능성이 높다. 한때 고전 소설을 두고 권선징악의 주제, 사건 전개의 우연성, 천편일률적 구성으로 폄훼하지 않았던가. 고전문학을 과거의 시간에 가두어 놓으면 박제화하여 숭상하는 데 그치고 만다. 고전문학을 현재의 관점으로 무리하게 재단하지 않기 위해서는 과거의 맥락에 놓아야 하고, 과거의 시간에 가두어 박제화한 채 숭상의 대상으로만 삼지 않기 위해서는 현재적 관점이 필요하다. 현재적 문제의식을 가지고 고전문학을 보면, 고전문학의 전통을 발견하고 그것을 '지금, 여기'로 가져와 '나(우리)'의 문제를 제기하거나 해결하는 데 쓰일 단초를 발견하기 쉬워진다.

우리의 문학적 전통이 외국으로 이식되어 그들 문학의 창조의 원천이 되기도 하고, 외국의 문학적 전통이 우리에게 이식되어 우리 문학의 창조의 원천이 되기도 한다. 어느 경우이든 타국의 문학적 전통이 자국의 문학적 전통으로 이식되어 창조의 원천이 되기 위해서는 자국의 삶과 문화, 그리고 문학에 대한 깊은 이해를 바탕으로 주체적으로 수용해야 파탄이 일어나지 않는다. 해외 문학파의 전통 단절론이나 이광수의 전통 부정론이 낳은 폐단을 떠올리지 않을 수 없다.

홍랑의 시조 "묏버들 가려 꺾어 보내노라 임에게/자시는 창밖에 심어 두고 보소서/밤비에 새잎 나거든 날인가도 여기소서"를 두고 생각해 보자. 버들은 원래 한시에서 '버들'[류(柳)]과 '머무름'[류(留)]의 동음이의어 관계를 활용하여 상대방의 떠남을 만류하는 의미를 담는 문학 전통의 소재였다. 그런데 여기서는 한시가 아닌 시조 문학 맥락에 놓였기에 파탄이 생길 수 있었다. 그러나 버드나무는 우리나라 어디서든 흔히 볼 수 있는 나무이고, 꺾꽂이가 잘되기 때문에 버들가지를 땅에 꽂으면 그곳에 뿌리를 내리고 생장한다. 이와 같은 자연환경과 버드나무의 생식적 특성에 기대어 떠나는 임에게 자신의 등가물인 '묏버들(가지)'을 건네며 떠난 곳에서도 자신을 생각해 달라는 의미를 담았기에 파탄을 극복하고 애틋함이 묻어나는 시가 되었다.

정철이 군신 관계를 남녀 관계에 빗대어 「사미인곡」과 「속미인곡」을 쓴 까닭은 임금에게 버림받은 신하의 처지로 형상화하는 것보다는 사랑하는 임에게 버림받은 여인의 처지에 빗대어 형상화하는 것이 더욱 절실한 공감을 불러일으킬 수 있다는 전략적 선택으로 풀이할 수 있다. 허전과 이원익이 각각 「고공가」와 「고공답주인가」에서 군신 관계를 주노 관계로 빗대어 형상화한 것 또한 비근한 관계 설정을 통해 공감의 폭을 넓힐 수 있었다. 김소월은 「가는 길」에서 3음보의 율격 전통을 수용하되 행 배열을 다채롭게 변형하여 이별의 아쉬움과 망설임, 이에 아랑곳하지 않고 제 갈 길을 가며 화자를 재촉하는 자연, 그래서 더욱 커지는 아쉬움과 망설임을 절묘하게 형상화하지 않았던가. 학교 현장에서는 오늘날의 학습자가 현재적 관점에서 되살릴 만한 고전문학의 전통을 찾으려는 방향에서 고전문학 텍스트를 중심으로 한 문학 현상에 접근할 수 있도록 수업을 설계해야 한다.

참고 문헌

한국 서사 문학 전통의 이모저모는 김일렬, 『한국 문학의 전통과 아름다움』(새문사, 2006)에서 맛볼 수 있다. 고전 시가의 경우는 율격 전통에 대한 논의가 중심인데 성기옥, 『한국 시가 율격의 이론』(새문사, 1986); 조동일, 『신소설의 문학사적 성격』(서울대학교 출판부, 1973): 『한국 민요의 전통과 시가 율격』(지식산업사, 1996) 등이 있다. 문학 전통 교육과 관련해서는 김현양, 「'문학 전통' 교육과 창의성 — 교육과정을 통해 살펴본 '문학 전통' 교육의 목표」, 『국어 교육, 어떻게 할 것인가』, 고용우 외(창비교육, 2014)를 참고할 만하다.

고전문학 교육과 정전

1——문학 교육과 정전의 문제

'문학 교육'이라는 말 자체가 환기하는 의미의 영역은 생각보다 넓어서 '문학'과 '교육'이라는 두 단어 사이에 무언가를 부연하여 각각이 가리키는 바를 좀 더 명확히 할 필요가 있다. 언뜻 떠오르는 대로 말해 보자면, '문학에 대한 교육'과 '문학을 통한 교육'으로 이분할 수 있을 텐데, 양자는 공히 '문학'과 '교육'이라는 말을 품고 있지만 그것이 지시하는 구체적인 의미나 대상은 엄연히 다르다. 전자의 경우는 '문학'이라는 목적을 '교육'이라는 수단을 통해 달성한다는 의미이겠으나, 후자의 경우는 그 관계가 역전되어서 '문학'이라는 수단을 통해 '교육'이라는 목적을 달성한다는 의미가 된다. 그러나 표면적으로 대등해 보이는 양자 간의 관계는 그것이 학교 교육의 장(場)에서 실현될 때 후자 쪽으로 수렴하기 마련이다.

가. 문학의 본질과 가치, 한국 문학의 성격과 역사에 대해 체계적으로 이해한다.

나. 작품의 수용과 생산 활동을 중심으로 창의적·심미적·성찰적으로 사고하고 소통하는 능력을 기른다.

다. 문학을 통해 인간과 세계를 총체적으로 이해하고 공동체의 문화 발전에 기여하는 태도를 기른다.

2015 개정 교육과정에 제시된 문학 교육의 세 가지 목표이다. 이를 앞에서 말한 두 가지 범주와 연계해 보면, '가'의 경우는 '문학에 대한 교육'에, '나'와 '다'의 경우는 '문학을 통한 교육'에 해당될 것이다. 그러나 문학 교육의 궁극적인 목표가 '문학에 대한 교육'에서 '문학을 통한 교육'으로 이행되어 온 저간의 상황을 감안하면, '가'와 '나'·'다'는 동등한 위상을 지닌 병렬적 관계라기보다는 '가' 역시 '나'·'다'를 달성하기 위한 일말의 가능성을 제공하는 것으로 볼 수 있다. 문학 교육에서 요구하는 문학적 역량이란 그 자체가 목적이라기보다는 자신의 삶에 대한 문체를 처리하는 데 기여할 수 있을 때에만 사회적 역량으로 간주되기 때문이다(권오현, 2013 : 456면).

문학 교육을 둘러싼 이와 같은 조건에서 '정전(正典)'의 문제는 상당히 중요하다. '교육'이라는 행위 자체가 국가를 위시한 교육 주체의 의도나 목적, 상황 등에 따라 변화하기 마련인데, 이를 달성하기 위한 하나의 수단으로 정전을 간주할 때 정전 역시 그 추세에 맞추어 변하지 않을 수 없기 때문이다. 더구나 '국어'는 모든 국민이 사고하고 표현하는 언어적 토대여서 교육 전반을 관장하는 국가 권력의 이데올로기와 분리되기 어렵다. 이러한 맥락에서 교과서는 일종의 정치적 텍스트이며, 『국어』 또는 『문학』 교과서는 문학 장 내에서 강력한 영향력을 발휘하는 하나의 정전으로 기능하게 된다.

주지하듯이 『문학』 교과서를 비롯한 제반 학습 도구들은 단순히 수많은 문학 작품들 중 일부를 모아 놓은 것이 아니다. 그것은 교육과정의 형태로 제시된 국가 교육 정책에 많든 적든 긴박되어 있으며, 교과서에 실린 문학 작품들은 해당 교육과정을 효율적으로 구현하기 위해 '선택'된 것이다. 따라서 한 편의 문학 작품을 읽고 감상하는 행위는 국가와 사회가 요구하는 각종 덕목을 부지불식간에 체득하는 과정이기도 하므로, '어떠한' 작품을 가르칠 것인가로 요약할 수 있는 정전의 문제는 그래서 중요하다. 이는 곧 '어떤' 사람을 길러

낼 것인가와 결코 무관하지 않기 때문이다.

2——정전 이론의 대강과 배경

역사적으로 볼 때 정전을 대하는 방식은 다음의 두 가지 접근법을 주축으로 하여 전개되었다. 첫 번째는 기본주의자들의 주장으로, 그들은 텍스트 안에 기초적인 근거 또는 기본 원칙이 있다고 보고, 정전 텍스트가 보편 불변의 절대적인 어떤 가치를 체현하고 있다고 생각한다. 이에 반해 반기본주의자들은 텍스트 자체에 기본적인 근거 따위는 없으며, 정전으로 선별된 텍스트는 어느 특정한 시대의 특정한 그룹 혹은 사회 집단의 이익이나 관심을 반영한 것이라고 주장한다(하루오 시라네 외, 2003 : 18~19면). 양쪽의 주장은 시기나 상황에 따라 그 성쇠가 단일하지는 않지만, 분명한 것은 정전의 설정이 단지 그 작품의 내재적 특성에 따라서만 결정된다는 오래된 명제가 점차 설득력을 잃어 가고 있다는 것이다(정재찬, 2002 : 22면). 이러한 추세는 문학 내부 혹은 외부의 환경과 긴밀히 연계되어 있는바, 우선 그 배경에 대해 간략히 살펴보도록 하자.

첫째, 이러한 변화의 기저에는 문학 교육의 근간인 정전이 오랜 기간 정치적 목적을 위해 복무해 온 것에 대한 반성이 놓여 있다(라영균, 2003 : 134면). 정전은 사회 구성원의 사고와 행동을 통합하거나 동질화하는 기능을 수행하는바, 교육의 주도권을 쥐고 있는 국가 권력이 삿된 목적을 지니고 있을 경우 그에 부응하는 방향으로 구성될 소지가 다분하다. 실제 서구 사회에서 촉발된 정전 논쟁의 핵심 내용 중 하나는 기존의 정전과 교육 방법이 다른 문화의 체험과 가치를 열등화하고, 백인·남성·중산층의 지배를 정당화함으로써 그 구조를 지속시키는 데 이용되고 있다는 혐의였다(송무, 1999 : 72면). 다시 말하겠지만 우리 역시 이와 다르지 않았으니, 이른바 '국가주의', '민족주의', '반공주의' 등과 같은 거시적 이념들이 교과서 정전을 구성하는 데에도 적지 않은 영향을 미쳤던 것이다.

둘째, 인문학과 사회 과학 전반에 나타난 문화적 전환을 들 수 있다. 특히 20세기 중반부터 등장한 일련의 포스트 담론들은 인간의 지식이나 의식에 절대적이고 보편적인 기초가 존재한다는 근대 철학의 기본 가정과 신념을 철저히 무너뜨린다. 이에 따라 특정 작품이 정전이 될 수 있는 정전성의 기준 역시 작품 자체에 내재한다는 시각에서 정전화 주체의 필요와 요구에 따라 외삽(外插)된다는 쪽으로 이동하게 되었다. 이러한 논의는 자연스럽게 올바른 작품 읽기의 방법과 연동하는데, 아래에서 살펴볼 세 번째 문제가 여기에 해당한다.

셋째, 의미의 결정자로 독자가 부상하게 된 독자 반응 이론의 영향을 들 수 있다. 정전에 대한 기본주의자들의 주장과 이에 따른 전통적인 문학 교육 방식은 텍스트의 의미가 작품 속에 객관적으로 내재하기 때문에 올바른 읽기 방법이란 그 내재한 의미를 정확히 찾아내는 일로 간주한다. 그러나 독자 반응 이론에서는 텍스트의 의미를 독자가 텍스트와의 지속적인 만남을 통해 생산하는 것으로 인식함으로써 기존의 유일한 정답을 부정한다. 결국 독자에 따라 하나의 텍스트에서 서로 다른 의미들을 발견하게 되고, 그러한 일련의 과정이 교육적으로 유의미한 것으로 인정되면서 교과서 정전의 기준 역시 '작품'에서 '독자' 쪽으로 옮겨 가게 되었던 것이다.

3——교육과정의 변화와 고전문학 정전의 추이

앞에서도 언급한 바와 같이 교과서는 국가의 교육 정책이 구현된 교육과정과 긴밀하게 밀착되어 있으며, 교육과정이 변화함에 따라 교수 내용이나 교수 방식에도 다양한 변화가 동반된다. 한 편의 작품을 토대로 수업이 진행되는 문학 교육 역시 교육과정에 이끌리는 바가 커서 재래의 작품이 탈락하고 새로운 작품이 추가되거나, 동일한 작품이라 하더라도 교수 내용과 방식이 달라지는 등 적지 않은 변화가 뒤따른다. 몇 가지 사례를 통해 이를 살펴보도록 하자.

고려 속요의 『국어』 교과서 수록 빈도와 교육과정별 분포(조희정, 2005 : 299면)

작품	건국기	1차	2차	3차	4차	5차	6차	7차
가시리								○
사모곡	○	○	○	○	○			○
정과정	○	○	○	○				
정석가				○	○		○	
청산별곡				○	○	○	○	○

위의 표는 중고등학교 『국어』 교과서에 실린 고려 속요 작품들의 교육과정별 분포 양상을 정리한 것이다. 주목할 점은 '호미'와 '낫'의 비유 체계를 들어 부정(父情)에 대한 모정(母情)의 상대적 우위를 노래한 「사모곡」이 건국기부터 제4차 교육과정에 이르기까지 지속적으로 수록되고 있다는 것이다. 그런데 이 작품은 여러 가지 측면에서 고려 속요를 대표할 만한 작품으로 보기는 어렵다. 해당 갈래의 두드러진 특징이라 할 수 있는 연장체 작품도 아니거니와 렴(斂)이나 조흥구 등의 음악적 표지도 없으며, 문학적이라 할 만한 표현도 그다지 눈에 띄지 않는다. 그럼에도 이 작품이 꽤 오랜 기간 정전적 지위를 누려 온 까닭은 무엇일까?

속단하기는 어렵지만, 이는 해당 시기가 요구하는 교과서 정전의 기준과 무관하지 않을 것으로 보인다. "국민적인 사상 감정을 도야한다."(제1~2차 교육과정), "미풍양속을 계승 발전시키는 데 도움이 되는 것"(제3차 교육과정), "읽기 자료와 문학 작품은 아래의 국민 정신 교육에 관련된 요소가 포함된 것을 선택하도록 하되"(제4차 교육과정) 등에서도 짐작할 수 있듯이 해당 시기의 국어과 교육과정은 한결같이 '국가주의'를 기저에 깔고 있다. 『국어』 교과서에 실릴 문학 작품을 선별하는 기준 역시 바로 그 국가주의였음은 부정하기 어려울 터, 국가주의의 담론하에서 '어머니'의 이미지는 '국가'와 동일시되곤 한다는 점을 감안하면, 어머니에 대한 곡진한 사랑은 국가에 대한 그것으로도 확장될 수 있는 것이다.

하나 더 주목할 점은「쌍화점」,「만전춘별사」,「서경별곡」,「동동」등 고려 속요의 대표적인 작품들이 한 편도 실리지 않았다는 점이다. 이 작품들은 남녀 간의 육체적 사랑과 변함없는 연정, 사무치는 그리움 등을 기본적인 주제로 하고 있으며, 고려 후기 사회의 다양한 모습을 확인할 수 있다거나 시공을 초월한 인간적 삶의 보편성을 체험할 수 있다는 점에서 일정한 문학사적 의미를 지닌다. 그럼에도 교과서에서 시종일관 외면받았던 것 역시 "투철한 국가관과 민족 주체성을 확고히 하고 애국, 애민 사상을 기르는 데 도움이 되"(제3차 교육과정)어야 한다는 '제재 선정의 기준'에 부합하지 않았기 때문일 것이다. 참고로, 월북 작가의 작품이나 동시대 작가의 작품이 교과서에 실리는 등 정전 구성에서 상당히 개방적인 제7차 교육과정 이후「서경별곡」,「동동」의 수록 빈도는 점증한다.

고전 산문의 『국어』 교과서 수록 빈도와 교육과정별 분포(조희정, 2005 : 291면)

작품	건국기	1차	2차	3차	4차	5차	6차	7차
구비 설화		○						○
봉산 탈춤						○	○	○
토끼전		○	○	○				
					○	○	○	

위의 표는 고전 산문 작품의 교육과정별 분포 현황 중 일부를 제시한 것이다. 특기할 만한 것은「우렁각시」,「지네 장터」,「혹부리 영감」,「용소와 며느리 바위」등 일련의 구비 설화 작품이 제1차 교육과정 이후 한동안 수록되지 않다가 제7차 교육과정에 이르러 대거 수록된다는 것이다. 여기에는 문자를 통한 기록의 여부가 '문학'의 충분조건으로 인식되던 시기를 거쳐 음성 언어 역시 하나의 문자임을 인정하고 구비 문학을 한국 문학의 영역 안으로 포섭하게 된 국문학계 내부의 사정도 있을 것이다. 또한 제7차 교육과정이 1990년대 후반에 공포된 것을 감안하면 이는 역시 교육과정의 문제와 연계되어 있을 것으로

보인다. 즉, 말하기·듣기·읽기·쓰기와 같은 기능 중심의 국어 교육이 제5차 교육과정 이후로 정착되어 가면서 '구비(口碑)'라는 언어적 특수성이 교과서 정전으로 편입될 수 있는 새로운 근거로 작동하게 된 것이다. 이는 제7차 고등학교『국어(상)』에 실린「용소와 며느리 바위」가 "내용 조직의 일반 원리에 따라 말을 하고 있는지 살펴보자."라는 학습 목표에 배치되어 있는 것으로도 확인할 수 있는바, 이 작품은 '문학'의 자격이 아니라 '말하기'의 자격으로 선택된 것이다.

「봉산 탈춤」이 제5차 교육과정 이후『국어』교과서에 실리게 된 점도 흥미롭다. 제5~7차 교육과정 모두「봉산 탈춤」의 전체 과장 중 '양반 과장'을 싣고 있는데, 짐작건대 이는 제5차 교육과정을 기점으로 교육과정의 기본 방향이 '국민 국가주의'에서 '민족주의'로 전환된 데에서 기인하였을 가능성이 크다. 실제 임화, 이태준, 박태원 등의 월북 작가들이 1980년대 후반에 해금될 수 있었던 것도 '민족 문학'의 명분에서였으니, '민족'이라는 집합에 사회의 최하층들이 포함되는 것은 지극히 자연스럽다. 또한 상기한 구비 설화들과 마찬가지로 언어의 현장성이라는 기능적 측면 또한 본 작품이 교과서에 수록될 수 있었던 이유 중의 하나일 것이다.

『토끼전』의 사례는 소설 작품의 전편을 실을 수 없는 교과서의 한계와 관련하여 교육과정의 추이에 따라 제시되는 작품의 부분이 확연히 달라질 수도 있음을 보여 준다. 표에서도 확인되듯이『토끼전』은 제1차에서 제6차 교육과정에 이르기까지 계속해서 실렸으나 제1~3차까지는 작품의 초반부인 어전 회의 장면을, 제4~6차까지는 토끼가 육지로 살아 돌아오는 장면을 제시하고 있다. 이 가운데 주목되는 것은 전자의 경우인데, 병든 용왕을 위해 토끼의 간을 구해 올 방법을 논의하는 어전 회의 장면은『토끼전』전체의 내용을 감안할 때 중요성이 다소 떨어지기 때문이다.

거친 추정에 불과하지만, 이는 아마도 다음과 같은 구절 때문일 터이다. "'만고의 전한 사기(史記) 신의 집의 다 있사와 군신분의 중한 줄을 자세히 아나이다.' 용왕이 또 물어, '어찌하면 충신인고?' 좌승상이 여쭈오되, '임금에게 좋을 테면 제 몸 죽기 불고(不顧)키로 진나라 개자추(介子推)는 할고사군(割股事君) 하였고 한나라 기신(紀信)이는 광초분사(誑楚焚死) 하였습니다.'"* 와 같이 임금을 위해 죽음도 불사하는 충직한 신하의 자세는 "새마을 운동의 전개, 유신 과업의 수행 등 국가 발전을 위한 사업에 적극적으로 참여, 이를 선도하려는 태도를 기르는 데"(제3차 교육과정) 유익한 것으로 판단되었을 것이다.

4——문학사 교육과 고전문학 정전

정전을 형성하는 다양한 경로 가운데 문학사의 영향은 단연 두드러진다. 선별과 평가를 골자로 하는 정전의 문제와 시대 구분의 문제가 문학사 기술의 핵심을 이루기 때문이다(라영균, 2000 : 84면). 교과서를 일컬어 "압축된 문학사"로 명명하는 것(권오현, 2011 : 36면)도 이러한 맥락에서이다. 우리의 경우 역시 "문학사의 흐름을 고려하여 대표적인 한국 문학 작품을 감상한다."(2015 개정 교육과정)라는 목표 아래 대부분의 고전문학 작품들을 선택하고 배치한다. 문제는 해당 교육과정이 의도하는 문학사의 구도에 따라 특정 작품의 수록 여부와 교수 내용이 결정된다는 것인데, 2009 개정 『문학』 교과서에 실린 사설시조 작품을 하나의 범례로 삼아 이를 살펴보도록 하자.

(1) 임실학사상의 등장과 함께 국문 문학과 서민 문학이 발달하다: 조선 후기에는 임진왜란과 병자호란 등 여러 차례에 걸친 전란으로 인해, 정치적·사회적 혼란이 초래되었고, 국가 경제가 심각하게 피폐해지게 되었다. 그로 인해 양반과 사대부에 대한 불신이 초래되었고, 평민 의식과 현실 중심적인 사상이 대두되는 변화가 나타났다. 또한 사상적으로도 전통적인 유학의 방향에서 벗어나 인간 중심, 현실 중심의 실학사상이 대두되었다. (중략) 실리와 현실을 추구

* 강한영 교주, 『신재효 판소리 사설집』, 교문사, 1984, 259면을 현대 어법에 맞게 수정하였음.

하는 한문 소설이 창작되었고, 국문 소설과 수필, 사설시조, 가사 문학 등의 국문 문학이 발달하게 되었으며, 판소리나 탈춤과 같은 서민 문학도 성행하였다.

(2) ① 동난지이를 파는 사람이 왜 어려운 한자어를 많이 사용하고 있는지 추측해 보자.

[예시 답] 지금은 시장에서 장사를 하지만 자신의 태생은 선비임을 보여 주기 위해서 어려운 한자어를 사용했을 것이다./양반들에게 게젓을 팔기 위해서는 한자어를 사용해야 한다고 생각했을 것이다.

② 다음 글에 제시된 '풍자'에 대한 설명을 참고하여 시적 화자가 동난지이를 파는 사람을 대하는 태도를 설명해 보자.

[예시 답] 시적 화자는 상인임에도 불구하고 양반 행세를 하려는 사람에 대해 비판적인 태도를 취하고 있다. 이러한 시적 화자의 비판 속에는 물건을 파는 상인의 행동이 결코 부끄러운 것이 아니며 상인들도 자신의 직업을 당당하게 내세워야 한다는 새로운 직업관·세계관이 담겨 있다.

사설시조 작품은 대부분 (1)과 같은 대단원의 목표 아래 배치되어 있다. '중세에서 근대로의 이행기' 혹은 '근세'와 같은 거시적 역사 단위 체계에서 조선 후기 문학사의 전반적 줄기를 개괄하고 있는 위의 기록들은 한결같이 조선 후기 문학사의 주된 특징으로 '평민 의식의 성장, 성리학에 대한 반성, 국문 문학의 저변 확대와 서민 문학의 융성' 등을 규정하고, 이를 입증하기 위한 증거물로 사설시조 작품을 선택한다. '이행기' 혹은 '근세'와 같은 역사 단위 설정의 적합성, 그 밑에 오롯이 도사리고 있는 민족주의의 정체, 여전한 맹위를 떨치고 있는 목적론적 시간관과 근대주의적 역사 인식 등 교과서에 제시된 문학사의 얼개를 보면서 따져 물어야 할 것은 한두 가지가 아니다. 그중에서도 가장 큰 문제는 사설시조에 대한 이와 같은 선험적 인식이 내용적 층위에 있어 대단히 광범위한 사설시조 작품 중 극히 일부만을 걸러 내는 정전화의 장치로 기능할 뿐만 아니라 심지어는 과도한 작품 해석을 부추기기도 한다는 것이다.

그러한 사례를 (2)에서 확인할 수 있는바, (2)는 사설시조의 대표작으로 인정되어 교과서를 비롯한 제반 학습 도구에 빈번하게 실려 온 「딕들에 동난지이 사오」에 대한 학습 활동과 교사용 지도서에 소개된 예시 답안이다. 그런데 "이러한 시적 화자의 비판 속에는 물건을 파는 상인의 행동이 결코 부끄러운 것이 아니며 상인들도 자신의 직업을 당당하게 내세워야 한다는 새로운 직업관·세계관이 담겨 있다."라는 설명은 엄밀히 말해서 '잘못된' 해석이다. 작품 어디에서도 장사치의 태생이 선비라는 사실을 추정하기 어려우며, 게젓의 판매 대상이 양반들이라는 것 또한 찾아내기 어렵기 때문이다. 이는 아마도 조선 후기 사회의 변화된 조건과 이와 연동된 사람들의 인식 변화를 해당 작품을 통해 드러내야 한다는 명시적 혹은 암묵적 압력에서 기인했을 터, 서민 의식의 성장을 양반층에 대한 비판과 등가적으로 상정한 전제적 구도에서 사설시조 작품에 등장하는 풍자적 요소들은 양반층이라는 일부 계층을 대상으로 하는 것으로 직결되곤 한다.

물론 "주제 의식, 가치관, 표현 형식 등 다양한 부문에 걸쳐 나타나는 한국 문학의 전통과 미적 특질을, 문학사에서 중요하게 평가되어 온 작품을 통해 확인하고 경험함으로써 이해하도록 한다."(2009 개정 교육과정)라는 교육과정의 목표 자체에 시비를 제기하기는 어렵다. 과거의 문학 작품을 통해 자신의 현재를 설명해 줄 수 있는 오래된 단서를 추적해 보고, 이를 다시 삶의 자양분으로 삼는 것은 '문학 교육'이 감당해야 할 기본적인 소임 중의 하나임이 분명하다. 다만 그 '전통'과 '특질'이라는 것이 알게 모르게 유발할 수 있는 어떤 '병폐'들에 대해 지속적인 논의와 보완이 필요하다는 것 역시 분명해 보인다.

우리의 교과서가 상정하고 있는 문학사의 구도는 비교적 단일하다. 민족의 성쇠와 문학의 그것을 등가적으로 인식하는 민족 문학론, 범위를 좀 좁히면 조선 후기의 문학 작품을 통해 근대적 징표들을 검출해 내는 내재적 발전론이 우리 문학사를 설명하는 유일한 선택지였다는 것이다. 물론 이러한 시각들이 잘못되었다고 말할 수는 없겠지만, 문제는 이 유일한 선택지가 제법 오랜 기간

행사됨으로써 비슷한 유의 작품들만이 교과서 정전에 이름을 올려 왔다는 것이다. 그렇다면 어찌해야 하는가?

5——탈정전 시대의 고전문학 정전

문학 교육 현장에서 정전에 대한 논의는 그것의 불변성을 전제하는 경향에서 가변성을 인정하는 추세로 점차 이동해 왔다. 우리의 경우 역시 이러한 흐름과 무관하지 않아서, 정치적인 이유로 배제되었던 많은 작가들의 작품이라든지 출판된 지 얼마 되지 않은 동시대 작가들의 작품이 교과서에 실리는 등 적지 않은 변화가 꾸준하게 이어져 왔다. 특히 '국가를 구성하는 국민' 대신 '공동체를 구성하는 시민'의 양성으로 교육적 목표를 수정하고, 이에 따라 일련의 정전 목록을 재구성한 것은 괄목할 만한 성과임에 틀림없다. 그러나 이러한 변화의 조짐은 현대 문학에 비해 고전문학이 더디었던바, 이는 앞서 살펴본 바와 같이 대부분의 고전문학 작품이 "문학 교육의 궁극적 도달점으로서의 성격을 갖는다고 할 수 있"(김정우, 2006 : 400면)는 문학사 교육에 주로 할애되어 왔기 때문일 것이다.

정전의 해체가 당연시되는 근간의 상황과 폭이 큰 변동이 쉽지 않은 문학사 교육은 어쩌면 출발부터 함께 하기 어려운 것인지도 모른다. 정전의 해체란 궁극적으로 문학사의 해체로 이어질 것이라는 세간의 진단 역시 어느 정도 수긍할 수 있으며, 이에 더해 고전문학 작품의 문학적 가치는 역설적으로 문학사 교육을 포기할 때만이 담보될 수 있을 것이라는 평가에도 일정 부분 동의한다. 하지만 문학사 교육이 감당할 수 있는 이러저러한 교육적 가치들을 포기하지 않으면서도 좀 더 시의적인 문학사 교육을 모색할 수 있는 방법은 없는 것인가?

유일한 대안이 될 수는 없겠으나, 현재 학계에 제출된 여러 대안 가운데 '복수의 문학사'에 주목한다. 여기서 '복수의 문학사'란 고정된 실체로서의 민족

문학사를 해체하고, '민족'에 상응하는 다른 개념들, 이를테면 계급, 젠더, 세대, 직종, 지역 등을 통해 더욱 다양한 문학사를 구축하는 것을 말한다. 이는 종래의 민족 문학사가 남성, 엘리트, 국어 등을 중심으로 기술되었던 탓에 이러한 범주에 속하지 않는 수많은 작품들은 배제될 수밖에 없었음을 문제시하는 것이다. 해당 개념에서라면 기존의 정전과는 전혀 다른 목록이 만들어질 수 있으며, 기존의 정전에 포함되었던 작품들이라 할지라도 해석의 준거 틀이 달라지기 때문에 그에 걸맞은 새로운 해석이 요구되기 마련이다. 이러한 움직임이 의미 있는 성과들을 도출해 낸다면 문학 교과서의 종수만큼이나 다양한 문학사가 마련됨으로써 교과서를 국정이 아닌 검인정으로 전환한 취지를 더욱 잘 살릴 수 있을 뿐만 아니라(윤대석, 2014 : 123면) 학생들로 하여금 문학과 사회를 바라보는 더 많은 잣대를 경험하게 할 수 있을 것이다.

참고 문헌

정전 이론에 대한 외국 학계의 논의로는 하루오 시라네 외, 『창조된 고전』, 왕숙영 역(소명출판, 2002)을 참고할 만하다. 정전의 문제와 외국의 문학 교육 실태에 대해서는 송무, 「정전 논쟁과 문학 교육의 미래: 미국편」, 『오늘의 문예 비평』, 1999년 봄호; 라영균, 「정전과 문학 정전」, 『외국 문학 연구』 제7호(한국외국어대학교 외국문학연구소, 2000): 「정전과 문학 교육」, 『독어 교육』 제26집(한국독어독문학교육학회, 2003); 권오현, 「독일의 국어 교육에서 문학 작품의 선별 기준과 정전 문제」, 『우리말 교육 현장 연구』 제8호(우리말교육현장학회, 2011) 등을 참고할 만하다.

한국의 현대 문학 교육과 정전의 문제에 대해서는 정재찬, 『문학 교육의 사회학을 위하여』(역락, 2003); 오연경, 「현대시 정전 형성의 이론화 양상 연구」(고려대학교 박사 학위 논문, 2016) 등을 참고할 수 있다. 교육과정에 따른 고전 정전 제재의 목록은 조희정, 「교과서 수록 고전 제재 변천 연구 — 건국 과도기부터 제7차 교육과정까지 중등 국어 교과서를 중심으로」, 『문학 교육학』 제17호(한국문학교육학회, 2005): 「고전 정전의 재검토 — 해방 이후 초·중등 국어 교과서를 중심으로」, 『문학교육학』

제25호(한국문학교육학회, 2008); 최창헌, 「고등학교 문학 교육 형성의 역사적 연구: 교수요목에서 제7차 교육과정까지의 문학 영역 및 문학 과목의 내용 변모를 중심으로」(강원대학교 박사 학위 논문, 2015) 등에 제시되어 있다.

문학사 교육과 '복수의 문학사'를 다룬 것으로는 김정우, 「학습자 중심의 문학사 교육 연구: 정지용의 시론을 예로 하여」, 『국어 국문학』 제142호(국어국문학회, 2006); 윤대석, 「문학 교육에서 바라본 문학사」, 『민족 문학사 연구』 제56호(민족문학사학회, 2014) 등이 있다.

3부
고전 산문의 내용 이해와 교육적 적용

1장
고전 소설

총론

1——장르 특성

서사 장르의 하나인 소설만큼 정의 내리기 어려운 작품군도 없다. 하지만 소설은 그 성격과 특성이 단일하지 않기에 역사적으로 닫힌 평가를 거부하고 새로운 비판에 겸허한 장르라고도 할 수 있다. 특정 인물을 중심으로 전개되는 어떤 사건의 내용과 구체적 상황, 그리고 그 추이를 시간적·인과적 구성으로 엮어 인간 삶의 다양한 국면을 보여 주는 이야기 중에서 현실에서의 일상적인 삶에 내재된 모순과 갈등을 심층적으로 포착하고자 한 서사 문학이 바로 소설이다.

그러나 이 설명만으로는 충분하지 않다. 원래 동아시아에서 사용해 온 '소설(小說)'은 서사 문학의 한 갈래로서의 소설과는 달리, 복합적 개념의 산물로 '자질구레하고 잡다한 이야기'의 성격이 강했기 때문이다. 이를 고려하여 소설의 성격과 범위를 상정하면 다음과 같다. 첫째, 소설은 경전이나 역사서보다 격이 떨어지는 신변잡기류의 이야기를 의미한다. 즉, 사상이나 주장을 피력한 경전이나 논설류의 글과 다르다. 둘째, 소설은 허구적인 이야기라는 점에서 사실을 바탕으로 한 역사 기록과 구별된다. 셋째, 소설은 특정한 작가의 의도와 구상 아래 창작된 글말 이야기이다. 이것이 소설이 입말 이야기인 설화와 구별되는 지점이다. 이런 점들을 종합하면, 동양 서사 전통에서의 소설이란 특정 작가의 의도적 구상 아래 글말로 쓰인 허구적 서사 문학 정도로 이해할 수 있다.

그럼에도 소설의 장르적 특성을 살피기 위해서는 여타 장르와 구별되는 지점을 종합적으로 바라볼 필요가 있다. 우선 친연성이 높은 설화와의 차이를 통해 소설의 장르적 특성을 확인할 수 있다. 설화에서 유래하거나 설화적 성격을 띤 것이 적지 않으면서 설화와 달리 완결된 서사 구조를 갖추고 창작된 소설이 많기 때문이다. 고전 소설 기원 논쟁과 관련하여 나말여초의 '전기(傳奇)'를 자주 언급하는 것도 이 때문이다.

임형택, 박희병, 김종철 등 다수의 연구자들은 나말여초에 나타난 전기에 인물의 형상화, 내면 심리의 표출, 세부 정황의 묘사, 인과적 갈등 구조, 문제적 사유의 제시 등이 설화에 비해 선명히 드러나 있다고 보고, 전기 작품을 설화가 아닌 소설로 파악한다. 그리고 작가 개인의 창작 및 문식성, 사회 현실의 풍부한 반영, 작가 의식의 합리성 등 여러 소설적 표지를 종합하여 이를 소설로 규정할 필요가 있다고 보았다. 그 밖에 감정 전달(분위기 연출)과 서사 전개의 역할(서사와 서정의 교직)까지 감당하는 삽입 한시, 주인공의 고독감, 묘사의 구체성, 화려한 문체 등을 근거로 이를 설화와 질적 차이를 드러내는 소설적 특징으로 파악하여 고전 소설이 '전기' 작품에서 출발한다고 주장하였다. 그 결과, 나말여초의 「최치원」을 소설의 초기작으로 간주한다.

이와 달리, 조동일은 소설을 '자아와 세계의 상호 우위에 입각한 대결'이 심각한 서사 장르로 규정한다. 소설이란 현실 세계를 절대 결핍의 상태로 전제하고 그 결핍 상황에서 벗어나기 위한 자아의 욕망이 세계와 대결하는 양상을 잘 보여 주는 작품군이라고 본 것이다. 설화는 인식의 주체인 자아(주인공)가 세계(상대방) 또는 제도·운명·규범 등과 대립·갈등하는 국면을 심각하게 그려 내기보다 어느 한쪽의 일방적인 우위에 의해 문제가 해결된다는 점에서 소설과 구별된다고 보았다. 그 결과, 조선 초 김시습의 『금오신화』에 이르러서야 비로소 그와 같은 대결 국면이 현저하게 드러난다고 보고 이를 최초의 소설로 파악한 것이다.

서정·서사·극·교술과 같은 이론적 장르로서가 아닌 역사적 장르로서의 소설을 전제할 때, 소설은 여느 역사적 장르와 달리 중세 유교 이념 지배 사회에서 직접적으로 말하기 어려운 세계상, 곧 불온성과 전복성을 지닌 서사 욕망을 형상화하는 데 관심이 많은 장르이다. 이때 소설이 담고자 한 세계상이란 신분 제도와 남녀 차별이 엄격하였던 사회에서 나타난 다양한 인간의 욕망과 사회상을 상하, 남녀, 성속의 문제로 구체화해 낸 것을 의미한다. 그러나 소설은 이를 직접적으로 드러내지 않고 허구적 포장과 수사를 동원하였기 때문에 작품 이면에 숨어 있는 목소리, 곧 이면적 주제를 찾는 과정에서 독자의 대리 만족과 소설의 효용성이 더욱 커질 수 있었다.

이러한 욕구는 시민 사회의 성장과 더불어 상업 경제 사회로 전환되면서 소설이 재미와 교훈을 동시에 충족시키는 독서물로 급부상하게 됨에 따라 더욱 다채로운 모습을 띠게 되었다. 역사가 주로 실체적 진실 자체를 규명하고자 하는 데 관심이 많았다면, 고전 소설은 상상력에 기반한 허구적 진실과 그를 통한 삶의 감동에 초점을 두었기 때문에 일반 독자의 공감을 쉽게 얻을 수 있었다. 그리하여 이념성보다 인간(개인)에 대한 관심이 커진 17세기 이후(임병양란 후)에 이르러 고전 소설이 본격적으로 등장한 뒤 점차 경제 사회의 산물로 상품화되어 오락적 독서물로서 큰 인기를 누리게 되었다.

고전 소설은 상하 남녀의 입말과 글말을 모두 사용한 서사 작품이었다. 따라서 문자 사용(언어 표기)을 달리한 한문 소설과 한글 소설이 서로 경쟁하며 발전해 나간 양상을 이해하는 것이 필요하다. 한문 소설이 묵독으로 향유된 상층 지식인들의 문학이었다면, 한글 소설은 주로 음독과 낭독에 의해 향유된, 청자 중심의 현장성을 지닌 문학이었다. 한문 소설이 유교 이념 중심의 주제 의식과 불교적 내세관, 윤회 사상, 도교적 초월주의 사상과 함께 은유와 내면 성찰의 경향이 강하다면, 한글 소설은 우리말 해독자와 청취자 중심의 독서물이었기에 흥미성과 교훈성이 강한 작품이 많다.

앞서 말한 대로, 고전 소설은 설화와 전기라는 뿌리에 기반을 두고 형성·발전해 나간 장르라는 점을 충분히 고려해야 한다. 고전 소설은 현실과 초현실의 부단한 교섭 속에서 발전해온 서사물이다. 이때 환상적 요소가 풍부하고 서사 구조가 유형화된 것은 고전 소설이 미숙하거나 수준이 낮아서가 아니다. 이는 고전 소설만이 지닌 고유한 정신 세계와 미학적 원리가 작동한 서사 기법의 일종일 뿐임을 분명히 인식하고, 서양 문학 이론에 입각하여 국내 고전 작품을 부정적으로 평가하던 시각에서 벗어날 필요가 있다.

2——개관 및 역사적 전개

고전 소설은 나말여초, 곧 10세기경에 한문 전기 소설이 나타난 이후로 19세기 말까지 상층 남성 지식인 중심으로 향유되었고, 17세기에 최초의 한글 소설 『홍길동전』이 나타난 이후로는 한문 소설과 한글 소설이 서로 영향을 주고받으며 발전해 나갔다. 이 과정에서 한문 소설로는 전기 소설, 전계 소설, 몽유록계 소설, 몽자류 소설, 야담계 소설(한문 단편) 등의 작품이 나타났고, 한글 소설로는 가문 소설(국문 장편 소설), 가정 소설, 판소리계 소설, 세태 소설, 영웅 군담 소설, 우화 소설 등이 여성과 하층민 사이에서 애독되었다.

1) 한문 소설의 전개

17세기 이전에는 사실 위주의 '전(傳)'과는 다른 서사 형태의 전기가 나말여초에 처음 등장해 소설사의 선편을 장식하였다. '전기'를 소설로 볼 것인가라는 논란이 여전히 있지만, 이에 대한 판단은 개별 작품에 따라 달리 이루어질 필요가 있다. 전기 작품은 대체로 남녀 간 애정 서사를 근간으로 하되, 한쪽의 죽음으로 인해 이루어질 수 없는 사랑을 초현실적인 방법으로 극복하려는 욕망이 잘 드러나 있다. 전기 중 가장 오래된 작품은 『수이전』에 수록된 「최치원」

으로, 남녀 간 사랑 이야기이면서 인간과 귀신이 서로 만나 즐거움을 나눈다는 인귀 교환(人鬼交歡) 모티프가 기저에 깔려 있다. 이런 내용상, 양식상 특성은 15세기에 김시습이 지은 『금오신화』의 「이생규장전」, 「만복사저포기」 등에서도 동일하게 발견된다. 전기 소설의 서사적 특성이 드러난 작품으로는 『금오신화』 외에도 채수의 「설공찬전」, 신광한의 「하생기우전」, 권필의 『주생전』, 작자 미상의 『운영전』 등이 있다. 그러나 전기 소설에서 종종 보이는바, 남녀의 사랑을 귀신과의 만남으로 극복하려고 한 서사 방식은 임진왜란 이후 나타난 현실 인식과는 거리가 있어 급격히 쇠퇴하였다.

한편, 한문 소설에서 현실과의 갈등 상황을 극복하기 위한 서사 장치로 적극 활용된 것이 바로 '꿈'이다. 16세기경부터 나타나 17세기에 성행하고, 20세기 초 근대 문학으로까지 이어진 몽유록계 소설이 그러하다. 몽유록계 소설은 꿈의 세계를 설정하고 그 꿈속 세계에서 사회적 약자가 현실 세계를 비판하는, 일종의 목적성이 강한 작품이 대부분이다. 죽음이나 꿈의 세계에서 이루어지는 사건이 현실에서 이루어진 결과와 대립된다는 점에서 현실에서 이루어지지 않는 소설적 진실을 보여 준다. 임제의 「수성지」와 「원생몽유록」, 황중윤과 윤계선의 「달천몽유록」, 작자 미상의 「강도몽유록」 등이 대표적이다. 그러나 이들 몽유록계 소설은 문제적 현실을 비판하거나 문제 해결을 위한 대안을 제시하는 데까지는 나아가지 못한 까닭에 독자와 시대적 요구에 크게 부응하지 못함으로써 오래 지속되지 못하였다.

다만 꿈을 소재로 하면서도 현실과 인생의 제 문제를 진지하게 성찰하면서 한 단계 높은 수준을 보여 준 김만중의 소설 『구운몽』이 17세기 후반에 나타난 이후로, 『구운몽』의 서사 틀과 주제의식을 모방한 일련의 작품군이 지속적으로 등장하는데, 이 작품들을 흔히 '몽자류 소설'로 부른다. 이정작의 『옥린몽』, 작자 미상의 『옥선몽』을 비롯하여 19세기 초 남영로의 『옥루몽』과 『옥련몽』에 이르기까지 재미와 교훈을 동시에 추구하면서 상층 남성들의 서사 욕망을 잘 보여 준 작품들이 한문 소설의 맥을 이어 나갔다.

17~18세기에 한문 소설은 커다란 질적 변화를 보이게 된다. 임병양란 후,

곧 17세기 이후 현실에 대한 각성이 커지면서 환상성보다는 사실성에 주목한 서사가 대거 나타나기 시작한 것이다. 사실 기술적인 '전'에 서사적 경향이 강화되어 나타난 '전계 소설'이 좋은 예이다. 16세기 후반 이항복의 「유연전」이 등장한 이래 20세기 초까지 지속적으로 창작되었다. 전계 소설은 사마천의 『사기』 「열전」에서 비롯된 인물 일대기 양식인 '전'의 서사 양식을 적극 차용하여 허구적인 작품 형식으로 사용하였다. 사물을 의인화하여 현실을 우회적으로 비판한 가전 작품이나 실존 인물의 행적에 실기적 성격과 허구적 성격을 적절히 가미한 인물전 양식에 허구성을 위주로 한 '가짜 전' 성격의 소설로 발전한 것이다. 허균의 「장생전」을 비롯한 5편의 전 작품과 홍세태의 「김영철전」, 박지원의 「광문자전」, 이옥의 「유광억전」 등 다수의 작품이 창작되어 인간 이해의 폭을 넓혀 주었다.

18세기 이후로는 현실에서 벌어지는 사소한 일상 세계의 문제에 대한 관심이 깊어지면서 민간 전승의 다양한 설화를 기록자가 의도를 갖고 한문으로 기록한 야담(문헌 설화)이 나타났다. 17세기 초 유몽인의 『어우야담』이 선편을 잡은 이후, 18~19세기에 『삽교만록』, 『청구야담』, 『계서야담』, 『동야휘집』 등 많은 야담집이 출현하였는데, 야담집에 수록된 야담 중에서 소설적 성향이 강한 작품군을 특별히 '야담계 소설'이라 부른다. 시정 경제생활에서 발견되는 다양한 인간 군상의 면면과 현실 세계의 모순을 비판하거나 풍자하는 성격의 야담계 소설(한문 단편)이 등장하여 한문 소설 세계의 편폭을 더욱 다양하게 확장하였다.

2) 한글 소설의 전개

17세기 이전에 『안락국태자전』 등 불경 관련 한글 서사가 나타나고 『오륜전전』처럼 중국 작품의 한글 번역이 이루어지는 등 한글 소설이 등장하게 되는 토대가 마련되던 상황에서, 17세기를 전후해 중국 소설이 국내에 들어옴에 따라 이를 국문으로 번역한 작품이 등장하여 여성 독자의 흥미를 끌게 되면서 한

글 소설이 본격적으로 나타나게 되었다. 최초의 한글 소설인 허균의 『홍길동전』은 적서 차별이라는 사회 문제를 정면에 내세운 까닭에 당대부터 금서로 지정되었지만, 몰래 전해져 19세기 이후에 널리 읽혔다. 17세기 후반에는 김만중의 『사씨남정기』, 조성기의 『창선감의록』, 작자 미상의 『소현성록』 같은 가문 소설(국문 장편 소설)이 나타나 일찍부터 한글 소설의 위상과 가치를 한껏 높였다.

18세기에 들어서는 사대부 여성들이 주요 소설 독자층으로 급부상하면서 『완월회맹연』, 『명주보월빙』, 『윤하정삼문취록』 등의 가문 소설 작품을 경쟁적으로 세책점에서 빌려다 읽었다. 여러 대에 걸쳐 혼인을 매개로 한 가문 간의 갈등과 가문 내 구성원 간의 문제를 다루면서 거대한 서사 전개를 통해 충효열의 유교 이념을 강조하고, 가문의 융성과 가문 내 구성원의 바람직한 예절과 행동 규범을 드러낸 가문 소설이 상층 독자를 중심으로 폭넓게 읽혔다.

한편, 하층민이 애독하던 한글 소설도 다수 있었다. 18세기 후반에 소설을 전문적으로 낭독하던 전기수들이 즐겨 들려주던 『숙향전』, 『소대성전』, 『심청전』, 『임경업전』 등이 그러한 예에 해당한다. 특히 『임진록』, 『박씨전』, 『임경업전』 등 역사적 인물과 사건을 소재로 한 역사 영웅 소설과 『조웅전』, 『소대성전』, 『유충렬전』 등 군담을 소재로 한 창작 영웅 소설이 하층민과 일반 서민 대상 독서물로 큰 인기를 누렸다. 전자가 역사적 치욕에 대한 울분을 민족적 영웅의 허구적 활약을 통해 대리 만족하려는 의지를 보인 작품들이라면, 후자는 몰락한 양반들의 실세 회복 의지를 담으면서 '영웅의 일대기적 삶'이라는 유형화된 서사 구조에 맞추어 천상계와 현실계를 연결하는 운명적 세계관에 입각하여 오락적 요소가 강한 독서물로 거듭 창작되었다. 한글 소설은 주 독자층이 여성과 하층민이었기에 대중 지향적 내용과 민중적 세계관과 미의식이 담겨 있는 경우가 많다. 충효열 등 유교 윤리와 권선징악을 강조하는 작품에서부터 하층민의 삶의 애환과 지혜, 해학과 풍자가 가득한 작품에 이르기까지 매우 다양하다.

19세기에는 판소리계 소설, 세태 소설, 가정 소설, 우화 소설 등의 한글 소설이 나타났다. 『정을선전』, 『장화홍련전』, 『김인향전』 등의 가정 소설, 『숙향전』, 『숙영낭자전』, 『채봉감별곡』 등의 애정 소설, 『황새 결송』, 『옥낭자전』, 『진대방전』, 『서대주전』 등 재판을 다룬 송사 소설, 『이춘풍전』, 『옥단춘전』, 『배비장전』 등 19세기 사회상을 다룬 세태 소설, 『춘향전』, 『화용도』(「적벽가」), 『변강쇠가』, 『옹고집전』, 『장끼전』 등 판소리를 소설화한 판소리계 소설, 그리고 『하진양문록』과 같은 국문 장편 소설 등 다양한 한글 소설이 향유되었다. 이 작품들은 권선징악을 주제로 유형화된 서사 구조를 지니고 있어 서민 독자들의 읽을거리로 안성맞춤이었다. 간신의 발호와 국가의 위기, 악한 계모에게 핍박받는 전실 소생의 고난, 첩의 간계로 인한 가정 파탄, 부당한 힘을 가진 자의 횡포와 미력한 자의 수난 등을 그린 전반부 서사가 후반부에 이르러 권선징악이라는 윤리적 기준에 따른 결말 또는 해결로 끝나는 작품들이 적지 않다. 이는 교훈과 재미를 동시에 추구하고자 한 통속 소설의 성격을 잘 보여 준다.

한글 소설의 출현은 언문일치의 작품 창작과 독서가 가능해졌다는 의미와 더불어 우리 민족의 정서와 의식을 담보한 서사 문학의 창출이 자유로워졌다는 의미도 지닌다. 신화적 서사를 기반으로 한 영웅 군담 소설은 개인 생활의 범위를 벗어나 국가적 담론을 다루는 통속적 독서물로 발전해 나간 좋은 예가 된다. 개인이나 대를 이어 가정과 가문의 우수성을 드러내고자 한 가정 소설과 가문 소설 역시 시대와 사회의 요구에 부응하여 대거 창작되었다. 겹핍된 현실 세계에서 일탈하려는 민중의 욕망을 담은 판소리계 소설이나 세태 소설, 우화 소설 등도 19세기 조선 사회의 요구에 부응하여 폭넓게 창작·향유되었다.

3——고전 소설 독서와 유통

고전 소설은 무엇보다도 유교 이념에 질식되지 않은 채 생기발랄한 인간의 욕망을 담아내었기에 17세기 이후로 사회 전반에 걸쳐 강력한 독서물로 각광받으면서 여러 시대를 거쳐 폭넓게 읽혔다. 고전 소설 독서의 특징을 실제적으로 이해하기 위해서는 고전 소설 독서 및 유통 맥락을 두루 이해할 필요가 있다. 작가(생산자)가 소설 작품을 창작하고 이를 독자(소비자)에게 전달하는 과정에 매개자(세책업자, 서적상 등)와 필사자(필사본), 인쇄업자(목판 방각본, 활판본 등)가 없었다면 소설 발달이 어려웠을 것이다.

한문 소설은 상층 지식인이 주로 향유하였지만, 그중 특히 방외인 기질이 강한 작가들이 유교 이념에서 탈피하여 남녀 간 사랑과 사회 비판적 문제의식, 현실 세계에 대한 진지한 고민을 담아낸 작품이 적지 않다. 김시습, 임제, 허균 등이 그러한데, 당대 인식을 앞서가는 진보적 시각마저 엿보인다. 김만중은 소설이 여러 사람의 마음을 감동시키는 문학임을 고려하여 소설을 지었으며, 당대 현실에 비판적 태도를 견지한 사대부 지식인들도 이에 참여하였다. 그 밖에 소설을 창작할 만한 소양을 지닌 몰락 양반들은 조선 후기 신분 변동의 와중에 직업적인 소설 작가로 나서서 독자의 관심과 흥미를 반영한 영웅 소설 등을 다수 창작하였다. 장편 소설의 주 독자였던 사대부 여성들 중에는 뛰어난 학식과 문학적 역량을 바탕으로 직접 창작에 나선 이들도 있었다. 판소리계 소설은 판소리를 연행하던 광대들이 작가 노릇을 하였다.

고전 소설은 대개 필사본, 목판본, 활자본 형태로 유통되었다. 필사본은 말 그대로 손으로 직접 베껴 쓴 형태를 말한다. 개인적으로 소장하거나 열람하기 위해, 또는 글씨 연습을 한다거나 필요에 따라 혼수 용도로 사용하기 위해 소설을 필사하곤 하였다. 그러다가 점차 한글 소설이 증가하고 소설책이 사용 가치에서 교환 가치로 인식되면서 상품화되어 대여나 매매의 방식으로 여성 독자에게 널리 향유되었다. 특히 18세기에는 가문 소설이 세책점을 통해 사대부 여성 독자를 중심으로 널리 읽혔는데, 이때 유통된 세책본이 대부분 필사본이었다. 세책본의 성행은 소설 독자가 확대되고 소설이 흥미 본위의 상업적 독서물로 변화되었음을 잘 보여 준다. 필사본 소설은 19세기까지 유행하였으며, 그 인기에 편승하여 궁중에까지 흘러 들어가 궁중 여인들이 탐독하는 독서물이 되어 낙선재에 보관되어 왔다. 방각본은 방각업소에서 상업적인 목적으로 소설 내용을 목판에 새겨 대량 생산해 낸 인쇄본을 말한다. 방각본의 등장으로 소설의 상업적 유통은 물론 전국적인 독서가 가능하게 되었다. 그러나 인쇄 비용과 시간을 절약하면서 판매 부수를 늘려야 했기에 방각본은 분량이 비교적 적고 당시 인기 있는 작품들, 곧 영웅 소설과 판소리계 소설 위주로 제작되었다. 판각수와 종이 공급, 폭넓은 독자층이 갖춰져야 했기에 주로 서울(경판본), 전주(완판본), 안성(안성본) 등 일부 지역에서만 간행되었다. 20세기 초에는 서양에서 도입된 납 활자 인쇄가 가능해지면서 활자본 소설이 대량 간행되었다. 이미 흥행이 검증된 인기 소설 위주로 목판 대신 활판 제작을 한 것으로, 인기가 대단해지자 새로운 소설 작품, 곧 『채봉감별곡』, 『청년회심곡』 등 일명 신작 구소설이라 불리는 작품까지 활자본으로 간행되기에 이르렀다. 이 밖에 저잣거리, 약방, 담뱃가게 등 사람들이 많이 모이는 장소에서 영웅 소설과 판소리계 소설 등을 서민 독자에게 전문적으로 읽어 주던 전기수(강독사)도 소설 유통의 한 축을 담당하였다. 이들은 일종의 구연 작가로서 소설이 듣는 독서로서 하층민에게까지 향유되었음을 잘 보여 준다.

한편, 19세기 말에 이르러서야 비로소 민간 서점이 설립된 까닭에 그 이전의 소설 유통은 개인적으로 이루어지거나 세책점을 통할 수밖에 없었다. 이런 점에서 서울과 지방을 오가며 책을 거래하던 서적상(책쾌, 서쾌)의 역할도 간과할 수 없다.

4——교육적 접근

그동안 고전 소설 교육은 작품과 작가를 이해하는 데 집중되어 왔었다. 그러나 이제는 문학사 교육의 관점에서 작품과 작가, 시대와 사회를 종합적으로 고려한 작품론, 작가론, 배경론 교육이 요구된다. 예컨대 지금은 전하지 않는 『수이전』에 수록된 전기 작품을 어떻게 규정하느냐에 따라 서사 문학사의 발전 경로는 물론, 설화에서 소설로 이행되는 분기점 역시 달리 파악될 수 있다. 따라서 개별 작품의 장르 규정은 서사 문학사에서 중요한 의미를 지닌다. 이는

'최초'라는 역사적 의미 부여와 '효시 콤플렉스'라는 유혹에 빠지지 않고 작품 자체의 문학적 성격 규명과 장르의 운동성에 주목할 때 가능하다. 이러한 상황에서 교사는 소설의 발전 경로에 대해 좀 더 개방적이고 문제적인 시각을 견지하는 태도가 필요하다. 설화에서 소설로의 이행이라는 단선적인 이해에서 벗어나 실상에 근거하여 소설과 경쟁 관계에 있는 다양한 서사 장르종의 발생과 교섭에 대해 복합적으로 사고하고, 이를 학생들에게 스스로 해결할 수 있는 과제 형태로 제시하는 것이 필요하다. 최초의 소설이 「최치원」인지 『금오신화』인지 그 자체를 지식으로 아는 것보다는 왜 「최치원」을 설화로 볼 수밖에 없는지, 『금오신화』가 최초의 소설이라면 그 이전의 서사 작품은 왜 소설이라 볼 수 없는지 등에 관해 의문을 갖고 해답을 찾아보는 토론식 수업이나 사고력 신장 교육이 요구된다.

현행 교과서에는 명시되어 있지 않지만 시중의 참고서 또는 문제집에서 거듭 다루어짐으로써 교육 현장에서 여전히 잘못 교육되고 있는 '고전 소설의 일반적 특징'에 대한 정확한 지식을 제공하는 것도 필요하다. 다시 말해, '대부분 작자 미상이다', '권선징악적 내용이 많다', '행복한 결말로 끝난다', '비현실적이고 우연적인 전개가 많다', '전형적·평면적 인물이 등장한다', '주인공의 일대기적 구성을 취한다' 등의 내용이 실은 고전 소설 전반의 특징이 아니라, 『유충렬전』, 『조웅전』으로 대표되는 국문 영웅 군담 소설에 국한된 것임을 분명히 할 필요가 있다. 국문 영웅 군담 소설은 한문 소설과 한글 소설의 하위 갈래 중 하나일 뿐인데, 이를 고전 소설의 일반적 특징인 양 소개하는 것은 문제가 아닐 수 없다. 이를 바로잡지 않을 경우, 고전 소설 교육은 자칫 성급한 일반화의 오류에 빠져 더 많은 혼란과 부정적 선입견을 가져오기 쉽다.

고전 소설 작품은 그 유형이 다양하고 이본 또한 다양하다. 이러한 사실을 충분히 인식하고, 이본별 존재 양상과 형태, 그리고 그 성격과 내용을 각기 구별하여 이해할 필요가 있다. 이를 위해서는 특정 역사 장르종에 대한 이해뿐 아니라, 그런 이본들을 향유하였던 작가와 독자, 언어 표기 형태(한문, 국문), 유통 방식(세책본, 방각본, 활자본)에 대한 종합적 이해가 요구된다. 그래야만 소설 작품군을 실상대로 제대로 파악할 수 있고, 작품의 주제 의식과 내용적·사회적 맥락에 대한 이해 또한 풍부해질 수 있다. 즉, 다양한 이본과 역사적 장르종이 시대와 문학 담당층에 따라 달리 산출되었다는 사실을 숙지할 때, 개별 작품에 대한 이해는 물론이거니와 문학사적 맥락을 이해하는 데에도 큰 효과를 기대할 수 있는 것이다.

참고 문헌

고전 소설 관련 입문서로는 이상택 외, 『한국 고전 소설의 세계』(돌베개, 2005); 김현양, 『한국 고전 소설사의 거점』(보고사, 2007); 김균태 외, 『한국 고전 소설의 이해』(박이정, 2012); 이헌홍 외, 『한국 고전 문학 강의』(박이정, 2012) 등을 추천한다. 이 밖에 고전 소설 총론과 개별 장르론 관련 저서와 논문은 워낙 방대하므로 필요에 따라 별도로 찾아보기 바란다.

고전 소설과 교육 문제를 함께 다룬 저서로는 강봉근 외, 『고전 소설 교육론』(역락, 2013); 김풍기 외, 『고전 산문 교육론』(역락, 2015) 등을 참고하면 좋다.

전기 소설

1——개념·범주·특성

'전기(傳奇)'는 '전해오는 기이한 이야기'라는 뜻이다. 전기 소설은 중국 당나라 때 발달한 '전기'라는 글쓰기 양식의 영향을 받아 창작된 소설로, 남녀의 애정 문제를 중심으로 일어나는 사건을 다룬 작품이 주를 이룬다. 설화적 소재에 작가의 다양한 수사적 요소와 기법이 가미되어 성립된 역사적 장르로, 국내 소설 중 가장 이른 시기에 형성되어 17세기 전반까지 활발히 창작된 한문 소설이다.

최남선과 김태준이 『금오신화』를 소개하면서 전기를 소설로 파악하고 '전기 소설'이라는 용어를 처음 사용한 이후 이가원, 장덕순, 김기동 등의 논의를 거치며 전기 소설이 소설사의 기점을 설정하는 문제와 연결되면서 뜨거운 논쟁의 대상이 되었다. 조윤제가 『금오신화』에 대해 설화 단계를 넘어선 '최초의 전기 소설'이라는 견해를 제시하면서 『금오신화』가 최초의 소설이라는 지위를 얻게 되고, 여기에 조동일이 이론적 토대를 제시함으로써 더욱 공고한 입지를 구축하게 된 것이다. 조동일은 소설과 설화로 대표되는 서사를 설명하기 위해 '자아와 세계의 대립'이라는 잣대를 가져왔다. 세계의 일방적 우위를 보여 주는 전설이나 자아의 일방적 우위를 보여 주는 민담과 달리, 소설은 자아와 세계의 심각한 대결을 문제시하는 서사로 보고, 이러한 현실적 갈등 국면을 선명하게 드러낸 최초의 작품이 『금오신화』라고 본 것이다.

그러나 전기가 지닌 복합적 특성을 고려하여 『금오신화』 이전 작품 중 「조신 이야기」, 「최치원」 등이 설화가 아닌 소설이라는 주장이 거듭 제기되었다. 나말여초의 「최치원」이 『금오신화』의 「만복사저포기」와 소설적 동질성을 지닌다고 본 장덕순의 문제 제기를 필두로 조수학, 지준모 등에 의해 소설이 나말여초에 발생한 것임을 입증하려는 논의가 거듭 개진되었다. 그 후 「최치원」이 최초의 소설이라는 임형택, 박희병, 김종철 등의 주장이 설득력을 갖게 되었다. 이들은 『금오신화』에 수록된 작품과 「최치원」을 함께 묶을 수 있는, 설화와 구별되는 전기의 특징을 곧 전기 소설의 특징으로 보았다. 그 특징적 요소를 몇 가지 들면 다음과 같다.

첫째, 작품 중간에 시(삽입 시)를 배치하여 서정적 분위기를 조성하며 서사 전개를 이끄는 역할을 담당한다. 시(詩)·사(詞)·부(賦) 등의 창화를 통해 등장인물의 내면 심리는 물론, 시적 서정성을 강화하는 방식으로 서정과 서사를 교직한다.

둘째, 주인공은 대체로 고독하며 쓸쓸하다. 운명에 저항하려는 노력 대신 기이하고 환상적인 방법으로 현실을 극복하려는 욕망을 꿈꾼다.

셋째, 세련되고 화려한 한문 문체를 사용하고, 문학적 수식이 풍부하다.

넷째, 사회 현실을 설화보다 사실적이며 풍부하게 반영한다. 전란과 신분상의 제약 등이 욕망 성취의 걸림돌이 되는 사회적 현실로 그려진다.

「최치원」을 소설로 보는 이들은 나말여초에 초기 소설 양식이 나타날 수 있었던 배경으로 상하층의 말과 사고방식이 충돌하고 결합하던 나말여초라는 역사적·전환기적 상황, 문인들의 수준 높은 한문학 소양, 하층의 설화에 육두품 출신 문인의 문제의식과 목적의식이 결합된 새로운 형태의 문학 추구 등과 같은 사회·문화적 요인을 든다. 또한 동아시아, 곧 중국, 일본, 베트남에서 공히 비슷한 시기에 '전기' 문학이 소설로서 발전한 것으로 파악하고 있는 만큼 한국도 예외일 수 없다고 보는 시각도 깔려 있다. 그러나 설화와 전기의 차이를 지적하는 것이 곧 전기가 소설이라는 점을 증명하는 것은 아니다. 또한 고려를 거쳐 조선 전기의 문인들이 보여 준 복잡다단한 서사 문학의 형태를 무시한 채 전기 하나만으로 소설사를 파악하는 것은 경계할 필요가 있다. 그럼에도 전기 소설이 소설사의 첫 페이지를 풍성하게 장식하고 있고, 내용과 표현 면에서 수준 높은 한문 소설의 본령을 보여 주는 작품임엔 틀림이 없다.

2——개관 및 대표 작품

전기 소설 중 가장 이른 시기(신라 말~고려 초)의 작품은 박인량이 편찬한 것으로 알려진 『수이전』에 실린 「최치원」이다. 일명 「쌍녀분」으로 불린다. 「최고운전」 또는 「최치원전」 등으로 불리는 국문 소설과는 별개의 작품이다. 『수이전』은 현재 전하지 않고 수록 작품들은 후대에 여러 문헌에 산재되어 전한다. 현전하는 「최치원」은 15세기에 성임이 편찬한 『태평통재』에 실려 있다. 『수이전』의 작품들이 설화를 단순 요약한 형태의 서사인 데 반해 「최치원」은 작품성이 뛰어나 소설로 분류된다. 「최치원」은 고독한 이승 사람 최치원이 귀신 팔낭자와 구낭자를 만나 두 여인의 사연을 듣고 시를 주고받으며 하룻밤을 보낸 뒤 이별하게 됨을 안타까워하는 내용이다. 여기서 최치원의 고독한 심회와 귀신과의 환상적인 만남, 시를 통한 서정적 분위기, 사회 현실에 대한 이해 등을 펼쳐 보이는 서사 기법과 주제 의식은 『금오신화』의 「이생규장전」, 「만복사저포기」와 상당 부분 닮아 있다.

「이생규장전」은 부모의 반대를 극복하고 혼인을 하게 되는 이생과 최씨녀의 결연담과 홍건적의 난으로 사별의 아픔을 겪지만 최씨녀의 환생을 통해 비현실적인 사랑을 성취한다는 인귀 교환(人鬼交歡) 이야기가 주가 된다. 「만복사저포기」 역시 죽은 여인과의 짧은 사랑 뒤에 찾아오는 이별의 슬픔과 삶의 의미를 심각하게 제기하고 있다. 두 작품 모두 남녀 주인공의 사랑을 좌절시키는 세계의 횡포에 맞서 초현실적 방법(산 자와 죽은 자의 사랑)을 통해서라도 그 욕망을 관철하려는 방식을 보여 줌으로써 삶이 지닌 운명적 요소(남녀 간 사랑, 만남과 이별 등) 앞에 인간은 무력한 존재임을 인정할 수밖에 없는 비극적 세계 인식이 잘 드러나 있다. 그러나 비록 환상적인 요소를 앞세워 극복 의지를 내비치지만, 운명을 거스르거나 현실 문제를 해결하고자 하는 의지나 전망은 보이지 않는다.

『금오신화』보다 약 반 세기 뒤인 16세기 초에 나타난 채수의 「설공찬전」은 『금오신화』와 비교해 볼 때 직접적인 현실 비판이 두드러진다. 죽은 설공찬의 혼령이 사촌 동생 설공침의 몸에 드나들면서 저승 세계의 일을 알려 주는바, 산 자와 죽은 자의 관계를 통해 현실을 성찰하고 현실적 삶을 환기한다는 점에서 전기 양식의 서사 문법에도 충실하다. 그러나 저승 세계에서는 남녀, 상하, 충신과 역적의 관계가 현실과 달리 역전된다는 파격적인 발언이 등장하는 등 현실에 대한 비판 의식이 더 강한 것이 특징이다.

16세기 중반 신광한의 『기재기이』에 실린 「하생기우전」은 이전 전기 소설에 비해 환상성이 약화된 모습을 보여 준다. 물론 무덤 속의 죽은 여인을 만나고 그 여인이 다시 살아나 혼인에 이르게 된다는 기본 서사는 여전히 기이한 요소를 기저에 깔고 있다. 그러나 작품 중간중간 제시된 서사 장치들을 통해 당대 사회상을 구체적으로 읽어 낼 수 있다. 재능이 많은 지방 출신 하생이 불공정한 과거 시험에 낙심한 나머지 자신의 앞날을 알아보고자 점쟁이를 찾아가는 설정 자체가 작가의 현실 비판적 의식이 투영된 결과이다. 무덤 속의 여인이 다시 살아나게 된 것이 그녀의 부친이 쌓은 선업(善業) 때문이라는 논리 역시 다분히 인과론적 사고의 산물이다. 하생의 신분과 집안 형편을 알게 된 여인의 부모가 혼인을 반대하는 것도, 그런 부모를 여인이 진정으로 설득하는 장면도 매우 현실적이다. 그런가 하면 무덤에서 여인의 혼령과 하룻밤을 보낸 하생이 그녀의 말만 믿고 금척(金尺)을 시장 거리에 내놓고 무작정 죽은 여인의 집 사람들의 눈에 띄기만을 기다리다가 하인들에게 뭇매를 맞고 승상 집으로 끌려가 결국 무덤 속의 여인이 살아 있음을 알리는 과정은 대단히 극적이고 흥미롭다. 이렇듯 현실의 객관적 묘사는 이전 전기 작품들보다 더욱 확장되었다고는 하나, 당대의 현실 모순에 대항하고 이를 극복하려는 주체적 인물의 모습까지는 보여 주지 못한다. 다만 「하생기우전」은 전기 소설 중에서 처음으로 상층 여인과의 혼인을 통한 출세라는 욕망을 긍정하는 시각을 보여 준 작품이라는 점에서 진일보한 면모를 엿볼 수 있다.

16세기 말~17세기 초에 이르러 전기 소설은 이전 작품들과는 더욱 달라진 면모를 보여 준다. 초현실적인 방법으로 욕망을 실현하고자 하는 시도 대신 현실성에 기반한 삶의 문제에 더욱 천착하게 된 것이다. 『주생전』, 『운영전』, 『최척전』, 『위경천전』, 『상사동기』(『영영전』) 등이 대표적이다. 이 작품들은 형식상 전기의 형태를 띠고 있지만, 내용상 운명(전란, 이별 등)에 순응하지 않고, 결핍 상태인 현실 세계에서의 문제를 현실적인 방법으로 해결하기 위한 노력을 사실적으로 보여 준다는 점에서 문제의식이 질적으로 달라졌다 할 것이다.

권필의 『주생전』은 우리 소설사에서 삼각관계를 다룬 최초의 작품이다. 주인공 주생이 기녀 배도를 버리고 명문 집안의 규수 선화를 택하는 과정과 이들 세 사람 사이에서 벌어지는 심리 묘사가 섬세한 작품이다. 이전의 애정 전기 작품에서 두 남녀 사이의 절대적인 사랑과 초현실적인 사랑을 추구하려는 욕망을 그린 것과는 달리, 『주생전』에서는 상대적인 사랑, 곧 사랑이 변할 수 있다는 사실을 인정하는 한편, 이루어지지 못한 사랑의 욕망까지 긍정하고 있다. 그렇기에 사랑의 또 다른 감정이라 할 질투와 시기의 감정선까지 놓치지 않고 세심하게 그려 내고 있는 것이다.

> 어느 날 문득 주생은 '오랫동안 배도를 만나지 않았으니 배도가 의심하지 않을까' 하는 생각이 들어 배도의 집으로 갔다. 선화는 밤에 주생의 방에 와서 몰래 주생의 가방을 뒤지다가 배도가 주생에게 준 시 몇 편을 발견했다. 선화는 질투심을 이기지 못해 책상 위에 있던 붓으로 배도의 시를 까맣게 뭉개 버렸다. 그러고는 안아미[사(詞) — 인용자 주] 한 편을 새로 지은 다음 비취색 비단에 써서 주생의 가방 안에 넣어 두고 방을 나왔다. 선화가 지은 노랫말은 이러했다.

(중략)

방탕한 그대는 소식도 없이

어디서 한가로이 노니는지?

생각지 않으리라

헤어질 마음 끊이지 않으면서도

부질없이 동트기만 기다리네. (권필, 『주생전』)

작자 미상의 『운영전』은 현실적 사랑의 욕망과 이 욕망을 억압하는 대상과의 갈등을 첨예하게 그려 낸 이야기로, 전기 소설의 대미를 장식하는 대표적인 작품이다. 궁녀 운영과 김 진사는 안평 대군으로 표상되는 중세적 이념을 뛰어넘어 욕망에 충실한 사랑을 이루고자 애쓴다. 그러나 유교 이념의 억압과 신분적 한계를 뛰어넘지 못한 채 운영은 결국 자살하고 김 진사도 죽고 만다. 그런데 이런 이야기가 실은 유영이란 인물이 꿈속에서 혼령이 된 두 사람을 만나 전해 들은 것이라는 형식을 취함으로써 비극적인 사랑 이야기를 더욱 신비롭게 만들고 있다. 게다가 그런 분위기를 작품 속에 등장하는 여러 시편을 통해 한층 더 드러내며, 안평 대군과 열두 궁녀, 김 진사의 심리와 행동 묘사는 절제된 비장미와 우아한 표현미를 보여 주기에 충분하다. 남녀 주인공의 안타까운 사랑과 안평 대군의 쇠락, 그리고 이를 통한 인간 삶의 무상과 유한성에 대한 자각 등 내용과 형식 면에서 묵직한 화두를 던져 주고 있다는 점에서 『운영전』을 전기 소설 최고의 걸작으로 내세우기에 부족함이 없다.

조위한의 『최척전』은 임진왜란 등 동아시아 전란을 체험한 주인공 최척과 그의 가족의 파란만장한 인생 역정을 그린 작품이다. 전반부는 최척과 아내 옥영의 만남과 극적인 결합을 다룬 애정담이 주가 되는데, 『주생전』, 『운영전』과 같은 애정 전기 소설과 맥락을 같이한다. 후반부는 전란으로 가족이 뿔뿔이 흩어졌다가 극적으로 재회하는 가족 서사가 중심이 된다. 당시 '기우록(奇遇錄)'이라 불릴 만큼 수차례의 가족 재회담이 극적으로 그려지면서 현실 체험과 서사의 폭이 동아시아 4국으로까지 확장되고 있다. 이 과정에서 운명 앞에 주저

앉지 않고 이에서 탈주하려는 서사적 전망을 현실의 지평 위에서 사실적으로 묘사하고 있다.

이렇듯 17세기 전반에 출현한 작품들을 통해 이전 전기 소설의 성격이 크게 약화되고 사실성에 기반한 현실 지향적 작품으로 변화되었음을 확인할 수 있다. 17세기 중반 이후 전기 소설은 더는 나타나지 않는다. 시간적 거리가 있는 18세기 말 이옥의 「심생전」 정도가 '전'이라는 기존 한문 양식에다 전기 소설의 모티프를 차용하여 만든 예외적인 작품이라 할 것이다. 임병양란을 겪으면서 갖게 된 현실에 대한 자각과 산문 정신을 서정 장르로 담아내는 데에는 한계가 있었다. 따라서 실기(實記) 문학에서 허구적 서사 문학으로 확장되고, 독자층이 다변화되면서 한문 소설 외에 가문 소설과 영웅 소설 등 국문 소설이 대거 나타남에 따라 전기 소설은 쇠퇴할 수밖에 없었다. 짧은 형식의 한문 소설, 그것도 서정성을 강조하며 비현실적인 사랑의 성취를 추구하는 서사 문법으로 현실 세계를 총체적으로 제시하기에는 역부족이었다.

3——문학사적 위상과 의의

전기 소설은 중국의 전기 양식의 영향 아래 출현한 이후 오랫동안 창작이 이루어졌다. 나말여초 이래로 국내 전기 소설의 전통은 조선 전기에 시대를 앞서 가고자 했던 일부 지식인 문인들에 의해 남녀 간 사랑을 매개로 운명을 뛰어넘으려는 의지를 초현실적 방법으로 형상화함으로써 꽃을 피웠다. 비록 17세기 중반 이후 해체되고 쇠락해 갔지만, 초기 소설사의 한 페이지를 장식하였을 뿐 아니라 조선 중·후기의 전계 소설, 몽유록·몽자류 소설, 애정 소설의 본격적인 전개에 적잖은 영향을 미쳤다.

전기 소설은 소설사에서 한문 소설의 본령에 해당한다. 서정성과 음악성, 그리고 고유한 서사 문법을 절묘하게 구사하면서 중세 지배 이념(충효열) 사회에서는 담아내지 못할 세상의 모습과 삶의 무게를 이성적 논리를 뛰어넘어 그려

내고자 한 작품군으로 고유한 장르적 특성을 지니고 있기 때문이다. 사실 「최치원」과 『금오신화』로 대표되는 '최초의 소설' 논쟁은 '최초'라는 사실 자체에서 의미를 찾을 것이 아니라, 동아시아 전기 소설사에서 공통적인 발전 과정을 거쳐 마련된 결과라는 점에서 그 가치와 위상을 살필 필요가 있다. 전기 소설은 중국, 일본, 베트남, 그리고 한국에서 공통적으로 나타난 공동의 작품이다. '소설이란 무엇인가?'라는 질문을 던지고 그 서사적 의미와 세계 인식의 변모 과정을 공통적으로 읽어 낼 수 있는 서사 문학으로서의 전기는 동아시아의 소중한 문화적 유산으로 평가될 만하다. 그러나 전기 소설을 둘러싼 소설 발생론이 동아시아 나라마다 각자의 민족적 특수성과 독자성을 강조하려는 목적에서 다루어진 측면 또한 없지 않다. 따라서 서양 소설 콤플렉스(소설기원론)를 넘어서기 위한 방편으로서가 아니라 소설사라는 보편적 흐름에서 전기 소설의 위상을 정립하는 과제가 여전히 남아 있다.

참고 문헌

애정 전기 소설 작품들을 모아 역주와 해설을 가한 작품집으로는 박희병·정길수 편역, 『사랑의 죽음』(돌베개, 2007): 『끝나지 않은 사랑』(돌베개, 2010); 이상구 역주, 『17세기 애정 전기 소설』(월인, 2015) 등이 대표적이다.

전기 소설의 변모 양상과 관련한 연구 성과로는 박희병, 『한국 전기 소설의 미학』(돌베개, 1997); 이학주, 『동아시아 전기 소설의 문학 세계』(북스힐, 2002); 소인호, 『한국 전기 소설사 연구』(집문당, 2005); 정환국, 『초기 소설사의 형성 과정과 그 저변』(소명출판, 2005); 김문희, 『전기 소설의 서술 문체와 환상성』(보고사, 2006); 김현양, 『한국 고전 소설사의 거점』(보고사, 2007); 민족문학사연구소 고전소설사연구반, 『묻혀진 문학사의 복원 — 16세기 소설사』(소명출판, 2007); 엄태식, 『한국 전기 소설 연구』(월인, 2015) 등을 참고할 만하다.

전계 소설

1——개념·범주·특성

사람의 일대기를 기록한 한문 산문으로는 행장(行狀), 묘지명, 전(傳) 등이 일반적이다. 이 중 역사적 실존 인물의 행적을 평하는 '전'의 방식을 취한 한문 소설을 특별히 '전계(傳系) 소설'이라 부른다. '-계'라는 명칭에서도 알 수 있듯이, 장르의 유형적 성격보다 전 양식을 잇고 있다는 점이 더 중요한 특징을 이룬다. 그렇기에 전계 소설은 '전'과 '소설'이라는 선후 양식 간의 양식사적 관계와 맥락을 함께 이해할 필요가 있다.

문자 그대로 전계 소설은 전이 아닌 소설을 의미하나, 실제 작품을 보면 전과 소설의 경계를 명확하게 구분하기 어려운 것이 많다. 전 중에는 전의 성격이 강한 작품과 소설에 근접한 과도기적 성격의 작품, 전의 외양을 가졌으나 소설 양식의 영역으로 완전히 넘어간 작품 등 다양하다. 따라서 연구자에 따라 '전'에서 '소설'로의 장르 변화를 보이는 중간적 성격의 작품을 지칭하는 개념으로서 전계 소설을 넓게 적용하는가 하면, 단지 전의 양식적 특징을 빌려왔기 때문에 그러한 특징을 지니고 있는 작품에 한하여 전계 소설로 보아야 한다는 등 성격 규정상 논란의 여지가 적지 않다.

그럼에도 분명한 것은, 다른 하위 장르와 달리 전계 소설은 '전'의 형식이라는 외적 표지와 '소설'의 특성이 두드러진 작품군이라는 데에 방점을 둔다는 점이다. 여기에서는 사마천의 『사기』「열전」에서 '가계(내력) – 행적 – 평결(논찬)'의 구성 방식을 취한 이래 전의 기본 서사틀이 된 이 구조에 의거하여 인물의 행적을 평하되(외적 표지), 여기에 허구적 요소와 흥미 요소를 가미하고 현실 세계와의 갈등 국면을 드러냄으로써 허구적 진실성을 보여 주고자 한(내적 표지) 일련의 작품군을 전계 소설로 파악하고자 한다. '전'과 '소설'의 차이를 변별하는 과정에서 전계 소설의 특성을 이해할 수 있다.

'전'에는 열전(列傳), 사전(私傳), 탁전(托傳), 가전(假傳) 등이 있는데, 이것들은 모두 특정한 사람의 생애를 서술하되 역사적 사실에 충실히 기록하고자 한 결과물에 해당한다. 기본적으로 서술 태도와 관련해서 보자면, 전이 '사실의 진실'에 입각하여 인물을 그리는 데 충실한 서사라면, 소설은 '허구의 진실', 곧 만들어진 인물의 생애에 더 관심이 많은 서사이다. 즉, 글쓴이의 입전(立傳) 태도와 방법을 고려할 때, 서사적 허구와 갈등을 통해 인간 삶의 모습을 그리며 허구적 진실을 탐구하는 데 충실한 작품을 소설로 볼 수 있다는 것이다. 그런데 전은 원래 한 인물의 생애를 일화를 통해 서술하는 방식을 취하고 있는 만큼, 거기에 허구적 요소나 흥미 요소가 가미되면 소설로 전화될 수 있는 속성을 지닌다. 따라서 한 인물의 생애를 사실에 입각하여 진지하게 서술하던 형식에다 현실 세계에서 일어날 법한 사건과 갈등 국면을 첨가함으로써 새로운 인간 탐구와 세계 이해라는 허구적 진실 추구의 욕망을 보여 주는 방향으로 발전해 나간 결과물이 바로 전계 소설이다.

그렇다면 고려 후기 이후 조선 시대까지 거듭 창작된 가전과 전계 소설의 관계 역시 고려할 필요가 있다. 가전이 의인화 수법을 쓴다는 점에서 소설적 요소를 감안하여 전계 소설과의 연관성을 지적할 수 있기 때문이다. 가전은 사물이나 사실에 관한 단순한 지식을 전달하는 데 그치지 않고 대상을 의인화하여 구체화된 생애로 서술한다는 점에서 서사적이라 할 수 있다. 그러나 시공간의 구성이나 서술 구조, 그리고 갈등의 정도가 단지 그것들을 확인하는 데 주력할 뿐, 대상의 인격적 변화나 사건의 인과적 전개에 큰 관심이 없다는 점에서 가전은 서사가 아닌 교술에 속한다.

전계 소설의 내적 표지가 중요한 이유가 바로 여기에 있다. 후대로 갈수록 전계 소설 중에는 전의 구성적 요소가 약화되거나 그 기능을 제대로 보여 주지 못한 작품들이 있다. 대신 이러한 작품들은 세계의 의미에 대한 모색에 집중하고, 복잡하게 얽혀 있는 세계와 유기적인 관련을 갖고 일어나는, 입전 인물과 대립 세력과의 심각한 갈등을 포착해 내는 데 주력한다. 즉, 입전 인물의 규범화된 가치를 확인하는 데 주력하던 전과 달리, 전계 소설은 세계와 개인이 얽혀 있는 방식에 관심을 두고 사회 현실의 심각한 갈등 구조를 전면에 내세운다. 사건의 인과적 전개와 허구적 진실 추구 정도가 문제가 되는 것이다. 그렇다면 굳이 전이라는 이름을 내걸고 소설을 쓸 수밖에 없었던 이유는 무엇인가? 그것은 유교 사회에서 '전'이 갖는 특성, 곧 인물을 기리는 글쓰기 전통과 사상적 영향력을 극복이 아닌 계승 발전 차원에서 수용하고자 했기 때문이라 할 것이다.

전계 소설은 17세기에 처음 나타난 이후 18~19세기까지 거듭 창작되었다. 전계 소설의 대표적인 특성은 다음과 같다.

첫째, 전에 비해 구체성을 띠지만, 전기 소설이나 야담계 소설 등 다른 한문 소설에 비하면 상대적으로 개괄적 성격이 강하다. 복잡하게 얽힌 현실적 상황을 구현하기보다는 사건과 문제 상황을 요약적으로 제시하는 데 주목하며, 실기적 성격이 강하다. 이는 여전히 전이 지닌 사실 위주의 서사 전통이 남아 있기 때문이다.

둘째, 주인공의 신분과 출신, 집안 내력 등에 관심을 보인다. 이는 '가계'를 제시하는 전의 전통에서 비롯한 것으로, 다른 유형의 한문 소설에서는 보이지 않는 독특한 점이다. 그러나 국문 영웅 소설과 가문(가정) 소설에서 주인공의 출신과 집안 배경을 관습적으로 드러내는 것과는 상통하는 점이 많다. 공히 인물의 생애에 관심을 갖기 때문이다. 인물의 행적과 생애를 본문에서 제시할 뿐 아니라, 입전 대상에 대한 글쓴이의 평가를 덧붙여 '평결' 부분에서 별도로 드러내곤 하는데, 여기서 글쓴이가 대상을 입전시킨 이유와 창작 의도 등을 엿볼 수 있다.

셋째, 입전 인물은 대체로 자신의 능력을 제대로 펼치지 못한 채 불우하게 죽음을 맞이한다. 따라서 전체적으로 엄숙한 비장미가 주를 이룬다. 이 점이 화려한 문체를 구사하며 서정과 서사를 교묘하게 엮어 나가는 전기 소설이나 비속과 골계의 미감이 두드러진 야담계 소설과 구분되는 지점이다.

2——개관 및 대표 작품

앞서 말했듯이 전계 소설은 17세기 초에 처음 나타났다. 임병양란을 거치면서 상하층 신분 간의 갈등과 모순적 상황, 가치관과 윤리 도덕의 동요, 상업 사회로의 변모 등 이른바 중세 사회의 해체와 근대로 이행하는 과도기적인 시기에 나타나 현실 인식과 가치관의 변모를 담아내고자 하였다.

1607년에 이항복이 창작한 「유연전」이 전계 소설의 선편에 해당한다. 음모에 따른 사건이 매우 치밀하고 복잡하게 전개되는 이 작품은 재산을 놓고 벌어지는 형수와 매형들의 갈등이 자세하게 그려져 있다. 친형을 죽였다는 모함을 받은 주인공 유연이 결국 억울한 누명을 쓴 채 사형을 당하자, 유연의 처가 나서서 진실을 밝혀낸다는 이야기이다. 이처럼 사실 자체의 전달에 그치지 않고, 그 사실과 관련된 인간의 복잡한 얽힘과 양반 사회의 인정 세태를 구체적으로 드러내고 있다는 점에서 전이 아닌 소설로 나아간 사실을 확인할 수 있다. 입전 인물이 경험한 옥사와 재판을 소재로 하여 사건의 전말을 서술하고 있다는 점에서 이덕무의 「은애전」과도 상통한다.

소위 '일사(逸士) 소설'이라 불리는 허균의 전 5편 역시 전계 소설에 속한다. 「남궁선생전」, 「손곡산인전」, 「장생전」, 「엄처사전」, 「장산인전」 등이다. 이 작품들은 실존 인물 중 이인(異人), 거지, 서자, 신선 등 이전에 전혀 다루지 않았던 다른 부류의 인물들을 입전시켜 자아와 세계가 겉으로는 화합하는 듯하지만 실은 심각한 불화를 겪고 있다는 반어를 통해 이 둘 사이의 분열상을 새롭게 문제 삼고자 하였다. 이 중 「남궁선생전」과 「장생전」은 이인 신선류에 해당하는 작품들로, 현실에 자족하지 못하고 신선적인 삶을 추구하거나 탈속적인 모습을 보인 이인 또는 신선이 된 인물에 관한 이야기이다. 박지원의 「김신선전」과 권칙의 「안상서전」도 이와 유사한 성격의 작품이다.

> (A) 남궁 선생은 이름이 '두(斗)'로 전라도 임피에서 대대로 살았으며, 가산이 예전부터 넉넉하여 그 고을의 으뜸이었다. 그러나 그의 할아버지부터 아버지까지 2대에 걸쳐 모두 관리로 등용되는 것을 좋아하지 않았다. 남궁두만은 과거 공부를 하여 입신하였는데, 서른 살에 을묘년(1555) 사마시에 처음으로 합격하여 과장에서 이름이 높았다.
>
> (B) 남궁두는 한양으로 집을 옮기고 벼슬길에 나아가려는 계획을 도모할 때, 한 첩을 고향 집에 머물게 하고는 해마다 가을이면 고향에 내려와서 집안일을 처리하였다. 그의 첩은 무인의 딸로서 몹시 예쁘고 영특하여 글과 셈을 가르치면 재빠르게 습득함이 매우 뛰어나니, 남궁두가 유달리 사랑하였다. 그러나 그가 한양에 있을 때면 첩은 여러 달 동안 홀로 있게 되었으므로 남몰래 남궁두의 이성(異姓) 당질과 정분을 통하고 말았다.
>
> (C) 허균은 말한다. "전해 오는 말에 '우리나라 사람들은 불교는 숭상했어도 도교는 숭상하지 않았다'고 한다. 신라 시대로부터 조선 시대에 이르기까지 몇천 년이 지났으나 한 사람도 득도하여 신선이 되었다는 말을 듣지 못했다고 해서, 과연 전해 오는 말이 징험되는 것인가? 그러나 내가 보았던 남궁 선생으로 말하다면 다르다 하겠다."(허균, 「남궁선생전」)

위는 「남궁선생전」의 일부이다. 남궁두의 가계(A)와 그의 주요 행적과 사건(B), 그리고 작가 허균의 인물평(C)이 전의 형식으로 서술되고 있다. 과거에 장원 급제한 남궁두는 자신의 재주만 믿고 무례히 행동하여 많은 이들의 미움을 산다. 그러다가 자신의 첩이 간통하는 현장을 목격하고는 첩과 사통한 남자를 죽이고 옥사를 겪으면서 죽을 지경에 이른다. 이후 아내의 도움으로 탈옥을 하지만, 아내와 딸은 옥중에서 죽고 만다. 이에 남궁두는 산에 들어가 신선술을 연마하지만 끝내 신선이 되지 못하고 하산하고 만다. 이러한 내용은 허균이 실존 인물인 남궁두에 관한 사건을 극적 흥미를 유발하도록 재구성하고 창작한 것이다. 이처럼 한 인물의 삶을 사실 그대로 보여 주기보다 작가 나름의 방식으로 인물의 삶을 허구화하여 작가 의식을 구현하는 것이 전계 소설의 한 특징이기도 하다. 후대로 가면 가계 – 행적 – 평결의 형식이 약화되는 경향이 두드러진다.

전계 소설은 미천한 인물의 삶을 대화체로 구체화하여 당대 현실의 문제점을 다각적으로 담아내고 있다. 인과적이고 계기적인 구성에 의한 서사 전개, 현실의 복잡한 얽힘과 갈등 국면을 작품 속에 제대로 구현해 내고 있는 것이다. 전계 소설은 후대로 갈수록 하층민에 대한 깊은 관심을 보이면서 입전 대상이 기인, 협객, 거지, 예술가, 상인 등으로 확장되었다. 능력이 뛰어나고 개성이 뚜렷하지만 세상에서 제대로 인정받지 못한 인물들을 입전시키되, 주인공의 기구한 삶과 양반 사회의 인정 세태를 사실적으로 드러내고 인과적 구성 방식을 취함으로써 전이 아닌 소설로서의 면모를 확실히 갖추게 되었다.

특히 전란을 체험한 인물의 행적을 다룬 작품들은 전계 소설의 작품 세계를 더욱 풍부하게 만들어 주었다. 권칙의 「강로전」과 홍세태의 「김영철전」이 대표적이다. 17세기 명·청 교체기에 19세 때 종군했다가 84세의 나이로 죽을 때까지 군역을 지다 죽어 간 김영철이란 인물이 겪은 사건을 사실적으로 그려 낸 「김영철전」은 전계 소설의 수작으로 꼽힌다. 이 소설은 이산의 아픔과 종군의 괴로움 등을 현실에서 일어날 법한 사건을 보여 주는 방식과 필연성을 띤 우연성의 방식으로 서술하고 있다.

전계 소설 중에는 시정 야담류 작품이 풍부하다. 도시에 사는 다양한 직업군의 인물들을 입전시켜 당시 세태와 사회의 단면을 예리하게 들추어 내는데, 채제공의 「만덕전」, 박지원의 「민옹전」, 「광문자전」, 「예덕선생전」, 유득공의 「유우춘전」, 이옥의 「이홍전」, 「유광억전」 등이 좋은 예이다. 농부들에게 인분을 져다 주는 일을 하며 살아가는 똥 장수 엄행수(예덕 선생)의 청렴한 인격과 자족적인 삶을 통해 새로운 인간상을 제시하고 있는 「예덕선생전」, 못생기고 거지였던 광문이 장안의 칭송을 받게 된 여러 행적과 성품을 다룬 「광문자전」, 거문고와 해금 연주에 뛰어났던 악사 유우춘이 예술적 이상과 대중의 취향 사이에서 괴로워하는 단면을 포착해 낸 「유우춘전」, 글재주가 뛰어났음에도 과거에 응시하지 않고 과거 시험 대필자로서 자신의 글을 팔아 이익을 탐하던 유광억이란 인물과 그런 사회를 비판한 「유광억전」 등을 통해 당시 사회 세태와 새로운 인간상을 읽어 낼 수 있다.

이처럼 전계 소설은 입전 대상이 시정인으로 확대되면서 초기에 사실 지향적인 전의 성격이 강했던 것에서 탈피하여 야담적 성격이 강한 작품군으로 변모해 갔다.

3——문학사적 위상과 의의

고소설사에서 한문 소설은 초기부터 고유한 영역을 확보하며, 17세기 이후에 성행하게 된 국문 고소설과 다양한 영향을 주고받으면서 발전해 나갔다. 중국 당나라 때의 전기와 관련이 깊은 전기 소설, 민간에 떠도는 이야기를 채록자의 의도를 담아 기록한 야담계 소설, 사실 기술적인 전에 서사적 경향이 강화되어 나타난 전계 소설 등이 한문 소설의 주축을 이루었다. 이 중 특별한 인물의 생애를 기록하고 품평하는 가운데 인간에 대한 인식의 폭을 넓히고 사회를 향한 일정한 비판 의식을 담아낸 전계 소설은 (애정) 전기 소설과 더불어 한문 소설을 대표하는 장르로서 작품 수나 향유 측면에서 중심 역할을 해 왔다고 할 것이다.

전계 소설은 17세기 초부터 19세기 말까지 지식인들을 중심으로 발전해 나갔으며, 전의 서사 양식을 소설화한 역사적 장르로서 동아시아의 '전' 전통 서사 문학의 한 모범이 된다. 전이 중시하던 경험적 진실성을 약화시키는 대신 허구적 진실성을 새롭게 확보하기 위해 노력함으로써 고소설사에서 전이 소설로 발전해 나간 독자적 영역을 보여 주는 대표적인 사례로서 의미가 크다 하겠다.

참고 문헌

작품 감상을 위해서는 현대어 역주 선집인 김균태 엮음, 『전 문학 전집(1~10)』(태학사, 1993); 신해진 역주, 『조선조 전계 소설』(월인, 2003) 등을 추천한다.

전계 소설에 대한 작품 분석과 이론적 논의는 조동일, 「조선 후기 소설사의 전개」, 『고전 소설 연구의 방향』, 한국고전문학연구회 편저(새문사, 1985); 이동근, 『조선 후기 「전」 문학 연구』(태학사, 1991); 조태영, 「전계 소설의 역사적 변모 과정」, 『고소설사의 제 문제』, 성오 소재영 교수 환력 기념 논총 간행위원회 엮음(집문당, 1993); 박희병, 『조선 후기 전의 소설적 성향 연구』(성균관대학교 대동문화연구원, 1993); 『한국 한문 소설』(한샘, 1995); 김창룡 편역, 『한국의 가전 문학(상)』(태학사, 1997); 김균태 외, 『한국 고전 소설의 이해』(박이정, 2012) 등에서 확인할 수 있다.

몽유록계 소설·몽자류 소설

1——개념·범주·특성

우리 문학사에는 꿈을 매개로 하여 현실적 인물이 별도의 세계에 들어가 보고 들은 경험을 들려주거나 자신이 직접 꿈속 세계에 살다가 다시 현실로 돌아온 내용을 다룬 작품군이 다수 존재한다. 『삼국유사』에 수록된 「조신 이야기」나 이규보의 『백운소설』, 김시습의 『금오신화』 등에서도 꿈속 이야기가 등장하며, 조선 중기 이후로는 꿈 이야기를 주요 서사 축으로 삼은 본격적인 소설 작품이 창작되었다. 이런 작품들을 혹자는 '꿈속 세계로의 여행'이라는 뜻을 지닌 '몽유'라는 용어를 사용하여 '몽유(夢遊) 소설'로 부르기도 하고, '환상적인 꿈 이야기'라는 뜻의 '몽환(夢幻) 소설' 또는 '환몽 소설'이라 부르기도 한다. 그러나 이러한 표현들은 꿈을 소재로 한 소설이라는 의미를 나타낼 뿐이다. 따라서 꿈을 소재로 한 작품 중 작품의 성격과 구성상 특징을 고려한 역사적 장르명으로는 '몽유록계(夢遊錄系) 소설'과 '몽자류(夢字類) 소설'로 구분해 사용한다.

몽유록계 소설은 '-몽유록'이라는 작품명이 붙은 일련의 한문 소설을 일컫는다. 16세기 초 심의의 「대관재몽유록」(「대관재기몽」)이 처음 나타난 이후

임병양란 후 17세기까지 비교적 활발히 등장하였다. 신광한의 「안빙몽유록」, 임제의 「원생몽유록」, 작자 미상의 「강도몽유록」 등이 대표적이다. 17세기 중반 이후로는 몽유록 창작과 수준 높은 작품이 많이 줄어든 반면, 몽자류 소설이 나타나 한문 소설의 장편화 경향을 띠게 된다. 17세기 후반에 몽유록과는 다른 형태로 쓰인 김만중의 『구운몽』이 몽자류 소설의 효시이다. 『구운몽』의 인기에 힘입어 '-몽'이라는 제목을 사용한 유사 작품들이 거듭 출현한 까닭에 이 작품들을 묶어 '몽자류 소설'로 부른다. 이정작의 『옥린몽』을 비롯하여 작자 미상의 『옥선몽』, 남영로의 『옥루몽』과 『옥련몽』이 대표적이다. 몽자류 소설은 18세기를 거쳐 19세기까지 거듭 창작되었다.

몽유록계 소설과 몽자류 소설은 모두 한문본이다. 즉, 한문을 사용하던 지식인들이 창작하고 향유하였던 소설 작품이라는 점을 먼저 이해할 필요가 있다. 꿈을 매개로 허구적 세계를 그려 낸 소설 작품이지만, 몽유록계 소설은 주로 단편이면서, 오락용 독서물이라기보다 목적성이 강하다. 즉, 꿈속 세계를 통해 현실 인식의 우의적 형상화를 실현하고 있다는 점에서 당대의 현실 문제를 새롭게 인식하고자 했던 지식인의 사유가 두드러진다. 이에 비해 몽자류 소설은 분량도 크게 늘어난 데다가 읽을거리로서 재미와 교훈을 동시에 담보하는 방향으로 나아갔다.

몽유록계 소설과 몽자류 소설의 서사 구조를 보면 둘 다 꿈속 세계와 현실 세계를 구분하고, 입몽(入夢)과 각몽(覺夢)이라는 기본 서사 얼개를 갖추고 있다는 점에서 동일하다. 다만 '입몽 – 꿈속 세계 – 각몽' 구조의 몽유록계 소설에서 특별히 '꿈속 세계'는 꿈속 등장인물들의 토론 또는 시연(詩宴)의 형태로 제시된다는 점이 독특하다. 이것은 꿈속 인물들의 입을 통해 현실 비판적 내용을 제시하는 부분이자 작가의 창작 의도가 강하게 내포된 부분이기도 하다. 그런데 입몽과 각몽은 형식적이라 할 만큼 소략하게 제시되어 있고, 꿈속세계에서 토론과 시연을 펼치는 내용이 주를 이루고 있다는 점에서 '꿈'은 허구적 장치 기능보다 작가의 자기 주장을 위한 목적성 기능이 강하다. 이런 이유에서 혹자는 몽유록 작품을 소설이 아닌 교술로 본다. 그러나 몽유록계 소설이 비록 목적성이 강하다고는 하나, 최소한 입몽과 각몽의 허구적 서사 틀을 설정하고 있다는 것 자체는 작가가 허구성을 의식한 것으로 볼 수 있다. 따라서 현재 몽유록을 소설로 보는 견해가 일반적으로 받아들여지고 있다.

반면에 몽자류 소설은 몽유록과는 달리, 몽유자가 몽유 전에 어떤 성질의 것이든지 현실에 대한 욕구와 염원이 있고, 또 몽유자를 몽유 세계로 인도하는 인물이 등장하는 것이 일반적이다. 그리고 꿈에서 깨어나 현실에 복귀한 뒤 몽유 전에 가졌던 욕구와 염원으로 한동안 갈등을 일으키다가 그 욕구와 염원을 완전히 해소하게 된다. 즉, 입몽과 각몽 자체가 작품의 주제를 드러내는 주요 요소로 작동하고 있는 것이다. 꿈꾸기 전과 후라는 시간적 흐름 속에서 몽유자의 의식에 어떤 질적인 변화가 나타났으며, 꿈을 통해 새롭게 알게 된 내용이 무엇인지 독자로 하여금 깨닫게 한다.

몽유록계 소설에서는 현실에서 이룰 수 없었던 욕망이나 표현을 꿈속에서 드러내는 데 관심이 많다. 이것은 그만큼 현실에 대한 불평이나 불만이 컸음을 의미한다. 따라서 몽유자가 가졌던 바람이나 소원은 사회적 성격이 강하며, 각몽 후에도 해소되지 않는다. 이에 반해 몽자류 소설에서는 현실에 대한 개인적인 욕구와 염원에 집중되며, 꿈을 체험한 뒤로는 해소된다. 『구운몽』에서 성진이 꿈에서 깨어난 뒤 일체의 집착에서 벗어나 불도에 정진하는 모습을 떠올려 보라. 이런 점에서 몽유록계 소설과 몽자류 소설은 별개의 작품군으로 간주된다.

2——개관 및 대표 작품

몽유록계 소설과 몽자류 소설은 내용과 구성 방식을 중심으로 크게 세 가지로 나눌 수 있다.

첫째, 현실에서 실현 불가능한 이상 세계를 꿈속에서의 경험으로 대신 구현하고자 한 것이다. 이에 해당하는 작품으로는 「대관재몽유록」, 「안빙몽유록」,

「금화사몽유록」 등이 있다. 이 중 심의의 「대관재몽유록」은 '몽유록'으로 이름 붙여진 최초의 작품이다. 최치원이 천자로 있고 이규보, 이제현 등 문신들이 신하로 있는 문장 왕국에 관한 이야기이다. 당시 도학파와 사장파의 갈등이 있던 상황에서 작가 자신이 도학보다 사장을 더욱 좋아한 까닭에 문장 왕국을 이상국으로 설정하여 자신의 문학관을 반영하고, 현실에서의 좌절을 작품 속에서 풀어내고자 한 것이다.

둘째, 당대 현실의 모순과 부조리를 꿈속 세계를 통해 직접 드러냄으로써 비판적 효과를 얻으려고 한 것이다. 「원생몽유록」, 「피생몽유록」, 「달천몽유록」, 「강도몽유록」 등이 대표적으로, 현실 비판 의지가 강하다. 직접 경험한 전란 또는 역사 현실을 바탕으로 꿈속 상황을 설정하고, 역사적 사건에 관련된 인물들이 자신의 억울한 심정을 하소연하면서 당대의 무능한 위정자들을 성토하거나 비판하는 현장을 몽유자가 목격하고 관찰하는 방식으로 서술이 전개된다.

임제의 「원생몽유록」은 생육신의 한 사람인 원호가 꿈을 꾸었는데, 폐위당한 단종을 모시고 박팽년, 성삼문 등 사육신 다섯 명이 모여 앉아 찬탈의 선례를 남긴 중국 역사를 의론하며 강개시를 화답하던 중에 사육신 유응부가 뛰어들어 썩은 선비들과는 대사를 도모할 수 없다고 탄식하며 검무를 추면서 슬픈 노래를 부르는 소리에 깜짝 놀라 잠을 깼다는 내용이다.

읊기를 마치자, 모든 사람이 처연히 눈물을 흘렸다.

잠시 후에 기이한 사내 하나가 갑자기 뛰어 들어왔는데, 용감한 무인이었다. (중략) 무인은 임금에게 인사한 뒤 다섯 사람을 돌아보고 말했다.

"허어! 썩은 선비들과는 대사를 이룰 수 없지."

그러고는 칼을 뽑더니 일어나 춤을 추며 비분강개한 어조로 슬픈 노래를 부르는데, 그 소리는 마치 큰 종이 울리는 것 같았다.

(중략)

노래가 미처 끝나지 않았는데 달은 어둡고 구름은 수심에 잠겼고 비는 울고 바람은 한숨을 쉬더니, 별안간 벼락 치는 소리와 함께 모든 것이 순식간에 사라졌다. 자

허(원호 — 인용자 주)가 깜짝 놀라 정신을 차려 보니 모두 꿈이었다. (임제, 「원생몽유록」)

임진왜란 당시 신립 장군이 충주 달천 강변(탄금대)에 배수진을 치고 싸우다가 병사들과 함께 전사한 역사적 사실을 소재로 한 「달천몽유록」은 윤계선과 황중윤이 지은 작품이 각각 하나씩 전한다. 그러나 두 편은 내용상 상당한 차이가 있다. 윤계선의 작품에서는 몽유자인 '파담자(坡潭子)'가 달천 강변에 이르러 처참하게 죽은 병사들의 백골이 어지럽게 흩어져 있는 것을 보고 비분하게 여기다가 그날 밤 꿈속에서 죽은 병사들을 만나 그들의 입을 통해 신립 장군의 무능을 성토하는 이야기를 듣게 된다. 즉, 신립 장군이 주위 사람의 말을 듣지 않고 배수진을 치고 싸우다가 모두 죽게 되었다며, 장군의 무능을 질책하고 그 책임을 묻고 있는 것이다. 반면에 황중윤의 작품에서는 몽유자가 용왕의 초대를 받아 용궁에 가서 신립을 만나는데, 신립이 자신에 대한 세상 사람들의 평가를 묻자 몽유자는 장군의 무지와 무능을 탓하고 있다고 말한다. 신립은 당시 자신의 처지를 이해해 주지 못하는 세상의 평가에 격분하며, 배수진을 칠 수밖에 없었던 이유와 군역 제도의 문제점과 부패상을 지적한다. 이처럼 윤계선은 신립을 질타하는 관점에 서 있고, 황중윤은 당시 조선의 상황과 군역의 모순과 부패상을 비판하며 질 수밖에 없었던 전투였음을 옹호하는 편에 서 있다. 이 두 편의 상반된 작품은 전란 후 지식인들의 현실 비판 의식과 반성적 태도를 적극 피력하기 위해 몽유록 형식을 빌렸음을 여실히 보여 준다.

작자 미상의 「강도몽유록」은 병자호란 당시 청나라 군대가 쳐들어오자 강화도에서 정절을 지키기 위해 자결한 여성 원혼 15명이 각각 나라를 그르친 자신들의 부모, 남편, 자식, 시아버지 등을 고발하고 규탄하는 내용의 작품이다. 여성 혼령들이 모여 비판하는 대상은 모두 남성 관료들로서, 꿈이라는 허구적 형식을 빌렸을 뿐 실제 내용은 사실의 확인에 해당한다. 일부 연구자들이 몽유록 작품을 목적 문학적 성격이 강한 교술로 보는 이유는 바로 꿈속 세계에 등장하는 인물들의 입을 통해 작가의 주장과 견해를 제시하는 데 목적이 있다고 보기 때문이다. 이처럼 몽유록 작품은 감춰질 수 있었던 역사적 사실과 모순을 환기하고 있다는 점에서 메시지 전달 의지가 강하다. 그러나 등장인물과 발화의 상황 설정, 몽유자의 입몽 – 각몽 과정 설정, 주제 의식 등은 허구적 창작의 소산이라는 점에서 교술적 서사라 할 것이다. 민감할 수 있는 사회적·역사적 주제를 가져와 허구화함으로써 몽자류 소설로 나아가는 촉매제 역할을 하였다.

셋째, 현실적 욕망을 충족시키기 위해 꿈속 세계로 화자가 직접 참여하는 방식을 보여 주는 작품들이다. 『구운몽』, 『옥루몽』 등 소위 몽자류 소설이 이에 해당한다. 기본적으로 '현실 → 꿈 → 현실'로 순환하는 구조를 지니고 있는데, 주인공이 현세적 고난을 거쳐 부귀영화에 이르거나 자수성가하는 삶의 전 과정을 꿈속 세계로 설정하고 있다. 전생 또는 천상 세계에서 지은 죄과로 인해 적강 세계, 곧 현실 세계로 설정된 꿈속 세계로 이동하여 펼쳐지는 다양한 사건이 중심 서사를 이룬다. 이때 주인공의 삶의 내용은 고단한 것이 아니라 욕망 충족의 성격이 강하다. 꿈을 매개로 현실적 삶을 구체화하고 있기 때문에 꿈속 주인공의 활약을 통해 당대 현실의 문제점을 간접적으로 드러내는 한편, 일반 독자의 흥미를 유발한다.

중국의 『홍루몽』보다도 반세기 앞서 창작된, 17세기 후반 김만중의 『구운몽』과 19세기 전반에 창작된 남영로의 『옥루몽』은 같은 몽자류 소설이면서도 다른 점이 많다. 몽유자가 꿈을 꾸기 전의 위치가 현실 세계이냐 천상 세계이냐에 따라 환몽이냐 현실이냐 하는 작품의 주제와 해석이 달라질 수밖에 없다. 『옥루몽』은 천상 세계의 선관인 문창성이 백옥루에서 만취하여 자고 있다가 그의 정령이 하강하여 양창곡으로 태어나게 되고, 홍난성의 꿈에 천상 세계로 인도되어 선관으로부터 현실 세계의 인연이 끝나면 천상 세계로 다시 돌아올 것이라는 말을 듣게 된다. 『구운몽』의 구조가 현실 → 꿈 → 현실로 회귀하므로 꿈속 세계에서의 양소유가 현실 세계에 생존한 성진의 환몽 속의 인물이 되지만, 『옥루몽』은 천상 → 현실 → 천상으로 회귀하므로 양창곡은 문창성의 정령으로 현실 세계에 하강한 인물이지 양소유처럼 환몽 세계의 인물은 아니다. 이렇게 본다면 『옥루몽』의 주제는 양창곡의 일생에서 찾아야 할 것이다.

그러나 꿈과 환상이 반복되는 『구운몽』에서 양소유의 삶은 허망한 것만은 아니고, 오히려 세속적 삶의 가치를 찾게 해 준다. 비록 양소유는 마음먹은 대로 욕망을 충족할 수 있어 비현실적일 수 있지만 그 경지를 독자들이 경험함으로써 자기 현실에 대한 가능성을 꿈꾸게 해 준다. 각몽을 통해 성진이 깨우친 것은 비단 '인생무상', '집착을 벗어난 무소유에의 정진 의지'만은 아닐 것이다. 이런 점에서 『구운몽』은 열린 해석이 가능한 문제작이다.

이상 몽유록계 소설과 몽자류 소설을 크게 세 가지로 나누어 본바, 이 중 첫째와 둘째는 독자의 흥미보다 작가의 주제 의식을 더 강조하려 한 작품들로 한문본밖에 없다. 그러나 셋째는 주제 의식도 뛰어나고 대중적 흥미도 고려한 작품군으로 한문본과 국문본이 함께 있는 경우도 있다.

한편, 현재 학교 현장에서 몽자류 소설은 환몽 구조, 몽유록계 소설은 몽유 구조라는 서사 구조를 지니고 있다고 도식적으로 가르치는 경향이 있다. 그러나 이것은 일개 연구자의 견해를 가져와 암기하기 쉽게 대별해 놓은 것일 뿐, '환몽' 구조와 '몽유' 구조라는 것이 서사 구조의 질적 내용을 변별하는 기준이 될 수 없다. 또한 학계에서 이를 정설로 삼고 있지도 않다. 따라서 '환몽 구조'와 '몽유 구조'라는 지식적 이해나 암기는 삼가야 할 것이다. 다만 몽자류 소설에서는 주인공이 꿈을 통해 새롭게 태어나고 파란만장한 삶을 경험한 후 본래의 자아로 되돌아오는 이야기가 3인칭 전지적 시점 또는 관찰자에 의해 서술된다면, 몽유록계 소설에서는 몽유자인 서술자가 꿈꾸기 이전의 자신의 동일성과 의식을 유지한 채 꿈속 세계로 나가 일련의 일들을 겪은 뒤 본래의 현실로 귀환하여 그 체험 내용을 스스로 서술한다는 점에서 서술 방식상의 차이는 인정된다.

3——문학사적 위상과 의의

16세기에 나타난 몽유록계 소설과 17세기 후반 이후부터 19세기까지 창작된 몽자류 소설의 전통은 애국 계몽기와 일제 강점기까지 이어졌다. 유원표의 『몽견제갈량』, 박은식의 『몽배금태조』, 신채호의 『꿈 하늘』 같은 작품이 지속적으로 나타나 개화기의 현실 사회와 국가 문제를 우회적으로 비판하는 문학적 전통을 이어 나갔다. 몽유록계 소설 작품들이 국가적 전란 직후에 활발히 나타난 것과 맥이 닿아 있다. 또한 당대 조선 사회에서는 현실에 대한 비판과 수용이 어려웠기 때문에 꿈을 매개로 현실 비판의 욕구를 표출하고자 하는 성향이 강했음을 알 수 있다. 몽자류 소설의 경우에는 『구운몽』처럼 현실 세계의 욕망을 부정하는 작품이 있는가 하면, 『옥루몽』처럼 현실적 욕망을 긍정하는 작품도 있다. 이는 꿈을 매개로 한 몽유록 작품이 현실 비판을 위한 간접적 서사 장치 기능에서 벗어나 점차 흥미 본위의 독서물로 변화하고 있음을 보여 주는 사례이다.

오랜 기간 꿈을 매개로 욕망의 서사를 다양한 형태로 관철해 온 이런 소설 작품들은 '꿈' 자체가 갖는, 욕망의 대리 표출이라는 성격 때문에 특별히 우리 문학사에서 진지한 현실 비판과 문제의식을 상층 지식인을 중심으로 한 시대적 담론 형태로 제시해 왔다. 이 점에서 몽유록계 소설과 몽자류 소설은 여느 장르의 소설과 차별화된 가치를 지니고 있음이 분명하다. 그렇기에 꿈을 소재로 한 서사 전통은 최인훈의 「구운몽」처럼 오늘날까지 패러디되거나 문화 콘텐츠 소재로 여전히 새로운 담론 제시의 장으로 활용되고 있다.

참고 문헌

현대어로 번역된 몽유록계 소설의 다양한 작품 세계를 확인하려면 한석수, 『몽유소설』(개신, 2003)을, 연구 성과는 김정녀, 『조선 후기 몽유록의 구도와 전개』(보고사, 2005); 신재홍, 『한국 몽유 소설 연구』(역락, 2012) 등을 참고할 만하다.

몽자류 소설에 관한 주된 논제는 차용주, 「환몽 소설의 전개 양상에 대한 고찰」, 『고소설사의 제 문제』, 성오 소재영 교수 환력 기념 논총 간행위원회 엮음(집문당,

1993); 정길수, 『구운몽 다시 읽기』(돌베개, 2010); 유광수, 『19세기 소설 옥루몽 연구』(보고사, 2013) 등을 참고하면 좋다.

야담계 소설(한문 단편)

1——개념·범주·특성

'야담(野談)'은 원래 중국이나 일본에는 없고 국내에서만 사용한 용어로, 주로 시정(市井)을 중심으로 한 민간의 이야기를 한문으로 기록한 산문 단편을 말한다. 17세기 초 유몽인이 『어우야담』에서 처음 '야담'이라는 말을 사용한 이후 19세기까지 야담집이 거듭 편찬되었는데, 야담집에 실린 작품 중 소설적 특성이 두드러진 것을 따로 구분하여 '야담계 소설'이라 부른다.

장르론 측면에서 본다면, 원래 야담은 일화나 전설, 민담, 소화, 단편 소설 등을 포괄하는 장르 복합체의 개념에 가깝다. 따라서 야담은 야담계 소설을 포함하여 야담집에 실린 작품 전체를 일컫는 말인 동시에, 소설로 나아가지 못한 설화나 일화의 성격이 강한 작품에 국한하여 지칭하는 이중적 의미가 있다. 그렇기 때문에 야담계 소설은 야담집에 실린 야담이면서 소설적 성격이 두드러진 작품을 별도로 일컫는 말로 이해하면 좋다. 야담계 소설 중 18~19세기에 사회·경제적 변화를 위주로 한 작품을 특별히 '한문 단편'이라 부르기도 하는데, 이때의 '단편'은 단편 소설을 의미한다.

연구자에 따라서는 야담계 소설을 과연 소설로 볼 것이냐는 의문을 제기하기도 한다. 일정한 관습적 제목을 지닌 소설로 행세하지도 않았을 뿐만 아니라 구비적 요소가 완전 배제되지 않은 가운데 복잡한 인간 심리와 갈등을 종합적으로 구현해 내지 못하므로 이를 소설로 보기는 어렵다는 주장이다. 그러나 야담계 소설은 단순한 채록(문헌 설화)이 아니라 구두 창작·전승된 것을 작자의 손을 거쳐 작품화한 것이라 그 의도가 반영되어 있는 데다, 표현 내용이 사실적이며 극적인 사건 전개와 현실적 문제의식이 돋보이는 작품들이 다수 있는바, 이를 야담계 소설로 파악할 수 있다고 보는 것이 일반적인 견해이다.

야담계 소설은 다음과 같은 특성이 두드러진다.

첫째, 민간의 생기발랄한 시정 세계를 소재로 한다. 따라서 호협한 한량, 몰락한 양반, 백수로 소일하는 서생, 벼슬자리를 구하는 시골 선비, 각양의 장사치, 유랑 광대나 악사, 달변가, 이야기꾼 등 다양한 인물 군상과 천태만상의 현실 세태와 시정의 분위기가 사실적으로 드러나 있다. 실사(實史)에 치중한 면이 많다는 것이 일반 설화와 구분되고, 야사보다는 허구성을 중시한다는 점에서 야사와 설화의 중간적 성격이 강하다고 하겠다.

둘째, 민중적 성격을 지닌다. 민간에서 구연되던 이야기가 청취되어 기록으로 옮겨진 까닭에서다. 이희준이 지은 『계서야담』 서문에서 "야담은 그 보고 들은 것에 따라 기록한 것이다(野談者, 隨其見聞而記錄也)."라고 한 것이 야담계 소설의 성격을 단적으로 보여 준다. 물론 민간 이야기를 채록했다 하여 민중의 관점만 내재된 것은 아니다. 구연되던 이야기가 채록 과정에서 다소의 윤색, 즉 상층 기록자의 시각과 의도가 반영되기도 하였다. 따라서 야담계 소설에는 민중의 의식과 지배층의 의식, 그리고 양 계층의 말과 표현이 뒤섞여 있는 것이 특징적이다. 야담계 소설이 기본적으로 민중적 성격을 띤다 말할 때, 그 의미망 안에는 지배층의 이념과 시각도 포함될 수 있음을 고려해야 한다.

셋째, 전기 소설이나 전계 소설에서 비극적 결말이 종종 보이는 것과 달리, 야담계 소설은 위기와 시련이 극복되고 결국은 행복하게 된다는 결말이 일반적이다. 이는 현실의 고난에도 불구하고 꺾이지 않으려는 민중적 삶의 자세가 드러나 있기 때문이다.

넷째, 문체가 꾸밈이 없고 소박하다. 전기 소설에서 보이는 수식적이고 세련된 문체와는 사뭇 다르다. 서술 방식이 '이야기투'라는 점도 간과해서는 안 된다. 시정의 이야기가 민간에서 구연되다가 지식인(양반, 중인) 기록자가 이를 청취한 후 창작 의도를 가미하여 지어낸 작품들이어서 구어체적 분위기가 풍긴다. 그러나 스토리 위주의 사건 전개에 주목하다 보니 인간의 내면 묘사나 디테일한 정황 묘사 등이 결여되거나 불충분한 경우가 적지 않다.

다섯째, 야담계 소설은 두 가지 경로에 의해 형성되었다. 곧 강담사(이야기꾼)의 이야기를 채록하거나 전대 문헌을 전재 또는 변개하는 방식으로 야담집에 수록되었다. 따라서 한문을 사용하던 지식인 기록자의 적극적인 개입과 개작이 이루어진 작품도 있고, 원래 이야기를 그대로 전재한 작품도 있다. 『청구야담』에는 작품마다 일곱 자 내지 여덟 자의 제목이 붙어 있는데, 이는 기록자의 의도가 반영된 결과라 할 것이다.

이처럼 야담계 소설은 민간에 전해 내려오던 당대 시정의 이야기를 토대로 지어낸 작품들로, 민간 이야기를 대폭 가공하거나 예술적 변형을 심하게 가하기보다는 설화적 요소를 상당 부분 유지하면서 서사적 편폭과 문제의식을 당대의 것으로 확장·발전시켜 나감으로써 소설적 면모를 갖춘 작품군이라 할 수 있다.

2——개관 및 대표 작품

야담계 소설은 17세기 중반 이후부터 출현한 것으로 추정된다. 초기 야담집 『어우야담』에 수록된 작품들은 대개 시화와 일화, 그리고 설화적 성격이 공존하는 형태의 것이라 아직 본격적인 소설로서의 모습을 보여 주기에는 미흡한 부분이 있다. 『어우야담』의 「홍도 이야기」와 조위한의 전기 소설 『최척전』, 『어우야담』의 「남궁두 이야기」와 허균의 전계 소설 「남궁선생전」, 『어우야담』의 「전우치」와 소설 『전우치전』 등 동일한 이야기가 야담과 소설로 존재하는

데, 서술 방식과 문제의식 면에서 『어우야담』에 수록된 이야기들은 아직 설화적 수준에 머물러 있음을 알 수 있다.

그런데 18세기 초 임방이 지은 『천예록』에 이르러 잡록이 야담의 성격을 구체적으로 띠면서 변전하는 양상을 보이게 된다. 수록 이야기 중에는 야담계 소설에 해당하는 작품도 여러 편 있다. 흔히 「옥소선 이야기」로 불리는 「소설인규옥소선」이나 「일타홍 이야기」로 알려진 「잠계중봉일타홍」 등이 대표적이다. 이 중 「소설인규옥소선」은 야담계 소설의 면모를 잘 보여 준다.

『춘향전』과 흡사한 내용의 이 작품은 열두 살 난 기녀 자란(옥소선)과 평안도 관찰사의 동갑내기 아들 생의 격정적인 사랑을 다루고 있다. 어린 시절 함께 자란 양반집 도령 생과 기녀 옥소선은 서로 사랑하는 사이가 되었지만, 생이 한양으로 돌아가게 되면서 생이별을 한다. 그러나 절에서 과거 시험 공부를 하던 생은 끝내 옥소선에 대한 그리움을 이기지 못해 눈 내리는 한밤중에 평양으로 달려간다. 우여곡절 끝에 재회한 생과 옥소선은 함께 몰래 도망쳐 평안도 깊은 산골에 들어가 생활한다. 그러다가 옥소선의 권유로 어렵게 과거 시험 준비를 한 생이 장원급제를 한 후 왕과 부모의 허락을 받아 옥소선과 혼인하여 행복하게 살게 된다.

이 이야기에서 옥소선과 생이 극적으로 재회하고 도망쳐 사는 부분은 사실적이며 긴장감마저 느껴진다. 그러나 산속에서 과거 시험을 준비하여 급제하고 신분적 차이를 뛰어넘어 정식 혼인까지 하게 되는 후반부 내용은 상대적으로 소략하다. 우연한 사건 전개로 서둘러 끝내려는 듯한 서사에서 설화적 성격이 다분히 드러난다. 그러나 도망치기 이전 전반부에서는 두 사람의 사랑의 감정과 당대 사회 현실에 반하는 거침없는 행동 묘사, 기생 옥소선의 지혜와 용기 있는 태도 등을 촘촘히 드러냄으로써 인과적·사실적 서술과 소설적 구성을 갖춘 작품임을 잘 보여 주고 있다.

『천예록』 외에 18세기에는 신돈복의 『학산한언』, 노명흠의 『동패낙송』, 안석경의 『삽교만록』 등 여러 야담집이 편찬되었다. 19세기에는 3대 야담집이라 불리는 『청구야담』, 『계서야담』, 『동야휘집』이 편찬됨으로써 야담과 야담계 소설이 더욱 풍성해졌다. 『천예록』, 『학산한언』, 『동패낙송』은 주로 이야기꾼의 이야기를 모은 것이고, 『계서야담』과 『청구야담』은 주로 전대 문헌을 전재하거나 편찬자 자신이 직접 창작한 작품이 섞여 있다. 이에 비해 『동야휘집』은 대개 전대 문헌을 옮겨 적은 것이다. 『청구야담』은 당시까지 전해져 온 야담을 집대성한 결정판에 해당한다.

야담계 소설은 18~19세기에 조선 사회에 실재했던 사실담부터 사회상을 반영해 놓은 허구담까지 다양한 서사 편폭을 자랑한다. 당대 화폐 경제 사회의 현실을 구체적인 사건과 새로운 가치관 표출로 형상화함으로써 시대와 사회를 비판적으로 해석해 낸 작품이 대다수이며, 국문 소설이 비슷한 서사 전개에 통속적 재미를 추구하는 방향으로 나아가던 것과는 다른 행보를 보여 주었다. 현실적인 문제를 토대로 만들어진 이야기인 만큼, 남녀 간 사랑뿐 아니라 가난과 재산 축적 등의 경제적 문제, 유교 윤리와 양반 의식의 변모상까지 잘 드러나 있다. 야담계 소설 작품을 소재에 따라 유형화하면 다음과 같다.

첫째, 재산을 모아 부자가 된 내력을 밝힌 치부담(致富談)이다. 주인공의 신분과 경제적으로 어려운 처지가 거론된 후 그에 따른 재산 증식 과정과 부의 성취 등이 주요 서사로 다루어진다. 『열하일기』 「옥갑야화」 편에 실려 있는 「허생전」이 대표적이다. 아내의 구박에 못 이겨 공부를 중단한 가난한 선비 허생이 서울의 최고 부자인 변씨에게서 돈을 빌려 매점매석으로 돈을 크게 번 후, 도둑들을 섬에 데리고 가 사는 등 이상적인 목표를 현실 세계에서 실현한다. 후반부에는 지배 계층을 대표하는 이완을 통해 사대부의 무능을 비판하고 현실 자각과 실천의 문제를 제시하는 정신적 지도자로서의 면모를 잘 보여 준다. 「허생전」은 허생에 관한 이야기를 이야기꾼 윤영으로부터 듣고 박지원이 열하 여행 도중에 비장들과 부자에 관한 일화를 나누는 과정에서 들려준 것을 후에 옮긴 것이다.

> 나도 윤영(尹映)이란 자에게 들은 이야기를 하였다. 일찍이 윤영이 말하기를 변승업의 부는 그 재물이 조상으로부터 내려온 유래가 있었다고 했다. 나라의 갑부

> 였던 집안이 변승업 때 이르러서는 조금 쇠퇴한 것이며, 집안이 처음 재산이 불어날 때는 마치 그렇게 되리라는 명운이 있었던 것 같다고 한다. 그와 허생(許生) 사이에 있었던 일을 살펴보아도 아주 이상한 일이다. 허생은 끝내 자기의 이름을 말하지 않았기 때문에 세상에서는 그 이름을 아는 이가 없었다고 했다. 윤영이 말해준 허생의 이야기는 이러하다. (허균, 『허생전』)

이처럼 이야기꾼의 이야기를 듣고 이를 재구성한 야담계 소설이 다수 보인다. 치부담은 아니지만, 『청구야담』에 수록된 「결방연이팔낭자」 이야기 역시 돈을 소재로 한 야담계 소설의 대표적인 작품이다. 가난한 양반 채 노인이 갑부 김령과 사돈지간이 된 후 쌀과 돈에 의해 지조를 포기하게 되는 과정이 섬세하고도 실감나게 그려져 있다.

둘째, 봉건적 신분제가 동요되고 새로운 질서가 마련되는 과정에서 빚어지는 양반과 노비 간의 대립과 갈등을 다룬 추노담(推奴談)이다. 신분적 자유를 위해 도망한 노비와 주인 사이에서 벌어지는 대립과 갈등을 다룬 작품군을 말한다. 노비주의 패배와 반노의 승리담도 적지 않지만, 노비주가 결국 추노에 성공한다는 이야기가 주를 이룬다. 막동이란 노비가 자유인으로 살겠다며 도망쳐 최씨로 성을 바꾸고, 글을 배워 과거 시험에 합격하여 벼슬까지 하다가 낙향하여 명문 거족 행세를 하며 지낸다는 「구복막동」 이야기, 추쇄하러 간 선비를 노비들이 죽이려는 사실을 알고 반노의 딸이 대신 아버지의 죄를 용서받는 조건으로 자신의 목을 내놓아 선비의 목숨을 살린다는 「변사행」 이야기 등 다양하다. 추노를 소재로 한 소설 『김학공전』도 별도로 전한다.

셋째, 절도자 무리인 군도(群盜)와 의적이라 불리는 군도에 관한 이야기이다. 부호층과 탐관오리의 재물을 탈취하여 민중을 구제하는 자들에 관한 것으로, 권력의 횡포와 탐학을 피해 유랑민의 삶을 살아갈 수밖에 없었던 이들이 무능하고 부패한 지배층에 대항하여 봉기할 수밖에 없었던 이유를 역설적으로 드러낸 작품들이 이에 속한다. 한 예로, 「명화적」은 양반집 자제들과 어울려 서당에서 놀면서 글을 읽고 쓸 수 있었던 하인 김단이 자신의 뜻을 마음껏 펴기 위해 15세에 집을 뛰쳐나와 결국 의적장이 된다는 내용을 다룬 것이다.

이 밖에도 야담계 소설 중에는 송사 사건의 전말을 주 모티프로 삼아 전개되는 송사담, 여자를 멀리한다는 사대부 남성이 기생과 공모한 또 다른 남성의 계략에 넘어가 훼절하고 사람들의 웃음거리가 된다는 훼절담, 과부의 재혼을 불허하는 부당한 현실을 고발하는 동시에 올바른 재혼의 길을 모색한 재가담 등 다양한 소재의 일화들이 있다. 이런 야담계 소설은 20세기 초에 야담집이 구활자본(딱지본)으로 간행되고, 1920~1930년대에는 야담 운동이 전개되고 『월간야담』, 『야담』이라는 잡지까지 간행되어 각종 야담이 실릴 만큼 큰 인기를 누렸다.

앞서 언급했듯이, 야담계 소설은 이야기꾼의 구연과 밀접한 관계를 갖는다. 근대 소설이 작가의 고독한 창작의 산물이라면, 야담계 소설은 집단 구전과 향유의 소산이라는 점에서 그 고유한 의의를 찾을 수 있다. 『청구야담』에 실린 「청취우약상득자」는 야담계 소설이 어떻게 형성될 수 있었는지 보여 주는 메타적 성격의 작품이다. 한양 종로 거리에서 소나기가 내려 사람들이 비를 피해 약방으로 모여들었을 때, 그곳에 있던 약 거간꾼이 과거에 자신이 조령에서 소나기를 피해 오두막집에 들어갔다가 한 노처녀와 연분을 맺은 이야기를 들려준다. 이때 이야기를 듣던 한 청년이 자신이 그때 인연으로 태어난 아들임을 증명하고, 이로써 떠돌이 약 거간꾼이 가족과 해후한 뒤 안정된 가정을 꾸리게 되었다는 이야기이다. 이는 소재 면에서 훗날 이효석의 「메밀꽃 필 무렵」과도 유사하다. 이념 또는 운명의 개입이 두드러지지 않으면서 현실에서 일어날 법한 삶과 상황에 충실한 사건 전개를 보여 주는 것이 야담계 소설의 특징이기도 하다.

3——문학사적 위상과 의의

17세기 전반 이후 현실 세계에 대한 새로운 자각이 확대됨에 따라 단편 서사만으로는 다양한 의식 세계를 담아내기 어렵게 되자 장편 양식이 국문 작품을 중심으로 발달하게 되었다. 이런 변화 과정에서 한문 소설은 17세기 전기까지 높은 수준을 자랑하던 전기 소설이 쇠퇴하는 대신, 현실 인식을 새롭게 한 전계 소설과 야담계 소설이 단편 양식의 전통을 이어받아 18~19세기에 지속적으로 발전해 나갔다. 야담계 소설은 바로 18세기 이후의 한문 단편 세계를 이해하는 근간이 된다.

야담계 소설은 무엇보다 18세기 이후 두드러진 화폐 경제 사회의 단면과 그 사회에서 살아가는 다양한 인간 군상들, 그리고 각양각색의 사회 경제상을 반영한 시정의 이야기를 지식인들이 한문으로 옮겨 놓은 한문 단편으로서 고유한 위치를 지닌다. 국문 소설인 판소리계 소설과 더불어 조선 후기 사회를 사실적으로 그려 낸 한문 소설의 대표 장르로 평가받는 이유도 바로 이 때문이다. 도시의 생활상과 도시민의 발랄한 사고, 그리고 지배층의 현실 인식이 뒤섞여 독특한 현실 지향적 문학 세계를 구축해 나감으로써 야담계 소설은 문학사의 한 페이지를 풍성하게 장식하였다.

참고 문헌

현대어로 옮긴 야담계 소설 작품 선집으로는 이우성·임형택 역편, 『이조 한문 단편집(상·중·하)』(일조각, 1973, 1978); 임방, 『천예록』, 정환국 역(성균관대학교 출판부, 2005); 박희병·정길수 편역, 『조선의 야담 1』(돌베개, 2013); 최웅, 『주해 청구야담(Ⅰ~Ⅲ)』(국학자료원, 2014) 등을 찾아 읽을 만하다.

야담계 소설에 관한 다양한 연구 성과로는 정명기, 『한국 야담 문학 연구』(보고사, 1996); 정명기 엮음, 『야담 문학 연구의 현 단계(1~3)』(보고사, 2001); 이강옥, 『한국 야담 연구』(돌베개, 2006); 정출헌, 「야담의 세계」, 『새 민족 문학사 강좌 1 — 구비서사에서 조선 후기까지』, 민족문학사연구소 엮음(창비, 2009); 김균태 외, 『한국 고전 소설의 이해』(박이정, 2012) 등을 참고하면 좋다.

가정 소설

1——개념·범주·특성

'가정'이라는 공간이 모든 생활의 근간이 되는 만큼, 동서양을 막론하고 가정 내 비극을 다룬 작품이 많다. 우리의 경우, 가정 내 갈등의 원인은 가족 제도나 결혼 문화, 신분상의 차이로 인한 것이 대부분이다. '가정(家庭) 소설'은 특별히 조선 후기에 일반화된 일부다처제라는 제도하에서 벌어지는 가정 내 구성원 간의 갈등을 다룬 작품군을 지칭한다. 처첩 간의 갈등, 동서 간의 질투, 형제간의 다툼, 계모와 전처 자식 간의 대립 등 가정 내에서 벌어질 수 있는 다채로운 국면을 다룬다.

이와 유사한 장르가 '가문 소설'이다. 그러나 가문 소설이 한 가문(집안) 또는 여러 가문 간 혼인 문제와 정치적 경쟁 관계를 두고 벌어지는 갈등을 다룬다면, 가정 소설은 한 가정 내 구성원 간의 갈등을 주된 관심사로 삼는다는 점에서 차이가 있다. 이 두 장르는 발생 시기도 비슷하지만, 서사 편폭을 고려할 때 가정 소설에서 가문 소설로 확장된 것으로 보인다. 17세기 후반에 나타난 조성기의 『창선감의록』은 초기 가정 소설과 가문 소설의 특성을 동시에 보여주는 작품이라는 점에서 특별히 주목을 요한다.

2——개관 및 대표 작품

가정 소설은 가족 구성원 간의 갈등 내용을 놓고 볼 때, 『사씨남정기』, 『창선감의록』, 『조생원전』처럼 처와 첩, 처와 처 사이의 애정 갈등을 다룬 쟁총형 가정 소설과 『장화홍련전』, 『김인향전』, 『콩쥐팥쥐전』처럼 계모와 전처 자식 사이에서 벌어지는 갈등 관계를 다룬 계모형 가정 소설로 구분된다. '쟁총(爭寵)'이란 애정 문제로 사랑을 다툰다는 뜻으로, 흔히 집안 내 여성 중 본부인과 첩, 또는 여러 부인들 사이의 다툼과 갈등이 주가 되는 작품을 쟁총형 소설이라 한다. 그런데 쟁총형이든 계모형이든 간에 두 작품군은 가정 내 갈등 해소가 최종 목표이다. 따라서 두 작품군 공히 권선징악과 개과천선을 기본 주제로 삼는다. 이 과정에서 악인은 저지른 잘못과 악행이 들통나서 처벌을 받거나 회개하여 선인이 되고, 선인은 다시 가정 내 조화와 질서를 얻게 된다는 결말로 처리된다.

흔히 쟁총형 작품에는 주인공의 행보와 관련한 정치적 갈등이 동반되는 반면, 계모형 작품에는 그런 요소가 없다. 예컨대 계모형에 해당하는 『장화홍련전』에서는 어떠한 정치적 갈등 상황도 드러나지 않는다. 쟁총형은 가문 간의 이해관계에 의한 정략적 혼인이 활발하였던 당대 현실을 반영하는 데 관심을 둔 반면, 계모형은 순전히 집안 내 구성원 사이의 갈등과 화해에만 집중하고 있다. 이는 쟁총형 작품이 남녀의 결합에 신분 문제와 재산 문제가 결부되어 있는 반면, 계모형 작품은 부모와 자식 간 효행의 문제로 발생하는 가정 윤리를 기반으로 하기 때문이다. 요컨대 가정 소설은 가정 구성원 간 관계에 관한 이야기로, 가정 윤리를 확립하고 여성의 정절을 강조하려는 사회·문화적 풍토 속에서 유교 윤리의 실천을 강조하는 수단으로 형성·발달해 나간 장르라 할 것이다.

17세기 후반에 나타난 『사씨남정기』와 『창선감의록』, 18세기 중반에 출현한 『장화홍련전』 등이 비교적 이른 시기의 가정 소설이다. 18세기 후반 이후로는 통속적 성격이 강한 가정 소설이 다수 등장한다. 『조생원전』, 『김취경전』,

『쌍선기』 등이 대표적이다.

초기 가정 소설인 『사씨남정기』는 쟁총형 가정 소설의 성격을 잘 보여 준다. 김만중이 장희빈과 숙종의 관계를 염두에 두고 창작하였다고 알려진 『사씨남정기』는 처첩 간 갈등으로 인한 가정 파괴, 그리고 가정의 평화를 회복하기 위한 유교적 덕목의 구비를 문제 삼고 있다. 정실부인 사씨와 첩 교씨의 신분적 차이에서 갈등이 비롯되는바, 교씨가 먼저 아들을 낳아 유씨 집안의 대를 잇는 듯했지만, 곧이어 사씨가 아들을 낳게 되면서 교씨의 시기와 악행이 시작된다. 무엇보다 교씨는 자신과 아들이 적서 제도로 인한 차별을 받을 것을 염려한 나머지 사씨에게 악행을 저지르게 된 것이다. 『사씨남정기』는 바로 교씨가 현실 세계에서 결여된 대상, 즉 적자의 자리 보장이라는 욕망을 관철하기 위해 갖은 수단을 동원하여 가정 내 불화와 갈등을 야기하는 사건과 이의 해결을 다루고 있는 작품이다.

> 교씨는 하늘을 부르짖고 발을 구르며 통곡을 멈추지 않았다. 한림은 머리를 숙인 채 아무런 말이 없었다. 이에 교씨가 말했다.
>
> "투기하는 부인(사씨 — 인용자 주)이 처음엔 우리 모자의 목숨을 없애려고 감히 간악한 일을 저질렀으나 하늘이 도우시어 다행히 발각됐는데, 또 시비를 시켜 이런 생각할 수도 없는 큰 변고를 지어내니 내일이 되기도 전에 재앙이 나에게 미칠 것이다. 내가 차라리 스스로 죽어 다른 이의 손에 죽지 않으려는데 누가 쓸데없이 목맨 것을 풀었느냐? 상공께서는 투기하는 부인과 같이 살고자 하신다면 어찌 저를 속히 죽게 하여 투기하는 부인의 마음을 통쾌하게 만들어 주지 않으십니까? 첩은 만 번 죽어도 애석하지 않습니다만, 투기하는 부인에게는 정부(情夫)가 있으니 그 다음엔 상공에게 독수가 미칠까 실로 걱정입니다." (김만중, 『사씨남정기』)

교씨가 거짓으로 유한림에게 사씨를 모함하는 대목이다. 작가는 가정 내 갈등 국면을 해결하는 과정을 이처럼 정실부인이 차지하고 있는 일방적 우위의 자리에 반발하는 첩의 음모와 이로 인한 피해를 첩에 대한 복수극이라는 형태로 그려 내는 데 집중한다. 따라서 제도 자체의 결함에서 오는 문제의식은 은폐되고, 첩이 지닌 인성의 부도덕함만을 일방적으로 부각하는 방향으로 서술이 이루어진다.

『사씨남정기』와 비슷한 시기에 창작된 『창선감의록』은 가문 소설과 가정 소설의 성격을 공히 지니고 있다. 가문 내적 갈등과 가문 외적 갈등이 모두 나타나 있기 때문이다. 후사 잇기와 연관된 가문 내 갈등은 심씨 부인과 첫째 아들 화춘이 이복동생 화진과 대립하는 형태로 표출된다. 부친 화욱의 뒤를 이어 가장이 된 화춘은 부랑자를 집안에 끌어들이는가 하면 현숙한 부인을 내쫓고 간교한 첩을 정실로 삼아 분란을 일으키다가 결국 옥에 갇히고 만다. 이에 반해 효와 우애가 남다른 이복형제 화진은 화춘에 의해 벌어지는 집안 내 문제를 해결하기 위해 헌신한다. 중간에 악인들의 모함을 받아 귀양을 가는 시련도 겪지만 귀양지에서 외적의 침입을 물리친 후 도리어 자신을 괴롭히던 화춘이 옥에서 풀려날 수 있도록 왕에게 선처를 구한다. 이렇듯 화진의 곧은 마음은 화춘 모자를 감복시켜 개과천선하게 만들고, 집안도 다시 평화를 되찾게 된다. 이는 갈등 해결의 주된 동력이 바로 효와 우애의 화신 같은 화진의 희생과 정성에 있음을 뚜렷이 보여 준다. 이로써 교화적 메시지를 분명히 드러내고 있다. 아울러 『창선감의록』에서는 집안 내 갈등뿐 아니라 집안 외 인물인 간신 엄숭과 화진 집안의 갈등까지 함께 다룸으로써 가문 간 갈등을 다룬 가문 소설의 초기 모습까지 엿볼 수 있다.

계모형 가정 소설로는 『장화홍련전』이 대표적이다. 평안도 철산 지역에서 있었던 실제 사건을 소재로 한 이 작품은 행복했던 가정에 전처가 죽고 계모가 들어옴으로써 문제가 발생한다. 그러나 엄밀히 말해 가정 파탄의 근본 원인은 계모에게 있다기보다 남편 배 좌수의 무능과 적절치 못한 처신에서 비롯된 것이다. 전처의 유언대로 장화와 홍련을 잘 보살펴 줄 새엄마를 들인 것 자체는 문제가 아니다. 그러나 배 좌수가 전처 자식 장화와 홍련만을 감싸고 위할 뿐 계모 허씨와 그녀의 아들을 차별적으로 대하니 허씨로서는 질투와 불만이 생길 수밖에 없었다. 그리하여 급기야 낙태 사건을 조작하여 누명을 씌우고 장화와 홍련을 끝내 죽음으로 내모는 악행을 저지르게 된 것이다. 그러나 작품 속 서술자는 시종일관 계모의 성격적 결함과 악덕의 소치로 인한 비극만을 강조한다. 그러면서 계모를 징치하는 관원을 유능한 인물로 설정함으로써 관리자를 권선징악의 종결자로 미화하기도 한다. 20세기 초에 나온 구활자본 『장화홍련전』에서는 한술 더 떠 계모를 천성적으로 악하고 얼굴도 추한 악녀로 설정하여 악인에 대한 선인의 승리라는 이분법적 시각을 노골적으로 드러내고 있다. 여성에 대한 훈육 또는 계몽이라는 측면에서 남성 중심 이데올로기가 강하게 작동하고 있는 셈이다.

17세기 후반에 생성된 초기 가정 소설은 18세기를 거치면서 『조생원전』, 『김취경전』, 『쌍선기』 등의 작품으로 이어졌다. 이 작품들은 봉건적 가족 제도가 지닌 현실적 문제를 더욱 심도 있게 그려 내는 방향으로 나아갔다. 『정진사전』, 『김인향전』 등에서는 흥미 본위의 통속 소설로 변모한 모습을 보여 준다. 기존의 가정 소설이 보여 주던 문제의식은 약화되고, 그 대신 재미와 인기를 위주로 한 통속 소설로 변질되면서 비슷한 유형의 모방작이 대거 나타나게 되었다.

『조생원전』과 『김취경전』에는 현실적 욕망과 규범이 불일치하는 상황에서 규범을 버리고 욕망을 추구하는 후주와 안씨가 각각 등장한다. 이 작품들에서는 가족 내 갈등에 대한 문제의식을 더욱 구체적으로 형상화하고 있다. 또한 늑혼(강제 결혼)이나 앙혼(자신보다 신분 또는 지위가 높은 사람과의 혼인) 같은 현실적 문제들을 처첩 갈등의 중요 요인으로 부각시킨다. 그러나 부당하게 내쫓겼던 『조생원전』의 김씨나 『쌍선기』의 이씨 부인은 남편이 잘못을 사과하며 귀가를 종용할 때 그들을 신랄하게 비판하고 남편의 제안을 한 차례 거부하다가 거듭된 사죄를 받아들인 후에야 비로소 복귀하는 것으로 그려진다. 이처럼 여성 주인공의 태도는 남편에게 어떤 항의나 비판도 없이 순순히 귀가하던 『창선감의록』의 임씨나 『사씨남정기』의 사씨와는 사뭇 달라진 모습이다. 가문의 화평보다 개인의 삶과 의견을 우선적으로 고려하는 모습으로 조금씩 바뀌어 가고 있음을 보여 준다.

그러나 가정 소설이 변모해 가던 사회적 변화와 의식을 잘 보여 주고 있다지만, 유교 질서 유지라는 태도만큼은 변함이 없다. 즉, 가정 내 여성들이 악인으로 변할 수밖에 없게 된 상황적 요인은 외면한 채 이들이 마치 선천적인 악인인 양 안일하게 설정해 놓는다거나 선인들이 겪는 현실의 고난을 천상에서 죄를 짓고 벌을 받은 운명인 양 치부해 버리기도 하고, 남편에 대한 아내들의 비판을 규범에 충실하기 위한 것인 양 처리해 놓는 것 등이 그러하다. 이는 남성인 가장이 막강한 권한을 가지고 가족 구성원을 이끌던 가부장제를 옹호하고 삶과 괴리된 규범의 관념성을 합리화하는 방향으로 귀결시키고자 하였기 때문이다.

이러한 한계는 무엇보다 후대에 소설의 수요가 급증하고 통속성을 위주로 한 서사를 추구하게 됨에 따라 사건의 심층적 의미나 문제의식은 희석한 채 서사 구조나 표층적 의미만 계승하면서 나타난 결과라 할 것이다. 후대의 가정 소설 작품 중 『정진사전』, 『김인향전』 등은 선행 작품들의 서사 골격은 그대로 유지하면서 내용만 통속적으로 바뀐 경우에 해당한다. 그런가 하면 『정을선전』, 『어룡전』, 『양풍운전』 등은 다른 소설 유형의 일부 삽화까지 끌어들여 사건을 복잡하게 만들면서 흥미 본위의 서사 위주로 서사적 틀까지 바꾸어 놓았다. 선인들의 시련을 중첩시켜 독자들의 동정심을 유발하는 한편, 거듭되는 시련 뒤에 얻어지는 승패의 극적 반전이나 연속적인 사건의 배열을 통해 통속적 흥미를 꾀한 것이다. 그리하여 가정 소설이 지니던 본래의 문제의식은 물론, 작품의 유기적 통일성과 내적 논리와 진실성마저 퇴색하고 말았다.

3——문학사적 위상과 의의

17세기 후반에 등장한 초기 가정 소설은 당대에 일어날 법한 가정 내 현실적 갈등 상황과 사건을 소재로 권선징악이라는 결말을 주제로 내세우고 있다. 이러한 작품은 주제가 현실과 밀착되어 있어 여성의 수신서라든지 교양 도서로 즐겨 읽혔다. 또한 무료함을 달래는 한편, 허무맹랑한 이야기이지만 깨달을 만한 것이 있다는 소설 효용론(긍정론)에 부응할 만한 작품들이었다. 사대부 남성들의 취향에도 맞았기 때문에 소설에 대해 부정적이던 분위기 속에서 긍정적인 평가를 이끌어 내기도 하였다. 또한 가정 소설에서 자주 보여 주는 처첩 간 갈등이나 축첩으로 인한 가정 내 비극 양상은 다른 소설의 중요 제재로 적극 활용되었다. 장편 가문 소설에서 유사한 서사 틀과 갈등 양상이 보이는 것은 가정 소설의 영향 때문이라 할 것이다.

가정 소설은 소설사에서 비교적 이른 시기에 출현한 국문 소설이다. 수 세기 동안 독자층의 관심과 취향을 충족시킬 만한 작품 세계를 견인함으로써 국문 소설의 대중화에 적지 않은 공헌을 했다고 할 것이다. 비록 작품 자체의 지적 수준과 교양은 낮아지고 대중의 인기에 부합한 통속적 독서물로 변모해 갔지만, 한편으로는 현실적·합리적 사고에 기초하여 가정 내 여러 문제를 다룸으로써 반면교사로 삼을 만한 일정한 공감대를 마련하였다. 이런 점에서 가정 소설은 내외 중 내적 요소, 곧 자신의 몸과 자신의 집안을 잘 다스린 후에야 사회와 나라의 안위까지 책임질 수 있다는 논리를 기저에 담고 있는 작품들에 해당한다. 여러 현실적 문제를 다각도로 환기하고 있다는 점에서 그 의의가 충분히 인정된다.

가정 소설에서 보여 준 가정 내 갈등 문제와 문제의식은 신소설과도 적잖이 연관된다. 신소설의 경우, 이전의 가정 소설과 달리 여성 해방, 신분 차별 철폐, 신교육과 신가정 등과 같은 계몽 운동의 모토를 구현하기 위한 모습으로 나타났다는 점에서 진일보한 면을 보여 준다. 그러나 이 역시 시간이 흐르면서 관념화된 이념, 곧 개화 지향적 인물은 선인이고 보수 지향적 인물은 악인이라는 틀로 도식화되고 만다는 점에서 여전히 한계를 드러내고 있다고 할 것이다. 그럼에도 가정 문제를 소재로 삼는 한, 가정 소설의 생명력과 가치는 결코 짧거나 가볍지만은 않다.

참고 문헌

가정 소설을 엄선하여 꼼꼼한 번역을 시도한 신해진 역주, 『조선 후기 가정 소설선』(월인, 2000)을 통해 가정 소설의 다양한 작품 세계를 확인할 수 있다.

가정 소설의 특징을 살핀 연구 저서로는 우쾌제, 『한국 가정 소설 연구』(고려대학교 민족문화연구소, 1988); 박태상, 『국문학 연습: 조선조 가정 소설 연구』(한국방송통신대학교 출판부, 1990); 이원수, 『가정 소설 작품 세계의 시대적 변모』(경남대학교 출판부, 1997); 이성권, 『한국 가정 소설사 연구』(국학자료원, 1998); 이승복, 『고전 소설과 가문 의식』(월인, 2000); 장효현, 『한국 고전 소설사』(고려대학교 출판부, 2002); 탁원정, 『조선 후기 고전 소설의 공간 미학』(보고사, 2013) 등을 추천한다.

가문 소설(국문 장편 소설)

1——개념·범주·특성

한 가문의 여러 대에 걸친 흥망성쇠 이야기나 여러 가문 간의 혼인을 통해 벌어지는 갈등과 사건을 다룬 일련의 작품을 '가문(家門) 소설'이라 부른다. 이는 '가문' 내적·외적 갈등에 초점을 두고 있는 것으로, 서사 분량이 방대하고 연쇄적이며 병렬적 사건 전개가 두드러진다. 연작 또는 속편에 해당하는 후속작까지 고려하면 서사적 편폭 또한 다대하다 할 것이다. 당시 '대소설'이라는 용어가 사용된 점을 고려하여 '대하 소설' 또는 '대하 장편 소설'로, 언어 표기 수단과 분량의 방대함을 고려하여 '국문 장편 소설'로 달리 부르기도 한다. 가문 소설 중에는 삼대에 걸친 서사가 적지 않은데, 이러한 작품들에 한해 '삼대록계 소설'이라 부른다.

가문 소설은 다음의 몇 가지 특성을 보인다.

첫째, 분량 면에서 대하 장편이 주를 이룬다는 점이다. 대하 장편이라는 분량이 중요한 갈래적 변별 자질이 되는데, 내용상 종적으로는 누대에 걸친 서사로 확대되고, 횡적으로는 가문 간 문제로 확대되면서 수많은 등장인물들이 부딪치고 갈등하는 서사 전개 방식을 취하고 있기 때문이다. 한국 서사 문학의 기본 구조 중 하나라 할 '삼대 이야기'를 기저에 깔고 있는 경우가 많으며, 전편에서 활약하던 주인공의 아들이나 손자 대의 이야기를 후편에서 자연스레 이어 나간다. 예컨대 가문 소설의 효시라 할 『소현성록』은 후속작인 『소씨 삼대록』을 염두에 두고 본전과 별전으로 나누어 본전에서는 소현성과 그 부인들의 이야기를, 별전에서는 소현성의 자손들과 그 부인들에 관한 이야기를 따로 마련하는 식으로 서사 폭을 넓혀 나갔다.

둘째, 주제 면에서 충효열과 같은 유교 이념의 구현을 통한 중세적 질서 회복 의지와 가문 창달에 집중한다는 점이다. 이는 한국 소설사에서 발견되는 독특한 요소인데, 중국과 일본에는 가문 의식을 드러내기 위한 소설 작품이 별반 없다. 여기서 가문 의식이란 가문의 구성원으로서 자연스럽게 지니는 자긍심과 결속력이 아니라, 작품 속 가문 간 갈등과 사건 전개를 위해 임의로 만들어 낸, 가문 내 구성원들이 지향하는 일종의 이데올로기를 의미한다. 이런 점에서 가문 소설은 상층 지식인의 가문 중시 의식을 합리화하기 위한 목적 문학으로서의 성격이 강하다.

셋째, 내용 면에서 유형적 반복을 통해 서사가 전개된다는 점이다. 비슷한 유형의 서사를 반복함으로써 이것이 소위 '단위 이야기'로서 장편 서사를 가능하게 하는 주요 동력이 된다. 여러 명의 주인공이 등장하여 여러 가지 이야기를 동시에 펼쳐 나가는 방식을 취하는 가운데, 문벌이 대단한 상층 귀족 출신인 복수의 남녀 주인공이 서로 얽히면서 다양한 갈등을 빚어낸다. 이때 가장 빈번하게 사용되는 화소(話素)가 혼사 장애이다. 남자 주인공(혹은 남편)의 사랑을 독점하기 위한 처-처 또는 처-첩 간의 갈등, 계모와 전실 자식 간의 갈등, 사위와 장인 간의 갈등 등이 복잡하게 얽혀 있다. 이때 갈등을 일으키는 상대는 가문 내 구성원일 수도 있고, 가문 밖의 인물일 수도 있다. 전자의 경우에는 윤리적 문제나 가문 의식이 주요 쟁점으로 부각되는 반면, 후자의 경우에는 정치적 이해관계, 곧 정치적 부침이나 권력 기반, 정치 성향 등에 의한 갈등이 주가 된다.

넷째, 향유층 면에서 사대부 여성이 주 독자층이라는 점이다. 가문 소설은 교양을 넓히고 가정 내 예의 규범과 가문 구성원 간의 올바른 행동과 태도를 교육하기 위한 교양서로서 여성들에게 널리 권장된 독서물이었다. 특히 시간적 여유가 있고 경제적 사정이 좋았던 사대부 여성들이 세책점을 통해 빌려다 보았다. 희생과 시련을 감내하면서도 효와 우애에 충실한 인물을 주인공으로 설정한 것이 많은데, 이는 가문 내 여성의 시기와 질투는 배척해야 할 것인 반면, 효와 우애는 가문의 질서와 화합을 유지하는 데 중요한 규범임을 강조하기 위해서였다. 남성 작자의 시각에서 여성 독자를 고려하여 당대 사회 질서를 확립하고 가문의 결속을 강화하기 위한 서사와 전형적 인물형을 창조해 낸 것이 일반적이다. 그러나 여성 작자가 창작한 작품도 더러 있다. 여성 작자의 작품은 여성 의식과 심리까지 자세히 다루고 있다.

가문 소설은 가정 소설과 혼동하기 쉽다. 하지만 이 둘은 다루어지는 범위, 곧 한 가정 또는 한 가문에서 벌어지는 사건을 다루고 있는지, 아니면 여러 집안과의 관계 속에서 일어나는 갈등을 다루고 있는지에 따라 구분이 가능하다. 분량과 갈등의 증폭을 고려하면 가정 소설이 먼저 나타난 뒤 점차 가문 소설로 확장되었음을 알 수 있다. 『사씨남정기』나 『창선감의록』 같은 가정 소설 작품에서 보이는 계모와 전실 자식 간의 갈등이나 처첩 간의 갈등을 계승하고 이를 더 복잡다단한 갈등 양상과 서사로 확대한 것이 가문 소설이라 볼 수 있다.

가정 소설에서의 처첩 간 갈등이 주로 남편과 정실부인 사이의 애정 또는 신의를 중심으로 한 부부 문제로 초점이 맞추어져 있다면, 가문 소설에서의 처첩 간 갈등은 가문의 질서를 어지럽히거나 가문을 위기로 몰아갈 수도 있기 때문에 가문의 다른 사람들까지 나서서 직간접적으로 이 문제에 개입하는 것으로 그려진다. 이처럼 가문 소설의 가족 내 갈등은 당사자들의 문제뿐 아니라 가문 의식에 입각하여 반드시 해결해야 할 가문 내 문제로 귀결시키고 있다는 점에서 서사적 지향점이 가정 소설 또는 여타 소설과 다르다.

2——개관 및 대표 작품

가문 소설은 임병양란 이후 17세기에 신분제의 동요에 대응하여 이념과 제도를 재정비하는 동시에 양반층의 신분과 지위를 유지하기 위해 가문 의식을 강화하려는 움직임이 활발해지면서 나타났다. 더욱이 가문 내 내적 결속을 강화하고 외적 번영을 추구하기 위한 의식이 강해지면서 그것을 드러내기 위한 방편으로 가문 소설이 적극 권장·향유되었다. 가문 소설이 언제 처음 나타났는지는 분명하지 않지만, 17세기 말 권섭의 모친 용인 이씨가 『소현성록』을 필사하였다는 기록이 있는 것으로 보아 그 이전부터 가문 소설이 존재하였다는 사실을 확인할 수 있을 따름이다. 그 후 가문 소설은 18세기를 거쳐 19세기에 이르기까지 상층 여성 독자를 중심으로 상당한 인기를 누리며 변모해 갔다. 세책점에서 주로 취급하였던 세책본 소설도 바로 가문 소설이었다. 『옥원재합기연』, 『완월회맹연』, 『벽허담관제언록』, 『옥환기봉』, 『현씨양웅쌍린기』, 『명주기봉』, 『임씨 삼대록』 등이 18세기 후반에 유행하였던 작품이다. 19세기 들어서는 『하진양문록』 등 통속적 성격이 강한 가문 소설이 여럿 등장하였다.

여성 독자가 주가 되는 만큼, 가문 소설은 대개가 한글 필사본으로 존재한다. 단일 작품으로 책수가 가장 많은 것은 180책의 『완월회맹연』이다. 『명주보월빙』은 100책, 『윤하정삼문취록』은 105책, 『임화정연』 연작은 139책에 이른다. 특히 18세기 이후에 나타난 가문 소설 중에는 연작 형태의 작품이 많다. 현재 알려진 것만 해도 14종 29편이다. 『소현성록』 – 『소씨 삼대록』, 『명주보월빙』 – 『윤하정삼문취록』, 『유효공선행록』 – 『유씨 삼대록』, 『성현공숙렬기』 – 『임씨 삼대록』, 『현몽쌍룡기』 – 『조씨 삼대록』, 『임화정연』 – 『쌍성봉효록』, 『보은기우록』 – 『명행정의록』 등이 좋은 예이다. 연작 중에는 『현씨양웅쌍린기』, 『명주기봉』, 『명주옥연기합록』으로 연결되는 삼부작 작품도 있다. 앞서 언급한 대로, 본전(본편)과 별전(속편) 형식으로 서사 폭을 확대해 나간 것이다. 『현씨양웅쌍린기』의 별전으로 『명주기봉』이, 『명주기봉』의 별전으로 『명주옥연기합록』이, 『명주옥연기합록』의 별전으로 『현씨팔룡기』 4부작이 나타나는 등 자매편이 거듭 만들어졌다.

이 중 가문 소설 세계의 특징을 잘 보여 주는 『소현성록』을 간략하게 살펴보자. 『소현성록』은 소광 집안의 유복자로 태어난 소경(소현성)이 엄한 어머니 양씨의 훈계를 받으며 자라나 가장으로서의 능력을 갖춰 가문을 일으켜 세우고 그 기반을 구축해 나가는 과정을 그린 작품이다. 그런데 주인공의 이런 모습은 주로 부인들 사이의 갈등을 해결하는 과정을 통해 제시된다. 화씨, 석씨, 여씨와 차례로 혼인한 소경은 석씨에 대한 화씨의 투기를 제어하고, 사랑을 차지하기 위해 석씨와 화씨를 모해하는 여씨의 음모를 밝히면서 가부장제에 입각한 가문의 질서를 확립해 나간다. 충효열 사상을 실천하는 주인공 소경이 간신 또는 악인과의 대결에서 승리함으로써 가문을 빛내고 집안의 안정을 회복한다는 이야기로, 이념 지향적 가문 소설 서사의 전형을 보여 준다.

다음 날 아침 상서(소현성 — 인용자 주)가 어머니 앞에 나아갔다. 세 부인과 소씨, 윤씨 두 누이, 두 서모가 모여 있었다. 상서가 기운을 참고 눈을 낮추어 양 부인을 뵌 뒤 관을 벗고 허리띠를 풀고 계단 아래 내려가 죄를 청하니 부인이 물었다.

"무슨 일이 있느냐?"

상서가 두 번 절하고 꿇어앉아 아뢰었다.

"저번에 저주한 일과 독을 탄 일이 의심쩍으나 나타난 증거가 없었고 또 어머니의 가르침을 받들었기에 조사해 밝히지 못했습니다. 불안한 마음으로 지내왔는데 어제 달밤에 석씨가 나와 음란하고 패악한 행동을 했을 뿐 아니라 자기 입으로 저주하고 독을 쓴 일을 자백했습니다. (중략) 청컨대 어머니께서는 그 죄를 다스리시어 사람이 지켜야 할 도리를 바르게 하고 제가 집안을 바로잡지 못한 죄를 다스려 주십시오." (『소현성록』)

『소현성록』의 속편인 『소씨 삼대록』은 소현성의 아들과 그 후손 대에 벌어지는 사건을 다루고 있다. 이때 연작의 주된 서사 축은 오늘날 가정 내 불화나 갈등, 혼인으로 맺어진 겹사돈 또는 이중혼의 관계 속에서 벌어지는 집안 내 갈등을 다룬 TV 드라마와 별반 다르지 않다. 부자, 형제, 계모와 전실 자식, 처첩, 장인과 사위, 동서 간의 갈등 양상과 그 해결 과정을 다채롭게 전개함으로써 가문 소설의 장편화가 가능하였던 것이다. 『소현성록』과 그 속편은 삼대록계 소설이라는 형식을 처음 보여 주었을 뿐 아니라, 가부장제 윤리를 공고히 하고자 했던 국문 장편 소설의 전형을 보여 주는 작품이다.

이렇듯 다양한 갈등의 유기적 구성이 가능한 이유는 유사한 화소의 변주에 의해 사건이 반복적으로 전개되기 때문이다. 가문 소설에서 자주 사용된 화소들은 장편화를 가능하게 하는 한편, 독자의 흥미를 유발하는 기제로 작용하였다. 가문 소설에서 자주 사용된 화소를 몇 가지 소개하면 다음과 같다.

첫째, 혼사 장애 화소이다. 가문 소설에서 혼사 장애는 흔히 남녀 주인공이 시련을 극복한 뒤 가문을 재건하고 질서를 확립하는 후반부에서 가문 간의 혼인 과정에서 주로 나타난다. 여러 가지 복잡한 사건과 맞물려 혼사 장애가 나타나는데, 몇 차례 혼사 장애 상황을 극복함으로써 주인공은 비로소 온전한 성인이 된다. 따라서 혼사 장애는 통과의례적 성격이 강하다.

둘째, 애정 갈등 화소이다. 애정 갈등 자체는 비단 가문 소설만의 특징은 아니지만, 충신과 간신, 형제, 가문과 가문, 처첩 간에 애정을 매개로 한 갈등을 한꺼번에, 그것도 현실에서 일어날 법한 시기와 질투, 반목, 모함과 살인 등 다양한 애정 갈등 양상을 통해 총체적으로 보여 주는 것은 가문 소설밖에 없다.

셋째, 기이한 인연 또는 기이한 만남 화소이다. 기이한 인연 또는 만남은 다른 고전 서사에서도 목격되지만, 가문 소설에서는 특별히 남녀 주인공이 전생의 연을 후생에서 결연하게 된다거나 하늘이 정한 연분을 강조한다거나 쌍방이 신표를 교환하고 결혼을 약속하면서 절의(節義)를 강조하는 형태로 종종 나타난다.

넷째, 변신 화소이다. 가문 소설에서는 남장 여성뿐 아니라 신체 변신을 통한 신이한 이야기가 자주 나타난다. 요술을 부리는 약을 이용한 신체 변신이나 능력의 변화 또한 자주 나타난다. 얼굴을 바꾸어 상대를 속이거나 성적으로 유혹하는 수단으로 삼기도 하고 신분 상승의 수단으로 삼기도 한다. 비록 비현실적인 내용이지만, 독자들의 흥미 유발과 가문 소설의 목적성 구현이라는 측면에서 볼 때 빼놓을 수 없는 기능을 담당한다.

다섯째, 앵혈(鶯血: 꾀꼬리의 피) 화소이다. 이것은 한국 가문 소설에서만 나타나는 독특한 화소로, 초기작인 『소현성록』에서부터 보인다. 앵혈은 주로 팔뚝에 '붉은 점' 형태로 나타난다고 보았는데, 특히 여성과 남성 주인공의 순결을 드러내거나 남장한 여성임을 확인하기 위한 서사 장치로 주로 사용되었다. 중국과 일본 소설에서는 보이지 않는, 한국 가문 소설에서만 발견되던 고유한 화소이다.

한편, 가문 소설의 주된 독자였던 사대부 여성 중에는 작자도 있었다. 안겸제의 모친 이씨 부인이 『완월회맹연』을 지은 것으로 알려져 있고, 『옥원재합기연』은 이름이 밝혀지지 않은 사대부가의 여성이 지은 것으로 추정된다. 그 밖에 『소씨 명행록』과 『소문록』은 여러 여성이 모여 공동으로 창작한 정황이 기록되어 있다. 고소설 작품 중 여성이 지었을 것으로 여겨지는 몇 편 안 되는 작품들이 바로 가문 소설이다.*

3——문학사적 위상과 의의

가문 소설은 무엇보다 소설사에서 소설의 대하 장편화를 이루어 낸 장르라는 점에서 의미가 크다. 17~18세기의 사회적 요구에 부응하여 상층 벌열층의 가문 의식과 충효 이념을 의도적으로 구현해 낸 역사적 산물이지만, 문학적 성취 또한 가볍지 않다. 누대에 걸친 서사에다 여러 가문 간의 문제를 엮어 수많

* 한 가지 유의해야 할 것은 창경궁 내 궁중 부속 건물이었던 낙선재에 소장되어 있던 수십 종의 소설을 일명 '낙선재본'이라 부르는데, 낙선재본 소설 중 국문 장편 가문 소설이 많다 하여 '낙선재본 소설=가문 소설'로 이해해서는 곤란하다는 사실이다. 낙선재본 소설은 18세기 후반에서 19세기 이후에 창작된 작품이 주가 되는데, 이 중에는 가문 소설의 특징과 이질적인 작품도 있기 때문이다. 특히 『낙천등운』, 『천수석』, 『영이록』, 『보은기우록』 등은 대개 19세기에 창작된 것으로 흥미 위주의 통속적 성격이 강하며, 분량도 장편으로 보기 어렵다. 따라서 이 작품들은 분량이나 교훈적인 주제, 가문 의식의 표출이란 측면에서 볼 때, 위에서 살핀 가문 소설과는 거리가 있다.

은 등장인물이 부딪치고 갈등하는 서사 전개 방식을 유기적으로 만들어 낸 작품이 다수 존재한다는 것은 그만큼 서사 창작 능력과 독서 문화가 본 궤도에 올랐음을 방증한다.

가문 소설이 이처럼 성행하고 발전할 수 있었던 이유는 무엇인가? 18세기 들어 화폐 경제가 발전하면서 서적 대여를 통한 책의 상업적 유통이 가능해진 사회 환경에서 여가가 있는 여성들의 한글본 독서 활동이 활발해지면서 세책 소설을 즐겨 읽게 되었기 때문이다. 더욱이 장편 소설은 대여를 위한 분책이 쉬운 터라 상품성이 높았다. 교양적 지식과 역사, 예의, 윤리 규범을 획득하면서 오락적 재미까지 맛볼 수 있었기에 가문 소설은 큰 인기를 누렸다. 가문 소설의 인기는 궁궐에까지 미쳐 궁중의 여성들(궁녀, 왕비, 공주 등)도 세책본 가문 소설을 즐겨 읽고, 이를 직접 필사해 두기에 이르렀다. 이처럼 가문 소설은 18~19세기에 국문 독자에게 가장 인기 있는 독서물 중 하나였으며, 소설 독서 문화 발달에 일정한 영향을 미친 작품군으로 평가해 마땅하다. 상업적 유통과 대중 독자의 취향, 그리고 대중 소설이라는 측면을 고려할 때, 이는 일반 서민과 하층민을 중심으로 당시 방각본 형태로 유행하였던 영웅 군담 소설과는 성격상 차이가 남을 알 수 있다.

가문 소설은 후대 국문 소설 및 한문 소설에도 영향을 미쳤다. 특히 19세기에 나타난 장편 한문 소설(『옥루몽』, 『육미당기』, 『삼한습유』 등)은 바로 가문 소설의 인기와 소설 독서 문화의 변화에 힘입은 바 크다. 가문 소설의 서사 전통은 근대에 이르러 역사적 소용돌이 속에서 여러 대의 가족 구성원이 겪는 갈등을 다룬 염상섭의 『삼대』, 채만식의 『태평천하』, 박경리의 『토지』 등으로 그 맥이 이어졌다.

참고 문헌

최근 장편 가문 소설 역주본이 거듭 출판되고 있어 직접 그 작품들을 읽어볼 수 있다. 한길연 외 역주, 『유씨 삼대록(1~4)』(소명출판, 2010); 김문희 외 역주, 『조씨 삼대록(1~5)』(소명출판, 2010); 김지영 외 역주, 『임씨 삼대록(1~5)』(소명출판, 2010); 김문희 외 역주, 『현몽쌍룡기(1~3)』(소명출판, 2010); 지연숙 역, 『소현성록』(문학동네, 2015) 등의 일독을 권한다.

가문 소설의 다양한 작품 세계에 대한 연구서로는 이수봉, 『한국 가문 소설 연구』(경인문화사, 1992); 김종철, 「장편 소설의 독자층과 그 성격」, 『고소설의 저작과 전파』, 한국고소설연구회(아세아문화사, 1994); 임치균, 『조선조 대장편 소설 연구』(태학사, 1996); 조용호, 『삼대록 소설 연구』(계명문화사, 1996); 이승복, 『고전 소설과 가문 의식』(월인, 2000) 등을 참고할 만하다.

영웅 소설(영웅 군담 소설)

1——개념·범주·특성

'영웅(英雄) 소설'이라 하면 일반적으로 영웅적 능력을 지닌 인물이 영웅적 활약을 펼치는 이야기를 다룬 작품을 의미한다. 역사적 장르로서의 영웅 소설은 특별히 18~19세기에 비슷한 서사 구조와 인물 형상으로 폭넓은 인기를 누렸던 작품군으로 일명 '국문 영웅 소설' 또는 '영웅 군담 소설'로 불리는 작품들을 의미한다. 이때의 영웅 소설은 최소한 다음 세 가지 변별 자질을 충족해야 한다.

첫째, 영웅의 범위, 곧 주인공의 성격과 행위이다. 여기서의 영웅은 비범한 능력을 지니되, 개인적 가치보다 집단의 가치를 우선하여 실현하는 인물을 의미한다. 국난을 평정한다거나 민족의 고난을 해결하는 등 집단을 위한 큰 공을 세운 인물을 말하고, 개인이나 가정의 문제인 애정이나 효를 실현하는 인물로까지 확대하여 적용하지는 않는다. 따라서 영웅성을 드러내는 방법은 주로 군담과 밀접한 관련이 있다.

둘째, 작품의 서사 구조, 곧 영웅의 일생 구조이다. 영웅 소설은 소위 '영웅의 일생(일대기)' 구조를 기본적 서사 틀로 삼는 만큼 다른 소설 장르보다 유형성이 강하다. '고귀한 혈통 → 신이한 출생 → 가족의 이산과 시련 → 조력자의 도움 → 위기의 극복(전쟁에서의 승리) → 부귀영화(천상으로의 복귀)'라는 일정한 서사 모형을 갖는다. 이런 영웅의 일대기 모형은 「주몽 신화」처럼 영웅 신화에서 형성된 서사 유형으로, 서사 무가 「바리데기」, 「제석본풀이」 등을 거쳐 영웅 소설 서사로 이어져 왔다.

셋째, 외적 형식, 곧 향유 시기와 분량, 그리고 언어 표기 문제이다. 영웅 소설은 작자와 창작 시기를 알 수 없지만, 작품의 서지 사항, 문헌 기록, 작품의 성격 등을 분석할 때 대체로 18~19세기에 성행하였다. 분량이 비교적 짧은 작품인 데다 국문본이 주가 되며, 흥미 본위의 통속성이 강화되어 방각본과 구활자본 형태로 널리 향유되었다. 이렇듯 세 가지 특징을 지닌 영웅 소설 중에는 남장 여성을 주인공으로 한 여성 영웅 소설도 포함된다.

영웅 (군담) 소설의 내용상 특징으로는 ① 권선징악적 주제, ② 행복한 결말, ③ 인물의 일대기적 구성, ④ 우연한 만남, ⑤ 전형적 인물 등이다. 이런 특징들이 영웅 소설에 고스란히 잘 드러나 있다. 그런데 이것이 교육 현장에서는 흔히 '고전 소설의 일반적 특징'으로 잘못 소개되고 있는데, 사실이 아니다. 고전 소설의 일반적 특징이 아니라 영웅 (군담) 소설에 한해서만 적용할 수 있는 특징임을 정확히 이해할 필요가 있다.

2——개관 및 대표 작품

영웅 (군담) 소설은 다시 역사 영웅 소설과 창작 영웅 소설로 나눌 수 있다. 전자는 역사적 인물, 사건, 배경에 기초하여 주인공의 영웅적 면모를 부각시킨 작품군으로 『임경업전』, 『임진록』, 『박씨전』 등이 이에 속한다. 후자는 역사적 사실과 무관하게 허구적으로 창작된 작품군으로 『소대성전』, 『조웅전』, 『유충렬전』, 『장풍운전』, 『이대봉전』, 『정수정전』, 『홍계월전』, 『유문성전』 등이 이에 해당한다. 허균의 『홍길동전』은 중간적 성격을 지닌다. 역사적 인물이

되 홍길동의 투쟁이 집단을 위한 것인지, 아니면 자신의 영달만을 위한 것인지 논란의 여지가 있기 때문이다. 오히려 홍길동은 국가나 민족의 영웅이라기보다는 민중적 영웅으로서의 성격이 강하다. 영웅의 일생 구조나 군담적 요소 등 여러 면을 고려할 때 『홍길동전』은 창작 영웅 소설로 포함시킬 수 있다.

『홍길동전』은 16세기 말~17세기 초의 작품으로, 영웅의 일생이라는 전형성을 지니면서도 민중 영웅과 개인 영웅으로서의 양면성을 동시에 지닌다. 신화적 영웅의 비범성이 비교적 강하게 배어 있는 형성기 영웅 소설의 한 모습을 보여 주는 한편, 적서 차별, 탐관오리, 무능한 조정 등 후대의 통속적 창작 영웅 소설류 작품이 갖지 못한 현실 비판적 문제의식을 보여 주고 있다는 점에서 사회 소설적 성격이 강하다. 그리고 가정 내 문제와 국가적 문제, 국외에서의 사건 모두가 각각 새롭게 시작되고 완결되는 구조로 되어 있다는 것이 이채롭다. 태몽이나 둔갑술, 자객, 요괴 퇴치 등의 화소는 일반 관습적 서사 효과를 활용한 것으로, 후대에 나타난 흥미 위주의 통속적 창작 영웅 소설의 성격과도 상통한다.

역사 영웅 소설 중에는 『임진록』이 대표적이다. 임진왜란과 관련된 여러 인물들의 활약상을 연대기적 구조로 그려 낸 특이한 소설로, 다양한 이본이 전한다. 민간에 전승되던 설화를 몇 가지 가져오되, 당대 민중의 울분과 심리를 역사적 사실과 허구적 사건을 절묘하게 결합하여 그려 내었다. 병자호란을 소재로 한 작품으로는 『임경업전』과 『박씨전』이 있다. 『임경업전』은 병자호란 때 활약한 임경업의 영웅적 면모와 그의 비극적 죽음을 주된 서사 축으로 삼고 있다. 영웅인 주인공이 비참하게 죽임을 당하는 결말로 끝나는 까닭에 다른 영웅 소설과 사뭇 다른 독자 반응을 얻으며 인기를 누렸다. 『박씨전』은 병자호란을 배경으로 하되 역사적 사실과 이에 관련된 인물의 이름만 빌렸을 뿐, 작품의 서사 전개 전체는 허구로 되어 있다. 추녀였던 박씨가 허물을 벗고 타고난 지략과 능력으로 국난을 타개하고 오랑캐를 물리친다는 여성 영웅 소설의 면모를 지녔다. 당대 지배층과 남성의 무능에 대한 비판 의식까지 담고 있어 역사 영웅 소설이면서 여성 영웅 소설로 평가할 만하다.

이상 세 편의 역사 영웅 소설은 치욕스러운 역사 현실에 대한 대응 논리, 곧 외적에 대한 적개심과 현실과는 다른 방향에서의 정신적 승리 고양, 명나라 원병에 대한 상반된 시각의 표현, 외침에 대한 지배층의 무능 비판 등 대체로 역사적 전란 이후에 나타났던 민중 의식을 허구적으로 형상화하였다는 점에서 일종의 보상 심리 소설로 평가될 만하다. 그러나 전란 후 사태 수습 및 방향 제시와 같은 전망 제시는 별반 보이지 않는다.

반면에 창작 영웅 소설은 현실적·역사적 요소는 탈각된 채, 영웅의 일생 구조를 기본 서사 골격으로 내세워 유형성이 강하며, 통속적 흥미를 추구하려는 성격이 강하다. 여기서 영웅의 일생 구조란 '① 주인공은 고귀한 혈통의 인물이다. ② 주인공은 비정상적으로 잉태되거나 출생한다. ③ 어려서 전쟁이나 당쟁의 화를 입어 가족과 떨어지고 고난을 당한다. ④ 구원자를 만나 양육된 뒤 조력자의 도움으로 무술 또는 도술을 배운다. ⑤ 군담을 통해 국가의 전란을 해결하고 간신 세력을 물리친다. ⑥ 가족과 재회하고 부귀영화를 누린다. ⑦ 죽어서 다시 천상계로 돌아간다.'는 기본 서사를 말한다. 창작 영웅 소설은 대개 이런 큰 서사 틀 안에서 변주를 보이며 다양한 작품으로 나타났다. 군담이 주된 영웅성을 드러내며 사건 전개의 전환점이 된다는 점에서 이러한 창작 영웅 소설을 특별히 영웅 군담 소설이라 부른다.

주인공은 전생에 천상계 인물로, 이는 기자(祈子) 정성이나 태몽, 결말부에서의 천상 복귀 과정 등을 통해 잘 드러난다. 대체로 고귀한 혈통을 지닌 인물로 설정되나 부모의 권세가 몰락하거나 난리가 나 가족과 헤어져 고아가 되거나 역적이 되어 떠돌아다니는 신세가 된다. 이 과정에서 적대자의 핍박을 받기도 하지만, 천정 배필의 여 주인공을 만나 가약을 맺는다. 이 남녀 결연은 낭만적 사랑보다는 영웅의 비범성과 천정연[1]을 강조하려는 의도가 더 크다. 그런가 하면 통속적 재미를 선사하는 감초 역할을 하기도 한다.

1 하늘이 정해 놓은 인연이란 뜻으로, 천상계 인물인 남녀 주인공이 지상계에서 결연을 하게 되는 것이 이미 하늘이 정해 놓은 인연에 의한 것임을 의미한다. 지상계에서의 남녀 관계에 대한 복선 역할을 하면서 남녀 주인공의 운명이 이미 초월적 논리에 의거하여 결정되어 있음을 암시한다.

주인공은 어려운 상황에서 도승 또는 승지의 도움을 받아 명마, 보검 등을 얻거나 병법과 무술을 익혀 영웅으로서의 자질을 갖추게 된다. 그리하여 간신이 역모를 꾀하거나 외적이 쳐들어오는 사건이 일어났을 때 국가적 위기를 해소하고, 몰락한 가문을 다시 일으켜 세우며, 악인을 징치하는 식의 공을 세운다. 이 같은 서사 설정에 대해 일부 연구자는 몰락 양반인 작자가 자신의 권력 회복 의지와 욕망을 투영시켜 창작한 것으로 보았다.

한편, 영웅 소설 중 비교적 이른 시기에 나타난 작품이 『소대성전』이다. 당시에 널리 읽힌 작품으로 『용문전』이 속편에 해당한다. 주인공 대성은 어린 시절 걸식하며 거지로 지내다가 이 승상 집에 의탁하게 되는데, 비록 겉으로는 보잘것없어 보이지만 사람을 외모로 판단해서는 안 된다는 사실을 훗날 영웅이 되는 대성이 잘 보여 준다.

이때 왕 부인이 중헌에서 배회하다가 문득 보니 승상이 한 소년을 이끌고 중헌에 다다라 마루 위에 오르거늘 황망히 내당으로 들어가니 승상이 중헌에 좌정하고 시비로 부인을 청하여 말하기를,

"이는 부인의 백년손님이라. 대접함이 옳거늘 어찌 피하시느뇨?"

부인이 비로소 대성인 줄 알고 마음이 불편하나 승상의 성격이 엄격하거늘 마지못하여 나오니 승상이 웃으며 앉을 자리를 정한 후 대성이 재배하고 좌정하거늘 승상이 부인을 대하여 대성을 가리켜 말하기를,

"이 아이가 바로 소상서의 아들이라. 부인이 내 말을 허술하게 들으므로 내가 직접 데려왔으니 부인은 어서 빨리 여아를 불러 서로 차등이 있는가 보소서."

하고 시비로 하여금 소저를 부르니 시비 명을 받들어 들어가니 부인이 주저하나 감히 말리지 못하고 잠깐 대성을 살펴보니 기골이 장대하니 아름다운 선비의 기상이라. 그러나 마음속으로 근심하여 생각하되, '채봉은 약한 여자라. 저와 어울리는 짝을 얻어 슬하의 재미를 볼까 하였더니 저 걸인을 어찌 사위로 삼으리오.' 하고 한탄하더라. (『소대성전』)

위 인용문은 남녀 주인공의 결연 전 장면으로, 집안 내 갈등의 전조를 드러내고 있다. 이처럼 전반부는 이 승상 집에서 처가 식구와 대결하는 가정적 갈등이 주가 되지만, 후반부에서는 흉노와의 싸움에서 큰 활약을 벌이는 영웅담이 펼쳐진다.

이렇듯 전후 사건이 별개로 전개되는 양상은 이미 『홍길동전』에서도 발견된다. 개인적 적대자와 국가적 적대자가 서로 무관한 별개의 존재로 그려진다는 점에서도 이 작품이 『홍길동전』과 깊은 연관이 있음을 짐작할 수 있다. 그런데 『소대성전』보다 뒤에 나타난 『조웅전』이나 『유충렬전』에서는 개인적 적대자가 국가적 적대자이기도 한 구조로 바뀐다. 예를 들어 『유충렬전』에서 유심과 유충렬 부자가 아버지의 원수인 정한담과 대를 이어 조정에서 충신과 간신 구조로 대결하는 것이 그러하다. 이렇듯 갈등 구조가 하나로 통합되는 것은 그만큼 서사가 증폭됨을 의미한다. 작품의 흥미를 배가하는 효과를 가져온 셈인데, 이는 소설이 재미와 흥미 본위의 문학 양식이라는 인식이 확산되면서 이루어진 결과라 하겠다. 창작 영웅 소설은 『홍길동전』에서 『소대성전』을 거쳐 『조웅전』, 『유충렬전』으로 변모해 갔다고 볼 수 있다. 후대에 나타난 『유충렬전』은 출생, 고난과 승리, 그리고 천상으로의 복귀 과정이 영웅의 일생 구조에 가장 잘 맞아떨어진다. 『유충렬전』을 흔히 창작 영웅 소설의 대표작으로 거론하는 것도 바로 이 때문이다.

그런데 창작 영웅 소설은 대결 구조마저 유형화된 측면이 강하다. ① 충신과 간신이 대결한다. ② 간신이 일차적으로 승리한다. ③ 왕권이 몰락한다. ④ 몰락한 충신 또는 그 후손(주인공)이 외적을 퇴치한다. ⑤ 간신을 축출한다. ⑥ 왕권을 회복한다. ⑦ 충신과 그 가족 친척이 부귀영화를 누리게 된다. 이러한 서사 구조는 독자들의 영웅 기대 심리와 갈등을 통한 흥미 추구 욕구, 당쟁으로 대표되는 정치 현실에 대한 변혁 요구, 몰락 양반들의 복권 의식 등이 복합적으로 반영되어 나타난 결과라 할 것이다.

한편, 여성이 국난을 해결하는 영웅적 활약상을 보이는 작품도 존재한다. 이를 흔히 '여성 영웅 소설'이라 부르는데, 『박씨전』을 비롯하여 『이대봉전』,

『황운전』, 『정수정전』, 『홍계월전』 등이 있다. 동성 간 혼인을 다룬 『방한림전』도 여성 영웅적 면모가 강한 소설이다. 이때 주인공 여성은 남장을 한 상태로 각종 활약을 펼치는데, 작품에 따라 남성의 능력 발현을 돕기 위한 보조적 역할에 그치는 경우가 있는가 하면, 남성보다 훨씬 더 뛰어난 능력을 발휘하여 남성의 무능을 조롱하거나 비판하기도 한다. 이렇듯 여성 영웅의 활약을 주요 흥미소로 채택한 이유는 첫째, 제약된 삶을 살던 여성들에 대한 심리적 보상 작용이 작용했을 수 있고, 둘째, 여성 독자층을 확보하려는 상업적 전략이 깔렸을 수 있다. 셋째, 남녀가 다 같이 장군으로 전장에 나가 싸우는 중국 소설 『설인귀전』류의 작품이 여성 독자들 사이에게 큰 인기를 끌게 되자, 이에서 차용하여 발전시킨 결과물로 볼 수 있다.

그동안 여성 영웅 소설은 (남성) 영웅 소설에서 파생된 후기작으로 평가되어 왔다. 그러나 최근에는 17~18세기 소설, 특히 가문 소설에서 여성이 변장을 통해 무공을 세우고 가정의 위기를 극복하는 것은 물론, 국가적 위기를 해결하는 모습을 확인할 수 있다는 점에서 혹자는 여성 영웅 소설이 가문 소설에서 파생되었다고 보기도 한다. 이는 여성 영웅 소설의 형성 시기를 남성 영웅 소설과 비슷한 시기로 보아야 한다는 견해와도 맞물린 것으로, 현재 이에 대한 논의가 활발하다.

그 밖에 '넓은 의미의 영웅 소설'도 영웅 군담 소설과 비교하여 기억해 둘 필요가 있다. 비록 전장에서 큰 공을 세우거나 초월적인 능력을 지닌 비범한 인물이 아닐지라도, 범인(凡人)이면서 최대한 노력하여 자신의 처지와 역경을 이겨 내는 이들, 이를테면 『구운몽』, 『숙향전』, 『춘향전』, 『채봉감별곡』 등에 나타난 주인공도 넓은 의미의 영웅으로 평가할 수 있다. 이런 의미에서 군담이 아닌 다른 측면에서 뛰어난 면모를 지닌 영웅적 주인공의 이야기를 '영웅 소설'로 범칭할 경우, 영웅 군담 소설도 이에 포함될 수 있다. 따라서 역사적 장르종으로서의 '영웅 군담 소설'과 보통 명사로서의 '영웅 소설'의 범주와 개념을 융통성 있게 이해할 필요가 있다.

3——문학사적 위상과 의의

영웅 소설은 주로 상층이 아닌, 중하층 독자들이 애독하던 독서물이었다. 「주몽 신화」로 대표되는 영웅 신화 속 영웅의 일대기 구조를 근간으로 하여 형성된 영웅 소설은 『홍길동전』을 시작으로 『소대성전』, 『조웅전』, 『유충렬전』, 그리고 여성 영웅 소설 작품인 『홍계월전』 등 많은 변모 과정을 거치며 다수의 독자를 확보하였던 인기 국문 소설이다. 대부분의 영웅소설은 국가의 위기를 타개하고 왕권을 수호하는 충신으로서 주인공을 그려 내면서 구국의 영웅을 통해 충효 이념과 권선징악이라는 유교적 주제를 충실히 구현하였다. 독자의 흥미를 의식하여 주인공 세력과 적대자 세력의 갈등을 일원화하는 한편, 여성 영웅을 등장시키기도 하였다. 여성 영웅을 내세운 다양한 여성 영웅 소설 작품들은 소설이 남녀의 경쟁적 합작품이자 남성 중심적 사회에 다른 시선을 담아낼 수 있는 사회로 변모해 가고 있음을 간접적으로 보여 주고 있다는 점에서 긍정적으로 평가할 만한 요소 또한 다분하다 할 것이다.

영웅 소설은 19세기에는 방각본 형태로, 20세기에는 활자본 형태로 거듭 재생산되면서 소일거리용 독서물로 큰 인기를 누려 왔다.[2] 그만큼 소설사에서 뚜렷한 족적을 남긴 작품군임에 틀림없다. 그러나 영웅의 일대기 구성에다 기자 정성, 태몽, 결연 과정, 가족과의 이별과 재회 등 많은 부분이 유형화됨으로써 작품 간 차별성이 적다. 또한 후기로 갈수록 국가의 위기 설정과 이를 타개하는 방식이 대체로 현실과 동떨어진 도술적 요소로 처리됨으로써 현실적 문제를 망각하게 하고 상업성이 강하다는 점에서 문학사적 가치와 작품성에 의문을 제기하는 시선도 적지 않다.

그럼에도 창작 영웅 소설의 서사 구조는 오늘날 판타지 소설이나 무협 소설

2 방각본은 상업적 영리를 목적으로 방각소에서 목판으로 대량 생산해 낸 책을 의미한다. 방각본 소설은 19~20세기 초에 성행하였다. 구활자본은 활자를 조판하여 만들어낸 책으로, 20세기 초 신식 인쇄기를 이용해 제작하였으며, 채색한 표지 그림을 넣어 판매를 극대화하였다. 일명 '딱지본 소설'로도 불린다. 방각본과 구활자본은 당시 인기 있던 소설책(통속 소설)을 대량 생산하여 전국적으로 유통시킴으로써 소설의 대중화에 크게 기여하였다.

(용대운의 『태극문』, 『군림천하』 등)의 서사 구조와 매우 유사하고, 역사 영웅 소설은 역사 대체 소설(이우혁의 『왜란종결자』 등)과 닮아 있음을 발견하게 된다. 그만큼 영웅 소설은 시대를 초월하여 대중 소설로서의 흡인력이 강한 소설로서 창작 심리 면이나 독자의 욕구를 대리 충족시켜 준다는 면에서 문학사적 보편성과 가치가 있다고 할 것이다.

참고 문헌

영웅의 일생 구조와 군담 영웅 소설의 특징에 관한 연구로는 조동일, 「영웅의 일생, 그 문학사적 전개」, 『동아 문화』 제10집(서울대학교 동아문화연구소, 1971); 서대석, 『군담 소설의 구조와 배경』(이화여자대학교 출판부, 1985)이 대표적이다.

영웅 소설의 종류와 다양한 연구 성과에 관해서는 임성래, 『영웅 소설의 유형 연구』(태학사, 1990); 박일용, 『영웅 소설의 소설사적 변주』(월인, 2003); 김현양, 『영웅 군담 소설의 연구사적 조망』, 『민족 문학사 연구』 제46호(민족문학사학회, 2011); 정병헌·이유경 엮음, 『한국의 여성 영웅 소설』(태학사, 2012) 등에서 유용한 정보를 얻을 수 있다.

세태 소설

1——개념·범주·특성

'세태(世態) 소설'은 조선 후기에 나온 소설 중 당대 사회의 세태와 변화상을 잘 포착해 낸 일련의 작품군을 특별히 일컫는다. 즉, 특정한 역사적 장르 유형이 있는 것은 아니지만 내용상 세태 반영 의식이 뚜렷한 작품군을 총칭하는 의미로 흔히 사용된다. 따라서 대상 작품군이 따로 정해져 있다기보다는 세태 반영 정도에 따라 묶는 경향이 강하다. 이때 세태란 '일상생활, 풍습 따위에서 보이는 세상의 상태나 형편'이라는 사전적 의미를 갖는다. 즉, 당대 사회상과 인간 군상의 단면을 적절히 포착해 낸 작품을 '넓은 의미의 세태 소설'이라 한다. 그중에서도 특별히 조선 시대를 배경으로 하면서 인간적 약점이 있는 인물의 삶과 인정물태를 드러내는 데 초점을 맞출 뿐 아니라 사실주의적 성격도 강한 19세기 이후의 국문 소설 작품들을 염두에 두고 '좁은 의미의 세태 소설'로 규정한다.

좁은 의미의 세태 소설은 18세기 후반을 거쳐 19세기 들어 그 이전과 달라진 조선의 사회상과 세태 변화를 포착하는 데 주력한다. 이를테면, 기존의 상하·남녀 관계가 돈(물질)과 권력, 유흥의 관점에서 결정되는 역전된 상황과 사태, 그리고 신분 사회의 동요와 물질 중심적 사고가 만연한 사회 모습을 보여줌으로써 기존의 윤리와 도덕 관념을 비판하고 변화된 세태와 사회 의식을 적극 반영하고 있는 것이 그러하다. 물론 이러한 세태 소설에 해당하는 작품들은 19세기 서민들의 삶의 애환을 바탕에 깔고 다양한 인간 군상의 인정물태를 보여 주는 데 주목한다는 점에서 동시대의 판소리계 소설과 겹치는 부분이 있다. 『배비장전』, 『옹고집전』 등이 좋은 예이다. 대개 세태 소설 작품은 세태 비판이라는 측면에서 풍자적 성격이 강한 것이 특징이다. 따라서 이를 고려하여 '세태 풍자 소설'이라 부르기도 한다.

세태 소설은 당대 사회상의 적극적인 반영이라는 측면에서 가치를 찾을 수 있다. 특별히 유교적 이념에 구속되지 않은 인간의 현실 긍정적 욕망, 즉 물질적 욕망과 성적 욕망을 그대로 보여 주고 당대 사회상을 만화경처럼 들여다볼 수 있으면서 인정물태에 대한 풍자와 평가 시각이 현저한 작품군이 이에 해당한다. 그러나 사회의 모순이나 부조리를 파헤치는 것이 아니라 그저 세태를 보여 주는 데 목적이 있을 뿐이다. 따라서 현실의 모순을 해결하고자 하는 인식은 부족하다.

2——개관 및 대표 작품

세태 소설에 해당하는 작품들을 주제와 성격에 따라 좀 더 세분화할 수 있다. 첫째, 양반 혹은 양반에 준하는 권위와 위세를 지닌 남성 인물과 기생 사이의 애정을 다룬 작품들이다. 『배비장전』, 『삼선기』, 『오유란전』, 『이춘풍전』, 『정향전』, 『지봉전』 등이 대표적이다. 둘째, 민담에 바탕을 두되, 특정 인물의 인생살이에서 맛보는 고난과 행운에 초점을 맞춘 작품들이다. 『옹고집전』, 『정수경전』 등이 있다. 셋째, 유흥 문화와 물질 중심주의 사고가 팽배해지던 조선 후기 사회의 변동과 윤리적 위기를 소재로 한 작품들이다. 『김학공전』, 『이해룡전』, 『진대방전』 등이 이에 해당한다. 그 밖에 원래 가사였던 것을 소설로 바꿔 만든 『꼭독각씨전』이나 장편 가사가 삽입된 『채봉감별곡』도 조선 후기의 사회상과 애정 세태의 한 단면을 핍진하게 그려 내고 있다는 점에서 넓은 의미의 세태 소설에 포함시킬 수 있다.

세태 소설의 면모를 가장 잘 보여 주는 작품 중의 하나가 『이춘풍전』이다. 현전하는 『이춘풍전』은 19세기 중반 이후에 출현한 것으로 보이는데, 방각본은 없고 1920년대에 나온 활자본 한 편을 빼면 나머지 이본은 모두 필사본으로 7종이 전한다. 이본 종수가 많지 않음에도 이 작품이 주목받는 이유는 바로 인물 형상과 세태 풍자가 흥미롭고, 19세기 시정 공간의 남녀 세태를 독특하게 형상화한 한편, 판소리적 요소가 많아 일반 독자의 감흥을 충족시키고 있기 때문이다.

이때 서울 다락골에 한 사람이 살았는데 성은 이가(李哥)요, 이름은 춘풍이라. 집안 형세가 부유하고 장안의 거부로되, 소년 시절부터 방탕하여 하는 일이 모두 바람과 같더라. 춘풍이 본래 친척이 없으니 누가 이를 경계하리오.

돈 쓰기를 물처럼 하여 부모의 남긴 재산 수만금을 마음대로 남용할 제, 장안 춘풍 화류 시와 구월 단풍 황국 시, 꽃 피는 아침이며 달 뜨는 저녁에 날마다 기생을 옆에 끼고 미인들을 불러다가 춤과 노래로 노닐 적에, 남북촌 왈짜 친구들과 한가지로 휩쓸려서 다니며 매일 장취로 세월을 보내것다.

(중략)

이런 거동 저런 거동 다 본 연후에 회계 비장 의복 벗어 놓고 여자 의복 다시 입고 웃으면서,

"이 멍청아!"

하며 춘풍의 등을 밀치면서 하는 말이,

"안목이 그다지 없느냐?"

하니, 춘풍이 어이없어 하는 말이,

"이왕에 자네인 줄은 알았으나 의사를 보려고 그리했지."

하고, 그날 밤에 부부 둘이 원앙금침 펼쳐 덮고 누웠으니, 아주 그만 제법이로구

나. (『이춘풍전』)

『이춘풍전』의 첫 부분과 마지막 부분에 해당한다. 춘풍은 부모로부터 많은 재산을 물려받았지만 가정을 돌보지 않고 방탕한 생활로 일관한다. 더욱이 남의 돈 2천 냥과 아내가 모은 돈을 가지고 평양에 물건 사러 갔다가 평양 기생 추월의 꾐에 빠져 재산을 모두 탕진해 버린 뒤 하인으로 전락한다. 이 소식을 들은 현숙한 부인 춘풍 처가 남복한 비장이 되어 평양에 가 직접 남편을 수렁에서 구해 낸다. 그러나 집에 돌아와서도 춘풍은 여전히 아내 앞에서 허세를 부리며 옛 습관을 버리지 못한다. 이에 위 인용문처럼 춘풍을 혼내 주기 위해 다시 남장한 비장으로 나타나 "이 멍청아!"라고 호통을 치며 남편을 정신 차리게 만든다. 이렇듯 부부 관계가 역전된 세태를 풍자와 익살로 처리하고 있는 것이 『이춘풍전』의 매력이다.

『이춘풍전』을 예로 세태 소설의 몇 가지 특징을 살펴보도록 하자.

첫째, 등장인물의 설정과 그들의 행태에 주목할 필요가 있다. 등장인물을 통해 19세기 자본과 유흥의 도시인 한양과 평양의 사회상과 시대상을 엿볼 수 있기 때문이다. 『이춘풍전』에서 주요 등장인물은 춘풍과 춘풍 처, 그리고 평양 기생 추월이다. 이들은 각각 방탕한 남편, 현숙한 아내, 기생이라는, 가정 파탄의 원인이 되는 삼각 구도의 전형을 잘 보여 준다. 춘풍은 소위 '왈짜'의 모습으로 당시 한량의 전형이다. 『삼선기』, 「무숙이 타령」 등에서도 이러한 캐릭터의 인물이 종종 발견된다. 추월은 돈 욕심 때문에 남성을 홀려 파멸시키는 팜므 파탈 여성으로서의 면모가 강하다. 즉, 유흥과 오락과 소비문화의 주체이면서 물질적 욕구가 강한 기생으로서의 모습을 대변한다.

무엇보다 신분제가 흔들리면서 기존의 지위와 역할이 역전되던 세태의 단면을 가장 잘 보여 주는 인물은 바로 춘풍 처이다. 남편을 구하고 회개시켜 좋은 남편으로 만드는, 일종의 '탕아 길들이기' 서사의 주인공으로서 춘풍 처의 활약은 여성 영웅의 면모를 방불케 한다. 그녀는 파산한 가정 경제를 다시 일으키고, 남편에게 충고를 서슴지 않으며, 가정 내 경제권을 행사할 만큼 주체적 여성으로 그려진다. 비장으로 변장한 채 평양까지 가 남편을 구하여 가정으로 복귀시킨 것도 대단한데, 아직 정신 차리지 못한 남편을 다시 한 번 개과천선하게 만드는 그녀의 의지와 역할은 가히 '새로운 타입의 여성'이라 부를 만하다. 남편과 가장으로서 춘풍이 아내에게 갖고 있던 알량한 가부장적 권위 의식 역시 풍자와 조롱의 대상이 된다. 바로 이러한 인물 관계와 춘풍 처의 행위를 통한 세태 풍자의 측면에서 세태 소설의 특징을 읽어 낼 수 있다.

『김학공전』 역시 『이춘풍전』처럼 19세기 조선 사회의 변화하는 세태를 잘 보여 준다. 특히 주인과 노비의 대립 갈등과 복수를 다룬 이야기라는 점에서 더욱 그러하다. 비록 학공이 복수를 통해 노비들의 모반을 진압함으로써 이들의 신분 해방은 좌절되지만, 작품 곳곳에 노비 해방에 대한 시대적 흐름이나 민중 사이에 형성된 신분제 철폐에 대한 문제의식을 엿볼 수 있다.

둘째, 세태 풍자의 논리가 19세기 도시의 유흥 문화와 물질 중시 풍조를 대상으로 하고 있다는 점이다. 『이춘풍전』은 판소리 문체를 사용하면서 한양과 평양에서 벌어지는 다양한 유흥 세태를 다각도로 보여 주고 있어 흥미가 배가 된다. '다락골' 부호 자제로 '남북촌 오입쟁이'와 함께 벌이는 풍류 행각의 나열 장면이라든지, 춘풍 처가 패가망신한 사례로 드는 '미나릿골 이패두' 등의 사례라든지, 춘풍의 반박 사례에 나오는 '탑골 북동이' 등의 사례는 당시의 유흥 세태를 여실히 보여 준다. 더욱이 춘풍이 추월에게 재물을 탕진해 버리는 대목은 상당히 자세하다. 돈을 매개로 성적 유희를 추구하고자 하는, 당시 도시 유흥 문화의 일면을 잘 드러내고 있다.

셋째, 세태 소설 속 풍자는 상당히 통렬한 것 같지만, 이것이 골계를 통해 드러남으로써 상당 부분 중화되고 있다는 점이다. 즉, 『이춘풍전』이 결말에 이르러 웃음과 화해로 처리되고 있는 것에서 춘풍 처를 통해 성장하는 여성 의식을 반영하였다고 보기는 어렵다. 그보다는 오히려 오락적 독서물로서의 흥미와 재미를 추구하는 의식이 강하게 드러난다. 『배비장전』에서 배비장이 제주 목사와 기생에게 조롱당하거나, 『옹고집전』에서 진짜 옹고집이 가짜 옹고집과 가족에게 비판과 조롱의 대상이 될 때도 골계적 요소를 동반하고 있다는 점에서 이 작품들 역시 풍자의 성격이 심각하거나 진지하게 다가오지 않는다. 즉, 좁은 의미에서의 국문 세태 소설이 보여 주는 풍자는 골계를 동반한 풍자로서, 박지원의 한문 소설에서 보이는 풍자와 세태 비판적 요소와는 일정한 거리가 있다. 따라서 세태 소설은 풍자는 있되, 그것이 심각하지 않고 희화화됨으로써 당대 사회를 신랄하게 반영해 내지 못하였다는 한계를 보여 준다.

3——문학사적 위상과 의의

세태 소설의 개념과 범주를 확정하기는 쉽지 않다. 앞서 살펴본 대로 이를 독립 장르로 취급하지 않고 사회 소설이나 풍자 소설의 다른 이름으로, 또는 19세기에 출현한 국문 소설 중 세태 반영적 성격이 강한 일련의 작품으로 규정할 수도 있다. 이것을 현대 소설에서는 '시정 소설' 또는 '풍속 소설'로 부른다. 이 경우, 고소설과 현대 소설에 공히 적용 가능한 것은 아마도 등장인물들이 모든 시대에 걸쳐 타당한 인간적 진실을 지닌 인물이 아니라, 어떤 특정한 시기의 특정 사회적 양상에 타당한 진실을 지닌 인간의 모습을 보여 주고 있다는 점에서일 것이다.

넓은 의미에서 『홍길동전』, 그리고 각종 판소리계 소설이 세태 소설에 포함될 수 있다. 근대 사회의 단면과 풍속 세태를 묘사한 박태원의 『천변 풍경』, 채만식의 『탁류』 등도 그 연장선에 있다. 다만 고소설에서의 세태 소설과 달리, 현대 소설에서는 당대 사회의 모순이나 부조리 등을 있는 그대로 묘사하여 숨김없는 저항 수단으로 삼는다는 점이 다르다. 즉, 고소설에서의 세태 소설은 당대 사회의 풍속과 세태를 표면적으로 그려 낼 뿐, 사회의 본질과 심오한 주제 의식까지는 다루지는 못하였다는 점에서 한계가 있다.

그럼에도 좁은 의미의 국문 세태 소설은 19세기에 경제 사회로의 변화 과정에서 새롭게 등장한 다양한 군상을 역동적으로 그려 내는 한편, 기존 관계의 역전 내지 갈등 국면을 풍자·조롱함으로써 이념과 제도에서 탈피한 특정 시기의 시대 의식과 사회 풍경의 일면을 독특한 시각에서 포착해 내고 있다는 점에서 문학사적으로 고유한 가치를 획득하고 있다고 하겠다.

참고 문헌

세태 소설 작품을 모아 현대어 번역과 주석을 가한 신해진 역, 『역주 조선 후기 세태 소설선』(월인, 1999)에서 대표적인 세태 소설 작품 세계를 확인할 수 있다.

세태 소설의 주요 특징에 관한 연구 성과로는 장덕순, 「이춘풍전 연구」, 『국문학통론』(신구문화사, 1960); 정병헌, 「이춘풍전」, 『한국 고전 소설 작품론』, 김진세 엮음(집문당, 1990); 김종철, 『판소리의 정서와 미학』(역사비평사, 1996); 우창호, 『조선 후기 세태 소설 연구』(경북대학교 박사 학위 논문, 1996); 권순긍, 「〈이춘풍전〉의 풍자성과 근대적 지향」, 『고전 소설의 풍자와 미학』(박이정, 2005) 등을 참고할 수 있다.

판소리계 소설

1——개념·범주·특성

판소리계 소설은 조선 후기에 성행한 판소리 사설을 토대로 형성되었거나 판소리적 성격이 강한 소설을 말한다. 판소리가 대중의 사랑을 받게 됨에 따라 쉽게 접할 수 있는, 공연물이 아닌 독서물 형태로 매체 변환하여 유행하게 된 작품들이다. 판소리 사설을 기록한 기록물로는 창본(창으로 사용하기 위해 만든 대본으로 창, 아니리, 중모리 등의 용어가 표기되어 있다)과 판소리 사설을 기록한 필사본, 수요가 커지면서 대량 생산·유통된 목판 방각본과 활자본 등이 있는데, 이 중 창본을 제외한 이본들을 판소리계 소설이라 부른다.

판소리계 소설 중 『춘향전』, 『심청전』, 『토끼전』, 『흥부전』, 『화용도』(「적벽가」) 등은 창이 전승되는 판소리가 있는 반면, 『배비장전』, 『장끼전』, 『변강쇠가』, 『옹고집전』, 『계우사』(「무숙이 타령」 또는 「왈짜 타령」), 『강릉 매화 타령』 등은 창은 없고(실전 판소리) 소설 작품으로만 전하는 것들이다. 정노식은 『조선 창극사』에서 「가짜 신선 타령」이 아닌 「숙영낭자 타령」을 판소리 중 하나로 밝혀 놓았지만, 소설 『숙영낭자전』이 판소리 「숙영낭자 타령」으로 변모하였다고 보는 견해도 있다. 또한 판소리 사설과는 관련이 없지만, 판소리적 성격이 강한『이춘풍전』도 넓은 의미에서 판소리계 소설로 포함시켜 다룰 수 있다. 인물 형상이나 표현, 미의식 면에서「무숙이 타령」계통의 판소리적 요소를 상당히 갖추고 있기 때문이다. 이로 본다면 판소리계 소설은 12~13편 존재하는데, 각 작품마다 이본이 적지 않으며 이본에 따라 성격과 내용이 다른 경우도 있다. 따라서 그 서사적 편폭은 이본 종수만큼 다채롭고, 각 이본의 특징을 살피는 것이 작품을 이해하는 데 중요하다 할 것이다.

판소리계 소설은 판소리 사설이 정착되고 변이되는 과정을 거쳐 형성되었기 때문에 민중 의식과 적층 문학적 성격이 강하다. 개작자에 따라 표현과 주제 의식 면에서 편차가 나기도 한다. 소설로 바뀌는 과정에서 개작자의 관점이나 독자의 욕구 또는 취향이 반영되었기 때문이다. 예를 들어 완판 84장본『열녀춘향수절가』와 경판 16장본『춘향전』은 각각 전주와 서울에서 간행된 방각본이다. 그런데 전자는 판소리의 미적 감각과 표현을 풍부히 담아내면서 분위기 묘사나 대화에 관한 서술이 많은 반면, 후자는 작품의 줄거리와 이야기 전달 자체에 주력하기 때문에 분량도 적다. 이런 차이는 지역 독자의 취향과 관심사를 반영한 결과이다. 판소리계 소설 중에서 판소리의 영향을 적극 수용한 완판본『열녀수절춘향가』(84장본),『심청전』(71장본) 등이 큰 호응과 인기를 얻었던 것도 바로 이 때문이다.

판소리가 부분의 독자성과 장면의 극대화가 두드러지는 등 느슨한 서술이 대거 존재하는 한편, 필연적이면서 유기적인 플롯을 갖추지 못한 문제가 있는 데 비해, 판소리계 소설은 애초 완성된 작품을 전제로 기록되었기에 서사 전체의 일관성과 통일성이 두드러진다. 판소리 연행의 묘미라 할 삽입 가요가 소설에서는 부차적인 요소로 인식되어 이를 대폭 줄인 것도 특징적이며, 소설로 바뀌면서 문장체 소설의 관습적 표현이 적극 사용된 것도 차이 나는 점이다. 예컨대 판소리 사설의 독특한 종결 표현인 '~것다'가 소설에서는 사건 전환을 나타내는 '각설이라'는 표현으로 바뀌고, '~왈', '가라사대' 등의 대화 표지어가 자주 사용된 것이 그러하다. 이처럼 판소리가 연행물 성격이 강한 데 반해, 판소리계 소설은 독서물로의 변환이 확실하게 이루어졌다 할 것이다. 구비 문학이 기록 문학으로 바뀐 것이라 음악적 요소보다 서사적 요소, 곧 서사 전개와 주제 의식 구현에 더 초점을 맞추고 있다. 판소리 창자의 다성적 역할이 소설 서술자의 하나의 시점으로 단순화되고, 인물의 대화가 화자 개입 없이 자동 기술 방식으로 제시되는 것과 달리 소설에서는 화자의 상황 설명을 매개로 한 제시 경향이 현저하다는 것도 양자의 차이를 잘 보여 준다.

판소리계 소설의 문체를 보면 무엇보다 판소리 사설의 율문 형식, 곧 4음보의 반복 형태가 기본을 이루면서 율문체와 산문체가 혼합되어 있다. 또한 대화와 동작보다 서술과 묘사가 두드러진다. 이는 판소리에서 아니리보다 창 부분에서 감정과 분위기 고조를 위해 노래하던 흔적이 서사로 반영되었기 때문이다. 그 밖에 양반층의 언어와 평민층의 언어가 함께 사용되고 있다. 전고(典故)와 한자어가 많이 사용되면서도 속된 일상어와 구어적 표현이 자연스럽게 섞여 있다. 소설에 등장하는 인물들은 대개 구체적인 생활 공간에서 살아가는 평범하고 현실적인 인간이다. 그러나 이들 주인공이 맞닥뜨린 현실 세계의 모습과 사건을 해학과 풍자, 비장과 골계의 감각으로 섞어 가며 풀어 내는 데 탁월하다. 이는 기본적으로 독자들의 흥미 유발을 전제로 한 것이면서 삶을 대하는 민중들의 태도가 반영된 결과이다.

판소리계 소설은 주제와 관련하여 판소리처럼 고정 체계면과 비고정 체계면이 있다. 고정 체계면은 이야기 전개에서 필수적인 부분으로, 여기서 표면적 주제를 찾아낼 수 있다. 이에 반해 비고정 체계면은 서사 플롯으로 제시되는 것은 아니지만, 그 이면에서 도출 가능한 당시 세태나 사회 변화상의 의미를 뜻하는바, 이를 이면적 주제라 한다. 판소리계 소설에서는 이런 비고정 체계면을 통해 당대 향유층의 목소리와 민중의 욕구를 읽어 낼 수 있다. 하층민을 주인공으로 하여 민중의 삶과 의식을 역동적으로 그려 내고, 위선적인 계층을 풍자·비판하는 데 탁월하다. 이를 통해 골계미, 비장미, 해학미 등의 여러 미적 요소를 발견할 수 있다.

2——개관 및 대표 작품

1754년에 유진한이 지은「가사 춘향가 이백구」(「만화본 춘향가」)는 전라도에서 불리던 판소리「춘향가」를 듣고 지었다고 알려진 한시이다. 이를 근거로 늦어도 18세기 초에는 판소리가 형성되었을 것으로 추정한다. 1804년에는 목태림이 한문 소설『춘향 신설』을 짓고, 19세기에 수산거사라는 이가 작품 중간에 자신의 비평을 적어 놓은 한문 소설『광한루기』를 지은 것이 확인된다. 송만재가 1843년에 지은 한시「관우희」에는 19세기 전반에 공연되던 판소리 열두 마당의 내용이 모두 소개되어 있다. 이처럼 18세기를 거쳐 19세기에 들어 판소리가 양반들에 의해 소설로 개작되고 한시로 소개되었다. 이 작품들은 국문 판소리계 소설의 특성과는 많은 차이를 보이는바, 동일 범주에 포함시켜 다루지는 않는다. 그러나 판소리에서 소설로 정착하는 과정에서 국문 판소리계 소설 외에 상층 취향의 소설도 마련된 사실을 간과해서는 안 될 것이다.

국문 판소리계 소설은 19세기 중반 이후 판소리가 상하층을 아울러 큰 사랑을 받게 되면서 판소리의 특성을 충분히 살린 기록 서사 작품으로 거듭났다. 다른 소설 작품들이 문어에 기초하여 화려한 문식을 내세운 데 반해 판소리계 소설은 생기발랄한 구어를 자유자재로 구사하며, 여기에 4·4조의 가락을 얹어 민중적 세계관을 유감없이 담아내고 있는 것이 특징적이다. 또한 장면의 극대화, 부분의 독자성, 주제의 양면성, 민중적 삶의 애환 표출 등은 판소리계 소설이 지닌 고유한 특성을 잘 보여 준다. 예컨대『심청전』에서 곽씨 부인의 빨래품, 바느질품, 김매기 품 등에 관한 장황한 서술 대목,『화용도』에서 적벽대전 전야에 조조의 군사들이 고향을 그리워하며 설움을 토로하는 대목,『흥부전』에서 박타는 대목 등은 판소리가 지닌 장면의 극대화를 소설에서도 그대로 구현하고 있음을 잘 보여 준다. 반면에 판소리가 완창보다 부분창으로 가창되던 특성이 소설에도 반영된 결과, 기생 점고 대목, 어사 출도 대목, 토끼 화상 대목, 심 봉사와 뺑덕 어미의 사랑 타령 대목 등 특정 장면이 비대화된 부분이 엿보인다. 그러나 이는 소설의 줄거리에도 영향을 미쳐 서사 전개에서 논리적 긴밀성을 약화시키는 요인이 된다. 이런 요소들을 통해 판소리와 판소리계 소설이 지닌 일정한 차이점을 확인할 수 있다.

판소리계 소설 작품 몇 편을 들어 그 특징을 살펴보자. 『춘향전』은 판소리뿐만 아니라 판소리계 소설로서도 중요한 의미를 갖는 작품임에 틀림없다. 무엇보다 조선 후기 민중의 세계관을 집약적으로 보여 주는 국민 문학으로서 그 의의가 인정되기 때문이다. 춘향의 이몽룡에 대한 사랑은 신분적 차별 위에 만들어진 봉건적 현실에 대한 부정이 전제되어 있다. 그리고 그와 같은 신분적 현실의 부정을 다시 부정하는 변학도에 대한 춘향의 저항에서 민중은 큰 공감과 대리 만족을 느낄 수 있다. 이러한 갈등적 관계 속에서 춘향을 통해 민중의 승리가 확인된다. 이본에 따라 춘향은 봉건적 압박에서 벗어나 신분 상승을 소망하는 당대 민중을, 이몽룡은 양심이 살아 있는 인간적인 양반을, 변학도는 하층민을 권력으로 지배하려는 관리자를 표상한다고 할 수 있겠으나, 또 다른 해석도 충분히 열려 있다는 점이 판소리계 소설의 매력이라 하겠다. 널리 알려진 완판본 『열녀춘향수절가』를 비롯하여 세책 필사본 『남원 고사』, 한문 필사본 『광한루기』, 『춘향 신설』, 활자본 『옥중화』 등 350여 종의 이본이 존재하듯이 국문 소설의 대중화를 이룩한 작품으로 부족함이 없다.

『흥부전』에서는 조선 후기 하층민의 피폐한 경제 생활상을 읽을 수 있다. 주지하듯이 '형제간의 우애'를 표면적 주제로 내세울 수 있겠지만, 그 이면에는 신분제의 급격한 변화와 빈부 간 갈등이 심화되는 가운데 생산 수단을 상실한 빈민층의 삶과 부자 농민의 비도덕적·반사회적 부 축적 방식에 대한 비판 의식이 깔려 있다. 열심히 노력하며 살아도 굶주릴 수밖에 없는 흥부의 처지와 욕심과 심술로 가득한 놀부의 풍요로운 생활을 대비시켜 당대 현실의 모순적 삶을 비판하고, 부만 탐하고 인간적인 우애를 저버리는 놀부를 희화화함으로써 서민들의 반발과 소망을 은연중에 담아냈다고 할 것이다. 판소리계 소설 작품들은 심각한 내용조차 해학적·풍자적으로 처리하면서 권선징악적 결말을 끌어냄으로써 낙관적 소망을 포기하지 않고 있음을 잘 보여 준다.

『춘향전』, 『흥부전』과 더불어 소위 '3대 판소리계 소설' 중 하나로 평가받는

『심청전』은 이해조가 『자유종』 서문에서 "춘향전은 음란 교과서, 심청전은 처량 교과서"라며 비판하기도 한 판소리계 소설의 대표작이다. 『심청전』은 현실세계를 중심으로 가난한 심 봉사의 딸 심청의 지극한 효성을 드러내는 전반부와 인당수에 몸을 던졌다가 재생한 심청이 부친과 상봉하는 후반부로 크게 나누어 볼 수 있다. 현실성과 초월성을 적절히 섞어 비장미와 숭고미를 창출해냄으로써 효에 대한 인과응보를 선명히 드러내고 있다. 이때 전반부의 가난하고 비천한 삶에서 후반부의 부귀영화를 누리는 삶으로 옮겨 가는 과정에 놓인 심청의 '죽음'과 '희생'의 의미를 이해하는 것이 이 작품을 감상하는 열쇠가 된다.

그런가 하면 『화용도』는 『삼국지연의』에서 소재를 취해 만든 독특한 이력의 작품이다. 판소리에서 판소리계 소설로 개작된 다른 작품들과 달리, 『화용도』에서 판소리 「적벽가」가 나타났다고 본다.

> "야, 정욱아, 군사 점고나 하여 보아라. 몇 개나 남았는고?"
>
> 정욱이 청령(聽令)하고 군사 점고를 하는데, 하나둘 그 외에 셀 것이 없는지라. 그중에 어떠한 군사는 박작이(바가지 — 인용자 주)를 지고 오거늘
>
> "이놈아, 너는 퉁노구(퉁으로 만든 솥 — 인용자 주)는 어이하고 박작이를 차고 들어오느냐?"
>
> 저 군사 엿자오대
>
> "대왕은 그사이 잠자든가? 퉁노구는 오나라 장수들이 차 달여 먹으려고 앗아갔나이다."
>
> 또 한 군사는 방울 두 개를 차고 들어오거늘
>
> "이놈, 너는 불알은 어이하고 방울을 차고 오느냐?"
>
> 저 군사 하는 말이
>
> "대왕은 그사이 꿈꾸었든가? 붕알은 오나라 장수들이 저울추 하려고 떼어갔나이다." (『화용도』)

위 인용문은 조조가 군사를 점고(點考)하는 대목이다. 원작 『삼국지연의』와 달리 소설 『화용도』나 판소리 「적벽가」에서는 민중의 시각에서 조조를 영웅이 아닌, 어리석고 무능한 장수로 희화화하여 그리고 있다. 또한 조조와 달리 제갈공명의 지략을 유독 부각함으로써 지도자에 따라 백성들의 삶이 풍요로워질 수도 피폐해질 수도 있음을 드러내면서 지배층의 폭력과 억압에 신음할 수밖에 없는 민중들의 애환을 잘 나타내었다. '군사 설움 대목'에서 그러한 요소가 특화된 형태로 나타나 있다.

이 밖에 창으로는 전하지 않지만 소설로 남아 내용을 알 수 있는 작품들이 있다. 『배비장전』, 『변강쇠가』, 『장끼전』, 『계우사』, 『옹고집전』, 『강릉 매화 타령』 등이 그러하다. 작품들은 연행물인 판소리가 독서물인 소설로 전승·변이해 온 결과물에 해당한다. 여색에 유혹되지 않는다고 장담하던 배 비장이 제주도에 갔다가 기생 애랑에게 반해 갖은 망신을 당한다는 내용의 『배비장전』, 옹고집이 불도와 도승을 무시하다가 개과천선한다는 이야기인 『옹고집전』, 유랑녀 옹녀의 모진 인생살이와 장승을 패어 땐 죄로 죽은 남편 변강쇠의 시신을 처리하는 과정에서 벌어지는 일화를 다룬 『변강쇠가』, 강릉 기생 매화와 사또가 공모해 골 생원을 발가벗겨 웃음거리로 만든다는 내용의 『강릉 매화 타령』, 유흥적이고 소비적인 인간 왈짜 무숙이의 방탕한 생활을 첩 의양이 나서서 바로잡고 개과천선하게 한다는 '탕아 길들이기' 서사인 『계우사』 등은 하층민의 골계와 풍자 의식을 노골적으로 보여 준다. 그러나 실전(失傳) 판소리 작품들은 충효열의 유교 이념 구현과는 거리가 먼 민중들의 생활상과 가치관을 담아내면서 해학과 골계에 주목할 뿐 그 너머의 의미까지 전망하고 있지는 못하다. 아마도 이런 요소 때문에 판소리 전승이 중단된 것이 아닌가 한다.

3——문학사적 위상과 의의

판소리계 소설 작품들은 필사본 외에 19세기 중반 이후에는 방각본으로 제작되었고, 20세기 초에는 구활자본 소설(일명 딱지본 소설 또는 육전 소설)로 만들어져 폭넓은 독자층을 확보할 수 있었다. 20세기 초 이해조가 개작한 신소설 『옥중화』, 『강상련』, 『연의 각』, 『토의 간』 등은 판소리계 소설을 대중 소설이자 국민 소설의 반열에 올려 놓았다고 할 것이다. 그 후로도 판소리계 소설은 교과서에 단골로 수록되는 대표적인 고소설 작품으로 교육되고 있으며, 영화·드라마·연극·웹툰 등 여러 형태로 거듭 개작되거나 재창조되어 20세기를 거쳐 21세기인 오늘날까지 사랑을 받고 있다. 이는 그만큼 우리 국민의 정서에 부합하고 표현과 주제 면에서 문제작으로 호명될 만한 매력적인 콘텐츠이기 때문일 것이다.

판소리계 소설이 대개 판소리에서 출발한 것이라 하여 판소리 서사의 근원을 설화에서 찾고자 하는 시각은 일면 타당하다. 그러나 판소리계 소설 개별 작품마다 근원 설화가 모두 존재하며, '근원 설화 → 판소리 → 판소리계 소설'로의 변모를 도식화하여 실재인 양 이해하는 것은 문제가 있다. 예를 들어 『춘향전』은 도미 설화·암행어사 설화·신원 설화를, 『흥부전』은 방이 설화·박타는 처녀 설화를, 『심청전』은 거타지 설화·인신 공희 설화를, 『토끼전』은 용원 설화·구토 설화를 각각 근원 설화라며 작품과 연결 짓곤 한다. 그러나 서사 측면에서 설화에서 판소리로 변모해 간 형성 과정을 직접적으로 증명할 만한 증거도 없거니와 소재의 유사성만으로 인과론적으로 판소리계 소설의 근원 설화를 가져다 설명하는 것은 지양해야 할 것이다.

판소리계 소설은 18~20세기에 걸쳐 일상적 삶에서 추구하는 욕망과 고귀한 이념을 보여 주는 데 탁월한 성취를 이룬 국민 소설로 평가된다. 환상성이 강한 이원론적 세계관을 보여 주는 국문 영웅 소설과 달리, 한문 단편 소설과 마찬가지로 당대 현실을 가장 잘 반영한 현실주의적 세계관이 잘 드러나 있기 때문일 것이다. 조선 후기 사회의 다양한 세태를 보여 주면서 민중들의 현실 비판 의식과 풍자, 그리고 해학을 통해 온 국민에게 카타르시스를 맛보게 해 주었다는 점에서 문학사적으로 그 가치를 높게 평가하지 않을 수 없다.

참고 문헌

원문을 충실히 살필 수 있는 판소리계 소설 작품 선집 또는 번역본으로는 강한영 교주, 『신재효 판소리 사설집(전)』(민중서관, 1971); 김진영 외 역주, 『화용도』(민속원, 2004); 김기형 역주, 『적벽가·강릉 매화 타령·배비장전·무숙이 타령·옹고집전』(고려대학교 민족문화연구원, 2005); 정병헌 엮음, 『쉽게 풀어 쓴 판소리 열두 바탕』(민속원, 2011) 등을 추천한다.

판소리와 판소리계 소설의 특징을 다각도로 조명한 저술로는 조동일·김흥규 엮음, 『판소리의 이해』(창작과비평사, 1978); 김종철, 『판소리의 정서와 미학』(역사비평사, 1996); 설성경 편저, 『춘향 예술사 자료 총서(1~8)』(국학자료원, 1998); 최혜진, 『판소리계 소설의 미학』(역락, 2000) 등을 들 수 있다. 개별 작품론 연구 논저는 너무 방대하므로 필요에 따라 찾아 읽기를 권한다.

판소리와 판소리계 소설의 차이를 살핀 논의로는 최정락, 「판소리계 소설과 판소리 사설 사이의 변별적 거리」, 『고소설 연구』 제4집(한국고소설학회, 1998); 최진형, 「'판소리계 소설' 개념 재론」, 『인문 과학』 제60집(성균관대학교 인문과학연구소, 2016) 등을 참고하기 바란다.

우화 소설

1——개념·범주·특성

'우화(寓話)'는 흔히 동식물과 기타 사물을 의인화하여 인간의 삶을 문제 삼는 이야기를 일컫는다. 원래 구전 설화에서 출발한 것으로, 우화의 개념을 확대하면, 다른 사물에 빗대어 풍자한다는 의미의 '우의(寓意)' 또는 '우언(寓言)'까지 이에 포함시킬 수 있다. 이럴 경우, 신라 시대 설총의 「화왕계」로부터 고려 시대의 가전이나 『삼국사기』에 실린 「구토지설」, 조선 시대의 「수성지」, 「화사」 등의 가전체 소설, 역사와 현실 문제를 풍자적이고 상징적인 의미로 그려 낸 박지원의 「호질」, 몽유록계 소설, 그리고 근대 들어 최찬식의 『금수회의록』에 이르기까지 두루 포함시킬 수 있다. 우화는 겉으로는 동식물의 주요 특성을 표방하지만, 인간의 문제로 환치시켜 다루고 있기 때문에 인간적 허위나 모순을 풍자하거나 진실을 깨우치기 위한 목적에서 시대를 달리하며 지속적으로 창작되어 왔다.

우화 소설은 이런 우화 중 조선 후기에 소설의 양식을 활용하여 지어낸 일련의 작품군을 의미한다. 즉, 여기서 말하는 우화 소설은 18세기 후반~19세기에 집중적으로 창작된 것으로, 당시 사회상과 역사적 현실을 기반으로 하여 창작된 역사적 장르를 말한다. 등장인물은 동물이지만 인간을 동물로 바꾸었을 뿐 현실을 재현하면서 인간의 그릇된 의식 행태를 풍자하고 비판할 뿐 아니라, 지배 계층의 허위 의식과 위선을 폭로하는 일에 관심이 많다. 또한 조선 후기 향촌 사회 내 갈등과 향촌민의 제 문제를 핵심적으로 다루고 있다. 이것이 설화에 기초한 우화와 구별되는 소설적 성격과 주제 의식을 잘 보여 준다. 당대의 시대 정신을 반영하고 있는 서민 문학으로서 부족함이 없다 하겠다.

좁은 의미의 우화 소설은 편의상 주요 모티프를 중심으로 송사형 소설과 쟁년형 소설로 나눌 수 있다. 송사와 재판이 문제 해결의 중심이 되는 작품을 흔히 송사형 우화 소설이라 하고, 누가 더 나이가 많은 어른인지 다투는 이야기가 주가 되는 작품을 쟁년형 우화 소설이라 한다. 송사형 소설에는 『서대주전』(큰쥐), 『까치전』(까치), 「와사옥안」(개구리와 뱀) 등이, 쟁년형 소설에는 『두껍전』(두꺼비), 「녹처사연회」(사슴) 등이 해당된다. 그런데 『토끼전』과 『장끼전』은 각각 토끼와 장끼를 의인화했으면서 판소리 「수궁가」와 「장끼 타령」으로 불렸기 때문에 이를 별도로 판소리계 우화 소설로 구분하기도 한다.

우화 소설은 일반적으로 풍자적·비판적 성격이 강하다는 것이 특징이다. 동물을 인간처럼 바꿔 놓음으로써 민감한 사회 문제를 다룰 때 혹 제기될 수 있는 시빗거리를 차단하는 데 효과적이기 때문이다. 그러나 인간의 삶을 우회적으로 다루고 있기 때문에 풍자적일 수는 있어도, 그로 인한 한계 또한 분명하다. 동물을 매개로 하다 보니 인간의 모습에는 있는데 동물의 생태에는 없는 경우 이야기가 제한적일 수 있다. 따라서 인간의 복잡한 삶과 내면 심리, 그리고 현실 세계의 여러 면을 촘촘히 포착해 내기에는 간접화 방식이 한계를 지닐 수밖에 없다. 그래서 근대에 다른 소설들에 비해 경쟁력을 가지지 못해 적극적으로 계승되지 못하였다.

우화 소설은 대개 국문본으로 전한다. 『서대주전』은 국문본 외에 한문본도 전하나, 이는 예외적인 경우라 하겠다. 여기서는 주로 조선 후기에 등장한 역사적 장르로서 독특한 모습을 지닌 국문본 동물 우화 소설에 초점을 맞추어 다루고자 한다.

2——개관 및 대표 작품

쟁년형 우화 소설 중에는 『두껍전』과 「노섬상좌기」(두꺼비)가 대표적이다. 이 두 작품은 인물과 사건 등을 고려할 때 유사성이 많은데, 아마도 「노섬상좌기」가 『두껍전』의 초기 형태일 것으로 추정된다.

「노섬상좌기」는 산천 정기를 받아 태어난 노루 '장(獐)' 선생이 백호산군 호랑이만을 제외한 모든 짐승을 잔치에 초청하였을 때, 자리를 정하지 못하고 우왕좌왕하는 사이에 노루가 나이로 자리를 정하자며 자신이 상좌에 앉으려 하면서 벌어지는 사건을 다루고 있다. 여우가 노루를 힐난하며 싸움이 벌어지자 여기에 잔나비, 두꺼비가 가세하여 다투다가 결국 두꺼비가 상좌에 앉게 된다. 그런데 저녁이 되어 백호산군이 나타나자 모두 놀라 숨는다. 이때 여우는 모래 속에 숨은 두꺼비를 밟고 다닌다. 다행히 노루의 요청으로 백호산군을 돌려보냄으로써 사건이 진정되는 것으로 끝이 난다.

> 장 선생은 갈건야복(葛巾野服)으로 손님을 기다리더니, 동서남북으로 짐승 손님이 들어올 제, 뿔 긴 사슴과 요망한 토끼며 승냥이며 방정맞은 잔나비며 요괴로운 여우며 어룽더룽 두꺼비며 거친 고슴도치며 빛 좋은 오소리며 하나부터 열까지 미련한 두더지며 어이없는 수달피 등 동물이 앞서며 뒤서며 펄펄 뛰며 문이 미어지게 들어오니, 주인은 동계(東階)에 읍하고 객은 서계(西階)에 오르는데 서로 윗자리를 다투어 자리의 순서를 결단치 못하여 어지럽고 난잡하니 주인은 어찌할 줄을 몰랐다. (『두껍전』)

이는 『두껍전』의 앞부분이다. 『두껍전』도 「노섬상좌기」와 내용이 크게 다르지 않다. 다만 『두껍전』에서는 두꺼비가 상좌에 앉은 다음 나이 다툼에서 진 여우가 두꺼비에게 시비를 걸면서 시작된 천문 지리, 육도삼략, 의약에 관한 문답이 길게 나타난다는 것이 다르다. 그 밖에 『두껍전』에서는 「노섬상좌기」와 달리, 노루가 아닌 두꺼비가 백호산군을 돌려보내는 것으로 되어 있다. 두꺼비에 대한 비판과 풍자 역시 「노섬상좌기」에 비해 『두껍전』에서는 소극적으로 처리되고 있는 것이 차이라면 차이이다.

그런데 이 두 작품에서 노루인 '장 선생'은 '요호부민(饒戶富民)'을, 두꺼비는 몰락한 '재지사족(在地士族)'을 암시한다. 요호부민은 조선 후기 향촌 사회에서 부를 축적하고 당시 신분제 동요를 틈타 지주 및 봉건 양반층과 대립하면서 자신들의 지위를 향상시켜 나간 신흥 부농을, 재지사족은 지방 양반으로 땅이 있는 유지를 말한다. 따라서 장 선생이 백호산군을 초청하지 않은 것은 요호부민까지 수탈하던 수령에 대한 반감을 표현한 것이다. 반면에 모래 속에 숨은 두꺼비를 여우가 밟고 다닌 것은 어른인 척하고 상좌에 앉아 있던 두꺼비, 곧 몰락 사족의 허위를 폭로하고 풍자하고자 한 것임을 알 수 있다. 이처럼 두 작품은 향촌 사회에서 새롭게 성장한 향촌민과 몰락 사족 간의 주도권 싸움과 두 계층 간 대결 구도를 동물에 빗대어 문제 삼고 있다는 점에서 독특한 의미를 지닌다.

송사형 우화 소설은 『삼설기』에 실린 「황새 결송」과 「녹처사연회」, 쥐를 의인화한 『서대주전』과 『서동지전』 등이 대표적이라 할 수 있다.

「황새 결송」은 경상도의 한 부자가 재산의 반을 나누라고 협박하는 친척과의 갈등을 송사를 통해 해결하는 과정을 그린 작품이다. 그런데 부자는 친척의 청탁을 받은 형조 관원에 의해 재판에서 지고 만다. 이에 따오기의 뇌물을 받은 황새가 따오기의 목소리가 꾀꼬리와 뻐꾸기보다 좋다고 판결하였다는 우화를 들려줌으로써 청탁을 받은 관원들을 무안하게 만든다. 여기서 뇌물을 받고 부당한 판결을 한 황새는 형조 관원을, 뻐꾸기와 꾀꼬리는 정당한 시골 부자를 비유한다. 결국 「황새 결송」은 돈(뇌물)에 의해 자행되는 비리 송사의 현실을 날카롭게 비판·풍자하고 있는 작품인 셈이다.

『서대주전』은 서대주 무리가 다람쥐들의 양식을 빼앗자 다람쥐가 원님에게 고소함으로써 벌어진 송사를 다룬다. 서대주의 거짓말에 속아 넘어간 원님이 서대주의 편을 드는 판결을 내리는 과정을 보여 줌으로써 가진 자의 부패와 위선을 까발리고 있다. 반면에 『서동지전』은 조선 후기 향촌 사회에서 빈부 문제를 둘러싼 계층 간 갈등과 대립을 더욱 선명하게 그려 내고 있는 문제작이다. 당 태종 시절 토굴 속에 살던 서대쥐가 황제로부터 공을 인정받아 땅을 하사받는다. 이때 게으르고 가난한 다람쥐가 서대쥐가 베푼 잔치에 참석하여 자신의 형편을 이야기하고 도움을 받는다. 얼마 후 다시 다람쥐가 먹을 것이 떨어져 서대쥐를 찾아가지만, 이번엔 제사 지내느라 도와줄 여유가 없다며 서대쥐가 거절한다. 이에 화가 난 다람쥐가 백호산군에게 서대쥐가 자신의 양식을 빼앗아 갔다는 거짓 소지를 올린다. 백호산군은 양쪽의 말을 들어보고 판결을 한다. 결국 다람쥐가 서대쥐를 무고한 사실을 알게 되어 다람쥐를 유배 보내려 했으나 서대쥐의 간청으로 다람쥐는 풀려난다. 이에 다람쥐는 자신이 벌인 송사를 부끄러워한다. 여기서 작품에 등장하는 서대쥐는 상당한 부를 축적하여 경제적으로 여유가 있는 존재인 반면, 다람쥐는 가난한 서생이면서 몰락 사족의 의식을 지닌 인물이다. 그리고 다람쥐는 본래 성품이 간악하고 어질지 못하며 게으른 반면, 서대쥐는 아량이 있는 긍정적인 인물이다. 이로 볼 때 이 작품 역시 쟁년형 우화 소설과 마찬가지로 요호부민의 관점에서 몰락 사족의 의식을 비판하고 있음을 알 수 있다.

마지막으로 위 두 부류에 포함되지 않지만, 실전 판소리의 하나인 판소리계 우화 소설 『장끼전』을 보도록 하자. 『장끼전』은 장끼와 까투리 부부의 사연을 다룬 작품으로, 까투리의 말을 듣지 않고 콩을 쪼아 먹던 장끼가 덫에 걸려 죽게 되는 전반부와 과부가 된 까투리가 여러 새들의 청혼을 물리치고 다른 장끼에게 개가하는 후반부로 대별된다. 눈 덮인 벌판을 헤매며 먹이를 찾아야 하는 장끼와 그 가족은 토지를 잃고 유랑하던 조선 후기 하층민의 모습을 대변한다. 장끼가 콩 하나에 집착하는 이유도, 장끼가 오만하고 고집스러우며 폭력적이기까지 한 부정적 면모를 보이는 것으로 설정된 이유도 바로 장끼가 처한 경제적 궁핍에서 비롯된 것이다. 까투리의 개가 역시 수절이라는 봉건 윤리 규범에 대한 항거를 의미하지만, 달리 보면 하층민들이 고난과 시련에 좌절하지 않고 자신의 삶을 스스로 개척해 나가는 모습을 그린 것이라 볼 수 있다.

이상에서 간략히 살펴본 대로, 조선 후기 우화 소설은 대개 재물에 대한 쟁탈이 주요 서사 축으로 기능한다. 이는 서술자가 부를 둘러싼 조선 후기 사회의 변동과 갈등 의식에 관심이 많았음을 의미한다. 봉건 해체기의 농촌 현실과 그 생활 속에 일어날 법한 갈등 국면을 동물 간 싸움에 대입시켜 동물보다 나은 인간의 바람직한 행동거지와 의식 문제를 말하고 있는 것이다. 이처럼 우화 소설은 타락한 기성 사회의 이념과 허위를 비판하고 풍자하는 한편, 민중이 겪는 고통과 갈등을 심각한 현실적 문제를 드러내기 위해 반어와 비유에 의한 우회적인 표현을 즐겨 사용하였다는 특징이 있다. 아울러 작자는 기본적으로 세태에 대한 조소나 비판 의식이 강했을 뿐 아니라, 의인화 기법을 통해 교훈과 재미를 동시에 추구하고자 하였음을 엿볼 수 있다.

3——문학사적 위상과 의의

우화 소설은 등장인물의 성격을 동물의 특성에 대입시켰지만, 실제 역사 공간에서 살아 숨 쉬는 문제적 인물로 환치시켜 이해하기 어렵다는 점에서 우화가 갖는 한계를 애초부터 노정하고 있음을 인정하지 않을 수 없다. 그러나 쟁년형이나 송사형 우화 소설은 경제적인 능력에 의해 좌우되던 조선 후기 향촌 사회의 역사적 추이를 잘 보여 준다. 그리고 『토끼전』과 『장끼전』처럼 판소리로 불린 작품들은 이를 바탕으로 당대 하층민의 고난과 그 극복 과정까지 구체적이고 극적으로 그려 냈다고 할 것이다.

이처럼 18세기말~19세기에 집중적으로 나타난 우화 소설은 한결같이 중세 봉건 사회의 해체 조짐과 그로 인해 파생된 문제들을 다루고 있다는 점에서 의미가 있다. 이때 갈등의 요체를 도덕적·윤리적 문제로 돌리지 않고 경제생활 논리로 이끌어 나가는 한편, 몰락 사족의 허구성을 폭로하고 부패한 봉건 관료의 속성을 날카롭게 풍자하고 있다는 점에서 우화 소설의 소설사적 의의를 인정하지 않을 수 없다. 우화 소설이 지닌 교훈적 비판 의식은 애국 계몽기와 일제 강점기에 시대적 요구에 부응하여 계속 이어져 나타났다. 최찬식의

『금수회의록』, 신채호의 『용과 용의 대격전』이 좋은 예이다.

참고 문헌

우화 소설 작품을 확인하려면 유영대·신해진 선주, 『조선 후기 우화 소설선』(태학사, 1998); 김재환, 『우화 소설의 세계』(박이정, 1999); 신해진 편역, 『서류 송사형 우화 소설』(보고사, 2008) 등을 읽어 보자.

우화 소설에 관한 연구 저서로는 김광순, 『한국 의인 소설 연구』(새문사, 1987); 민찬, 『조선 후기 우화 소설 연구』(태학사, 1995); 이헌홍, 『한국 송사 소설 연구』(삼지원, 1997); 정출헌, 『조선 후기 우화 소설 연구』(고려대학교 민족문화연구원, 1999) 등을 참고할 만하다.

2장
고전 수필

총론

1——장르 특성

고전 수필은 근대 이전 시기에 보고, 듣고, 느낀 것이나 체험한 생활의 단면을 어떤 내용상 제약 없이 비교적 자유롭게 썼던 개성적인 글을 통틀어 일컫는다. 이때의 '고전'은 '정전(正典)'의 의미보다는 근대 이전 시기를 염두에 둔 '과거(古)'라는 의미를 지닌다. 그리고 '수필'이란 본래 '붓 가는 대로 따라 쓴 글'을 뜻하던 말이다. 일찍이 중국 남송 시대의 재상 홍매가 『용재수필』 서문에서 처음 이런 의미로 사용하였으며, 국내에서는 윤흔의 『도재수필』을 필두로 박지원의 「일신수필」에 이르러 수필의 온전한 구성 체계를 갖추기 시작하였다. 근대 이후에 서구에서 들어온 '에세이'가 수필의 대응어로 정착되었지만, 정작 실제 고전 수필에 해당하는 작품들을 보면 대치하기 어려운 성격의 작품들이 많다. 동양 산문 전통하에서 이룩된 작품들과 수필이라는 근대적 장르 개념이 맞지 않는 부분이 엄연히 존재하는 것이다.

고전 수필은 장르적 범주와 성격이 단일하지 않아 논란의 여지가 있다. 토론적 글쓰기에서부터 선전물, 단편, 문학 비평, 정치적 의견을 밝힌 글, 일상생활의 관찰담, 회고담, 자기 성찰의 글에 이르기까지 적용 가능한 범위가 넓다. 그래서 근대 이전에는 잡다한 성격의 글을 아우르는 총칭의 성격이 강해 독자적 문학 갈래로 인식되어 오지 못한 채 '만필', '만록', '잡기' 또는 '잡록', '시화' 등으로 사용되어 왔다. 다양한 제재의 현실적 체험 내용과 인생에 대한 사색을 자유로운 형식과 필치로 기술해 나간 만큼 사(私) 문학적 성격이 강하다. 따라서 실기(實記) 문학, 고백 문학, 생활 문학, 성찰 문학으로서의 성격을 두루 지니고 있다. 크게 형식에 얽매이지 않는 자유로운 정신과 개성, 제재나 내용의 다양성, 비교적 길이가 짧고 가식 없는 생각의 기록 등을 특징으로 한다.

기본적으로 수필은 산문 형태이다. 대표적인 하위 갈래로는 일기, 서간(편지), 기행문, 논설문, 비평문, 제문, 잡기류 글 등이 있다. 짧은 단편 글에서부터 책 분량의 장편에 이르기까지 분량도 다양하다. 대체로 인간 이해에 관심을 두고, 삶의 태도를 정립하고 자기 성찰을 추구하려는 성향이 강하다. 그렇기에 일면 인간의 성정을 교화하는 계몽적 성격이 강한 것이 특징이다. 정서적 체험과 자기 성찰적 요소를 담은 작품들도 적지 않다. 따라서 장르적 성격을 고려할 때, 수필은 서사·서정·극·교술 중에서 교술 문학에 해당한다.

2——개관 및 역사적 전개

고전 수필은 사용 언어(문자)에 따라 한문 수필과 국문 수필로 나눌 수 있다. 한문 수필만 창작되다가 한글 창제 이후 한문·국문 수필이 공존하게 되었고, 조선 후기에는 여성 작가들이 쓴 국문 수필이 다수 등장하여 고유한 영역을 마련해 나갔다.

한문 수필은 대개 중국의 문체 분류 체계를 따라 개인 문집 속에 서(序)·발(跋)·기(記)·서(書)·설(說)·논(論)·묘지명(墓誌銘) 등 한문학 형식으로 기록된 것들이 많다. 앞서 언급한 만필, 잡록, 시화, 기행문이 한문 수필의 본령에 해당한다. 한문 수필은 오랜 기간 남성 지식인 문인들을 중심으로 지어졌기 때문에 국문 수필보다 양이 현저히 많다.

한문 수필 중 고려 이전 시기의 작품으로는 최치원의 「격황소서」와 혜초의 『왕오천축국전』이 대표적이다. 각각 상대의 마음을 선동하거나 설득하기 위한 격문과 인도 여행기에 해당한다. 고려 중기 이후로 다양한 종류의 한문 수필이 나타났다. 유학의 도입과 신흥 사대부의 새로운 문학관에 입각하여 관념적이지 않고 현실적 세계를 객관적으로 표현하려는 의식하에 등장한 대표적 수필 장르가 바로 '설' 문학이다. 설은 원래 한문 산문 양식의 한 갈래인데, 사물의 이치를 풀이하고 자신의 의견을 덧붙여 서술하는 방식의 글로, 논설과 크게 다르지 않다. 그러나 본격적인 논의에 무게를 두기보다는 가볍고 평이하며 교훈적 성격을 띤다. 주로 사물의 이치를 비유와 우의적 수법으로 깨우치려는 성격이 강하다. 따라서 대개 '사실과 의견' 또는 '체험과 깨달음'의 두 부분으로 구성되며, 유추에 의한 사고의 확장과 주제의 일반화를 추구하고 있는 것이 특징적이다. 이규보의 「경설」, 「슬견설」, 「이옥설」, 이곡의 「차마설」, 권근의 「주옹설」, 강희맹의 「도자설」, 홍성민의 「촉견폐일설」 등에서 그러한 면을 확인할 수 있다.

고려 후기의 가전을 수필에 포함시킬지 여부가 논란인데, 가전을 교술로 파악하고 경계와 교훈을 목적으로 한 사적 영역의 작품군으로 보아 넓은 의미의 고전 수필에 포함시켜 다룰 수 있다. 고려 후기에 새롭게 등장한 신흥 사대부들은 사물에 대한 관심을 의인화 방식을 통해 객관적으로 제시하되, 교훈과 감계를 목적으로 가전을 창작하였다. 임춘의 「공방전」과 이규보의 「국선생전」 등이 좋은 예이다.

조선 시대에는 수필의 제재와 글의 종류가 더욱 다양해졌다. 시화, 견문, 기행, 일기, 제문, 편지, 신변잡기 등 다양한 형태의 글이 다방면으로 창작되었다. 유교 이념을 중시하던 사대부 남성들은 일상생활에 대한 깊은 성찰을 사실적 묘사로 표현해 낸 한문 수필을 다수 창작한 반면, 사대부 집안의 여성들은 한글 창제 이후 한글을 사용한 국문 수필을 적극 창작하였다.

조선 전기에 성현이 지은 필기 잡록류에 속하는 『용재총화』는 서사 문학에 속하는 패설, 설화, 소화 등도 많지만, 고려에서 조선 성종 대까지의 시화, 서화에 대한 이야기와 다양한 부류의 인물평이나 일화 등이 두루 실려 있다. 이는 이인로의 『파한집』, 최자의 『보한집』, 이규보의 『백운소설』 등 고려 후기 이후 나타난 시화 전통에 기인한 것으로, 시화는 시에 관한 이야기와 문사의 일화를 소개하면서 문학 비평의 요소까지 지니고 있어 넓은 의미의 비평적 수필에 해당한다.

한문 수필 중에는 서문과 발문도 상당수를 차지한다. 서문과 발문은 대체로 책을 지은 연유나 감회를 작가 자신 또는 유명 문사가 간략히 적는다. 그런데 문인들은 이 서문과 발문을 빌려 평소 문학에 대한 자신의 의견이나 비평을 개진하는 장으로 활용하곤 하였다. 이런 점에서 서문과 발문은 문학 비평적 수필의 보고라 할 것이다. 문학의 효용론 내지 민족 문학의 우수성, 작문론과 문학관 등 문인들의 다양한 문학 비평 세계를 여실히 엿볼 수 있다. 이규보의 「동명왕편」 서문, 『보한집』 서문, 『훈민정음』 서문, 이황의 「도산십이곡」 발문, 박지원의 「초정집서」 등이 대표적이다.

'기'도 한문 수필에 포함시킬 수 있다. 박지원의 「일야구도하기」, 정약용의 「수오재기」 등이 그러하다. '설'이 사실에 대한 논의적 해설의 성격이 강하다면, '기'는 어떤 사건이나 사실의 객관적 기술을 기본으로 한다. 그 과정에서 얻은 깨달음을 독자에게 전달하여 교훈을 주려는 목적이 있다. 예를 들어 「수오재기」에는 '나를 지키는 집'의 뜻을 가진 당호인 '수오재(守吾齋)'의 의미를 깨닫지 못하다가, 귀양 온 후에 자문자답을 통해 잃어서는 안 될 본질적 자아를 지키는 것이 바로 '나를 지키는 것'임을 깨달아 가는 성찰의 과정이 잘 드러나 있다.

'논'의 방식으로 자신의 견해를 선명히 드러낸 한문 수필도 적지 않다. 허균의 「호민론」과 「유재론」, 이규보의 「문조물」 등이 이에 해당한다.

> 천하에 두려워할 만한 것은 오직 백성뿐이다. 백성을 두려워해야 하는 것은 수해나 화재, 호랑이나 표범보다 더 크다. 윗자리에 있는 사람들이 바야흐로 그들을 업신여기고 길들여서 모질게 부려 먹는 것은 무엇 때문인가. (허균, 「호민론」)

위 글은 백성을 항민(恒民), 원민(怨民), 호민(豪民) 셋으로 구분하고, 이 중 호민이 가장 위험한 존재임을 역사적인 사례를 들어 위정자를 향해 경고한 정치적 논설에 해당한다. 이처럼 '논'은 작가의 생각을 어떤 글쓰기 형식에 얽매이지 않은 채 논리적으로 설득해 나가는 논변적 성격이 강하다.

그 밖에 만필, 만록의 경우, 만화가 그림이라는 수단을 활용한 것이라면 만필은 붓을 이용한 것으로, 자유분방한 작가 의식과 세계관이 상통한다. 김만중의 『서포만필』, 홍만종의 『순오지』 등이 좋은 예이다. 『서포만필』에는 신라 이후의 저명한 문인을 평하고, 정철의 가사 비평은 물론, 한글로 표현된 문학의 가치를 긍정하는 탁견이 제시되어 있다. 천문, 지리, 역사, 문학 등 제 분야에 대한 생각을 글의 형식에 구애받지 않고 자유롭게 서술해 놓았다. 『순오지』 역시 국문 시가의 우수성을 인식하고 이를 높이 평가한 비평문이 주를 이룬다. 역사, 지리, 설화, 가요, 시 등 학문과 문장에 뜻을 두었던 작가의 식견이 두루 반영되어 있다. 남에게 자신의 견해를 전달하기도 하고, 남을 설득하기 위한 목적에서 자신의 견해를 피력한 비평적 중수필에 해당한다.

제문과 행장, 묘지명도 한문 수필의 상당수를 차지한다. 죽은 이를 애도하며 그의 생애를 재구성하는 가운데, 글쓴이의 감정과 망자에 대한 평가가 진솔하게 담겨 있다. 이렇듯 인물의 생애를 평가하고 자신의 생각을 피력한 글은 조선 후기까지 활발히 창작되었다. 박지원의 「백자증정부인박씨묘지명」, 이건창의 「유수묘지명」 등이 있다.

한문 일기도 적지 않다. 이문건의 『양아록』은 육아 일기에 해당한다. 그 밖에 사대부의 일상생활 모습과 심리 등을 날마다 기록해 나간 이순신의 『난중일기』, 유희춘의 『미암일기』, 박지원의 『열하일기』, 유만주의 『흠영』 등은 단연 문학사에서 다루어질 만하다. 특히 『열하일기』는 기행문체의 일기로, 유창하고 발랄한 수필다운 문체가 돋보이는 고전 명품 수필에 해당한다. 「호곡장론」, 「상기」 등이 실려 있다.

기행문으로는 사신들의 중국, 일본 여행 견문을 기록한 연행록이 다수를 차지한다. 홍대용의 『을병연행록』(『담헌연기』의 국문본), 『사행록』 등이 대표적이다. 신유한의『해유록』, 최부의『표해록』, 강항의『간양록』 등 바다를 표류하다 외국에 머물렀던 체험담이나 일본 포로 생활의 경험담 등 특별한 해외 체험을 생생히 기록해 놓은 글들도 다수 전한다. 무엇보다 조선 시대의 기행문은 단순히 자연 감상 또는 여정과 견문을 기록하는 데 그치지 않고, 사색과 발견의 기록물이라는 성격이 강한 것이 특징이다.

임병양란을 경험한 17세기에는 소위 실기 문학 작품이 대거 등장한다. 실기는 실존 인물이 역사적 체험의 실상을 기록한 것으로, 이성보다는 감성에 호소하는 공감대 형성에 기여하였다. 이때 국문 수필도 다수 등장하기 시작하였다. 기존 한문 수필의 체제와 형식을 내재화하는 한편, 여성 중심의 고유한 문학적 색깔을 보여 주는 방향으로 나아갔다. 여성 특유의 우아하고 섬세한 필치로 표현된 작품이 많다. 특히 사대부 여성들을 중심으로 널리 사용된 문체를 '내간체'라 하는데, 여성다운 섬세한 관찰과 표현을 중심으로 산문 문학의 독특한 영역을 구축하였다. 이 중 일기와 편지는 여성이 즐겨 짓던 한글 수필의 주종을 이룬다. 의유당의『의유당관북유람일기』, 제문 형식을 빌려 부러진 바늘을 애도하는 내용을 담은 유씨 부인의「조침문」, 규방 부인의 바느질 도구를 의인화하여 인간의 그릇된 세태를 비판하고 인생의 단면을 극적이고 객관적으로 제시한「규중칠우쟁론기」는 조선 후기 여성의 심리와 생활상을 탁월하게 드러낸 작품으로, 소위 3대 여성 고전 수필로 손꼽힌다. 편지 글은 대단히 많은데, 주로 국문으로 쓰였으며, 왕으로부터 천민에 이르기까지 광범위하게 수용되어 소소한 일상적 생활 모습과 감정을 진솔하게 담아낸 생활 문학의 보고라 할 만하다. 이응태 부인의 국문 편지나 정약용의「유배지에서 보낸 편지」가 대표적이다. 특히 후자는 유배 시절, 실학 정신을 몸소 실천하면서 멀리 떨어져 있는 가족과 정을 나누고 자녀를 훈계하는 내용의 편지글이다.

수필 문학은 민간뿐 아니라 궁중에서도 널리 창작되었다. 이러한 작품들을 별도로 '궁중 수필'이라 부르는데, 궁중에서 일어난 역사적 사건을 여성의 시각에서 우아하고 섬세하게 표현하여 고전 수필의 백미로 평가받는 작품이 적지 않다. 영창 대군의 비극적 죽음을 써 내려간 어느 궁녀의『계축일기』, 병자호란 당시 남한산성에서의 사실을 그대로 기록한 어느 궁녀의 『산성일기』, 그리고 혜경궁 홍씨의 『한중록』이 대표적이다. 궁중 수필은 수필이기 이전에 모두 역사적 사건을 객관적 자세로 기술하고자 한 사료로서의 성격이 강하다. 『한중록』은 자기 고백적인 회상록이 아니라, 사건의 내막을 폭로하려는 해명서이자 증언이다. 권력 관계 속에 놓인 궁중 여성으로서의 회한뿐 아니라, 사도 세자라는 한 남자의 아내이자 조선 사회의 한 여성으로서 가졌던 복잡한 사고와 감정을 순 한글의 유려한 문장으로 묘사해 냄으로써 오랫동안 많은 이들의 심금을 울리는 작품으로 남아 있다.

이렇듯 국문 수필은 국문 어휘와 표현, 독자와 작가층의 확대, 의식의 변모에 따른 어문 생활사적 흔적을 살피기에 용이한 작품으로서 소중한 의미를 갖는다.

3——교육적 접근

우리는 사건과 갈등 위주의 소설이나 설화 등 서사 문학에 대한 선호도가 상당히 높다. 반면에 수필 문학에 대한 관심과 독서욕은 상대적으로 낮다. 이를 불식하기 위해서라도 수필 작품을 매개로 한 청소년 대상 감성 및 성찰 교육을 적극 실천할 필요가 있다. 경쟁으로 지친 현대 사회에서 조금은 여유를 갖고 삶의 지혜를 배우며 세계를 이해할 수 있는 감성 및 정서 교육이 효과적일 수 있다. 오랫동안 교육 현장에서는 수필 교육이 외면당해 왔다. 교과서 제재로 선정되는 작품의 종수도 그렇고, 교육 평가에서도 서사 문학보다 교술 문학의 비중을 낮게 바라본 까닭에 지속적으로 홀대받아 왔다. 따라서 서사 문학 일변도의 수업 설계와 교육에서 탈피하여 사적(私的) 문학 작품에 대한 감상 능력을 키워 주고, 이를 표현 교육으로 적용할 수 있어야 한다.

한문 수필은 오랜 기간 남성의 전유물이었다. 그러나 남성과 여성이 함께 일기와 서간을 향유하게 된 조선 중기 이후 고전 수필은 남녀가 힘써 향유한 장르가 되었다. 이런 수필 중에는 조상들의 생활 모습과 사적인 의식 세계를 고스란히 들여다볼 수 있는 작품이 적지 않다. 특히 정서적인 측면보다 성찰적인 측면이 강한 제재를 지닌 작품이 많다. 「조침문」처럼 사물과 공감하는 정서가 잘 드러난 작품뿐 아니라, 「경설」처럼 성찰적 제재를 다룬 작품도 적지 않다. 그런데 교과서 수록 작품을 보면 성찰적 제재의 활용도는 높지만, 감성적 제재의 활용도는 그다지 높지 않다. 따라서 성찰적 작품뿐 아니라 감성적 작품에도 관심을 기울일 필요가 있다.

고전 수필 교육의 실천을 위해서는 우선적으로 양질의 번역이 필요하다. 현대인의 감각에 맞고 공감할 수 있는 작품을 많이 소개할 필요가 있다. 청소년기에 자신의 정체성 확립과 인간관계 및 세계관 정립을 위한 문학 작품으로 고전 수필이 유용할 뿐 아니라, 독서와 표현 교육(작문, 논술, 말하기 등)을 위한 제재로도 충분하다. 인간과 삶, 그리고 미래를 살리는 고전문학 교육이 되기 위해서라도 고전 수필 교육의 활성화가 적극 요구된다.

참고 문헌

고전 수필 선집으로는 이병기, 『근조 내간선』(국제문화관, 1948); 손광성 외 편역, 『한국 고전 명수필선』(을유문화사, 1999); 양현승 역주, 『한국 설(說) 문학선』(월인, 2004); 정진권, 『한국 고전 수필선』(범우사, 2005) 등이 있다. 다양한 고전 수필 작품을 집대성한 선집은 아직 없다.

연구 논저로는 최승범, 『한국 수필 문학 연구』(정음사, 1983); 권호, 『고전 수필 개론』(동문선, 1998); 이상익·노진환·모팔원 편저, 『고전 수필 어떻게 읽을 것인가』(집문당, 1999); 한태문, 「고전 수필」, 『한국 고전문학 강의』, 이헌홍 외(박이정, 2012); 서유경, 「교술 교육」, 『문학 교육 개론 Ⅱ — 실제편』, 류수열 외(역락, 2014); 최강현, 『학생을 위한 한국 고전 수필 문학』(휴먼컬처아리랑, 2014); 황문환, 『언간』(역락, 2015) 등을 참고하기 바란다.

가전

1——개념·범주·특성

'가전(假傳)'은 어떤 사물을 의인화하되 그 가계나 행적 등을 사람의 일대기처럼 표현하여 세상을 경계하고 깨닫게 하기 위해 지은 글을 말한다. 동아시아 서사에서 사람의 일대기를 기술하는 주요 양식인 '전(傳)' 형태를 가져와 사회를 비판하고 풍자하며 교훈을 주고자 쓴 작품이다. 일찍이 당나라 때 한유가 붓을 의인화한 「모영전」이 가전의 효시로 인정되는데, 국내에서는 그로부터 400여 년 후인 고려 중기에 임춘의 「국순전」과 「공방전」이 나타난 이후로 조선 후기까지 수백 년간 지속적으로 창작되었다.

가전은 다음 몇 가지 특징을 지닌다. 첫째, 전의 구성을 취하고 있으면서 의인화 수법을 사용한다는 점이다. 가전은 일상생활에서 발견할 수 있는 돈, 술, 지팡이, 대나무 등 각종 사물을 의인화하고 있다는 점에서 가전(家傳), 탁전(托傳), 사전(私傳) 등과 다르지만, 전이 지닌 '가계 – 행적 – 평결'이라는 형식상 구조를 공통적으로 사용하고 있다. 대상의 선조에 대한 내력을 밝히고 대상의 역사상 특징 곧 행적을 열거한 후, 후손에 대한 소개에 이어 글쓴이의 논평으로 끝맺는 형식으로 되어 있다. 이는 사마천의 『사기』 「열전」이나 한유의 가전에서 보여 준 '전'의 글쓰기 양식을 그대로 차용한 것이다. '사신 왈(史臣曰)'로 시작하는 마지막 평결부에서 작가는 앞부분에서 의인화한 사물의 특성과 내력을 통해 말하고 싶었던 자기 생각을 피력한다. 가전과 유사한 듯 다른 탁전은 작자의 호(號)에 빗대어 자신을 입전시킨 것이다. 이규보의 「백운거사전」, 최해의 「예산은자전」이 대표적이다.

둘째, 의인화된 사물의 가계와 행적을 사실에 가탁하기 위해 많은 전고(典故)를 활용한다는 점이다. 동아시아의 지식 문화에 대한 이해가 없으면 읽어낼 수 없을 정도이다. 마지막 사신의 말을 통해 비판 의식을 보여 주어 사람들에게 교훈을 주고 경계로 삼게 하지만, 그 역시 이전 본문에서 다룬 전고와 역사적 사실을 충분히 알고 있어야 효과가 있다. 그만큼 가전은 문인 지식인의 문학적 역량과 지식을 과시하기 위한 목적에서 창작된 측면이 강하다. 자신의 속마음을 우회적으로 담아내고자 한 고도의 글쓰기 전략의 결과물이라 할 것이다.

셋째, 계세징인(戒世懲人)을 목적으로 한 이념적 문학이라는 점이다. 행적부에서 사물의 공과(功過)와 객관적 특징을 삽화 제시 방식으로 열거하는 것은 계세징인의 교훈적 목적을 달성하기 위한 근거를 제시하는 것에 해당한다. 따라서 평결부에서 글쓴이가 의인화한 사물에 대한 평가를 가하며 궁극적으로 감계와 교훈을 드러내고자 할 때 행적부 내용을 적절히 다룬다.

넷째, 고사 위주의 삽화가 대거 등장하는데, 삽화 간에 특별한 인과 관계는 없다. 역사적 전거를 관념적으로 나열하는 데다 서술적 형상화에 크게 미흡하기 때문에 소설이 아닌, 교술적 성격이 강한 전에 머물고 있다.

그렇다면 고려 중기 이후에 가전이 등장한 이유는 무엇일까? 무신란 이후에 시대에 대한 불만과 울분을 간접적으로 표현하기 위한 풍자로 나타났다고 보는 견해가 있는가 하면, 새로운 사회 재편을 노리던 신흥 사대부들이 기존에 '심(心)'만 중시하던 관점에서 탈피하여 '심'과 '물(物)'에 대한 새로운 관심을 보여 주고자 한 문학 표현 욕구의 결과(사물의 의인화)라는 견해도 있다. 즉, 구체적 사물과 경험을 중시하되 그것을 철저한 이념적 해석으로 걸러 내려 했다고 보는 것이다. 그런가 하면 긍정적 선양(宣揚) 일변도의 가전과 달리, 대상 사물의 공과에 따라 찬양 또는 비판을 가하는 열전의 태도를 취함으로써 새로운 글쓰기를 도모하고자 한 결과로 보기도 한다.

이런 가전은 고려 후기뿐 아니라 조선 전기를 거쳐 조선 후기까지 계속 창작되었다. 그 과정에서 의인화한 대상이 사물뿐 아니라 심성으로까지 확장되고, 서사 기법도 다소 변모하는 모습을 보여 준다. 따라서 조선 시대에 나타난 가전 중에는 소설에 근접한 작품이 있어 논란의 여지가 있다. 즉, 고려 후기의 가전은 교술성이 다분한 '가전'이라는 고유한 역사적 장르로 평가할 수 있지만, 조선 시대에 나타난 가전 중에는 '가전체 소설'로 구분할 만큼 성격이 다소 이질적인 작품들도 존재한다. 그러므로 형식은 가전의 모습이지만 시대 변화에 따라 작가 의식과 기법이 달라진 것을 구분하여 이해하는 것이 필요하다. 둘 다 사물을 의인화한 것이지만, 내적 특질 곧 사건(서사) 전개가 얼마나 인과적(계기적)으로 전개되며, 사회에 대한 문제의식을 얼마나 보여 주느냐는 등의 세계 인식의 태도를 통해 소설과 일반 가전을 변별할 수 있다.

중요한 것은 일반 가전은 소설이 아니라는 사실이다. 고려와 조선 시대의 가전은 전의 형식을 빌려 사물의 속성을 드러내는 데 초점을 둔 교술 장르의 하나임을 기억할 필요가 있다.

2——개관 및 대표 작품

고려 가전은 임춘이 술과 돈을 각각 의인화한 「국순전」과 「공방전」으로부터 시작한다. 과거에 수차례 낙방하고 무신란 때 간신히 목숨을 건졌으며 이후에도 곤궁하게 지내야만 했던 임춘은 당대의 정치·경제 현실에 대한 불만과 울분을 각각 술과 돈을 매개로 드러내고자 하였다. 반면에 동시대의 이규보는 동일한 술을 의인화한 「국선생전」에서 대상에 대한 비판적 시각보다 사물의 특성 자체를 드러내거나 긍정하려는 성격이 강하다. 「국선생전」은 술의 긍정적인 측면을 부각하는데, 국성이 수성(愁城)에 물을 대어 도둑떼를 평정한다는 내용이 그러하다. 이는 마음의 근심인 도적을 술을 통해 극복하였다는 것으로, 조선 시대 임제가 지은 「수성지」의 원천이 된다 하겠다. 거북을 의인화한 이규보의 「청강사자현부전」 역시 긍정적 시각에서 어진 사람의 행적을 그린 것인데, 동물을 의인화한 첫 번째 가전 작품에 해당한다.

> 국순의 자(字)는 자후(子厚)이니, 그 조상은 농서(隴西) 사람이다. 90대 조(祖) 모(牟)가 후직을 도와 뭇 백성들을 먹여 공이 있었으니, 『시경』에 이른 바, "내게 밀과 보리를 주다." 한 것이 그것이다.
>
> (중략)
>
> 위에서 일찍 밤에 잔치할 때도 오직 그와 궁인만이 모실 수 있었고, 아무리 근신(近臣)이라도 참예하지 못하였다. 이로부터 위에서 곤드레만드레 취하여 정사를 폐하고, 순은 이에 제 입을 재갈 물려 말을 하지 못하므로 예법의 선비들은 그를 미워함이 원수 같았으나, 위에서 매양 그를 보호하였다.
>
> (중략)
>
> 사신이 말하기를, "국씨의 조상이 백성에게 공이 있었고, 청백(淸白)을 자손에게 끼쳐 창(鬯)이 주나라에 있는 것과 같아 향기로운 덕이 하느님에까지 이르렀으니, 가히 제 할아버지의 풍이 있다 하겠다. (중략) 왕실이 미란하여 엎어져도 붙들지 못하여 마침내 천하의 웃음거리가 되었으니, 이는 거원(巨源: 중국 진나라의 문인 — 인용자 주)의 말이 족히 믿을 만한 것이 있도다." 하였다. (임춘, 「국순전」)

위 글은 「국순전」의 일부이다. 작품 전체를 보면 확인할 수 있듯이, 국순의 집안 내력을 소개하고(가계), 국순의 성품과 정계 진출, 그리고 국순의 횡포와 물러난 사건까지를 삽화 식으로 제시한 후(행적), 국순에 대한 사신(史臣)의 평가, 곧 작가의 부정적 평가가 제시되어 있는데(평결), 이러한 서사 구조가 가전의 일반적인 형태이다. 그리고 국순의 도량이 크고 남의 기운을 북돋워 주는 재간이 있다는 점을 부각하는 한편, 벼슬길에 올라 왕의 마음을 혼미하게 하고 돈을 거두어들이는 등 비리를 저질러 지탄을 받다가 죽고 만다는 식의 양면적 성격을 그대로 보여 주고 있다. 이는 사물이 지닌 긍정적·부정적 속성을 함께 드러내어 인간의 양면적 속성까지 고려할 수 있도록 한 것으로, 가전이 우의적 속성이 강한 장르임을 잘 보여 준다. 그만큼 세상을 경계하고 사람을 징계하려는 목적이 있음을 확인할 수 있다. 임춘은 또 다른 가전 「공방전」에서 돈의 폐단을 비판하고 재물에 대한 인간의 탐욕을 경계하고자 하였다.

승려 혜심은 대나무를 의인화한 「죽존자전」과 얼음을 의인화한 「빙도자전」을 남겼다. 주인공을 승려로 설정하고 선문답과 게송을 활용하여 불교 신자로서 추구해야 할 이상적인 태도를 드러내고자 하였다. 고승들의 전기인 『고승전』의 형식을 표방한 불교계 가전으로, 대나무와 얼음은 후대 가전의 단골 소재로 종종 활용되었다. 이색의 부친이자 이제현의 문인이었던 이곡은 대나무로 만든 '죽부인'을 의인화 대상으로 삼아 현숙하고 절개 있는 여성의 모습을 「죽부인전」에 담아내었다.

한편, 승려 석식영암은 지팡이를 의인화한 「정시자전」을 지었는데, 이 작품은 기존 가전의 형식과 달리 서두부가 파격적이고 꿈을 가설하고 있는 데다 사건의 기술보다는 대화를 통한 메시지 전달을 추구하였으며, 평결부는 불교의 게송 식으로 처리해 놓았다. 비록 사건의 구심력이나 인과적 구성은 부족하지만, 가전이 점차 진일보한 글쓰기 수법을 추구해 나간 사정을 살필 수 있는 작품으로 삼기에 충분하다. 고려 말에서 조선 초의 문장가인 이첨이 종이를 의인화한 「저생전」 역시 주목할 만하다. 종이가 발명된 한나라 때부터 원·명대에 이르기까지 주인공의 내력을 다루면서, 종이의 쓰임을 문방사우의 하나로만 파악하지 않고 지폐와 기타 잡문서에 유용하게 쓰인다는 점을 두루 다루면서 문인이 취해야 할 올바른 태도를 보여 주고, 당시의 부패한 유생을 신랄하게 비판하였다.

고려 후기 가전 창작의 전통은 조선 후기까지 활발히 이어졌다. 조선 시대의 가전은 작품도 풍부하고 내용도 다채롭다. 그동안 조선 시대 가전에 대해서는 고려 후기 가전에 비해 상대적으로 관심이 부족했었는데, 가전의 다채로운 작품 세계를 이해하기 위해서라도 조선 시대 가전에 대한 관심이 필요하다. 가전 문학사 측면에서 주목할 만한 작품들을 위주로 몇 가지 살펴보기로 하자.

조선 시대 가전으로는 정수강의 「포절군전」이 가장 앞선다. 대나무를 의인화한 것으로, 연산군의 폭정과 중종반정 등의 정치적 소용돌이를 경험한 작가가 바라본 절의(節義)에 대한 변론이라 할 만하다. 소설 『주생전』의 저자이기도 한 권필이 남긴 「곽삭전」은 게(蟹)를 의인화한 작품으로, 다른 가전에서는 보기 힘든 비장한 정조가 주를 이루는 것이 특징적이다. 작가의 자서전적 가전으로 보이는데, 혼란한 시정의 병폐에 대한 풍자의 의미가 깊이 깔려 있다. 호랑이를 산군으로 의인화한 최효건의 「산군전」은 이후 우화 소설을 비롯하여 호랑이를 소재로 한 작품에서 호랑이를 산군으로 지칭하는 출발을 알린 작품이다. 폭력과 권위에 대조되는 인의에 입각한 왕도 정치 구현을 내세웠다.

김수항은 모란꽃을 의인화한 「화왕전」을 지었다. 꽃을 의인화한 다른 작품들이 꽃 왕국의 알레고리를 통해 정치적 득실 문제에 관심을 가졌던 것과 달리, 순전히 꽃 왕국의 자연 생태적 측면에 초점을 맞춘 것이 이채롭다. 임제와 노긍 중 누가 지었는지 논란거리인 「화사」는 일반 가전이 취하는 열전 형식이 아닌 본기 형식을 취하면서 매화, 매화의 꽃받침, 모란, 연꽃을 각각 도(陶), 동도(東陶), 하(夏), 당(唐) 등 연속된 네 왕조의 임금에 비유하여 흥망의 역사와 의미를 다룬 문제작이다.

담배를 소재로 한 가전도 있는데, 그동안 첫 작품으로 알려졌던 임상덕의 「담파고전」보다 60여 년 앞서 신혼이 「남생전」을 창작하였다는 사실이 최근에 밝혀졌다. 「남생전」은 담배가 조선에 유입된 지 30년 정도 지난 1640년대 흡연의 실상을 인간 세계의 현상으로 바꾸어 놓은 작품이다. 이후 이희로와 이옥 등이 거듭해서 동일 제재의 가전인 「남령전」을 지었다. 이희로가 담배의 유래와 그 전파 경로를 한·중·일 삼국의 역사성에 비추어 교묘하게 형상화하면서 풍자보다 시사적 측면에 주목하였다면, 이옥은 담배와 근심이 대치하는 군담적 형상화를 통해 담배가 근심을 덜어 주는 효과가 있음을 보여 주면서 담배 예찬론을 펼쳤다.

고양이를 의인화한 조구명의 「오원자전」은 천적인 쥐와의 대립 관계에 입각한 군사적 무용담에 집중하여 가전으로서 또 다른 흥밋거리를 제공해 준다. 안정복 문집에 수록된 작자 미상의 「여용국전」은 여성의 얼굴을 나라에 비유하고, 각종 화장용품과 세면도구를 신하로 의인화하여 나라(용모) 가꾸기에 게을러진 틈을 타 머릿니, 얼굴 때, 잇똥 등의 도적이 쳐들어온 것을 신하들이 나서서 차례대로 물리친다는 내용으로, 가전보다는 소설에 가까워진 작품이라 하겠다.

이처럼 가전은 작품이 단일하지 않고, 시간이 흐르면서 형식적·내용적 측면에서 변이를 보이는 작품도 적지 않다. 「오원자전」은 평결부가 이중 구조로 되어 있고, 일부 작품은 전의 한 형식 부분이 탈락되어 있기도 하다. 「화사」, 「여용국전」 등은 이러한 기본 골격에서 벗어나 다양한 양식적 변화를 추구하면서 소설 장르에 가까워진 모습을 보여 준다. 이를 통해 교술적 전에서 서사적 전으로 변모해 간 양상을 확인할 수 있다.

3——문학사적 위상과 의의

가전은 8세기 중국에서 처음 시작되었지만, 국내에 들어와 더 큰 발전과 성과를 거두었다. 고려 후기부터 조선 전 시대에 걸쳐 다수 창작되면서 우언 산문의 편폭을 넓혀 나갔다. 신진 사대부들이 성리학적 이념을 드러내기 위해 사물에 대한 관심을 표현하는 새로운 방식으로 발전시킨 역사적 장르로, 의인화라는 우의적 수법을 활용하여 더 많은 함의를 간접적으로 담아내는 것이 효과적이라고 여긴 문인 지식인의 처세와 맞물리면서 유학 지식인들의 창작물로 오랫동안 애용되어 왔다.

고려 중기 이후 설화를 수집·정리하는 과정에 나타난 패설 작품과 달리, 개인의 창작물이며 의인화라는 허구적 수법을 적극 활용하였다는 점에서 가전은 설화에서 소설로 넘어가는 중간적 구실을 한 한문 산문 장르 중 하나로 평가할 수 있다. 교술적 성격 외에 서사적 성격까지 일부 포함하고 있는 가전은 이후 조선 시대에 '가짜 전' 형태의 소설이 등장할 수 있는 밑거름을 제공하였다. 등장인물의 일생을 전 형식에서 가져왔으면서도 사실에 충실하게 소개하는 데 머물지 않고 현실에서 일어날 법한 그럴듯한 행적을 인과적 서술로 재구성해 냄으로써 현실 세계의 제 존재 양상과 문제를 다각도로 음미하게 만드는 '전계 소설'로 나아가는 전 단계라는 점에서 문학사적 의미를 부여할 수 있다. 가전의 경우 관념론적 사고에서 벗어나지 못한 채 사물의 속성을 강조하는 데 그치고 말기 때문이다. 서술적 형상화나 서사 전개 기법 또한 단순하다. 그러나 전에서 전계 소설로, 가전에서 가전계 소설로 이어지는 일련의 국내 서사 전통은 단순히 전과 가전이 중국의 영향에 그친 것이 아니라, 국내 소설의 내재적 발생을 보여 주는 근거가 된다는 점에서 소중한 가치를 지닌다.

참고 문헌

가전 문학의 전반적인 특징과 갈래 이론에 관해서는 조동일, 『한국 문학의 갈래 이론』(집문당, 1992); 김창룡, 『가전 문학론』(박이정, 2007)에서 고찰한 것을 참고할 만하다.

다양한 가전 작품과 가전체 소설 작품을 직접 읽고 그 차이를 확인하려면 조동일, 『한국 문학 통사 2』(지식산업사, 1983); 조수학, 『한국의 탁전과 가전』(영남대학교 출판부, 1987); 김창룡, 『가전 문학의 이론』(박이정, 2001) 등을 추천한다.

국문 수필

1——개념·범주·특성

고전 수필을 사용 언어를 가지고 나눌 때, 한글로 쓰인 수필 작품을 국문 수필이라 한다. 15세기 한글 창제 이후 한글을 사용한 글쓰기가 이루어졌기 때문에 국문 수필은 한문 수필에 비해 역사가 짧고, 창작 주체도 남성보다는 여성이 더 많다. 따라서 국문 수필은 대개 16세기에서 17세기 이후 교양 있는 여성들이 일상생활에서 경험하고 느낀 바를 일기, 서간, 기행, 신변잡기 등의 형태로 남긴 것이 주를 이룬다. 국문 수필은 국문 문학이 임병양란을 거치면서 산문화의 경향을 띠게 되었을 때, 국문 소설과 함께 여성 문학 담당층이 향유하였던 중요 산문 문학으로서의 고유한 모습과 위치를 보여 주고 있다.

국문 수필은 한문 수필에 비해 양적으로 적지만, 질적 측면에서 일기, 기행문, 서간, 제문(애도문) 등의 형태로 여성 특유의 내간체 문장을 고스란히 보여 준다는 점에서 차별화가 가능하다. 내간체는 한글이 사대부 여성을 중심으로 보급되어 널리 사용되는 과정에서 이루어진 문체를 말하는데, 현재 전하는 국문 수필 중에는 여성 특유의 우아하고 섬세한 표현이 두드러진 작품이 많다. 여성다운 섬세한 관찰력과 표현력으로 산문 문학의 독특한 색깔을 보여 준다고 하겠다.

국문 수필에는 인간의 성정을 교화하기 위한 목적의 계몽적인 성격의 글과 일상생활에서의 개인의 체험과 성찰 내용을 표현해 내려는 사적 기록물로서의 성격을 지닌 글이 모두 포함된다. 그런가 하면 사대부 남성이 부인이나 딸과 주고받은 편지나 궁중의 여성들 사이에서 오간 한글 편지도 국문 수필의 특징을 잘 보여 준다. 지식인 남성이 한글로 쓴 서간, 기행, 일기 등도 있지만, 남성 국문 수필은 여성들처럼 차별적인 문체를 구사하며 고유한 영역을 보여 주었다고 보기는 어렵다. 여성들이 쓴 국문 수필 중에는 궁중에서 일어났던 역사적 사건을 여성의 시각에서 예리하게 포착해 낸 궁중 수필 작품도 있다. 교양 있는 궁녀나 왕실의 여성들이 우아하고 섬세한 표현으로 자신의 경험담을 곡진하게 적어 나가면서 절제된 정서와 인간미를 보여 주는 작품이 적지 않은데, 개중에는 고전 수필 문학의 백미라 부를 만한 것들이 있다.

이처럼 국문 수필은 한글 창제 이후부터 19세기 말 근대 문학이 등장하기 전까지 창작된 수필 중에서 사회 변동에 따라 개인의 체험이나 역사적 사실에 대한 느낌을 국문으로 기록한 작품이 다수를 차지한다. 이를 통해 국문 문학의 다양한 작품 세계를 엿볼 수 있을 뿐 아니라, 조선 후기 여성들의 의식과 세계관, 그리고 당대 삶의 진솔한 단면까지 살필 수 있다.

2——개관 및 대표 작품

현전하는 고전 국문 수필은 창작 주체의 신분과 작품의 성격을 고려하여 '일반 수필'과 '궁중 수필'로 대별한다. 이때 일반 수필이란 궁중에 속하지 않은 작가가 쓴 수필 전체를 말한다. 일반 수필 작품은 형상화 기법이나 소재를 기준으로 다시 다음의 세 가지로 나눌 수 있다.

첫 번째는 의인체 수필이다. 의인체 수필은 말 그대로 사물을 의인화하여 자신의 심회를 드러낸 국문 수필을 말한다. 부러진 바늘을 마치 사람이 죽은 것처럼 비유하여 제문 형식으로 지은 「조침문」과 규방에서 바느질할 때 소용되는 '바늘, 골무, 실, 가위, 인두, 다리미, 자' 일곱 가지 도구를 규방 친구로 의인화한 「규중칠우쟁론기」가 대표적이다.

유세차 모년 모월 모일에 미망인 모씨는 두어 자 글로써 침자(針子)에게 고하노니, 인간 부녀의 종요로운 것이 바늘이로되, 세상 사람이 귀히 아니 여기는 것은 도처에 흔한 바이로다. 이 바늘은 한낱 작은 물건이나 이렇듯이 슬퍼함은 나의 정회가 남과 다름이라.

오호 통재라, 아깝고 불쌍하다. 너를 얻어 손 가운데 지닌 지 우금(于今) 이십칠 년이라 어이 인정이 그러히 아니하리오.(유씨 부인, 「조침문」)

이른바 규중 칠우는 부인네 방 가운데 일곱 벗이니 글하는 선배는 필묵과 종이 벼루로 문방사우를 삼았나니 규중 녀잰들 홀로 어찌 벗이 없으리오.

(중략)

규중 부인이 이르되,

"칠우의 공으로 의복을 다스리나 그 공이 사람의 쓰기에 있나니 어찌 칠우의 공이라 하리오."

하고 칠우를 밀치고 베개를 돋우고 잠을 깊이 드니 척 부인이 탄식하여 이르되,

"매야할사 사람이오 공 모르는 것은 녀재로다."(「규중칠우쟁론기」)

「조침문」은 일찍 남편을 여의고 바느질하며 평생 지내 오던 한 여인이 아끼던 바늘이 부러지자 이를 안타까워하며 함께했던 긴 세월을 회고하면서 바늘의 장점과 외형을 소개하고, 자신의 슬픈 마음과 자책감을 토로하는 형식을 취하고 있다. 표면적으로는 부러진 바늘에 대한 애도의 마음이 주가 되나, 이면에는 죽은 남편에 대한 그리움과 한스러운 자신의 처지를 드러내고자 한 것으로 볼 수도 있다. 문장이 유려하고, 제문의 형식을 알고 여러 고사를 중간에 적절히 차용하고 있는 점으로 보아 교양 있는 양반가 여성이 썼을 것으로 추정된

다. 「규중칠우쟁론기」는 '규중의 일곱 친구'인 바늘 도구들이 자신들의 공을 내세우면서 서로를 비난하다가(전반부) 인간에 대한 원망을 하소연하는 상황에 이르러서는 같은 처지가 되어 서로 동정하고 한께 탄식하는 내용(후반부)으로 되어 있다. 이를 통해 이기적이며 남을 깎아내리기 좋아하는 인간들을 풍자하는 한편, 자랑이나 불평만 하지 말고 자신의 직분을 성실히 감당할 것을 깨닫게 하기 위한 목적도 함께 내포하고 있음을 엿볼 수 있다. 이처럼 규중 칠우의 입을 빌려 공을 다투거나 원망을 토로하는 장면은 당대 여성의 당당한 자기 주장을 대변한 것으로 볼 수 있다.

의인체 수필이 의인화 기법을 취한 이유는 남녀 차별과 사회 활동의 제약이 심했던 조선 사회에서 여성들이 갖고 있던 비판 의식과 풍자 의식을 보여 주기 위해서였다. 따라서 비판적·계몽적 성격이 강하며, 개인적 내면화보다 사회적 공감대를 드러내고자 한 경향이 짙다. 서사적 성격이 강한 것도 한 특징이라 하겠다.

두 번째는 기행 수필이다. 국문 기행 수필은 일반 사대부 여성이 쓴 기행문과 일기가 대부분이다. 『의유당관북유람일기』가 대표적이다. 이 작품은 현전하는 최초의 한글 기행문이자 여성 작가가 쓴 수필 문학 중 최고로 일컬어지기도 한다. 의유당 김씨가 함흥으로 부임해 가는 남편을 따라가 그곳의 명승지를 구경하고 느낀 바를 적은 기행 일기이다. 이 일기에 실린 글 중에서 특히 「동명일기」가 압권이다. 해돋이가 유명하다는 말을 듣고 일출 장면을 구경하기 위해 오가는 도중에 겪은 일들과 해돋이의 장관을 치밀하고 예리한 관찰을 통해 사실적으로 묘사하였다.

차차 나오더니, 그 위로 작은 회오리밤 같은 것이 붉기 호박(琥珀) 구슬 같고, 맑고 통랑(通郞)하기는 호박보다 더 곱더라.

그 붉은 위로 흘흘 움직여 도는데, 처음 났던 붉은 기운이 백지 반 장 나비만큼 반듯이 비치며, 밤 같던 기운이 해 되어 차차 커 가며, 큰 쟁반만 하여 불긋불긋 번듯번듯 뛰놀며, 적색이 온 바다에 끼치며, 먼저 붉은 기운이 차차 가시며, 해 흔들며 뛰놀기 더욱 자주 하며 항아리 같고 독 같은 것이 좌우로 뛰놀며, (중략) 천중(天中)에 쟁반 같은 것이 수레바퀴 같아서 물속으로 치밀어 받치듯이 올라붙으며, 항독 같은 기운이 스러지고, 처음 붉어 겉을 비추던 것은 모여 소의 혀처럼 드리워 물속에 풍덩 빠지는 듯싶더라. (의유당 김씨, 「동명일기」)

위 글에서 보듯이, 해 돋는 장관과 감상을 여성 특유의 세밀한 관찰로 치밀하게 드러내었다. 특별히 우리말의 멋스럽고 개성 있는 묘사가 탁월하고, 해를 '회오리밤', '쟁반', '수레바퀴' 등으로 비유하는 등 사실적 묘사와 적절한 비유가 돋보인다. 이처럼 시각적인 이미지와 각종 비유법을 사용하여 일출의 장관을 생동감 있게 드러낸 것은 한문 수필에서는 맛보기 어려운 국문 수필만의 매력에 해당한다.

세 번째는 편지(서간문)이다. 가장 광범위하게 쓰였던 것으로 한글을 익힌 상하층 사람이라면 누구나 국문 편지를 쓸 수 있었다. 특히 사대부가 여성이 쓴 편지와 남녀 간에 주고받은 편지 중에는 문학적 가치가 돋보이는 글들이 일부 보인다. 이에 비해 남성이 남성을 상대로 쓴 편지는 근대 이전까지는 보기 어렵다. 여성이 쓴 편지를 '내간', 국문 편지를 '언간'이라 부르는데, 이 국문 편지야말로 조선 후기 여성들의 교양 수준과 감정 표현, 삶에 대처하는 태도 등을 엿볼 수 있는 귀중한 자료인 동시에 여류 수필의 수준을 가늠하는 하나의 단서가 된다. 정철의 대부인 안씨가 쓴 편지나 이응태의 묘에서 나온 이응태 부인의 국문 편지 등이 있으며, 아무런 수식도 가식도 없이 소박하고 진솔하게 자신의 속마음을 상대에게 전달하고자 쓴 글이 많다.

궁중 수필은 궁중에 속한 여성들이 궁중에서 벌어진 일을 다룬 일련의 작품을 말한다. 사도세자의 부인으로 남편의 죽음과 그 전후 사건의 전말을 회고하며 쓴 혜경궁 홍씨의 『한중록』, 영창 대군의 비극을 증언하듯 써 내려간 어느 궁녀의 『계축일기』, 병자호란 당시 남한산성에서 일어난 일들을 기록해 놓은 어느 궁녀의 『산성일기』 등이 대표적이다. 궁중의 여성들과 남성들이 썼던 서간문도 이에 해당한다.

궁중 수필은 역사적 사건을 소재로 한 것이 많다. 사료적 가치도 있는 『한중록』은 사도 세자가 뒤주에 갇혀 죽은 참변을 포함하여 당쟁의 복잡 미묘한 문제를 다루고 있다. 궁중에서 벌어진 역사적 사건들을 중심으로 자신의 일생사를 회고하는 한편, 사건의 전말을 폭로·규명하고자 한 증언록에 가깝다. 무거운 내용을 순 한글의 유려한 문장으로 풀어 가면서 여성 특유의 우아한 표현으로 내면의 섬세한 정서까지 그려 냄으로써 조선 여성의 이면사와 궁중의 비사까지 풍부하게 살필 수 있는 궁중 여성 문학의 정수에 해당한다.

> 영조께서 휘령전에 좌정하시고 칼을 안고 두드리시며 그 처분을 하시니라. 이 모습이 차마 망극망극하니 내 어찌 기록하리오. 서럽고 서럽도다.
>
> (중략)
>
> 오후 세 시 즈음에 내관이 들어와 밧소주방의 쌀 담는 뒤주를 내라 하신다 하니, 이 어찌 된 말인고. 황황하여 궤를 내지는 못하고, 세손이 망극한 일이 벌어질 줄 알고 휘령전으로 들어가
>
> "아비를 살려주옵소서."
>
> 하니, 영조께서
>
> "나가라."
>
> 명하시니라. (혜경궁 홍씨, 『한중록』)

위 글에서 확인할 수 있듯이, 비빈이라는 당대 최고 신분의 여성이 쓴 작품이라 궁중 용어와 풍속은 물론이고, 고상하고 우아한 어휘에 전아하고 품위 있는 분위기까지 오롯이 담아내고 있다. 사도세자가 뒤주에 갇혀 죽기 전의 긴박한 상황 묘사와 함께 슬픈 감정을 최대한 억제하며 담담히 써 내려갔다. 원본 제목은 '한중만록(閑中漫錄)'인데, 흔히 '한중록(恨中錄)' 또는 '한중록(閑中錄)'으로 부른다.

『계축일기』는 궁궐 내 당파 싸움에 의해 인목 대비가 폐위되고 어린 영창 대군이 쫓겨나 비극적인 최후를 맞이하는 과정을 사실적으로 기술해 놓은 것으

로,『한중록』과 더불어 궁중 수필의 쌍벽을 이룬다.

『산성일기』는 병자호란 당시 남한산성으로 피신한 인조가 성 안에서 50일을 버티던 시기에 일어난 사실들을 일기 형식으로 서술해 놓은 것이다. 남한산성에서의 처절한 항전과 굴욕적인 외교 장면을 생생히 기록하고 있을 뿐 아니라, 산성에 갇혀 지내던 이들의 불안한 심리와 두려움, 긴장감까지 유려한 필체로 박진감 있게 표현해 놓았다. 적개심에 불타 현실성을 무시한 채 과장된 서술을 보여 준 여느 국문 소설 작품들과 달리『산성일기』는 병자호란에 관해 한글로 기록한 흔치 않은 사료일 뿐 아니라, 유려한 필체에 박진감 있는 사건 서술로 객관성과 서사성을 동시에 담보하고 있는 기록 문학 작품이기도 하다. 병자호란의 체험을 기록한 일기이지만, 전란에 대응하는 다양한 인물들의 모습과 갈등이 잘 드러나 있어 소설을 방불케 하는 요소마저 보인다. 굴욕적인 역사에 대한 울분을 느끼고, 우리의 모습을 되비쳐볼 수 있도록 해 준다는 점에서 문학적인 가치 또한 충분하다.

숙종의 어머니 명성 대비가 송시열에게 보낸 비밀 편지, 인목 대비가 정빈(精賓)에게 보낸 편지, 효종비 인선 왕후가 성 밖으로 시집 간 숙명 공주와 주고받은 편지 등은 궁중 여성들의 생활상과 내면 심리를 엿볼 수 있는 소중한 자료이다. 이 밖에 국문 수필로는 내훈과 계녀서, 그리고 여성이 지은 제문 등 교훈과 규범을 위주로 한 작품들도 있다.

3——문학사적 위상과 의의

국문 수필은 한문 수필과 달리 우아하고 섬세한 국문 문체를 활용하여 개인의 내면 심리와 정서를 자유롭게 묘사하였다. 문학 담당층의 문학 활동 폭을 넓혀 주었을 뿐 아니라, 글쓰기의 영역을 다채롭게 만들어 주었다고 하겠다. 무엇보다 여성 작가의 산문 정신과 정서를 담보한 우아한 국문 문체를 선보였다는 점에서 문학사적으로 중요한 의미를 지닌다. 특히 궁중 수필은 역사의 보조 자료로서 당대 인물과 사건을 재음미할 수 있는 실기 문학이자 궁중 문학의 정수로 바라볼 필요가 있다.

그러나 고전 수필 중 국문 수필은 한문 수필에 비해 작품 수가 적을 뿐 아니라, 남아 있는 작품도 궁중 여성과 일반 사대부 여성이 지은 것이 대부분이어서 다양한 작품 세계를 보여 준다고 보기 어렵다. 교과서에 실린 고전 수필도 한문 수필의 번역본이 다수를 차지한다. 따라서 국문 수필의 다양한 작품 세계를 이해하기 위해서는 기생이나 하층민 남성들이 지은 국문 수필도 관심 갖고 소개할 필요가 있다.

현재 서양에서 들어온 근대 수필론에 밀려 국문 수필의 가치와 의미가 퇴색한 면이 없지 않다. 따라서 국문 수필이 우리 고전문학사에서 여성 산문 문학의 성격과 내용을 대표하는 작품군으로서 지니는 의미를 탐구하는 작업이 필요해 보인다. 이는 국문 소설 및 다른 장르와의 대비를 통해서도 이루어져야 할 것이다.

참고 문헌

고전 국문 수필에 관한 다양한 연구 성과로는 최승범, 『한국 수필 문학 연구』(정음사, 1980); 국어국문학회 엮음, 『수필 문학 연구』(정음문화사, 1985); 이우경, 「조선조 일기 문학 연구」(이화여자대학교 박사 학위 논문, 1989); 최강현, 『한국 수필 문학 신강』(서광학술자료사, 1994); 권호, 『고전 수필 개론』(동문선, 1998) 등을 참고할 만하다.

수필 문학의 역사를 개관하고자 한다면 장덕순, 『한국 수필 문학사』(새문사, 2000); 한상렬, 『통시적으로 본 한국 수필 문학사』(수필과비평사, 2014) 등을 살펴보기 바란다.

한문 수필

1——개념·범주·특성

고전 수필의 개념을 '근대 이전에 개인의 생각과 생활의 단면을 자유로운 방식으로 서술해 놓은 개성적인 글'로 본다면, 한문 수필은 그 가운데 한문으로 쓴 작품이라고 할 수 있다. 다만 한문 수필의 개념과 범주를 논하는 데에는 몇 가지 어려운 점이 있다. 수필이라는 개념이 근대 이전에는 갈래 개념으로 통용되지 않았기 때문에 한문 산문 가운데 수필의 성격에 해당하는 작품을 가려내는 작업이 선행되어야 한다. 그런데 현전하는 개인 문집만 해도 수천 종이나 되어서 기본적인 대상의 전모를 가늠하기 어렵다. 그리고 한문 수필을 창작한 작가들의 문학에 대한 인식이 오늘 우리와는 상당히 차이가 있어서, 근대 이전에 '좋은 산문'으로 여겨진 글을 다루기 위해서는 '문학성'에 대한 새로운 성찰이 요구된다. 또 한문이라는 언어적 특성과 창작 관습상 양식별 준칙과 형식미가 중시되었으므로, 수필의 기본 특성인 '자유롭게 쓴 개성적인 글'이라는 기준을 일괄적으로 적용하기도 어렵다.

한문 수필의 개념과 범주를 논하는 일은 이러한 난점들을 인정한 위에서 유동적으로 이루어질 수밖에 없다. 여기서 중요한 것은 본격적인 갈래 논의라기보다 문학 교육의 입장에서 감상할 만한 좋은 작품을 제시하는 일이다. 따라서 세부 양식에 제한을 두는 것보다는 일차적 외연을 최대한 크게 잡되, 그 가운데에서 한문 수필에 해당하는 작품의 범위를 정하는 데에는 엄정한 자격 요건을 적용하는 것이 합리적이다. 결국 허구적 서사 구조를 갖춘 소설로 인정되는 작품을 제외한 모든 산문이 일차 대상이 되므로 여기에는 기록을 위한 서사, 설득을 위한 의론, 실용을 위한 글, 서정을 담은 글이 총망라된다.

다만 이렇듯 방대한 한문 산문 가운데 문학적으로 감상할 만한 가치를 지닌 작품을 선별해야 하는데, 다음 몇 가지를 잠정적인 기준으로 제시한다. 첫째, 작가의 개인적 경험과 견해가 인상적으로 드러난 작품, 둘째, 인물이나 사건, 혹은 자연 경물에 대한 서술이 생동적으로 형상화된 작품, 셋째, 오늘의 독자에게 정서적 공감이나 삶의 깨달음을 줄 수 있는 작품이다. 이 세 가지 요건 중 하나 이상을 뚜렷하게 갖추고 있다면 양식이나 길이에 관계없이 한문 수필의 범주에 넣을 수 있다. 이는 더 좋은 한문 수필을 뽑을 때에도 역시 유용한 기준이라고 할 수 있다.

2——개관 및 대표 작품

한문 수필은 별도의 갈래로 존재했던 것이 아니고 다양한 양식과 특성을 포괄하기 때문에 이를 개관하기 위한 틀을 제시하기는 쉽지 않다. 여기서는 한문 산문의 전통적 양식을 기반으로 몇 가지 유형을 제시한 뒤 이를 중심으로 개관하면서 대표 작품을 살펴보고자 한다.

한문 산문의 양식별 분류는 역대로 다양하게 이루어져 왔다. 위진 시대 조비가 6종으로 구분한 이래 명나라 때 서사증에 이르면 127종으로까지 분화되었는데, 청나라 때 요내가 13종의 상위 분류를 설정하고 다양한 양식들을 분속시킨 체계가 널리 통용되었다. 여기서는 한문 수필의 전모를 살피고자 하는 목적에 맞게 간소화하여 논설류, 서기류, 전지류, 애제류, 서간류, 서발류 등 여섯 가지 유형으로 살피고자 한다.

논설류(論說類)는 시비를 변증하거나 이치를 설파하여 자신의 견해를 논리적으로 주장하는 글이다. 단순히 논변에 그치는 것이 아니라 작가의 개성을 강하게 드러내고 고정 관념을 다시 성찰하게 만드는 글이 대부분이다. 이곡의 「원수한」, 허균의 「유재론」, 박제가의 『북학의』 등은 시의적절하고 명쾌한 의론만으로도 충분히 문학 감상의 대상이 될 수 있음을 보여 주는 명편들이다. 가상의 대담자를 설정하여 문답식으로 주장을 펴는 형식의 작품도 일찍부터 창작되어 왔는데, 홍대용의 『의산문답』처럼 인물과 배경을 구체적으로 설정하여 논변을 펼친 작품은 부분적으로 소설에 가까운 면모를 보여 주기도 한다.

논설류에 속하는 양식의 하나인 '설(說)'은 일찍부터 한문 수필로 주목받아 왔다. 일화를 기록하고 그로 인한 깨달음을 제시하는 2단 구조로 이루어져 있는 것이 일반적이지만, 무엇을 빗댄 일화인지 밝히지 않고 끝냄으로써 독자 스스로 생각하게 하는 작품도 있고, 일화로 인한 깨달음을 제시한 뒤 다시 뒤집어서 새로운 주장으로 나아가는 구성을 갖춘 작품도 있다.

이규보는 「경설」, 「주뢰설」, 「슬견설」 등 일상의 경험이나 가상의 상황에서 유추하여 자신의 견해를 드러내는 명편들을 남겼다. 그 가운데 「슬견설」은 문답을 통해서 인식의 허를 찌르는 작품이다. 개를 잔인하게 죽이는 장면을 보고 다시는 육식을 하지 않겠다고 맹세하는 손님에게 화자는 자신도 몸의 이를 잡아서 태워 죽이는 것을 보고 다시는 이를 잡지 않기로 맹세했다고 답한다. 예기치 않은 답변에 언짢아하는 손님에게 화자는 다시 다음과 같이 말한다.

> 백성으로부터 소, 말, 돼지, 양, 곤충, 땅강아지, 개미에 이르기까지 모든 생명체는 살고 싶어 하고 죽기 싫어하는 마음을 똑같이 지니고 있네. 어찌 몸집이 큰 것만 죽음을 싫어하고 작은 것은 그렇지 않겠는가? 그러니 개와 이의 죽음은 동일한 것이네. (중략) 그대는 물러가서 마음을 가라앉히고 고요히 생각해 보게나. 그리하여 달팽이 뿔을 쇠뿔과 같이 보고 조그만 메추리를 거대한 붕새와 다름없이 여기게 된다면, 그런 뒤에야 자네와 도(道)를 말하겠네. (이규보, 「슬견설」)

이후 다양하고 참신한 '설' 작품이 이어졌는데, 이곡의 「차마설」, 권근의 「주옹설」, 강희맹의 「도자설」, 장유의 「곡목설」, 김창흡의 「낙치설」 등이 유명하다. 그 외에 김진규의 「몰인설」은 전복 따는 잠수부의 삶에 대한 섬세한 재현이 돋보이고, 김득신의 「사배설」, 김낙행의 「남초설」, 임성주의 「선설」, 안정복의 「아기설」 등 각각 사기잔, 담배, 매미, 벙어리그릇 등 일상의 사소한 것을 소재로 삼은 작품들도 주목할 만하다. 대머리 품꾼과 애꾸눈 품꾼을 등장시켜 '유용함'의 문제에 대한 태도를 다룬 김주신의 「이용설」과 아첨 잘하는 여우의 우화를 담은 이하곤의 「미호설」 등은 논평을 배제한 채 독자에게 생각의 여지를 열어 주는 작품이다. 조구명의 「왜려설」은 왜소한 나귀에 얽힌 경험과 그로 인한 깨달음을 제시한 뒤, 다시 이를 뒤집는 논변을 폄으로써 독자에게 경쾌한 지적 울림을 준다.

서기류(敍記類)는 특정한 사실을 기억하기 위한 기록의 목적을 지닌 글이다. 사실의 기록에 치중하는 데에서 나아가, 내용의 참신함과 구성 및 표현의 아름다움으로 높이 평가되어 온 작품들이 적지 않다. 사물의 특성이나 사건의 경과를 서술한 글, 자연과 문물에 대한 견문을 담은 기행문, 개인의 일상과 감상을 남긴 일기, 독서 단상과 문학 비평을 조목별로 적은 필기 등이 이에 속한다.

사물이나 사건을 서술한 글 가운데 대표적인 것이 건축물을 지은 경위와 명칭의 취지를 다룬 유형이다. 본디 건물 주인의 의뢰를 받아서 일정한 양식대로 서술하는 창작 관습에 따라 짓는 글이지만, 점차 작가적 역량이 십분 발휘된 문학적 작품으로 발전되어 다양한 시도가 이루어졌다. 이제현의 「운금루기」, 허균의 「통곡헌기」, 이학규의 「포화옥기」, 정약용의 「수오재기」 등은 각각 건물에 붙인 이름을 화두로 삼아서 자신의 견해를 인상적으로 드러낸 작품들이다. 그 외에 '기(記)○○○사(事)'의 제목으로 특정한 사건을 기록한 글 가운데에는 생동감 있는 서사와 그에 대한 작가의 감회가 개성적으로 드러난 작품들이 많다. 특히 사화나 전란의 체험을 기록한 작품들 가운데 사건 기록만으로도 강렬한 여운을 주는 것으로 유성룡, 이항복, 윤근수 등의 작품이 유명하다.

자연과 문물에 대한 견문을 담은 기행문으로는 금강산, 지리산, 동해 등 국내의 명소를 둘러보고 그 여정과 감상을 기록한 '산수유기' 작품이 많으며, 중국이나 일본에 사신으로 다녀오며 기록한 기행문도 수백 종이 남아 있다. 박지원이 북경을 거쳐 열하까지 다녀오는 길에 경험하고 사유한 것들을 기록한 『열하일기』, 신유한이 통신사로 간 일본에서 접한 낯선 문물들을 기록한 『해사동유록』 등이 대표적이다. 특히 『열하일기』는 여정에 따른 일자별 기록들 사이사이에 완성도 높은 산문 작품들을 배치하였는데, 「일야구도하기」, 「상기」 등을 들 수 있다.

잘 알려진 이순신의 『난중일기』 이외에도 많은 작가들이 일기를 남겼다. 할아버지의 육아 일기인 이문건의 『양아록』을 비롯하여, 독서와 일상의 기록인 유희춘의 『미암일기』, 황윤석의 『이재난고』, 유만주의 『흠영』 등은 미시사의 보고(寶庫)일 뿐 아니라 일부 대목들은 수필로 감상하기에 손색이 없다. 그 외에 시화(詩話) 혹은 필기로 분류되는 이인로의 『파한집』, 서거정의 『동인시화』, 유몽인의 『어유야담』, 김만중의 『서포만필』, 김창협의 『농암잡지』, 성대중의 『청성잡기』 등은 학술사와 문학 비평으로서뿐 아니라 자유로운 독서와 사유의 단편적 기록으로서 가치가 높다.

전지류(傳誌類)는 인물에 대한 전기문(傳記文)과 묘지의 돌에 새기는 비지문(碑誌文)을 포괄한다. '○○○전(傳)'의 제목이 달린 인물 전기의 경우, 일부 허구적 서사는 오늘날 소설로 분류되지만 대부분의 작품은 실존 인물을 대상으로 한 것이다. 사마천의 『사기』 「열전」을 원형으로 하여 한문 산문의 중요한 양식으로 발전되어 왔다. 생애의 기록에만 치중한 글의 경우 한문 수필로 포함시키기에는 무리가 있겠으나, 대개의 전은 논찬을 포함하고 있고, 전기문의 대상으로 삼은 것 자체에 작가의 관점이 개입된다. 특히 인물 형상이 살아 있고 서술의 매력과 관점의 참신함이 돋보이는 작품들은 충분히 문학적 감상의 대상이 될 만하다. 김부식의 「온달전」, 「백결선생전」, 허균의 「장생전」, 박지원의 「예덕선생전」, 이건창의 「추수자전」 등 다양한 인간 군상이 전기의 대상이 되었다. 박지원의 「열녀함양박씨전」은 전통적인 열녀전의 형식을 띠고 있지만 서문과 같이 읽어 보면, 따라 죽어야만 열녀로 인정하는 세태에 대한 준열한 비판으로 읽히는 이중 구조를 지니고 있다.

비지문(碑誌文) 역시 특정 인물의 행적을 서사하는 글이라는 점에서 전기문과 함께 묶일 수 있다. 다만 지상에 세우는 비석(碑石)과 땅에 묻는 지석(誌石)에 새기는 글이라는 용도에 따라서 양식적 특성은 별개로 인식되어 왔다. 자손의 의뢰에 의해서 짓는 실용적인 글이므로 격식에 따라 천편일률적인 작품이 많다. 그러나 조선 중기 이후 작가의 역량을 가늠하는 갈래로 인식되면서 문예적 감상을 의식한 작품들이 창작되었다. 이식이 처남 심광세를 위해 지은 「심사인묘표」, 김창협이 막냇동생의 죽음에 가족사의 비극을 담아 지은 「육제묘지명」, 박지원이 큰누님과의 추억을 생생하게 그린 「백자증정부인박씨묘지명」과 존경하는 벗 홍대용의 삶과 사상을 독특한 방식으로 서술한 「홍덕보묘지명」 등이 명편으로 꼽힌다.

또한 작가가 자신을 대상으로 삼아서 쓴 전기문의 경우, 자기 성찰을 담고 있다는 점에서 주목할 만하다. 이규보의 「백운거사전」, 최해의 「예산은자전」, 이덕무의 「간서치전」, 유한준의 「자전」 등은 전기문의 형식을 빌려서 자신의 삶을 독특하게 관조하였다. 나아가 자신의 죽음을 가정하고 미리 쓴 비지문도 등장하였는데, 노수신의 「암실선생자명」, 정약용의 「자찬묘지명」 등이 대표적이다. 또 본인이 살아 있으면서 친한 벗에게 미리 비지문을 받아 둔 사례로, 이용휴가 시와 그림으로 유명한 벗 허필을 위해 써 준 「허연객생지명」을 들 수 있다. 불우한 예술가들의 우정이 애틋하게 스며 있는 이 작품의 서문 일부와 명(銘)의 마지막 부분은 다음과 같다.

> 어느 날 갑자기 연객이 나에게 말했다.
>
> "내가 자네와 같은 시대를 살고 또 자네와 친하게 지낸다는 게 얼마나 다행스러운 일인가. 언젠가 내가 죽으면 내 아들 녀석이 내 묘지명 써 달라고 자네를 번거롭게 할 게 뻔하지 않나. 저승에서 자네를 번거롭게 하는 것보다야 이승에서 자네를 번거롭게 하는 게 더 낫지 않겠는가?"
>
> (중략)

가고 오는 예와 지금이 그대의 나이요,
아름다운 산 좋은 물이 그대의 거처요,
남은 치아와 머리카락이 그대의 식구요,
슬픔과 기쁨, 행복과 불행이 그대의 이력일세.
이용휴가 명을 짓고 강세황이 글씨 쓰니
그대는 죽어도 죽지 않음이로다. (이용휴, 「허연객생지명」)

애제류(哀祭類)는 죽은 이를 애도하는 글인 애사(哀辭)와 제문(祭文)을 가리킨다. 한문 산문 가운데 비교적 감정 표출에 제약이 적은 갈래이지만, 명편으로 꼽히는 작품들은 개인적 슬픔을 직설적으로 토로하는 데에 그치지 않고 깊은 슬픔의 공감을 아름다움으로 승화시킨다. 장유의 「제김이호문」은 장수와 요절의 개념을 새롭게 보는 의론을 가미함으로써 슬픔을 다른 차원으로 끌어올렸고, 김창협의 「망아초기제문」은 함께했던 일상들을 세세하게 열거함으로써 자식을 잃은 슬픔이 얼마나 지독한 상실인지 공감하게 한다.

서간류(書簡類)는 편지글이다. 실용적인 내용을 주고받은 편지나 학문 토론을 펼친 편지도 있지만, 가까운 사이에 마음을 나누고 서정을 표출한 편지들도 적지 않다. 정약용이 유배지에서 아들들에게 보낸 편지가 알려져 있듯이, 가족에게 보낸 편지들 가운데 진솔한 사랑과 당부가 담긴 작품들이 많다. 특히 조선 후기에는 간결한 아름다움을 구현한 편지들을 모아서 문예물로 향유하기도 하였다. 허균, 신정하, 박지원, 박제가, 조희룡 등이 벗에게 보낸 짧은 편지들은 시적 감수성과 번득이는 재치가 가득해서 수필 문학으로 감상하기에 충분하다.

서발류(序跋類)는 서책의 앞에 얹는 서문과 뒤에 붙이는 발문을 가리킨다. 다른 사람을 위해서 써 주는 서발류는 대개 저자와 저술의 가치를 높이는 방향으로 쓰기 마련이고, 내용도 사실 기록이나 학술 논평에 그치기 쉽다. 그러나 적절한 수위를 유지하면서 작가 본인의 관점을 잘 담아낸 것은 그 자체로 작품으로 읽히기도 하였다. 허균과 장유가 각각 써 준 권필 시집에 대한 서문에는 두 사람의 시론과 권필에 대한 생각이 여실히 담겨 있으며, 유득공이 이서구의 시집에 써 준 「호산음고서」에는 감각적인 시에 대한 두 사람의 견해가 선명하게 표출되었고, 박제가가 김덕형의 화첩에 써 준 「백화보서」에는 꽃에 미친 화가의 형상이 살아 있다. 자신의 저작에 쓴 서문인 이황의 「도산십이곡발」과 이이의 「정언묘선서」를 읽으면 두 사람의 국문 시가와 한시에 대한 관점을 또렷하게 알 수 있고, 박지원의 「공작관문고자서」는 이명과 코골이를 소재로 하여 문학을 통한 소통의 문제를 제기하였다.

길 떠나는 이를 전송할 때 써 주는 송서(送序)도 여기에 포함하여 다루고자 한다. 대개 상대방의 상황에 대한 서술과 기대 및 권면의 내용으로 이루어진다. 이제현의 「송신원외북상서」 이래 중국으로 떠나는 이들에 대한 송서가 지속적으로 지어졌고, 여행뿐 아니라 지방관 부임, 유배 등 다양한 상황을 반영하여 다채로운 작품들이 나왔다. 김창협의 「송이위유풍악서」는 금강산 유람을 떠나는 제자를 보며 같은 또래의 죽은 아들을 떠올리는 작품으로, 송서의 형식에 깊은 슬픔을 담았다.

그 밖에 왕에게 의견을 올리는 주의류, 위에서 지시 사항을 하달하는 조령문, 공덕을 칭송하는 송찬류, 스스로를 경계하는 내용의 잠명류 등의 한문 산문도 방대하게 남아 있지만, 수필에 해당하는 작품의 비중은 그리 높지 않다. 최치원의 「격황소서」, 김부식의 「진삼국사기표」 등은 초창기 한문 산문으로서 주목할 만하다.

3——문학사적 위상과 의의

양적으로나 질적으로나 지금 알려져 있는 한문 수필은 극히 일부분에 불과하다. 훌륭한 작품을 더 많이 만나기 위해서는 간행본뿐 아니라 필사본, 혹은 책으로 묶이지 못한 채 문서로 전하는 방대한 한문 전적들을 정리하고 검토하는 과정이 선행되어야 한다. 그리고 그중에서 문학적 가치가 있는 수필 작품들을 선별한 다음, 언어와 시대의 간극을 메울 수 있는 유려한 번역과 평설을 거쳐야 비로소 현대인이 감상할 수 있는 작품으로 제시될 수 있다. 이처럼 쉽지 않은 과정을 거쳐야 하지만, 한문 수필이 우리 고전문학의 넓이와 깊이를 풍성하게 해 줄 수 있는 보고(寶庫)라는 점은 분명하다.

작가가 자유롭게 서술한 크고 작은 체험을 따라가는 동안 잔잔한 감동과 깨달음을 얻는 데에 수필의 가치가 있다. 한문 수필은 우리와 꽤 다른 모양으로 살아갔던 옛사람들이 우리말이 아닌 한문으로 적은 것이라는 한계가 있다. 그럼에도 오늘 우리에게 공감과 깨달음을 주는 작품이 매우 많다. 개인적 서정이나 허구적 상상만이 아니라 내면의 담담한 표출도 문학의 한 자리를 차지할 수 있음을 보여 주는 것이 수필이라면, 한문 수필이야말로 문학의 외연에 대한 우리의 인식을 새롭게 해 준다. 그리고 공감과 깨달음을 넘어서서, 오늘 우리의 글쓰기가 지향해야 할 전범의 하나로서도 소중한 가치가 있다.

참고 문헌

심경호, 『한문 산문 미학』(고려대학교 출판부, 2013)에 한문 산문의 형식과 갈래, 명편 감상 등이 잘 정리되어 있다. 양현승 역주, 『한국 설(說) 문학선』(월인, 2004)에 '설' 작품을 뽑아 두었고, 원주용 편저, 『고려 시대 산문 읽기』와 『조선 시대 산문 읽기』(한국학술정보, 2008)는 역대 명편으로 꼽혀 온 한문 산문을 모아 두었다. 안대회, 『조선의 명문장가들』(휴머니스트, 2016)에 소개된 조선 후기의 소품적인 산문들은 대부분 고전 수필로 보아도 무방하며, 이용휴의 대표 산문을 뽑아 평설한 박동욱·송혁기 역편, 『나를 찾아가는 길 — 혜환 이용휴 산문선』(돌베개, 2014)도 유용하다. 이 밖에 우리 옛글 중 대중적인 읽을거리를 선별하여 하루에 한 편씩 읽을 수 있도록 구성한 『안대회·이종묵·정민의 매일 읽는 우리 옛글』(민음사, 2013~2017) 시리즈를 e-book으로 접할 수 있다. 『동문선』, 『여한십가문초』 등의 선집에 대한 원문과 번역문을 한국고전번역원의 '한국 고전 종합 DB' 사이트(http://db.itkc.or.kr)에서 이용할 수 있다.

3장

설화

총론

1——장르 특성

'설화(說話)'란 이야기판에서 생성·전달·전승되는 이야기로, 문자 기록에 의하지 않고 입에서 입으로 전해지는 구비 문학의 한 갈래이다. 여타의 구비 문학 갈래인 민요, 무가, 판소리, 민속극 등과 달리 특정한 노랫가락이나 몸짓 등을 수반하지 않은 일상의 말로 전승되며, 구연자(전승자)에게 전문적인 수련이나 특별한 기술도 요하지 않는다. 설화는 모든 계층의 사람들이 쉽게 접근할 수 있다는 특성 덕분에 구비 문학의 대표적·보편적 장르로 오랜 시간 자리해왔다.

그렇다면 이야기판에서 생성·전달·전승되는 '모든' 이야기를 설화로 볼 수 있을까? 전통 사회에서는 사랑방, 정자나무 그늘, 논두렁, 밭고랑 등 생활 속의 일터와 쉼터가 전부 이야기판이 되었다. 한 공간에서 누군가 말머리를 꺼내면 모여든 사람들이 서로 주거니 받거니 하며 이야기를 이어 갔다. 아이들도 대청마루나 안방 등에서 집안 어른들이 해 주는 옛이야기를 귀 기울여 들었다가 또래들끼리의 이야기판에 다시 풀어놓곤 하였다. 이야기판은 이처럼 생활의 일부였기 때문에 그곳에서 구연되는 이야기의 범주도 광범위했다. 인간을 둘러싸고 있는 우주와 세계, 인간의 삶에 관련된 모든 것이 이야기의 대상이 될 수 있었던 것이다. 그러나 이 가운데 일상적인 신변 잡담, 어떤 인물이나 사건에 대해 말로 전하는 역사적 사실, 사실로 인식되는 사건이나 사물에 대한 객관적인 설명 등은 설화의 범주에 넣지 않는다. 둘 다 사실을 다루었다는 이유만으로 설화로서의 사실담과 실제 사실을 동일선상에 놓을 수 없는 것과 같은 맥락이다. 사실담은 실제 있었던 일에 허구적인 요소를 가미하거나 어떤 일을 사실인 것처럼 그럴듯하게 꾸며 내어 흥미 또는 교훈을 주는 이야기로, 그저 단순한 사실 자체를 전달하는 데 목적이 있지 않다.

이와 관련하여 이야기되는 설화의 첫 번째 장르적 특성은 허구성이다. 설화란 일정한 구조를 가진 '꾸며 낸' 이야기이다. 전술한 바와 같이 설화 중에도 사실을 가장하는 이야기가 얼마든지 있으나, 이는 어디까지나 '사실'이 아니라 '사실적'인 이야기이며, 사실 여부보다는 문학적 흥미 또는 교훈을 위해 존재한다. 이야기를 꾸며 낸다는 것은 상상력을 예술적으로 표현하는 행위이다. 이야기판에 모인 사람들은 설화의 꾸며진 이야기를 통해 팍팍하고 단조로운 일상을 떠나 마음껏 상상의 나래를 펼치는 즐거움을 맛보게 된다. 그러나 이야기 속에 숨은 뜻은 어떤 상상의 세계가 아니라 그들이 지금 발 딛고 살아가는 현실 세계에 뿌리를 두고 있는 것인바, 이야기를 하던 화자도 그것을 듣던 청자도 결국은 그 이야기가 허구적인 것이었음을 깨닫고 다시 일상으로 되돌아오게 된다. 이처럼 설화의 허구는 사람들로 하여금 일상과 현실을 더 적극적이고 강렬하게 인식하도록 하는 매개가 된다.

다음으로 들 수 있는 설화의 장르적 특성은 현장성이다. 설화는 이야기판의 현장에서 구연되는 것이다. 구연하는 시간과 장소, 화자와 청자의 관계, 분위기, 구연하는 사람의 어조와 표정 등 여러 가지 상황적 요소가 첨가되기 마련이다. 그래서 기본적으로 같은 이야기라 하더라도 이러한 요소들의 차이에 따라 세부적인 모습은 매번 달라진다. 이런 점에서 『삼국유사』, 『청구야담』 등에 문자로 기록된 이른바 문헌 설화는 엄밀히 말해 현장성을 지니는 설화라 하기 어렵다. 뿐만 아니라 문헌에 정착된 설화 중에는 기록자나 편집자의 의도에 따라 내용의 일부가 가감·윤색된 것도 적지 않다. 하지만 이야기판의 현장에서 생동하는 구비 문학으로서의 설화는 시간과 더불어 사라지고 마는 것이므로, 과거의 구비 문학이 어떠하였는지 알고자 할 때 우리는 불완전하나마 이러한 문헌 설화 자료를 이용하지 않을 수 없다. 또 구비 문학의 여러 장르 중에서 문자로 기재될 수 있는 기회가 가장 흔했고, 민요, 무가, 판소리 등에 비하면 말을 글로 옮기는 과정에서 내용이나 의미가 변질될 가능성도 적었다. 따라서 설화의 역사적 존재 양상을 보여 주는 문헌 설화에 대해서도 문학적 가치와 의의를 인정할 필요가 있다.

셋째, 설화는 구전성을 지닌다. 문자로 기록·정착된 자료와 달리, 기억된 내용을 말로 재생하고 다시 이것을 듣고 기억하는 과정에는 변이가 있기 마련이다. 이야기꾼은 자신의 개인적인 취향이나 개성, 기분에 따라 설화의 어떤 내용을 좀 더 실감나게 손질하여 구연할 수 있으며, 때로는 이야기의 일부를 생략하거나 변경할 수도 있다. 이야기꾼이 내용 가운데 일부를 망각함으로써 변이가 일어나기도 하며, 청중의 태도나 반응이 여기에 영향을 미치기도 한다. 설화의 구조나 형태가 단순한 것도 구전이라는 구비 문학적 존재 방식과 관계된다. 단순하지 않고서는 기억되거나 창작되기 어렵고, 이야기판에 모인 이들이 듣고 단번에 이해하기도 어렵다. 설화의 구조란 구전에 적합하도록 짜인 것이므로, 그와 같은 단순성을 기록 문학과 비교해 진화가 덜 된 것, 문학적 가치가 낮은 것으로 해석해서는 곤란하다.

넷째, 설화는 산문성을 가지는 갈래이다. 이야기가 산문이라는 것은 쉽게 말해 노래로 불리지 않는다는 의미이다. 서사 민요, 서사 무가, 판소리 등 구비 문학에 속하는 대부분의 서사 갈래는 노래로 불리므로 사설에도 율격이 존재한다. 노래로 불리는 경우에는 사설 및 선율의 암기와 재생을 통해 전파되지만, 보통의 말로 구연되는 설화의 경우에는 인물과 사건이 얽히고설켜 의미를 형성하는 서사 구조에 대한 이해와 기억을 기반으로 언어가 재조직된다.

마지막으로 설화의 특징은 개방성에서도 찾을 수 있다. 설화를 구연하는 데에는 특별한 조건이 필요하지 않다. 한 명 이상의 화자와 청자만 있으면 언제 어디서든 성립될 수 있는 것이 이야기판이다. 노동, 의식, 놀이 등에서 불리는 민요, 굿의 현장에서 전승되는 무가, 놀이판이 마련되었을 때 연행되는 민속극 등과는 상황이 다르다. 또 설화를 구연하는 화자의 자격에도 별다른 제한이 없다. 어디에나 특별히 '입담이 좋은' 사람들은 있다. 마을 인근에서는 그런 유능한 화자들을 일컬어 '이야기꾼'이라 불렀는데, 활동 영역이 한 마을을 넘어서는 이들도 있었다. 최근까지도 대구의 달성 공원, 서울의 탑골 공원 일대에는 이야기를 팔았던 이야기꾼들의 흔적이 남아 있다. 그러나 이야기판의 화자가 전부 유능한 이야기꾼이었던 것은 아니다. 이야기판에서는 누구나 화자가 될 수 있었고, 이는 설화가 여러 구비 문학 가운데 가장 광범위한 향유층을 확보하며 사람들에게 친숙한 장르로 존재하도록 하는 배경이 되었다.

2——개관 및 역사적 전개

대개 설화라고 하면 신화, 전설, 민담의 세 갈래를 떠올린다. 하지만 설화를 신화, 전설, 민담으로 분류하는 이른바 3분법은 한국 설화에만 적용되는 특수한 분류법이 아니다. 19세기 초 독일의 그림 형제가 신화, 전설, 민담의 개념을 정립하고 그에 따라 이야기를 채록하여 신화집, 전설집, 민담집을 발간하면서 세계적인 통례가 된 것이다.

한국 설화를 신화, 전설, 민담으로 나누는 3분법과 관련해서는 자아와 세계의 대결 양상에 따라 그것을 이론적으로 체계화하는 작업이 이루어지기도 하였다. 신화의 경우 자아와 세계가 대결하지만 그 둘은 분열되지 않은 동질적 총화이다. 전설의 경우 이질적인 자아와 세계의 대결에서 세계가 승리하고 자아가 패배하며, 민담의 경우 같은 대결에서 자아가 세계의 우위에 놓여 역경을 극복한다.

다른 한편에서는 설화의 3분법에 대한 반론이 제기되기도 하였다. 현장에서는 장르에 대한 의식 없이 '옛날이야기'로 인식하므로 갈래 구분 자체가 무의미하다는 주장도 있었으며, 어떤 기준을 세우고 그 기준에 합치되는 자료와 합치되지 않는 자료로 나누는 2분법에 따라 설화에 접근하려는 논의도 있었다. 후자의 경우, 신화와 전설을 포함하는 '진실한 이야기'와 민담과 소담(笑談)을 포함하는 '진실하지 않은 이야기', 반복 형식 또는 모방 형식 등 말하는 형식 자체에 흥미가 있는 '형식담'과 그보다는 사건 구성에 흥미의 핵심이 있는 '비형식담', 특별한 구연 상황이 필요하지 않은 '일반 이야기'와 전기수 또는 만담가와 같은 전문적 이야기꾼에 의해 구연되는 '공연 이야기' 등의 분류를 예로 들 수 있다.

그러나 현재로서는 설화를 신화, 전설, 민담의 세 갈래로 파악하는 3분법을 넘어설 만한 원리나 체계가 마련되었다고 보기 힘들다. 이를 위해서는 앞으로 더 면밀한 조사와 탐구가 필요할 것이다. 설화로 구연되어 온 이야기 모두가 신화면 신화, 전설이면 전설, 민담이면 민담 등 반드시 한 갈래로만 규정될 수 있다고 보는 것은 3분법에 대한 적절한 이해가 아니다. 실제 이야기를 들여다보면, 한 장르 이상이 혼재되거나 상호 전이되는 양상이 적지 않게 발견된다.

> "하느님, 하느님, 저희들을 살려 주시려거던 새 방석에 새 줄을 내려보내 주시고, 저희들을 죽이시려거든 흔(헌) 방석에 흔 줄을 내려보내 주십시오." 비니깐 새 방석에 새 줄을 내려보내 주시거던. 그래 인제 이 아이들이 새 방석에 새 줄을 타고 올라와서 하나는 그러니까는 남, 오누이인데 하나는 해가 되구 하나는 달이 됐는데, 누이가, "너는 달이 되구 나는 해가 되갔다." 그러니깐, "난 밤에 다니기, 무서우니 나는 해가 되구, 오빠는 달이 돼라." 그랬다구. 그래서 여자기 때문에 남자가 쳐다보면은 남녀가 유별하니깐 해를 쳐다보면 따끔따끔허잖어. 그냥, 바늘루다 찔르듯……. 그래서 해를 못 쳐다보면 그래서 여자가 돼서 그렇대. 달은 명랑하구. 그리구 이놈의 호랭이는 그 아이들 허는 걸 보구 그렇게 생기니까 흔 방석에 흔 줄을 내려보냈지. 그냥 타구 올라가다가 툭 허구 끊어졌지. 줄이 썩어서 끊어져서 해필 수수깡 밭에가 떨어져서 수수깡에 똥구멍을 디리 찔려서 저기나서 수수깡이 빨겋잖아? 잎파리서껀. (김순이 구연, 「해와 달이 된 오누이」)

「해님 달님」이라는 전래 동화로도 무수히 각색되어 온 민담 「해와 달이 된 오누이」의 결말이다. 호랑이가 등장하는 동물담이자 호랑이가 남매의 행동을 따라 하다 실패하는 모방담, 수숫대가 붉게 된 이유를 설명하는 유래담이라는 면만 보면 전형적인 민담이라 할 수도 있겠으나, 천상의 해와 달이 지상의 남성과 여성에서 비롯되었다는 한국 '일월 기원 신화'로서의 특징도 분명히 드러난다. 그래서 이 이야기는 신화적 민담 또는 민담화된 신화의 대표적인 사례로 거론된다. 이처럼 신화의 신성성이 퇴색하여 전설이나 민담이 되고, 전설이 증거물을 통해 사실성을 입증하지 못해 민담이 되는 경우도 있다. 역으로 민담이 구체적인 증거물과 결부되어 전설이 되고, 신성성을 획득하여 신화가 되기도 한다. 따라서 3분법은 설화를 분석하기 위한 틀로서 유용한 것이며, 실제 설화의 현상은 그보다 훨씬 역동적이라는 사실을 염두에 두어야 한다.

설화의 역사적 전개를 조망해 볼 차례이다. 모든 민족·국가의 문학은 선사 시대부터 오늘에 이르기까지 "(1) 구비 문학만이 존재하였던 시대, (2) 문자가 발명되어 일부 구비 문학의 기록이 이루어진, 그러나 전반적으로는 구비 문학이 문학의 대부분이었던 시대, (3) 일부 계층에 문자 사용이 보편화되면서 구비 문학과 기록 문학이 공존한 시대, (4) 문자의 사용이 더 널리 보급되고 인쇄 문화가 부분적으로 발달하여 기록 문학이 일부 하층민들에게도 확대된 시대, (5) 보통 교육의 광범위한 실시와 근대적 인쇄·출판의 발달이 이루어지면서 기록 문학이 문학의 대부분을 차지하고 구비 문학은 쇠퇴하게 된 시대"(김흥규, 2002 : 94면)의 단계를 거쳐 왔다.

설화의 발생은 (1)의 선사 시대로 거슬러 올라간다. 수렵, 목축, 농업 및 인간 생활의 기본적인 요구와 관련된 이야기가 아직은 문학이라는 독립적인 활동으로 인식되지 않은 채 종교적 제의와 기타 생활상의 필요에 따라 형성되고 전승되었을 것이다. 특히 종교적 제의와 관련해서는 신화가 막강한 힘을 발휘하였으리라 생각된다. 설문대할망, 안가닥할미, 마고할미라 불리는 여신이 거인 신화, 지모신 신화 등 원시 신화의 주인공으로 등장하며, 제주도의 「천지왕 본풀이」와 같은 창세 서사시에서는 천지 만물이 어떻게 생겨났느냐는 의문에 답하는 한편, 자연을 움직이고 인간의 삶을 보호하는 무당을 믿고 따르도록 하는 내용이 펼쳐진다. 위대한 영웅인 건국의 시조를 주인공으로 내세워 창업 과정을 서술하고 칭송하는 건국 신화는 고대에 이르러 생겨났으며, 국중 대회, 즉 나라무당이 천신을 섬기는 굿에서 이러한 신화가 구연되었다.

문자가 발명되는 (2)의 시대로 접어들면서 일부 설화는 문헌에 정착될 수 있었다. 오늘날「단군 신화」나「주몽 신화」등의 건국 신화를 살펴볼 수 있는 것도 그 덕분이다. 이렇게 기록 문학이 시작되기는 했지만 구비 문학은 훨씬 큰 영향력을 지니고 있었고, 그 가운데에서도 상하층 누구나 참여가 가능하여 대상 소재의 폭이 넓은 설화가 주도적인 위치를 차지하였다.

구비 문학과 기록 문학이 공존한 (3)의 시대는 이른바 중세로, 상층 지배 계급이 향유하였던 기록 문학은 대개 개별 민족어보다는 일정 문화권에 공통된 고전 문어, 우리의 경우 동아시아 권역의 한문을 통해 이루어졌다. 그에 반해 설화를 포함한 구비 문학은 하층민들의 생활 언어인 지방어-민족어로 이루어짐으로써 상층부의 기록 문학에 부족한 민족 문학의 개별성과 고유성을 비교적 충실하게 보존하고 발전시킬 수 있었다. 설화는 이처럼 기록 문학으로서의 한문학에 대응하는 독자적인 전통의 다양한 면모를 보여 주며 사상 전달과 역사 이해의 영역까지 담당하였다. 고승의 신이한 행적을 다룬 불교 설화, 김유신·서동·온달 등을 주인공으로 내세운 영웅 설화, 도미·지귀·설씨 처녀 등 하층 백성의 삶과 소망, 시련을 담은 설화가 전승되었다.

한편, (3) 단계로의 도입을 신화 시대에서 전설·민담 시대로의 전환으로 보기도 한다. 신화 시대란 신화가 특히 중요시된 시대를, 전설·민담 시대란 전설과 민담이 역사적 의의를 발현한 시대를 일컫는다. 처음에는 신화가 중요한 구실을 하였으나 그에 대한 불신이 일어나면서 전설과 민담이 그 자리를 대신하게 되었고, 이후 (4), (5)의 시대로 가면서는 전설과 민담이 새로운 갈래인 소설로 개조되기에 이르렀다는 설명이다. 신화 시대는 종결되었지만 일부 신화는 완전히 사라지지 않고 전설이나 민담으로 변이되었으며, 무당이 부르는 서사 무가의 형태로 옮겨지기도 하였다.

(4), (5)의 단계에 이르러 낮은 신분 계층에서도 기록 문학의 독자와 작자층이 형성되었고, 기록 문학의 영향력이 확대됨에 따라 구비 문학의 비중과 역할은 점차 감소되었다. 하지만 20세기 초반까지도 문맹률이 매우 높았다는 사실을 고려할 때, 구비 문학으로서의 설화가 전체 문학에서 차지하는 영역은 여전히 상당히 넓었을 것으로 추정된다. 임병양란의 전란을 겪는 과정에서 「아기장수 전설」이 전국 도처에 전해졌으며, 이씨 왕조는 운명을 다하고 정씨가 계룡산에 도읍을 한다는 진인 출현설이 널리 퍼지기도 하였다. 그 밖에 의원, 풍수, 점쟁이 등의 이인(異人)에 대한 이야기, 숙종 대왕 미행담과 암행어사 박문수 이야기, 서울의 정수동, 평양의 김선달, 경주의 정만서 등 건달 사기꾼을 주인공으로 한 이야기 등이 풍부하게 구전되었다. 이러한 설화는 야담, 판소리, 소설 등 여타의 서사 문학이 활기를 띠고 발전할 수 있도록 하는 동력이 되었으며, 흥미 있는 이야깃거리로서의 설화를 모아 기록한 설화집이 지속적으로 편찬되었다.

구비 문학이란 구연 현장의 공간 속에서 유동하며 끊임없이 입에서 입으로 전해질 때 비로소 생명력을 얻게 되는 문학이다. 근현대로 접어들면서 사람들의 생활 방식 자체가 완전히 변화하게 되었고, 설화의 구연 현장이 되는 전통적인 이야기판의 성립 자체가 어렵게 되었다. 전래의 설화는 이제 연구자들의 현지 조사를 통해서만 남은 모습을 찾아볼 수 있는 형편이고, 최근에 와서는 그마저도 쉽지 않다.

하지만 구술로 된 이야기 문화 자체가 사라진 것은 아니다. 전래의 구비 설화가 활발히 전승되지 않을 뿐, 사람들은 여전히 그들 나름의 이야기를 주고받는다. 사람들이 주로 나누는 이야기를 살펴보면 추억담, 여행담, 연애담, 학교 생활이나 직장 생활과 관련한 이야기 등 경험담이 대부분이다. 짤막한 재담 시리즈나 귀신 이야기 등이 이야깃거리로 소통되고, 텔레비전이나 책에서 본 것, 어디선가 들은 풍문이 이야기판의 화제가 되기도 한다. 현대판 이야기의 전승은 인터넷이라는 새로운 매체를 통해 이루어지기도 하는데, 누구나 자유롭게 참여할 수 있고 쌍방향 의사소통이 가능하다는 점에서 과거의 설화 공동체와 유사한 면이 있다.

3——교육적 접근

구비 문학의 대표적인 갈래로 평가되는 설화는 학교 현장에서도 비교적 주요하게 다루어지고 있다. 그러나 현재의 설화 교육을 살펴보면 몇 가지 문제가 드러나는데 향후 바람직한 설화 교육을 위해 고려해야 할 내용과 방향을 제시해 보고자 한다.

첫째, 설화 교육은 문학 교육으로서의 보편성에 기초하는 동시에 독자성을 고려하는 방향에서 실행되어야 한다. 설화 교육은 시 교육, 소설 교육, 수필 교육 등과 더불어 문학 교육의 범주에 속하는 한편, 구비 문학으로서 오랜 세월 지속과 변화를 수반하며 전승되어 온 설화라는 이야기 갈래에 대한 교육이기도 하다. 따라서 독자성의 구현은 흔히 말하는 '민족 문학이나 문화의 정수'와 같은 추상적 가치나 이념적인 의미가 아니라 설화의 고유한 특징과 풍부한 의미를 찾는 데에서 시작되어야 한다.

둘째, 설화 교육에서 제재 선정 및 해석의 획일화·정형화를 경계해야 한다. 이는 설화 교육의 독자성을 구현하는 방향과도 연관된다. 학교 교육 영역에서의 설화 제재 선정은 『국어』 또는 『문학』 교과서의 설화 제재 선정과 직결된다. 그런데 교과서에 수록되는 설화 제재가 중학교의 경우 「아기장수 전설」, 고등학교의 경우 「단군 신화」와 「주몽 신화」에 지나치게 편중되어 있다. 또 설화 및 설화 개별 작품에 대한 해석도 추상적인 교훈이나 민족 문화와 민족정신을 찾는 쪽으로 획일화·정형화되어 있다. 설화는 전능하고 신성한 신들의 이야기에서부터 산·고개·하천 등 자연에 얽힌 이야기, 왕에서 백정에 이르는 모든 인간 군상과 그 인간들의 무수한 욕망과 행동을 담고 있는 이야기까지 폭이 광범위하다. 다채로운 인물과 사건, 주제 등을 담고 있는 만큼 설화 텍스트에 대한 해석도 다양한 관점에서 이루어질 수 있다. 따라서 설화 교육에서의 제재 선정 및 해석이 다양화·다변화될 필요가 있다.

셋째, 설화 교육에서 설화의 구비 문학적 연행·소통 과정에 대한 주목이 이루어져야 한다. 학교 현장에서 설화를 다룰 때 한편으로 강조되는 듯하면서도, 한편으로 너무 쉽게 간과되는 특성이 있다. 바로 구전성과 구술성이다. 설화가 구비 문학의 주요한 장르라는 측면에서는 구전성을 당연시하면서도, 정작 설화라고 하는 장르가 이야기판에서 생성·전달·전승되는 언어 예술이라는 사실은 그리 중요하게 여기지 않는 것 같다. 여전히 일부 교과서에서 입말이 아닌 글말의 형태로 된 설화 텍스트를 수록하고 있으며, 관련 활동도 듣기 또는 말하기 교육과 유기적으로 연결되기보다 주로 읽기 교육에 치우친 경향이 있다. 설화의 구전성은 설화의 본질에 충실한 설화 교육을 위해서도 비중 있게 교수되어야 할 장르적 특성임을 유념할 필요가 있다.

참고 문헌

구비 문학 갈래로서의 설화의 정의, 범주, 특징, 역사적 전개 등에 대해서는 장덕순, 『한국 설화 문학 연구』(서울대학교 출판부, 1970); 김흥규, 「구비 문학의 세계」, 『한국 고전문학과 비평의 성찰』(고려대학교 출판부, 2002); 장덕순 외, 『(한글 개정판)구비 문학 개설』(일조각, 2006); 조동일, 『구비 문학의 세계』(퍼플, 2011); 강등학 외, 『(신수판)한국 구비 문학의 이해』(월인, 2016) 등에 실린 설화 관련 내용을 참조할 만하다.

문학 교육적 관점에서 설화 교육을 살핀 논의로 최운식 외, 『설화·고소설 교육론』(민속원, 2002)의 '제1부 설화 교육론'과 서해숙, 『고전문학 교육의 현재와 지향』(문예원, 2010)을, 설화 교육의 연구 경향을 다룬 논의로 오세정, 「설화 교육 연구의 경향 검토와 방향 모색」, 『청람 어문 교육』 제55집(청람어문교육학회, 2015)을 추천한다.

신화

1——개념·범주·특성

'신화(神話)'란 무엇인가. 글자 하나하나의 의미를 간략히 풀어 내면 '신에 관한 이야기' 또는 '신성한 이야기' 정도가 되겠다. 그러나 신화에서 이야기되는 대상에는 신만 있는 것이 아니다. 천지 창조 또는 인간 창조의 내력을 담고 있는 창세 신화처럼 우주, 자연, 인간, 문화 등 무엇인가의 시원 또는 근원을 다룬 이야기도 있다. 또 그 신으로 보자면, 단군이나 주몽처럼 신과 인간의 속성을 겸비하고 있어 엄밀히 말해 신이라기보다 신격화된 편에 가까운 경우가 적지 않다. 따라서 전자는 일부 신화에만 해당하는 협소한 정의이다. 다음 후자의 풀이를 살펴보자. 신화는 분명 신성성의 측면에서 전설, 민담과 같은 다른 설화 갈래들과 뚜렷이 구분된다. 하지만 신화의 신성성은 절대적인 신이나 신적 존재를 통해 그저 얻어지는 것이 아니다.

> 지난 계축년 4월에 『구삼국사(舊三國史)』를 얻어서 그 속에 있는 「동명왕 본기(東明王本紀)」를 읽어보니, 그 신기하고 이상한 사적이 세상에서 자주 논의되고 있는 것보다 훨씬 심했다.

> 그러니 나 역시 처음에는 믿지 못하고 귀신이나 요술로만 생각하였는데, 두세 번 거듭 읽다가 점차 그 근원에 들어가니, 그것은 요술이 아니라 성(聖)이며, 귀신이 아니라 신(神)이었다. (이규보, 「동명왕편 병서」)

중요한 것은 신성에 대한 사람들의 믿음이다. "신기하고 이상한 사적"에 대한 사람들의 생각이 "믿지 못하고 귀신이나 요술로만" 여기는 데 계속 머물게 된다면 그 이야기는 더는 신화일 수 없다. 이야기의 세계 자체만 놓고 보면 전설과 뚜렷이 구별되지 않는 신화도 많다. 신성에 대한 사람들의 믿음이 사라져 신성성이 퇴색하면 그것을 다룬 신화도 전설이나 민담이 된다. 반대로 민담이 구체적인 증거물과 결부되면 전설이 되고, 신성성을 획득하면 신화가 된다. 이런 점에서 신화는 전승자 또는 전승 집단에 의해 신성한 것으로 믿어지는 이야기, 신성시되는 이야기라고 정의할 수 있다. 신화가 일상적인 경험에 비추어서 꾸며 낸 이야기라고 인정되어도, 신화의 세계는 일상적 경험 이전에, 일상적 합리성을 초월하여 존재한다고 믿어지고 그 진실성과 신성성을 의심받지 않아야 한다. 그래야만 신화로서의 생명력을 유지할 수 있다.

그렇다면 신화의 범주는 어디까지일까? 한 가지 질문을 던져 보기로 한다. '모든' 사람들에 의해 '절대적으로' 신성시되는 이야기가 과연 존재할까? 신성과 그 신성에 대한 믿음은 그 이야기를 공유하는 집단의 사회적 합의에 따라 결정된다. 어떤 마을의 수호신에 대한 신화, 어떤 문중의 시조에 대한 신화는 다른 마을, 다른 문중에서는 전설이나 민담일 수밖에 없다. 시대와 사회가 바뀜에 따라 신화가 전설이 되고 전설이 신화가 되는 일도 있다. 그러므로 한국 신화에 대한 폭넓은 이해를 도모하기 위해서는 시대나 문화 등에 따라 다양하게 나타나는 신화적 전승에 대해서 어느 정도 유연하게 접근하는 태도가 필요하다. 학교 현장에서는 여전히 한국 신화에 대한 관심이 문헌 소재의 건국 신화 쪽에 집중되어 있으나, 그 외에 무수한 문헌 신화와 구비 신화가 신화의 범주에 포함된다는 점을 유념해야 한다.

우선은 『삼국사기』, 『삼국유사』, 『제왕운기』, 『동국이상국집』, 『고려사』,

『세종실록지리지』, 『동국여지승람』, 『신증동국여지승람』 등의 사료, 여러 성씨의 족보 및 지방의 지지류(地誌類)와 같은 문헌에 실린 신화들을 들 수 있다. 이 신화들은 원래 구전되어 오다 일정한 역사 찬술의 동기에 따라 문헌에 정착되었거나 이전 시대의 문헌에서 옮겨진 것이 대부분이다. 이규보의 「동명왕편」과 『구삼국사』 「동명왕 본기」의 관계에서 볼 수 있듯이, 지금은 사라져버린 사료에서 가져온 이야기도 있다. 무속 제의의 현장에서 구송을 통해 전승되는 구비 신화도 있다. 무속신이 주인공이 되는 본풀이 신화나 창세 신화가 그것이다. 마을 수호신에 대한 신화나 마을 당제의 기원을 담은 마을 신화도 상당수 구전되고 있다. 불교, 기독교 신화의 한국적 변이형 또는 증산교를 비롯한 신흥 종교에서 신성시되는 영험담류에도 관심을 가져볼 만하다.

신화는 전승자의 태도, 작중 시간과 공간의 성격, 증거물의 특징, 주인공의 행위, 미적 범주, 전승 범위 등에서 전설이나 민담과 변별되는바, 이에 근거하여 신화의 특성을 정리하면 다음과 같다.

첫째, 신화는 전승자 또는 전승 집단에 의해 신성한 이야기로 인식된다. 신성시된다는 것은 신화의 가장 기본적인 속성이다. 둘째, 신화는 일상적 경험의 차원을 넘어선다는 점에서 초자연적이다. '아득한 옛날', '태초'와 같은 작중 시간은 역사적 시간과 다르며, '태백산 아사달'과 같은 작중 공간도 일종의 신성 공간으로 현실적·지리적 공간과 다르다. 셋째, 신화는 일회적 사실을 이야기하는 데 그치지 않고 항구적 의미를 지닌다는 점에서 전범적이다. 「단군 신화」에서 비롯된 홍익인간 정신은 오늘날 우리의 정치·교육·문화에서도 주요한 이념으로 자리 잡고 있다. 넷째, 신화는 종족의 공동체적 기억과 이상을 표현한다는 점에서 집단적이다. 아울러 근원과 생활 양식이 다른 종족들은 서로 다른 신화를 가지기 마련인데, 이들 종족이 교섭·정복·연합 등의 과정을 거쳐 더 큰 규모의 고대 국가를 형성하는 과정에서 신화 또한 소멸·통합·확대 등의 작용을 겪는다. 이 밖에 신화의 증거물은 사람들이 잘 아는 천체나 국가 등 보편적 성격을 지닌다는 점, 주인공은 뛰어난 자질로 성공하여 신으로 좌정하여 제향을 받는 존재가 된다는 점, 미적 범주는 숭고미를 나타낸다는 점, 전승 범위는 국가나 민족 등으로 넓다는 점도 신화의 특성으로 볼 수 있다.

2——개관 및 대표 작품

앞서 신화는 전승자 또는 전승 집단에 의해 신성한 것으로 믿어지는 이야기, 신성시되는 이야기라고 정의하였다. 신화에 대한 본격적인 개관에 앞서 그 신성성에 대해 짚어 볼 필요가 있겠다. 한국 신화의 신성성은 '현실적으로 존재했거나 존재하는 것을 포괄적·규범적 의의를 가지도록 차원을 높여 나타내는 현상' 쪽에 가깝다. 「주몽 신화」가 신성성을 지니는 것은 주인공인 주몽이 고대 그리스의 신과 같은 불사불멸의 존재이거나 초월적이고 영원한 무엇을 나타내어서가 아니다. 일정한 수명을 가진 유한한 존재로서 운명의 시련을 극복하고 싸워 이기는 투지를 보여 주었기 때문이다. 주몽의 투쟁은 곧 고대 국가에서 실제 벌어졌던 일의 신화적 반영이다. 물론 신화의 주인공이 이처럼 역사적 인물과 겹친다 하여 그가 역사적 인물과 동일시되는 것은 아니다. 그는 신성시되는 과정을 거친 신적 존재이기 때문이다. 우리 신화에서 중요한 것은 단순한 신계(神界)나 신의 존재 여부가 아니라, 신성에 대한 인간의 형상화와 믿음이다.

따라서 신화는 그 신화를 신성하다고 생각하는 집단의 것이며, 신화에서는 주인공이 어떤 존재이고 어떤 성격을 지니는가 하는 문제도 중요하다. 이 점을 고려하여 신성성을 인정하는 집단의 범위와 신의 성격에 따라 신화를 분류하고, 주요 작품들을 설명하는 방식으로 신화를 개관하고자 한다.

첫째, 무속 신화는 무속 신앙의 범위에서 신성성이 인정되며, 창세신 또는 무속신이 주인공으로 등장하는 이야기이다. 천지 만물의 창조와 그 비밀스러운 내력을 노래하는 창세 신화, 무속신의 일생과 그가 신으로 자리 잡게 된 내력을 밝혀 주는 무조 신화가 여기에 속하며, 이들은 대개 무속 의례에서 서사무가의 형태로 전승된다.

옛날 옛 시절에,/미륵님이 한짝 손에 은(銀)쟁반 들고,/한짝 손에 금(金)쟁반 들고,/한을(하늘 — 인용자 주)에 축사(祝詞)하니,/한을에서 벌기(벌레 — 인용자 주) 떠러저,/금쟁반에도 다섯이오,/은쟁반에도 다섯이라./그 벌기 질이 와서(길러서 — 인용자 주),/금벌기는 사나희 되고,/은벌기는 계집으로 마련하고,/금벌기 은벌기 자리와서(자라서 — 인용자 주),/부부로 마련하야,/세상 사람이 나엿서라. (김쌍돌이 구연, 「창세가」)

우리에게도 창세 신화가 있었다. 다만 『삼국사기』, 『삼국유사』와 같은 역사 책들이 건국 신화나 씨족 시조 신화만을 주로 기록하면서 누락되었을 뿐이다. 천지개벽, 일월(日月) 조정, 인류 시원, 물과 불의 기원 등을 담은 창세 신화는 민중 속에서 무속의 일부로 침잠하여 오랜 세월 퇴락·쇠잔하면서 서사 무가 속에 그 모습을 전승시켜 왔다. 위의 「창세가」 전반부는 인류가 어떻게 지상에 출현하게 되었는지 그 기원을 이야기한다. 여기서 금쟁반과 은쟁반은 해와 달을 상징하며, 하늘에서 내려온 금벌레는 해의 정기, 은벌레는 달의 정기를 나타낸다고 본다. 따라서 인간은 하늘에서 내려온 해와 달의 정기가 결합하여 이루어진 것이라는 말이 된다. 여왜가 황토로 사람을 만들었다는 중국의 「여왜 고사」나 절대자 신이 단번에 아담과 이브를 만들어 냈다는 『구약 성경』 「창세기」와는 성격이 다른 인류 시원 신화이다. 인간의 원천을 땅이 아닌 하늘에 두었음을 알 수 있고, 벌레를 오랜 시간 키워 인간으로 변화시킨 정성에서 인간의 존엄성에 대한 강조를 볼 수 있다. 아무런 차별 없이 다섯 쌍의 부부가 출현하여 그 후손이 인류를 번창시킨 대목에서는 인류 평등 의식이 드러난다.

한편, 무조 신화 가운데 「바리 데기」의 바리공주, 「제석본풀이」의 당금애기, 「세경본풀이」의 자청비는 모두 여성을 주인공으로 하면서, 신화적 영웅의 일대기, 즉 '① 고귀한 혈통을 지닌 인물이다. ② 비정상적으로 잉태되거나 출생한다. ③ 범인과는 다른 탁월한 능력을 지녔다. ④ 어려서 버림을 받고 죽을 고비에 이른다. ⑤ 구출·양육자를 만나 죽을 고비에서 벗어난다. ⑥ 자라서 다시 위험에 부닥친다. ⑦ 위기를 투쟁으로 극복하여 승리자가 된다.'라는 구조에 따라 구성되었다는 점에서 주목된다. 무속 신화의 주인공 대다수는 신인 동시에 인간이다. 인간으로 태어나 세상사의 괴로움과 즐거움을 짊어지고, 그로부터 헤쳐 나와 결국 신이 되어 인간의 생사고락을 주재하게 된다.

둘째, 건국 신화는 국가적인 범위에서 신성성이 인정되며, 국가 창건의 군주가 주인공으로 등장하는 이야기이다. 고조선, 부여, 고구려, 신라, 가야 등의 건국 신화가 문헌에 풍부하게 기록되어 전하는데, 여러 신화 자료 가운데 가장 많은 관심을 받아 왔다.

건국 신화의 구조는 3기능 체계로 설명한다. 조－부－손의 3대기로 단정하기도 하지만, 세대수를 따져 보면 언제나 그런 것은 아니다. 3대인 예가 많은 것이 사실이나, 이규보의 「동명왕편」에 담긴 「주몽 신화」가 '천제－해모수－주몽－유리'의 4대기인 것에서 볼 수 있듯이 경우에 따라 줄어들거나 늘어나기도 한다. 그러나 '파견자－중개자－실현자'의 3기능 체계는 변하지 않는다. 건국 신화는 파견자인 지고신이 중개자인 자연신 혹은 시조신을 통해 실현자인 건국주를 지상에 보내어 나라를 세우는 방식으로 서사를 직조한다. 파견자를 통해 지고신의 위대한 뜻을 천명하고, 중개자를 통해 새로 구성된 집단의 혈연적인, 혹은 이념적 동질성을 구현함으로써 집단을 통합하고, 실현자를 그 통합의 표상으로 내세운다. 그리고 국가는 이 표상을 중심으로 하나의 동일성을 주조하려 한다. 건국 신화는 나라를 세운 시조의 연원을 밝히고 왕업의 신성을 드높임으로써 국가 질서의 신성한 권위를 확립하려는 의도하에 형성된 것이다. 이런 점에서 건국 신화는 이념적인 것이며, 3기능 체계는 그 이념이 작동하는 원리이다. 3기능 체계에 따라 「단군 신화」를 다시 살펴보자.

> 옛날 환인의 서자 환웅이 자주 천하에 뜻을 두고 인간 세상을 탐내어 구했다. 아버지가 아들의 뜻을 알고는 삼위태백을 내려다보니 인간을 널리 이롭게 할 만하여 환웅에게 천부인 세 개를 주어 즉시 내려보내 인간 세상을 다스리게 했다. (중략) 환웅이 잠시 사람으로 변해 웅녀와 혼인하여 아들을 낳았으니 단군왕검이라고 불렀다. 단군왕검은 당요가 즉위한 지 50년이 되는 경인년에 평양성에 도읍을

정하고 비로소 조선이라고 불렀다. (일연, 「고조선」)

「단군 신화」의 환인은 홍익인간의 뜻을 가지고 환웅을 지상에 보내는 파견자이다. 최고신이자 절대자인 그는 이 건국 신화의 존재 근거가 된다. 그러나 그의 건국 의지가 실현되기 위해서는 대리자가 필요하다. 최고신의 뜻을 지상에서 성취할 존재가 있어야 하는데, 이 역할을 담당하는 것이 각 씨족 집단의 시조 신격이다. 주지하다시피 고대 국가의 건국은 부족 집단들의 통합으로 이루어졌으며, 그 과정은 건국 신화에 상징적으로 투영되었다. 「단군 신화」가 환웅과 웅녀, 「주몽 신화」가 해모수와 유화의 신성혼을 통해 그 통합을 표현하였다면, 「박혁거세 신화」에서는 6부의 조상, 「김수로 신화」에서는 9간이 그 역할을 대신하였다. 신격이나 부족장이 등장하는 차이는 있으나, 건국주의 출현이 이들의 중개를 통해 이루어진다는 점에는 변함이 없다. 또 하나 중요한 특징은 천지의 결합에서 나타난다. 환웅과 웅녀의 결합은 남신 – 여신의 결합이자 천상 – 지상의 결합이다. 신성혼이 없거나 건국주의 출현 이후 신성혼이 이루어지는 경우, 천상에서 하강하는 건국주와 이를 맞이하는 지상의 부족장들 간 결합이라는 형태로 나타난다. 건국 신화에서는 이처럼 천상적 세계와 지상적 세계의 통합으로부터 국가라는 새로운 사회 형태가 창조된다. 정리하면, 「단군 신화」는 천신 환인이 홍익인간의 뜻을 가지고 아들 환웅을 지상에 내려보내 지상의 신성한 존재인 웅녀와 혼인을 하게 함으로써, 이들 천지 신성의 혈통적 중개를 거쳐 건국주인 단군이 탄생하여 조선을 세우고 다스린 뒤 산신이 되는 이야기라 하겠다.

셋째, 시조 신화는 성씨의 범위에서 신성성이 인정되며, 시조가 주인공으로 등장하는 이야기이다. 제주도 고·양·부 씨 시조 이야기 「삼성혈 신화」가 대표적인 예이다. 다만 「박씨 시조 신화」와 「박혁거세 신화」, 「김씨 시조 신화」와 「김알지 신화」, 「석씨 시조 신화」와 「석탈해 신화」 등 왕가 씨족조에 대한 신화에서는 주인공이 건국 시조와 씨족조를 겸한다. 「남평 문씨 시조 신화」, 「창녕 조씨 시조 신화」처럼 각 가문에서 족보, 비문 등의 기록과 함께 구전으로 전하는 시조 신화도 있다. 시조 신화의 경우 수조신(獸祖神)이나 자연신이 담당하는 '원인자' 기능과 각 씨족 혹은 부족의 조상이 담당하는 '출현자' 기능의 2기능 체계로 구성된다. 원인자를 통해 출현자가 지상에 존재하게 되는 방식으로 서사를 직조하는 것이 특징이다.

그 밖에 자연 마을의 범위에서 신성성이 인정되며 마을 신당에 모시는 신이 주인공으로 등장하는 마을 신화, 신성성을 인정하는 범위나 정도가 일정하지 않은 상태로 민간에서 일정한 전승력을 지녔으며 영등할미나 업신 같은 존재가 주인공으로 등장하는 민간 신화 등이 있다.

3——문학사적 위상과 의의

신화, 전설과 민담, 소설은 각기 그 시대가 있어 순차적으로 등장하였다. 신화를 산출한 신화 시대는 원시에서 고대까지 걸쳐 있었고, 중세로 이어지기도 하였다. 신화 시대는 자아와 세계가 동질적이거나 상호 보완적인 관계에 있다고 여기던 시대이다. 자아와 세계가 대결하여 동질적이거나 상호 보완적인 관계를 가진다는 것이 신화를 존중하던 사람들의 사고방식이었다. 그러나 신성에 대한 불신이 나타나면서 신화는 밀려나거나 해체되었고, 전설과 민담의 시대가 도래하였다.

신화 시대는 삼국의 번성과 함께 막을 내렸지만, 그 산물인 신화는 이후에도 변모를 거듭하며 지속적으로 전승되어 왔다. 고려, 조선 시대에 이르러서는 왕권의 정통성과 국가적 권위를 세우는 데 역사, 제도, 종교가 핵심적인 역할을 맡게 되었으나, 고대의 건국 신화를 모방한 신화 만들기 역시 활발하게 이루어졌다. 일부 건국 신화의 경우 민족사의 위기 상황에서 민족 전체의 신화로 확대되기도 하였다. 다수의 무속 신화는 근대화 과정을 거치면서 전승 자체가 약화되기도 하였지만 그 가운데에서도 근근이 이어져 왔다. 그뿐만 아니다. 신화의 전승적 유형인 '영웅의 일생' 구조는 중세 이후 한국의 서사 문학사에 지속적으로 출현하였다.

신화는 그것에 대한 믿음을 공유하는 공동체의 사회와 문화에서 중요한 힘을 발휘하며, 공동체의 결속과 유지에 기여하기도 한다. 따라서 한국 신화에 대한 이해는 우리 민족의 세계관과 사고방식에 대한 이해로 이어질 수 있다는 점에서도 의의를 지닌다.

참고 문헌

신화 자료를 직접 살펴보고자 한다면 건국 신화, 시조 신화, 무속 신화를 두루 수록한 서대석, 『한국의 신화』(집문당, 1997)를 추천한다. 서대석 엮음, 『구비 문학』(해냄, 1997); 신동흔, 『살아 있는 우리 신화』(한겨레신문사, 2004) 등을 통해 접하면 좀 더 이해가 쉬울 수 있다. 『삼국유사』나 『삼국사기』의 번역서도 신화 이해에 도움이 될 것이다.

한국 신화 전반에 대한 기본적인 이해와 관련해서는 서대석, 『한국 신화의 연구』(집문당, 2001); 조현설, 『동아시아 건국 신화의 역사와 논리』(문학과지성사, 2003); 「구전 서사시의 전승과 민족 신화의 형성」, 『새 민족 문학사 강좌 1 — 구비 서사에서 조선 후기까지』, 민족문학사연구소 엮음(창비, 2009); 장덕순 외, 『(한글 개정판) 구비 문학 개설』(일조각, 2006); 임재해 외, 『한국 신화의 정체성을 밝힌다』(지식산업사, 2008); 장주근저작집간행위원회 엮음, 『제주도 무속과 서사 무가·한국 신화의 민속학적 연구』(민속원, 2013); 강등학 외, 『(신수판)한국 구비 문학의 이해』(월인, 2016) 등을 참고할 만하다.

전설

1——개념·범주·특성

'전설(傳說)'을 글자 그대로 풀이하면 '전'해 내려오는 '설' 즉 이야기, '옛날부터 민간에서 전하여 내려오는 이야기'가 된다. 그런데 단순히 민간에 전해 오는 이야기라고만 하면 신화나 민담 등 설화의 다른 갈래와 다를 것이 없다. 일반적으로 신화는 신성성, 전설은 진실성, 민담은 흥미성을 원동력으로 하여 전승되는 이야기라고 한다. 전설의 진실성은 어디에서 오는 것일까? 바로 증거물이다. 바위, 연못, 탑, 나무, 집터 등 이야기 내용과 연관된 구체적이고 개별적인 증거물이야말로 같은 설화 범주에 드는 신화, 민담과 전설을 차별화하는 가장 뚜렷한 특징이라 할 수 있다. 정리하면, 전설이란 구체적이고 개별적인 증거물을 동반하여 전승되면서, 실제 있었다고 믿어지거나 혹은 그러한 믿음을 요구하는 이야기라 할 수 있다.

전설이라는 용어로 통칭되는 이야기의 범주에는 산, 강, 골짜기 등 자연물과 인공적인 조형물, 인물, 풍속 등 인간 사회의 제반 상황에 얽힌 내력 등이 망라된다. 전설은 한국의 설화 문학 가운데 가장 많은 문헌 자료가 남아 있는 갈래로, 과거에 기록된 문헌은 물론 현대에 와서 수집된 양도 상당하다. 전설은 그

태생이 구비 문학에 있으므로 구연 현장에서 분리되어 화석화된 문헌들에는 여러 한계가 있기 마련이다. 그러나 『삼국사기』, 『삼국유사』, 『동국여지승람』, 『세종실록지리지』와 같은 문헌과 부·목·군·현 등 지방 각 읍을 단위로 하여 작성된 지리지인 읍지류에 실린 전설까지 전설의 범주에 포함시킬 때 한국 전설의 역사적 흐름과 특성, 의의에 대한 이해가 가능하다.

그러면 전설의 특성에 대해 하나씩 살펴보자. 전설의 가장 중요한 특성은 앞에서도 언급했듯이 전설이 전승되어 오도록 한 원동력인 진실성이다. 전설에는 주인공이나 시간, 장소 등이 구체적으로 명시되어 있을 뿐만 아니라 개별적인 증거물이 제시된다. 전설의 화자는 상대인 청자에게 이야기의 진실성을 인정받고자 하나, 믿기 어려운 기이한 내용을 담고 있는 이야기인 경우에는 진실성에 대한 의심이 제기될 수 있다. 이때 증거물은 그 이야기가 실제 있었던 일인 것처럼 보이도록 하는 기능을 한다. 「아기장수 전설」은 용마가 나왔다는 바위나 못, 산 등과 관련되어 있으며, 「오뉘 힘내기 전설」은 마을 주변의 산성이 증거물로 제시된다. 절 근처의 바위, 동굴, 나무 틈 등에 쌀이 나오는 구멍이 있었으나 중이 한 번에 많은 쌀을 얻을 욕심으로 그 구멍을 마구 쑤셔 댄 후로는 쌀이 아예 나오지 않게 되었다는 「쌀 나오는 구멍 전설」을 예로 들어보자. 구멍에서 쌀이 나왔다는 것 자체만 놓고 보면 분명 쉽사리 믿기 어려운 사실이다. 하지만 욕심 많은 중으로 인해 그곳에서 아무것도 나오지 않게 되었다는 결말이 이 증거물의 상태와 결부되면서 정말 있었던 일인 양 여겨지게 된다. 전국 각지의 전설을 소재로 삼았던 TV 드라마 「전설의 고향」에서 "이 전설은 ○○○에서 전해지는 이야기이다."라는 내레이션도 증거물을 통한 진실성의 확보를 염두에 둔 장치였다.

다음은 역사성이다. 전설 중에는 역사적인 인물이나 지역과 관련된 이야기가 많은 편이며, 증거물을 근거로 이야기의 내용이 사실임을 강조한다는 점에서 역사의 경계를 넘나들기도 한다. 전설을 '구전의 역사'라고 지칭하는 것도 전설의 역사성과 일맥상통한다. 실제 『삼국사기』나 『삼국유사』와 같은 역사책의 기록은 전설 자료에 크게 기대고 있으며, 정사의 범주에 포섭되지 않은 내용, 이를테면 마을의 지명 전설이나 사찰의 창건을 다룬 전설의 경우 증거물의 성격상 일정한 역사성을 갖는다. 그러나 전설이란 그것이 실제 사건에서 비롯된 경우라 할지라도 사실과는 일정한 거리가 있는 허구적 요소를 포함하는 이야기이기 때문에 사실로서의 역사와 일치될 수는 없다. 사람이 호랑이로 변했다거나 고승이 꽂아둔 지팡이가 거목으로 자라났다거나 하는 전설적 허구는 역사에서는 볼 수 없는 문학적 상상력의 소산이자, 전설을 전승하는 사람들의 세계관을 담고 있는 부분이기도 하다.

그 밖에 신앙성과 설명성도 전설의 특성으로 거론된다. 먼저 신앙성이다. 전설 중에는 민간 신앙에 기반을 두고 금기나 예언적인 상황을 말하는 이야기가 많다. 풍수나 점복과 관련된 이야기가 이에 해당하는데, 이를 신화의 신성성을 물려받은 흔적으로 보기도 한다. 한국 전설은 신화적 성격이 두드러져 신화와 전설의 구분이 모호한 경우도 적지 않다. 다음 설명성을 보자. 전설 중에는 특정 지역의 지명이나 사물이 어떻게 생겨났는지 그 유래를 설명하기 위한 목적에서 만들어진 이야기가 많다. 이러한 전설들은 구체적인 지명이나 장소, 사물을 증거물로 삼아 한 편의 그럴 듯한 이야기로 구성된다.

비극성도 전설의 특성 중 하나로 지적된다. 개설서에서는 전설의 주인공이 일반적으로 신화나 민담의 경우보다 왜소하며, 예기치 못한 사태를 성공적으로 극복하지 못하고 좌절하는 경향이 많다고 설명한다. 여기에 연유해 전설의 결말은 다분히 비극적인 특성을 지니며, 미학적으로는 비장미를 띠게 된다고 한다. 「장자못 전설」의 장자와 며느리를 보더라도 전설 속의 인물들은 대체로 행복한 결말을 맞지 못하는 경우가 많다. 인물들의 실수나 한계가 실패로 귀결되는 것이다. 전설은 증거물이라는 현실적 근거에 매여 있기 때문에 이야기를 전개해 나가는 과정에서는 마음껏 상상의 나래를 펴 볼 수 있지만 결국에는 현실로 되돌아와야 한다. 그리하여 상상과 현실의 충돌 지점, 상상 속 공간과 현실 세계 사이의 간극에서 전설의 비극성이 생성되는 것이다. 전설에는 막연한 기대나 근거 없는 낙관이 존재하지 않는다. 그래서 다소 어두운 분위기가 드리워지게 되고, 이는 비장미의 발현으로 연결된다. 그러나 전설에는 아기장수와 같은 상상적 인물 외에 영웅, 이인, 고승과 같은 역사적 인물도 상당수 등장한다. 이러한 역사적 인물들은 그리 왜소해 보이지도 않고, 그들의 사연 중에는 비장미와는 거리가 먼 것도 있다. 장수 전설에서도 몇몇을 제외하면 대부분 탁월한 능력을 발휘하는 면모가 강조된다.

설화를 신화, 전설, 민담으로 나누는 3분법이 그러하듯, 이로부터 주어진 전설이라는 개념도 다분히 기능적인 것으로 접근하는 것이 적절하다. 전승자의 태도, 작중 시간과 공간의 성격, 증거물의 특징, 주인공의 행위, 미적 범주, 전승 범위 등에서 신화나 민담과 변별되는 전설의 특성은 대체로 다음과 같이 요약된다. 전설은 전승자가 이야기 내용을 사실로 믿는 진지한 태도로 전승하며, 작중 시간은 구체적·역사적 시간으로 한정되고, 작중 공간도 구체적으로 실재하는 지리적 공간으로 제시된다. 증거물은 바위, 연못, 나무, 탑 등 현실에서 볼 수 있는 구체적 사물이며, 주인공은 탁월한 능력이 있으나 뜻을 이루지 못하고 실패하는 인물로서 비장미를 드러낸다. 전승 범위는 증거물이 인지되는 범위와 같은데, 이 범위를 벗어나면 민담으로 변질된다. 앞서 비극성과 비장미의 예를 통해 살펴본 바와 같이, 학교 현장에서도 3분법에 따른 전설의 속성을 모든 개별 유형에 무조건 귀속시키기보다는 개별 유형의 다양한 특징들에서 전설의 다채로운 모습을 보려는 노력이 필요하다.

2——개관 및 대표 작품

전설은 증거물에 대한 단순 설명에서부터 복잡하게 구성된 형상물에 이르기까지 실로 다양한 존재 양상을 보여 준다. 방대한 전설의 다채로운 양상을 더욱 효율적으로 파악해 보려는 노력은 전승 장소, 발생 동기, 설화 대상 등 여러 기준에 따른 분류 작업으로 이어지기도 하였다. 전승 장소에 따라서는 특정 지역에서만 발견되는 지역 전설과 유사한 줄거리의 이야기가 여러 곳에 분포하는 광포 전설로 나눈다. 발생 동기를 기준으로 하는 경우에는 설명적 전설,

역사적 전설, 신앙적 전설 등으로 구분한다. 전설과 결부된 증거물의 성격에 따라서는 인물 전설, 사물 전설, 풍속·신앙 전설로 분류하기도 한다.

여기서는 발생 동기를 기준으로 하는 분류에 따라 전설을 개관해 보기로 한다. 우선 설명적 전설은 지리상의 특징, 자연 현상, 특수한 풍습, 어느 지역 동식물의 독특한 형상, 산이나 바위의 생김새 등이 이러저러한 사연으로 그리되었다고 하는 내용을 소박하게 설명한 이야기이다. 전라북도 남원시 운봉읍과 산내면과 주천면이 접하는 곳에 위치한 고리봉의 유래를 "홍수가 나 가지고 물바다가 되었는데, 산에다가 말뚝을 박아서 고리를 달아 배를 뜨게 했다고 해서 고리봉이라고 한다."라고 설명하는 「고리봉 전설」은 고리봉이라는 지명의 유래를 풀이한 설명적 전설의 예이다. 자신이 살고 있는 일상 공간의 여러 사물과 현상에 대한 설명 욕구에서 비롯된 설명적 전설은 해당 지역민들에게 정서적인 일체감을 불어넣어 공고한 유대를 형성하는 기능을 하였다. 때로 민담과의 경계가 모호할 수 있지만 대상이 되는 사물의 지역성과 개별성이 강할 경우 대개 전설로 분류한다.

역사적 전설은 어떤 역사적 사실에서 성립된 이야기로, 대부분의 전설이 여기에 포함된다. 특정 지역을 중심으로 전승되는 대다수의 인물 전설과 야담, 야사, 패사 등도 역사적 전설에 해당한다. 인물 전설의 경우에는 서사가 사실성이나 진실성보다 흥미 중심으로 흘러갈 경우 민담적 변이가 일어나기도 한다. 그래서 임경업, 박문수와 같은 인물에 관한 이야기는 전설과 민담에 두루 걸쳐 전승되었다. 인물이 출생하고 성장하고 활동한 연고지에서는 지역적 증거물과 결부되어 전설적 정체성과 생명력을 강하게 발휘하는 것이 보통이다. 다만 앞서 전설의 역사성과 관련하여 언급한 바와 같이, 실존 인물을 대상으로 하였다 해서 그에 대한 전설이 곧 역사인 것은 아니다. 실제의 역사적 사실과 인물에 관한 이야기는 민중들의 기억과 구술을 거치는 동안 윤색되고 변형되며, 다른 모습으로 재생산되기도 한다. 역사적 전설은 국가적·지방적 위난이나 사건이 있던 시기 이후에 특히 많이 생겨나는 경향이 있다. 역사적 전설의 주인공 가운데에는 실제 영웅들과 더불어 미천한 신분의 평민층 인물도 존재하는데, 소설 『임진록』은 그러한 이야기들이 후대에 결집되어 이루어진 작품이라 할 수 있다.

신앙적 전설은 민간 신앙을 기초로 한 이야기로, 순수하게 종교적인 전설에서부터 정 도령이 계룡산 아래 새 세상을 펼친다고 하는 「정도령 전설」이나 미륵의 화생(化生)을 이야기하는 전설 등 당대 질서의 모순을 타파하고 새로운 세계를 이룩하는 존재의 출현에 관한 전설에 이르기까지 편폭이 넓은 편이다. 특히 후자의 경우는 신라 말, 고려 말, 조선 후기 등 사회적 불안이 고조된 시기에 많이 나타났으며, 이것이 민중 봉기의 신앙적 기반 또는 유인으로 작용하기도 하였다.

전국적으로 가장 널리 알려진 전설 가운데 하나인 「장자못 전설」의 경우, 전승 장소로 보면 광포 전설, 발생 동기로 보면 설명적 전설, 설화 대상으로 보면 사물 전설에 속한다.

> 용소는 장연읍에서 한 이십 리 되는 거리에 있는데, 에 장연읍에서 그 서도 민요로 유명한 몽금포 타령이 있는 데거든. 그 몽금포 가는 길 옆에 그 인지 바로 길 옆에 그 용소라는 것이 있는데 그 전설이 어떻게 됐냐 할 거 같으면, 그렇게 옛날 옛적 얘기지. 옛날에 그 지금 용소 있는 자리가 장재 첨지네 집터 자리라 그래. (중략) 근데 그 중이 먼저 무슨 주의를 시켰냐면, "당신, 가다가서 뒤에서 아무런 소리가 나두 절대루 뒤를 돌아보면 안 된다."는 거를 인지 부탁을 했는데, 이 여인이 가는데 갑자기 가분자기 뇌성벽력을 하면서 그 벼락 치는 소리가 나니까, 깜짝 놀래서 인지 뒤를 돌아봤단 말야. 그러니까 그 자리에서 그만 화석이 돼서. 그 사람이 그만 화석이 되구 말았다는 게야. (김용규 구연, 「용정리의 용소 전설」)

「장자못 전설」의 한 각편인 「용소와 며느리 바위」는 '① 구체적인 지명 제시, ② 장자의 인색함과 도승 학대, ③ 며느리의 시주, ④ 도승의 제의, ⑤ 며느리의 금기 위반, ⑥ 화석과 장자못 생성, ⑦ 장자못에 대한 정보'의 단락으로 구성된 이야기로, 황해도 장연읍의 못과 바위를 증거물로 삼고 있다. 이 전설에서 도승과 장자는 각각 선과 악, 이상과 현실, 절대선과 탐욕이라는 상반된 축에 존재하며, 장자의 패망은 그의 악행이 가져온 결과로서 인과응보에 해당한다. 그러나 우리는 「장자못 전설」을 단순히 악행에 대한 징벌을 말하는 이야기, 착하게 살아야 한다는 교훈을 담은 이야기로만 읽지는 않는다. 바로 며느리의 화석 때문이다. 며느리가 금기를 어기고 돌이 된 결말에 대해서는 초월적 신의 세계를 지향하고자 하나 그에 이를 수 없는 인간적 한계를 나타낸다는 해석이 보편적이다. 최근에는 「장자못 전설」이 지니는 신화적 성격에 초점을 맞추어 이 결말을 비극적으로 보지 않는 해석이 제기되기도 하였다. 며느리가 바위가 된 것은 어떤 슬픔의 표현이 아니라 새로운 질서 출현의 표현이라는 것이다. 실제 「장자못 전설」의 일부 각편에서는 며느리가 돌이 되었는데, 그것이 돌부처 혹은 돌미륵이라는 결론을 맺기도 하고, 아이를 낳게 해 주는 영험을 가진 기자석이라고 전한다. 그에 따르면 며느리가 돌로 변한 것은 슬픔 또는 한계의 상징이 아니라 신화적 신성함의 상징일 수 있다. 물론 이것이 정답은 아니다. 그러나 이러한 새로운 해석이 가능할 수 있었던 것은 설화를 신화, 전설, 민담의 3분법에만 의지해 이해하거나 '전설=비극적인 이야기'와 같은 도식에 사로잡히지 않았기 때문임을 염두에 둘 필요가 있다.

3——문학사적 위상과 의의

전설 속에는 기록되지 않은 역사에 대한 기억이 형상화되어 있다. 사람들은 그 역사를 기억하기 위해 말로 형상화하여 기억하고 전승하였다. 기록에서 제외됨에 따라 사라지는 기억들을 살려 낸 것이 바로 전설이라 하겠다. 그 기억에는 현실 세계에 대한 전승자들의 대응과 상상력이 응축되어 있으며, 이것은 전설을 더욱 전설답게 하는 요소가 되었다. 그래서 전설을 '역사의 낭만적 기술(記述)'이라고도 하였다.

전설은 문학사적으로도 의미가 크다. 전설은 구비 문학의 한 갈래로 어느 시대에나 있었고 활발히 전승되었다. 향유층이 주변에서 쉽게 접할 수 있는 사물이나 특정한 지명, 인물 등을 중심으로 하면서 그들의 삶과도 결부되는 이야기였기에 심정적으로 더욱 가깝고 친근하게 느껴졌을 수 있다. 그뿐만 아니다. 전설은 조선 후기에 이르러서는 야담류로 기록·윤색되거나 소설에 편입되는 등 기록 서사 문학의 발달에도 크게 기여하였다. 전설의 기록 문학적 대응 중 특히 주목할 만한 양상은 소설과의 관계에서 찾을 수 있다. 『임진록』, 「최고운전」, 『임경업전』 등 인물 전설이 소설 갈래로 재창조되기도 하였으며, 「장자못 전설」과 『옹고집전』의 예에서 볼 수 있듯이 전설이 소설의 근원 설화로 기능하기도 하였다.

참고 문헌

전설의 다채롭고 방대한 자료를 생생한 구연 형태 그대로 확인하고자 한다면 『한국 구비 문학 대계』(한국정신문화연구원, 1980~1988)와 2013년부터 간행 중인 『(증편)한국 구비 문학 대계』(한국학중앙연구원·역락)를 추천한다. 서대석 엮음, 『구비 문학』(해냄, 1997)에는 전설을 포함한 구비 문학의 대표 작품들을 쉽게 풀어 수록해 두었다. 『삼국유사』나 『삼국사기』에도 상당수의 전설이 포함되어 있으니 번역서를 참고하기 바란다.

전설에 대한 개론은 장덕순 외, 『(한글 개정판)구비 문학 개설』(일조각, 2006); 강등학 외, 『(신수판)한국 구비 문학의 이해』(월인, 2016)를 통해 확인할 수 있으며, 전설의 특징적 면모와 관련해서는 강진옥, 「전설의 역사적 전개」, 『구비 문학 연구』 제5집(한국구비문학회, 1997); 오세정, 「전설의 서술 방식과 역사적 상상력 — 세 유형의 인물 전설을 중심으로」, 『한국 문학 이론과 비평』 제41집(한국문학이론과비평학회, 2008); 심우장, 「전설에 나타난 숭고의 미학 —「장자못 전설」을 중심으로」, 『국문학 연구』 제30집(국문학회, 2014) 등을 살펴보면 되겠다.

민담

1——개념·범주·특성

'민담(民譚)'이란 설화의 하위 범주에 속하는 흥미 본위의 이야기를 지칭한다. 실제 이야기판의 현장에서는 '고담', '옛날이야기', '사랑방 이야기' 등으로 불리기도 하였다. 신화나 전설은 사실성에 근간을 둔 이야기이므로 그것에 대한 전승자들의 믿음과 신뢰가 있을 때 존립 근거가 확보된다. 반면에 민담은 화자나 청자 모두 이것이 '꾸며 낸' 것임을 긍정하는 가운데 펼쳐진다는 점에서 신화나 전설과 구분된다. 사실적인 근거에 구애받지 않고 제 나름의 맛을 내어 재미있게 엮은 이야기가 바로 민담이다.

민담은 전승되는 범위가 넓고 소재도 다양하다. 기록으로 남은 민담과 구술로 전해온 민담을 합하면 분량도 방대하다. 신화, 전설, 민담, 소설이 순차적으로 등장하여 자신의 시대를 누렸다는 논의에 따르면, 민담은 순서상 비교적 후대 갈래에 속한다. 그래서 삼국 시대, 통일신라 시대는 물론 고려 시대까지도 문헌에 남겨진 민담의 또렷한 자취를 확인하기란 쉽지 않다. 『삼국사기』나 『삼국유사』 등에 민담적 요소를 갖추거나 후대 민담과 관련되는 설화가 수록되어 있기는 하나, 명확하게 '이것이 민담이다'라고 규정할 만한 사례를 꼽기는 어렵다. 어쩌면 역사서를 표방하였던 저술에 민담을 포용하기 어려웠던 저간의 사정이 작용하였을 수 있다.

여기 실린 설화 가운데 민담에 근접한 것으로 「온달」, 「서동」, 「경문왕」, 「구토 설화」 등이 있다. 이야기 자체만 놓고 보면 전설로서의 성격이 짙으나, 훗날 각각 「바보 온달 이야기」, 「내 복에 산다」, 「당나귀 귀 이야기」, 「토끼와 자라」와 같은 민담의 형태로 민간에 널리 전승되었기 때문이다. 고려 시대 문헌 가운데에는 『수이전』에 실린 「수삽석남」이나 「선녀 홍대」 등을 주목할 만하며, 『파한집』, 『보한집』, 『역옹패설』 등에도 민담적 성격을 지닌 이야기들이 수록되어 있다. 본격적인 민담이 문헌에 모습을 드러내기 시작한 것은 조선 시대로, 패설집류나 골계전류의 저술에 실린 소화(笑話) 또는 육담이 그에 해당한다. 성현의 『용재총화』, 서거정의 『태평한화골계전』, 강희맹의 『촌담해이』, 송세림의 『어면순』, 홍만종의 『명엽지해』 등에는 양반 사회 또는 민중 사이에 구전되었던 것으로 보이는 흥미 위주의 허구적인 이야기가 상당수 실려 있다. '촌담해이'의 '촌담'은 마을에 떠도는 이야기, '해이'는 턱이 빠지도록 웃는다는 의미인데, 제명부터가 이 책에 실린 이야기들의 성격을 잘 보여 준다.

민담의 성행은 『청구야담』에 등장하는 오물음, 『이향견문록』의 김중진, 『추재집』의 김옹, 「민옹전」의 민옹, 「허생전」의 윤영 등 이른바 이야기꾼의 존재를 통해서도 확인할 수 있다. 이야기꾼들은 기존 이야기의 내용과 표현을 갈고 다듬는 한편 새로운 이야기를 개발하였고, 이때 그들이 주 종목으로 삼았던 갈래가 민담이었을 것으로 추정된다. 이 과정에서 단순히 '우스운 옛날이야기' 외에 현실적 삶의 양상을 생동감 있고 날카롭게 파고든 이야기들이 생산되었고, 그 일부는 야담으로 발전하였다. 『어우야담』, 『동패낙송』, 『기문총화』, 『계서야담』, 『청구야담』, 『동야휘집』 등 야담집으로 불리는 문헌에서 당시 시정의 이야기판을 풍요롭게 하였던 다종다양한 민담의 흔적을 엿볼 수 있다.

글이 아닌 말의 형태로 전해진 민담의 수도 상당한데, 이처럼 방대한 민담 자료를 어떻게 정리하고 분류해야 할 것인지를 두고도 많은 논의가 이루어졌다. 민담을 동물담, 본격담, 소화 및 일화, 형식담, 미분류담 등 다섯 항목으로 범주화한 서구의 분류법을 참조하여 나온 것이 '① 동물담(동물 유래담·본격 동물담·동물 우화), ② 본격담(현실담·공상담), ③ 소화(과장담·모방담·치우담·사기담·경쟁담)'의 분류법이다. '① 동물 민담, ② 보통 민담, ③ 소화, ④ 형식담, ⑤ 신화적 민담, ⑥ 기타'의 분류법도 비슷한 맥락에서 제기된 것이다. 『한국 구비 문학 대계』에서는 발상을 바꾸어 이야기의 서사 구조에 착안하여 '① 이기고 지기(승부담), ② 알고 모르기(지견담·이인담), ③ 속이고 속기(지략담·사기담), ④ 바르고 그르기(선악담·윤리담), ⑤ 움직이고 멈추기(유래담·신비담), ⑥ 오고 가기(이계담·도술담), ⑦ 잘되고 못되기(성공담·출세담), ⑧ 잇고 자르기(어희담·형식담)'의 분류를 시도하기도 하였다. 이 밖에도 여러 분류안이 있으나 논리적 체계성이나 중복성의 문제를 만족스럽게 해결하기란 쉽지 않다.

민담의 특성을 살펴보자면, 같은 설화 범주에 속하는 신화, 전설과의 비교가 필수적이다. 민담의 전승자의 태도, 작중 시간과 공간의 성격, 증거물의 특징, 주인공의 행위, 미적 범주, 전승 범위 등에서 신화나 전설과 변별되는 지점에 주목하여 특성을 정리하면 다음과 같다.

첫째, 민담의 전승자는 이야기 내용을 '믿거나 말거나' 하는 식의 '꾸며 낸 이야기'로 인식한다. 신화처럼 신성성을 강조하지도, 전설처럼 진실성을 중시하지도 않는다. 재미로 이야기하고 재미로 들을 뿐이다.

둘째, 민담의 작중 시간은 "옛날 옛적 호랑이 담배 피우던 시절"과 같이 시제상 과거라는 정도를 나타낼 뿐 구체적으로 한정되지 않는다. 작중 공간 역시 특정 지역을 지시하는 경우가 드물다.

셋째, 구체적인 증거물이 없다. 민담의 세계에서는 이승과 저승, 현실과 꿈 사이의 경계가 비교적 느슨하다. 동물이나 식물이 인간으로 둔갑하기도 하고, 인간이 자연 현상 또는 자연물로 변하기도 하며, 평범한 사람이 어느 날 도깨비의 도움으로 큰 부자가 되고, 산 사람이 저승에 가서 복을 구해 오기도 한다. 풍부한 상상력에 따라 온갖 변화무쌍한 세계가 펼쳐지는 민담에 구체적 증거물이 결부되면 상상의 자유도 자연히 제약될 수밖에 없다. 이는 바로 앞에서 본 민담의 특징과도 관련된다.

넷째, 민담의 주인공은 신분이나 능력 면에서 매우 다양하다. 개론서에서는 민담의 주인공을 보통 사람 혹은 그 이하의 사람들로 규정짓기도 한다. 하지만 이는 일부 민담에 국한된 특징이다. 실제 자료를 살펴보면 왕에서부터 거지에 이르기까지 모든 계층의 인물이 등장한다. 초인적인 재주를 가진 인물이 있는가 하면 바보나 불구자도 있고, 역사에 실존했던 인물도 있다. 다만 이들이 신화나 전설 속의 인물과 다른 점은 인물 형상화의 목적이 신성성이나 진실성 또는 사실성을 강조하는 데 있지 않다는 것이다.

다섯째, 재미를 중시하다 보니 골계미가 두드러지는 경우가 많다. 소화류의 민담은 대부분 이러한 특징을 보이나, '모든' 종류의 민담이 그러한 것은 아니다. 신화나 전설의 숭고미, 비장미 등과 비교해 '대체로' 그러하다는 정도로 이해하는 편이 적절하다.

여섯째, 전승 범위가 매우 넓어 거의 세계적이다. 신화나 전설이 특정 지역에 전승되는 데 반해, 민담의 경우는 비슷한 유형의 이야기가 세계적으로 널리 분포함을 볼 수 있다. 유사한 내용의 민담이 반드시 하나의 근원으로부터 전파된 것인지는 알 수 없는 일이다. 다만 이를 통해 민담이 인류 공통의 욕구와 흥미가 뚜렷하게 유형화되어 나타나는 갈래라는 점은 분명히 알 수 있다.

2——개관 및 대표 작품

앞서 살펴본 바와 같이 어떤 방식으로 민담을 분류하든 간에 그 전체를 체계적으로 아우르기는 힘들다. 이에 여기서는 편의상 주인공의 자질과 성격을 기준 삼아 동식물담, 바보담, 범인담, 초인담으로 나누어 살피고자 한다.

동식물담은 의인화된 동물 또는 식물의 이야기로, 함께 등장하는 인간은 대개 보조적 구실을 하는 데 머문다. 동식물의 기원이나 생김새의 유래를 이야기하는 기원담, 꾀 많은 동물과 힘센 동물 간의 대결을 보여 주는 지략담, 동물들의 능력을 겨루는 경쟁담, 교훈적 목적으로 인간 사회를 동물 세계에 비유하는 우화 등이 이에 속한다. 이 이야기들을 살펴보면 호랑이는 강한 힘을 지니고 있으면서도 어리석은 존재로, 토끼는 힘은 약하지만 꾀가 많은 존재로, 여우는 사람으로 둔갑하는 요상한 존재로, 구렁이는 사람과 때로는 적대적이거나 우호적인 관계를 맺는 존재로 등장하는 경우가 많다. 한편, 「고양이 목에 방울 달기」, 「두더지 혼인」, 「박쥐 구실」과 같은 민담은 이솝 우화의 이야기와도 상당히 유사한데, 이를 통해 민담의 세계적 전승을 다시 한 번 확인할 수 있다.

> 절터 고랑에서 내려오는 물이 웅덩이 큰 게 있어요. 요게. 덩벙만 한 웅덩이가 있는데. 토끼란 놈이 어찌나 방정을 떨고 다니면서 요리 갔다 조리 갔다 하면서. 토끼를 자물라케. 그래 토끼가 생각을 할 때, 호랑이 저놈을 어떻게 꾀를 부려 가지고 저놈을 붙이 가지고 못 나오게 만들자 해 가지고. 세기 추벘던 모양이제. "호랑 아지배 호랑 아지배." 한게. "뭐할라고 부르네." 한게. "호랑 아지배가 여 와서 저 옹당 가에 여기에 앉아서 꼬리로 갖고 물로 자꾸 이리 홀랑홀랑 치모. 토끼고 뭔 짐승이 죄다 와서 그 물에 호랑 아지배 저 꽁지 치는 바람에 와서 여 와서 다 죽을 거다."라고. 그렇게 꾀를 부렸어. 꾀를 부려 놓으니까. 저놈의 호랑이 추워서 얼음 자꾸 얼고 있는데 웅덩 가 앉아서 그 큰 꼬리를 가지고 물을 홀랑홀랑 치니까. 자꾸 얼어붙네 얼어붙어서 오도 가도 못한다. 그래 가지고서 마서 그래 호랑이를 잡더랍니다. 그 토끼가 그리 잡더랍니다. (조막심 구연, 「토끼가 꾀를 부려 호랑이를 잡았다는 이야기」)

'호랑이와 토끼' 유형의 한 각편이다. 호랑이에게 잡아먹히게 된 절체절명의 순간, 토끼는 꾀를 낸다. 호랑이가 차디찬 웅덩이에 꼬리를 담그도록 유인하여 꼼짝 못 하게 한 뒤 호랑이를 잡은 것이다. 꾀쟁이 토끼는 설화적 '트릭스터(사기꾼)'의 전형적인 예이다. 호랑이는 약자를 잡아먹는 강자를, 토끼는 그러한 강자에 맞서는 약자를 표상하는 이야기라는 점에서 이러한 민담을 인간 삶의 양상에 대한 우의적 대응물로 볼 수 있으며, 이로부터 권력자 또는 지배 계층과 일반 민중 간의 사회적 갈등을 읽어 내는 해석도 가능하다.

바보담은 주인공이 보통 사람 이하의 바보로 설정되는 이야기이다. 주로 어리석은 인물이 주인공으로 등장하여 우스운 사건들을 벌이는 구조로 되어 있다. 바보담은 이야기 내용의 편폭이 커서 단순한 우스개에 속하는 이야기도 많지만, 때로는 바보의 순진함이 긍정적인 평가를 받고, 바보의 바보짓이 뜻밖의 행운을 불러오기도 하며, 바보에게 성행위를 가르치는 식의 이야기도 있다. 「바보 사위」(「바보 신랑」), 「바보 원님」 등이 잘 알려진 바보담이다.

범인담은 평범한 인물이 주인공으로 등장하는 이야기로, 주제에 따라 결연담, 출세담, 치부담, 보은담 등으로 나누기도 한다. 비현실적 상상보다는 사실적 상상에 기반을 두는 경우가 많아 다른 민담에 비해 비교적 현실적이다. 보통 사람의 이야기인 만큼 폭이 넓고 소재도 다채롭다. 「내 복에 산다」, 「나무꾼과 선녀」, 「지하국 대적 퇴치담」, 「게으른 아들의 새끼 서 발」, 「아버지의 유물」, 「까치의 보은」, 「구복 여행」 등이 여기 포함된다. 이 중 한 무신이 지하국에 사는 괴물에게 납치된 공주를 구해 내 부마가 되었다는 내용의 「지하국 대적 퇴치담」은 세계적으로 널리 분포하는 영웅 신화의 전형적인 모습을 보여준다. 민담으로 전해 오는 동안 신화적 신성성은 퇴색하였으나, 각종 흥미로운 요소를 두루 갖춘 영웅담으로 다시 태어났다. 전국적으로 활발히 전승되었던 이 이야기는 『홍길동전』, 『금원전』, 『금령전』, 「최치원전」 등의 고전 소설에 수용되기도 하였다.

초인담은 보통 사람의 수준을 뛰어넘는 특별한 능력을 가진 인물이 주인공으로 등장하는 이야기이다. 그 능력이 무엇이냐에 따라 명의담, 명복담, 명풍담, 이인담, 장사담, 명공담 등으로 나뉜다. 허준, 유의태 등은 명의담의 대표적인 주인공이다. 명복담에는 홍계관, 명풍담에는 도선과 박상의, 이인담에는 서경덕·이지함·정북창, 장사담에는 남이·김덕령·임경업, 명공담에는 솔거와 한석봉 같은 인물의 이야기가 주류를 이룬다. 이들이 실존 인물이라는 점에서 전설과의 경계가 모호할 수 있지만, 초인담에서는 이들을 역사적 인물로 다루기보다는 가상적·상징적 캐릭터로 다루어 흥미와 웃음을 유발하는 데 목적을 둔다는 뚜렷한 차이가 있다.

이상 민담의 종류를 크게 넷으로 나누어 살펴보았다. 설화의 3분법이 그러하듯, 이 분류 역시 절대적인 것은 아니다. 어떤 분류든 경계선 어름에 놓이는 설화 유형에 대해서도 관심을 가질 필요가 있으며, 같은 유형의 이야기라 하더라도 각편에 따라 주제나 지향이 갈릴 수 있음을 인지할 필요가 있다.

3——문학사적 위상과 의의

민담은 상상력을 문학적으로 형상화하여 구성한 허구의 이야기이다. "전연 무근(無根)한 것두, 허무맹랑하구 아주 무근한 것두 '옛날이 그랬단다' 그러면 그걸루 통하"(강등학 외, 2016 : 165면)는 이야기가 바로 민담이다. 모든 긴장을 풀고 편안하고 즐겁게 누릴 수 있다는 점에서 민담은 이야기판의 꽃이다. 우리는 민담으로부터 즐거움뿐만 아니라 삶의 지혜와 교훈, 그리고 역경을 이겨 내는 힘과 용기를 얻는다. 현실의 질서나 상하 관계를 그야말로 통쾌하게 뒤집어 놓는 민담은 일종의 해방감을 안겨 주는 동시에 세상에 대한 비판과 풍자의 기능도 한다. 문학 교육적 관점에서 보면 문학적 상상력과 형상력을 함양하는 기능도 있다. 구연을 통해 향유되는 구비 문학 갈래이므로 말하기·듣기 능력의 신장에도 유용하다.

민담은 아득한 옛날부터 현재에 이르기까지 꾸준히 전승되며 문학사의 일정한 영역을 차지하였고, 야담이나 소설 같은 타 문학 갈래에도 영향을 미쳤다. 야담 가운데 상당수는 민간의 구전 설화에 토대를 두고 있는데, 특히 시대적 삶과 밀착한 사실적 민담의 경우 조선 후기 야담의 발흥에 기여한 몫이 크다. 또 전술한 「지하국 대적 퇴치 설화」의 예에서 볼 수 있듯, 민담의 모티프와 삽화가 소설에 혼입(混入)되거나 그 전체가 소설화되는 경향도 있었다. 연구자에 따라서는 면대면의 대화나 전자·정보 매체를 매개로 전승되는 현대의 우스개 이야기와 전통적인 민담(희극적 민담) 사이에서 문학사적 연속성을 찾기도 한다.

참고 문헌

지역별 민담 자료의 실제에 대해서는 『한국 구비 문학 대계』(한국정신문화연구원, 1980~1988)와 2013년부터 간행 중인 『(증편)한국 구비 문학 대계』(한국학중앙연구원·역락)를 통해 확인할 수 있다. 서대석 엮음, 『구비 문학』(해냄, 1997); 신동흔 엮음, 『세계 민담 전집 1 — 한국편』(황금가지, 2003) 등은 주요 작품을 간추려 실은 자료집이다.

민담에 대한 개론과 관련해서는 장덕순 외, 『(한글 개정판)구비 문학 개설』(일조각, 2006); 강등학 외, 『(신수판)한국 구비 문학의 이해』(월인, 2016) 등을, 민담의 유형과 특징적 면모에 대해서는 최인학, 『한국 민담의 유형 연구』(인하대학교 출판부, 1994); 조희웅, 『한국 설화의 유형』(일조각, 1983) 등을 참고하기 바란다.

4장
판소리

총론

1——장르 특성

판소리는 청중이 모인 판에서 한 명의 소리꾼이 고수의 북 장단에 맞추어 창(노래), 아니리(말), 너름새(몸짓)*를 섞어 가며 서사적인 이야기를 엮어 내는 한국의 전통 예술이다. 한때 학자들은 판소리의 정체성을 두고 '판소리는 음악이다', '판소리는 문학이다', '판소리는 연극이다', '판소리는 판소리다' 등의 엇갈린 견해로 논쟁을 벌이기도 하였다. 여기서 우리가 분명히 알 수 있는 것은 판소리라는 장르에 음악적 면모, 문학적 면모, 연극적 면모, 판소리만의 특수한 면모가 모두 존재한다는 사실이다.

그렇다면 학교 현장에서 고전문학으로서의 판소리를 가르칠 때 어떤 면모에 특히 주목해야 할 것인가? 우선 눈여겨볼 부분은 문학적 면모이다. 판소리의 문학적 면모는 창과 아니리의 사설을 통해 드러난다. 판소리 사설은 창과 아니리가 반복되는 형식을 갖추고 있다. 등장인물의 정서나 구체적인 상황을

* 판소리 창자의 연행 동작을 가리키는 용어로 '발림'과 '너름새'가 함께 사용되어 오다가 1993년 '국악 용어 통일안'에서 '발림'으로 용어가 일단 통합되기는 하였으나, 실제 학계나 현장에서는 '너름새'가 널리 쓰이고 있고, 지칭하는 범위도 더 넓다. 여기서는 '너름새'로 표기하기로 한다.

대사, 서술, 묘사 등의 방식으로 표현하는 창 부분의 사설은 노래하기 쉽게 율문 형태로 된 것이 많다. 그리고 사건의 줄거리를 요약적으로 제시하거나 등장인물 사이의 대화를 재연하는 아니리 부분의 사설은 일상어와는 또 다른 판소리 특유의 말투로 연행되는 것이 특징이다.

판소리 사설은 어떤 대상을 장면화하여 보여 주는 경향이 두드러진다. 특정 장면이나 소리 대목에서 세밀한 묘사와 장황한 나열의 기법을 활용하여 장면화의 효과를 극대화하는데, 이를 '장면의 극대화'라고 한다. 이때 작품 전개상 서사적으로 중요한 장면이 선택되는 경우도 있지만 그렇지 않은 경우도 있으며, 청중이 흥미를 보일 만한 장면이 선택되기도 한다. 한 도사가 나타나 용왕의 병을 치료할 약을 처방해 주는 「수궁가」 '약성가 대목'이 좋은 예이다. 창자나 청중 모두 용왕의 병을 낫게 할 유일한 약이 토끼의 간임을 이미 알고 있지만, 약재의 이름, 약의 이름, 약의 조제법, 처방법 등 약에 대한 갖가지 사설들이 잔뜩 나열되는 '약성가 대목'에 재미를 느끼고 흥겨워한다.

장황하게 이어지는 판소리 사설을 따라가다 보면, 조리가 맞지 않거나 앞뒤의 내용이 상충하는 상황이 발생하기도 한다. 일례로 「심청가」의 전반부에서 점잖은 양반의 후예로 묘사되던 심 봉사가 후반부로 가서는 뺑덕 어미와 놀아나는 음탕하고 천박한 인물로 그려진다. 그러나 이것을 단순히 작품의 일관성을 흐리는 모순이나 일탈로 보아서는 곤란하다. 플롯이 중시되는 문학 양식에서는 부분이 전체의 구조를 위해 봉사하지만, 판소리에서는 사건의 흐름이 부분을 위해 봉사하는데, 이를 '부분의 독자성' 개념으로 설명할 수 있다. 판소리의 부분은 흥미와 감동 유발을 목적으로 각각의 상황 자체를 확장하거나 세련화하는데, 부분적인 의미를 강조하다 보면 부분 간의 상호 모순이나 갈등이 발생하기도 한다. 심 봉사가 양반의 후예라는 사실은 그의 고난과 비통한 처지를 부각하는 기능을 하지만, 풍자와 해학이 주가 되는 뺑덕 어미와의 골계적 일화에서 굳이 그 사실에 얽매일 필요는 없다.

다음으로 주목해야 할 것은 판소리의 문학적 면모가 판소리의 음악적·연극적 면모와 어울려 나타나는 양상이다. 「흥보가」의 '박타령 대목'을 예로 들어 살펴보자.

> [휘모리] 흥보가 좋아라고, 흥보가 좋아라고, 궤 두 짝을 떨어 붓고 나면 도로 수북. 톡톡 떨고 돌아섰다 돌아보면 도로 하나 가뜩하고, 돌아섰다 돌아보면 돈과 쌀과 도로 가뜩, 돌아섰다 돌아보면 도로 하나 가뜩하고, 돌아섰다 돌아보면 돈과 쌀과 도로 가뜩, 돌아섰다 돌아보면 도로 하나 가뜩하고, 돌아섰다 돌아보면 돈과 쌀과 도로 가뜩, 돌아섰다 돌아보면 도로 하나 가뜩하고, 돌아섰다 돌아보면 돈과 쌀과 도로 가뜩. "아이고 좋아 죽것다! 일 년 삼백육십 일을 그저 꾸여어어어어어억 꾸여어어어억 나오너라." (박송희 창, 「흥보가」)

흥보 내외가 박 속에서 쉴 새 없이 쏟아져 나오는 돈과 쌀을 부어 내는 장면이다. 쌓이면 부어 내고, 쌓이면 부어 내고 하는 행위가 계속되는 이 장면에는 같은 구절이나 단어를 되풀이하여 의미를 강조하는 반복법이 사용되었다.

그러면 반복법이라는 문학적 수사의 효과를 극대화하면서 위의 상황을 실감나게 전달하기 위해 활용한 음악적 장치는 무엇일까? 판소리는 진양조장단, 중모리장단, 중중모리장단, 엇중모리장단, 자진모리장단, 휘모리장단, 엇모리장단 등 일곱 장단을 기본으로 한다. 가장 느린 진양조장단은 극적 전개가 느슨하고 서정적인 대목, 중간 빠르기의 중모리장단은 담담하고 서정적인 대목, 중모리장단보다 약간 빠른 중중모리장단은 흥겹고 멋들어진 대목, 빠른 장단인 자진모리장단은 일이나 사건을 차례로 늘어놓는 대목, 가장 빠른 휘모리장단은 일이 매우 급박하게 벌어지는 대목과 어울린다. 위의 대목은 이 중 어떤 장단에 맞춰 노래될까? 바로 휘모리장단이다. 눈 깜짝할 사이에 수북이 쌓이는 돈과 쌀을 퍼 나르는 장면을 느릿한 진양조장단으로 소리한다면 이 급박한 상황이나 흥보 내외의 들뜨고 신난 감정이 청중에게 오롯이 전달되기 어려울 것이다. 판소리의 문학적 면모와 음악적 면모의 조화로운 결합이 중요한 이유이다. 또 하나, 창자가 한 손에 부채를 펴 들고 꼿꼿이 서서 이 대목을 부른다면 어떨까? 역시 그 상황이나 감정이 제대로 전해질 리 없다. 그래서 대부분의 소리꾼들은 "돌아섰다 돌아보면 도로 하나 가뜩하고" 하는 구절이 반복되는 이 사설을 빠른 휘모리장단에 맞춰 노래할 때 부채를 활짝 펴고 무엇인가를 바쁘게 펴 나르는 듯한 동작을 곁들인다. 판소리의 문학적 면모는 이렇게 음악적·연극적 면모와 만나 판에 예술적 감동을 전한다.

물론 소리꾼 혼자 판을 벌이는 것은 아니다. 소리를 받쳐 주고 이끌어 주는 고수의 북장단, 그리고 실제보다 높여 칭찬한다는 뜻의 '추어주다'를 어원으로 하는 청중의 추임새가 어우러질 때 진정한 판이 완성된다. 소리꾼이 열심히 무언가를 부어 내는 시늉을 하면서 '박타령 대목'의 사설을 속사포 랩에 버금가는 속도로 엮어 내고, 북채를 쥔 고수가 재빠른 손놀림으로 둥둥둥 신명 나게 북을 칠 때, 청중들이 "얼씨구!", "잘한다!" 하는 추임새를 외치며 환호하는 장면을 상상해 보자. 그것이 살아 있는 소리판이다.

2——개관 및 역사적 전개

판소리는 언제, 어디서, 누가 처음 공연하기 시작하였을까? 그 시점에 대해 아직 구체적으로 밝혀진 바는 없으나, 17세기 중후반 무렵 서민 예술로 성립되었다고 보는 것이 학계의 통설이다. 판소리의 발원지나 최초 연행자에 대한 기록은 전하지 않는다. 그럼에도 한동안은 판소리의 발생 지역을 호남으로 보는 시각이 우세하였는데, 이는 20세기 이후에 활동한 판소리 창자나 고수 대다수가 호남 출신이었기 때문이다. 그러나 최초의 본격적인 판소리 연구서라 할 수 있는 정노식의 『조선 창극사』에 기록된 초기 명창들의 출신지를 살펴보면 의외로 경기·충청 인근이 적지 않다. 최근에는 이에 근거하여 판소리가 본래 전국적인 분포를 보이며 발생하였고, 호남이 판소리의 거점으로 자리매김하게 된 것은 비교적 후대의 일이라는 주장이 제기되기도 하였다.

판소리의 기원에 대해서는 여러 설이 있다. 설화를 바탕으로 판소리가 형성되었다고 보는 설화 기원설, 간단한 설화적 이야기가 소설로 구성된 다음 희곡적 형태로 재구성된 것이라고 보는 문장체 소설 선행설, 호남 지역에서 연행되던 서사 무가에서 발생하였다고 보는 서사 무가 기원설 등이다. 그 밖에 판소리의 발생에 영향을 미친 요소로 창우(광대) 집단의 광대소리와 우희, 이야기(講)와 노래(唱)를 섞어서 연출하는 중국의 전통 예술인 강창 등이 지목된 바 있다. 이처럼 그 나름의 근거를 토대로 판소리의 기원을 추정하는 여러 주장들이 제기되었으나 아직 통설은 없다.

초기 판소리는 전국의 광대들이 모여들어 줄타기, 땅재주 등으로 한 판 벌이던 판놀음에 끼어 함께 연행되었다. 이 시기의 판소리에서는 소리보다 재담이 큰 비중을 차지하였을 것이며, 장단도 비교적 단출한 형태였을 것이다.

18세기 무렵, 판소리는 판놀음에서 분리되어 독자적인 공연 예술로 성장해 나갔다. 우리가 익숙히 알고 있는 「춘향가」, 「심청가」, 「흥보가」, 「수궁가」, 「적벽가」, 「변강쇠 타령」, 「장끼 타령」, 「배비장 타령」, 「옹고집 타령」, 「강릉 매화 타령」, 「무숙이 타령」, 「가짜 신선 타령」 등 판소리 열두 마당이 이 시기에 정립되었다. 서민 예술이던 판소리를 중인과 양반도 즐기게 되었고, 천민 신분의 광대가 궁중으로 불려가 소리를 하고 벼슬까지 받았다. 충남 목천의 양반 유진한이 「춘향가」의 내용을 한시로 정리한 「가사 춘향가 이백구」(「만화본 춘향가」)도 이 무렵의 작품이다.

19세기는 판소리의 전성기라 할 수 있다. 양반 좌상객이나 중인 부호층이 판소리의 향유층으로 참여하여 후원자 역할을 자처하며 판소리 발전에 기여하였다. 그 가운데 한 명인 신재효는 판소리 역사에서 특히 높이 평가되는 인물이다. 그는 판소리 창자들에 대한 후원·지도, 여성 명창의 발굴, 판소리 여섯 마당 사설의 정리·윤색, 판소리 이론의 정립 등 많은 업적을 남겼다.

19세기 이후의 판소리에는 양반과 중인층의 취향을 반영한 변화가 있었다. 느린 장단인 진양조장단이 완성되었고, 골계미를 자아내는 재담이나 육담이 축약되었으며, 화평하거나 비장한 대목이 늘어났다. 그렇다고 해서 서민들이 판소리를 즐기지 않게 된 것은 아니었다. 그들은 여전히 판소리의 주 향유층이었으며, 전주 대사습과 같은 무대에서 소리를 제대로 하지 못하는 소리꾼이 있으면 야유를 보내기도 하였다. 19세기 중반 무렵에는 신재효가 발굴한 진채선을 필두로 판소리에 여성 소리꾼들이 등장하기 시작하였다. 본래 판소리는 광대의 예술로, 소리꾼은 모두 남성이었다. 모흥갑이 소리를 했다는 평양 연광정과 같은 야외 무대에서는 멀리까지 잘 들리도록 큰 목소리로 소리를 하는 것이 중요하였지만, 방 안이나 실내 무대에서는 성량이 작은 여성 창자들도 섬세한 기교와 발성으로 감동을 줄 수 있었다. 판소리에 여러 유파가 생겨난 배경도 판소리에 대한 미적 취향의 다양화에서 찾을 수 있다. 힘차고 꿋꿋한 소리를 특징으로 하는 동편제는 19세기 중반, 애절하고 슬픈 느낌을 강조하는 서편제는 19세기 후반에 정립되었다. 중고제는 경기·충청 지방을 중심으로 전승된 비동 비서(非東非西)의 유파로 알려져 왔으나, 최근에는 동편제와 서편제로 분화되어 이전 초기 판소리의 면모를 간직한 고제(古制)로서 중고제를 다시 볼 필요가 있다는 주장이 나온 바 있다.

20세기로 들어오면서 판소리의 전승 환경은 크게 달라졌다. 서양식 실내 극장에서 판소리와 창극이 공연되는 한편, 유성기 음반이나 라디오 매체를 통한 대중적인 향유도 가능해졌다. 교통이 불편했던 과거에는 지역이 판소리 유파를 가르는 가장 중요한 기준이었으나 20세기 이후에는 그 기준이 사승(師承) 관계 중심으로 재편되었다. 그에 따라 '동초제'(동초는 김연수 명창의 호)나 '만정제'(만정은 김소희 명창의 호)처럼 창자 개인의 소리가 개별적인 유파로 정립되는 현상이 보편화되었다. 창자들은 판소리를 토대로 만든 창극을 무대에 올리고, 『열사가』 등 동시대의 사건을 다룬 창작 판소리를 발표하면서 판소리의 인기를 회복하고자 노력하였지만, 판소리를 비롯한 전통 예술은 이미 대중들의 외면 속에 침체 중이었다. 1960년대, 전통에 대한 국가적 차원의 관심이 높아지면서 판소리도 무형 문화재 제도라는 울타리 내에서 안정적인 전승 기반을 확보하게 되었다. 이로 인해 판소리의 역동성·현장성이 약화되고 양식화·정형화가 심화되었다는 지적도 있지만, 판소리가 지금의 자생적 전승력을 갖추게 된 데에는 무형 문화재 제도의 공이 크다.

한편, 「변강쇠 타령」, 「장끼 타령」 등 노래를 잃은 실전 판소리 작품에 대한 복원 및 재창조 작업, 「슈퍼댁 씨름 대회 출전기」, 「사천가」 등 시대와 호흡하는 새로운 창작 판소리의 발표 작업이 지속되고 있다는 점에서 20~21세기는 판소리의 재생기로 볼 수 있다.

3——교육적 접근

학교 현장에서 판소리 장르에 대한 교육적 접근은 어떤 방식으로 이루어져 왔을까? 판소리 작품을 수록한 교과서 단원에서 내세우는 학습 목표는 '공연 예술의 소통 방식과 표현 특성에 대한 이해', '한국 문학사적 전통 계승에 대한 이해' 등이다. 판소리는 우리의 대표적인 전통 공연 예술이자 조선 후기 문학의 주요 갈래인바, 이러한 성취 기준을 충족시키기에 적절한 대상이다.

국어과 교육과정은 교과서에 실린 작품 자체를 배운다기보다는 그 작품을 자료로 하여 교육과정이 제시한 내용을 배운다는 데 초점이 있다. 그런데 일부 교과서에서는 '공연 예술의 소통 방식과 표현 특성에 대한 이해'를 학습 목표로 내세우면서, 판소리라는 갈래의 공연 예술적 특성을 간과한 채 판소리 사설이 아닌 판소리계 소설을 수록하는 오류를 범하기도 하였다. 판소리와 판소리계 소설의 관계성은 인정되나 당시 향유 방식이 전혀 달랐고, 남겨진 텍스트도 장단 표시나 문체 표현 면에서 분명히 구분된다. 또 교과서에 수록된 작품 본문에 대한 이해가 판소리의 갈래적 특성에 대한 이해로 매끄럽게 연결되지 못하는 문제도 있다. 수록된 본문으로부터는 작품의 인물, 사건, 배경 등을 학습하는 데 그치고, 정작 판소리의 갈래적 특성에 대해서는 단원 도입글이나 보충 자료와 같은 별도의 양식을 통해 그 내용을 제시하는 경우가 그러하다.

교육 현장에서 판소리 갈래와 판소리 작품에 대한 교수·학습이 이루어지는 주 영역은 문학사 위주의 단원이다. 2007 개정 교육과정에 따른 고등학교 『문학』 교과서 15종의 편제를 살펴보면, '3. 문학과 매체 (2) 매체와 문학의 소통'과 같이 Ⅰ권에 판소리 작품이 수록되는 경우도 간혹 있으나, Ⅱ권의 문학사 단원에 수록되는 경우가 훨씬 많았다. 2009 개정 교육과정에서는 『문학』 교과서가 두 권에서 한 권 체제로 바뀌면서 수록 작품의 수가 대폭 줄었고, 대부분의 판소리 작품은 '조선 시대 문학의 이해' 영역에 배치되었다. 이에 따라 판소리는 조선 시대 문학의 한 갈래로, 판소리 작품은 조선 시대 작품의 하나로 다루어지게 되었다.

하지만 교과서에 수록된 작품들은 20세기 이후 박동진, 김소희, 박녹주, 김연수 등 현대 명창들이 남긴 창본인바, 교사들은 이 점을 주의 깊게 인식할 필요가 있다. 구전심수(口傳心授)로 이어져 온 사설인 만큼, 조선 후기에 불렸던 판소리와 교과서에 실린 20세기 이후의 판소리는 많은 부분을 공유하고 있을 것이다. 그러나 판소리는 조선 시대에 성립되어 지금까지 연행되는 예술이다. 그사이 새로 생겨난 작품도 있으며, 자주 불리지 않아 사라진 작품도 있고, 사라졌다가 복원된 작품도 있다. 판소리 사설이나 음악도 시대의 흐름을 타고 청중과 호흡하며 변화해 왔다. 십 년이면 강산도 변한다고 하였듯이, 20세기 창본에 담긴 판소리와 조선 후기에 성행하였던 판소리는 동일한 것으로 보기 어렵다. 학생들에게 19세기 판소리에서 20세기 판소리로의 변화를 설명하자는 것이 아니다. 판소리가 옛날 옛적의 고전이 아니라 지금도 어디선가 공연되는 현재 진행형의 갈래라는 사실, 현재 창본으로 남아 있는 20세기의 판소리가 조선 시대에 성행하였던 판소리와 다른 것일 수 있다는 사실에 대한 이해는 판소리에 대한 솔직하고 실제적인 접근이 될 수 있다. 창작 판소리에 대한 소개는 이러한 접근에 효과적인 방법론이 될 것이다.

참고 문헌

판소리의 장르 규정 및 역사적 전개, 그 서사적 구조와 음악적 특징에 대한 연구 및 주요 작품론 등을 담고 있는 개론서로 조동일·김흥규 엮음, 『판소리의 이해』(창작과비평사, 1978); 국어국문학회 엮음, 『판소리 연구』(태학사, 1998); 판소리학회 엮음,

『판소리의 세계』(문학과지성사, 2000); 최동현, 『판소리 이야기』(작가, 2001); 신동흔, 「판소리의 성립과 판소리계 소설의 확산」, 『새 민족 문학사 강좌 1 — 구비 서사에서 조선 후기까지』, 민족문학사연구소 엮음(창비, 2009); 정병헌 외, 『판소리사의 재인식』(인문과교양, 2016) 등을 참고할 만하다. 더 관심이 있다면 판소리에 대한 최초의 본격 저술인 정노식, 『조선 창극사』(동문선, 1994)를 권한다. 문학 교육적 관점에서 바라본 판소리의 미학 및 감상에 대한 논의들을 실은 정충권, 『판소리 문학의 비평과 감상』(월인, 2016)도 추천한다.

전승 판소리

1——개념·범주·특성

판소리는 조선 후기에 성립된 이후 현재까지 연행되고 있는바, 작품을 구성하는 창과 사설이 전승되는지 여부에 따라 두 가지 모두 온전하게 남아 있는 전승 판소리, 창은 사라지고 사설만 남아 있거나 사설마저 잃고 단편적인 기록 또는 소설의 형태로 내용만 전하게 된 실전 판소리로 나누어 볼 수 있다.

본래 판소리에는 열두 바탕이 있었다고 한다. 물론 판소리가 열두 바탕이었다고 하는 말은 전체 바탕 수가 딱 열둘에 맞추어 한정되었다는 뜻이라기보다 그간 전해 온 판소리가 어느 시점엔가 열둘이라는 숫자에 맞추어 정리되었다는 뜻으로 이해하는 것이 적절하다. 『두껍전』, 『옥단춘전』, 『이춘풍전』 등의 소설도 원래는 판소리로 불렸으리라고 보는 견해에 따르면, 판소리는 열두 바탕 이상이었다. 하지만 어느 시기에 열두 바탕으로 정립된 판소리는 19세기 후반에 이르러 여섯 바탕으로 줄었고, 일제 강점기를 거치며 다시 다섯 바탕으로 줄었다. 그래서 1933년에 나온 이선유의 『오가전집』에는 오가(五歌) 즉 다섯 바탕의 판소리 사설만 실려 있다. 「춘향가」, 「심청가」, 「수궁가」, 「흥보가」, 「적벽가」 등 다섯 바탕이 바로 전승 판소리에 속하며, 이를 묶어 '전승 오가'라고 한다.

판소리는 청중을 상대로 하는 공연 예술이다. 청중의 호응을 얻지 못하는 작품은 점차 불릴 기회를 잃게 되고, 부르는 소리꾼이 줄다 보면 그 작품은 결국 사라지게 된다. 반면에 청중의 호응을 받는 작품은 이곳저곳에서 자주 불리게 되고, 부르는 소리꾼이 많다 보면 창과 사설도 자연 풍성해진다. 따라서 전승 판소리는 청중들의 사랑을 받으며 공연 예술로서의 생명을 이어 온 소리라 할 수 있다.

그렇다면 다섯 바탕의 판소리는 어떻게 지금까지 명맥을 유지해 왔을까? 여기에는 청중들로부터 외면받지 않기 위해, 나아가 그들의 기대에 부응하는 소리를 하기 위해 고심하였던 소리꾼들의 노력이 있었다. 19세기 판소리사에서 양반 향유층의 역할이 중요했다고는 하나 평민층도 여전히 판소리의 중심 향유층이었고, 소리꾼들은 두 향유층의 취향을 적절히 고려하여 그들의 기대를 충족시키고자 애썼다. 그리고 그러한 노력의 산물이라 할 수 있는 전승 판소리에서는 다음과 같은 특징을 발견할 수 있게 되었다.

첫째, 등장인물의 형상이 비교적 긍정적이다. 이는 「변강쇠 타령」의 변강쇠, 「옹고집 타령」의 옹고집 등 성격적 결함을 가지고 있거나 사회적 교정의 대상이 되는 실전 판소리 속 주인공의 형상과 대비된다. 둘째, 시대 의식을 담고 있다. 전승 판소리에는 사회의 모순을 드러내며 그와 대결하고, 새로운 사회를 지향하는 소망을 담은 인물과 사건이 배치된다. 「수궁가」에서는 병든 용왕이나 서로 다툼만 일삼는 수궁 신하들을 통해 부패한 권력층의 문제를 풍자하며, 자신에게 닥친 위기를 해학과 지혜로 통쾌하게 극복해 내는 토끼가 조선 시대 서민의 자화상으로 그려진다. 셋째, 주제 의식이 보편적이다. 창자들은 「춘향가」의 사랑과 열(烈), 「흥보가」의 우애, 「적벽가」의 충(忠) 등 관념적이고 보편적인 주제를 작품 표면에 내세움으로써 판소리 청중이자 후원자였던 양반층과 중인층의 기대에 부응하는 한편, 그 이면에는 민중 기반의 사회의식을 담아내는 방식으로 서민층의 호응도 함께 얻었다. 넷째, 조화로운 미적 균형을 갖추고 있다. 이 역시 골계미 또는 비장미 일변도로 흘러버린 실전 판소리와 차별화되는 특징이다. 대중을 웃기기만 하거나 울리기만 하는 예술은 오래 가기 어렵다. 결국 소리판에 남은 것은 비장과 골계를 적절히 조화시켜 청중들에게 다양한 미적 체험을 제공하였던 전승 판소리였다.

2——개관 및 대표 작품

판소리의 서사적 구조는 궁극의 클라이맥스를 향해 모든 것이 집약되는 유기적 발전의 완결 구조가 아니라, '긴장 – 이완', '몰입 – 해방'이라는 정서적·미적 체험의 마디를 반복하는 구조에 가깝다. 창과 아니리, 비장과 골계를 반복함으로써 정서적 긴장과 이완, 극적 환상에의 몰입과 해방의 연쇄 구조를 엮어 가는 것이다. 청중을 웃기고 울리는 판소리의 본질은 바로 이러한 구조적 특징과 긴밀하게 연관된다. 전승 판소리에는 실전 판소리에 비해 이러한 서사적 구조가 특히 잘 구현되어 있다.

[세마치(자진진양조)] 일일(一日)도 심 봉사, 마음이 산란하여, 지팡 막대 흩어 짚고, 타루비(墮淚碑)를 찾아가서, 후유. 아이고 내 자식아. 내가 또 왔다. 너는 애비 눈을 띄우려고 수중고혼(水宮孤魂)이 되고, 나는 모진 목숨이 죽지도 않고, 이 지경이 웬일이란 말이냐. 날 데려가거라, 나를 데려가거라. 산신(山神) 부락귀(鬼)야 나를 잡아가거라. 살기도 귀찮하고, 눈 뜨기도 내사 싫다. 비문(碑文) 앞에가 엎드러져서, 내려둥굴 치둥굴며, 머리도 찧고, 가슴 꽝꽝. 두 발을 굴러, 남지서지(南之西之)를 가르치는구나.

[아니리] 낮이면, 강두(江頭)에 나가 울고, 밤이면, 집에 돌아와 울고, 울며불며, 눈물로 세월을 보내는데, 마침, 본촌(本村)에 묘(妙)한 여인네가 하나 사는데, 호(號)가 뺑파것다. 심 봉사가 딸 덕분에, 전곡간(錢穀間)이나 있다는 소문을 듣고, 이웃 사람 알지 못하게 자원(自願) 출가(出嫁)하였것다. 이 여인네가 어떻게, 입주전부리가 궂던지 말로다 할 수 없던가 부더라. 거 불쌍한 심 봉사 가산을, 꼭 먹성질로만

탕진을 하는데, 행실이 꼭 이러것다.

[자진모리=평계면] 밥 잘 먹고, 술 잘 먹고, 떡 잘 먹고, 고기 잘 먹고, 양식 주고 술 사 먹고, 쌀 퍼 주고, 고기 사 먹고, 이웃집에 밥 부치기, 통인(通人) 잡고 욕 잘하고, 초군(樵軍)들과 싸움하기, 잠자며 이 갈기와, 배 긇고 발목 떨고, 한밤중 울음 울고, 오고 가는 행인 드려, 담배 달라 신란하기, 힐끗하면 핼끗하고, 핼끗하면 힐끗하고, 삣죽하면 빼죽하고, 빼죽하면 삣죽하고, 술 잘 먹고, 정자 밑에 낮잠 자기, 남의 혼인 허랑으로, 단단히 믿었는데, 해담을 잘하기와 신부 신랑 잠자는데, 가만가만 가만, 문 앞에 들어서며, 봉창에 입을 대고, 불이야. 이년의 행실이, 이리하여도, 심 봉사는 아무런 줄을 모르고,

[아니리] 어찌 미쳐 놓았던지, 나무칼로 귀를 싹 베어 가도, 모르게 되었것다. (성창순 창, 「심청가」)

딸 심청을 기리는 타루비 앞에서 머리를 찧고 가슴을 꽝꽝 치며 "날 데려가거라." 하고 울부짖는 심 봉사의 모습은 비통함 그 자체로, 청중들로 하여금 그 슬픔에 한껏 몰입되도록 하기에 충분하다. 비장한 소리에 청중들이 모두 흐느껴 울고 자신도 상심하는 경우가 많아 중년이 되어서는 더는 「심청가」를 부르지 않았다는 옛 명창의 일화도 있다. 그러나 바로 다음 대목에 뺑파가 등장하면서 분위기는 반전된다. 뺑파의 못되고 우스꽝스러운 행실이 웃음을 자아내기도 하거니와, 그새 딸은 까맣게 잊고 뺑파에게 홀려 "나무칼로 귀를 싹 베어가도 모르게 되"어 버린 심 봉사도 조롱의 대상이 된다. 골계를 통한 긴장의 해소인 셈이다. 이러한 서사적 구조는 「심청가」를 포함한 다섯 바탕의 판소리가 오랜 세월 굳건히 버텨 오는 힘이 되었다.

이제 전승 판소리로 분류되는 다섯 바탕 작품들의 주제와 인물, 미학 등을 살펴보기로 하자. 가장 널리 알려진 전승 판소리는 「춘향가」이다. 남녀 간의 사랑과 신분 차이로 인한 장애, 여주인공에게 닥친 위기와 극복이라는 「춘향가」의 서사 구조는 현대의 멜로 드라마에서도 익숙하게 볼 수 있는 공식에 해당한다. 하지만 「춘향가」의 주제는 남녀 간의 사랑 또는 서민 계급의 저항 어

느 한쪽으로만 볼 수 없다. 춘향의 정절과 유교적인 열 이념, 신분의 질곡을 넘어선 남녀의 숭고한 사랑, 불의한 지배 계급에 대한 서민의 저항, 중세의 완고한 신분 제도와 윤리로부터의 인간 해방 등 다양한 주제가 오늘날까지 「춘향가」를 영원한 고전으로 살아 숨 쉬게 하는 원동력이기 때문이다. 인물 형상도 마찬가지이다. 19세기 양반 향유층에 의해 충효열 등 보수적이고 관념적인 주제가 판소리 전면에 내세워지게 되면서 「춘향가」도 열을 권장하는 방향으로 일부 다듬어졌다. 춘향의 신분을 기생에서 여염집 처자로 격상시키고 말투나 행동도 그에 걸맞게 고상한 것으로 바꾸는 등 의도적인 윤색이 있었지만, 애초에 춘향이 기생 신분이었던 만큼 작품 곳곳에는 요염하고 일탈적인 기생 춘향의 면모가 남아 있다. 이 도령도 여러 얼굴을 지니고 있다. 양반 집안에서 태어나 문재(文才)를 겸비한 풍류 남아이지만 때로는 어리석게, 때로는 철없이 그려진다. 괴팍한 호색한이자 부패한 탐관오리의 전형으로 그려지는 변학도도 어떤 장면에서는 우습게 희화화된다. 월매는 수다스럽고 경망스러운 성격과 행동으로 청중의 웃음을 유발하지만, 이별 장면이나 춘향이 하옥되는 장면에서는 작품의 비장미를 심화하는 역할을 한다.

「심청가」의 주제 역시 보는 각도에 따라 여러 해석이 가능하다. 심청이 아비를 위해 자신을 기꺼이 희생한 부분에 초점을 맞추면 효 사상이, 부처에게 시주함으로써 공덕을 쌓아 부친이 눈을 뜨게 되었다는 부분에 의미를 두면 조선 후기 민중들이 사회적·인간적 궁핍을 관음보살의 구원으로 해결하고자 하였던 불교적 열망이 작품의 주제가 된다. 심청이 인당수에 빠지는 행위를 통해 황후가 되고 부귀영화를 누리게 되었다는 서사에 주목하면 「심청가」는 심청이 인당수 투신이라는 입사식(入社式)을 통해 영웅적인 인물로 거듭나는 과정을 그린 작품이 되고, 작품의 주제도 구원을 통한 자기 정화로 확대된다. 심청이라는 인물에 대한 해석도 그녀의 효행과 희생을 바라보는 시각에 따라 가녀린 희생자에서 어둠에 빠진 중생을 구제하는 보살, 또는 자아를 찾아가는 성장체 등으로 달라질 수 있다. 앞서 살펴본 바와 같이 심 봉사도 때로는 비장미를, 때로는 골계미를 유발하는 인물로 그려진다. 뺑파 역시 평범한 악인은 아니다. 빵파의 독특한 캐릭터는 그녀를 주인공으로 한 「빵파전」이라는 작품을 탄생시키기도 하였다.

「수궁가」는 전승 판소리 가운데 유일한 우화 작품으로, 표면적으로는 유교적 충의 이념을 강조하지만, 그 이면에는 봉건 사회 지배층의 무능과 위선 등 조선 후기의 시대상에 대한 신랄한 비판이 담겨 있다. 그런가 하면 강자와 약자의 대립 관계가 부각된다. 용왕과 자라로 대표되는 수궁 세계가 강자 – 지배자의 세계라면, 토끼로 대표되는 육지 세계는 약자 – 피지배자의 세계이다. 대개 토끼의 승리로 귀결되는 결말은 판소리 「수궁가」가 풍자성과 더불어 서민층 특유의 발랄함을 견지하는 데 기여한다. 한편, 토끼와 자라의 인물 형상도 비교해 볼 필요가 있다. 토끼는 힘이나 가진 것은 없지만 삶의 지혜를 갖춘 서민층을, 자라는 충성스럽지만 지나치게 경직된 관료층을 대변한다. 이렇게만 보면 둘은 서로 매우 다른 인물 같지만 지략, 어리석음, 욕망, 허위의식 등의 측면에서는 의외로 공유하는 부분이 적지 않다.

「흥보가」는 전승 판소리 가운데 해학적인 재담이 가장 많아 '재담 소리'라고 불렸다. 유파에 따라서는 「흥보가」를 '재담 소리'라고 하여 아예 가르치지 않았으며, 창자들도 재담 위주의 '놀보 박타는 대목'은 생략하는 경우가 많았다. 그러나 요즘 판소리 공연장에 가 보면 골계적이고 해학적인 '놀보 박타는 대목'이 오히려 청중들의 환호를 받는다. 흥보와 놀보에 대한 평가의 변화도 생각해 볼 만한 문제이다. 「흥보가」를 단순히 선한 흥보가 복을 받아 부자가 되고 악한 놀보가 벌을 받아 가난하게 되는 권선징악적인 이야기로만 본다면 당연히 흥보의 손을 들어주는 이들이 많을 것이다. 그러나 다른 한편에는, 윤리적이지만 경제적으로 무능력한 흥보보다 다소 비윤리적이나 경제적 수완이 탁월한 놀보를 높게 평가하는 이들도 있다는 것을 주목할 필요가 있다.

「적벽가」는 중국 소설 『삼국지연의』 가운데 적벽 대전 장면을 차용한 작품으로, 발생 경로가 비교적 분명한 전승 판소리이다. 그러나 인물과 사건 일부만 가져왔을 뿐, 「적벽가」는 『삼국지연의』와 다르다. 『삼국지연의』가 왕후장상과 영웅들의 이야기라면, 「적벽가」는 그저 이름 없는 무리에 불과했던 군사들이 자기 목소리를 내는 이야기이다. 이처럼 「적벽가」는 본래 민중적인 의식이 강하게 드러나는 작품이었지만, 19세기 이후 양반과 중인 향유층의 영향에 따라 영웅의 이야기가 강조되고 장중미가 강화되는 방향으로 변화하였다. 그 결과, 조선 후기에는 양반과 중인 향유층이 가장 즐겨 듣는 판소리 작품으로 자리매김할 수 있었으나, 20세기로 접어들면서 그 인기가 조금 누그러지게 되었다. 물론 영웅의 이야기가 강조되고 장중미가 강화되었다고 해서 작품의 미적 바탕 자체가 완전히 바뀐 것은 아니다. 전반부에 비장미, 후반부에 골계미가 우세한 「적벽가」를 통해서도 전승 판소리의 특징인 조화로운 미적 균형을 확인할 수 있다.

3——문학사적 위상과 의의

17세기 중후반 무렵 서민 기반의 민속 예술에서 출발한 판소리는 19세기에 이르러 양반과 중인까지 향유층으로 아우르며 전 계층의 애호를 받는 민족 예술로 성장하였다. 문학사적인 측면에서 보자면, 조선 후기의 대표적인 문학 갈래였을 뿐 아니라, 판소리계 소설을 파생시키면서 조선 후기 소설사에 한 흐름을 형성하기도 하였다.

판소리는 21세기까지 명맥을 이어 오고 있다. 특히 전승 판소리의 경우, 창과 사설을 온전히 갖춘 채 긴 세월을 거쳐 살아남았다는 점에서 케케묵은 것이 아니라 켜켜이 묵은, '지금, 여기'의 소리이다. 실전 판소리가 복원되거나 창작 판소리가 새로이 발표되기도 하였지만, 여전히 가장 활발히 전승되고 있는 것은 전승 판소리이다. 그런 점에서 조선 시대의 문학이자 '지금, 여기'의 문학인 전승 판소리가 오늘날 고전문학과 만나는 학생들에게 어떤 길라잡이의 역할을 할 수 있지 않을까 생각한다.

그뿐만 아니다. 전승 판소리는 실전 판소리의 복원과 재창조 작업, 창작 판소리의 창작 작업을 위한 핵심적인 원천이 되고 있다. 또 전승 판소리 다섯 바탕은 영화, 연극, 드라마, 애니메이션 등 다양한 현대 장르로 변용되며 우리 시대에 걸맞은 의미와 주제를 창출해 내고 있다. 학교 현장에서도 문자화된 사설을 통한 전승 판소리 작품만을 감상하는 데에서 한 걸음 나아가 이러한 변화들에 관심을 가져 볼 수 있을 것이다.

참고 문헌

작품 감상을 위해서는 현재 불리고 있는 전승 판소리 다섯 바탕의 대표작 원문을 한 자리에 모아 해설과 주석을 단 『판소리 다섯 마당: 해설과 주석을 단 사설집』(한국브리태니커회사, 1982)을 추천한다. 그 밖에 판소리 사설을 현대어로 옮기고 다듬은 정병헌 엮음, 『쉽게 풀어 쓴 판소리 열두 바탕』(민속원, 2011)이 있으며, 더 관심이 있다면 박이정출판사에서 나온 『춘향전 전집』, 『심청전 전집』 등의 전집류를 살펴보아도 좋겠다.

전승 판소리 다섯 작품에 대한 기본적인 이해와 관련해서는 조동일·김흥규 엮음, 『판소리의 이해』(창작과비평사, 1978); 국어국문학회 엮음, 『판소리 연구』(태학사, 1998); 판소리학회 엮음, 『판소리의 세계』(문학과지성사, 2000)의 '제4부 판소리 작품의 이해와 감상'; 정병헌 외, 『판소리사의 재인식』(인문과교양, 2016)의 '제3부 판소리의 지속과 전승' 등을 참고할 수 있다.

실전 판소리

1——개념·범주·특성

실전 판소리는 전승 판소리에 대비되는 개념이다. 창을 잃은 채 사설만 소설이나 가사 등의 형태로 남은 작품 또는 창과 사설을 모두 잃은 작품을 가리키는데, 전자의 경우 창 부분의 전승이 끊긴 사실을 강조하여 실창 판소리라 부르기도 한다. 실전 판소리라고 하면 대개 「변강쇠 타령」, 「장끼 타령」, 「무숙이 타령」, 「배비장 타령」, 「강릉 매화 타령」, 「옹고집 타령」, 「가짜 신선 타령」 등 일곱 작품을 꼽으며, 「가짜 신선 타령」 대신 「숙영낭자전」을 들기도 한다.

송만재는 1843년에 지은 한시 「관우희」에서 「춘향가」, 「심청가」, 「흥보가」, 「수궁가」, 「적벽가」, 「변강쇠 타령」, 「배비장 타령」, 「강릉 매화 타령」, 「옹고집 타령」, 「장끼 타령」, 「무숙이 타령」, 「가짜 신선 타령」 등 판소리 열두 바탕을 소개하였다. 적어도 19세기 전반까지는 열두 바탕이 비교적 온전하게 전승되었던 것이다. 그 후 1853~1884년, 신재효는 「춘향가」, 「심청가」, 「흥보가」, 「수궁가」, 「적벽가」, 「변강쇠 타령」 등 여섯 바탕만을 택해 사설을 정리·개작하였고, 「배비장 타령」과 「강릉 매화 타령」은 단가 「오섬가」에서 잠시 언급하는데 그쳤다. 1870년대에 지어진 것으로 추정되는 이유원의 「관극팔령」에서는

「춘향가」, 「심청가」, 「흥보가」, 「수궁가」, 「적벽가」, 「변강쇠 타령」, 「배비장 타령」, 「장끼 타령」 등 여덟 바탕만 다루었다. 1912년 이해조가 『매일신보』에 판소리를 연재하고, 1933년 이선유가 『오가전집』을 발간할 때 대상 작품이 된 것은 전승 판소리 다섯 바탕뿐이었다. 100년도 채 되지 않는 기간에 자그마치 일곱 바탕의 판소리가 실전된 것이다. 「변강쇠 타령」, 「장끼 타령」, 「무숙이 타령」, 「배비장 타령」, 「강릉 매화 타령」, 「옹고집 타령」, 「가짜 신선 타령」이 바로 그 일곱 바탕의 실전 판소리 작품이다. 정노식의 『조선 창극사』에서는 판소리 열두 바탕의 목록에 「가짜 신선 타령」 대신 「숙영낭자전」을 넣었는데, 이와 관련해서는 「숙영낭자전」이 19세기 초에 등장한 후발 작품이고 「가짜 신선 타령」이 그보다 훨씬 이른 시기에 실전되었다는 판소리사적 정황을 고려할 필요가 있다. 참고로 지금 불리는 「숙영낭자전」의 창은 이후 정정렬, 박동진 등에 의해 재편곡 또는 복원된 것이다.

판소리에서 창과 사설은 필수적인 구성 요소로, 이 가운데 하나라도 온전하지 않으면 연행 자체가 불가능하다. 정정렬이 창을 잃은 「숙영낭자전」에 곡을 붙였듯, 어떤 명창들은 실전 판소리의 연행을 위해 창 부분을 새로 작곡하기도 한다. 비록 전통적인 창법과 곡조를 재현한 것은 아니지만 기존 사설을 그대로 살렸다는 의미에서 이들을 복원 판소리라고 부른다. 박동진은 「변강쇠 타령」, 「배비장 타령」, 「옹고집 타령」, 「장끼 타령」, 「숙영낭자전」 등을 대상으로 한 복원 판소리 작업에 큰 힘을 기울였다.

그렇다면 실전 판소리는 어떠한 특징을 가지고 있을까? 일곱 바탕의 실전 판소리는 인물 유형, 갈등 구조, 미적 특질 면에서 각각 다음과 같은 특징을 보인다.

첫째, 주인공이 부정적인 인물로 형상화된다. 「변강쇠 타령」의 변강쇠나 「장끼 타령」의 장끼는 뒤틀린 성격의 소유자로 성격적 결함이 있는 인물이다. 「배비장 타령」의 배 비장, 「강릉 매화 타령」의 골 생원, 「가짜 신선 타령」의 광풍 등은 삶의 유연성을 상실한 경직된 부류로 묘사된다. 이들은 전승 판소리의 긍정적이고 적극적인 주인공들과 대비된다.

이 몸이 죽거들랑 염습(殮襲)하되, 입관하기 자네가 손수 하고, 출상할 제 상여를 쫓고, 시묘(侍墓) 살아 아침저녁 상식(上食) 삼년상을 지낸 후에 비단 수건 목을 졸라 저승으로 찾아오면 이생에 다하지 못한 연분 저승에서 이을 수 있게 되려니와, 내가 지금 죽은 후에 사나이라 명색하고 십 세 전 아이라도 자네 몸에 손대거나 집 근처에 얼른하면 즉각 급살할 것이니 본디 부디 그리하소. (「변강쇠가」)

지방의 유흥가에 기생하며 무위도식하던 변강쇠는 장승을 패어 불을 때고 결국 동티가 나서 죽는다. 그랬던 변강쇠가 죽음을 앞두고 평소의 행동이나 가치관과 전혀 어울리지 않는 유언을 남긴다. 부인 옹녀에게 수절을 강요하는 것으로 모자라 만일 옹녀에게 접근하는 남자가 있으면 즉각 급살하겠다고 엄포를 놓는바, 변강쇠는 실전 판소리에 등장하는 뒤틀린 인물들의 전형이라 할 수 있다.

둘째, 대부분의 갈등이 성격적 결함과 같은 개인의 문제에 기인한다. 실전 판소리의 주인공들이 벌이는 갈등의 양상과 그들이 봉착하고 있는 문제들을 살펴보면 대체로 사회로부터 야기된 것이라기보다 개인의 성격적 결함에서 기인한 것이 많다. 따라서 해결 방향도 인물을 둘러싼 시대 및 사회의 모순을 드러내고 그것을 극복하는 방향이 아니라, 한 개인의 성격적 결함을 교정하는 방향으로 귀결된다. 「옹고집 타령」의 갈등은 가족과 이웃, 승려를 학대하는 옹고집에 의해, 「변강쇠 타령」과 「무숙이 타령」의 갈등은 가정의 행복을 파괴하는 변강쇠와 무숙이에 의해 야기되는데 그러한 갈등은 일종의 공모 관계를 통한 교정이나 초월적 능력을 지닌 대상이 내리는 징치로 마무리된다.

셋째, 미적 특질이 대개 골계미에 치우쳐 있다. 하나 더 주목되는 점은 「가짜 신선 타령」, 「배비장 타령」, 「옹고집 타령」, 「강릉 매화 타령」 등 비교적 상층에 속하는 인물을 주인공으로 삼은 작품들일수록 골계미 일변도의 특징이 더욱 강화되어 나타난다는 사실이다.

물론 실전 판소리에 골계미만 있는 것은 아니다. 「무숙이 타령」, 「장끼 타령」, 「변강쇠 타령」 등 중하층 특히 하층민의 이야기를 다룬 작품을 살펴보면 비장미나 기괴미에 가까운 미적 특질이 나타나기도 한다. 이들 작품에 드리워진 음울한 분위기는 하층민일수록 당대 사회의 중층적인 모순 구조 속에서 배태된 문제를 더욱 극심히 겪고 있었음을 보여 주는 증표로 해석될 수 있다.

2——개관 및 대표 작품

전술한 바와 같이 실전 판소리라고 하면 보통 「변강쇠 타령」, 「장끼 타령」, 「무숙이 타령」, 「배비장 타령」, 「강릉 매화 타령」, 「옹고집 타령」, 「가짜 신선 타령」 등 일곱 바탕을 꼽는다. 이 작품들에 대해 간략히 살펴보자.

「변강쇠 타령」은 변강쇠와 옹녀가 부부의 인연을 맺지만 변강쇠가 장승 동티로 먼저 죽고, 뎁득이가 그의 시신을 절벽에 갈아 버리고 떠난다는 내용으로 되어 있다. 이 작품과 관련해서는 주로 노골적이고 적나라한 성적 묘사가 강조되었으나, 작품에 담긴 하층 유랑민들의 힘겨운 삶과 비극적 생활상에 대해서도 주목할 필요가 있다.

「장끼 타령」은 까투리의 만류를 무시하고 콩을 먹으려던 장끼가 사람이 쳐 놓은 덫에 걸려 죽고, 과부가 된 까투리가 개가를 시도하면서 벌어지는 일들을 담아낸 작품이다. 판소리로서는 창을 잃고 실전되었으나 소설, 민요, 가사 등으로 분화되어 다채롭게 향유되었다. 「장끼전」, 「꿩전」, 「화충선생전」, 「자치가」, 「까투리가」 등 제목도 다양하며, 까투리의 개가와 관련한 결말도 가지각색이다. 1940년에 음반으로 나온 김연수의 「쟁끼전」, 1970년대에 박동진이 공연한 「장끼 타령」은 기존의 사설에 창을 새로 붙인 복원 판소리 작품이다.

「무숙이 타령」은 「계우사」, 「왈짜 타령」이라고도 불린다. 서울의 갑부로 흥청망청 방탕한 생활을 일삼던 무숙이가 기생 출신의 첩 의양이 짠 계략에 넘어가 지난날의 잘못을 뉘우치고 개과천선한다는 이야기이다. '탕아 길들이기'가 작품의 기본 모티프라 할 수 있다.

「배비장 타령」은 『배비장전』이라고도 한다. 평소 도덕군자를 자임하며 결코 여색에 빠지지 않겠다고 큰소리 치던 배 비장이 제주 목사 김경의 지시를 받은 기생 애랑과 방자가 꾸민 계교에 속아 망신당하는 내용으로 되어 있다. 한 남성이 주변인들의 계략에 의해 자신의 금욕적 절개를 스스로 훼절하고 웃음거리가 된다는 남성 훼절담의 기본 구조를 따르고 있다. 관료 사회에 처음 진입하는 사람이 겪는 일종의 신고식 문화, 즉 신참례(新參禮)를 소재로 한 작품이라고 보는 시각도 있는데, 이에 따르면 배 비장을 희화화하는 의도는 그를 관료 사회의 관습 속으로 끌어들인다는 목적과 상통한다.

(사) "이 물은 짠물이라, 눈에 들어가면 멀 것이니 감고 헤엄치소."

(배) "눈은 생전 멀게 되더라도 목숨이나 살려 주오."

(사) "그럴 지경이면 눈이 멀게 되더라도 나를 원망하지는 마시오."

하고, 함정같이 잠긴 금거북이 모양의 자물쇠를 툭 쳐서 열어 놓으니, 배 비장이 알몸으로 쑥 나서며, 그래도 소경 될까 염려하여 두 눈을 잔뜩 감으며 이를 악물고 왈칵 냅다 짚으면서 두 손을 허우적거리며 갈 때, 한 사람이 나서며,

"이리 헤엄쳐라."

한참 이 모양으로 헤엄쳐 갈 때, 동헌 대청에다 머리를 딱 부딪치니, 배 비장이 눈에 불이 번쩍 나서 두 눈을 뜨며 살펴보니, 동헌에는 목사 앉아 있고, 대청에는 삼형수, 전후 좌우에는 기생들과 육방 관속, 군로배가 있다가 일시에 두 손으로 입을 막고 참는 것이 웃음이었다. (『배비장전』) *(사)는 사공의 대사, (배)는 배 비장의 대사를 표시한 것임.

「배비장 타령」의 결말이다. 애랑과 방자에게 속아 알몸으로 궤 속에 들어갔던 배 비장이 동헌 앞마당을 바다로 착각하고 헤엄치는 시늉을 하는 장면에서 골계적인 웃음이 유발된다.

「강릉 매화 타령」은 골 생원이 강릉 기생 매화의 미색에 빠져 크게 망신을 당한다는 이야기이다. 남성 훼절담의 구조를 지니고 있다는 점에서 「배비장 타령」과 성격적으로 유사하다. 조재삼도 『송남잡지』에서 "매화 타령은 곧 배

비장 이야기"라고 기록하였다. 다만 「강릉 매화 타령」의 매화는 강릉 부사의 명을 따를 뿐 「배비장 타령」의 애랑처럼 적극적으로 사건을 주도하지 않는다는 차이가 있다.

「옹고집 타령」의 주인공 옹고집은 심술궂고 인색한 인물로, 부모에게 불효하고 시주 온 중을 내쫓는다. 한 도승이 그를 징치하기 위해 볏짚으로 가짜 옹고집을 만들어 한바탕 소란을 벌이고, 진짜 옹고집은 이 일로 개과천선한다. 정노식은 『조선 창극사』에서 판소리 각 바탕을 잘 불렀던 명창들을 소개하였는데, 「옹고집 타령」에는 그러한 언급이 전혀 없다. 이를 통해 「옹고집 타령」의 전승이 판소리사적으로 볼 때 다소 미미한 편이었음을 알 수 있다.

「가짜 신선 타령」은 신선을 꿈꾸던 사람이 다른 이의 계략에 속아 고생만 실컷 하고 망신을 당한다는 내용의 선인 견기 설화에 근간을 둔 작품이다. 주인공 광풍이 평소 신선이 되고 싶어 한다는 것을 알아챈 주변 사람들이 가짜 음식과 가짜 술, 가짜 신선을 동원하여 그가 실제 신선이 된 것처럼 착각하도록 만들어 그를 골려 준다는 이야기이다. 「가짜 신선 타령」은 열두 바탕 가운데 유일하게 창과 사설이 모두 실전된 작품이다. 이에 「가짜 신선 타령」의 형성에 상당한 영향을 미친 것으로 보이는 「금강탄유록」을 통해 대강의 줄거리를 유추할 수 있을 뿐이다.

열두 바탕의 판소리를 전승 판소리와 실전 판소리로 나누는 기준은 '창과 사설이 온전히 전승되었는가'의 여부이다. 실전 판소리는 '창' 또는 '창과 사설'을 잃었다. 그 이유는 무엇이었을까? 일곱 바탕의 판소리가 어떤 이유로 창을, 심지어 사설까지 잃게 되었는지 짚어 보는 것은 판소리 예술의 본질과 판소리사적 정황과도 관계되는 중요한 문제이다. 그 이유는 대체로 다음과 같이 지적된다.

첫째, 주된 판소리 향유층의 취향에 맞지 않아 탈락했다는 설이다. 일곱 바탕의 판소리가 전승에서 대거 탈락한 시점은 19세기 후반에서 20세기 초 무렵이다. 19세기 후반 이후 중인과 양반층이 판소리 향유층으로 대거 참여하는데, 그들의 취향에는 서민들의 세속적 세계를 그린 일곱 바탕이 맞지 않았으리라는 견해이다. 그러나 이 시기는 물론 그 이후에도 여전히 서민들이 판소리 향유층으로 주요한 역할을 했던바 다소 논란의 여지가 있다.

둘째, 작품의 내용, 구조, 현실 인식에 깊이가 부족하여 전승 판소리와의 경쟁에서 밀려났다는 설이다. 전승 판소리의 주인공들이 사회의 모순을 드러내고 그것과 대결하는 적극성을 보인 데 반해, 실전 판소리에서는 「변강쇠 타령」의 변강쇠나 「무숙이 타령」의 무숙이와 같이 성격상 결함이 있어 사회적으로 교정의 대상이 되는 인물들을 주인공으로 내세웠다. 그에 따라 작품의 내용, 구조, 현실 인식 면에서 새로운 사회를 지향하는 향유층의 소망을 담아내기에는 역부족이었다는 것이다.

셋째, 실전 판소리 대부분의 미의식이 골계미 쪽으로 편향되어 있어 비장미와 골계미가 적절한 조화를 이루는 전승 판소리에 비해 예술적으로 뒤처지게 되었다는 설이다. 이 주장에 대해서는 연구자들의 견해가 대체로 일치한다. 19세기 후반기의 판소리에서 비장미에 대한 선호가 두드러졌음을 감안할 때, 창을 잃은 판소리들이 비장미보다 골계미에 치중한 것은 시대적 추세에 어긋나는 선택이었다.

그 밖에 고유한 더늠이나 대표적인 사설을 창출해 내는 데 실패한 점도 실전 원인으로 거론된다. 「배비장 타령」의 경우, 작품의 3분의 2 이상을 「춘향가」, 「심청가」, 「수궁가」, 「적벽가」에서 차용하였다. 「옹고집 타령」에서는 옹고집의 성정을 묘사하는 부분에 「흥보가」의 '놀보 심술 대목'을 끌어왔고, 「변강쇠 타령」·「무숙이 타령」·「강릉 매화 타령」에 삽입된 '사랑가'는 「춘향가」에서 가져왔으며, 「장끼 타령」에 묘사되는 장끼의 고난은 「수궁가」의 '토끼 팔난(八難) 대목'과 유사하다. 일부 작품에 한해서는 동편제, 서편제와 더불어 판소리 3대 유파 중 하나였던 중고제의 전승이 약화되자 중고제 명창들이 즐겨 연행하였던 실전 판소리도 그와 운명을 함께했으리라는 추정도 가능하다. 충청도를 기반으로 성립된 「장끼 타령」과 서울·경기 지방을 배경으로 형성된 「무숙이 타령」이 그 예이다.

3——문학사적 위상과 의의

실전 판소리는 분명 판소리사에서 '살아남지 못한' 소리이다. 그러나 전승 과정에서 탈락했다고 하여 이들 일곱 바탕을 의미 없는 작품으로 보는 시각은 온당하지 않다. 지금은 창 또는 창과 사설을 잃었으나, 과거에는 분명 청중들의 관심 속에 열두 바탕의 하나로 자리매김했던 작품이다. 또 창이 끊기면서 비록 판소리로는 연행되지 못하였지만 소설 또는 가사 등으로 형태를 바꾸어 지속적으로 향유되어 왔다. 세태 풍속의 차원에서 제기한 삶의 문제, 골계적 인물의 형상, 골계미의 특질과 그 실현 방식 등에서도 실전 판소리가 지니는 중요한 문학사적 의미를 찾을 수 있다.

현대 명창들의 복원 작업에 따라 새 생명을 얻은 실전 판소리도 있으며, 남은 사설과 내용을 원천으로 한 창극, 마당놀이, 뮤지컬, 영화도 나오고 있다. 이처럼 실전 판소리는 기존 판소리의 레퍼토리 확장 및 고전 기반의 다양한 콘텐츠 창작에 상당한 기여를 하고 있다.

참고 문헌

실전 판소리 작품을 수록한 작품집으로 김진영 외, 『실창 판소리 사설집』(박이정, 2004); 김기형 역주, 『적벽가·강릉 매화 타령·배비장전·무숙이 타령·옹고집전』(고려대학교 민족문화연구원, 2005); 정병헌 엮음, 『쉽게 풀어 쓴 판소리 열두 바탕』(민속원, 2011) 등을 추천한다.

실전 판소리가 판소리 전승에서 탈락하게 된 원인과 배경, 실전 판소리 일곱 바탕 각 작품에 대한 이해와 관련해서는 김종철, 『판소리의 정서와 미학』(역사비평사, 1996); 판소리학회 엮음, 『판소리의 세계』(문학과지성사, 2000); 인권환, 『판소리 창자와 실전 사설 연구』(집문당, 2002) 등을 참고할 수 있다.

창작 판소리

1——개념·범주·특성

창작 판소리란 전에 없던 새로운 사설에 새로운 곡조를 붙여 부른 판소리로, 전승 판소리 다섯 바탕과 실전 판소리 일곱 바탕을 아우르는 열두 바탕의 전통 판소리에 속하지 않는 새 작품을 말한다.

시나 소설에서는 시대를 기준으로 한 '고전 시가/현대 시가' 혹은 '고전 소설/현대 소설'의 구분이 통용되며, 따로 '창작 시'나 '창작 소설'과 같은 말은 쓰지 않는다. 새로운 시, 새로운 소설이 지속적으로 생산되어 왔기 때문에 특별히 '창작'이라는 말을 붙일 필요가 없었던 것이다. 살아 있는 갈래인 시나 소설 가운데 창작 아닌 것이 어디 있겠는가. 이와 달리 판소리에서는 '고전 판소리/현대 판소리'가 아닌 '전통 판소리/창작 판소리'로 구분하는 것이 일반적이다. 판소리의 본질적 속성은 즉흥성과 현장성이다. 판소리 창자들은 즉흥성과 현장성을 바탕으로 예술가로서의 창의력을 발휘하였고, 판소리의 사설과 곡조는 변화를 거듭하며 예술적 폭과 깊이를 더해 왔다. 19세기 말까지만 해도 판소리는 여전히 즉흥성과 현장성의 예술이었다. 이것이 지금까지 유지되었더라면, 판소리라는 말 앞에 '창작'이라는 수식어를 덧붙이는 것도 어쩌면 불필요한 일이 되었을지 모른다. 그러나 판소리는 창과 사설이 온전히 전승된 작품의 수가 열둘에서 다섯으로 축소되는 것과 궤를 같이하여 즉흥성과 현장성을 점차 잃고 박제화되기에 이르렀다. 창작 판소리는 전통 판소리의 전성기가 지난 뒤인 20세기 이후에 나온 판소리라 하겠다.

창작 판소리와 유사한 개념으로 함께 살펴볼 만한 것이 복원 판소리와 신작 판소리이다. 복원 판소리란 기존의 실전 판소리 텍스트에 곡을 새로 붙인 판소리로, 비록 옛 명창들이 불렀던 창법과 곡조를 그대로 재현한 것은 아니지만 원래 있던 텍스트를 다시 살렸다는 점에서 이렇게 명명한다. 박동진의 「변강쇠 타령」이나 김연수의 「장끼 타령」이 그 예이다. 신작 판소리의 '신(新)' 자는 당시 등장한 '신소설', '신민요', '신여성' 등의 용어에서 볼 수 있듯 전통과 구별되는 새로운 유행이나 조류를 의미한다. 신작 판소리로 소개되었던 작품 대부분은 고전 소설을 판소리화한 것으로, 정정렬의 「옥루몽」이 대표적이다. 복원 판소리나 신작 판소리에 대해서는 두 가지 견해가 있다. 하나는 기존의 텍스트를 거의 그대로 가져와 곡조만 덧붙였다는 점에서 뚜렷한 창작 의식 아래 지어낸 창작 판소리와 범주를 달리한다고 보는 견해이며, 다른 하나는 이 역시 크게는 전통 판소리와 대비되는 것이므로 창작 판소리의 범주에 포함된다고 보는 견해이다.

창작 판소리는 작자와 창작 시기가 분명하다는 점에서 전통 판소리와 차이가 있다. 예를 들어 창작 판소리의 출발점으로 평가되는 『열사가』는 박동실이 해방을 전후한 시기에 지은 작품으로 알려져 있으며, 1969년에 발표된 「판소리 예수전」은 주태익이 사설을 쓰고 박동진이 곡조를 붙여 부른 것이다. 또 창작 판소리는 작품의 길이 면에서 전통 판소리에 비해 단형화된 것이 많은데, 10분 내지 20분 내외의 짧은 소리도 적지 않다. 전통 판소리 한 마당을 처음부터 끝까지 부르는 데 걸리는 시간이 짧게는 세 시간, 길게는 여덟 시간 정도인데 반해, 임진택의 「오적」 공연 시간은 35분 정도, 김명자의 「슈퍼댁 씨름 대회 출전기」 공연 시간은 20분 정도로 비교적 짧다. 한편, 창작 판소리 사설에 사용된 어휘를 살펴보면, 한문 어구가 비교적 적고 순 한글이 많으며, 근래에 새로 생겨난 말이나 유행어도 삽입되어 있다. 현대 사회의 청소년들이 겪는 애환을 노래한 「10대 애로가」(김상규·남상일 작사, 남상일 작창) 사설에 쓰인 '0교시', '햄버거', '내신 성적', '수능', '재수' 등과 같은 어휘에서 이러한 특징을 엿볼 수 있다. 이상 언급된 작품들의 제목만으로도 쉽게 짐작할 수 있듯이, 창작 판소리의 소재와 주제는 상당히 다채로운 편이다. 이는 창작 판소리를 짓는 이들이 동시대의 역사와 현실적인 문제, 그 시대를 살아가는 사람들의 삶과 이야기에 관심을 가지고 이를 담아내고자 한 데에서 자연스럽게 얻어진 특징이라 할 수 있다.

2——개관 및 대표 작품

본격적인 창작 판소리의 출발은 박동실의 『열사가』에서 비롯되었다고 보는 것이 일반적이다. 1908년에 원각사에서 공연되었던 창극 「은세계」에 창작 판소리 「최병두 타령」이 선행한다고 보는 견해가 있기도 하나, 당시 보도된 신문 기사들에 따르면 「최병두 타령」은 처음부터 창극 공연을 목적으로 한 작품이었던 것으로 보인다. 창극은 20세기를 전후한 시기에 판소리를 근간으로 하여 발생한 연극 양식으로, 여러 명의 배우가 등장하여 배역에 따라 연기하면서 판소리를 부른다는 점에서 1인창의 판소리와는 완전히 다른 장르이다. 「최병두 타령」은 강원도의 최병도(최병두)라는 양민이 그의 재산을 탐낸 정 감사에 의해 옥에 갇히고 재산까지 몰수당하자, 그의 자손이 억울함을 풀어 주기 위해 이인직에게 이 사건에 대한 극화를 요청한 것이라고 한다. 이렇게 나온 공연이 창극 「은세계」이고, 이 공연이 인기를 얻자 유사한 사건을 소재로 한 후속작이 기획되기도 하였다. 동시대의 실화 또는 실제보다 더 실제 같은 허구를 소재로 한 창작 판소리가 이러한 작업의 바탕이 되었을 수는 있겠으나, 그 실체를 확인할 수 있는 작품은 아직까지 발견되지 않았다.

박동실의 『열사가』는 해방 후 창작 판소리의 대표작으로 평가되는 작품으로, 판소리사적으로도 매우 중요한 의미를 지닌다. 「이준 열사가」, 「안중근 열사가」, 「윤봉길 열사가」, 「유관순 열사가」 등 네 작품으로 구성되어 있다. 대부분의 창작 판소리 작품은 일회적인 공연에 그치거나, 작창을 맡은 창자에 의해서만 공연되어 왔다. 구전(口傳)의 전통 속에 흡수되어 판소리로서의 생명력을 얻는 데에는 거의 실패하였던 것이다. 그에 반해 『열사가』는 해방 직후에 유행처럼 퍼져 나가 수많은 창자들이 이 작품을 배우고 불렀다. 일제에 대한 항거를 공통 주제로 하는 이야기가 결합된 『열사가』가 전통 판소리와 유사한 방식으로 전승될 수 있었던 데에는 시대적 분위기의 영향도 있었을 것이다. 후대의 창자들은 박동실의 『열사가』에 다른 작품을 덧붙이는 방식으로 『열사가』의 범주를 확대시키기도 하였다. 「이순신전」, 「권율 장군전」, 「녹두장군 전봉준전」 등이 그 예인데, 이처럼 여러 사람이 참여하는 가운데 작품이 형성되었다는 점도 전통 판소리의 형성 과정과 비슷하다.

[느린 중모리] 붙들리어 가는구나. 끌리는 포승줄은 앞뒤로 얼켜 매고 손에는 수갑이라. 흐트러진 머리채는 두 귀 밑에 늘어지고, 피같이 흐르는 눈물 옷깃에 모두 다 사모친다. 아내 장터(아우내 장터 — 인용자 주) 사람들은 모두 나와 울음을 울고, 세상을 모르고 누워 있는 여러 동지 부모 양친은 고요히 잠이 들어 아무런 줄을 모르는구나. 관순이 망극허여, "아이고 아버지 어머니. 불효여식 관순이는 사세부득 끌려가오니 죄를 용서하옵소서." 애끓어 슬퍼 우니 흘린 눈물 비가 되고, 한숨은 모아서 청풍이라. 청산도 느끼난 듯 관순은 오열하여 휘늘어져 곱든 꽃은 기울어져 빛을 잃고, 뜻밖의 두견이는 피를 내어 슬피 울어 야월 공산 어디다 두고, 진정 체송 단장성은 촉국한이 깊었으니, 네 아무리 미물이나 사정은 날과 같이, 천추 원한 운다마는 사세가 부득허니 수원수구를 어찌하리. 이렇듯이 울음을 울 제, 표독한 일본 헌병 성화같이 재촉헌다. 백여 명 동지들은 칼 맞어 팔 못 쓰는 사람, 총을 맞고 다리 절어 전동전동거리고 끌려간다. 의분은 창천에 솟아 있고 슬픔은 산하에 찼다. 어느새 일모도궁허여 광모에 들어설 제. 천안읍을 당도허니 이곳은 헌병 본부로다. 위엄이 늠름 살기가 일어나니 의기가 당당허고 호령이 추상같은지라.

관순이 노려보며 태연히 들어간다. (정순임 창,「유관순 열사가」)

『열사가』를 지배하는 주된 미적 특질은 비장미와 숭고미이다. 일련의『열사가』에 주인공으로 등장하는 이준, 안중근, 윤봉길, 유관순 등의 영웅적 면모가 비장함을 자아내는 대목을 작품 곳곳에서 확인할 수 있다. 유관순이 일본 헌병에게 끌려가는 장면을 노래한 위의 대목에서도 그러한 특징이 여실히 드러난다. 다만, 시종 비장하고 장중한 분위기로만 일관된다는 점은 아쉬운 부분으로 지적되기도 한다. 판소리 고유의 활기찬 신명이나 풍자적·해학적 웃음을 유발하는 골계미를 거의 찾아보기 어렵다는 점도 그러하다.

1960~1970년대의 창작 판소리사에서 주목할 만한 인물은 박동진이다. 그는「변강쇠 타령」,「배비장 타령」등 실전 판소리의 텍스트에 곡을 새로 붙이는 복원 판소리 작업뿐만 아니라「판소리 예수전」같은 창작 판소리 작업에도 큰 관심을 기울였다.「판소리 예수전」은 예수의 탄생과 활동, 그리고 죽음과 부활을 서사적으로 엮은 이야기이다. 기독교적인 주제의 작품인 까닭에 향유층이 기독교인에 국한된 면이 있기는 하나, 전라도 방언으로 된 사설이나 축제적 결말 등에서 전통 판소리의 미적 특질을 살펴볼 수 있다.

1980~1990년대의 창작 판소리는 당시 민중 문화 운동의 맥락에서 비롯된 것으로, 그 중심에 임진택이 있다. 그는 원래부터 판소리를 했던 것이 아니라, 외교학과에 재학 중이던 대학 시절에 명창 정권진을 찾아가 소리를 배운, 이른바 '비가비 광대'이다. 김지하의 담시를 판소리로 부른「똥바다」,「오적」,「소리 내력」등의 창작 판소리 작품을 발표하였으며, 이후에는 기존의 텍스트에 곡을 붙이는 작업에 머물지 않고 자신이 직접 작사·작곡한「오월 광주」를 선보이기도 하였다. 그가 부른 일련의 창작 판소리는 철저히 민중적 시각에 입각해 있으며, 주로 사회 변혁 운동에 관심을 가진 대학생이나 지식인층 그리고 의식 있는 시민층에 의해 향유되어 왔다.

2000년대에 들어오면서 창작 판소리에 대한 관심은 전대와 비교할 수 없을 정도로 부쩍 늘어났다. 이러한 움직임은 즉흥성과 현장성을 점차 상실해 가는 판소리의 존립 자체에 대한 고민과 위기 의식에서 비롯된 것이었다. 그에 따라 '바닥소리', '타루', '소리여세' 등의 단체나 '인사동 거리소리판'과 같은 무대, '또랑깡대 콘테스트', '창작 판소리 사습 대회' 등 관련 경연 대회를 통해 많은 작품이 발표되었다.

[아니리] 이렇듯 슬피 울 적 시상식이 거행되는구나. 김치 냉장고는 전주댁이 가져가고, 이등 상품은 컴퓨터라. 한쪽에서 슈퍼댁 새끼들이, 컴퓨터 컴퓨터 엄마 파이팅, 좋아라고 환장하는디, 슈퍼댁이 자식들 노는 꼴을 보고 그동안 설움이 봄눈 녹듯 사라졌것다. 그냥 이렇게 좋을 때 좋게 끝나면 되는데, 어이 전주댁, 내가 컴퓨터 타려고 일부러 져 준 거여. 김치 냉장고 하나도 안 부럽다. 슈퍼댁이 컴퓨터를 들고 자식들과 놀아 보는데,

[중중모리] 얼씨구나 절씨구 얼씨구나 컴퓨터, 이 세상 귀한 것이 자식밖에 또 있나요. 금자동아 내 자식, 은자동아 내 새끼, 우리 엄마 일등 엄마. 우리 마누라 일등 마누라. 슈퍼댁도 좋아라고 함박웃음을 지었다네, 얼씨구나 절씨구 얼씨구 절씨구 얼씨구나 절씨구. (김명자 창, 「슈퍼댁 씨름 대회 출전기」)

위에서 인용한 것은 제1회 또랑깡대 콘테스트에서 수상한 김명자의 창작 판소리 「슈퍼댁 씨름 대회 출전기」의 결말이다. 동네 슈퍼를 운영하며 살아가는 평범한 주부인 슈퍼댁이 김치 냉장고를 1등 상품으로 내건 주부 씨름 대회에 나가면서 벌어지는 이야기로, 소시민들의 애환과 소박한 꿈이 잘 표현된 작품이다. 김명자는 이 작품을 공연할 때, '○○댁'의 이름을 공연 지역에 따라 바꾸어 부른다. 인용문에는 '전주댁으로 되어 있는데, '공연 지역이 광주면 '광주댁', 부산이면 '부산댁' 등으로 불러 현장성을 살리고 청중의 흥미와 공감을 자연스럽게 이끌어 내는 것이다. 슈퍼댁은 비록 결승전에서 졌지만 슬퍼하지도 낙담하지도 않는다. 2등 상품이 컴퓨터라는 사실에 슈퍼댁의 아이들이 좋아하며 환호하자, 슈퍼댁도 좋아라고 흥겹게 춤을 추는 것으로 작품이 마무리된다.

스타크래프트 게임이라는 독특한 소재를 대상으로 한 박태오의 「스타 대전」(「스타크래프트가」) 역시 또랑깡대 콘테스트 수상작으로 당시 상당한 인기를 끌었다. 최근 주목받고 있는 작품으로는 독일의 극작가 브레히트의 대표적인 서사극 「사천의 선인」을 지금 우리의 상황에 맞게 풀어 낸 이자람의 「사천가」가 있다. 작품성과 대중성, 실험성을 두루 갖춘 작품으로 국내외에서 호평 받고 있다.

새로 발표되는 창작 판소리의 수가 많아지는 것과 비례하여 작품의 수준이 함께 향상되고 있다고 보기는 어렵다. 현재 다각적으로 이루어지고 있는 실험적인 창작 판소리 작업들은 가능성과 한계를 동시에 지니고 있는 것이 사실이다. 그러나 창작 판소리에서 볼 수 있는 청중과의 교감을 중시하는 태도, 시대정신을 담아내고자 하는 문제의식은 분명 의미 있게 평가되어야 한다.

3——문학사적 위상과 의의

창작 판소리는 전통의 현대적 계승이라는 관점에서 볼 때 반드시 활성화될 필요가 있다. 예술이란 당대 현실과 긴밀한 연관을 맺으면서 유통될 때 존재의의가 살아나는 것이기 때문이다. 기존의 창작 판소리에 대해 작품의 완성도나 음악적 수준, 청중들의 호응도와 같은 측면에서 가치를 평가하는 작업이 필요하겠으나, 이러한 작품들은 앞으로 판소리의 재창조가 어떤 방향으로 이루어져야 할 것이냐는 문제를 점검해 보고 그 대안을 마련하는 토대가 된다는 점에서 소중한 문학사적·예술사적 자산이라 할 수 있다.

고전문학을 수업하는 학교 현장에서도 창작 판소리는 매우 유용한 자료가 될 수 있다. 창작 판소리의 사설은 전통적인 열두 바탕의 판소리 사설에 비해 현대어에 가깝다. 인물, 사건, 배경을 보더라도 우리가 살아가고 있는 오늘의 이야기에 가까워 학생들도 비교적 큰 어려움 없이 접해 볼 만하다. 학생들이 주인공이 되는 「10대 애로가」와 같은 작품의 경우, 이를 재미있게 감상하는 데에서 나아가 사설을 바꿔 쓰거나 새롭게 덧붙여 써 보도록 하는 식의 학습 활동도 가능하다.

창작 판소리는 고전문학의 현대적 재창조 양상을 보여 주기에 적절하며, 창과 아니리의 서사적 구조, 장단과 사설 간의 긴밀한 관계와 같은 판소리의 갈래적 특징은 창작 판소리 작품을 통해서도 익힐 수 있다. 창작 판소리도 열두 바탕 판소리의 문학적·음악적·연극적 전통을 바탕으로 하여 나온 것이기 때문이다. 또 중요한 창작 판소리 작품들이 해방 이후나 1980년대와 같은 문제적 시기에 주로 나왔던 점을 들어, 문학의 시대적 역할과 사회적 기능을 함께 생각해 볼 수도 있을 것이다.

참고 문헌

창작 판소리 작품 중 『열사가』는 이성근과 정순임이 녹음한 「창작 판소리 열사가(2CD)」(신나라레코드, 1994)를, 「오적」, 「소리 내력」, 「똥바다」는 임진택이 녹음한 「김지하 창작 판소리(1~2)」(서울음반, 1994)를 통해 감상할 수 있다. 최근 발표된 창작 판소리를 접해 보고 싶다면 인터넷 검색을 활용하기 바란다.

판소리사적으로 주요하게 평가되는 창작 판소리 작품에 대한 작품론 및 창작 판소리의 역사적 전개와 관련해서는 김기형, 「창작 판소리 사설의 표현 특질과 주제의식」, 『판소리 연구』 제5집(판소리학회, 1994); 신동흔, 「창작 판소리의 새로운 길을 찾아서」, 『한국인의 삶과 구비 문학』, 서대석 외(집문당, 2002); 유영대, 「20세기 창작 판소리의 존재 양상과 의미」, 『한국 민속학』 제39집(한국민속학회, 2004); 김기형, 「창작 판소리의 사적 전개와 요청적 과제」, 『구비 문학 연구』 제18집(한국구비문학회, 2004) 등을 참고할 수 있다.

5장
민속극

총론

1——장르 특성

민속극은 민중이 공동으로 형식과 내용을 창조하고 전승한 연극으로 음악, 무용, 연기 , 언어 등이 조화된 종합 예술이다. 관객의 참여가 가능한 공연을 통해 매번 재창조가 이루어지는데, 이는 근대 이후 서양 연극에서 영향을 받은 현대극과 구별되는 민속극의 특징이다. 민속극은 문자로 기록된 고정된 대본이 없는 피지배층의 연극으로, 하층민의 생활과 사고방식에 깊이 관련되어 있다. 현재 전해지는 민속극에는 가면극, 인형극(꼭두각시놀음, 발탈), 무극(무당굿놀이), 진도 다시래기 등이 있다. 이 밖에도 과거에는 우희(優戲), 만석중놀이, 영등희(影燈戲) 등 다양한 민속극의 전통이 있었다.

민속극은 ① 극 중 인물로 가장(假裝)한 배우가, ② 극적 갈등을 중심으로 하는 집약적인 행위로 된 사건을 대화와 몸짓으로 표현하며, ③ 다른 무엇에 의존하지 않고 독립적으로 공연할 수 있다는 극문학의 기본 조건을 충족하고 있다. 가면극은 가면을 착용함으로써 현실적인 인물이 아닌 극 중 인물로 수월하게 변신하고, 인형극에서는 등장인물이 보통 인간이 아닌 인형이므로 ①의 조건을 충족한다. 가면극과 인형극은 여러 가지 연극 기법을 활용하여 첨예한 갈등과 대립이 주축이 되는 극적 사건을 행동과 대사를 통해 표현하므로 ②의 조건도 충족한다. 또한 가면극과 인형극은 다른 민간 전승에 의존하지 않고 그 자체만으로 독립적이고 실질적으로 공연됨으로써 ③의 조건에도 맞는다.

가면극과 인형극이 민속극이라는 데에는 이견이 없으나, 무극은 ①과 ②의 조건은 충족하지만 ③의 조건에는 맞지 않는다는 의견이 과거에 있었다. 즉, 무극이 굿에 의존하여 공연된다는 점에서 민속극에 포함되어서는 안 된다는 것이다. 하지만 무극은 가면극과 인형극에서 볼 수 없는 독특한 극작술(자문자답의 일인 다역 방식 등)을 갖추었고, 오늘날에도 활발하게 펼쳐지는 굿이라는 폭넓은 전승 현장을 확보하고 있다. 따라서 현재는 무극을 민간에서 생명력 있게 전승되는 구비적 성격의 연극으로 가면극, 인형극 등과 함께 민속극에 포함하는 것이 일반적이다.

2——개관 및 역사적 전개

민속극은 고대 사회의 제천 의식에서 연행된 가무 활동과 여러 유물·유적 등에서 그 출발을 살필 수 있다. 삼국 시대에는 팔관회 등의 행사에서 민속극이 연행되었을 것으로 보이고, 고려 시대 들어서는 연등회, 수륙재(水陸齋), 나례(儺禮) 등의 행사에서 잡희, 백희, 가무백희의 명칭으로 불리면서 공연되었다. 조선 시대에는 민간 경제력이 증대되고 공연물에 대한 수요가 확대됨에 따라 공연 문화가 발전하였고, 조선 후기 들어 현재까지 전승되고 있는 본산대놀이 가면극, 꼭두각시놀음, 무극 등 새롭고 수준 높은 연극적 갈래가 형성되었다. 이러한 민속극들은 이전의 유구한 연희 전통 아래 조선 후기의 사회 변동과 시대 의식이 반영된 새로운 연극이라는 점에서 주목된다.

'민속'은 현실을 살아가는 민중의 생활 양식을 의미하고, '극'은 이러한 생활 양식을 가상하여 표현하는 공연 예술이다. 종합하면, 민속극이란 민중의 생활을 가상으로 설정하고 거기에 인물들의 실제적 갈등을 보여 주는 민간 전승의 연극이라 할 수 있다.

민속극은 구비 문학에 속하지만 다른 구비 문학 갈래들과 비교해 볼 때 민중성이 매우 강하다는 특징이 있다. 구비 문학 중 설화나 민요를 서민 대중의 삶을 보여 주는 중요한 갈래로 볼 수 있는데, 민속극은 이들보다 더 직접적으로 기층의 삶을 표현한다. 설화나 민요가 민중 자신의 표현이기는 하지만 민속극처럼 민중의 사고와 주장을 직접 표출하고, 양반으로 대표되는 지배층을 풍자하고 비판하는 일에 중점을 두고 있지는 않기 때문이다. 지배층은 민중의 이야기나 노래를 상층 문학의 전승과 창작에 활용하기도 하였지만, 민속극만은 철저하게 외면하였다. 이것은 민속극이 지배층의 취향과 거리가 멀었기 때문에 발생한 결과일 것이다. 민속극은 연희자가 극 중 인물로 전환되어야 연행할 수 있는데, 자기 정체성을 변화시키는 이러한 극적 방식은 일관된 자세와 태도를 중심에 놓고 정적인 삶을 추구하는 양반층의 욕구와는 상충한다. 민속극은 노동을 통해 살아가는 민중이 실생활에서 겪는 문제들을 동적으로 표현하고 정리하는 데 적합한 특성을 지니고 있다.

민속극은 서민 대중의 삶의 문제들을 전형화된 인물과 첨예한 갈등을 통해 표현하며, 해학과 풍자를 통해 당대 사회의 모순을 비판한다. 따라서 등장인물의 명칭에서부터 각 과장(科場)에서 다루고자 하는 주제를 보여 준다. 예를 들어 극 중 인물은 노장, 소무, 신장수, 양반, 말뚝이, 영감, 할미 등 신분이나 계층을 나타내는 명칭이 대부분이다. 민속극에서 다루는 내용은 등장인물 개인의 문제가 아니라 신분 또는 계층 사이에서 발생하는 구조적인 문제임을 드러낸다.

민속극의 주제는 통상 사악한 것을 몰아내는 벽사, 파계승으로 대표되는 종교인에 대한 풍자, 지배 계층에 대한 비판, 남편과 처첩의 삼각관계, 서민 생활의 곤궁함 표출 등으로 볼 수 있다. 민속극은 대부분 처음에는 놀이판을 정화하는 내용으로 극이 시작되고, 이어서 파계승, 양반, 가부장 등 부정적인 인물들이 등장하며 진행된다. 이것은 지배층의 신분적 특권, 종교인의 관념적 허위, 축첩으로 대표되는 가부장적 횡포라는 사회의 모순과 밀접한 관련이 있다. 부정적 유물을 청산해야 한다고 주장하는 이러한 주제 의식에서 새로운 사회를 추구하는 민중의 지향을 엿볼 수 있다.

민속극은 대체로 정월 대보름이나 5월 단오, 추석 등 세시 풍속의 하나로 축제 현장에서 연행되었다. 민중들은 해마다 이 시기에 민속극을 공연하고 관람함으로써 일시적이나마 기존 질서에서 벗어나 해방감을 맛보았다. 일상 현실에서라면 마땅히 금기시되던 문제들을 놀이판에 올려 다룸으로써 평소 억압되었던 갈등과 불만을 발산하고 해소하는 계기로 삼았다.

민속극의 공연 방식은 상황에 적합한 극적 형식을 오랜 시간 실험하고 실천해 온 결과 서양극과는 기본적으로 차이가 있다. 이를 정리해서 살펴보면 다음과 같다.

첫째, 민속극은 일관성 있는 이야기의 구성에 따라 전개되는 것이 아니라, 각 과장 사이의 관계가 독립적이다. 중간에 어느 과장을 제외하고 공연을 펼치더라도 극의 진행에 영향을 주지 않는 구성을 취한다.

둘째, 민속극의 악사와 관객은 극 중 인물과 대화를 나누며 극의 진행에 직접 개입한다. 악사는 등장인물의 춤과 노래에 맞춰 음악을 반주할 뿐만 아니라 극의 진행을 추동하여 연희자와 대화를 주고받는가 하면, 적절한 추임새를 넣어 연희자의 흥을 돋우기도 한다. 극이 진행되는 동안 등장인물들은 등장과 퇴장을 반복하지만, 악사는 공연의 처음부터 끝까지 무대에 머물면서 공연장의 분위기와 극의 진행을 이끌어 가는 연출자의 성격을 띤다. 관객은 악사가 극 중 전개와 관련된 질문을 하거나 개입을 유도하면 극의 전개에 적절하게 들어맞는 방식으로 호응하게 된다. 이 경우 민속극의 관객은 어떤 방식으로 극에 개입해야 하는지를 인식하고 있는 '잘 교육된 관객'으로 규정할 수 있다.

셋째, 민속극에서는 극 중 장소와 공연 장소가 일치한다. 다시 말하면, 극중 장소와 공연 장소가 따로 존재하지 않고 극 중 인물과 관객이 엄격하게 구분되어 있지 않은 상태에서 직접 소통한다는 것이다. 민속극의 배우들은 처음에는 공연 장소에 나온 관객의 위치에 있다가 극에 참여하게 됨으로써 극 중 인물로 전환된다. 이를 통해 관객의 극적 환상을 차단하는데, 극적 환상의 차단은 극

중 내용과 관객의 세계 사이에 간격이 생기지 않도록 해주는 것으로, 관객은 언제나 자기를 의식하며 극을 바라보게 된다는 것을 의미한다. 즉, 관객은 민속극을 일상생활을 떠나 별개로 존재하는 것으로 파악하는 것이 아니라 현실의 연장으로 인식하게 된다.

넷째, 민속극은 무대 장치의 변화와 같은 절차 없이도 시간과 장소의 이동이 가능하다. 서양극은 막이나 장의 개념을 사용하여 시간을 구분하지만, 민속극은 무대 장치의 변화와 같은 번거로운 절차 없이도 관객에게 이상하다는 생각이 들지 않게 대사나 몸짓으로 시간과 장소를 이동시킬 수 있다. 민속극에서 중요한 것은 물리적 거리나 시간이 아니라 심리적으로 인식할 수 있는 시간과 거리이다.

다섯째, 민속극은 극적 갈등을 효과적으로 표현하기 위해 동시적 진행을 사용한다. 예를 들어 가면극의 '영감 할미 과장'에서는 서로 멀리 떨어져 있는 영감과 할미를 놀이판에서 함께 보여 준다. 공연 장소에서의 거리는 몇 미터 정도에 불과하지만, 극 중 거리는 아주 멀어서 영감과 할미는 서로의 존재를 전혀 모른다. 관객은 이 두 장면을 동시에 감상하면서 영감과 할미를 대비하며 바라본다. 불륜을 저지르며 소실을 데리고 즐기는 영감과 이런 줄도 모르고 영감을 애타게 찾아다니는 가련한 할미가 한 번에 제시되기 때문에 극적 갈등은 두드러지고 심화된다. 동시적 진행은 갈등 관계에 있는 인물들을 날카롭게 대비시키는 효과적인 연출 방식이다.

3——교육적 접근

극문학인 민속극은 민간에서 전승되며 음악, 무용, 연기, 언어 등이 조화된 종합 예술이다. 대표적인 구비 문학에 해당하는 민속극을 학교 현장에서 바람직하게 교육하기 위해서는 다음과 같은 점에 유의해야 한다.

첫째, 민속극이 구비 문학이라는 인식을 분명히 해야 한다. 민속극은 전문적인 광대 집단의 연행 활동을 통해 지금까지 전해졌고, 이것이 학자들에 의해 최근에 문자화되었다는 특수성이 있다. 따라서 민속극을 책에 수록할 때에는 작품 원문은 물론이고 연희자와 연행 상황에 관한 정보를 상세하게 제시하여야 한다. 조사 지역 및 일시에 관한 정보를 비롯하여 연희자의 성명과 연희에 입문한 기간, 청중의 숫자와 반응 등 구연 당시의 상황을 구체적으로 제시하여야 현장성 있는 구비 문학으로서 민속극을 이해할 수 있다.

둘째, 민속극이 종합 예술임을 간과해서는 안 된다. 민속극은 가장한 배우가 문학적 요소인 대사 뿐만 아니라 무용적 요소인 춤과 음악적 요소인 노래를 연행하여 완성되는 종합 예술이다. 따라서 문학적 요소가 독립적으로 공연되는 것이 아니라 무용, 음악 등과 서로 영향을 주고받으며 밀접하게 얽혀 있다는 특징을 보여 주어야 한다.

셋째, 민속극은 배우, 악사, 관객이 서로 긴밀하게 소통하는 놀이이다. 공연에 심취해서 주인공의 삶에 관객이 자신을 이입하는 서양극과 달리, 민속극은 관객이 극 중에 자유롭게 개입할 수 있기 때문에 공연에 빠진다기보다는 배우와 관객이 함께 논다는 놀이적 성격이 강하다. 실제로 민속극은 단독으로 공연되는 것이 아니라 모든 사람이 한데 어울리는 대동 놀이의 한 단계로서 존재한다는 점을 제시해야 한다.

지금까지 이루어진 민속극 교육은 인형극이나 무극보다 가면극이 중심이었다. 민속극은 제3차 교육과정부터 중등 교과서에 수록되어 교육되기 시작하였다. 「봉산 탈춤」은 제3차 교육과정부터 현재까지 교과서에 나오고 있고, 제6차 교육과정 이후부터는 「송파 산대놀이」, 「통영 오광대」, 「고성 오광대」, 「수영 야류」, 「하회 별신굿 탈놀이」, 「꼭두각시놀음」 등으로 외연이 확대되었다.

현재까지 학교에서 가장 많이 교육된 민속극 제재는 황해도 해서 탈춤 중 하나인 「봉산 탈춤」이다. 그러나 「봉산 탈춤」의 교육 실태는 연극에 대한 학습을 유도하기 위해 선택된 것이 아니라, 듣기나 말하기 영역의 성취 기준을 충족하려는 목적 등으로 채택된 경우가 많았다. 따라서 공연과 전승 현장을 함께 다루며 작품의 형식적·미학적 이해를 도모하기보다는 내용과 주제, 언어적 특징을 고찰하는 데 치중하는 현상이 벌어졌다. 또한 현행 중등 『국어』 및 『문학』 교과서는 선행 교육과정 교과서에 사용된 민속극 제재가 다시 수록될 때, 대부분 이전 교과서의 학습 내용과 방법을 따르는 모순을 안고 있다. 즉, 단원 구성은 다르지만 학습 내용과 방법은 별 차이가 없는 답보 상태에 처해 있는 것이다. 이를 개선하기 위한 연구가 요구되는 상황이다.

참고 문헌

구비 문학으로서 민속극의 전반적인 내용을 정리한 글로는 윤용식·손종흠, 『구비 문학 개론』(한국방송통신대학교 출판부, 1998); 장덕순 외, 『(한글 개정판)구비 문학 개설』(일조각, 2006); 강등학 외, 『(신수판)한국 구비 문학의 이해』(월인, 2016) 등이 있다.

민속극 작품을 모은 심우성 편저, 『한국의 민속극』(창작과비평사, 1975); 전경욱 역주, 『한국 고전 문학 전집 8 — 민속극』(고려대학교 민족문화연구소, 1993); 이두현, 『한국 가면극선』(교문사, 1997) 등을 통해 대표적인 민속극의 작품 세계를 확인할 수 있다.

민속극의 역사와 주요 특징에 관한 연구 성과로는 조동일, 『탈춤의 역사와 원리』(홍성사, 1979); 이두현, 『한국의 가면극』(일지사, 1979); 서연호, 『꼭두각시놀음의 역사』(연극과인간, 2000); 전경욱, 『한국의 가면극』(열화당, 2007); 서대석, 『무가 문학의 세계』(집문당, 2011) 등이 대표적이다.

민속극의 교육적 실천 및 교육 현황에 관한 연구로는 오판진, 『가면극 연행 체험 교육론』(박이정, 2013); 고려대학교 한국어문교육연구소 엮음, 『세계 연극 교육의 현황과 전망』(민속원, 2014) 등을 참고할 수 있다.

가면극

1——개념·범주·특성

가면극은 등장인물이나 동물을 형상화한 가면을 쓰고 대사와 몸짓으로 극적인 장면을 표현하는 민속극이다. 가면극이라는 명칭 이외에 탈춤, 탈놀이, 탈놀음 등으로 부르기도 한다. 지역에 따라 서울과 경기도에서는 산대놀이, 황해도에서는 탈춤, 경상남도 낙동강 동쪽 지역에서는 야류, 서쪽 지역에서는 오광대 등 여러 가지 명칭이 있지만, 이들을 통틀어 가면극이라는 용어를 사용한다.

가면극은 사회 풍자의 민속극으로, 사회적 불평등으로 빚어지는 현실적인 문제들을 비판적으로 제시한다. 가면극에 등장하는 인물들은 개성적이고 독자적인 존재가 아니라 특정 신분이나 계층을 형상화한 인물로서, 당대를 살아간 사람들의 생활 방식이나 의식을 반영하고 있다. 가면극에 나오는 말뚝이, 쇠뚝이, 취발이, 영감, 할미, 양반, 노장, 목중, 문둥이, 어딩이 등은 연령과 신분, 직업과 외형에 따른 명칭이다. 이들은 계층이나 부류를 대표하며, 긍정적 인물과 부정적 인물로 양분된다. 극 중 인물들은 성적 갈등, 계급 간의 갈등, 부부 사이의 갈등, 처첩 간의 갈등 등의 주제 아래 첨예한 대립을 보이지만, 각 과장이 끝날 때는 처음 등장했을 때와 별로 달라진 것이 없는 상태로 퇴장한다. 예를 들어 양반과의 갈등에서 말뚝이는 여전히 하인으로 퇴장하며, 할미는 영감에게 쫓겨나거나 맞아 죽는 등 긍정적 인물의 승리는 이루어지지 않는다. 판소리의 경우처럼 기생 춘향이 정렬부인이 된다든가, 못된 놀부는 벌을 받고 착한 흥부는 부자가 된다는 것처럼 명확한 내용 변화를 찾아보기 어렵다. 가면극은 문제가 되는 갈등 상황을 부각하여 제시하지만, 극의 내용에서는 명쾌한 해결을 보여 주지 않는다.

가면극은 일반적으로 몇 개의 과장으로 구성되고 각 과장은 갈등과 대결을 제시하지만 일관성 있는 사건의 흐름은 없다. 각 과장은 상호 간의 관계가 거의 독립적이라고 할 수 있을 만큼 내용이 상이하다.

2——개관 및 대표 작품

가면극은 발생 계통에 따라 마을굿놀이 계통 가면극, 본산대놀이 계통 가면극, 기타 계통 가면극 등으로 나눌 수 있다. 마을굿놀이 계통 가면극은 마을굿이나 고을굿에서 유래된 토착적이고 자생적인 가면극을 뜻하며, 하회 별신굿 탈놀이나 강릉 관노 가면극이 이에 해당한다. 본산대놀이 계통 가면극은 서울의 본산대놀이로부터 전파된 가면극을 말한다. 서울과 경기도의 송파 산대놀이·양주 별산대놀이·퇴계원 산대놀이, 황해도의 봉산 탈춤·강령 탈춤·은율 탈춤, 경상남도의 수영 야류·동래 야류·통영 오광대·고성 오광대·가산 오광대·진주 오광대, 남사당패의 덧뵈기 등이 이에 해당한다. 서울의 애오개, 사직골 등에 있었던 산대놀이를 본산대놀이라고 불렀는데, 이는 송파, 양주, 퇴계원 등지의 별산대놀이와 구별하기 위한 것이다. 별산대놀이는 서울의 본산대놀이가 아닌, 별도의 산대놀이라는 의미이다. 본산대놀이는 성균관 소속의 노비인 반인(泮人)들이 조선 후기에 삼국 시대 이후부터 전승되어 온 산악 백희 계통의 각종 연희와 기존의 가면희를 융합하여 만든 가면극이다. 본산대놀이 계통 가면극의 연희 내용은 대개 공통적이지만, 지역에 따라 특징적인 과장도 있다. 별산대놀이의 '연잎과 눈끔적이 과장', 해서 탈춤의 '사자춤 과장', 야류와 오광대의 '사자춤 과장'·영노(비비) 과장'·'문둥이춤 과장' 등이 그 예이다. 이는 본산대놀이가 각 지역으로 전파되면서, 각 지역 전통에 맞는 새로운 연희 내용을 발전시킨 결과이다.

기타 계통의 가면극으로는 북청 사자놀음이 있다. 북청 사자놀음은 원래 함경남도 북청군에서 전승되어 온 가면극이다. 과거에는 여러 지방에서 사자놀이를 연행하였고, 함경도에서도 여러 지역에서 사자놀이를 놀았지만, 북청군의 사자놀이가 가장 유명해서 함경도의 사자놀이를 대표하였다. 북청 사자놀음은 북청군의 각 마을에서 음력 정월 14일 밤 세시 풍속의 하나로 행해졌다. 현재는 북청 사자놀음에 사자가 두 마리 등장하지만, 원래 북청 지방의 사자놀음에는 모든 마을에서 사자가 한 마리만 등장하였다. 그리고 사자놀이의 내용도 현재와 많은 차이를 보인다. 현재는 사자춤 외에 애원성춤, 사당·거사춤, 무동춤, 꼽추춤, 칼춤, 승무 등이 나온다. 북청 사자놀음에서 가면을 쓰는 역할은 길잡이, 양반, 꼭쇠(양반의 하인), 사자뿐이다.

가면극의 공연 주기는 가면극의 계통에 따라 다르다. 본산대놀이패, 대광대패, 남사당패 등 떠돌이 놀이패의 가면극 공연은 수시로 이루어질 수 있었지만, 마을 주민들을 중심으로 전승되는 가면극은 대부분 일 년에 한 번 공연되었다. 남부 지방에서는 주로 정월 보름날, 서울 이북 지방에서는 5월 단옷날에 연행이 이루어졌다. 정월 보름이나 5월 단오는 벽사 진경(辟邪進慶), 풍농 풍어를 기원하는 마을굿이 거행되는 날이기 때문에, 마을굿놀이 계통 가면극은 공연 시기가 변동될 수 없었다.

가면극의 공연은 해가 지고 어두워지면 시작하여 한밤중 또는 새벽까지 계속되었다. 횃불을 켜 놓고 공연하기 때문에 횃불 조명이 분위기를 돋우고 가면의 조형 효과를 살려 준다. 가면을 흔히 탈이라고 부르는데, 극 중 인물로의 전환을 쉽게 해 주며, 등장인물의 성격을 전형화하는 데 매우 효과적이다. 가면의 표정은 고정되어 있으나, 어두운 밤 횃불 아래에서 고개를 숙이고 드는 각도에 따라 인상이 달라진다. 가면을 쓰기 때문에 한 연희자가 다른 과장에 다시 등장할 수 있고, 한 번 사용된 가면이 다른 과장에서 다른 역할의 것으로 겸용될 수도 있다. 가면극은 장터 등 사람들이 많이 모일 수 있는 곳을 공연 장소로 잡는데, 별도의 무대 장치 없이 관객이 놀이판을 원형으로 둘러싸고 구경을 시작하는 것으로 무대를 완성한다.

가면극의 대사에는 일상적 대화와는 달리 그 속에 일정한 운율이 있고, 기존 가요의 사설이 많이 포함되어 있다. 흥겨운 장단이 울리고 신나는 춤을 추게 되는데, 흥청거리는 놀이판의 분위기와 율동감 넘치는 가면극의 대사는 서로 잘 어울린다. 가면극의 대사에는 또 서민층에서 두루 쓰는 국문체의 비속한 언어와 양반층에서 많이 사용하는 한문체의 고귀한 언어가 모두 쓰이고 있다. 문맥적 의미를 효과적으로 전달하기 위해 민중의 생활 언어뿐만 아니라, 양반층의 한문체 언어도 동원하여 풍자와 해학을 나타내는 것이다.

진한: 들어 봐라. 지주불폐(知主不吠)허니 군신유의(君臣有義)요, 모색상사(毛色相似)허니 부자유친(父子有親)이요, 일폐중폐(一吠衆吠)허니 붕우유신(朋友有信)이요, 잉후원부(孕後遠夫)허니 부부유별(夫婦有別)이요, 소부적대(小不敵大)허니 장유유서(長幼有序)라. (「강령 탈춤」 '양반 과장')

위의 인용문에서 진한 양반은 "개는 주인을 알아보고 짖지를 않으니 군신유의요. 개는 어미와 새끼의 털 색깔이 같으니 부자유친이요. 개는 한 마리가 짖으면 여럿이 함께 짖으니 붕우유신이요. 개는 새끼를 가진 후에는 수컷을 멀리하니 부부유별이요. 개는 몸집이 작은 놈은 결코 큰 놈에게 대들지 않으니 장유유서라."라고 말한다. 양반층에서 중시하던 유교적 도덕 규범인 오륜을 개와 관련지어 설명하면서 조롱하고 있다.

생　원: 여보게 동생. 우리가 본시 양반이라. 이런 데 가만히 있자니 갑갑도 하네. 우리 글이나 한 수씩 지어서 심심풀이나 하세.

서 방: 형님 좋은 말씀이요. 형님이 먼저 지으시요.

생 원: 그러면 동생이 운자를 하나 부르게.

서 방: 산 자 영 자외다.

생 원: 아 그것 어렵다. 여보게 동생, 되고 안 되고 내가 부를 것이니 들어 보게. (영시조로) 울룩줄룩 작대산(作大山)하니 황천(黃川) 풍산(豊山)에 동선령(洞仙嶺)이라.

서 방: 거 형님 잘 지었소. (하며 형제 같이 환소한다.)

생 원: 동생 한 귀 지어 보게.

서 방: 형님이 운자를 부르시요.

생 원: 총 자 못 자네.

서 방: 아 그 운자 벽자(僻字)로군. (한참 낑낑하다가) 형님 들어 보시요. (영시조로) 집세기 앞총은 헌겁총이요, 나막신 뒤축에 거말못이라.

말뚝이: 샌님 저도 한 수 지을 테이니 운자를 하나 불러 주시요.

생 원: 재구삼년(齋狗三年)에 능풍월(能風月)이라드니, 네가 양반에 집에서 몇 해를 있드니 기특한 말을 다 하는구나. 우리는 두 자씩 불러 지었지마는 너는 단자(單字)로 불러 줄게, 한 자씩이나 달고 지어 보아라. 운자는 강 자다.

말뚝이: (곧, 영시조로) 썩정 바자 구녕에 개대강이요, 헌 바지 구녕에 좃대강이라.

생 원: 아 그놈 문장이로구나. 운자를 내자마자 지어 내는구나. 자알 지었다. (「봉산 탈춤」 '양반 과장')

「봉산 탈춤」 '양반 과장'에서 양반들은 무료할 때 운자를 내어 글을 짓는다. 하지만 "집세기 앞총은 헌겁총이요, 나막신 뒤축에 거말못이라."처럼 한자의 운자와는 전혀 상관없이 국문으로 글을 짓는다. 그러다가 결국 말뚝이마저 운자인 '강' 자를 사용해서 "썩정 바자 구녕에 개대강이요, 헌 바지 구녕에 좃대강이라." 하며 양반층의 문자놀이를 우스꽝스럽게 만들고 있다. 그런데 양반들은 조롱당하고 있다는 것을 전혀 인식하지 못한다. 이는 양반층의 문화 중에서도 본질에 해당하는 문자를 사용하여 그들을 웃음거리로 만드는 것으로, 가면극의 대사가 우희(優戲: 전근대 사회의 골계 놀이)의 영향을 받았다는 것을 보여 준다.

3——문학사적 위상과 의의

가면극의 주제는 지배층의 신분적 특권의 부당함, 종교인의 관념적 허위와 이중성, 가부장의 일방적 횡포 등과 밀접한 관련이 있다. 이러한 비정상성을 청산해야 한다고 주장하는 가면극을 통해 조선 후기에 새로운 사회의식이 싹트고 있었다는 것을 엿볼 수 있다. 아울러 긍정적 인물인 취발이, 포도부장, 말뚝이, 할미 등은 기존 질서를 거부하고 새로운 변화를 요구하는 민중 의식을 보여 준다.

가면극은 숨 막히는 계급 사회를 살아갔던 전통 사회의 구성원들에게 사회·경제·문화적 지위의 종적 관계에서 벗어나 가면극을 함께 향유하는 사람들은 모두 같은 인간이라는 동질성을 공감하게 하였을 것이다. 인간은 일상 속에서 지속적으로 긴장과 피로를 경험하기 때문에 이로부터 벗어나기 위해 끊임없이 비일상적인 것을 꿈꾸는 존재이다. 가면극은 이러한 일상의 한계를 흥미롭고 인상적인 대사와 춤을 통해 탈출할 수 있게 해 주는 공연 예술이다.

고단한 인간의 삶을 위무하고 삶의 역동성을 회복시키는 가면극의 내용과 형식은 시대를 뛰어넘어 현재까지도 생명력을 이어가고 있다. 1960년대와 1970년대에는 대학가를 중심으로 탈춤 부흥 운동이 크게 일어나 가면극을 배워 공연하는 일이 성행하였다. 이후 1980년대에 이르러 가면극에 기반을 둔 창작극인 마당극(마당굿) 또는 민족극이라 불리는 일단의 정치극이 등장하여 권위주의 체제를 비판하였다. 마당극은 가면의 착용 여부와 상관없이 가면극의 현대적 변주라고 불러도 좋을 것이다. 또한 전문적인 연극 단체 가운데에서도 가면극, 판소리, 인형극, 무극 등 전통 예술을 현대적으로 계승한 창작극을 정립해 보려는 시도가 나타났다. 연출가 허규를 중심으로 한 '극단 민예'와

손진책의 '극단 미추'가 대표적인 예이다. 극단 민예는 「허생전」, 「놀부전」, 「서울 말뚝이」 등을 공연하였다. 「허생전」은 가면극의 장단, 춤사위, 등장 퇴장 동작과 판소리의 아니리를 활용하였고, 창극 「놀부전」은 등장 퇴장과 마임에 가면극의 춤사위를 활용하였다. 「서울 말뚝이」는 현대판 가면극이라 부를 수 있다. 극단 미추의 '마당놀이'는 가면극, 판소리, 창극 등을 현대적으로 계승하여 창작한 연극 양식이다. 극단 미추는 「허생전」을 시작으로 「별주부전」, 「놀부전」, 「이춘풍전」, 「방자전」, 「배비장전」, 「빵파전」, 「옹고집전」, 「애랑전」, 「봉이 김선달」 등을 공연하고 있다.

참고 문헌

가면극 작품을 수록한 심우성 편저, 『한국의 민속극』(창작과비평사, 1975); 전경욱 역주, 『한국 고전 문학 전집 8 — 민속극』(고려대학교 민족문화연구소, 1993); 이두현, 『한국 가면극선』(교문사, 1997) 등을 통해 대표적인 가면극의 작품 세계를 확인할 수 있다.

구비 문학으로서 가면극의 전반적인 내용을 정리한 저술로는 윤용식·손종흠, 『구비 문학 개론』(한국방송통신대학교 출판부, 1998); 장덕순 외, 『(한글 개정판)구비문학 개설』(일조각, 2006); 한국공연문화학회 엮음, 『가면극의 종합적 고찰』(박이정, 2010); 강등학 외, 『(신수판)한국 구비 문학의 이해』(월인, 2016) 등이 있다.

가면극의 역사와 주요 특징에 관한 연구 성과로는 조동일, 『탈춤의 역사와 원리』(홍성사, 1979); 이두현, 『한국의 가면극』(일지사, 1979); 전경욱, 「가면극」, 『한국 민속의 세계 6 — 민속 예술·공예』(고려대학교 민족문학연구원, 2001): 『한국의 가면극』(열화당, 2007): 『한국 가면극과 그 주변 문화』(월인, 2007) 등이 대표적이다.

가면극의 연행 미학에 대한 연구는 김지하, 『탈춤의 민족 미학』(실천문학사, 2004); 박진태, 『한국 탈놀이의 미학』(태학사, 2014) 등을 참고할 수 있다.

인형극

1——개념·범주·특성

인형극은 인형을 주된 표현 도구로 삼아 극적인 장면을 연출하는 민속극이다. 인형극이라는 명칭 이외에도 인형놀이, 인형놀음 등으로 부르기도 한다. 인형극은 인형 조종사가 물체인 인형을 조종하여 생명력 있는 배우로 만들고, 인형은 현실을 반영한 허구적인 내용을 몸짓과 재담, 노래와 춤을 통해 형상화함으로써 극의 주제를 완성한다. 인형은 산스크리트어로는 '소녀'를 의미하며, 프랑스어로 '마리오네트(marionette)' 즉 '작은 마리아'라고 부르는데, 우리나라에서도 인형을 젊은 여자를 뜻하는 '각시'나 '풀각시'라고 부르는 것과 유사하다.

인형극에는 꼭두각시놀음, 발탈, 만석중놀이 등이 있다. 꼭두각시놀음은 전문 예인 집단인 남사당패에 의해 전승되는 인형극으로 풍물, 버나(접시 돌리기), 살판(땅재주), 어름(줄타기), 덧뵈기(가면극) 등과 함께 남사당놀이에 속한다. 꼭두각시놀음은 크게 '박첨지 마당'과 '평안 감사 마당'으로 나뉘는데, 남성과 여성, 상층 계급과 하층 계급, 종교인과 세속인 등의 대립과 갈등이 나타나 있다. 발탈은 한쪽 발바닥에 탈을 씌우고 공연하는 것으로 인형과 인간 배우가 함께 등장하는데, 가면극과 인형극의 중간 형태에 해당한다. 만석중놀이는 입체적인 인형들이 직접 관객의 눈앞에서 연기를 펼치는 것이 아니라 만석중, 노루, 사슴, 잉어, 용 등의 인형이 막 뒤의 그림자를 통해 평면적으로 표현되는 그림자극이다.

우리나라의 인형극은 인형이 중심이 되는 연극에 사람이 등장한다는 특징이 있다. 꼭두각시놀음의 산받이, 발탈의 어릿광대, 만석중놀이의 승려가 이에 해당하는데, 이들은 공연자와 관객을 매개하는 구실을 한다. 인형은 인간과 유사한 물체이지만 자연스럽지 않은 움직임으로 관객에게 낯섦을 준다. 이때 인형에 대한 거리감을 감소시키고 관객에게 친밀감을 가져다주는 존재로 산받이 등의 매개자가 인형극에 등장하여 극적 역할을 수행한다.

2——개관 및 대표 작품

현재까지 전해지는 인형극은 꼭두각시놀음 계통이 중심이 된다. 현재 채록된 꼭두각시놀음 계통의 인형극에는 남사당패의 꼭두각시놀음, 서산 박첨지놀이, 장연 꼭두각시극 등이 있다.

남사당패 꼭두각시놀음은 박첨지놀이, 홍동지놀이, 꼭두박첨지놀이, 덜미 등으로도 불린다. 이것은 꼭두각시놀음에 등장하는 주요 인물인 박 첨지나 홍동지의 이름을 딴 명칭이다. 덜미는 인형극을 일컫는 남사당패의 은어인데, 인형의 목덜미를 잡고 논다는 데에서 나온 말이다.

서산 박첨지놀이는 충청남도 서산시 음암면에서 전승되는 인형극으로, 내용은 크게 '박 첨지 유람과 가족 갈등 마당', '평안 감사 매사냥과 장례 마당', '절 짓기와 소경 눈 뜨는 마당' 등 세 부분으로 구분된다. 토박이 광대패에 의해 연행되는 서산 박첨지놀이의 연희 내용은 남사당패의 영향을 받은 결과 꼭두각시놀음과 상당 부분 유사하다.

장연 꼭두각시극은 황해도 장연 지방에 전승되던 인형극이다. '박첨지 딸'

이라고도 부르는데, 꼭두각시놀음과 내용이 비슷하면서도 다른 대목이 많다. 장연 꼭두각시극에는 꼭두각시가 등장하지 않고, 홍 동지 역할을 박 첨지 아들이 대신한다. 이 인형극은 인형들이 나와서 춤추고 노는 장면이 확대되어 있는데, 농촌 오락으로서의 유희적 요소가 확장되어 나타난 결과로 추정된다.

꼭두각시놀음 계통의 인형극은 연희자를 기준으로 할 때 전문적 광대인 유랑 예인 집단이 연행하는 인형극과 마을 주민들 가운데 선발된 연희자들이 연행하는 인형극으로 나뉜다. 남사당패의 꼭두각시놀음이 전문적 연희자인 유랑 예인 집단이 담당하는 인형극이라면, 서산 박첨지놀이와 장연 꼭두각시극은 마을 주민들이 연희자가 되어 전승해 온 인형극이다.

꼭두각시놀음 계통의 인형극들은 지역적 상황에 따라 내용과 형식 면에서 약간씩 다른 점이 있지만 종교 관념의 허구성, 남성의 부당한 횡포, 지배 계급의 특권 등에 대한 비판을 공통된 주제로 삼고 있다.

여기서는 남사당패 꼭두각시놀음을 중심으로 인형극의 내용과 형식을 세부적으로 살펴보고자 한다. 유랑 예인 집단의 꼭두각시놀음은 고정된 대본이 없이 전승된 인형극이기 때문에 연행의 시기, 장소, 주체 등에 따라 공연이 변화하는 가변성을 지니고 있다. 꼭두각시놀음은 '박첨지 마당'과 '평안 감사 마당'으로 나뉘고, 각각의 마당은 다시 3~4개의 '거리'로 구성되어 있다.

박첨지 마당은 '박첨지 유람 거리', '피조리 거리', '꼭두각시 거리', '이시미 거리'로 구성된다. 박첨지 유람 거리는 박 첨지가 등장하여 팔도강산을 떠돌다가 꼭두패가 논다는 소리를 듣고 나왔다며 온갖 재담을 늘어놓고 유람가를 부르는 내용으로 되어 있다. 피조리 거리에서는 박 첨지의 딸과 며느리가 등장하여 뒷절 상좌 중들과 어울려 놀다가 홍 동지에게 쫓겨난다. 꼭두각시 거리에서는 오랫동안 헤어져 지냈던 박 첨지와 그의 처 꼭두각시가 남편의 첩 덜머리집으로 인해 다툼을 벌이고 헤어지게 된다. 이 대목은 여성에 대한 남성의 부당한 횡포를 비판하고 있다. 이시미 거리는 새를 쫓으러 나왔던 여러 인물들이 차례로 이시미에게 잡아먹히다가 홍 동지가 이시미를 때려잡는 내용이다.

평안 감사 마당은 '매사냥 거리', '상여 거리', '건사 거리(절 짓고 허무는 거리)'로 구성된다. 매사냥 거리는 평안 감사의 매사냥과 길을 닦고 꿩을 파는 내용으로 되어 있다. 상여 거리는 평안 감사의 급작스러운 죽음과 이에 따른 장례식 광경을 보여 주는데, 엄숙한 의식에 어울리지 않는 상주의 비상식적인 행동과 벌거벗은 채로 상여를 밀고 가는 홍 동지의 파격적인 모습이 나타난다. 매사냥 거리와 상여 거리는 평안 감사와 인물들의 관계를 통해 지배 계급의 부당한 특권을 비판하고 있다. 매사냥을 통해 민중을 괴롭히는 평안 감사, 이에 대해 일탈과 파격으로 대응하는 홍 동지, 평안 감사의 희화화된 죽음과 장례식 등이 구현된다. 건사 거리에서는 상좌 중들이 절을 짓고 허무는 과정을 보여 준다. 꼭두각시놀음을 연행하는 남사당패는 사찰에서 발행한 부적을 팔면서 그 수입으로 불교를 돕는다는 점을 강조하며 유랑 공연을 펼쳤다. 그러므로 건사 거리에는 절을 지어 그동안 진행되어 온 갈등을 극적으로 승화하고 화해를 이루며, 자신들에게 시주해 준 관객의 안녕과 행복을 빌어 주는 내용이 들어가게 되었을 것이다.

꼭두각시놀음은 구경꾼이 모일 수 있는 공터만 있으면 공연을 펼칠 수 있다. 가설된 인형극의 무대를 향해 관객이 자리를 잡으면 인형극을 놀 수 있는 판이 완성되는데, 꼭두각시놀음의 연희자들은 놀이판을 그대로 '포장'이라고 부른다. 이는 포장을 치고 놀이를 한다는 데에서 유래한 것이다.

인형의 조종사들은 포장 속에 들어가 인형을 움직인다. 주 조종사인 대잡이가 중심이 되어 양옆에 보조자가 앉아 인형의 조종과 등장·퇴장 등을 돕는다. 인형들은 무대 면이 되는 공간을 통해 상반신만 포장 위로 내놓는다. 이때 무대 면의 오른편이나 왼편에 약간 비스듬히 자리를 깔고 악사들이 앉아 반주를 한다. 악사 중 한 사람인 산받이는 관객석과 거의 분리되지 않은 위치에서 무대를 보며 인형과 이야기나 노래를 주고받는다. 산받이와 악사들도 꼭두각시놀음의 등장인물로 파악한다면, 그들이 자리 잡고 있는 장소까지도 인형극의 무대라 할 수 있다. 따라서 인형극의 무대는 인형 무대와 악사석을 포함하여 입체적으로 확장될 수 있다.

박첨지: 자네 혹시 우리 큰마누라 어느 쪽으로 갔는지 보았나.

산받이: 봤지. 이 추운 엄동설한에 옷도 남루하게 입고 신발도 없이 맨발로 울고 지나가는데 정말 눈 뜨고는 못 보게 불쌍해서 눈물이 다 나데그려.

박첨지: 자네 그 말이 정말이여.

산받이: 정말이지 않고.

박첨지: 아이고 이 일을 어쩌나 그래, 아이고— 아이고.

산받이: 저런 망할 영감, 내쫓을 때는 언제고 지금 와서 울기는 왜 울어…….

박첨지: 여보게 하도 속이 시원해서 그러네.

산받이: 에—이 망할 놈의 영감 같으니라구.

박첨지: 아하 여보게 나 잠깐 들어갔다 나오겠네.

산받이: 그러게요. (「꼭두각시놀음」 '꼭두각시 거리')

인용문에서 볼 수 있는 것처럼 산받이는 꼭두각시놀음에 등장하는 인형과 대화를 하며 극을 이끌어 가는 역할을 담당한다. 꼭두각시놀음 전체의 연출자 혹은 해설자 역할을 하며, 경우에 따라서는 관객의 처지에서 박 첨지와 함께 극의 진행상 중요한 역할을 수행한다. 산받이는 등장인물이면서 관객과 같은 처지에 있기도 하기 때문에 무대와 관객 사이의 거리를 좁혀 준다. 등장인물에게 질문을 던지거나 행동을 촉구하여 사건의 전개나 의미 해명이 이루어질 수 있도록 하며, 분리된 장면들을 중개하고 무대 면에 나타나지 않는 사실들을 보완한다. 이러한 산받이의 성격과 기능은 가면극의 악사와 유사하지만 그보다는 적극적이다.

꼭두각시놀음은 극적 구성과 대사 부분에서 다른 민속극과 차별성이 있다. 첫째, 각 장면이 서로 연관성이 없이 독립적이므로 뚜렷한 플롯을 찾기 어려운 가운데, 박 첨지가 계속 등장하여 극의 해설자 역할로 각 거리를 연결한다는 점이다. 이러한 박 첨지의 역할을 통해 인형극은 다른 민속극보다 극적 통일성을 높일 수 있다. 따라서 연희자들은 꼭두각시놀음을 '박첨지놀이'라고도 불렀던 것이다. 둘째, 꼭두각시놀음은 다른 민속극에 비해 파격과 일탈이 강하다. 벌거벗고 나온 인형은 소변을 보고 방귀를 뀌고 심한 욕설을 내뱉는가 하면 상하 관계를 생각하지 않고 무례한 언행을 일삼는다. 이는 인간 배우가 등장하는 가면극이나 무극에서는 표현하기 어려운 것이다. 인간 배우는 표현과 언어의 제약이 있지만, 인형 배우는 과감한 연기를 통해 주제를 더욱 분명하게 강조할 수 있다. 또한 한곳에 머물지 않고 유랑하는 남사당패의 특성 역시 꼭두각시놀음을 파괴적이고 극단적으로 구성하는 데 영향을 주었을 것이다.

3——문학사적 위상과 의의

인형극은 가면극과 같이 파계승과 양반을 풍자하고 남성의 횡포를 폭로할 뿐만 아니라, 나아가 기존 도덕을 의심하고 희화화한다. 권력층의 신분적 권위는 물론 노인에 대한 존중도 없으며, 성적 금기도 여지없이 깨뜨린다. 꼭두각시놀음에서 지배층에 대한 풍자는 평안 감사라는 구체적인 인물에게 집중되어 나타나는데, 평안 감사는 부임하자마자 매사냥을 벌여서 백성을 괴롭히고 수탈한다. 홍 동지는 평안 감사의 부임, 매사냥, 장례 장면에서 각각 길을 닦는 인부, 사냥몰이꾼, 상두꾼의 역할을 함으로써 양반의 횡포에 시달리는 민중의 모습을 보여 준다. 홍 동지는 여러 면에서 가면극의 취발이와 유사하지만, 취발이보다 직접적이며 파괴적인 행위를 일삼는다. 닥치는 대로 부수고 싸움을 통해 문제를 해결하는 공격적인 인물로서, 타락한 상좌 중을 쫓아내고, 어른인 박 첨지에게 욕을 퍼붓고, 이시미를 죽여 가죽을 팔아 돈을 벌고, 평안 감사에게는 야유와 조롱을 보낸다. 박 첨지, 꼭두각시, 덜머리집의 연기는 여성에 대한 남성의 부당한 횡포를 고발하고, 남편의 박대와 처첩 간의 갈등으로 집을 나가는 꼭두각시의 비참한 운명을 드러낸다.

현대에 와서도 인형극은 새롭게 주목받고 있다. 그것은 인형극이 인간의 일탈 욕구를 구체적으로 드러내 보여 주기 때문이다. 인형극은 인형을 통해 인간이 할 수 없거나 하지 않는 것들을 가능하게 한다. 인형의 움직임은 투박하고 대사는 자연스럽지 않지만, 인형이 할 수 있는 표현의 가능성은 거의 제한이 없기 때문이다.

참고 문헌

인형극 작품을 수록한 서연호, 『꼭두각시놀이』(열화당, 1990); 전경욱 역주, 『한국 고전 문학 전집 8 — 민속극』(고려대학교 민족문화연구소, 1993); 심우성, 『남사당놀이』(화산문화, 2000) 등을 통해 인형극의 작품 세계를 확인할 수 있다.

구비 문학으로서 인형극의 전반적인 내용을 정리한 저술로는 윤용식·손종흠, 『구비 문학 개론』(한국방송통신대학교 출판부, 1998); 장덕순 외, 『(한글 개정판)구비 문학 개설』(일조각, 2006); 강등학 외, 『(신수판)한국 구비 문학의 이해』(월인, 2016) 등이 있다.

인형극의 역사와 주요 특징, 미학과 원리에 관한 연구 성과로는 심우성, 『남사당패 연구』(동화출판공사, 1974); 서연호, 「인형극」, 『한국 민속의 세계 6 — 민속 예술·공예』(고려대학교 민족문화연구원, 2001): 『꼭두각시놀음의 역사와 원리』(연극과인간, 2001); 허용호, 『전통 연행 예술과 인형 오브제』(민속원, 2003); 최락용, 『한국 전통 인형극의 공연학적 연구』(민속원, 2013); 허용호, 『인형 연행의 문화 전통 연구』(민속원, 2014); 박진태, 『한국 인형극의 역사와 미학』(민속원, 2017) 등이 대표적이다.

무극

1——개념·범주·특성

무극(巫劇)은 무당이나 무부(무당의 남편)가 굿을 하는 동안 연행하는 민속극이다. 굿에는 단순한 노래와 춤만 나오는 것이 아니라 배역을 나누고 대사와 행위가 중심이 되는 대목이나 '거리'가 있는데, 이를 무극이라 한다. 흔히 무속극, 무당굿놀이라고 하며, 제주도의 「영감놀이」나 「세경놀이」 등과 같이 하나의 굿거리 중 일부로 삽입된 예도 있고, 동해안 지역의 거리굿처럼 하나의 거리 전체를 뜻할 때도 있다. 문학 갈래로 보면 무극의 사설에 해당하는 무가를 희곡 무가라 하는데, 이는 희곡과 연극의 관계를 생각해 보면 쉽게 이해할 수 있다.

무극이 펼쳐지는 굿은 문학, 음악, 무용 등이 함께 어우러져 연행되는 종합 예술이다. 무당이 부르는 노래는 음악이고, 그 음악과 결합된 사설은 문학이며, 무당이 추는 춤은 무용이다. 흔히 예술이 원시 종합 예술에서 출발했다고 설명하는데, 이때의 원시 종합 예술은 문학, 음악, 무용 등이 미분화된 상태의 예술을 의미한다. 따라서 문학, 음악, 무용 등으로 분화하기 이전의 상태를 비교적 온전하게 유지하고 있는 무극은 가면극이나 인형극의 발생과 전개 과정을 이해하는 데 중요한 역할을 한다.

가면극이나 인형극이 독립적으로 공연되는 데 비해 무극은 굿의 일부로 공연되므로 굿이나 무가와 밀접한 관련을 맺고 있어, 굿이나 무가의 특성과 분리해서 이해할 수 없다. 무속 의례와 불가분의 관계에 있는 무극이 다른 민속극 갈래와 구별되는 특징을 살펴보면 다음과 같다.

첫째, 무극은 가면극이나 인형극 등과 같은 민속극과 비교해 보았을 때 상대적으로 신성성이 강하다. 가면극 가운데 송파 산대놀이, 양주 별산대놀이, 봉산탈춤 등의 첫째 과장에는 놀이판을 정화하는 벽사적(辟邪的) 의식무가 수용되어 있어 제의적 성격을 가지고 있다고 할 수 있지만, 가면극의 전 과장이 무극처럼 신성성과 깊이 관련되어 있는 것은 아니다.

둘째, 무극은 강한 주술성을 바탕으로 연행된다. 제주도 무극 「영감놀이」에서 영감신이 형들의 권유를 받아 짚배를 타고 떠나는 대목이나 동해안 별신굿 「손님거리」에서 손님네를 말에 태워 보내는 대목 등은 서사 무가로도 구연할 수 있지만, 이를 연극으로 각색하여 보여 줌으로써 주술성을 강화한다. 「영감놀이」나 「손님거리」 등에서 질병의 원인이 되는 영감이나 손님(마마)이 말이나 배를 타고 떠나는 장면을 굿에 참여한 사람들에게 직접 보여 주는 것은 질병이 사라졌음을 확신하게 하는 효과를 거둘 수 있다.

셋째, 무극은 풍부한 유희성을 갖추고 있다. 무극 역시 다른 민속극처럼 시대의 변화에 따라 내용과 형식이 변모해 왔는데, 그 과정에서 신성성과 주술성이 점차 약화되고 오락성이 강화되는 방향으로 변화를 거듭하게 되었다. 무극이 시대를 반영하며 인간의 본능적 욕구인 오락성을 강화한 결과, 현재 무극을 연행하는 굿거리는 굿판에서 가장 인기 있는 대목이 되었다.

2——개관 및 대표 작품

무극은 말과 행위로 이루어져 있기 때문에 무당이나 무부는 이에 적합한 동작과 대사, 춤과 노래 등을 통해 공연을 펼친다. 무당 혼자 일인 다역을 연행하는 경우도 있고, 여러 사람이 배역을 나누어 본격적으로 극을 진행하기도 한다. 상황에 따라서는 한 사람이 진행하면서 상대역이 필요할 때 관객 가운데에서 적합한 사람을 찾아 해당 배역을 맡기기도 한다. 무당이나 무부 혼자서 극을 진행하는 경우에는 반주를 담당하는 악사 가운데 한 사람이 상대역이 되는 경우가 많고, 여러 사람이 등장하여 배역을 나누어 진행할 때에는 극 중 인물들끼리의 대화를 통해 극을 전개해 나간다. 단독으로 공연할 경우에는 극 중 상황을 설명하기 위한 해설이 자주 요구되는데, 극 중 인물이 해설자의 역할을 겸하거나 악사가 해설을 담당하기도 한다.

무극은 특별한 무대 장치를 설치하고 공연하는 것이 아니므로 장면 전환이 자유롭다. 등장인물의 대사에 따라 시공간이 과감하게 변하고 세부적인 것들은 생략된다. 무당은 장면 전환이 쉬운 무극의 특성에 맞춰 간단하게 분장을 하거나 굿판에서 쉽게 구할 수 있는 것들을 소도구로 활용하여 공연을 펼친다. 다만 주술성이 강한 무극의 경우에는 미리 소도구들을 준비해 두기도 하는데, 「손님거리」에서 마마 배송을 위해 짚으로 말과 오쟁이(짚으로 엮어 만든 작은 섬)를 미리 만들어 두는 것을 예로 들 수 있다.

무극은 가면극, 인형극과 마찬가지로 관객의 참여가 가능한 민속극이다. 관객은 극의 진행과 관련되어 있을 뿐만 아니라, 경우에 따라서는 직접 배역을 담당하기도 한다. 무당은 관객과 대사를 주고받기도 하고, 의도적으로 관객을 극 중으로 끌어들이려고 노력한다. 이는 관객의 흥미를 높이려는 방법으로, 무극이 관객과 무당이 함께 만들어 가는 연극이라는 것을 의미한다.

무극의 내용에는 해학과 풍자가 강하게 나타난다. 신성성이 강한 무극보다 유희성이 강화된 무극의 경우에 이러한 면은 더욱 두드러진다. 무가의 사설 속에도 해학적인 내용이 없는 것은 아니지만 무극만큼 강하게 표출되지는 않는다. 관객이나 무당은 무극보다 무가를 상대적으로 더 신성하게 여긴다. 결국 무당은 무극이 펼쳐지는 거리를 통해 적극적으로 해학성을 강화하게 되었을 것이다. 무극의 대사에는 음담이나 비속어가 많이 등장하는 등 성적인 표현을 강화한 것을 볼 수 있다. 이것은 '결과는 그 원인을 닮는다'고 간주하는 유감주술(類感呪術)을 통해 풍요와 다산이라는 제의적 목적을 달성하고 관중의 관심과 흥미를 굿판에 묶어 두려는 의도로 보인다.

무극은 지역이나 무풍(巫風), 무당의 유형 등에 따라 다양한 형태로 나타난다. 특히 지역적 편차가 심한데, 무극이 공연 현장의 상황에 민감하게 반응한 결과로 추정된다. 현재까지 채록된 대표적인 무극은 서울 지역의 「뒷전놀이」, 경기도 지역의 「구능굿」, 「뒷전놀이」, 「소놀이굿」, 황해도 지역의 「도산말명방아놀이」, 「사냥굿」, 「사또놀이」, 「소놀이굿」, 「중놀이」, 평안도 지역의 「자리곰방놀이」, 「방아놀이」, 동해안 지역의 「거리굿」, 「도리강관 원놀이」, 「중도둑잡이놀이」, 「호탈굿」, 제주도 지역의 「전상놀이」, 「영감놀이」, 「세경놀이」, 「강태공 서목시놀이」 등이다.

여기서는 무극의 연극성을 잘 보여 주는 대표적인 작품으로 동해안 지역의 별신굿 중 신분 갈등 문제가 형상화된 「도리강관 원놀이」를 살펴보고자 한다. 「도리강관 원놀이」는 동해안 별신굿에서 「천왕굿」이 끝난 다음에 연행되는데, 오락적 면이 강하다. 이 작품은 내용상 크게 '향리층 현신 거리'와 '기생 점고 거리' 둘로 나눌 수 있고, 악사로서 '잽이' 또는 '양중'이라고 불리는 남무(男巫)만이 참여한다. 등장인물은 사또 역을 맡는 잽이, 고덕이 역과 기생 역을 겸하는 잽이, 강관이방·도사령·황소·수노(首奴)·기생오라비 역을 겸하는 잽이 등 세 명이다. 일인 다역이기는 하지만 배역이 분화되어 있고 인물들이 각 배역에 어울리는 분장을 하고 등장하기 때문에, 별신굿에서 연행되는 무극 가운데에서 연극적인 성격이 강한 작품 중 하나로 평가된다.

「도리강관 원놀이」는 강관 역을 맡은 잽이가 해설을 하는 것으로 시작한다. 신관 사또가 부임하면서 관속들을 점고하는 장면을 해학적으로 보여 주는 것이다. 관노인 고덕이는 사또의 명령을 받고 도리강관을 부르러 간다. 고덕이는 강관을 찾아가서 겉으로는 복종하는 체하면서 강관을 계속 골탕 먹인다. 강관은 두루마기, 수술 띠, 유건 등을 갖추어 입는 과정에서 여러 차례 곤욕을 치른 뒤에 사또에게 인사를 올린다.

사또: 도리강관은 절도 안 하고 말도 안 하는고?

강관: 예, 작년 겨울에 얼어붙었던 입이 아직 안 녹아가 덜 떨어져서…… 그래 아즉…….

사또: 니가 이 골 도리강관이가?

강관: 예, 작년에는 헐관만 했더니 금년엔 어찌하야 좀 늘어져가 마 다부 되었는 모양이죠. 그래 도루강관 했심더.

사또: 도리강관 했다고?

강관: 예.

사또: 그런데 내 내려오다가 보니 어에 이 질(길) 수척(도로 공사)을 어떻게 했는지 아주 험한데, 질 수척 어떻게 했는가?

강관: 미, 미… 질 수척 잘했죠.

(중략)

사또: 질 수척을 어떻게 했노?

강관: 질 수척을 우예 했는고 하믄 요샌 부르도자(불도저)가 있이니깐 갖다 썩 밀어뿌만 마 이 도로 포장을 안 해도 맨맨스럼하니 차가 지나가기 좋지마는 옛날은 부르도자가 있나 뭐 끄는 차가 있나 민대는 차가 있나 천상 수금포로 가래 아니면 질을 못 닦지럴. 이놈은 마 큰 가래 하나 가지고 마을 사람을 전부 동원시켜가가 가다 보믄 비가 와서 개방처럼 푹 파인 데는 이 사람들로 마 거저 품을 줘 가주구 더 깊이 푹 파뿌렀고, 가다가 또 사람이 올라가기 될 상싶으고 재가 조금 높으다 싶으만 그 위에다 산에 흙을 더 갖다 덮어가 그 재 높으다니 맨들었고 또 까시 없으면 사람 바치라고 까시 갖다 막았고, 돌 없으면 잘 채이라고 돌을 갖다 막아. 그만하면 질 수척 잘했기 우옛단 말이고.

사또: 질 수척 잘했다. 이놈들 — 이 고얀 놈을 엎어 놓고 매우 쳐라. (「도리강관 원놀이」)

위 인용문의 앞부분에서 강관은 '도리강관'이라는 말을 가지고, 작년에는 '헐관'을 했고 금년에 '도루(다시) 강관'을 했다는 재담을 한다. 그리고 후반부에서도 강관은 사또의 점잖은 질문에 계속하여 딴청을 부리거나 억지스러운 말을 하다가, 사또의 명에 의해 고딕이에게 매를 맞고 물러난다. 고딕이는 도리강관을 돕기도 하지만 때로는 그를 공격하기도 하는데, 이러한 양상은 가면극에서 양반을 비판하고 조롱하는 말뚝이의 행위와 유사하다.

3——문학사적 위상과 의의

무극은 민중이 일상생활에서 겪는 다양한 문제를 주요 소재로 삼는다. 특히 유희성이 주도하는 무극의 경우에는 실제 생활의 재현이 적극적으로 나타난다. 무극의 등장인물들은 복잡다단한 생활 현장을 과장하고 해학적으로 표현함으로써 진솔한 웃음을 유발한다. 무극을 통해서 재현되는 삶의 실체는 관객에게 친근한 것으로, 거기서 유발되는 해학은 폭넓은 공감을 얻을 수 있다. 또한 무극은 지금까지 관객과 무대가 분리된 서양 연극에만 익숙해진 사람들에게 전통 공연 문화에 대한 체험을 확대할 수 있는 계기를 제공한다.

무극이 연행되는 빈도는 가면극이나 인형극보다 상대적으로 높은 편이다. 많이 약화되기는 하였지만, 아직도 우리 주변에서는 굿이 행해지고 있고 무극 또한 굿의 일부로서 지속적으로 연행되고 있다. 축제나 세시 풍속 행사 등을 통해 공연되는 가면극이나 인형극에 비하면, 무극은 상대적으로 전승이 활발한 편이라 할 수 있다. 가면극이나 인형극은 무형 문화재 지정을 받은 후 현장 전승력이 약화되고 내용과 형식이 박제화되는 경향을 보였지만, 무극은 연행될 때마다 새롭게 변모하며 사회적 변화에 대응하는 생명력이 강한 연극이다. 무극은 현재도 사람들 사이에서 그 본래 기능인 신성성과 주술성, 유희성을 유지하며 연행되고 있는바, 굿이 펼쳐지는 한 명맥이 지속될 것이다.

참고 문헌

무극 작품을 수록한 최정여·서대석, 『동해안 무가』(형설출판사, 1974); 박경신, 『한국의 별신굿 무가(1~12)』(국학자료원, 1999) 등을 통해 무극의 작품 세계를 확인할 수 있다.

구비 문학으로서 무극의 전반적인 내용을 정리한 저술로는 윤용식·손종흠, 『구비 문학 개론』(한국방송통신대학교 출판부, 1998); 장덕순 외, 『(한글 개정판)구비 문학 개설』(일조각, 2006); 강등학 외, 『(신수판)한국 구비 문학의 이해』(월인, 2016) 등이 있다.

무극의 역사와 주요 특징에 관한 연구 성과로는 서대석, 『한국 무가의 연구』(문학사상사, 1980); 황루시, 「무당굿놀이 연구」(이화여자대학교 박사 학위 논문, 1987); 이균옥, 『동해안 지역 무극 연구』(박이정, 1998); 박경신, 「굿놀이」, 『한국 민속의 세계 6 — 민속 예술·공예』(고려대학교 민족문화연구원, 2001); 전경욱, 『한국의 전통희』(학고재, 2004); 김헌선, 『황해도 무당굿 놀이 연구』(보고사, 2007) 등이 대표적이다.

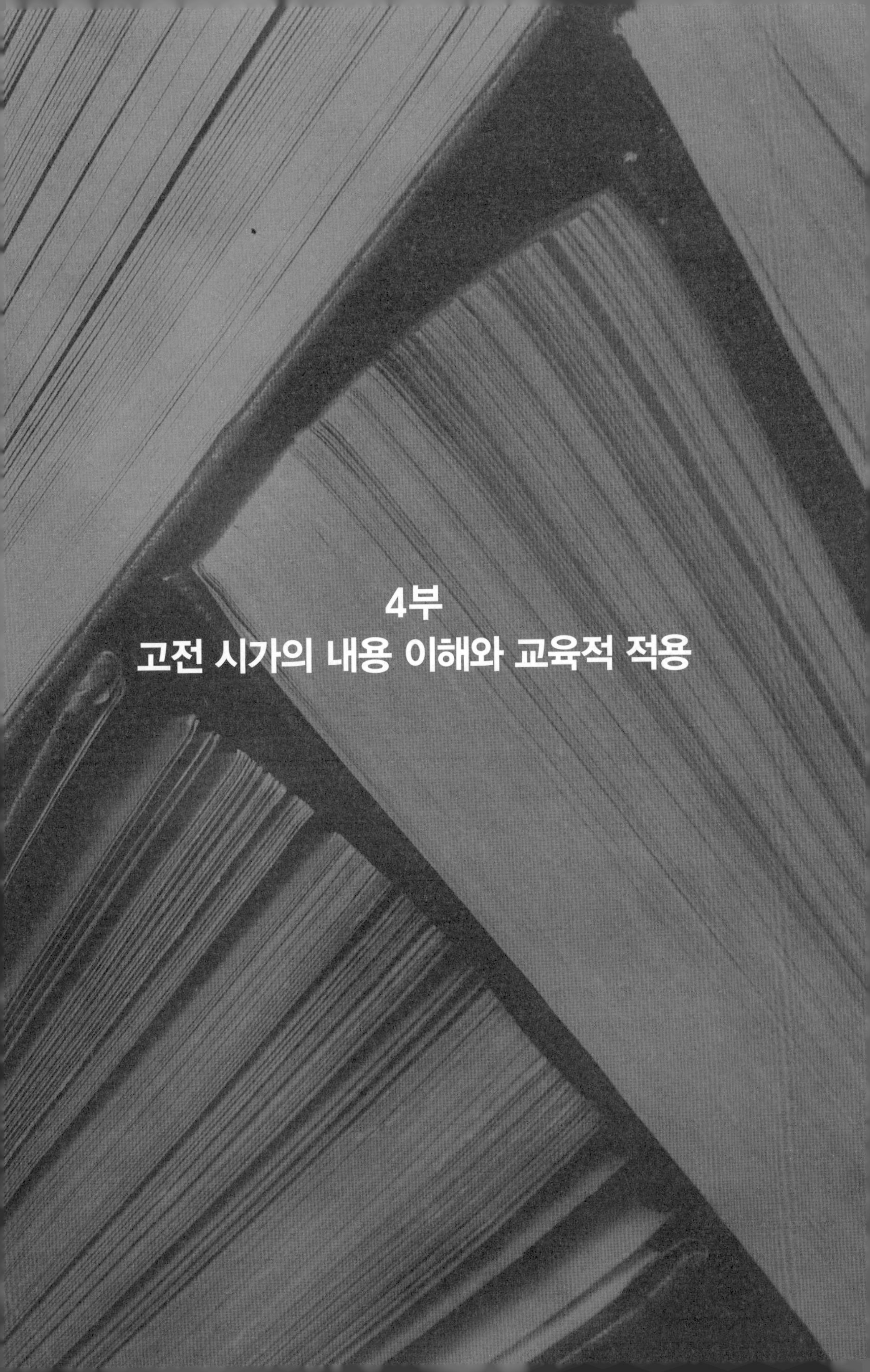

4부
고전 시가의 내용 이해와 교육적 적용

총론

1——장르 특성

다양한 역사적 갈래와 수많은 작품들의 합으로 이루어진 '고전 시가'를 탐색하기 위해 우리는 그 첫 단계로 다음과 같은 질문과 마주하게 된다. 어떠한 이유에서 현대 시는 '시(詩)'로 지칭하고 고전 시의 경우는 '시가(詩歌)'로 지칭하는가? 좀 더 범위를 좁혀, 유사한 시기에 산출된 '한시(漢詩)'의 경우에는 어떠한 이유에서 '한시가(歌)'로 지칭하지 않는가? 여기에는 고전 시가의 개념을 비롯하여 존재 방식의 문제와 문학사 구성의 문제 등 생각보다 복잡한 원인이 얽혀 있다.

우선 '시가'라는 용어는 '詩'와 '歌'의 합성어이다. 서로 다른 두 개의 단어를 합쳐 하나의 단어를 만든다는 것은 그 두 개의 단어가 인접해 있다는 의미인 동시에 어떤 점에서는 분명한 차이도 있음을 뜻한다. 그런데 시와 노래가 같지 않다는 것은 우리의 현재적 감각으로도 확인되지만, 이에 대한 구분은 그 유래가 이미 오래되어서 『서경』「우서」에 "시는 뜻을 말한 것이요, 노래는 말을 길게 늘인 것(詩言志 歌永言)"이라고 정의되어 있다. 이 경우 '시가'는 문자로 구현되는 시와 일정한 곡조에 얹어 부르는 노랫말을 포괄적으로 의미한다.

둘째, 위와 같은 용례가 있지만 '시가'라는 단어가 활용되는 일반적인 맥락은 향가, 고려 속요, 경기체가, 시조, 가사 등 '우리의 말로 불리고, 우리의 글로 기록된' 일련의 노랫말을 가리킨다. 다시 말해, 우리가 '시가'를 말할 때 그 속에는 (한)시와 노래 둘 다를 포함하는 것이 아니라, 우리의 말과 글로 표현된 노랫말 역시 시와 마찬가지로 문학의 일종이라는 의미가 담겨 있는 것이다. 이는 비단 우리만의 특수한 경우가 아니라 전 세계 문학권에 공통적으로 해당되는 것으로, 시의 성립이 노래와 불가분의 관계에 놓여 있기 때문이다.

주지하듯이 서정시를 뜻하는 유럽어 'lyric'의 어원은 고대 그리스의 현악기인 리라에 맞추어 부르는 노래였으며, 시의 하위 갈래인 발라드(ballade), 비가(elegy), 송시(ode) 등도 춤의 반주 음악이나 특정한 악기에 얹어 부르는 노래였다. 요컨대 서정시는 본래 악기에 맞추어 부르는 노래 가사를 뜻했던 것이다. 이 점은 동양의 경우도 마찬가지인바, 동아시아 문화권에서 시의 전범으로 평가받는 『시경』의 작품 대부분은 당시의 항간에서 유행하던 노래들을 집적해 놓은 것이다.

이처럼 시와 노래의 선후 관계를 굳이 따지자면 시의 기원은 노래에 있으나 문자를 매개로 이루어지는 시의 성립 이후 양자는 분리되어서 전자는 주로 상층의 기록 문학으로, 후자는 하층의 구비 문학으로 각기 다른 길을 걸어왔던 것이다. 물론 노래라는 것이 입말에 근거한 까닭에 이는 상층에 속하는 지배층에게도 긴요한 것이어서 이황을 비롯한 적지 않은 문인들은 한시가 감당하지 못하는 잉여의 영역을 노래가 감당하는 것으로 보아 그것의 의미와 가치를 적극적으로 옹호하고자 하였다. 그러나 이는 역으로, 노래의 가치는 누군가가 그것을 인정해 줄 때에만 담보된다는 의미이기도 해서 시와 노래의 강고한 위계가 조선 후기에 이르기까지 여전하였음을 가리키기도 한다.

이러한 인식이 뒤바뀐 것은 근대 이후이다. 즉, 해당 시기의 여러 민족들은 자국의 문화적 우수성을 입증하기 위해 문학사를 구성하게 되는데, 이때 중요한 것은 '자국어'라는 표현 언어와 이를 바탕으로 창작된 문학 작품의 보유 여부였다. "조선 문학이란 무엇이뇨? 조선문으로 쓴 문학이다."라는 이광수의 선언에서도 알 수 있듯이 우리 역시 일제 강점기라는 특수한 시기의 조건상 한국 문학의 영역 내에서 한문으로 쓰인 일체의 작품들을 제외하게 되었고, 그 자리를 시조, 가사 등 일련의 국문 시가 작품들이 대신하게 된 것이다. 이후 1970~1980년대를 거쳐 한국 문학의 충분조건들이 재조정되면서 한시를 위시한 일련의 한문 시가 작품들과 민요를 위시한 구비 시가 작품들이 시가의 영역 안으로 들어오게 되었다. 요컨대 근대 이후의 분과 학문 체제하에서 '시가'는 국문 시가 갈래들을 가리키는 애초의 범주에서 점차 확장되어 한시와 민요 일반을 포함하게 되었으며, 한시를 제외한 제반 갈래의 작품들이 노래의 형식으로 존재해 왔던 까닭에 '시' 대신 '시가'라는 개념으로 지칭하게 된 것이다.

2——한국 시가와 율격

시가와 산문의 두드러진 차이 중 하나는 정련된 소리의 질서를 활용하느냐의 여부이기도 한데 일정한 언어 집단이 지닌 시의 전통과 원리를 파악하기 위해서는 이러한 율격적 특성을 해명하는 일이 우선적으로 요구된다. 더구나 정형적 리듬의 존재는 근대 이전 세계 문학의 보편적 특징이어서 우리 시가의 정형성을 도출하는 일은 세계 문학사적인 보편성을 확인하는 것이기도 하다. 따라서 우리 시가에 대한 근대적 연구가 시작된 이래로 한국 시가의 율격적 특성을 입증하고자 하는 논의가 지속적으로 제출되어 왔던바, 먼저 이에 대해 간략히 살펴보도록 하자.

(1) How vain // ly men // themselves // amaze
To win // the palm, // the oak, // or bays (Andrew Marvell, 「The garden」)

(2) 古池や　蛙飛こむ　水のをと。→ふるいけや　かわずとびこむ　みずのをと。
(松尾芭蕉)

(3) 國破山河在(仄仄平平仄)

城春草木深(平平仄仄平)

感時花濺淚(仄平平仄仄)

恨別鳥驚心(仄仄仄平平) (杜甫, 「春望」)

특정한 소리의 양식이 일정한 거리를 두고 반복되면 이를 수량적으로 표시할 수 있다. 따라서 율격이란 일정한 선형적 구조를 갖추고 반복·지속되는 소리의 질서로 정의할 수 있는바, 그러한 질서는 해당 작품의 시적 미감을 더해주는 동시에 특정 작품이 속한 문학권 내에서 준수해야만 하는 암묵적인 규약이 된다. 당연하게도 율격은 각 민족어의 언어적 특징과 긴밀히 연결되어 있으니, 율격의 유형은 음량(音量) 율격과 음소(音素) 율격으로 이분되며, 전자에는 음수율이, 후자에는 강약률, 고저율, 장단율 등이 포함된다.

먼저 영시인 (1)의 경우, 액센트의 유무를 기준으로 약(°)·강(˘) 한 벌이 네 번 반복되어 하나의 행을 이루는 강약률에 해당한다. 일본의 하이쿠인 (2)는 5/7/5의 17음절로 하나의 행이 구성되는 음수율에 해당한다. (3)에 제시된 한시는 성조(聲調)를 율격 형성의 자질로 삼는바, 두보의 「춘망」은 측성(仄聲)으로 시작하여 평측(平仄)을 일정한 방식에 따라 교체함으로써 소리의 선형적인 질서를 이루게 된다. 그렇다면 우리의 경우는 어떠한가?

우리 시가의 율격 유형과 원리에 대한 초창기의 연구에서는 대체적으로 음수율이 우세하였다. 평시조 한 수를 '3/4/3/4 // 3/4/3/4 // 3/5/4/3'으로 도식화하고, 이를 다시 '3장 6구 45자 내외'로 설명하던 방식이 그것이다. 문제는 이와 같은 음수율론의 정형(定型)이 실제의 작품에 들어맞는 경우가 별로 없다는 것인데, 이러한 한계를 지적하면서 새로운 원리로 제시된 것이 음보율(音步率)이다. 여기서 음보란 글자 그대로 소리마디를 의미하면서 통사적인 분단과 율격상의 분절에 의해 뚜렷한 경계 표식을 갖는다.

(1) 노래/삼긴 사름/시름도/하도 할샤//

닐러/다 못 닐러/불러나/푸돗든가//

진실로/풀릴 거시면은/나도 불러/보리라 (신흠, 「노래 삼긴 사람」)

(2) 이 몸/삼기실 제/님을 조차/삼기시니//

ᄒᆞᆫ싱/연분이며/하늘 모를/일이런가//

나 ᄒᆞ나/졈어 잇고/님 ᄒᆞ나/날 괴시니//

이 ᄆᆞ음/이 ᄉᆞ랑/견졸 ᄃᆡ/노여 업다 (정철, 「사미인곡」)

정상적인 언어 감각을 지닌 한국인들에게 위의 시행들은 '/'와 '//'로 구분된 마디의 연쇄로 읽히게 되는데, '/'로 구획된 소리마디가 곧 음보로서, 이는 한국 시가 율격의 기본 단위가 된다. 여기서 중요한 점은 음보의 경계가 통사적인 경계와 반드시 일치한다는 것이다. 앞서 살펴본 영시의 경우 'vainly'라는 하나의 단어가 인접 단어의 액센트에 따라 서로 다른 음보로 분리되는 것과 달리 한국 시가의 모든 음보 경계는 다 통사적 경계가 된다. 즉, "노래/삼긴 사름"은 하나의 음보를 구성하는 음절 수가 각각 2음절과 4음절이어서 수치상으로는 두 배의 차이가 나지만 그렇다고 해서 이를 "노래 삼/긴 사름"으로 낭독할 수는 없다. 우리 시가에서 율격상의 분절은 통사적으로 끊어지지 않는 곳에 올 수가 없기 때문이다.

그렇다면 하나의 소리마디 안에 포함되어 있는 글자 수가 다른데도 일정한 선형적 구조를 갖춘 소리의 질서는 어떻게 나타날 수 있는가? 하나의 음보가 지닌 길이가 동일하다고 할 때 해당 음보를 구성하는 각기 다른 수의 음절들은 그 길이에 맞추기 위해 일정한 변화를 감당한다. 출현 빈도의 평균값을 기준으로 4음절 음보를 평음보, 그것에 미만하는 음보를 소음보, 그것을 초과하는 음보를 과음보라고 한다면, 소음보의 경우 음절의 끝소리를 연장하거나 더 큰 쉼을 갖게 되면서 그 길이를 보장한다. 반면에 과음보의 경우에는 동일한 길이 안에 많은 음절 수를 낭독해야 하므로 호흡이 촉급해지는바, "진실로/풀릴 거시면은"에서 확인할 수 있듯이 달라진 호흡으로부터 정서적 고양이 유발된다. 이렇듯 한국 시가는 소리마디의 규칙성을 율격의 형성 원리로 삼는 음보율에 속하는 것으로 요약된다.

3——개관 및 역사적 전개

'서정(抒情)'이란 인간의 감정을 겉으로 표현해 낸다는 뜻으로, 시와 노래는 형식적 차이가 있음에도 이 점에 있어서만큼은 동일하다. 노랫말인 시가 작품들이 시와 등가적인 것으로 인정받을 수 있게 된 것도 여기에서 기인하는바, 시와 노래 어느 경우든 함축적이고 간결한 표현을 통해 인간의 감정을 묘사한다. 또한 그 과정에서 보이지 않는 감정을 보이게 하기 위해 세상에 존재하는 구체적인 여러 이미지들을 활용하게 된다. 이것이 노래를 포함한 시 일반에서 비유나 상징 같은 표현 기법이 중요한 이유이다.

사람이 사는 곳에 노래가 없을 수 없듯이 서정 갈래는 우리 문학사의 여러 갈래 중 가장 오래된 역사와 풍부한 내용을 지니고 있다. 우리 민족은 대체로 청동기 시대에 부족 집단의 수준을 넘어 고조선·부여·옥저·예·마한·진한·변한 등의 고대 국가를 형성하였던 것으로 보이는데, 당시에는 문자가 없었기 때문에 모든 문학은 구비의 방식으로 전승되었다. "부여에서는 정월에 하늘에 제사 지내고 나라 안이 크게 모여서 여러 날 동안 마시며 노래하고 춤추었는데, 이를 영고라 하였다.", "고구려 사람들은 노래 부르고 춤추는 것을 매우 좋아하여 나라 안 촌락의 남녀가 밤마다 무리 지어 모여서 노래하고 즐겼다." 등 당시의 정황을 짐작게 하는 기록들을 통해 보건대, 당시에는 이미 제의적 서정과 더불어 사람살이의 여러 소망과 체험에서 우러나오는 서정 가요 또한 존재하였을 것으로 추정된다. 「구지가」, 「공무도하가」, 「황조가」 등 한역(漢譯)의 형태로나마 전해지는 작품들이 이를 뒷받침한다.

신라, 고구려, 백제 등 삼국이 건국되고 한자가 전래된 뒤부터 우리의 문학생활에도 변화가 일어났다. 상류층이 한시를 창작하게 된 것도 그중의 하나이지만, 무엇보다 향찰이 마련되면서 우리말 노래인 향가가 기록될 수 있었다. 현전하는 작품들로만 한정할 때 향가의 주된 창작층은 승려와 화랑이었을 것으로 짐작되는데, 향가를 가리켜 "세상 사람들이 즐기는 도구"라고 한 균여의 설명을 준신한다면 실제 창작층과 향유층의 폭은 훨씬 더 넓지 않았을까 한다. 특히 3개의 의미 단락과 낙구의 감탄사를 통해 서정적 완결 구조를 갖춘 것으로 평가받는 10구체 향가의 경우 시조의 형식과 흡사한바, 이렇게 볼 때 향가 이후의 고전 시가는 바로 그 자장 안에서 실현된 것이라 말할 수 있다.

고려 시대로 접어들어 한문학이 번성하게 되자 향찰과 같은 우리식 표기 체계가 현저하게 위축되었고, 그로 인해 우리말 노래는 민간의 영역으로 이전된다. 향가는 고려 예종 때의 「도이장가」를 끝으로 소멸하게 되지만 일부 고려 속요 작품들에 그 흔적이 보인다. 이 시기의 시가 문학으로는 고려 속요와 경기체가가 남아 있는데, 이 중 고려 속요는 민간의 노래와 매우 밀접한 관련을 갖는다. 고려 속요가 지닌 형식적 다채로움, 예컨대 3음보의 율동적 리듬, 분련을 통한 노랫말의 자유로운 확장, "아으 다롱디리", "얄리얄리 얄라셩 얄라리 얄라" 등과 같은 유려한 여음구 등은 바로 민간 가요가 지닌 역동성과 깊은 관련이 있다. 한편, 경기체가는 전대절의 율격적 반복과 후소절의 전환 형식에 맞추어 객관적 사실을 제시하고 주관적 의미를 환기하는 특수한 형식을 통해 한시로서는 발휘하지 못하는 상층 정서의 일부분을 감당해 내었다.

조선 시대에 들어오면서 시가 갈래는 여러 가지 변모를 겪게 된다. 전대(前代)의 노래들이 국가적인 차원에서 정비되었을 뿐만 아니라 새로운 시대의 흐름에 걸맞은 노래 양식들이 생성되어 유행하게 된 것이다. 이 과정에서 새로이 만들어진 한글이 지대한 역할을 하였는데, 무엇보다도 악장의 대표작인 「용비어천가」가 한글 창제와 밀접한 관련을 갖는 것만 보아도 알 수 있다.

시조의 경우 발생 시기에 대해서는 의견이 분분하지만 본격적으로 융성하게 된 것은 조선 시대에 들어와서이다. 간결하고 평이한 형식이지만 고도의 서정적 긴장을 담아낼 수 있는 시조 특유의 형식적 특징은 사대부의 미 의식에 부합하여 그들은 한시만으로는 온전히 표현할 수 없는 내면의 감흥과 정취를 시조에 담아 노래하였다. 그리하여 조선 전기에는 사대부들이 추구하는 유교적 이념과 규범을 노래하거나 자연 속에서 노닐며 심성을 수양하는 즐거움을 노래한 작품들이 주류를 이룬다. 조선 후기에 들어서면서 김천택, 김수장 등 중인층 가객들의 등장과 함께 시조를 둘러싼 여러 변화들이 생겨나게 되는데, 작자층과 향유층이 대폭적으로 확대되었고, 소재와 주제도 크게 다양화되었다. 또한 평시조의 정형에서 벗어난 사설시조가 유행하여 평민적 익살과 풍자, 분방한 체험과 감정을 다룸으로써 조선 후기 문학사의 새로운 국면을 조성하는 데 기여하였다.

이러한 변화의 양상은 가사의 경우에도 마찬가지이다. 조선 전기에는 주된 담당층이 사대부들이었던 까닭에 강호자연과 연군지정을 노래한 작품들이 대부분이었다. 정극인의 「상춘곡」이나 송순의 「면앙정가」가 전자를 대표한다면, 정철의 「사미인곡」과 「속미인곡」은 후자에 해당한다. 이러한 흐름은 조선 후기에 들어와서 큰 변화를 보이게 된다. 여기에는 다양한 원인이 있을 터이나 그중에서도 한글을 매개로 한 문학 행위의 저변화가 가사 갈래 특유의 양식적 개방성과 만난 데에서 기인하였을 것으로 보인다. 그리하여 조선 후기의 가사는 작자층이 다양해지면서 작품 계열 또한 여러 계열로 분화되는데, 현실적인 문제에 대한 관심의 확대, 여성 및 평민 작자층의 성장, 주제와 표현 방식의 다변화 등이 이루어졌다.

시조와 가사의 경우에서 살펴볼 수 있듯이 조선조 시가 갈래의 거시적 변화 양상을 향유층의 대폭적인 확대와 소재 및 주제의 다변화로 요약할 수 있다면, 우리는 이러한 변화의 정점에서 잡가를 만나게 된다. 전래하던 여러 시가 양식에서 자양분을 흡수하여 잡박하게 버무려 낸 잡가는 철저하게 통속적이고 세속적이어서 사회의 최하층에 이르기까지 열렬한 향유층으로 포섭하였다. 그리하여 20세기 초반 근대식 극장과 유성기 음반의 보급을 통해 명실상부한 대중가요로 우뚝 서게 되었던 것이다.

4——교육적 접근

교육과정의 변천에 따라 일련의 고전 시가 작품들이 『국어』 및 『문학』 교과서에 배치되는 방식 역시 이전과는 사뭇 달라지게 되었다. 민족 문학의 상상적 실체를 당위성의 차원에서 확인하는 일이 고전문학의 주된 책무였던 과거를 떠올리면, 고전 시가 작품들이 더욱 다양한 단원에 배치되고 다채로운 활동에 활용되는 현재의 상황은 분명 만족스러운 일이다. 이는 물론 고전 작품들을 일종의 박제된 유물로만 간주하지 않고, 현재를 살아가는 우리들에게 유의미한 '어떤 것'으로 갱신하고자 하였던 여러 선학들의 치열한 모색 덕분이다. 이러한 점들을 충분히 인지하면서, 더 나은 고전 시가 교육을 위해 몇 마디 덧붙이자면 다음과 같다.

첫째, 교육과정 및 교과서 내에서 고전 시가 작품들의 비중이 점차 줄어들고 있다. 짐작건대 이러한 현상은 최근 십수 년간 국어 교육을 둘러싸고 벌어진 패러다임의 변화와 무관하지 않을 것인데, '학습자 중심주의'의 거센 흐름에 따라 (텍스트의 속성상) 교수자의 개입을 더 많이 필요로 하는 고전 작품들은 일정 부분 축소될 수밖에 없었을 것이다. 그러나 우리가 고전문학을 읽고 공부하는 것은 현대 문학 작품에 좋은 것이 모자라서가 아니다. 문학이 교육의 결과로 달성할 수 있는 '전체' 가운데 현대 문학보다 고전문학이 더 잘 감당할 수 있는 '부분'이 분명히 있기 때문이다. 역사적 원근법, 시공간적 거리감, 고전 리터러시 등의 개념들은 바로 그 '부분'을 찾아내기 위한 모색의 결과인바, 이러한 작업들이 간단없이 지속될 때 문학 교육의 현장에서 고전 시가 작품들을 만날 기회가 좀 더 잦아지게 될 것이다.

둘째, 작품에 대한 단선적 이해에 치중하는 경우가 종종 보인다. 언어적 해독에 치중하는 문제와 함께 열거와 비유, 풍자와 해학 등 각종 수사법을 중심으로 작품에 대한 설명이 이루어지는 경우가 상당하다는 것이다. 예컨대 윤선도의 시조 「잔 들고 혼자 앉아」에 대해 대부분의 교과서에서는 "자연 친화적이며, 풍류적이다."라는 간단한 성격 규정 뒤에 "비교의 방식을 활용하여 주제

의식을 부각하고 있다.", "설의적 표현을 통해 화자가 느끼는 만족감을 강조하고 있다."는 설명이 제시되곤 하는데, 이런 식의 설명은 작품에 대한 학습자의 능동적 접근을 애초에 차단한다는 점뿐만 아니라 작품의 정확한 이해에 외려 방해가 된다는 점에서 문제가 있다. 문학 교육의 중요한 목표 중 하나가 나와 다른 이의 삶과 시대를 이해하는 일이라면 우리가 해당 작품을 경유하여 간취해 내야 할 것은 전근대 시기의 문인들에게 '자연'은 무엇이었으며, 그들이 자연을 통해 드러내고자 하였던 현실적 문제들은 무엇이었는지, 그리고 그것이 오늘날의 우리들에게 말해 주는 것은 무엇인지 등과 같은 질문일 것이다.

셋째, 교과서를 비롯한 제반 학습 도구에서 고전 시가 작품이 배치되는 방식을 일별해 보면 주된 경향은 크게 두 가지로 나뉜다. 하나는 2009 개정 교육과정의 문학 교과 내용 체계 중 하나인 '한국 문학의 범위와 역사' 영역에서 문학사를 구성하는 요소로 활용되는 방식으로, 이 경우 작품 자체에 대한 세세한 감상은 그보다 상위에 있는 문학사적 지식으로 대체될 소지가 크다. 또 하나는 소단원이 제시한 학습 목표를 성취하기 위해 한 편의 고전 시가 작품을 그것과 비교 가능한 현대시 작품과 병치하는 방식으로, 이 경우 고전 문학이 지닌 특수성보다는 문학으로서의 보편성에 근거하여 고전 시가를 활용하게 됨으로써 고전문학의 존재 기반을 확보할 수 있는 여지가 좁아지게 된다.

그러나 이러한 방식들에서 제기될 수 있는 가장 큰 문제는 무엇보다도 어느 경우든 개별 작품이 속한 '장르' 그 자체에 대해 배울 만한 기회가 담보되기 어렵다는 데에 있다. 예컨대 현재의 문학 교육 현장에서 활발히 활용되고 있는 한 『문학』 교과서의 경우 '조선 시대의 문학'이란 단원에 「속미인곡」, 「호질」, 「춘향가」 세 편을 배치하고 있는데, 소속 단원의 성격도 성격이지만 「속미인곡」이라는 단 한 편의 작품을 통해 '가사' 장르의 특징을 추출해 내기란 요원해 보인다. 이는 고전 시가 작품을 현대 문학 작품과 병치하는 방식에도 마찬가지여서, '자연, 생태, 그리고 미래'라는 제목의 소단원에 송순의 「십 년을 경영하여」를 나희덕의 「풀 비린내에 대하여」와 함께 읽는다면 그 나름의 특장이 있음에도 시조 자체에 대해 학습할 자리가 그리 많아 보이지는 않는다.

고전 시가 교육과 장르 지식의 필수적인 상관 관계는 별도의 지면을 요할 정도로 간단히 답할 문제는 아니다. 그러나 분명한 것은 시조는 시조대로, 가사는 가사대로 각자가 감당할 수 있는 형식적 조건을 통해 해당 시기의 삶의 진실을 포착해 내었다는 것이다. 시조와 가사에 대해 공부한다는 것은 곧 그 시대를 공부하는 것이니, 고전 시가가 확보할 수 있는 '타자성'이란 바로 여기에 있는 것이 아닐는지.

참고 문헌

시와 노래의 위상에 대해서는 박애경, 「시(詩)와 가(歌)의 위계화와 가(歌)의 위상을 둘러싼 제 논의」, 『열상 고전 연구』 제33집(열상고전연구회, 2011)을, 한국 시가의 율격 문제는 성기옥, 『한국 시가 율격의 이론』(새문사, 1986); 조동일, 『한국 민요의 전통과 시가 율격』(지식산업사, 1996); 김흥규, 「한국 시가 율격의 이론 I — 이론적 기반의 모색」, 『욕망과 형식의 시학』(태학사, 1999) 등을 권한다.

고전 시가 교육의 현황과 개선 방안에 대해서는 김흥규, 「고전문학 교육과 역사적 이해의 원근법」, 『한국 고전문학과 비평의 성찰』(고려대학교 출판부, 2002); 조희정, 「고전 리터러시의 '시공간적 거리감' 연구」, 『국어 교육』 제119호(한국어교육학회, 2006); 염은열, 『고전문학의 교육적 발견』(역락, 2007); 한창훈, 『시가와 시가 교육의 탐구 II』(월인, 2008); 고정희, 『고전 시가 교육의 탐구 — 시공간적 거리감, 전유, 정서를 중심으로』(소명출판, 2013); 김풍기, 「고전 운문을 어떻게 가르칠 것인가」, 『국어 교육, 어떻게 할 것인가』, 고용우 외(창비교육, 2014) 등을 참고할 만하다.

1장
국문 시가

고대 가요

1——개념·범주·특성

한국 문학의 역사적 갈래로서 '고대 가요'는 향가가 출현하기 이전에 불리던 노래들의 범칭으로, 부족 국가 시대부터 삼국 시대 초기에 이르기까지 시가사(詩歌史)의 첫 시기에 이루어진 일련의 우리말 노래들을 일컫는다. 이때 갈래 명칭에 보이는 '고대(古代)'는 향가라는 후행 갈래와 구별하기 위해 다분히 편의적으로 부여한 명칭이며, 따라서 인류 역사를 구분하는 시기적 표지로서의 '고대'와도 약간의 차이가 있다. 즉, 한국사의 일반적인 시대 구분에서 '고대'란 '고조선~후삼국 시대'를 가리키곤 하지만, '고대 가요'의 그것은 '우리 시가의 발생 단계에서부터 향가의 생성 이전'까지만을 의미한다는 것이다. 이러한 점들을 염두에 두면서 아래의 자료를 살펴보도록 하자.

(1) 부여에서는 정월에 하늘에 제사 지내고 나라 안이 크게 모여서 여러 날 동안 마시며 노래하고 춤추었는데, 이를 영고라 하였다. 밤낮 없이 길에 사람들이 가득 차서 늙은이, 어린아이 할 것 없이 모두 노래하여 연일 그 소리가 그치지 않았다.

(2) 고구려 사람들은 노래 부르고 춤추는 것을 매우 좋아하여 나라 안 촌락의 남녀가 밤마다 무리 지어 모여서 노래하고 즐겼다.

노래(문학)라는 것이 인간의 삶과 더불어 존재하는 것일진대, 우리 민족의 선조들이 한반도를 포함한 동북아시아 일대에 정착한 시대에는 이미 다채로운 노래들이 발달해 있었을 것으로 생각된다. 진수의 『삼국지』 「위지」 「동이전」에 나오는 위의 두 기록은 이와 같은 추정을 어느 정도 뒷받침해 준다. 부여의 제천 의식을 소개하고 있는 (1)에서 사람들이 불렀을 법한 노래의 내용은 짐작건대 수렵이나 채취, 농경과 관련된 주술·원망(願望)이라든가 천지자연과 초월적 존재에 대한 예찬·청원 등과 같이 지극히 제의적인 성격이 짙었을 것으로 추정된다. 반면에 (2)를 통해서는 반드시 제의적인 행사가 아니라 하더라도 당시의 사람들이 노래하기를 즐겼음을 확인할 수 있는데, 기록의 맥락으로 보아 이와 같은 일상의 공간에서는 우리네 사람살이에서 기인한 절절한 소회와 감정, 소망과 경험 등을 노래한 서정적 시가들이 주요한 부분을 차지하지 않았을까 한다.

흥미롭게도 해당 시기의 노래들에 담겨 있을 다양한 내용의 흔적들은 이 시기의 작품 가운데 현재까지 전해지는 세 편의 작품을 통해 구체적으로 확인할 수 있다. 「구지가」, 「공무도하가」, 「황조가」가 그것으로,* 4언 4구의 한시 형태에 대체적인 뜻만 전해지고 있어 본래의 모습이 어떠했는지에 대해서는 구체적으로 알 수 없지만 해당 노래들이 불린 내력이 함께 전해지고 있어 아쉬운 대로 그 대강을 짐작해 볼 수는 있다. 후술하겠지만, 이 세 편의 노래는 비록 내용이 짧고 양식적으로도 일정한 체계를 갖추지 못했지만 이를 통해 시가사의 초기 형태와 변모 과정 등을 파악할 수 있다는 점에서 의의가 크다.

* 적지 않은 교과서에서 백제 가요 「정읍사」를 고대 가요의 일부분으로 소개하고 있는데, 어떠한 논의 과정을 거쳐서 그와 같은 결론이 도출되었는지 의문스럽다. 비록 고대 가요로의 귀속 여부를 판별하는 기준이 향가의 출현 이전과 같이 상당히 헐겁기는 하지만, 「정읍사」의 경우 그 창작 시기를 재단할 만한 근거가 거의 없어서 이를 「구지가」 등의 작품들과 동일 선상에 놓을 수 있을지는 미지수이다. 혹여 '고대'라는 시기적 표지에 견인된 결과라면 '향가' 역시 고대 가요에 포함될 수 있기 때문이다.

우선 이 노래들이 매우 다른 양상과 성격을 보여 준다는 점에 주목할 필요가 있다. 산출된 시기를 고려할 때 '고조선의 노래인 「공무도하가」→ 고구려 2대 유리왕이 지었다는 「황조가」→ 가락국 창건의 노래인 「구지가」' 순으로 배치할 수 있지만 이와 같은 순서로는 개별 작품들의 성격과 지향이 제대로 드러나지 않는다. 따라서 세 나라의 역사 발전 단계를 고려할 필요가 있다. 예컨대 유리왕이 살았던 시기에 비해 가락국 창건은 물리적 시간상으로는 후대의 사건이지만, 고대 국가 창건의 신화를 담고 있는 「구지가」는 이미 신화 시대를 거쳐 역사 시대로 나아가는 시점에 창작된 「황조가」보다 역사 발전 단계상 그 이전의 양상을 보여 주고 있는 것이다. 이와 같이 작품이 기반하고 있는 사회적 토대를 감안할 때 이 세 작품의 연대기는 「구지가」→「공무도하가」→「황조가」의 순서로 재배치할 수 있다. 이를 토대로 개별 작품들의 성격과 의미를 간략히 살펴보도록 하자.

2——개관 및 대표 작품

먼저 「구지가」는 가락국의 건국 신화 중 일부로 전해지며, 『삼국유사』「기이편」「가락국기」에 다음과 같이 소개되어 있다.

> 하늘이 열린 이후에 이 땅에는 아직 나라의 이름도, 군신의 칭호도 없었으니, 아도간·여도간·피도간 등의 구간(九干)들이 곧 추장으로서 백성들을 다스리고 있었다. (중략) 어느 날, 구지봉에서 이상한 소리가 나서 많은 사람들이 그곳에 모이자 사람 소리 같은 것이 그 모습은 감추고 소리만 내어 "여기에 사람들이 있느냐?" 하고 물었다. 추장인 구간들이 "우리가 있다."라고 하자, 또 말하기를 "여기가 어디냐?"라고 물었고, 구간들이 "구지봉이다."라고 답하였다. 이에, "하늘이 나에게 이곳에 와서 나라를 새롭게 하여 임금이 되라고 명하였으니, 너희들은 마땅히 산 위에서 흙을 파고 땅을 두드리면서,

龜何龜何　거북아 거북아
首其現也　머리를 내어라
若不現也　내어놓지 않으면
燔灼而喫也　구워서 먹으리

라고 노래하며 춤추어라. 그러면 곧 대왕을 맞이하여 기뻐 뛰게 될 것이다."라고 하였다. 구간 등이 그 말대로 함께 기뻐하며 춤을 추자 얼마 뒤에 하늘에서 붉은 줄이 내려왔는데, 그 줄 끝에 붉은 보자기에 싸인 금 상자가 달려 있었다. 열어 보니 그 안에는 태양 같은 황금알 여섯 개가 들어 있었는데, (중략) 그 알들이 변하여 여섯 명의 사내아이가 되어 있었으니 용모가 심히 웅대하였다. (중략) 그달 보름에 즉위하였으니, 처음으로 나타났다고 해서 수로(首露)라 이름하였으며, 나라 이름은 대가락 혹은 가야국이라 하였으니, 6가야 중의 하나이다.

"나라의 이름도, 군신의 칭호도 없"이 구간이라는 추장들이 공동체의 수장 노릇을 했다는 데에서 우리는 이곳이 국가적인 체제가 미비된 부족 연맹의 단계에 머물러 있었음을 짐작할 수 있다. 사회적 발전과 더불어 한층 더 정비된 체제가 요구되었고, 나라를 이끌어 갈 지도자가 필요하게 되자 이를 위해 '수로(首露)'라는 임금을 맞이하여 비로소 나라의 이름과 군신의 칭호가 제대로 갖추어진 고대 국가로 진입하게 되었던 것이다. 여기서 '거북'은 가락국의 지리적 위치를 고려할 때 해당 지역 원주민들의 토템이었을 가능성이 크며, "머리를 내어라"는 것은 군주에 오를 수로가 정상적으로 탄생하기('首露'의 의미는 '머리가 드러나다')를 기원하는 일종의 주술로 보인다. 요컨대 「구지가」는 거북을 토템으로 섬기던 가락국의 원주민들이 부족 연맹의 단계를 벗어나 고대 국가 체제를 만들어 가면서 자신들의 통치자로 내정된 임금의 정상적인 출산을 기원하는 제의적·주술적 노래였던 것이다. 그런데 다음 단계의 작품인 「공무도하가」는 질적인 측면에서 이것과는 사뭇 다른 성격을 지니고 있어 주목된다.

공후인은 조선의 진졸(津卒) 곽리자고(霍里子高)의 처인 여옥(麗玉)이 지은 것이다. 자고가 새벽에 일어나 배를 수리하고 있었는데, 어떤 백수광부(白首狂夫)가 머리를 풀어 헤치고 술병을 든 채 물결을 거슬러 강을 건너려고 하였다. 그러자 그의 아내가 따라가면서 그를 막으려 하였으나 그러지 못하여 마침내 백수광부가 물에 빠져 죽고 말았다. 이에 그의 아내가 공후(箜篌)를 끌어다 타면서 「공무도하가」를 불렀는데, 그 소리가 몹시도 슬펐다. 노래를 마치고는 스스로 강물에 몸을 던져 죽었다. 자고가 집에 돌아와서 그 소리를 아내인 여옥에게 말해 주자, 여옥이 아파하면서 이내 공후를 가져다가 그 소리를 그대로 불렀다. 듣는 자들이 모두 눈물을 흘리면서 흐느껴 울었다. 여옥이 그 소리를 이웃에 사는 여용(麗容)에게 전하였다.

公無渡河	그대 강을 건너지 마오
公竟渡河	그대 끝내 강을 건넜구려
墮河而死	물에 빠져 돌아가셨으니
當奈公何	그대여 어찌합니까

(한치윤, 『해동역사』 제22권 「악지(樂志)」 「악가(樂歌)·악무(樂舞)」)

이 작품을 이해하기 위해 우선적으로 요구되는 것은 물에 빠져 죽은 백수광부의 정체와 그의 죽음이 의미하는 바를 당시의 시대적 조건과 결부시켜 적절히 해명하는 일이다. 이에 대해서는 그동안 많은 논란이 있었는데, 백수광부의 모습이나 거동이 예사롭지 않다는 점을 들어 그를 무당으로 추정한 견해가 설득력을 얻고 있다. 즉, 머리를 풀어 헤친 채 술병을 들고 강물에 뛰어드는 행위는 보통 사람의 그것과는 상당히 이질적이며, 굿을 이행하는 과정에서 황홀경에 빠져들어 이적(異蹟)을 행하기도 하는 무당의 모습과 어느 정도 중첩된다는 것이다. 이렇게 볼 때 백수광부가 물에 뛰어든 것은 무당이 죽음을 이기고 새로운 권능을 확인하는 의식을 거행한 것으로 볼 수 있는데, 그렇다면 그의 죽음이 의미하는 것은 무엇인가?

주지하듯이 고대 국가가 성립된 초창기에 각종 제사를 주관하는 무당의 권위는 신성한 것으로 인정되었다. 그도 그럴 것이, 현실에서 발생하는 다종다양한 결핍들을 하늘을 향한 기원과 주술로 해결할 수밖에 없었던 상황에서 신과의 소통이 가능한 무당의 역할은 실로 막대하였던 것이다. 그러나 고조선이 국가 체제를 정비해 가면서 나라 무당으로서의 지위를 차지하지 못한 민간의 무당들은 불신되거나 배척되었고, 더는 무당의 신성한 주술이 이전과 같은 권위를 보장받지 못하게 된 것이다. 「공무도하가」는 이러한 시대적 변화를 담고 있는 작품으로, 이전의 신성하고도 숭고한 질서가 붕괴되기 시작함에 따라 주술의 효험도 불신을 받게 된 신화 시대 말기의 사회상을 반영한 것으로 볼 수 있다. 그렇다면 「황조가」의 경우는 어떠한가?

유리왕 3년 겨울에 왕비 송씨가 죽자 왕은 두 명의 여인을 다시 아내로 맞이하였는데, 한 명은 화희로 골천 사람이었고, 다른 한 명은 치희로 한인 사람이었다. 두 여인이 서로 총애를 다투어 왕은 양곡의 동서에 두 개의 궁을 짓고 각각 거처하게 하였다. 뒤에 왕이 기산으로 사냥을 가 7일 동안 돌아오지 않자 두 여인이 심하게 싸웠는데, 화희가 치희를 꾸짖어 "너는 한가의 천한 여인으로 어찌 이다지도 무례한가?"라고 하였다. 치희가 부끄럽기도 하고 한스럽기도 하여 돌아가 버리자 왕이 이 소식을 듣고 재촉하여 쫓아갔으나 치희는 화가 나서 돌아오지 않았다. 일찍이 왕이 나무 아래에서 쉬다가 꾀꼬리가 떼를 지어 나는 것을 보고는 다음과 같은 노래를 불렀다.

翩翩黃鳥	펄펄 나는 저 꾀꼬리
雌雄相依	암수 서로 정답구나
念我之獨	외로울사 이내 몸은
誰其與歸	뉘와 더불어 돌아가리

(김부식, 『삼국사기』 권 13, 「고구려 본기 1 — 유리명왕 3년」)

「공무도하가」가 주술의 파탄이라는 시대적 변화를 그 이면에 깔고 있다면,

「황조가」는 사랑하는 사람과의 이별이라는 지극히 인간적인 문제가 창작의 모태가 되고 있다는 점에서 주목할 만하다. 물론 유리왕이 주몽의 아들이라는 점과 주몽을 찾아가는 과정에서 보여 준 신이한 행적 등에 주목하여 그를 신화적 인물로 비정하고, 이에 따라 본 작품을 일종의 집단적 서사시로 간주하는 견해도 있으나 작품의 내용과 부대 설화를 액면 그대로 받아들일 때, 사랑하는 임과 헤어진 이의 절절한 그리움을 담은 서정시로 보는 쪽이 훨씬 우세한 편이다. 이러한 점은 완벽한 대칭 구조의 균형을 이루고 있는 작품의 짜임새를 통해서도 어느 정도 입증되는바, 쌍쌍이 즐거워하는 꾀꼬리와 홀로 우두커니 서 있는 사내, 펄펄 나는 가벼움과 외로운 심사의 무거움, 마지막 구절 뒤의 쓸쓸한 여운 등은 그리움의 노래다운 간절함과 생각의 깊이를 보여 준다(김흥규, 1986 : 37면). 그뿐만 아니라 단순히 자신의 감정을 직설적으로 토로하던 수준에서 벗어나 외부 세계와의 조응을 통해 자신의 내면을 묘파한다든지 간결하면서도 세련된 표현 방식을 구사한다는 점에서 해당 시기의 시적 성취가 간단치 않았음을 짐작하게 한다.

3——문학사적 위상과 의의

문자가 없던 시절에도 문학은 존재하였을 것이나 바로 그 문자가 없는 까닭에 해당 시기 문학의 존재 양상을 온전히 복원하기는 사실상 불가능하다. 그렇다고 해서 분명히 존재하였을 문학사의 일 국면에 대해 관심을 거두는 것 또한 온당치는 않을 터인데, 아주 오랜 기간 입에서 입으로 전해지다가 한자를 빌려 기록으로 남겨진 세 편의 고대 가요는 이와 같은 난관을 미흡하게나마 해결해 준다.

서사시와 서정시의 선후 관계를 단정적으로 말할 수는 없겠지만, 앞서 살펴본 고대 가요 작품들은 서기 기원을 전후하여 우리 시가사의 큰 흐름이 집단적 서사시에서 개인적 서정시로 이행하고 있었음을 집약적으로 보여 준다. 집단적 성격의 건국 서사시 「구지가」에서부터 시대적 변화가 창작의 모태가 된 「공무도하가」의 과도기적 형태를 거쳐 개인적 속내를 표출하는 「황조가」에 이르게 되면서 본격적인 서정의 시대로 진입하게 된 것이다. 일반적으로 현실과 이상이 행복한 조화를 이루는 신화적 질서와 그 질서를 떠받치던 주술과 제의가 무너지게 되면 자아와 세계와의 어긋남에서 오는 절절한 감정들이 서정의 형태로 표출되는바, 이 세 편의 고대 가요 작품은 '서정시 형식의 완성'으로 평가되는 향가의 시대를 예비하고 있었던 것이다.

참고 문헌

고대 가요에 대한 일반론적 차원의 논의는 조동일, 『한국 문학 통사 1』(지식산업사, 1982); 김흥규, 『한국 문학의 이해』(민음사, 1986); 조동일 외, 『한국 문학 강의』(길벗, 1994); 고미숙 외, 『우리 고전문학을 찾아서』(고려대학교 민족문화연구원, 2003); 성기옥·손종흠, 『고전 시가론』(한국방송통신대학교 출판부, 2006); 민족문학사연구소 엮음, 『새 민족 문학사 강좌 1 — 구비 서사에서 조선 후기까지』(창비, 2009) 등을 참고할 만하다.

「구지가」, 「공무도하가」, 「황조가」를 문학 교육적 차원에서 분석한 논의로는 최홍원, 「고대 가요에 대한 국어 교육적 탐색 — 사고와 경험의 문제를 중심으로」, 『국어교육학 연구』 제38집(국어교육학회, 2010)을 권한다.

향가

1——개념·범주·특성

'향가(鄕歌)'라는 명칭은 '향악(鄕樂)', '향약(鄕藥)', '향어(鄕語)' 등의 용례에서도 알 수 있듯이 신라에서 고려 중기까지의 우리말로 된 노래들을 가리키는 용어이다. 당악(唐樂), 당약(唐藥) 등이 중국의 음악과 약재를 의미한다고 할 때, 향악과 향약은 유사한 대상이면서도 그 기원은 '우리'에게 있는 것을 의미하는바, 향가 또한 인류 공통의 보편적 산물인 노래 가운데 신라 또는 신라적 전통 아래에서 산출된 모든 자국어 시가들을 가리키는 것이다.

(1) 경덕왕 19년 경자 4월 초하룻날, 두 개의 해가 나란히 나타나 열흘 동안 없어지지 않았다. 일관이 진언하기를, "인연 있는 승려가 산화 공덕을 드리면 재앙을 물리칠 수 있을 것입니다."라고 하였다. (중략) 월명사가 왕께 아뢰기를, "저는 다만 국선의 무리에 속해 있어서 그저 향가만 알 뿐 범성(梵聲)에는 익숙하지 못합니다."라고 하였다. 이에 왕이, "이미 인연 있는 스님으로 정해졌으니 비록 향가를 짓더라도 좋다."라고 하자 월명사가 마침내 「도솔가」를 지어 바쳤다. (일연, 「월명사 도솔가」, 『삼국유사』)

(2) 한시는 중국 글자로 엮어서 다섯 자, 일곱 자로 다듬고, 향가는 우리말로 배열해서 삼구 육명(三句六名)으로 다듬는다. 그 소리를 가지고 논한다면 삼성(參星)과 상성(商星)이 동서로 나뉘어 쉽게 식별할 수 있는 것처럼 현격한 차이가 나지만 문리(文理)를 가지고 말한다면 창과 방패가 어느 것이 강하고 약한지 단정하기 어려운 것처럼 서로 맞서는 정도이다. (중략) 그 지어진 것을 사뇌(詞腦)라고 부르나니 가히 정관(貞觀) 때의 시를 능욕할 만하고, 정치함은 부(賦) 중 가장 뛰어난 것과 같아서 혜제(惠帝)·명제(明帝) 때의 부(賦)에 비길 만하다. (혁련정, 『균여전』)

위의 글들은 향가에 대한 정보를 전해 주는, 그야말로 몇 안 되는 소중한 기록들 중의 하나이다. 국선의 무리와 향가의 관계, '비록'이라는 양보형 부사어가 말해 주는 향가의 성쇠(1), 온갖 이견이 난무하는 '삼구 육명'의 진위(2) 등 위의 기록들을 통해 따져 물어야 할 것은 한두 가지가 아니지만, 우선 향가의 개념과 관련하여 추정할 수 있는 사실은 다음과 같다. 첫째, 인도에는 범패가 있고, 중국에는 사부(詞賦)를 포함한 한시가 있듯 우리에게는 향가가 있었다는 것, 둘째, 효용성의 측면에서든 서정성의 측면에서든 향가가 감당한 역할이 결코 작지 않았으며, 당시 사람들 역시 분명하게 인식하고 있었다는 것, 셋째, 범패와 한시로 대변되는 중세 보편 문화의 유입에 맞서 우리 고유의 향가는 힘겨운 싸움을 벌이고 있었다는 것이다.

한편, '향' 자에 내포된 '지방', '시골' 등의 의미를 지적하면서 그것이 자기 폄하적인 뜻을 담고 있다는 이유를 들어 '시(東)+닉(川)의 노래', 곧 '동토(東土)의 노래'를 가리키는 순 우리말 이름인 '사뇌가'를 갈래명으로 하자는 주장이 있었다. 그러나 '사뇌가'는 '향가' 중에서도 특정한 성격을 공유한 일련의 작품들을 별도로 지칭할 때 사용하는 용어이므로 '향가'를 대체할 수 없을뿐더러 '향' 자의 용례를 분석한 결과 타국에 대해 우리나라를 지칭할 때 종종 사용되었으므로 '향가'를 통상적인 갈래명으로 인정하게 되었다.

신라 시대에는 아직 우리말을 표기하는 문자가 없었기 때문에 이 부류에 속하는 작품들은 한자의 음(音)과 훈(訓)을 빌려 우리말을 적는 향찰(鄕札)* 에 의해 기록되어 전한다. 따라서 향찰식 표기를 '향가' 갈래의 필수적인 것처럼 주장하는 이들도 있었으나, 최근에는 향찰식 표기 자체를 '향가에의 귀속 여부를 변별하는 장르적 필수 요건'이라기보다는 우리말 노래의 기록 수단에 지나지 않는 것으로 인식함으로써 향찰식 표기는 향가 장르 설정의 조건에서 제외되었다.

현재 남아 있는 작품을 통해 짐작해 보건대 향가의 형식은 잠정적으로 4구체, 8구체, 10구체로 나눌 수 있다. 먼저 4행으로 이루어진 4구체 향가는 내용이 매우 단순하고 소박한 민요이거나 민요에 가까운 작품들로, 「서동요」, 「풍요」, 「헌화가」, 「도솔가」 등이 여기에 속한다. 두 번째는 8행으로 이루어진 8구체 향가로, 「모죽지랑가」와 「처용가」, 그리고 고려의 개국 공신 신숭겸과 김낙을 추모하여 고려의 예종이 지었다고 하는 「도이장가」 등이 있다. 마지막으로 시적 구조나 기법, 내용 등에서 가장 세련된 것으로 평가받는 작품으로, 향가의 완성형이라 할 수 있는 10구체 향가가 있다.

신라 사람들은 10구체 형식에 대해 '사뇌가'라는 별칭으로 불렀는데, 여기에 속하는 작품들은 상당히 정교한 짜임새를 지니고 있다. 첫 번째 4행에서 시적인 정감을 불러일으키고, 두 번째 4행에서는 이것을 끌어올리거나 변화를 주기도 하며, 마지막 2행에서는 첫머리에 감탄사[낙구(落句)=후구(後句)=격구(隔句)]를 붙여 시적 정서를 최고로 높이 끌어올렸다가 이후에 서서히 마무리하는 방식이다. 그뿐만 아니라 시적 소재나 화자의 감정을 자연물에 비기는 솜씨 또한 다른 형식에 속하는 작품들에서는 찾아보기 어려울 정도로 절묘하다. 10구체에 속하는 작품들은 대개 화랑이나 승려 등 귀족층이나 지식인층이

* 향찰에 대해 대부분의 교과서에서는, "한자의 뜻을 빌려 표기하는 것을 훈차라 하고, 한자의 소리를 빌려 표기하는 것을 음차라고 한다."라는 정의하에 향가 텍스트에 제시된 글자들을 분석한다. 일례로, "善花公主主隱"(「서동요」)에서 뒤의 '主'를 제외한 나머지 글자들을 음차로 분류하지만, '차자'는 차자로 쓰이는 순간 글자가 지니고 있던 본래의 의미를 잃어버리고 특정 발음을 위해서만 쓰인다는 점에서 '善花公主'는 음차가 아니다(이에 대해서는 박재민, 「고등학교의 훈차자·음차자 교육에 대한 비판적 고찰」, 『국어교육』 제139호, 한국어교육학회, 2012 참조). 향가를 수업하면서 향찰에 대한 교육 역시 경유하지 않을 수 없을 터인데, 문학 교육 현장에서 향찰이라는 특수한 문자 체계에 대한 섬세하고 정확한 접근이 필요해 보인다.

창작한 것으로, 개인적 서정을 담아서 예술성이 풍부한 세련된 작품으로 완성해 내었다.

향가의 형식을 이렇게 나누는 경우 4구체에서 8구체로, 그리고 다시 10구체로 발전하였으리라 추정되지만, 창작된 연대를 살펴보면 이 세 가지 형식은 그 나름의 기능과 효용에 의해 동시에 불렸음을 알 수 있다. 현전하는 4구체 향가 중 월명사의 「도솔가」는 경덕왕 19년(760)에 지어졌으며, 8구체는 고려 예종의 「도이장가」(12세기 초)에까지 존속하였다는 사실이 이를 단적으로 입증한다. 따라서 현존 향가의 세 가지 형태는 서로 발생론적인 연관이 있으면서도 노래의 내용과 기능, 그리고 창작자의 계층에 따라 각각 알맞은 형식을 선택하여 부른 것으로 보아야 할 것이다.

2——개관 및 대표 작품

향가는 내용과 형식, 성격과 기능이 다양하기 때문에 유형을 나누는 일이 쉽지는 않지만 향가의 하위 갈래를 나눌 때 흔히 적용하는 방식대로 작품의 성격에 따라 분류하자면 다음과 같다. 첫째, 민요 계통의 노래로, 영묘사의 불상을 만들 때 장안의 남녀들이 진흙을 운반하면서 불렀다는 「풍요」가 대표적이다. 백제의 무왕이 선화 공주를 취하기 위해 인근의 아이들에게 부르게 하였다는 「서동요」도 여기에 해당한다. 둘째, 불교 계통의 노래이다. 「원왕생가」, 「우적가」, 「도천수대비가」, 「제망매가」 등은 불교의 이상 세계인 서방정토를 염원하거나 부처의 힘을 빌려 현세의 고통을 극복하고자 하는 내용을 담고 있다. 셋째, 무가(巫歌) 계통의 노래로, 역신(疫神)을 물리치면서 불렀다는 「처용가」가 이에 해당한다. 넷째, 순수 서정시 계통의 노래로, 죽은 이에 대한 절절한 그리움과 사모의 마음을 노래한 「찬기파랑가」, 「모죽지랑가」 등이 있다.

이로써 보건대 향가는 형식과 내용 면에서 단일하지 않은 여러 종류의 시가를 총칭하는 것으로 대체로 4구체 형태의 민요적 내용으로부터 구조의 확장과 개인적 서정의 심화가 이루어지면서 10구체 향가의 정형이 출현하여 선행 양식들과 공존하였던 것으로 보인다. 그런 의미에서 향가의 발달 및 분화의 역사는 민요나 무가와 같은 구비 문학으로부터 개인 창작의 서정시 양식이 확립되는 데까지 이르는 중요한 문학사적 변화를 내포한다고 하겠다.

향가의 작품 세계를 좀 더 깊이 이해하기 위해 월명사의 10구체 향가 「제망매가」를 범례적 일반형으로 삼아 살펴보도록 하자.

生死路隱	삶과 죽음의 길은
此矣有阿米次肹伊遣	여기에 있으매 두려워하고
吾隱去內如辭叱都	나는 간다는 말도
毛如云遣去內尼叱古	못다 이르고 가나니잇고
於內秋察早隱風未	어느 가을 이른 바람에
此矣彼矣浮良落尸葉如	이에 저에 떨어질 잎처럼
一等隱枝良出古	한 가지에 나고서도
去奴隱處毛冬乎丁	가는 곳 모르온저!
阿也彌陀刹良逢乎吾	아아, 미타찰(彌陀刹)에서 만날 나
道修良待是古如	도 닦아 기다리련다 (월명사, 「제망매가」)

갑작스럽게 죽은 누이동생을 위해 재(齋)를 올리면서 지어 불렀다는 이 노래의 중심 소재는 '죽음'이다. 우리네 사람살이의 보편적 문제이기도 한 이 문제를 천 년 전의 사람인 월명사가 10구체 향가라는 정제된 형식 속에 어떻게 담아내고 있는지를 확인하는 일이 이 작품을 감상하는 요체일 것이다. 첫째 단락인 1~4행에는 갑작스러운 누이의 죽음을 맞이한 시적 화자의 괴로운 심경이 의문형의 탄식 속에 고스란히 담겨 있다. 삶과 죽음의 길이 교차하는 이 세계에서 한 마디 작별 인사를 나눌 새도 없이 떠나가 버린 누이에게 전하는 말치고는 "나는 간다는 말도/못다 이르고 가나니잇고."라는 구절은 지나치게 심상한 듯 보이지만, 극도로 절제된 이 독백 속에는 누이에 대한 절절한 그리움과

'나'와 그녀를 갈라 놓은 세상사에 대한 원망과 두려움, 그리고 자신에 대한 모종의 자책 등이 복잡하게 얽혀 있다. 이러한 개인적 아픔은 둘째 단락인 5~8행에서 생명을 지닌 존재 일반의 무상함에 대한 고뇌로 심화·확장된다. 모든 유한한 생명들을 지배하는 절대적 힘인 '바람'과 보잘것없는 개체의 이미지인 '잎'의 대조에서, 그리고 "한 가지에 나고서도/가는 곳 모르온저!"라는 또 한 차례의 의문형 탄식에서 그와 같은 깊은 무력감이 선명하게 드러난다. 이토록 거대한 세상의 힘에 맞서 지극히 미약한 존재인 인간은 무엇을 할 수 있으며, 또 무엇을 해야만 하는가?

이 의문에 답하기 위해 개입하는 것이 10구체 향가의 전형적 특징 가운데 하나인 9구 첫머리의 감탄사이다. '아아'라는 짧은 탄식은 두 번째 단락까지 응축되어 온 고뇌가 절정에 달해 터져 나오는 순간이자, 이후에 제시될 종교적 초극(超克)이 예비된 자리이기도 하다. 삶과 죽음의 반복, 그로 인한 슬픔과 번뇌의 윤회에서 벗어날 수 있는 유일한 길은 무엇인가? 그것은 죽음이 없는 미타찰, 곧 서방정토로 가는 것인바, 이를 위해 현세의 '나'는 그곳으로 먼저 간 누이를 만나기 위해 '도'를 닦으며 기다리는 것이다. 이러한 정서적 고양과 해결의 구조는 숭고한 존재의 예찬 혹은 간절한 기원의 표출과 같은 서정적 주제를 드러내는 데 적합하여 「찬기파랑가」, 「원왕생가」, 「도천수대비가」와 같은 작품들이 지속적으로 창작되었다. 신라 사람들이 향가를 두고 그 뜻이 매우 높다든가 시어가 맑고 구절이 아름답다고 평한 것은 주로 10구체 향가의 서정적 세련미와 높은 격조를 가리킨 것이다.

3——문학사적 위상과 의의

향가 갈래의 문학사적 의의를 짧은 글 안에서 세세히 논할 수는 없겠지만, 우선 서구의 문학사적 발전 경로를 우리의 문학에서도 확인할 수 있게 되었다는 점을 들고 싶다. 다시 말해, 향가의 출현을 통해 '집단 서사시에서 개인 서

정서로의 이행'이라는 문학사의 보편적 발전 과정이 고대에서 삼국 시대로 이어지는 우리의 문학사 내부에서도 면면히 진행되고 있었음을 확인할 수 있게 되었다는 것이다. 둘째, 우리 문자로 기록된 최초의 시가 갈래라는 점이다. 『삼국유사』의 편찬 시기가 고려 시대임을 감안하면 그 대강의 뜻을 전달하기 위해 한문으로 번역할 수도 있었을 테지만 일연은 그리하지 않았다. 여기에야 여러 가지 이유가 있겠으나, 우리말이 지닌 음성적 속성의 '어떤' 효험에 대한 일종의 배려 또는 고려가 아니었을까. 셋째, 고려 속요와 시조 등 후행하는 고전 시가 갈래들의 형식, 정서, 특징적인 면에서 원형을 제공하였다는 점이다. 「정과정」, 「만전춘별사」, 「사모곡」 등과 같은 '아소 님하' 형의 고려 속요 작품들, 그리고 3장 12음보의 시조 갈래는 3단의 시적 구성과 마지막 단락의 첫머리에 감탄사가 있다는 점에서 10구체 향가와 구조적으로 유사하다.

참고 문헌

문학 교육 현장에서 주로 원용되는 향가 작품의 주석서로는 김완진, 『향가 해독법 연구』(서울대학교 출판부, 1980); 양주동, 『양주동 전집 1 — 고가 연구』(동국대학교 출판부, 1995) 등을 참고할 만하다. 박재민, 『신라 향가 변증』(태학사, 2013)은 향가 텍스트를 원전 비평의 방법으로 검토한 결과물로 앞의 두 책과 비교하여 읽기에 적절하다.

향가에 대한 일반론적 차원의 논의는 김흥규, 『한국 문학의 이해』(민음사, 1986); 조동일 외, 『한국 문학 강의』(길벗, 1994); 성기옥·손종흠, 『고전 시가론』(한국방송통신대학교 출판부, 2006); 민족문학사연구소 엮음, 『새 민족 문학사 강좌 1 — 구비서사에서 조선 후기까지』(창비, 2009); 권오경 외, 『한국 문학 개론』(새문사, 2015) 등을 참고할 만하다.

향가 작품의 작품론과 관련한 논저는 신재홍, 『향가의 미학』(집문당, 2006); 서철원, 『향가의 역사와 문화사』(지식과교양, 2011); 이형대, 『신라인의 마음, 신라인의 노래 — 이야기와 함께 만나는 향가의 세계』(보림, 2012) 등을 권한다.

고려 속요

1——개념·범주·특성

교과서를 비롯한 제반 학습 도구에서 '고려 속요'는 대개 ① 고려 시대의 시가를 통틀어 이르는 말, ② 고려 시대의 시가 가운데 민요에 기원을 두면서 궁중의 연향에 사용할 목적으로 윤색하고 개작한 시가로 소개되곤 한다. 엄밀히 말해서 이 두 가지 정의는 고려 속요에 대한 적절한 정의로는 보기 어려운데, 이는 역설적으로 '고려'와 '속요'라는 두 단어의 모호함에서 비롯된다.

먼저 '고려'라는 왕조명은 해당 갈래에 속하는 작품들이 산출 혹은 연행되었던 주요 시기를 가리키지만, 그것이 역사적 갈래의 명칭으로 사용되면서 작품들이 갖는 어떤 특성의 총합이 고려 시대에 불렸던 우리말 노래의 전반적 경향을 보여 주는 것처럼 오해할 소지가 있다. 그뿐만 아니라 고려 고종 때 한림(翰林)의 여러 학자들이 지은 「한림별곡」과 고려 말기에 안축이 지은 「관동별곡」과 「죽계별곡」 등 경기체가 작품들도 이와 같은 정의에서는 고려 속요에 해당되므로, ①의 정의에는 '현전하는'이라는 말과 일련의 경기체가 작품들은 제외한다는 내용이 포함되어야 한다.

그다음으로 ②의 정의에서 "민요에 기원을 두면서"라는 표현은 '속요'에 대한 설명으로 보이는데, 고려 속요에 속하는 작품들 중 일부는 개인 창작 가요이거나 민요에서 기원했다 하더라도 내용적 층위에서는 현저하게 다른 작품들이 공존한다는 점을 감안할 때 적절하지 않다. 다시 말해, '삶의 애환과 고통'이라는, 우리가 민요에서 떠올리곤 하는 소박한 차원의 이미지는 고려 속요의 생성과 전파에 영향을 미쳤을 법한 다른 차원의 요소들에 대한 접근을 애초에 차단한다는 것이다. 또한 "궁중의 연향에 사용할 목적으로 윤색하고 개작한 시가"라는 정의는 윤색과 개작의 흔적이 거의 보이지 않는 「상저가」, 「사모곡」 같은 작품들에는 해당되지 않으며, 이제현과 민사평이 민간의 노래를 듣고 7언 절구의 형태로 남긴 '소악부' 17편도 여기에 부합하지 않는다.

고려 속요란 현전하는 고려 가요 중 경기체가 이외의 우리말 노래에 대한 편의적 지칭이므로 그것이 단일한 시가 양식으로서 공통의 원리와 속성을 가진다고 섣불리 가정하는 것은 위험하다. 따라서 갈래 명칭에서 오는 단정적 이미지에서 한발 물러나 여기에 속하는 작품들이 다양한 주제와 형식, 기원, 창작 목적 등을 지닌다고 인정하고서 고려 속요의 전반적 윤곽을 살펴보자.

고려 속요를 다룰 때 무엇보다 유의할 점은 악부체 역가(譯歌)를 제외한 현전 작품 대부분이 『악학궤범』, 『시용향악보』 『악장가사』에 실려 있다는 사실이다. 이들은 모두 악서류(樂書類)로서, 조선 초기 궁중악의 법도·의물·악곡·춤·가사 등을 종합적으로 정리하거나 그 일부를 간추리는 가운데 고려 속요를 전하고 있다. 즉, 현전하는 고려 속요는 고려 시대 시가의 전모를 두루 반영하는 것이 아니라 고려조 궁중악의 일부분으로 조선조에 전해지고, 다시 조선 초기의 구악(舊樂) 정리 과정을 거쳐 문헌에 남겨진 작품들이다. 이는 고려 속요라는 원래의 큰 덩어리가 '고려 궁중악' → '조선으로의 이전' → '조선 초기의 궁중악'이라는 최소 세 번의 여과를 거치면서 현재의 상태로 남아 있게 되었음을 의미하는데, 따라서 여과 후의 결과물을 토대로 여과 전의 모습 전체를 일반화하려는 태도는 지양해야 한다.

형태상으로 보아 고려 속요는 단련체와 분련체로 크게 양분된다. 「정읍사」, 「정과정」, 「사모곡」은 작품 전체가 하나의 연으로 이루어진 단련체 시가인데,

이 작품들은 10구체 향가의 구조와 형식이 비슷하여 쇠퇴기 향가, 혹은 향가에서 고려 속요로의 전이 과정에서 출현한 형태로 이해되기도 한다. 율격의 경우에는 고려 속요 전반에 3음보격이 우세하게 나타나지만, 이에 부합하지 않는 시행이나 작품들도 제법 보인다. 한편, 현전하는 고려 속요 작품들은 민간에서 불리던 원래 형태가 아니라 궁중에서 연행되고 난 이후의 결과물이 남은 것이기 때문에 궁중 음악의 조건에 맞추어 일정 정도 변형되었을 것으로 추정되는데, 그러한 추정의 근거 중 하나가 바로 '여음(餘音)'이다.

(1) 살어리 살어리랏다
청산(靑山)애 살어리랏다
멀위랑 ᄃᆞ래랑 먹고
청산애 살어리랏다
얄리얄리 얄랑셩 얄라리 얄라 (「청산별곡」)

[현대어 풀이]
살어리 살어리랏다
청산에 살어리랏다
머루랑 다래랑 먹고
청산에 살어리랏다
얄리얄리 얄랑셩 얄라리 얄라

(2) (前腔) 내 님믈 그리ᅀᆞ와 우니다니
(中腔) 산 졉동새 난 이슷ᄒᆞ요이다
(後腔) 아니시며 거츠르신ᄃᆞᆯ 아으
(附葉) 잔월효성(殘月曉星)이 아ᄅᆞ시리이다
(大葉) 넉시라도 님은 ᄒᆞᆫᄃᆡ 녀져라 아으
(附葉) 벼기더시니 뉘러시니잇가 (정서, 「정과정」)

[현대어 풀이]

내 임을 그리워하며 울고 있더니
산 접동새도 나와 비슷합니다
아니며 거짓인 줄을
새벽달 새벽별만은 알 것입니다
혼백이라도 임과 가고 싶어라
어기시던 사람이 누구였습니까?

(1)에 보이는 '얄리얄리 얄랑셩 얄라리 얄라'는 「청산별곡」 전체 8연에 걸쳐 지속적으로 반복된다. 이를 후렴구라 부르기도 하는데, 장과 장 사이에 개입하여 장의 구분을 명확히 해 주고, 각각의 장을 마무리하고 연결해 주면서 각 장의 내용을 강조하는 역할을 담당한다. 「서경별곡」의 '위 두어렁셩 두어렁셩 다링디리', 「동동」의 '(아으) 動動다리' 등도 이와 마찬가지이다. (2)에 보이는 '아으'는 장을 매개하지 않는다는 점에서 후렴구와 구별되지만, 그것이 '부엽'이라는 악곡 표지 앞에 위치한다는 점에서 음악적인 단락을 표시하는 기능을 담당하는 것으로 보인다. 연구자에 따라서 '조흥구'라는 세분된 명칭을 사용하기도 하는데, 「서경별곡」의 '아즐가', 「처용가」와 「동동」의 '아으' 등이 이에 해당한다. 이와 같은 여음들은 악곡상의 필요에 의해 첨가된 것이지만 작품 자체에 활력과 생기를 불어넣으면서 시적 구조를 완성하는 중요한 역할을 한다.

2——개관 및 대표 작품

앞서 살펴본 바와 같이 '고려 속요'의 개념 자체가 매우 유동적이기 때문에 그 범주 역시 해당 개념을 어떻게 정의하느냐에 따라 달라진다. 문학 교육 현장에서 일반적으로 사용하는 정의, 곧 "고려 시대에 민간 가요가 궁중으로 유입되었고 이후 조선 시대에 전승되는 과정에서 국문으로 기록된 것"을 적용하게 되면 13편이며, 여기에 「처용가」, 「성황반」 같은 무가 계통의 작품까지 포함하면 20편이 된다. 이에 비해 "고려 가요 중 경기체가 이외의 우리말 노래에 대한 편의적 지칭"으로 정의하게 되면 『고려사』 「악지」에 제목과 창작 배경만이 전해지는 일련의 작품들과 소악부까지 포함하게 되어 60편 내외로 확장된다. 그런데 『고려사』 「악지」나 소악부의 형태로 남겨진 작품들의 경우 그 대다수가 왕에 대한 칭송, 태평성세에 대한 송축, 유교 윤리의 준수에 대한 당부 등을 노래하고 있는바, 이를 통해 보더라도 텍스트가 전해지는 십수 편의 작품들만을 근거로 고려 시대의 시가 전반에 남녀 간의 애정에 대한 관심이나 유락적인 성향이 압도적인 듯이 강조하는 것은 온당하지 않다.

「상저가」, 「사모곡」, 「가시리」, 「정읍사」 등은 궁중 악가(樂歌)의 일부로 전승된 것이라 해도 민요적 기원과 속성을 비교적 원형 그대로 유지한 점에서 '속요'라는 이름에 부합한다. 이 밖에 『고려사』 「악지」나 『익재집』, 『급암집』 등에 창작 배경이나 한역시가 실려 전하는 「예성강」, 「거사련」, 「월정화」, 「탐라요」 등의 작품도 있는데, 남녀 간이나 부모자식 간의 사랑을 노래하기도 하고, 어지러운 세태를 원망하거나 풍자하기도 하고, 농민들의 간난한 생활을 그리는 등 다양한 내용을 지니고 있다. 이러한 작품들의 일부가 악공, 관기 등에 의해 궁중으로 유입되어 그대로 존속하거나 혹은 소규모의 개편·윤색을 거쳤기 때문에 고려 속요는 호화성이나 탐락성을 기반으로 하는 궁중 악가의 특성에도 민요적인 속성을 많이 지니게 된 것이다. 그렇다면 이러한 유에 속하는 작품들은 어떠한 이유에서 궁중으로 유입될 수 있었던 것인가?

(1) 호ᄆᆡ도 ᄂᆞᆯ히언마ᄅᆞᄂᆞᆫ
　　낟ᄀᆞ티 들리도 업스니이다
　　아바님도 어이어신마ᄅᆞᄂᆞᆫ
　　위 덩더둥셩
　　어마님ᄀᆞ티 괴시리 업세라

아소 님하 어마님ᄀᆞ티 괴시리 업세라 (「사모곡」)

[현대어 풀이]

호미도 날을 가지고 있지만

낫의 날처럼 잘 드는 것은 없습니다

아버님도 어버이시긴 하지만

위 덩더둥셩

어머님같이 사랑하실 분도 없습니다

아소서 임이시여 어머님처럼 사랑하실 분은 없습니다

(2) 듥긔동 방해나 디히 히얘

게우즌 바비나 지ᅀᅥ 히얘

아바님 어마님ᄭᅴ 받ᄌᆞᆸ고 히야해

남거시든 내 머고리 히야해 히야해 (「상저가」)

[현대어 풀이]

덩꺼덩 방아나 찧어 히얘

누렇고 까실까실한 쌀로 밥이나 지어서 히야해

아버님 어머님께 바치옵고

남아 있거든 내 먹으리 히야해 히야해

「사모곡」과 「상저가」는 일반 서민의 평범한 일상을 시적 상황으로 삼아 자애와 효친의 정을 노래하고 있다. '호미', '낫' 같은 농기구가 등장하고, "게우즌 밥"을 "남거시든 내 머고리"에서 보듯 넉넉지 못한 생활상이 작품의 배경으로 설정되어 있다. 궁정 및 귀족 사회의 현실과는 거리가 먼 내용이지만, 이 작품들에 담긴 화락함과 효친의 정은 나라의 태평함을 송축하고 상하 동락(上下同樂)의 기쁨을 확인하는 시적 매개체로 기능한다. 이렇듯 해당 작품을 궁중

안으로 유입함으로써 담보할 수 있는 효용 또는 가치들로 인해 이 작품들은 소박한 민간 가요이면서도 궁중악에 채용되어 존속할 수 있었던 것이다. 이에 반해 「쌍화점」의 창작 배경과 관련하여 주요한 시사점을 던져 주는 아래의 글은 위에서 살펴본 「사모곡」과 「상저가」류와는 생성 배경이나 주요 내용, 유입의 목적 등에서 (동일하게 민간에서 기원했다 하더라도) 그 결을 완전히 달리하는 또 하나의 계열이 있었음을 짐작하게 한다.

삼장사에 등불 켜러 갔더니	三藏寺裏點燈去
그 절 주지 스님 내 손목을 잡았네	有社主兮執吾手
혹시라도 이 말이 절 밖에 퍼져 나가면	倘此言兮出寺
상좌야! 바로 네 말이라 하리라	謂上座兮是汝語

뱀이 용의 꼬리를 물고	有蛇含龍尾
태산 봉우리를 지나갔다 합니다	聞過太山岑
만인이 한마디씩 하여도	萬人各一語
임과 나와의 마음으로만 헤아리소서	斟酌在兩心

이상 두 노래는 충렬왕 때에 지은 것이다. 왕이 소인의 무리들을 좋아하고 잔치와 놀이를 즐겼으므로 행신(倖臣) 오기, 김원상과 내료(內僚) 석천보, 석천경 등이 기악(妓樂)과 여색(女色)으로 왕의 환심을 사기에 힘썼다. 관현방(管絃房)의 태악재인(太樂才人)으로는 부족해서 행신들을 각 도에 파견하여 관기(官妓)로서 얼굴이 아름답고 기예를 가진 자들을 선발하고, 또 성안의 관비와 무녀들 가운데 노래와 춤을 잘하는 이들을 선발하여 궁중에 적을 두게 하였으며, 비단 옷을 입히고 말총갓을 씌워 따로 한 무리를 짓게 한 후 이를 남장(男粧)이라 불렀다. 그리고 이 노래를 가르쳐서 소인의 무리들과 더불어 밤낮으로 가무를 즐기고 난잡하게 놀아서 더는 군신의 예절을 찾아볼 수 없었다. 또한 여기에 든 경비와 상으로 주는 비용이 이루 헤아릴 수 없을 만큼 많았다.

「삼장」, 「사룡」과 관련된 『고려사』 「악지」의 기록이다. 원나라와의 굴욕적인 강화 이후 정치적으로 위축된 고려 왕실의 분위기가 유락적(遊樂的)인 방향으로 흐르게 되면서 궁중의 연희 문화는 내용과 연행 형식 면에서 더욱 새롭고 화려하며 자극적인 것을 추구하게 되었다. 위의 글은 이러한 정황을 여실히 보여 준다. 행신 오기를 비롯한 몇몇 신하들은 왕의 환심을 사기 위해 궁궐 밖의 연희자들을 모아 별도의 무리를 만들고 이들을 동원하여 대규모의 가무희(歌舞戲)를 연출하였다. 주목할 점은 여기에 등장하는 노래가 「쌍화점」의 2연과 일치한다는 것이다. 양자 사이의 관계에 대해서는 이러저러한 견해 차이가 있지만, 이를 통해 우리는 해당 시기에 궁중에서의 연희를 위해 새로운 노래를 창작하거나 민간에서 유입된 노래들을 대폭적으로 개작·윤색한 경우가 적지 않았음을 추정할 수 있다. 흔히 '남녀상열지사(男女相悅之詞)'로 요약되는 「만전춘별사」, 「이상곡」, 「서경별곡」 등이 여기에 해당될 것으로 보이는데, 「사모곡」과 「상저가」류와는 표방하고 있는 내용의 차이만큼 궁중 음악으로 정착된 이유 역시 상당한 거리감이 있다.

3——문학사적 위상과 의의

고려 건국 이후 한문학이 발달하면서 우리의 말과 글에 대한 관심의 정도가 낮아지게 되자 국문 시가는 다시 구비 전승의 영역으로 돌아가게 되었다. 여기서 국문 시가가 구비 전승의 영역으로 돌아가게 되었다 함은 음성 언어를 기록할 표기 수단의 부재로 인해 제대로 된 전승이 이루어지지 않음으로써 실체적 면모를 파악하기가 매우 어렵게 되었다는 것을 의미한다. 이러한 상황에서 우여곡절 끝에 현재까지 남아 있게 된 일련의 고려 속요 작품들은 비록 일부일지언정 고려 시대 시가의 실체를 확인할 수 있게 해 주었다는 점에서 의의가 크다 하겠다.

그뿐만 아니라 고려 속요는 전대의 시가 양식을 일정 부분 계승하면서 후대의 시가 양식이 성립하는 데에도 적지 않은 영향을 미쳤다. 「사모곡」, 「정과정」 등은 10구체 향가와 유사한 구조를 지니고 있으며, 경기체가와 시조의 특성 중 일부는 고려 속요에서 영향을 받은 것으로 보기도 한다. 고려 속요를 통해 우리는 사대부들 사이에서 유행하던 한시나 경기체가보다 고려 시대 민중의 저층에 깃들어 있던 다정다감한 정서를 폭넓게 확인할 수 있다. 더욱이 세련된 언어 구사, 유려한 음악적 율격, 여음이나 후렴구의 적절한 배치 등을 통해 곡진하게 표현된 고려 속요의 예술성은 우리의 시가사에서 특기할 만한 점으로 평가받는다.

참고 문헌

고려 속요 작품들의 원문 및 현대어 풀이, 고려 속요와 관련한 각종 문헌과 기록들, 고려 속요에 대한 주요 연구 논저들의 목록 등은 김명준, 『고려 속요 집성』(다운샘, 2002)에 자세히 소개되어 있으니 이를 권한다.

고려 속요에 대한 일반론적 차원의 논의는 김흥규, 『한국 문학의 이해』(민음사, 1986): 「고려 속요의 장르적 다원성」, 『욕망과 형식의 시학』(태학사, 1999); 조동일 외, 『한국 문학 강의』(길벗, 1994); 성기옥·손종흠, 『고전 시가론』(한국방송통신대학교 출판부, 2006); 민족문학사연구소 엮음, 『새 민족 문학사 강좌 1 — 구비 서사에서 조선 후기까지』(창비, 2009) 등을 추천한다.

문학 교육 현장에서 고려 속요가 다루어지는 현황에 대해서는 조하연, 「문학 교육의 고려 속요 수용 양상에 대한 고찰」, 『국어 교육』 제138호(한국어교육학회, 2012); 김명준, 「고등학교 문학 교실에서 고려 속요의 교육 내용과 교육 방향 모색 — 2009 개정 교육과정(2011년 고시)에 따른 『문학』 교과서를 중심으로」, 『한국 시가 연구』 제38집(한국시가학회, 2015) 등을 참고할 만하다.

경기체가

1——개념·범주·특성

'경기체가(景幾體歌)'는 13세기 초에 출현하여 고려 후기와 조선 전기 동안 간간이 창작되다가 19세기까지 명맥을 유지한 국문 시가 갈래이다. 논자에 따라서는 '경기하여가', '한림별곡체', '별곡체', '별곡체가' 등으로 부르기도 하지만 경기체가에 속하는 모든 작품에 '경기(景幾)'라는 구절이 포함되어 있어 통상적으로 '경기체가'로 지칭한다. 최초의 작품 「한림별곡」으로부터 민규의 「충효가」에 이르기까지 해당 갈래에 속하는 작품은 27편에 지나지 않는데, 이 양식이 존속한 기간에 비해 창작된 작품 수가 극히 적은 것은 특유의 까다로운 형식과 독특한 관습 때문이다.

대다수의 경기체가 작품들은 일부 구절을 제외하고는 대부분이 한문투의 명사나 단형구로 채워져 있어 여타 갈래에 비해 기원을 두고 이러저러한 시비가 이어져 왔다. 우리말 시가의 전통적인 형식을 이어받았다는 재래 기원설, 중국의 사(詞) 또는 변려문(騈儷文)에서 영향을 받았다는 외래 기원설, 그리고 양쪽의 영향을 부분적으로 인정하는 절충설 등인데, 재래 기원설이 통설로 인정되고 있다. 첫째, 속요와 같이 동일한 구조로 된 몇 개의 연이 나란히 이어져 하나의 작품을 이루는 연장(連章) 형식이라는 점, 둘째, 전대절(1~4행)과 후소절(5~7행)이라는 분절 구성 방식이 10구체 향가와 어느 정도 닮아 있다는 점, 셋째, 전대절과 후소절의 마지막 행 시작 지점에 화자의 감정을 강조하는 감탄사('위')가 쓰이는데, 이것이 향가의 낙구와 유사한 기능을 담당한다는 점, 넷째, 전대절의 3음보와 후소절의 4음보가 속요와 민요의 그것과 흡사하다는 점 등에서 그러하다. 이러한 점들을 염두에 두면서 「한림별곡」을 예로 들어 경기체가 갈래의 정형적인 틀에 대해 살펴보도록 하자.

전대절	1행: 元淳文(가) 仁老詩(나) 公老四六(다)	개별	개별
	2행: 李正言(라) 陳翰林(마) 雙韻走筆(바)		
	3행: 沖基對策(사) 光鈞經義(아) 良鏡詩賦(자)		
	4행: 위 試場ㅅ 景 긔 엇더ᄒᆞ니잇고(차)	포괄	
후소절	5행: 琴學士의 玉笋門生(카)	개별	포괄
	6행: 琴學士의 玉笋門生(타)		
	7행: 위 날조차 몃부니잇고(파)	포괄	

위의 도식에서도 확인할 수 있듯이, 경기체가 작품의 한 연은 7행으로 구성되며, 7행은 언제나 4행과 5행 사이에서 두 개의 구조적 단위(전대절/후소절)로 나누어진다. 이렇게 분절된 양 단위의 마지막 행에는 경기체가 특유의 '위 ○○ 景 긔 엇더ᄒᆞ니잇고'라는 어구가 제시되고, 양분된 두 개의 단위 중 후소절의 두 번째 행은 대개의 경우 그 앞 행을 반복하는 양상을 보인다. 이와 같은 형식은 경기체가가 드러내고자 하는 작품의 미학적 특성과 밀접한 관련이 있는데, 전대절에서는 주로 사물의 열거를 통해 객관적 세계의 경험적 사실을 구체적으로 제시하고, 후소절에서는 앞에서 제시된 사실을 통합하고 재구성하면서 시의 전체 의미를 총괄한다.

여기서 경기체가 특유의 미학적 속성을 유발하는 원리로서 개별화와 포괄화의 원리를 도출할 수 있다. (가)에서 (자)까지의 개별화와 (차)에서의 포괄화, (카)·(타)에서의 개별화와 (파)에서의 포괄화 사이에는 어떤 것들을 풀어 놓았다가 다시 거두어들이는 일정한 패턴이 존재하며, 그러한 패턴의 반복은 경기체가의 작품 구조가 그 나름의 시적 긴장을 유지하도록 하는 데에 결정적인 구실을 한다. 다시 말해, '원순문'부터 '양경시부'에 이르기까지 순차적으로 열거된 개별적인 것들은 그들이 모여 시재(詩才)를 겨루는 '시장(試場)ㅅ 경(景)' 안으로 포괄되고, '금학사의 옥순문생'이라는 개별적인 것 역시 그것이 '내'가 속한 폐쇄적 공동체의 공통적 속성임을 선언하는 7행에 의해 포괄된다는 것이다.

또한 "여러 번 공거(貢擧: 시험관)로서 과거를 맡아 보았는데 훌륭한 인재들을 많이 골라내었으니, 「한림별곡」에 나오는 '금학사'란 바로 금의를 가리킨 것이다."라는 『고려사』의 설명을 감안하면 (가)~(자)까지 나열된 개별적인 문인들은 '금학사의 옥순문생'이라는 범주 내에 포함되므로 전대절과 후소절 역시 개별과 포괄의 구조를 지니게 된다. 이렇게 볼 때 경기체가는 전대절과 후소절 내부에서도 개별과 포괄의 원리를 한 차례씩 지니지만, 하나의 연에서도 전대절이 후소절에 포괄됨으로써 '개별화/포괄화'의 원리는 한 연에 세 번씩 반복된다. 요컨대 앞서 살펴본 경기체가 특유의 구조적 장치는 개별적 사물이 열거되는 동안 점진적으로 이루어져 온 폐쇄적 조화의 모습이 포괄어를 통해 결정적으로 확인되며, 이러한 확인 과정이 한 연 내부에서, 그리고 여러 개의 장을 거쳐 수차례 반복됨으로써 정서적 감격의 경지에까지 이르게 되는 것이다.

이처럼 완강한 형식적 제약 속에서 일정한 사물이나 사실들을 나열하고 정형화된 감탄구로 집약하는 경기체가의 시적 구조는 성격상 보통의 서정시와는 현저히 다르다. 서정시가 특정한 상황에서의 체험이나 생각, 느낌 등을 일련의 유기적 형상으로 드러내는 데 비해, 경기체가는 외부 세계에 분명히 존재하는 사물과 관념들을 나열하고 통합함으로써 시적 자아의 정서적 감격과 흥취를 드러내곤 하기 때문이다. 경기체가의 장르적 성격을 진단하면서, '작품 외적 세계의 사실들을 작품 안에 옮겨 놓았다'는 점에 주목하여 교술 시가의 일종으로 파악하기도 하고, '시적 자아가 도달한 정서적 감격과 흥취'에 주목하여 서정 시가의 일종으로 파악하기도 하는 등 논자마다 의견이 분분한 까닭도 여기에 있다.

결론적으로 말하면, 작품에 등장하는 사물이 작품 밖의 세계에 실재하고, 작품 외적 세계에 대한 일정한 지식이 작품 이해에 반드시 요구된다는 점에서 경기체가는 일반적인 서정시와 다르다. 그러나 경기체가가 객관적 현실 세계의 사물과 행위, 관념들을 병렬적으로 늘어놓아 전달하는 데 그치지 않고 '위 ○○ 景 긔 엇더ᄒᆞ니잇고'와 같은 구절을 통해 그들 모두를 아우르는 정서적 감격으로까지 나아간다는 사실 또한 주목해야 한다. 경기체가에서 사물이나 경험의 나열과 집약은 외부적 사실의 정보를 확인하거나 전달하는 데에 주된 목적이 있는 것이 아니라, 작자 자신의 일정한 주관성에 의해 선택·재구성된 폐쇄적 세계를 조화로운 하나의 경관(景觀)으로 제시하여 그 담당층의 삶과 지향하는 가치의 탁월함을 드높이는 데에 초점이 있다. 요컨대 경기체가는 삶의 궁극적인 아름다움을 세계와의 조화에 두되, 그러한 조화를 상상이나 초월적인 것에서 구하는 것이 아니라 객관적인 현실에서 선별하여 구성한다는 점에서 다른 서정 시가와는 구별된다.

2——개관 및 대표 작품

경기체가의 창작층과 향유층은 고려 후기의 신흥 사대부층으로 알려져 있는바, 그들은 고려 전기부터 강고하게 지속되어 온 불교 중심 문화의 모순과 한계를 인식하고 이를 새로운 이념 체계인 유교를 통해 극복하려고 하였던 문인 지식인들이다. 고려 고종 대의 한림제유(翰林諸儒)를 비롯하여 「관동별곡」과 「죽계별곡」을 남긴 안축 역시 이에 속하는 인물로, 고려 후기 사회의 여러 문제들을 유가적 세계관을 통해 인식·해결하고자 하였으며, 해당 시기의 문화적 전환을 주도하고 정착시켜 나갔던 특유의 자부심이 작품 안에 고스란히 녹아들어 있다.

조선 초기에는 관학파에 속하는 문인들에 의해 경기체가가 창작되면서 주된 작품 세계는 태평한 조선 왕조의 모습을 오롯이 담아내거나 새로 개창된 왕조의 관료로서 지니고 있는, 혹은 지니고 있어야 할 관인적 이상을 노래하는 등 이념 지향적인 교술성이 점차 강화되는 경향을 보인다. 「상대별곡」, 「화산별곡」, 「가성덕」, 「오륜가」, 「연형제곡」 등이 그러한데, 이러한 작품들은 새 왕조의 건국에 따른 예악 정비 과정에서 창작되어 국가의 영원한 안녕과 유학의 이념을 노래하였다.

한편, 「서방가」, 「미타찬」, 「미타경찬」 등 몇몇 승려들에 의해 불찬(佛讚)이나 불교의 이치를 노래한 경기체가 작품들이 창작되기도 하였다. 「불우헌곡」, 「화전별곡」, 「독락팔곡」 등 16세기에 창작된 작품들의 경우 집단적인 성격을 강조하던 종래의 이념 지향적 상투성에서 벗어나 사대부 개인의 내면과 심미적 세계라는 새로운 모습을 담아내려고 하였지만 형식과 내용의 불일치로 인해 결국에는 형식적 해체가 일어나게 되고, 시조와 가사가 본격적으로 성장하게 되면서 쇠퇴하기에 이른다. 아래에서는 경기체가의 형식을 빌려 창작된 조선 초의 악장 「오륜가」와 사림파 문인 권호문이 지은 「독락팔곡」을 통해 경기체가 갈래의 전개 양상에 대해 간략히 살펴보기로 하자.

(1) 納諫君 盡忠臣 居仁有義
尙文德 韜武功 民得其所
耕田鑿井 含哺鼓腹 太平聖代
위 復唐虞ㅅ 景 긔 엇더ᄒᆞ니잇고
(葉)麒麟必至 鳳凰來矣 麒麟必至 鳳凰來矣
위 祥瑞ㅅ 景 긔 엇더ᄒᆞ니잇고 (「오륜가」)

[현대어 풀이]

간언을 듣는 임금, 충성을 다하는 신하, 인과 의에 살도다

문덕을 숭상하고, 전쟁을 종식시켜, 백성이 그 처할 곳을 얻었도다
밭 갈아 먹고 우물 파서 마시는, 배불리 먹어 배 두드리는, 태평성대
아아, 요순 시절을 회복한 광경 그 어떠합니까?
기린이 반드시 이르고 봉황이 와서 춤추는(반복)
아아, 상서로운 모습 그 어떠합니까?

(2) 士何事乎 尙志而已 (再唱)
科名損志ᄒᆞ고 利達害德이라
모ᄅᆞ미 黃卷中 聖賢을 뫼압고
言語精神 日夜애 頤養ᄒᆞ야
一身이 正ᄒᆞ면 어ᄃᆡ러로 못가리오
俯仰恢恢ᄒᆞ고 往來平平ᄒᆞ니
갈길ᄅᆞᆯ 알오 立志를 아니ᄒᆞ랴
壁立萬仞 磊落不變ᄒᆞ야
嘐嘐然 尙友千古 景 긔 엇다ᄒᆞ니잇고 (권호문, 「독락팔곡」)

[현대어 풀이]
선비는 무엇을 일삼는가? 뜻을 숭상할 뿐이다 (재창)
과거는 뜻을 손상시키고, 이익과 현달은 덕을 방해하지
모름지기 책 안에서 성현을 모시고
말과 정신을 밤낮으로 길러내서
일신이 바르면 어디든 못 가리오
천지가 드넓으며 오가는 길이 평평하니
갈 길을 알고서 입지를 아니하랴
만 길의 절벽이 우뚝이 서 있듯 온갖 시련에도 변하지 않아
굳세게 천고(千古)를 벗삼는 광경 그 어떠하니잇고?

(1)은 조선 초 예조에서 창작한 것으로 추정되는 「오륜가」 중 일부이다. 조선 왕조가 개창된 뒤 문덕을 숭상하고, 전쟁을 종식시켜 백성들이 각기 살 만한 자리를 얻게 되었음을 언급하고, '경전착정(耕田鑿井) 함포고복(含哺鼓腹)'으로 대변되는 요순 시절이 지금 이 자리에 구현되어 있음("復唐虞")을 노래하고 있다. 즉, 태평성대의 전범인 요순 시절이 '회복'되었다고 말함으로써 오륜으로 대변되는 인륜적 질서의 조화로움은 15세기 조선이라는 폐쇄적 공동체 내부에 이미 구현되어 있는 것으로 전제된다는 것이다. 유가적 전통 내에서 태평성대의 도래를 알리는 '기린'과 '봉황'이 등장하고 있는 점, 그들의 등장을 현재 진행형 혹은 완료형의 시제("위 祥瑞ㅅ 景 긔 엇더ᄒᆞ니잇고")로 처리하고 있는 점 등은 악장이 지닌 기능적 목적에 경기체가가 지닌 장르적 특징이 얼마나 잘 부합하는가를 여실히 보여 준다.

이에 반해 (2)는 경기체가 갈래가 지니고 있던 견고한 형식이 시간적 흐름에 따라 점차 이완되어 가고 있음을 보여 준다는 점에서 흥미롭다. '3/3/4 3/3/4 4/4/4/'의 음수율은 말할 것도 없거니와 한 연을 구성하는 행의 수 또한 일정하지 않다. 이 작품이 경기체가임을 알 수 있게 하는 것은 '景 긔 엇다ᄒᆞ니잇고'뿐이다. 이러한 변모의 원인을 탐색하는 길이야 여러 가지이겠지만, 경기체가의 장르적 특징과 사림파 문인들의 심미적 세계가 일치하지 않았을 가능성을 우선 지적하고 싶다. 이황은 「한림별곡」류를 일러 "거만하고 방탕하며, 점잖지 못하고 장난기가 있다."고 비판하였는바, 문학을 통해 성정(性情)을 수양하고자 하였던 그들에게 과시와 자부의 속성을 필수로 하는 경기체가는 잘 맞지 않는 그릇이었던 셈이다.

3——문학사적 위상과 의의

고려 시대의 시가 양식 가운데 고려 속요가 주로 민간에서 유행한 작품이라면 경기체가는 신흥 사대부라는 당대의 지배 계층에 의해 창작된 갈래로서 이를 통해 고려 시대의 시가 전반을 미흡하게나마 두루 살펴볼 수 있게 되었다는 점에서 중요한 의의를 갖는다. 그뿐만 아니라 경기체가는 고려 시대를 넘어 16세기에 이르기까지 꾸준히 창작되고 향유됨으로써 조선 초의 시가사를 구성하는 데 빠뜨릴 수 없는 필수적인 갈래이기도 하다. 특히 경기체가의 작자들을 일별해 보면 무신 집권기의 문인 지식층, 고려 말의 신흥 사대부층, 조선 초의 집권 사대부층, 16세기의 사림파 문인들, 승려들까지 다채롭게 포진되어 있는바, 문학 담당층의 교체가 문학사를 구성하는 주요 잣대이기도 하다는 점에서 그 무게가 결코 가볍지 않다.

경기체가가 그리고 있는 세계의 미의식은 주된 창작층인 사대부 계층의 세계관과 직결되어 있다. 따라서 그 속에는 자랑스러운 현실을 마음껏 구가하고 화락한 삶을 즐기는 호화로운 풍류 생활이 호기 있게 묘사되어 있다. 하지만 모든 경기체가 작품들이 이와 같은 내용만을 담아냈던 것은 아니다. 주세붕은 「도동곡」, 「육현곡」, 「엄연곡」 등의 작품을 통해 자신이 진리로 믿고 있던 도학적 세계의 오묘함을 묘파하였고, 앞서 살펴본 바 있는 권호문 역시 「독락팔곡」을 통해 도학으로의 투신이라는 힘겨운 자기 결정과 이에 대한 의지를 더욱 공고히 다지기도 하였다. 당연한 말이겠지만 경기체가 갈래를 좀 더 정확하게 이해하기 위해서는 「한림별곡」 외 여타의 작품들에도 깊은 관심을 기울여야 할 것이다.

참고 문헌

최근에 발견된 2편을 제외한 모든 경기체가 작품의 원문은 박경주, 『경기체가 연구』(이회, 1996)에 집약되어 있다. 최근에 발견된 구촌 이복로의 경기체가 작품 「화산별곡」과 「구령별곡」은 김영진, 『구촌 이복로의 경기체가: 「화산별곡」과 「구룡별곡」』, 『한국 시가 연구』 제25집(한국시가학회, 2008)에 소개되어 있다.

경기체가에 대한 개론적 이해는 김흥규, 『한국 문학의 이해』(민음사, 1986); 조동일 외, 『한국 문학 강의』(길벗, 1994); 성기옥·손종흠, 『고전 시가론』(한국방송통신대학교 출판부, 2006); 민족문학사연구소 엮음, 『새 민족 문학사 강좌 1 — 구비 서사에서 조선 후기까지』(창비, 2009) 등을 참고할 만하다.

경기체가의 장르적 성격에 대한 논의는 조동일, 「경기체가의 장르적 성격」, 『한국 문학의 갈래 이론』(집문당, 1992); 김흥규, 「장르론의 전망과 경기체가」, 『욕망과 형식의 시학』(태학사, 1999); 최재남, 「경기체가 수용과 서정의 범주」, 『서정 시가의 인식과 미학』(보고사, 2003) 등을 권한다.

악장

1——개념·범주·특성

역대 왕조들마다 개국의 위업을 찬양하고 제왕의 공덕을 기리며 당대의 태평함을 노래하는 의식악(儀式樂)과 연악(宴樂)을 필요로 하였는바, 국가의 공식적 행사를 위해 궁중에서 소용되는 일련의 시가 작품을 '악장(樂章)'이라고 한다. 신라의 유리왕이 백성들의 편안한 삶을 노래로 지어 불렀다는 「도솔가」도 이와 같은 부류에 속할 것으로 추정되고, 『고려사』 「의종조」에 "왕이 친히 악장 5수를 지어 악공을 시켜 가창케 하였다."라는 기록에도 '악장'이라는 말이 보인다.

이렇듯 원래의 악장 개념은 국가적 행사에 쓸 목적으로 궁중에서 만든 송축적인 노래 가사로, 이와 같은 정의에만 부합한다면 어느 시기의 노래이건 두루 통용될 수 있다. 그러나 역사적으로 사용된 일반 명칭으로서의 '악장'과 근대 이후 국문학자들이 한국 문학의 체계화 과정에서 생성해 낸 갈래 명칭으로서의 '악장'은 일정하게 구별되는바, 한국 문학의 역사적 갈래로서 '악장'은 조선 왕조의 창업과 번영을 송축하기 위해 15세기에 주로 창작된 궁중의 악가(樂歌)를 가리킨다.

악장은 궁중의 각종 제례와 연회에서 사용되는 노래이기에 창작된 작품들은 대체로 왕조의 존엄성을 예찬하고 숭고한 정치 이상을 표명하는 등 강렬한 이념성·교훈성을 갖는다. 이는 악장의 주된 기능이 개인적 서정과는 다른 공식성을 바탕으로 하여 개국의 역사적·도덕적 필연성과 왕조의 무궁한 번영을 예찬하는 데 있기 때문이다. 따라서 보편적 갈래론에서 볼 때 악장은 '국가적 기억과 지향'이라는 작품 외적 세계의 개입에 의해 자아가 세계화되는 교술 시가의 일종으로 파악하는 것이 온당하다.

현전하는 악장 작품들은 표현 언어와 형태, 규모 등에서 매우 다양한 양상을 보여 준다. 창작의 목적과 쓰임에 따라 제례(祭禮) 악장과 회례(會禮) 악장으로 나누기도 하고, 음악적 형식에 따라 아악(雅樂)·당악(唐樂)·향악(鄕樂)으로 3분하기도 하며, 표기 체계에 따라 한문 악장·현토 악장·국문 악장으로 분류하기도 한다. 이 중 한국 문학의 범주 내에서 특별히 주목되는 것은 표기 체계에 따른 분류 방식인데, 악장의 대표적 작품 가운데 하나인 「용비어천가」가 훈민정음의 창제와 긴밀하게 연결되어 있기 때문이다.

첫째, 한문 악장은 양적인 측면이나 음악적 비중의 측면에서 조선 초 악장 문학의 중심에 위치한다. 예악에 기반한 유교 국가의 구현을 정치적 이상으로 삼았던 조선은 궁중에서 소용되는 각종 음악을 마련하고 정비하는 데 중국 삼대(三代)의 음악인 아악을 모범으로 삼았으며, 이를 위해 창작된 무수한 작품들이 바로 한문 악장이기 때문이다. 그러나 근대 이후의 분과화된 학문 체계에서 한문 악장은 한문학의 영역으로 인식되곤 하며, 이에 따라 문학 교육 현장에서도 거의 다루어지지 않는다.

둘째, 현토 악장은 한문 악장과 국문 악장의 중간적 성격을 지니는 작품들로, 한시체의 작품에 우리말 조사나 어미를 붙여 놓았다. 『악장가사』에 실린 「납씨가」를 예로 들면, "납씨시웅강(納氏恃雄强) ᄒᆞ야/입구동북방(入寇東北方) ᄒᆞ더니/종오과이력(縱傲夸以力) ᄒᆞ니/봉예(鋒銳)라 불가당(不可當)이로다"와 같이 5언의 한시체 작품에 우리말 조사나 어미를 토(吐)로 달아 놓은 것이다. 현토의 이유에 대해서는 기존의 악곡에다 새로 지은 「납씨가」를 얹어 부를 때 생기는 음악적 공백을 메우기 위한 것이라든지, 한문 악장은 신(神)을, 현토 악장은 임금을 찬양하였다는 점을 근거로 표기 체계의 구분을 통해 찬양 대상의 층위를 드러낸 것이라는 등 의견이 분분하지만 어느 것도 확실치는 않다.

셋째, 국문 악장은 여기에 속하는 작품들의 형식을 토대로 다시 세 가지로 구분된다. 먼저 「신도가」, 「유림가」, 「감군은」 등의 작품은 이전 시대의 갈래인 고려 속요의 형식과 상당히 유사한데, 일정한 수의 행을 기본 형식으로 하되 여기에다 후렴구를 덧붙이는 구성 방식이 특히 닮아 있다. 전체가 4연으로 이루어진 연장체 작품 「감군은」은 각 연의 1~2행만 변경될 뿐 3~5행["향복무강(享福無疆)ᄒᆞ샤 만셰(萬歲)를 누리쇼셔/향복무강(享福無疆)ᄒᆞ샤 만셰(萬歲)를 누리쇼셔/일간명월(一竿明月)이 역군은(亦君恩)이샷다"]은 고려 속요의 후렴구와 같이 연마다 동일하게 반복된다. 단연체 작품인 「신도가」 역시 "아으 다롱다리"와 같은 무의미한 여음이 중간에 개입되어 있다는 점에서 속요의 흔적을 엿볼 수 있다.

다음으로 「상대별곡」, 「화산별곡」, 「가성덕」, 「축성수」, 「오륜가」, 「연형제곡」 등의 작품은 경기체가 형식을 원용하였다. 일정한 사실을 선택적으로 제시하고, 이로 말미암아 이루어진 작중의 상황을 특정한 모습("景")으로 조화롭게 인식함으로써 고양된 감격의 정서로 나아가는 경기체가의 장르적 속성은 부정적 형상의 개입을 허용하지 않고 낙관적·긍정적인 세계만을 그려 내는 악장의 성격과 매우 잘 부합한다.

마지막으로 「용비어천가」, 「월인천강지곡」 등은 이전에 볼 수 없던 새로운 형식으로, 2행의 대구로 이루어진 100개 이상의 연이 길게 중첩되어 있는 장편의 찬가(讚歌)이다.

이처럼 다채로운 언어와 형태를 지닌 작품들이 하나의 갈래를 이룬다는 것은 일반적으로 불가능하다. 그러나 악장은 이러한 형태적·구조적 다양성에도 작품들이 공유하는 기능적 특수성의 지배가 예외적으로 강하기 때문에 그것을 하나의 특이한 갈래로 인정하는 관행이 통용되고 있다.

2——개관 및 대표 작품

새 왕조의 건립을 '천명(天命)의 이동'으로 인식하였던 조선 초의 사대부들은 문물·제도와 같은 예악 질서의 확립을 통해 하늘로부터 부여받은 천명을 증거하고자 하였다. 다시 말해, 보이지 않는 천명의 존재를 유가적 문물·제도와 같은 가시적인 것들의 확립을 통해 드러내고자 하였던 것이다. 악장의 제작 역시 이러한 작업의 일환이었는데, 현전하는 악장의 대다수가 건국된 조선의 무궁한 번영을 기원하고, 군왕의 어진 덕을 찬미하는 내용을 기본적으로 갖추게 된 것도 바로 이 때문이다.

녜ᄂᆞᆫ 양쥬(楊州)ㅣ ᄀᆞ올히여
디위예 신도형승(新都形勝)이샷다
ᄀᆡ국 셩왕(開國聖王)이 셩ᄃᆡ(聖代)를 니르어샷다
잣다온뎌 당금경(當今景) 잣다온뎌
셩슈 만년(聖壽萬年)ᄒᆞ샤 만민(萬民)의 함락(咸樂)이샷다
아으 다롱다리
알ᄑᆞᆫ 한강슈(漢江水)여 뒤흔 삼각산(三角山)이여
덕듕(德重)ᄒᆞ신 강산(江山) 즈으메 만셰(萬歲)를 누리쇼셔 (정도전, 「신도가」)

[현대어 풀이]
옛날에는 양주 고을이었는데
이 경계에 새 도읍의 좋은 경치로다
개국 성왕이 태평성대를 이룩하셨도다
도성답도다! 지금의 경치, 참으로 도성답도다!
임금이 만수무강하셔야 온 백성의 기쁨이로다
아으 다롱다리
앞은 한강수요, 뒤는 삼각산이라

많은 덕을 쌓으신 이 강산에서 만세를 누리소서

조선 왕조의 주창자들은 건국과 관련된 제반 행적들에 대해 모종의 당위성을 천명해야 할 필요가 있었을 터, 개성에서 한양으로의 천도 역시 마찬가지였다. 정도전이 남긴 「신도가」에는 이러한 내용들이 담겨 있는바, '예전의 양주 고을 터에 새로이 도읍을 정했다(新都形勝)'는 구절로 시작하는 이 작품에서 주목되는 것은 3행 이후부터이다.

작가에게 태조 이성계는 이미 '성왕(聖王)'이며, 자신이 발 딛고 있는 조선은 이미 '성대(聖代)'이다. 새 왕조의 도읍으로 더할 나위 없는("잣다온뎌") 신도(新都) 한양에서 군왕이 가없는 세월("聖壽萬年")을 누리는 것이 만민의 즐거움이라는 4행 속에는 새 왕조의 건립이 한 개인의 독단적 선택이 아니라 모든 백성들의 적극적인 동조와 협력하에서 이루어졌다는, 그리하여 인간이 거스를 수 없는 천명의 든든한 지지 위에서 기획되고 완수되었다는 의미가 은근히 녹아들어 있다. 개국의 정당성을 공표하고, 왕조의 무궁한 번영을 기원하는 악장의 상투적·공식적인 수사가 작품 속에 깃들어 있는 것이다. 대다수의 악장 작품에 이와 같은 면모가 두드러지게 보인다는 점을 십분 인정하면서도 우리는 조선 초의 악장에 숨어 있는 그 이상의 의미들을 함께 읽어 낼 필요가 있다.

(1) 聖人受命乘飛龍　　성인께서 천명 받아 용을 타고 나시니
多士競起如雲從　　많은 선비 앞다투어 구름처럼 따랐네
恊謀効力成厥功　　지혜와 힘을 모아 그 공을 이루었으매
誓以山河保始終　　산하로써 맹세하여 변함없기를 약속했네
保功臣臣所見　　공신들 보살피심을 신하들이 보았노니
我后之德垂無窮　　우리 임금 성덕이 무궁토록 이어지리 (정도전, 「문덕곡」)

(2) 千世 우희 미리 定ᄒᆞ샨 漢水北에 累仁開國ᄒᆞ샤 卜年이 ᄀᆞ업스시니
聖神이 니ᅀᆞ샤도 敬天勤民ᄒᆞ샤ᅀᅡ 더욱 구드시리이다

님금하 아ᄅᆞ쇼셔 洛水예 山行 가 이셔 하나빌 미드니잇가(「용비어천가」)

[현대어 풀이]

천 년 전에 미리 정하신 한강 북쪽에 인덕을 거듭 쌓아 개국하시어 나라의 운수가 끝이 없으니

비록 성자 신손(聖子神孫)이 대를 이어도 하늘을 공경하고 백성들을 보살피셔야 더욱 굳어질 것입니다.

임금아 아소서. 낙수에 사냥 가 있으면서 할아버지만 믿으시겠습니까?

(1)은 정도전이 지은 악장 「문덕곡」 중 '보공신(保功臣)'에 해당한다. 이성계의 문인적 자질에 대해 노래하고 있는 이 작품에서 작가는 '개언로(開言路)', '정경계(正經界)', '정예악(正禮樂)'과 더불어 개국 공신들에 대한 태조의 극진한 예우(保功臣)를 완료형 혹은 현재 진행형의 시제를 빌려 기술한다.

그러나 이와 같은 악장의 기본적인 문법이 미래의 행위를 규정하는 초시간적 당위로서의 의미까지 포함한다는 것('공신을 보살핀다'는 경험적 사실은 '공신을 보살펴야 한다'는 당위적 책무까지를 포함한다)을 감안할 때 군왕의 성덕(盛德)에 대한 예찬과 송축 이면에는 무조건적인 찬양을 넘어서는 무언가가 포함되어 있다. 즉, 조선의 건국은 천명을 전수받은 태조의 특출한 능력에 "앞다투어 구름처럼 따랐"던 여러 선비들의 힘과 지혜가 더해져 비로소 완성될 수 있었으며, 따라서 군주는 왕권의 획득과 행사에 있어 공신(功臣) 또는 중신(重臣) 집단의 적극적인 참여와 동의를 필요로 한다는 모종의 정치적 비전이 잠복되어 있는 것이다.

이 점은 「용비어천가」의 마지막 장인 (2)에서 더욱 뚜렷하게 드러난다. 조선 건국의 지난한 과정을 예찬하고 무궁한 번영을 송축하는 「용비어천가」의 마지막이 군왕에게 보내는("님금하 아ᄅᆞ쇼셔") 섬뜩한 고사와 경고로 채워져 있다는 사실은 꽤나 의아하다. 그도 그럴 것이, 왕권의 숭고함과 정당성을 공식적으로 천명하는 자축(自祝)의 자리에서 전복된 옛 왕조의 실례를 거론하는

것이 단순히 인과적인 어색함을 넘어 군왕에 대한 불손으로까지 비칠 수 있기 때문이다. 「용비어천가」의 제작에 참여하였던 조선 초기의 사대부들은 어째서 이와 같은 내용으로 끝을 맺었던 것인가?

(2)의 첫머리에도 드러나듯이 조선 건국은 "천 년 전에 미리" 예정될 정도로 신비롭고 초월적인 일로, 인간의 힘으로는 어찌할 수 없는 당연한 수순이다. 여기에다 건국의 시조들이 '인(仁)'이라는 필수적인 속성을 쌓고 또 쌓은 ("累仁") 덕에 왕조의 운명 역시 끝이 없을 것이며, 시조들의 훌륭한 자질을 물려받은 신성한 자손들 역시 계속해서 탄생할("聖神이 니ᅀᆞ샤도") 것이다. 그러나 이와 같이 미리 주어진 조건들에도 불구하고 왕조가 정상적으로 운영되기 위해 가장 우선되어야 할 것은 '경천근민(敬天勤民)'으로 대변되는 지극히 인간적인 노력들이다. 그렇다면 이를 지키지 않았을 때 어찌 될 것인가?

이 질문에 대한 (신하들의) 응답이 3행에 제시되어 있다. 중국의 성왕(聖王) 중 한 사람인 우왕의 손자이자 하나라의 3대 왕인 태강은 왕위에 오른 뒤 국정을 팽개치고 낙수(洛水)에 사냥을 나갔다가 유궁국(有窮國)의 제후인 예(羿)에게 축출되었다. 여기서 우왕과 태강의 관계는 현재의 군왕과 조선 건국의 시조들로 선명하게 대응되는바, '경천근민'이라는 필수적인 요소가 결여되었을 때 당신도 태강과 같이 될 수 있음을 분명하게 말하고 있는 것이다. 이렇게 볼 때 「용비어천가」를 포함한 다수의 악장 작품들에는 왕권에 대한 찬양·송축의 의미와 함께 왕권을 향한 도덕적·정치적 권계(勸戒)의 의미 역시 포함되어 있다 하겠다.

3——문학사적 위상과 의의

악(樂)은 예(禮)와 함께 유교 국가를 지탱·운영하는 주요 원리 중의 하나이다. 고려 속요의 처리 문제를 두고 조선 초의 조정에서 벌어진 치열한 논쟁과 더불어 왕과 신하들이 새로운 악장을 제작하는 데 열렬한 관심을 기울였던 것도 이러한 이유에서이다. 수준 높은 악장의 존재는 문화 국가로서의 자부심을 표출할 수 있는 중요한 근거가 되었는데, 단편적인 악장 제작의 경험이 「용비어천가」나 「월인천강지곡」과 같은 장편 서사시의 형식으로 집대성될 수 있었던 것은 조선의 인문적 수준이 중국에 비해 결코 낮지 않았음을 말해 준다.

그뿐만 아니라 악장 제작의 과정을 통해 우리말 시가의 효용에 관한 다양한 악론(樂論)이 정비될 수 있었다. "우리나라 사람들이 살아서는 향악을 듣고, 죽은 뒤에는 아악을 연주한다는 것이 과연 어떨까 한다."(『세종실록』)라는 세종의 언급은 우리의 향악과 중국의 아악을 변별하고, 전자의 독자적인 효용과 가치를 적극적으로 인식하고 있었음을 의미하는바, 이러한 생각에서 고려 속요와 경기체가 같은 재래의 우리말 시가 양식들이 악장의 주된 형식으로 차용되거나 「용비어천가」와 같이 이전에 볼 수 없었던 새로운 형식이 실험적으로 창안될 수 있었던 것이다.

악장의 존재를 통해 우리가 확인할 수 있는 또 하나의 사실은 노래 또는 문학이라는 것이 그것을 둘러싼 정치적 지형과 결코 분리될 수 없다는 보편적 상식이다. 앞서 확인했듯이 몇 줄 되지 않는 단형의 작품 속에도, 「용비어천가」와 같은 거질의 작품 속에도 15세기 조선의 복잡한 정치적 지형과 군신 사이의 미묘한 힘 겨루기가 때로는 희미하게, 때로는 분명하게 새겨져 있다. 시가를 개인적 정서의 토로로만 여기는 고정 관념이 얼마나 편협한 것이고, 어떤 문학도 궁극적으로는 당대의 정치적 자장에서 자유로울 수 없다는 익숙한 명제를 다시 한 번 확인시켜 준다.

마지막으로 (여전히 논쟁 중에 있기는 하지만) 시조의 형성 및 전개 과정에 악장이 관여한 흔적들을 증거하는 논의들이 최근 학계에 활발히 제출되고 있는 것을 감안하면, 조선 초 사대부들의 악장 제작 및 향유의 경험들이 형식, 소재, 주제 등의 여러 측면에서 이후의 시가사에 끼친 영향이 결코 적지 않을 것이다. 이러한 점들을 놓고 볼 때, "천하에 둘도 없는 대아유문자(大阿諛文字)"와 같이 「용비어천가」를 포함한 조선 초의 악장을 낮잡아 보았던 기존의 평가는 재검토되어야만 한다.

참고 문헌

악장 작품의 원문 및 현대어 풀이는 김명준, 『악장가사 주해』(다운샘, 2004)를, 「용비어천가」의 원문 및 현대어 풀이는 박창희 역주, 『역주 용비어천가(상·하)』(한국학중앙연구원 출판부, 2015)를 권한다.

악장에 대한 개론적 이해는 조동일, 『한국 문학 통사 1』(지식산업사, 1982); 김흥규, 『한국 문학의 이해』(민음사, 1986); 조동일 외, 『한국 문학 강의』(길벗, 1994); 성기옥·손종흠, 『고전 시가론』(한국방송통신대학교 출판부, 2006) 등을 참고할 만하다.

악장 갈래의 정치성에 대한 논의는 김흥규, 「선초 악장의 천명론적 상상력과 정치의식」, 『한국 시가 연구』 제7집(한국시가학회, 2000); 조규익, 『조선조 악장의 문예미학』(민속원, 2005); 김승우, 『용비어천가의 성립과 수용』(보고사, 2012) 등을 추천한다.

시조

1——개념·범주·특성

우리가 오늘날 어떤 텍스트를 보고 그것을 '시조(時調)'라고 지칭하게 된 까닭은 무엇인가? 시조가 발생한 이후 그것을 부르던 명칭은 실로 다양하였다. 시조가 노래라는 사실에 주목할 때에는 가(歌)·가곡(歌曲)·가요(歌謠)·영언(永言), 짧은 형식의 노래라는 점에서는 단가(短歌)·단십(短什), 새로 만든 노래임을 강조할 때에는 신성(新聲)·신번(新飜) 등이 전근대 시기에 시조를 가리키던 일반적인 명칭이었다. 그러다가 일제 강점기에 민족 운동의 일환으로 '시조 부흥론'이 주창되었고, 1926년에 최남선이 「조선 국민 문학으로서의 시조」라는 글을 발표한 이후 국문학의 갈래 명칭으로서 '시조'라는 용어가 보편적으로 쓰이게 되었다. 그렇다면 '시조'라는 용어는 어디에서 온 것일까?

'시조'라는 말은 노랫말을 얹어 부르는 두 가지 창법, 곧 가곡창(歌曲唱)과 시조창(時調唱) 가운데 후자에서 차용한 것이다. 여기서 가곡창은 조선 전기부터 지속되어 온 시조의 창법으로, 전체 텍스트를 5장(章)으로 구분하고, 장단이나 선법 등 음악적 측면도 꽤 복잡하였다. 연주 형태 역시 고도의 전문성을 필요로 할 정도로 간단치 않았으며, 거문고·가야금·해금·피리·장구와 같이 일정한 규모의 악기로 편성된 관현악 반주를 수반해야 하는 등 고급 예술로서의 세련된 음악성을 확보하고 있었다. 그러나 시조에 대한 음악적 수요가 조선 후기에 폭증하면서 가곡 창법만으로는 그 수요를 감당할 수 없게 되자, 부르기 쉽고 듣기에도 편한 시조 창법이 18세기 중반 이후에 새로이 개발되었다. 시조가 국민 문학으로서의 지위에 걸맞기 위해서는 더 많은 향유층이 필수적이었으므로, 시조 갈래의 명칭이 '시조'로 자리 잡게 된 데에는 이와 같은 사연이 개재되어 있다.

시조(평시조) 한 수(首)의 정형적 틀은 네 개의 소리마디(음보)가 결합하여 한 행(시조에서는 이를 '장'이라고 한다)을 이루고 이것이 세 번 중첩되어 한 수를 이루는 '4음보격 3행시의 구조'로 규정할 수 있다. 이전에는(요즘에도) '3·4조의 음수율을 가지고 3장 6구 45자 안팎으로 이루어져 있다'는 식의 설명이 주를 이루었다. 하지만 제시된 글자 수가 실제 작품의 실상과 맞지 않는 경우가 상당할뿐더러 글자 수로 율격을 형성하는 음수율 대신 일정한 소리마디의 규칙적 반복으로 율격을 형성하는 음보율이 우리 시가의 율격을 설명하는 일반적 이론으로 자리 잡으면서 그와 같은 설명은 타당성을 잃게 되었다.

시조 율격의 기본 단위가 되는 음보 가운데에서 출현 빈도와 음절 수의 평균치로 보아 기준이 되는 4음절 음보를 평음보(平音步)라 할 때, 이보다 작은 음보는 소음보(小音步), 큰 음보는 과음보(過音步)가 된다. 이를 바탕으로 초장·중장의 기본 틀을 도식화해 보면 '소음보 – 평음보 – 소음보 – 평음보'의 구조를 갖게 되는데, 초장과 중장은 각각의 행 안에서 규칙적인 반복성을 보일 뿐만 아니라 상호 간에도 유사한 율격이 연속됨으로써 각 장의 뒤에 무엇인가가 이어질 것을 예상케 하는 율격적 개방성을 띠게 된다.

그러나 평시조의 종장은 초장·중장과 달리 규칙적 연속과 개방성을 거부하고, '소음보 – 과음보 – 평음보 – 소음보'라는 독특한 율격 구조를 지님으로써 초장·중장의 완만하고 평평한 흐름을 전환시켜 매듭을 짓는다. 다시 말해, 한 행을 네 개로 나눈 소리마디 중에서 종장의 1·4음보는 2·3음보에 비해 음절 수가 적기 때문에 1음보에서 2음보로 넘어갈 때에는 동일한 길이에 부과된 많은 음절 수(2음보)로 인해 호흡상의 긴장을 띠다가 2음보에서 4음보로 이동하면서 그 압박된 호흡의 긴장에서 점차 벗어나게 됨으로써 유장한 흐름 속에서 감탄적 종결을 이루게 되는 것이다.

또한 3음절로 고정된 종장 1음보의 경우에는 '아희야', '어즈버' 등과 같이 강한 정서적 중량 혹은 특별한 강세를 지닌 감탄사를 배치하여 이른바 극적 전환의 고양된 순간과 흡사한 서정적 전환을 유도하며, 대부분의 마지막 음보는 '~하노라', '~하리라' 등의 감탄형·의지형으로 마무리하여 시적 화자의 정서적 환기를 드러내는 특성을 지닌다. 시조 갈래가 3장의 짧은 형식에도 시상을 일으키고 전개하며 절정에 치달았다가 마무리하는 그 나름의 시적 완결성을 지닐 수 있는 것은 바로 이러한 율격적 장치에서 기인한다.

이와 같은 시조의 형식이 언제 발생하였고, 어디에서 기원하였느냐의 문제는 학계의 여전한 관심사이다. 대체적인 통설만 간추리자면, 10구체 향가에 보이는 세 개의 단락적 분절과 마지막 단락의 첫머리에 위치한 낙구(落句)에 주목하여 시조 형식의 기원을 향가로 소급하는 향가 기원설, 연장체 고려 속요의 한 장이 독립하여(「만전춘별사」의 2장이 4음보격 3행시의 형태이다) 시조가 된 것으로 보는 고려 속요 기원설, 모내기 노래를 포함한 더 넓은 범위의 민요 기원설 등이 있다. 발생 시기에 대해서도 고려 말 발생설과 조선 전기 발생설이 대립하는데, 시조가 설령 고려 말에 발생했다 하더라도 그것이 본격적으로 사대부들의 문학 장(場) 안에서 융성하게 된 시기는 조선 시대에 들어와서이다.

2——개관 및 대표 작품

조선 전기 시조사의 주된 흐름은 사대부층에 의해 주도되었다.* 여기서 사대

* 사대부들과 교유하였던 소춘풍, 황진이, 송이, 홍랑, 계랑, 소백주 같은 기녀들 역시 시조를 지었다. 이들은 비록 양적으로는 얼마 되지 않지만 기녀라는 신분적 특징으로 인해 소재적·미학적 차원에서 사대부 작가들과 확연히 구별되는 작품들을 산출해 내었다.

부란 벼슬에 몸담지 않은 상태의 선비를 가리키는 사(士)와 벼슬에 몸담고 있는 관료를 가리키는 대부(大夫)의 합성어로, 잠재적 관료이자 처사이기도 한 그들은 각자의 상황과 처지에 따라 서로 다른 두 계열의 작품을 산출해 내었다. 강호 시조와 훈민 시조가 그것으로, 전자에 속하는 작품으로는 이현보의 「어부단가」, 이별의 「장육당 육가」, 이황의 「도산십이곡」, 권호문의 「한거십팔곡」 등을 들 수 있으며, 후자에 속하는 작품으로는 주세붕의 「오륜가」, 송순의 「오륜가」, 정철의 「훈민가」 등을 들 수 있다. 강호 시조는 자의 혹은 타의로 정치 현장에서 물러난 시적 화자가 강호(江湖)에 은거하면서 심성을 닦고 유유자적하는 삶을 노래한 것이며, 훈민 시조는 지방관으로 부임한 관료가 오륜(五倫)을 위시한 각종의 유가적 준칙들을 백성들에게 효율적으로 전파하기 위해 창작한 일군의 작품을 말한다. 여기서는 강호 시조만을 살펴보도록 한다.

(1) 구버ᄂᆞᆫ 千尋綠水 도라보니 萬疊青山
十丈紅塵이 언매나 ᄀᆞ롓ᄂᆞᆫ고
江湖애 月白ᄒᆞ거든 더옥 無心ᄒᆞ애라 (이현보, 「어부단가」)

[현대어 풀이]
굽어보면 천심 녹수 돌아보니 만첩 청산
십장 홍진이 얼마나 가렸는고
강호에 달이 뜨거든 더욱 무심하여라

(2) 當時예 녀던 길흘 몃 ᄒᆡ를 ᄇᆞ려두고
어듸 가 ᄃᆞ니다가 이제ᅀᅡ 도라온고
이제나 도라오나니 년 듸 ᄆᆞᅀᆞᆷ 마로리 (이황, 「도산십이곡 — 언학」)

[현대어 풀이]
당시에 가던 길을 몇 해를 버려두고

어디 가 다니다가 이제야 돌아왔는고

이제야 돌아왔나니 다른 데 마음 말으리

(1)의 작가인 이현보가 중앙의 정치 현장을 경험하였던 16세기는 네 차례의 사화(士禍)와 한 차례의 강제적 왕권 교체가 말해 주듯 훈구파와 사림파라는 두 정치적 집단 사이에 치열한 갈등과 쟁투가 벌어지던 극심한 혼란기였다. 때로는 중앙의 관료로서, 때로는 지방관으로서 뜻있는 동료들이 무참히 숙청되는 현장을 목도하였던 그는 관직을 사퇴하고 고향에 내려와 머물면서 위의 작품을 지었다. 이러한 이력과 결부되어 작품에서 주목되는 바는 강호와 세속을 가르는 선명한 이분법적 인식과 세속에 대한 거부 의식이다.

강에서 고기를 낚는 가어옹(假漁翁)으로 분식(粉飾)한 시적 화자는 배를 타고 강으로 나아가다 강 건너편의 속세를 넌지시 바라본다. 깊디깊은 푸른 물("千尋綠水")과 첩첩이 둘러싸인 푸른 산("萬疊青山")들에 의해 열 길이나 되도록 자욱하게 일어나는 붉은 먼지("十丈紅塵"), 곧 세속의 세계가 얼마나 가려졌는지를 가늠하기 위해서이다. 이렇듯 화자에게 강호와 세속은 푸른색과 붉은색의 차이만큼 뚜렷이 구별되며, 조금의 포개짐도 허용되지 않을 정도로 차별적인 세계이다. 중요한 것은 강호와 세속을 명징하게 구획하는 이와 같은 시적 구도가 이현보를 포함한 사림파 문인들의 정치 사상과 일정하게 대응된다는 점이다. 그들은 자신들이 견지하였던 정치적 이상과 현실과의 간극이 회복 불가능한 정도로 괴리되었을 때 강호의 세계로 돌아와 정치 현장에서 펼치지 못한 숭고한 도덕적·이념적 가치를 지키면서 살아가고자 하였다.

이러한 인식은 (2)에서도 확인된다. 초장에 제시된 "當時에 녀던 길"은 정치 현실로 나아가기 전 고향에 머물면서 학문에 정진하던 것을 말한다. 따라서 중장의 "ᄃᆞᆫ니"던 곳은 세속의 세계를 가리키고, 다시 "도라온" 곳은 과거에 자신이 머물렀던 강호 자연을 의미한다. 이현보의 작품에서 보이던 이분법적인 세계 인식이 여기에서도 확인되는데, 시적 화자에게 중앙의 정치 현실은 곧 "년듸"이기에 마음을 두지 않아야 한다. 그런데 어진 임금을 보필하여 백성들을 보살피는 것이 유자(儒者)들의 기본적인 책무임을 감안할 때 그가 디뎠던 세속에서의 길이 만족스러웠다면, 다시 말해 유자로서의 기본적인 책무를 달성하는 데 별다른 문제가 없었더라면 그는 과연 돌아왔을 것인가? 요컨대 이 작품을 지탱하는 기본적인 토대 역시 부패한 정치 현실과 청정한 강호 자연의 대립에 있다.

17세기 시조사의 흐름은 전체적인 방향에서 16세기의 틀을 유지하지만 17세기가 갖는 그 나름의 특징, 예컨대 사림 계열의 정치적 장악과 그 이후의 내부 분열, 임진왜란 이후에 발생한 각종의 사회 변동, 향촌 사족층 분화의 급속한 진행 등으로 인해 간과할 수 없는 내적 변화가 포착된다. 대표적으로 강호 시조의 변모와 전가(田家) 시조의 출현을 들 수 있다.

(1) 어와 져므러 간다 宴息이 맏당토다
ᄀᆞᄂᆞᆫ 눈 ᄲᅳ린 길 블근 곳 흣더딘 ᄃᆡ 홍치며 거러가셔
雪月이 西峯의 넘도록 松窓을 비겨 잇쟈 (윤선도, 「어부사시사 — 동(冬)」)

[현대어 풀이]
어와 저물어 간다 가서 쉬는 것이 마땅하도다
가는 눈 뿌린 길 붉은 꽃 흩어진 데 흥치며 걸어가서
설월이 서봉을 넘도록 송창에 비껴 있자

(2) 딜가마 조히 싯고 바회 아래 ᄉᆡᆷ물 기러
ᄑᆞᆺ죽 ᄃᆞᆯ게 ᄡᅮ고 저리지이 ᄭᅳ어내니
世上에 이 두 마시야 ᄂᆞᆷ이 알가 ᄒᆞ노라 (김광욱, 「율리유곡」)

[현대어 풀이]
질가마 깨끗이 씻고 바위 아래 샘물 길어
팥죽 달게 쑤고 절이김치 꺼내니

세상에 이 두 맛이야 남이 알까 하노라

(1)은 윤선도의 「어부사시사」 중 마지막 작품으로, 16세기 강호 시조와 대비하여 17세기 강호 시조가 어떻게 변모되었는지 설명할 때 자주 인용된다. 겨울의 짧은 낮 시간 동안 강에서 낚시를 하던 시적 화자는 해가 저물자 집으로 돌아가 쉬고자 한다. 그런데 돌아오는 길에 맞닥뜨린 그림 같은 풍광에 사그라들던 흥취가 되살아난다. 희디흰 눈길 위에 붉은 꽃잎이 점점이 흩어져 있고, 저물녘의 햇빛이 그것들을 비추고 있는 지극히 몽환적인 광경에서 드높은 흥취가 비롯된다. 그리고 이는 종장의 "雪月이 西峯"을 넘는 제법 긴 시간 동안 화자를 소나무 창가에 붙잡아 두는 요인이 된다.

윤선도의 「어부사시사」는 강호와 세속을 가르는 이분법적인 인식이 명확하게 드러난다는 점에서 16세기 강호 시조의 전통을 일정 부분 잇고 있다. 하지만 시적 화자의 고양된 흥취가 절제되지 않는 점, 취락(醉樂)과 관련된 내용이 빈번하게 보이는 점, 강호 자연 역시 이법(理法)의 구현체보다는 심미적인 아름다움의 대상으로 인식된다는 점 등에서 16세기와는 확연히 다른 양상을 엿볼 수 있다.

한편, 17세기 시조사의 특징적 국면으로 '전가 시조'라는 새로운 유형의 출현을 꼽을 수 있다. 전가 시조란 '전원 및 농가 생활을 주요 배경이나 소재로 하여 그 속에서의 소회·흥취·체험을 주된 관심사로 노래한 시조'를 가리킨다. 신계영의 「전원사시가」, 이휘일의 「전가팔곡」, 김광욱의 「율리유곡」 등이 이에 해당한다. 우선적으로 주목되는 것은 16세기 강호 시조에 흔하게 보이던 '시름'이나 그것에 필적할 만한 시어들이 거의 보이지 않는다는 점이다. 앞서 살펴본 바와 같이 강호 시조에 등장하는 화자들은 세속의 세계를 강하게 거부하면서도 유자로서의 기본적인 책무에서 기인한 갈등과 번민을 일정 정도 지니고 있었다. 하지만 (2)에는 이러한 면모 대신 '질가마를 씻어 바위 아래의 샘물을 넣고 팥죽을 달게 쑤어 절이김치와 함께 먹는' 농가의 일상적인 생활상과 그것에서부터 오는 낮지 않은 흥취, 그리고 소박한 삶에 대한 자족감 등이 오롯이 드러난다. 이 역시 16세기 시조사의 흐름과는 상당히 이질적이다.

18세기 이후의 시조사는 한층 더 복잡하다. 사대부층을 중심으로 전개되던 조선 전기와 달리 18세기 이후에는 서울을 비롯한 도시에 기반을 둔 시정 문화가 성장하면서 이전부터 지속되어 오던 시조사의 지형에 적지 않은 변화를 초래하였다. 창작 및 향유층의 확산, 중인 가객의 출현, 가집(歌集)의 편찬과 다양한 변주곡의 생성, 소재와 주제의 확장 등이 그러한 변화의 제 국면이다. 이 중 전문적인 가창 집단인 중인 가객의 등장에 더욱 주목해야 하는바, 그들은 쟁쟁한 가객들과의 경쟁에서 도드라지기 위해 더 많은 작품들을 수집하고 새로운 작품을 지었으며, 기존의 악곡을 변주하거나 다양한 레퍼토리를 확보하는 등 해당 시기 시조사의 굵직한 변동들을 주도하였다. 『해동가요』, 『가곡원류』와 함께 3대 시조집으로 불리는 『청구영언』의 편자이기도 한 김천택의 평시조 한 수와 작자 미상의 사설시조 한 수를 통해 조선 후기 시조사의 면면을 좀 더 살펴보도록 하자.

(1) 綠駬霜蹄 櫪上에 늙고 龍泉雪鍔 匣裏에 운다
丈夫의 혜온 뜻을 쇽절업시 못 이로고
귀밋테 흰 털이 늘니니 글을 셜워ᄒᆞ노라

[현대어 풀이]
녹이 상제는 마구간에서 늙고 용천검과 설악검은 칼집에서 운다
장부의 품은 뜻을 속절없이 못 이루고
귀밑에 흰 털이 날리니 그를 서러워하노라

(2) 나모도 바히돌도 업슨 뫼헤 매게 뽀친 가토릐 안과
大川 바다 한가온대 一千石 시른 ᄇᆡ에 노도 일코 닷도 일코 농총도 근코 돗대도 것고 치도 빠지고 ᄇᆞ람 부러 물결치고 안개 뒤섯게 ᄌᆞ자진 날에 갈 길은 千里萬里 나믄듸 四面이 거머 어득져뭇 天地寂寞 가치노을 쎳ᄂᆞᆫ듸 水賊 만난 都沙工

의 안과

엇그제 님 여흰 내 안히야 엇다가 ᄀᆞ을 ᄒᆞ리오

[현대어 풀이]

나무도 바윗돌도 없는 산에서 매에게 쫓기는 까투리의 마음과

대천 바다 한가운데 일천 석 실은 배에 노도 잃고 닻도 잃고 용총도 끊어지고 돛대도 꺾어지고 키도 빠지고 바람 불어 물결치고 안개 뒤섞여 자욱한 날에 갈 길은 천리만리 남았는데 사면이 검어 어둑저뭇하고 천지적막 까치놀 떴는데 해적 만난 도사공의 마음과

엇그제 임 여읜 내 마음이야 어디에다 비교하리오

(1)의 초장에 제시된 '녹이'와 '상제'는 역사상 이름난 준마이며, '용천'과 '설악' 역시 전설적인 보검이다. 준마와 보검이 누벼야 할 곳은 마땅히 전장(戰場)이겠지만 어찌 된 일인지 마구간에서 하릴없이 늙어가고, 칼집 안에서 하염없이 울고 있을 뿐이다. 이러한 상황이 의도하는 바는 중장에 와서 선명해지는데, 대장부로서 품었던 어엿한 포부를 이루지 못하게 된 자신의 상황을 준마와 보검에 빗대었던 것이다. 그런데 '속절없이'의 사전적 정의가 '단념할 수밖에 달리 어찌할 도리가 없음'임을 감안하면, 이는 빼어난 능력에도 외적 조건에 의해 불가피하게 자신의 뜻을 접어야 하는 상황임을 넌지시 가리킨다. 요컨대 김천택은 포도청 포교라는 신분적 한계로 인해 뜻을 펼칠 수 없었던 한탄을 노래로 담아냈으니, 새로운 담당층의 등장은 새로운 주제의 확장으로 이어졌던 것이다.

(2)는 조선 후기 시조사의 돌출적 현상 가운데 하나인 사설시조이다. 사설시조의 발생 및 기원과 관련해서는 별도의 설명이 필요할 만큼 다양한 논의가 제출되어 있으나 조선 후기가 사설시조의 창작 및 연행에서 가장 활발하였던 융성기라는 점, 그리고 그 과정에서 중인 계층을 포함한 평민층이 큰 몫을 담당하였다는 점 등에 대해서는 대체적으로 동의하고 있다. 사설시조는 평시

조의 3장 구조와 종장 전반부의 '소음보 – 과음보'를 거의 그대로 유지하면서도 주로 중장에서 사설의 자유로운 확장을 용인함으로써 평시조가 담아내기 어려웠던 일상의 세태와 자연스러운 인정(人情), 분방한 체험과 채워지지 않는 욕망 등을 곡진하게 풀어 내었다. 대개의 사설시조는 이러한 문제들을 드러내기 위해 장황한 열거 또는 반복의 수법을 동원하거나 특정 사건·사물에 대한 비유를 활용하는데, 위 작품 역시 마찬가지이다.

초장에 제시된 까투리는 작자가 축조한 어떤 사건에 의해 조건화되어 있다. 나무 하나, 바윗돌 하나 찾아보기 힘든 황량한 민둥산에서 매에게 쫓기고 있는 상황이 그것으로, 매보다 못한 신체적 한계에다 공포심까지 더해져 숨이 자꾸 가빠 오는 절체절명의 순간, 과연 까투리의 심경은 어떠할 것인가? 이러한 상황은 중장에도 이어지는데, 그 심각성은 한층 더하다. 일천 석이나 되는 쌀을 실은 배가 망망대해 한가운데에서 위태로운 순간을 맞닥뜨리고 있다. 노, 닻, 용총 등 운항에 필요한 장치들이 모두 파손된 데다가 파도는 거세고 안개가 자욱해지는 등 날씨까지 흉흉하다. 어디 그뿐인가? 날은 저물어 점차 어두워지는데 저 멀리서 흉포한 해적까지 오고 있으니 도사공의 마음은 얼마나 참담하겠는가?

다소 야단스럽다 싶을 만큼 상황에 상황을 더해 이끌어 온 초장·중장의 상황은 종장에 이르러 예상치 못한 장면과 만나게 된다. 엊그제 임을 여읜 자신의 마음이 그보다 힘겹고 고통스럽다는 것이다. 한편에서 보자면 사랑하는 임과의 이별이 목숨을 다툴 만큼의 사안은 아니라는 점에서 중장까지 지속된 긴장의 크기가 갑작스레 하강할 수도 있겠으나(짐작건대 독자들은 바로 이 지점에서 웃게 될 것이다), 다른 한편에서 보자면 임에 대한 그리움과 이별로 인한 상심의 크기가 그만큼 크다는 것을 의미하기도 한다(따라서 이때의 웃음은 단순한 재미 이상의 무엇을 동반한다). 이와 같이 사설시조는 일상의 사건과 사물에 비상한 관심을 기울임으로써 남녀 간의 애틋한 정념이나 삶의 애환, 인간의 보편적 욕망 등 이전까지 관심을 기울이지 않았던 영역을 끌어들였다.

3——문학사적 위상과 의의

시조는 우리 시가 가운데 가장 오랫동안 많은 사람들에 의해 창작·가창되었고 다수의 작품이 현전하는 시가 갈래로, 간결한 형식과 절제된 언어, 시상(詩想)의 흐름을 알맞게 통제하면서도 개별적 변이를 적절히 소화해 내는 특유의 시적 구조 덕분에 현재까지도 생명력을 유지하고 있는 정형시 양식이다.

한문과 국문의 이중 언어 체계가 강고하게 작동되던 전근대 시기에 시조는 우리의 말과 글로 우리의 정서를 표출하는 역할을 담당함으로써 압도적인 한문 문학의 위세 속에서도 국문 문학의 효용과 가치를 굳건하게 담보할 수 있게 하였다. "한시는 비록 읊조릴 수는 있으나 노래할 수 없기에 만일 노래하려고 할진대 반드시 시속(時俗)의 말로 엮어야 한다."는 이황의 언급은 '읽는 시'의 한계와 '부르는 노래'의 필요성을 말한 것인 동시에 우리의 정서를 가감 없이 드러내기 위해서는 별도의 번역을 요하지 않는 우리말과 우리글로 표현되어야 함을 가리킨다. 시조 형식의 형성과 성행은 이와 같은 역할을 충실히 감당하였다.

그뿐만 아니라 조선 전기부터 후기에 이르기까지 시조 담당층의 범위가 지속적으로 확장됨에 따라 일반 민중의 삶과 경험, 소회와 감정 등을 일정 부분 담아낼 수 있게 되었다. 기실 문학을 포함한 예술 일반은 지배층의 전유물인 측면이 강했으나 가집의 편찬과 시조창의 개발에서도 확인할 수 있듯이 시조는 끊임없는 자기 갱신을 통해 더 많은 향유층을 확보할 수 있었다. 엄혹했던 식민지 시절, 시조가 '국민 문학'으로 인정받고 독립 운동의 차원에서 시조 부흥 운동이 일어날 수 있었던 이유 역시 이와 무관하지 않을 터, 해당 시기의 시조는 '조선이 상당한 문학국(文學國)'임을 입증할 수 있는 근거였던 것이다.

참고 문헌

현전하는 고시조 작품의 원문과 이본은 김흥규 외, 『고시조 대전』(고려대학교 민족문화연구원, 2012)에 총집되어 있다. 시조 텍스트에 대한 주석은 박을수 편저, 『한국 시조 대사전(상·하)』(아세아문화사, 1992); 김대행 역주, 『한국 고전 문학 전집 1 — 시조 I』(고려대학교 민족문화연구소, 1993); 김흥규 역주, 『한국 고전 문학 전집 2 — 사설시조』(고려대학교 민족문화연구소, 1993); 박을수 역주, 『한국 고전 문학 전집 11 — 시조 II』(고려대학교 민족문화연구소, 1995) 등을 권한다.

시조에 대한 개론적 이해는 김흥규, 『한국 문학의 이해』(민음사, 1986); 조동일 외, 『한국 문학 강의』(길벗, 1994); 성기옥·손종흠, 『고전 시가론』(한국방송통신대학교 출판부, 2006); 민족문학사연구소 엮음, 『새 민족 문학사 강좌 1 — 구비 서사에서 조선 후기까지』(창비, 2009) 등을 참고할 만하다.

개별 작가에 대한 작가론으로는 한국시조학회 엮음, 『고시조 작가론』(백산출판사, 1986): 『속 고시조 작가론』(백산출판사, 1990)을, 주요 작품에 대한 작품론으로는 백영 정병욱 선생 10주기 추모 논문집 간행위원회, 『한국 고전 시가 작품론 2』(집문당, 1992)를 참고할 만하다.

가사

1——개념·범주·특성

시조와 더불어 조선조 시가사의 양 축을 이루었던 '가사(歌辭)'는 다른 고전 시가 갈래가 그러하듯 명칭이 다양하였다. 노래의 길이에 주목하여 '장가(長歌)', '장편(長篇)', '장사(長辭)' 등으로 불렸고, 일정한 악곡에 얹어 부르는 노랫말이라는 점에서 '가사(歌詞)', '가사(歌辭)' 등으로 불렸으며, 둥글게 만 종이에 기록한다는 의미에서 '두루마리'로 불리기도 하였다. 그러나 첫 번째의 경우는 고려 속요나 경기체가 등과 같이 일련의 연장체 작품들도 포함된다는 점에서, 세 번째의 경우는 주로 영남 지역에서 규방 가사를 지칭할 때 통용되던 국지적 용어라는 점에서 적절하지 않다. 한자의 의미만을 따지자면 '歌詞'와 '歌辭' 역시 '노래로 불릴 것을 전제하는 말'이라는 점에서 마땅치는 않지만, 문학 연구자들은 이 둘을 분리하여 앞의 것은 '노랫말'을 뜻하는 일반 명사로, 뒤의 것은 독립된 역사적 갈래의 명칭으로 사용하였다. 즉, 근대 이후 한국 문학이 학문적 연구의 대상으로 정착하면서 동일한 형식과 갈래적 속성이 여타의 작품과는 차별되는 일련의 작품군을 '가사(歌辭)'로 지칭하게 된 것이다.

그렇다면 어떤 작품이 가사로 판정되기 위해서는 어떠한 조건이 필요한가?

가사를 이루는 양식적 요건은 극히 단순하여 4음보 율격의 장편 연속체 시가는 모두 그 범위에 포함될 수 있다. 예컨대 "이 몸/삼기실 제/님을 조차/삼기시니"(정철, 「사미인곡」)의 경우 '/'로 구분된 하나의 율격 단위, 곧 '음보'가 네 번 반복되어 한 행을 이루며, 이 행이 적게는 수십 행, 많게는 수천 행이 모여서 한 편의 작품을 이룬다. 다만, 뒤에서 살펴볼 잡가(雜歌)나 판소리 창자들이 소리하기 전에 부르는 허두가(虛頭歌) 가운데 이와 같은 형식적 요건에 합치되는 작품들도 있으므로 해당 양식들이 지니고 있는 그 나름의 특징과 가사에 비해 많지 않은 작품 목록 등을 두루 참고하여 구별할 필요가 있다.

가사는 4음보격 연속체의 운문이라는 형식적 요건 외에 주제나 소재, 내용과 표현, 길이나 구성 등에 특별한 제약이 없기 때문에 작품의 내용과 성격이 매우 다채롭다. 대개의 운문 문학과 같이 서정성이 두드러지는 작품들이 있는가 하면, 실제적인 사실이나 정보, 체험 등을 상세히 서술하는 데 중점을 두는 작품들도 있다. 그런가 하면 허구적인 이야기를 일정한 짜임새를 갖추어 재미있게 서술하기도 하고, 이념적·교훈적인 설득을 곡진하게 펼치기도 한다. 현전하는 가사 작품들의 면모가 이와 같이 다양한 까닭에 네 가지 보편적 갈래 중 가사를 어디에 포함시킬 것이냐는 문제가 학계의 오랜 시빗거리로 남아 있다. 즉, '시가와 산문의 중간적 형태이다', '율문으로 된 수필이다', '서정 문학과 서사 문학에 나누어 넣어야 한다', '율문으로 된 교술 문학이다', '여러 종류의 경험·사고 및 표현 욕구에 대하여 폭넓게 열려 있는 혼합 갈래이다' 등이 그것으로, 이것만 보더라도 가사라는 단일 갈래의 성격과 특징이 간단하지 않음을 짐작할 수 있다.

가사의 기원에 대한 논쟁 역시 학계의 해묵은 과제 중 하나이다. 먼저 경기체가 기원설은 분장(分章) 형식인 경기체가가 조선 초에 들어와 파격화되면서 연속체 형식인 가사가 성립된 것으로 본다. 한시 현토 기원설은 한시에 토를 달아 읽던 관습에서 가사의 형식이 생성된 것이라 주장하며, 시조 기원설은 시조의 초장·중장이 장형화되면서 가사 갈래가 성립된 것으로 파악한다. 이 밖에도 「용비어천가」 등의 분장 형식이 붕괴되면서 연속체 형식인 가사가 성립되었다는 악장 기원설, 4음보 연속체 형태를 지닌 교술 민요에서 발생하였다는 민요 기원설 등이 있는데, 각각의 견해들이 내세우는 그 나름의 논거들만큼 반론 역시 만만치 않아서 어느 것 하나를 통설로 인정하기 어려운 실정이다.

이와 관련된 문제로 가사의 발생 시기 역시 논의가 분분하다. 대체로 고려 말 발생설과 조선 전기 발생설이 대립되어 있는데, 고려 말 발생설을 주장하는 쪽에서는 공민왕 때 왕사(王師)였던 나옹 화상 혜근의 「서왕가」를 근거로 삼는다. 이에 반해 조선 전기 발생설을 주장하는 학자들은 정극인의 「상춘곡」을 효시작으로 꼽지만, 발생기의 작품치고는 형식이 의외로 잘 정제되어 있어 그 이전 시기에 이미 가사 양식이 존재하였을 가능성을 추정케 한다. 따라서 혜근의 작품을 부인할 만한 뚜렷한 증거가 없는 한 고려 말 발생설이 용인되는 상황인데, 가사가 어느 시기에 발생했든 간에 조선조에 이르러 널리 성행하게 되었다는 점만은 분명하다.

4음보격 3행시라는 폐쇄적인 형식 속에 시적 화자의 절제된 감정과 담박한 미의식을 담아내는 시조와 달리, 가사는 4음보격 연속체의 율문이라는 느슨한 형식적 요건만 갖추면 무엇이든 노래할 수 있다. 이와 같이 내용적 개방성과 함께 작품의 규모에 어떠한 제약도 두지 않는 확장성을 동시에 지니고 있어서 장가(長歌)인 가사는 단가(短歌)인 시조와 상보적인 관계를 유지하면서 우리말 시가의 활발한 창작과 향유를 견인하였다. 요컨대 가사는 시조와 같은 응축성은 없으나, 유장한 감흥과 생각을 읊조리고, 복잡한 경험을 서술한다든가 이념적 설득을 달성하는 데 있어 단형 시가가 감당하지 못하는 긴요한 효용을 발휘하였던 것이다.

2——개관 및 대표 작품

가사의 주된 갈래적 특성으로 내용적 개방성과 양적 확장성을 들었지만, 이와 같은 성격이 가사가 존속하였던 전 시기에 걸쳐 꾸준하게 유지된 것은 아니다. 조선 전기의 경우 허난설헌의 「규원가」를 제외한 대다수 작품들의 작가가 사대부층이었던 까닭에 남아 있는 작품들 또한 그들의 생활상과 미의식을 노래한 작품이 주류를 이룬다. 이를 강호 가사, 연군 가사, 기행 가사 등으로 구분할 수 있는데, 정극인의 「상춘곡」, 송순의 「면앙정가」, 정철의 「성산별곡」 등은 강호 가사, 정철의 「사미인곡」, 「속미인곡」은 연군 가사, 정철의 「관동별곡」, 백광홍의 「관서별곡」 등은 기행 가사에 속한다.

이러한 작품들은 주로 혼탁한 세속에서 벗어나 강호 자연에서 느끼는 흥취를 노래한다든지, 떨어져 있는 임금에 대한 절절한 그리움과 변함없는 충정을 토로하는 데 역점을 두기 때문에 가사 양식의 다양한 속성 가운데 서정적인 성격이 두드러진다. 조선 전기의 가사에 많이 보이는 독특한 결말 장치는 이러한 내용적 특성과 연관되어 있는바, 상당수 작품의 마지막 결구 4음보는 시조의 종장처럼 '소음보(4음절 미만) – 과음보(4음절 초과)'의 형식을 지닌다.

人間ᄋᆞᆯ 떠나와도 내 몸이 겨를 업다
이것도 보려 ᄒᆞ고 져것도 드르려코
ᄇᆞᄅᆞᆷ도 혀려 ᄒᆞ고 ᄃᆞᆯ도 마즈려코
밤으란 언제 줍고 고기란 언제 낙고
柴扉란 뉘 다드며 딘 곳츠란 뉘 쓸려뇨
아츰이 낫브거니 나조ᄒᆡ라 슬흘소냐
오ᄂᆞᆯ리 不足커니 來日리라 有餘ᄒᆞ랴
이 뫼ᄒᆡ 안자 보고 뎌 뫼ᄒᆡ 거러 보니
煩勞ᄒᆞᆫ ᄆᆞᄋᆞᆷ의 ᄇᆞ릴 일이 아조 업다
쉴 사이 업거든 길히나 젼ᄒᆞ리야
다만 ᄒᆞᆫ 青藜杖이 다 ᄆᆞ듸여 가노ᄆᆡ라 (송순, 「면앙정가」)

[현대어 풀이]

속세를 떠나와도 내 몸이 쉴 틈 없다

이것도 보려 하고 저것도 들으려 하고
바람도 쐬려 하고 달도 맞으려 하고
밤은 언제 줍고 고기는 언제 낚고
사립문은 뉘 닫으며 진 꽃은 뉘 쓸려뇨
아침이 모자라니 저녁이라 남겠는가
오늘이 부족하니 내일이라 넉넉하랴
이 산에 앉아 보고 저 산에 걸어 보니
분주한 마음에 버릴 일이 아주 없다
쉴 새가 없거든 계속 가자
다만 한 청려장이 다 무뎌 가노매라

송순의 「면앙정가」의 일부이다. 면앙정의 위치와 형세, 주변의 경관을 사계절의 변화에 따라 묘사하고 그 속에서 유유자적하는 흥취를 노래한 작품으로, 인용한 부분에서는 주변의 아름다운 경치를 찾아 분주하게 돌아다니는 일상을 그리고 있다. 자연과 사람 모두 활기와 흥겨움으로 가득 차 있으니, 밤도 줍고 고기도 낚고 섬돌에 떨어진 꽃잎도 쓸면서 살아가는 일상은 이른바 '한가한 분주함'이다. 이렇듯 분주한 일상의 나열은 그것이 고된 노동을 필요로 하는 일이 아니라 그것 자체가 평화로운 전원의 낭만적 정취임을 드러내는 관습적 수사들인바, 소소한 일상의 제시는 화자가 전원에서 무엇을 하는가에 대한 사실적인 정보 전달에 목적이 있는 것이 아니라 여유롭고 풍요로운 자신의 내면 정서를 환기하는 데 있다. 즉, 작자의 체험적 생활상을 바탕으로 하면서도 단순히 사실만을 기술하는 데 머물지 않고 조화로운 세계의 질서 속에서 물아(物我)의 합일을 추구하는 드높은 서정적 정조를 띠고 있는 것이다. 그런데 조선 전기 가사의 이와 같은 면모는 17세기 이후 적지 않은 변화를 보인다.

쇼 ᄒᆞᆫ젹 듀마 ᄒᆞ고 엄섬이 ᄒᆞᄂᆞᆫ 말삼
親切호라 너건 집의 달 업ᄉᆞᆫ 黃昏의 허위허위 다라가셔

구디 다든 門밧긔 어득히 혼자 서셔
큰 기춤 아함이를 良久토록 ᄒᆞ온 後에
어화 긔 뉘신고 廉恥업산 ᄂᆡ옵노라
(중략)
來日로 주마ᄒᆞ고 큰 言約 ᄒᆞ야거든
失約이 未便ᄒᆞ니 사셜이 어려왜라
實爲 그러ᄒᆞ면 혈마 어이할고
헌 먼덕 수기스고 측 업슨 집신에 설피설피 물너오니
風彩 저근 形容애 ᄀᆡ 즈칠 ᄲᅮᆫ이로다 (박인로, 「누항사」)

[현대어 풀이]
소 한번 주마 하고 지나가듯 하는 말씀
친절히 여긴 집에 달 없는 황혼에 허겁지겁 달려가서
굳게 닫힌 문밖에서 어득히 혼자 서서
큰 기침 '에헴'을 오래도록 하온 후에
"어와 그 뉘신고?" "염치없는 저입니다."
(중략)
내일로 주마 하고 큰 언약 하였거든
약속 어기기가 편치 않아 말하기 어려워라
실상이 그러하면 설마 어이할꼬
헌 멍덕 숙여 쓰고 축 없는 짚신에 설피설피 물러오니
초라한 모습에 개 짖을 뿐이로다

박인로의 「누항사」 일부이다. 이 작품에는 임진왜란 이후 지방의 한미한 선비 계층이 맞닥뜨렸던 극심한 경제적 궁핍과 그로 인한 갈등의 양상이 고스란히 드러나 있다. 인용한 부분은 처자식이 굶주리는 상황을 견디다 못한 시적 화자가 농사를 짓기 위해 이웃집에 소를 빌리러 갔다가 실패하고 돌아오는 장면으로, 차우(借牛)에 대한 들뜬 희망과 여지없는 실패, 그로 인한 낙담과 좌절의 모습이 핍진하게 묘사되어 있다. 이 작품에서 볼 수 있듯이, 박인로를 포함하여 정훈, 강복중과 같은 향반 계층의 작품들에서 문제 삼고 있는 것은 강호자연 속에서의 유유자적한 삶이 아니라 현실적 궁핍으로 인해 겪을 수밖에 없는 곤혹스러운 삶 그 자체였던 것이다.

강호 가사에서의 이와 같은 변화를 17세기 가사 전체로 확대하면 다음과 같다. 즉, 경험적 현실을 객관적으로 제시하려는 경향이 강화되면서 이전 시기 가사 작품들의 주된 정조였던 서정적 기풍이 퇴조하고, 대신 비(非)서정적인 내용들이 그 자리를 메우게 된다. 전란의 체험을 노래한 박인로의 「태평사」, 개인 혹은 가문과 관련된 특정의 사건을 노래한 강복중의 「위군위친통곡가」와 「분산회복사은가」, 부조리한 당대의 현실을 고발한 허전의 「고공가」, 이원익의 「고공답주인가」 등이 단적인 사례로, 이 작품들은 경험적 현실을 구체적이고 객관적인 시선으로 폭넓게 담아내었다.

가사의 사적 흐름과 관련한 이러한 변화의 양상은 18세기 이후가 되면 더욱 심해진다. 먼저 사대부 가사의 경우 관조적 심미성보다는 체험적 구체성을 강조하는 방향으로 나아가 이전부터 지속되어 온 유배 가사와 기행 가사 등에서 주목할 만한 변화가 감지된다. 15세기에 창작된 조위의 「만분가」에서 확인할 수 있듯이 원래의 유배 가사는 자신의 억울함을 호소하거나 임금에 대한 그리움을 토로하는 것이 기본이지만, 조선 후기에 창작된 유배 가사 작품들의 경우 그러한 내용들보다는 유배지까지의 짧지 않은 여정을 상세히 서술하거나 유배지에서의 곤핍한 생활을 치밀하게 묘사하는 등 이전과는 달라진 모습을 보인다. 김진형의 「북천가」, 안조환의 「만언사」 등이 대표적인 작품이다.

권섭의 「영삼별곡」, 구강의 「북새곡」, 김인겸의 「일동장유가」, 홍순학의 「연행가」 등 타지 여행의 체험을 기록한 기행 가사도 마찬가지인데, 여행 과정에서 겪었던 특이한 체험이나 소회를 구체적으로 기술하거나 여행지의 이국적인 의복·음식·풍속 등에 비상한 관심을 보이는 것이 특징이다. 또한 한산거사의 「한양가」로 대표되는 풍물 가사에는 한양의 문물과 제도, 지리나 풍속 등이 마치 그림처럼 생생하게 묘사되어 있다.

삼강오륜과 같은 유가적 준칙을 설파하는 교훈 가사 작품들이 이전에 비해 급증한 것도 주목할 필요가 있다. 정치업의 「경몽가」, 배이도의 「훈가이담」, 정방의 「효자가」 등이 여기에 해당하는데, 가사 갈래가 지닌 내용적 개방성이 이념과 교훈이라는 교술적 내용까지 포용하게 된 것이다. 이렇듯 가사 갈래가 전기에 지녔던 서정적 성격은 후기에 이르러 상당 부분 탈각되고, 사실 또는 그에 준하는 내용을 있는 그대로 기술하는 교술적 성격이 강화된다. 작품의 분량이 이전에 비해 방대해진다든가 마지막 구의 종결 방식이 해체되어 평범한 4음보로 전환되는 것도 이러한 경향과 맞닿아 있다.

사대부 가사의 변모와 더불어 조선 후기 가사에서 또 하나 특기할 만한 점은 여성 및 평민 작가층의 출현이다. 주로 사대부층 부녀자들에 의해 창작·향유된 일련의 가사 작품을 규방 가사 또는 내방 가사라고 하는데, 18세기 이후 영남 지방을 중심으로 성행하였다. 규방 가사는 부녀자들이 국문을 익히고 교양을 쌓으며 심정을 토로할 수 있게 하는 구실을 하였으며, 내용은 여성 생활에 대한 윤리 규범이나 생활 범절의 가르침에서부터 개인과 가정의 특별한 체험 및 소회의 기록, 그리고 '화전가(花煎歌)'류의 서정성이 짙은 노래에 이르기까지 폭이 매우 넓다.

서민들의 체험과 인식, 소망과 감성 등을 다룬 작품들을 일반적으로 서민 가사라고 하는데, 여기에 속하는 작품들 역시 내용의 편폭이 워낙 넓어서 통상적으로 다시 세 계열로 나눈다.

첫째, 조선 후기 사회의 모순과 학정, 그로 인한 백성들의 참상과 고통을 낱낱이 고발하는 '현실 비판 가사'로, 「갑민가」, 「합강정선유가」(「합강정가」), 「향산별곡」, 「거창가」 등이 대표적이다. 이 작품들에는 삼정(三政)의 문란이 가혹한 수탈을 부추기고, 가혹한 수탈이 민중들의 도망 혹은 봉기로 이어지는 일련의 과정이 매우 사실적으로 포착되어 있다.

'세태 비판 가사'로 불리는 둘째 계열의 작품군은 추하고 탐욕스러운 인물을 등장시켜 가열한 풍자를 더하면서 조선 후기 사회의 변환기적 세태에 대한 우려를 표명하였다. 「우부가」, 「용부가」 등이 여기에 해당하는데, 특히 전자에는 투전에 골몰하거나 기방을 기웃거린다든지, 호사스러운 의복과 음식들로 사치를 일삼는다든지, 고리대금업으로 재물을 축적한다든지, 금점·은점 등의 개발을 미끼로 다른 이들의 재물을 탈취한다든지 조선 후기 사회의 변화된 물적 토대가 낳은 속물적인 인간형이 등장한다.

셋째 계열은 남녀 간의 애정을 중심 문제로 다룬 일군의 작품들이다. 사대부층이 연군(戀君)의 우의적 표현 이외에는 남녀의 애정 문제를 진지한 관심사로 노래하지 않는 관습이 강했던 데 비해, 서민층은 그러한 규범에 별로 구애받지 않는 까닭에 가사가 그들의 문학적 수단이 되자 애정을 주된 관심사로 삼는 작품이 대거 산출되었다. 양반 사대부와 비구니의 사랑을 노래한 「승가」 연작, 정인(情人)에 대한 절절한 그리움을 노래한 「규수상사곡」, 「단장사」, 「상사별곡」 등이 대표적인데, 정상적으로 결합하기 힘든 남녀가 사회적 규범을 어기고 사랑을 이루고자 해서 괴로워하는 노래가 여러 가지 형태로 나타났다.

한편, 허구적인 서사의 면모를 갖추고 있는 작품들도 있어 주목을 요한다. 「덴동 어미 화전가」, 「복선화음가」, 「신가전」 등의 작품이 여기에 해당하겠는데, 대표적인 작품이 「노처녀가」이다. 이 작품에는 두 개의 버전이 있는데, 시집 못 간 노처녀의 자탄(自嘆)을 담고 있는 「노처녀가 (1)」과 다양한 인물과 사건의 제시를 통해 여성 주인공이 지닌 욕구의 지연과 좌절, 성취를 다룬 「노처녀가 (2)」로, 이 가운데 가사의 서사화 양상과 관련하여 눈여겨볼 작품은 후자이다.

> 남이 알가 붓그리나 안슬푼 일 ᄒᆞ여 보ᄌᆞ
> 홍독ᄀᆡ의 ᄌᆞ를 ᄆᆡ여 갓 쓰오고 옷 입히니
> ᄉᆞ람 모양 거의 갓다
> 쓰다듬어 셰워 노코 ᄉᆡ 져고리 긴 치마을
> 호긔 잇게 썰쳐입고
> 머리 우희 팔을 드러 제법으로 절을 ᄒᆞ니

눈물리 죵힝ᄒᆞ여 입은 치마 다 젹시고
ᄒᆞᆫ슘이 복발ᄒᆞ여 곡셩이 날 듯ᄒᆞ다 (「노처녀가 (2)」)

[현대어 풀이]
남이 알까 부끄러우나 안쓰런 일 하여 보자
홍두깨에 자를 매어 갓 씌우고 옷 입히니
사람 모양과 거의 같다
쓰다듬어 세워놓고 새 저고리 긴 치마를
호기 있게 떨쳐입고
머리 위에 팔을 들어 예법으로 절을 하니
눈물이 흘러내려 입은 치마 다 적시고
한숨이 폭발하여 곡성이 날 듯하다

인용한 부분은 김 도령과 꿈에서 혼인한 후 이제 막 합방하려던 찰나에 개 짖는 소리에 꿈에서 깬 주인공이 너무나 아쉬운 나머지 홍두깨에 옷을 입혀 놓고 모의 혼인을 치르는 장면이다. 이렇듯 「노처녀가 (2)」에는 복수의 인물이 등장하여 일정한 사건을 유발하고, 사건 전개에 따라 주인공의 희비가 결정되는 등 일정 정도의 서사성을 담보하고 있다. 물론 여기서의 서사성이 본격적인 소설의 잘 짜인 사건 구조와 서술에는 미치지 못하겠지만, 가사 갈래가 단순히 서정의 표출이나 경험의 나열에만 머물지 않고 서사적 영역으로까지 확장한 점은 주목할 만하다.

이에 더해 종교 가사의 출현 역시 조선 후기 가사에서 특기할 만하다. 불교, 천주교, 동학 등 조선 후기 사회에서 교세를 확장하고자 하였던 신흥 종교의 지도자들과 신도들은 가사 양식을 빌려 자신들의 신념과 교리를 전파하였는데, 대개의 전파 수단이 대상자들에게 가장 익숙한 형식임을 감안하면 가사가 조선 후기의 서민들에게 미친 영향을 짐작할 수 있을 것이다.

3——문학사적 위상과 의의

가사는 시조와 상보적인 관계를 유지하면서 조선 전후기에 걸쳐 우리말 시가의 활발한 창작과 향유를 견인하였다. 4음보의 1행을 연속해서 이어 나감으로써 완성되는 가사는 유장한 감흥을 읊조리고, 복잡한 경험과 생각을 풀어놓으며 곡진한 이념을 설파하는 데에 특장이 있었기 때문에 단형의 한시나 시조로는 감당하기 어려운 (서정 이외의) 영역을 대신하였다. 이는 그만큼 가사의 갈래적 개방성이 넓었음을 의미하는데, 실제로 가사는 개인적 정서의 표출, 정보의 전달, 흥미로운 이야기의 창조 등 다양한 목적의 글쓰기에 활용되었다.

또한 별다른 제약이 없는 형식적 간결성과 무엇이든 표현할 수 있는 내용적 개방성 덕분에 양반뿐만 아니라 평민들까지도 가사의 창작과 유포에 적극적으로 참여하였다. 물론 시조 역시 시조창의 개발과 더불어 향유층이 확장되었으나 그것은 어디까지나 작품을 소비하는 차원이 주였을 뿐 새로운 작품을 생산하는 차원은 아니었다. 또한 시조는 주로 도시의 시정을 중심으로 창작·연행되었기 때문에 서울과 지방, 도시와 농촌을 막론하고 삶의 다양하고 구체적인 실질을 받아들이는 데에는 한계가 있었다. 그러나 가사는 일련의 규방 가사, 서민 가사 작품들이 말해 주듯 여성과 평민층이 직접 창작에 참여하게 됨으로써 그들의 삶과 생각들을 온전히 거두어들일 수 있게 되었다.

전근대 시기의 다양한 시가 양식 가운데 현실의 모순과 갈등을 사실적으로 구현하는 일은 주로 가사의 몫이었다. 저 멀리 임진왜란 시기부터 조선 후기의 현실 비판 가사에 이르기까지 가사는 특유의 갈래적 속성을 활용하여 현실을 진단하고 대안을 제시하였다. 이러한 동력은 근대 계몽기에도 그대로 이어졌으니, '근대'라는 이질적 시기의 다양한 목소리들이 주로 '가사'(학계에서는 이러한 작품들을 '계몽 가사'라는 별도의 하위 갈래로 분류한다) 양식에 담겨 신문이나 라디오와 같은 새로운 매체를 통해 표출되었다는 것은 가사에 대한 대중들의 인지 범위가 그만큼 넓었다는 것과 가사의 효용 가치가 결코 낮지 않았음을 간접적으로 말해 준다.

참고 문헌

현전하는 가사 작품들의 원전을 살펴보려면 임기중 엮음, 『역대 가사 문학 전집(1~50)』(아세아문화사, 1999)을 권한다. 누리미디어에서 제공하는 『한국 역대 가사 문학 집성』(http://www.krpia.co.kr)에는 작품의 원전을 그림 파일 형태로 제공하고 있으며, 간단한 주석과 해제가 제시되어 있다. 이 밖에도 최현재, 『조선 전기 사대부 가사』(문학동네, 2012); 박연호, 『가려 뽑은 가사』(현암사, 2015)는 중고등학교 『국어』 및 『문학』 교과서에 자주 등장하는 작품들을 뽑아 현대어로 번역해 놓았다.

가사에 대한 개론적 이해는 김흥규, 『한국 문학의 이해』(민음사, 1986); 조동일 외, 『한국 문학 강의』(길벗, 1994); 임형택·고미숙 엮음, 『한국 고전 시가선』(창작과비평사, 1997); 성기옥·손종흠, 『고전 시가론』(한국방송통신대학교 출판부, 2006); 민족문학사연구소 엮음, 『새 민족 문학사 강좌 1 — 구비 서사에서 조선 후기까지』(창비, 2009) 등을 참고할 만하다.

가사에 대한 종합적인 이해는 상산 정재호 박사 화갑 기념 논총 간행위원회, 『한국 가사 문학 연구』(태학사, 1995)를, 주요 작품에 대한 작품론으로는 백영 정병욱 선생 10주기 추모논문집 간행위원회, 『한국 고전 시가 작품론 2』(집문당, 1992)를 참고할 만하다.

잡가

1——개념·범주·특성

'잡가(雜歌)'라는 역사적 갈래의 명칭이 해당 갈래로 귀속되는 작품들의 전반적인 특징을 어렴풋하게나마 드러낼 수 있어야 한다면, '잡'과 '가'라는 두 글자 중 이에 부합하는 글자는 '잡(雜)'이다. '잡'이라는 글자에는 '잡되다', '섞이다', '천하다', '비속하다' 등의 사전적 의미가 내포되어 있는데, 이러한 의미들의 실상을 파악하는 것은 잡가 갈래를 이해하는 하나의 경로라고 말할 수 있다.

그런데 '잡가'라는 명칭에 대해 곰곰이 생각해 보면, 해당 명칭은 이미 존재하던 무언가를 염두에 두고 생성된 것임을 어렵지 않게 추정할 수 있다. '잡되다'라고 할 때에도 '무엇에 비해 잡되다'라는 식의 비교 대상이 있어야 하며, '섞이다'라고 할 때에도 혼합할 무언가가 있다는 의미가 전제되어 있기 때문이다. 따라서 잡가의 개념과 범주를 이해하기 위해서는 바로 그 '무엇'에 대한 이해가 요구되는데, 19세기 이후 도시의 시정에서 벌어지던 놀이판의 현장을 생생하게 증거하는 아래의 두 기록에 우선 주목해 보도록 하자.

(1) 杯盤爛處夜如何　　배반이 낭자한 곳, 밤은 얼마나 깊었는가
曲罷篇歌變雜歌　　가곡 한바탕을 마치자 잡가로 바뀌네
古調春眠今不唱　　고조의 「춘면곡」은 이제 부르지 않고
黃鷄嗚咽白鷗哇　　「황계사」가 오열하고 「백구사」가 꽥꽥거리네

(2) 擧床調 내린 後에 소리하는 어린 妓生
한손으로 머리 받고 蛾眉를 반쯤 숙여
羽調라 界面이며 搔聳이 編樂이며
春眠曲 處士歌며 漁父詞 相思別曲
黃鷄打令 梅花打令 雜歌 時調 듣기 좋다

[현대어 풀이]
거상조 내린 후에 소리하는 어린 기생
한손으로 머리를 받치고 눈썹을 반쯤 숙여
우조라 계면이며 소용이 편락이며
「춘면곡」「처사가」며 「어부사」「상사별곡」
「황계 타령」「매화 타령」 잡가 시조 듣기 좋다

(1)은 19세기 초반 서울의 풍속을 담아낸 유만공의 『세시풍요』 중 일부이다. 2행에 보이는 바와 같이, 늦은 밤까지 이어지는 질펀한 유흥의 자리에서 숙련된 기교와 고도의 전문성이 요구되는 가곡 한바탕이 끝난 이후에 연행되는 노래의 정체는 바로 '잡가'이다. 그런데 이어지는 3~4행에 제시된 잡가의 곡목, 즉 「춘면곡」, 「황계사」, 「백구사」 등은 오늘날의 국문학 분류 체계에서는 12가사[1]로 귀속되는 것들이지 잡가로 귀속되는 작품들은 아니다.

이와 유사한 현상이 (2)에도 반복된다. (2)는 1844년에 한산거사가 지은

1 조선 후기 시정의 가창 공간에서 널리 불리던 대표적인 가사 열두 편. 「백구사」, 「죽지사」, 「어부사」, 「행군악」, 「황계사」, 「춘면곡」, 「상사별곡」, 「권주가」, 「처사가」, 「양양가」, 「수양산가」, 「매화 타령」을 이른다.

「한양가」의 일부로, 제시된 부분은 기생들이 별감들의 승전 놀이에 참여하여 노래와 춤을 연행하는 장면이다. 여기서 '우조, 계면, 소용, 편락'은 가곡 한 바탕을 의미하는데, 그것이 끝난 후에 연행되는 「춘면곡」 이하 12가사를 작자는 잡가로 명명하고 있는 것이다. 즉, 이 시기까지만 하더라도 '잡가'라는 명칭은 가곡과 같이 정악(正樂)으로서의 정통성을 지니지 못한 텍스트나 작품군, 곧 판소리나 가창 가사 등을 일컫는 일반 명사로서의 의미가 강했던 것이다.

그런데 이와는 다른 정황을 말해 주는 기록들도 있어 주목을 요한다. 19세기 중반 이후에 편찬된 방각본 가집 『남훈태평가』에는 「잡가편」과 「가사편」이 별도로 설정되어 있으며, 「잡가편」에는 오늘날 12잡가[2]로 분류하는 「소춘향가」가 「매화 타령」, 「백구사」 등의 12가사 작품들과 나란히 실려 있다. 이는 곧 텍스트적인 측면에서 볼 때에는 잡가와 가사의 경계가 여전히 희미하였음을 의미하지만, 악곡적인 측면에서 볼 때에는 가곡창과 시조창, 그리고 12가사를 얹어 부르는 가사창과 분명히 구별되는 잡가 창법이 존재하였음을 의미하기도 한다. 유사한 시기에 편찬된 가집 『시철가』에는 「유산가」, 「평양가」, 「출인가」 등 12잡가 작품들이 수록되어 있어 이러한 추정을 어느 정도 뒷받침한다. 그렇다면 이는 무엇을 말하는가?

첫째, '잡가'의 개념과 범주는 시대에 따라 달랐다는 것이다. 위의 자료들이 말해 주듯이, 애초의 잡가 개념은 12가사 작품들을 포함하다가 시간이 지날수록 그것들과 분리되는 양상을 보인다. 일패 기생들은 가곡과 가사를, 삼패 기생들은 시조와 잡가를 주로 불렀다는 기록은 19세기를 지나 20세기에 접어들면서 12가사와 분리된 잡가가 독립된 영역을 구축하고 있었음을 의미한다.

둘째, 이와 같은 분리의 기준에 서두에서 언급한 '잡스러움'이 적용되었다는 것이다. 물론 이 기준에는 잡가의 담당층의 문제라든지 정악이 아닌 민속악을 기반으로 하는 악곡상의 문제, 그리고 지극히 유락적인 내용상의 문제가 개

2 잡가의 하위 갈래 중 하나로, 서울 및 경기 지방에서 불리던 8잡가와 잡잡가 4편을 통틀어 이른다. 「유산가」, 「적벽가」, 「제비가」, 「소춘향가」, 「집장가」, 「형장가」, 「평양가」, 「선유가」, 「달거리」, 「십장가」, 「출인가」, 「방물가」 등이 여기에 해당한다.

입되어 있을 터인데, 잡가에 부여된 '잡스러움'의 비교 대상은 바로 가곡과 시조, 가사 등 이미 공인된 갈래의 노래들이었다. 즉, 최고급의 음악에 속하는 가곡과의 비교하에 당초 잡가에 배치되었던 12가사는 그것보다 더 낮은 격조의 잡가들 덕분에 잡가의 범주에서 이탈할 수 있었던 것이다. 역설적이게도, 12가사보다 더한 '잡스러움'은 잡가를 오늘날의 국문학 갈래 체계에서 개별적인 하나의 역사적 갈래로 정착시키는 주요한 요인이었던 셈이다.

이러한 사실은 잡가의 주요 담당층을 통해서도 확인할 수 있다. 연행 현장에서 잡가를 주된 레퍼토리로 삼았던 이들은 서울의 사계 지역, 마포 나루, 칠패장, 조시(朝市), 경기 감영 등 상업 지역에 거주하던 직업적인 남자 소리꾼 집단인 사계축, 기생 집단 중 가장 낮은 계층에 속하는 삼패 기생, 무리를 지어 떠돌면서 곡예와 연예를 팔아 생계를 유지하던 사당패, 그리고 사당패 가운데에서 잡가의 창자로 전문화된 무리인 선소리꾼이었다. 이들은 가곡이나 가사를 연행의 주 종목으로 하는 가객이나 일급 기생들과 달리 일반 예인이나 아마추어 시정인들로, 신분적으로든 문화적으로든 사회의 최하층에 속하는 무리들이었다. 뒤에서 살펴보겠지만 대다수의 잡가가 철저히 현세적인 관점에서 삶의 여러 욕망과 그에 따른 감흥과 비애를 노래하여 통속적이고 유흥적인 성격을 강하게 표출하는 것도 이와 무관하지 않다.

2——개관 및 대표 작품

앞서 살펴본 바와 같이 잡가는 조선 후기 도시 유흥의 현장에서 유행하던 여러 시가 갈래들 중 가곡이나 가사와 같이 이미 공인된 갈래와 민요와 같이 비직업적인 소리꾼들에 의해 연행되던 갈래를 제외한 나머지 갈래들을 두루 포함한다. 따라서 다양한 형태의 노래 양식들이 혼재되어 있는바, 여러 의견이 분분하지만 학계에서는 대체로 서울·경기에서 유행한 12잡가와 「곰보 타령」, 「맹꽁이 타령」, 「바위 타령」 등의 휘모리 잡가, 지방의 토착 민요가 세련되고 복잡한 음악으로 변주된 경기 소리, 서도 소리, 남도 소리 등을 잡가의 범주 안에 있는 것으로 파악한다.

이와 같은 잡가의 형성에 시조, 사설시조, 가사, 판소리, 한시, 민요 등 당시에 이미 존재하던 문학 갈래들이 큰 영향을 미쳤음은 주지의 사실이다. 12잡가만 하더라도 가창 가사인 12가사를 염두에 두고 만들어진 것이고, 「소춘향가」, 「출인가」, 「집장가」 등은 판소리의 일부분을 차용한 것이다. 휘모리 잡가의 경우 사설시조의 모티프들이 확장된 형태이며, 「아리랑 타령」, 「수심가」 등의 경기·서도 소리는 지역의 민요들이 잡가화된 대표적 사례이다. 이는 서두에서 언급한 '잡'의 두 번째 의미 '섞이다'에 해당하는 것으로, 잡가의 담당층들은 불특정 다수의 대중들을 좀 더 손쉽게 포섭하기 위하여 그들에게 익숙한 재래의 음악적·문학적 요소들을 대거 흡수하였던 것이다.

이렇듯 잡가에 포함된 여러 하위 갈래들은 그 기원을 달리하며, 다양한 악곡으로 가창되었기 때문에 독립된 갈래가 공유하기 마련인 일정한 정형을 찾아보기 어렵다. 잡가에는 때때로 4음보 율격이 보이기도 하지만 규칙적인 4음보가 작품 전체에 걸쳐 일관되게 실현되는 경우는 거의 드물다. 또한 가사처럼 유기적인 노랫말이 뚜렷한 인과 관계를 지니며 연속된다기보다는 일정한 가절(歌節) 단위가 병렬되는 구성을 보인다든지, 12잡가의 하나인 「선유가」의 "가세 가세 자네 가세 가세 가세 놀러를 가세"처럼 일부 작품들에서 가절의 앞뒤 혹은 가절 사이에 후렴구가 끼어드는 점도 특징적이다. 이에 더해, 시적 의미의 긴밀성이나 내용적 연관성이 다른 갈래의 작품들과는 비교할 수 없을 정도로 헐거운 것도 잡가의 특성을 논할 때 종종 언급된다.

> 층암 / 절벽에 / 폭포수는 / 콸콸 // 수정렴(水晶簾) / 드리운 듯
> 이 골 물이 / 주루루룩 / 저 골 물이 / 솰솰 // 열에 / 열 골 물이 / 한데 / 합수하여
> 천방져 / 지방져 / 소코라지고 / 펑퍼져 / 넌출지고 / 방울져
> 저 건너 / 병풍석으로 / 으르렁 / 콸콸 // 흐르는 / 물결이 / 은옥같이 / 흩어지니
> 소부(巢父) 허유(許由) / 문답하던 // 기산(箕山) / 영수(穎水)가 / 예 / 아니냐 (「유산가」)

위 작품은 12잡가의 하나인 「유산가」로, 봄날의 '유산(遊山)'에서 기인한 기꺼운 흥취와 자족적 풍류를 노래하고 있다. '봄'이라는 계절적 소재에는 여러 의미가 내포되어 있어 수많은 고전 시가 작품들에서 다양하게 활용되어 왔지만 이 작품이 여타의 작품들과 다른 점은 흥취와 풍류를 드러내는 방식에 있다. 따사로운 봄볕에 비친 폭포수를 묘사하고 있는 위의 대목만 하더라도 '콸콸', '주루루룩', '쌀쌀', '천방져', '지방져', '으르렁' 등 강한 에너지가 담긴 의성·의태어를 빈번하게 사용하고 있고, 하나의 행을 구성하는 음보 수는 들쭉날쭉한 데다가 한 음보 내의 음절 수 역시 유동적이다. 이러한 면모들은 여타의 잡가 작품들에서도 어렵지 않게 확인할 수 있는바, 이처럼 시적 대상의 생동하는 모습을 역동적으로 재현하는 잡가의 언어적 능력과 수사적 장치들은 근대 전환기의 빠르게 변화하는 인정세태를 가감 없이 포착해 낼 수 있는 하나의 동인이 되기도 한다.

> 그리로 삼청동 막바지 장원서(掌苑署) 다리 밑에서 놀던 맹꽁이가 포백장이 밥을 도적하여 먹다가 빨래방치로 제독을 맞고 머리가 깨져 해산 선머리를 질끈 동이고 구보로 하여 달아나는 맹꽁이 다섯
>
> 그리로 경복궁 안 연못에 울고 노는 맹꽁이가 지나간 임진년에 함을 물고 벙어리 되어 말 못하니 연잎 뚝 따 물 담방 떠서 들고 대골대골 굴러 수은 장사 하는 맹꽁이 다섯
>
> 그중 처녀 맹꽁이 중에 한 맹꽁이 시집을 갔더니 시집간 지 삼 일 만에 시앗을 보아 서방한테 방망이로 얻어맞고 살림살이 판을 치고 반진고리 뒤짊어 업고 실한 바람 끊어 꽁무니에 차고 고초나무로 목매달러 가는 맹꽁이를 그중에 홀아비 맹꽁이가 뒤를 따라오며 하는 말이 네 지금 청춘이라 내가 홀아비니 죽지 말고 나고 살자 하고 손목을 잡아다니는 맹꽁이 다섯 (「맹꽁이 타령」)

위 작품은 휘모리 잡가의 대표작으로 꼽히는 「맹꽁이 타령」으로, '맹꽁이'에서 환기되는 부정적 의미에서 짐작할 수 있듯이 근대 전환기를 살아가는 서

울 지역의 온갖 인물 군상들을 해학적으로 묘사한 작품이다. 『남훈태평가』, 『시여』, 『조 및 사』 등 여러 가집에 실린 사설시조 작품 「저 건너 신진사 집 시렁 우희」를 기본 틀로 삼되 10여 개의 새로운 삽화를 첨가하여 대폭 확장함으로써 다양한 부류의 사람들이 벌이는 희화적 행태들과 그 밑에 흐르고 있는 누추한 욕망의 흔적들을 마치 파노라마처럼 그려 내고 있다. 포박장이(빨래꾼)의 밥을 훔쳐 먹다 머리가 깨지도록 얻어맞고 달아나는 좀도둑 맹꽁이, 연잎 위에다 물방울을 굴려 수은으로 속여 파는 벙어리 약장수 맹꽁이, 시집간 지 사흘 만에 샛서방을 보다 남편에게 두드려 맞고서 자살하러 가는 여자 맹꽁이, 그 여자를 쫓아가며 같이 살자 애걸하는 홀아비 맹꽁이. 이들은 분명 욕망과 추락을 거듭하는 속물적 인간들의 한 초상일 터, 여러 층위에서 '잡스럽다'. 그뿐만 아니라 온갖 갈래들을 '버무리는' 잡가의 양식적 유연성을 통해 우리는 구한말에서 개화기에 이르는 세태 풍속의 한 단면을 확인할 수 있다.

3——문학사적 위상과 의의

시조창의 개발, 사설시조의 성행, 서민 가사의 출현, 그리고 통속적 유행 가사인 12가사의 성립과 유행 등에서 짐작할 수 있듯이 조선 후기 시가사의 큰 얼개는 문학 담당층이 비약적으로 확장된다든지 통속성이 점차 증가하는 방향으로 이행되어 왔다. 이러한 이행의 마지막에 잡가가 위치하는데, 도시 대중의 취향을 강하게 인식하면서 성립된 잡가 갈래는 형식적 층위에서든 내용적 층위에서든 특유의 '잡스러움'을 동력으로 삼아 놀이판에서의 비중을 높여 왔다.

본문에서 다루지는 못하였지만 「선유가」, 「수심가」, 「배따라기」 등에 담겨 있는 감정의 폭발적 분출, 사랑과 이별로 인한 처절한 슬픔, 무상한 삶에 대한 허망함, 어떠한 말로도 다할 수 없는 부박한 삶의 비애, 찰나적 쾌락에 대한 몰입 등도 이와 같은 잡가의 역사적 위치와 무관하지 않다. 잡가는 당대의 사람들이 인식하였던 질적 수준에서든, 주된 담당층의 사회적 위치에서든 그 낮은 위치를 십분 활용하여 사회의 대다수를 구성하는 사람들의 삶의 모습과 불안한 전환기를 살아가는 사람들의 욕망과 애환을 절실하게 담아내었던 것이다. 이후 잡가는 유성기 음반, 신문, 영화 등의 근대적 매체들과 적절히 조응하면서 20세기 이후의 대중가요로 우뚝 서게 되었으니, 잡가가 발생하고 성행하는 일련의 과정에는 조선 후기 시가사의 복잡한 지형이 축소된 형태로 자리하고 있다.

참고 문헌

잡가 텍스트의 주해본으로는 임형택·고미숙 엮음, 『한국 고전 시가선』(창작과비평사, 1997); 정재호·이창희 역주, 『한국 고전 문학 전집 31 — 잡가』(고려대학교 민족문화연구원, 2002); 정재호 편주, 『한국 속가 전집 Ⅲ — 잡가·기타』(다운샘, 2014) 등을 권한다.

잡가의 개념과 형식 및 역사적 전개 양상에 대한 논의로는 김흥규, 『한국 문학의 이해』(민음사, 1986); 고미숙, 「대중가요의 선구, 20세기 초반 잡가 연구」, 『역사 비평』 1994년 봄호; 박애경, 「19세기 시가사의 전개와 잡가」, 『한국민요학』 제4집(한국민요학회, 1996): 「잡가의 개념과 범주의 문제」, 『한국 시가 연구』 제13집(한국시가학회, 2003) 등을 참고할 만하다.

「유산가」와 「맹꽁이 타령」을 비롯한 구체적 작품론은 고미숙 외, 『우리 고전문학을 찾아서』(고려대학교 민족문화연구원, 2003); 이형대, 「휘모리 잡가의 사설 짜임과 웃음 창출 방식」, 『한국 시가 연구』 제13집(한국시가학회, 2003); 민족문학사연구소 엮음, 『새 민족 문학사 강좌 1 — 구비 서사에서 조선 후기까지』(창비, 2009); 정인숙, 「잡가 〈맹꽁이타령〉을 통해 본 서울의 세태와 도시민의 삶」, 『서울학 연구』 제51호(서울시립대학교 서울학연구소, 2013) 등을 참고할 만하다.

2장
국문 시가 외

민요

1——개념·범주·특성

'민요(民謠)'는 근대 이전 하층민의 생활과 밀접하게 관련이 있는 노래로, 구비 문학에 속한다. 전근대 사회의 지배층과 피지배층은 각자의 상황에 맞는 노래 문화를 향유하였는바, 민요는 지배층의 가요와는 내용과 형식이 다른 피지배층의 가요를 의미한다. 최근에는 민요를 일컬을 때 '노래'보다 '소리'라는 말을 사용하기도 한다. '소리'는 '노래'보다 소박한 것으로 간주되는데, 정해진 선율과 가사에 맞추어 기교를 부리기보다 몸과 마음에서 우러나오는 대로 반주 없이 육성으로 뽑아 내는 진솔함이 강조된 용어이다. 민요는 민중성이 매우 중요한 갈래이다. 그렇기 때문에 전문 소리꾼들의 노래인 통속 민요와 일제 강점기 대중가요로 창작된 신민요는 하층 가요로서의 민요에 해당하지 않는다. 혼동을 피하고자 통속 민요와 신민요를 유사 민요라 하고, 전통적인 민요를 지칭할 때에는 향토 민요 또는 토속 민요라고 부르기도 한다.

노래로 된 구비 문학 갈래인 무가, 판소리, 잡가 등과 구별되는 민요의 특징은 다음과 같다.

첫째, 민요는 보통 사람, 민중에 의해 연행된다. 무가는 무당이 담당하며, 판소리·잡가·가곡·시조 등은 광대 또는 가객에 의해 불린다. 무당은 굿을 하는 무속인이고 판소리 광대나 가객은 전문적인 연희자들로, 이들의 노래는 체계적인 수련을 거쳐야 부를 수 있다. 이에 반해 민요는 일상생활에서 자연스럽게 익히게 되는 것으로 전문성이 없는 보통 사람의 노래이다.

둘째, 민요는 일상적인 삶 속에서 가창해 온 노래이다. 민중의 생활 방식인 노동, 의식, 놀이의 현장에서 부르기 때문에 창자들의 삶과 분리되지 않으며 생활과 직접 맞물려 있다. 또한 생활의 필요에 따라 생성되고 전승되었기에 생업의 현장에 따라 종류가 달라진다. 예를 들어 논농사가 주가 되는 지역은 농산 노동요가 많이 나타나고, 어촌 지역은 수산 노동요, 산촌 지역은 임산 노동요가 발달되어 있다.

셋째, 민요는 자족적인 성격이 강하다. 무가와 판소리는 전문적인 창자가 듣는 이를 명확하게 의식하고 가창한다. 그러나 민요는 타인을 만족시켜 이익을 얻기 위한 것이 아니라, 스스로 만족하고 위로하기 위한 목적으로 가창한다.

넷째, 민요는 문화적 고유성을 잘 간직하고 있다. 민담과 무가 같은 구비 전승물은 외부적 요소의 영향을 많이 받는다. 즉, 민담은 세계적인 공통성이 있는 화소(話素)를 지니고 있고, 무가는 타 종교와 깊은 관련을 맺고 있다. 이에 반해 민요는 외부 영향을 쉽게 받지 않는다. 하층 민중의 기층적 삶과 직접 연계되어 있기 때문에 토착성을 비교적 잘 유지하고 있다.

2——개관 및 대표 작품

소박한 형태의 노래는 선사 시대에 수렵 활동이 잘되기를 바라는 소망에서 출발한 것으로 보이지만, 민요는 청동기 시대 들어 지배와 피지배의 관계인 계급 문화가 나타나면서 자리 잡았을 것으로 보인다. 이때 땅 다지기, 노 젓기, 그물 당기기, 방아 찧기 등과 관련된 여러 노동요가 나타나면서 점차 민요의 종류도 늘어났다. 통일신라 시대에 이르면 논농사가 본격적으로 보급되면서

「논매는 소리」가 나타나게 되었다.

이후 역사적 전개에 따라 민요는 새로운 노래를 축적해 나갔다. 고려·조선 시대를 지나는 동안 민요의 기본적인 틀과 지역 구도가 형성되었고, 「모심는 소리」의 출현으로 일부 지역에서 성립되기 시작한 민요의 체계가 정립되었다. 조선 후기 들어서는 유흥성이 강화된 가창 유희요와 언어 유희요 등 다양한 노래가 나타나게 되었다.

민요는 기층의 노래 문화로서 다른 구비 문학 갈래의 형성과 성장에 토대가 되었을 뿐만 아니라, 상층 문학의 확장에도 기여하였다. 민요가 고려 속요와 조선 후기의 한시, 판소리, 가면극, 잡가의 형성과 성장을 위한 터전을 제공한 것이 좋은 예이다.

개화기 이후 민요는 변화된 환경에서 새로운 역할과 면모를 나타내기도 하였지만, 곧 전승의 위기를 맞이하게 되었다. 전통적 생활 양식이 급격하게 바뀌면서 전승 환경이 달라진 데다가 전쟁과 같은 역사적 혼란의 틈바구니에서 민요는 변화를 거듭해 왔다. 음반과 방송이라는 대중 매체의 유행은 놀이 문화의 새로운 변화를 가져온 것으로 민요의 위상을 근본적으로 흔들어 놓았다.

민요는 현장의 기능이 없어지면 명맥을 유지할 수 없는 갈래이므로 민요의 분류도 이와 관련된다. 민중의 생활을 주요 기능별로 살펴보면 일, 놀이, 의식으로 구분된다. 따라서 민요는 생활의 기능에 따라 노동요, 유희요, 의식요로 크게 나눌 수 있다.

노동요는 민중이 일하면서 부르는 노래로, 노동의 효율성을 높이기 위한 도구로써 활용되었다. 민요 가운데 가장 많은 것이 노동요인데, 이는 민중의 생활에서 노동이 차지하는 비중이 크다는 것을 보여 준다. 노동요 중에서도 농산 노동요가 다수를 차지하는 것은 과거 생업 가운데 가장 중요한 것이 농업이었고 거기에 종사한 인구가 그만큼 많았음을 짐작하게 한다. 노동요에는 농산 노동요(논농사요, 밭농사요), 수산 노동요(고기잡이요, 해물채취요, 염전작업요), 축산 노동요(소사육요, 말사육요, 양계요), 임산 노동요(목재생산요, 임산물채취요), 공산 노동요(제분정미요, 길쌈요, 옹기제조요), 토건 노동요(토목요, 건축요), 운수 노동요(수운요, 육

운요, 하역요), 광산 노동요(채굴요, 제련요), 상업 노동요(호객요, 산술요), 가사 노동요(살림요, 양육요) 등이 있다.

유희요는 그 자체가 놀이이거나 놀이의 진행을 돕기 위해 부르는 민요로, 동요를 포함한다. 유희요에는 동작 유희요(동작경기요, 동작연기요), 도구 유희요(도구경기요, 도구연기요), 언어 유희요(말풀이요, 말엮기요, 말잇기요, 외우기요, 수수께끼요), 놀림 유희요(신체놀림요, 행태놀림요, 인물놀림요), 자연물 상대 유희요(잡기요, 부림요, 완상요), 신비 체험요(점술요, 최면술요), 생활 유희요(상황요, 모방요), 조형 유희요(그리기요, 만들기요), 가창 유희요(비기능창곡요, 비기능사설요) 등이 있다.

의식요는 민중이 삶을 영위하며 치르는 의식에서 부르는 민요이다. 일반 민중이 부르는 노래인 만큼 승려나 무당이 의례에서 가창하는 전문적인 노래와 달리 소박한 특징이 있다. 승려나 무당은 의식을 담당하는 전문가이므로 이들이 주도하는 행사에서 불리는 염불이나 무가는 의식요라고 할 수 없다. 의식요에는 기원 의식요(안녕기원요, 풍요기원요), 벽사 의식요(축귀요, 축질요, 축화요), 통과 의식요(결혼요, 수연요, 장례요) 등이 있다.

이처럼 민요를 기능에 의해 나눌 수도 있지만 서정, 서사, 극(희곡), 교술 등 문학의 4대 갈래로 구분해서 서정 민요, 서사 민요, 희곡 민요, 교술 민요 등으로 살펴보는 것도 가능하다. 이 중 사실을 서술하고 전달하는 것을 특징으로 하는 교술 민요는 일을 하면서 그 절차를 열거하거나 사물에 대한 관찰을 서술하는 노래이다. 놀이를 하면서 부르는 동요에는 문답으로 전개되며 연극적 특성을 보이는 노래가 있는데, 이를 희곡 민요라고 한다. 여기서는 대표적 민요 갈래인 서정 민요와 서사 민요를 좀 더 구체적으로 살펴보자.

서정 민요는 주관적인 감정과 정서를 표현하는 노래로, 선율이 풍부하며 시상이 아름답다. 민요는 서정 민요가 주류를 이루고, 그 내용은 삶의 다양한 국면에서 발생하는 소망, 슬픔, 기쁨, 절망 등이 중심이 된다. 서정 민요는 노래 자체가 주는 즐거움 때문에 널리 불리었으며, 구비 시가로서의 생명력이 매우 강하다.

서사 민요는 창자가 자신과 별개의 인물에게 일어난 허구적 사건을 자신 또는 인물의 말로 전하는 방식을 취한다. 평민 여성들은 혼자서 오랜 시간 단조로운 작업을 하면서 노동의 고단함과 지루함을 잊기 위해 긴 노래가 필요하였고, 자연스럽게 서사적 구조를 갖춘 노래를 부르게 되었을 것이다. 서정 민요는 길이가 짧고 가락의 변화가 심해 오랜 시간 일을 하면서 부르기에 적절하지 않지만, 서사 민요는 길이가 길고 가락이 단조로워 장시간 노동에 적합하였다.

민요는 스스로 창작하여 가창할 뿐만 아니라 전승된 것의 가사를 바꾸기도 하고, 즉흥적으로 내용을 만들어 부르기도 한다. 이러한 방식은 상층 가요에서는 허용되기 어려운 것으로, 민요가 삶의 문제를 창자 자신의 사고와 정서로 노래할 수 있다는 것을 보여 준다.

통상 민요는 독창과 공동창으로 가창되는데, 공동창은 선후창, 교환창, 제창 등으로 구분할 수 있다. 민요의 가창 방식 중 공동창에 해당하는 선후창은 후렴이 있는 민요를 부르는 보편적인 방식으로, 먼저 선창자가 사설을 노래하면 이어서 후창자들이 후렴을 부르는 '메기고 받는 형식'이다. 「진도 아리랑」의 예를 들어 보자.

> (선창) 문경 새재는 웬 고갠가, 구부야 굽이굽이가 눈물이 난다.
> (후창) 아리아리랑 쓰리쓰리랑 아라리가 났네. 응응응, 아라리가 났네.
> (선창) 노다 가소 노다나 가소, 저 달이 떴다 지도록 노다나 가소.
> (후창) 아리아리랑 쓰리쓰리랑 아라리가 났네. 응응응, 아라리가 났네.

선후창에서 사설의 선택은 선창자에게 일임되어 있고 선창자는 자유롭게 사설을 선택하여 노래할 수 있다. 그러므로 선후창으로 부르는 민요의 사설은 개방성이 높은 편이다. 독창은 혼자서 부르는 가창 방식으로, 상황에 따라서 선후창 또는 제창으로 확대될 수도 있다. 독창으로 부르는 민요는 후렴이 있는 것도 있고 없는 것도 있다.

여기서는 대표적인 민요 작품으로 나무꾼들이 부르는 소리인 「어사용」과 여성들의 고된 삶을 보여 주는 「시집살이 노래」를 살펴보고자 한다.

엄마 엄마 울 엄마요
나를 낳아 키울 적에
진자리 마른자리 가려 골라 키워 놓고
북망산천 가시더니 오늘에도 소식 없네.

어떤 사람 팔자 좋아
고대광실 높은 집에 부귀영화로 지내건마는
이내 나는 어찌하여 팔공산 짊어지고 낫자리 품 팔아 먹고
산천초목으로 후려 잡고 지게로 살러를 가노.
산천은 보니 청산이요 이내 머리는 백발이 되니
불쌍하고 원통하네.
가는 허리 바늘 같은 내 몸에 황소 같은 병이 드니
부르는 건 울 엄마요 찾는 거는 냉술러라. (「어사용」, 경북 울진)

「어사용」은 산에서 나무를 할 때 주로 남성들이 많이 부른 노래이다. 부르는 사람에 따라 노랫말과 곡조가 다양한데, 깊은 산중에서 홀로 나무를 하면서 느끼는 고독감을 신세 한탄조로 풀어 낸 것이 많다. 민중들은 타인 앞에서 슬픔을 드러내는 것을 민망하게 여겼지만 듣는 사람이 없는 곳에서 홀로 있을 때면 처량한 노래를 즐겨 불렀다. 이처럼 꾸미지 않은 직설적 자탄은 기층 민중의 삶을 이해하는 데 중요한 역할을 하였다.

형님 형님 사촌 형님 시즙살이 어뜷든고 시집살이 말도 말게 시집이라고 가 놓고 보니
도리도리 삿갓집에 뜰은 높아 절벽 같고 부엌에다 들어가니 동솥 지리솥 모로 걸어 놓고
그륵이라 들다 보니 사발 동이에 포개 놓고 순갈이라 찾고 보니 몽땅순갈 두 개요

시집살이 말만 들었더니 이기 시집살인가 눈물 콧물 절로 나고 엄마 생각 절로 난다

백옥 같은 손질에다가 숯구멍 같은 정지에 들어가니 먹을 것도 없고 입을 것도 없고

시어머님 하신 말씀 좁쌀 한 접시 내주민성 저녁을 하라 카는데 쑥 한 재기 뜯어 놓고

콩가루 한 오금 푸고 미죽을 저녁이라고 하고 나니 서글프기 짜이 없더라

좁쌀죽을 끓이시러 시아바님 드리고 나니 지송하고 무안하여 치매로 앞을 가리고

또 한 그릇 퍼가주고 시어머님 드리고 나니 시랑 줄 꺼는 없고 하도 고마 기가 맥히

비지를 한 모데 사다가 비지죽을 끓이서 시어머님 시아버님 떠 주고 그래 먹고 이래 먹고

살아서 할 수 없어 할 수 없어 신랑을 불러서 하는 말이 산에 가서 팥 밭이라도 일과가주고

먹고 살세 이래 가이고 원이되 신랑을 불러 서러 지게에다 갱이 얹어 도끼를 지게에 얹고

팥 밭을 매러 일구로 갔더니 서숙 서 되 갈았더니 시월이 여루하여 칠월 팔월 당하여서

서숙을 비고 서러 서숙 타작 하고 나니 서숙이 두 섬이요 콩이 한 섬이요

미물이 닷 섬이라 그만하만 그만하마 부자로다 인진 잘살았어

(손노순 구연,「시집살이 노래」, 경북 예천)

민요를 사설의 내용에 따라 분류한 명칭인「시집살이 노래」는 여성 민요를 대표하는 노래군으로, 전국적인 분포를 보인다. 시집살이에 대한 여성들의 반응이 내용의 주를 이룬「시집살이 노래」는 시집살이를 겪은 여성이면 누구나 부를 수 있었던 노래로, 신세 한탄의 수단이 되었기 때문에 여타의 민요에 비

해 사설이 장형화되었다. 여성들은 이 노래를 통해 억압된 사회 현실에서 내면의 욕망을 표현함으로써 주체적 삶에 대한 소망을 드러내었다.

3——문학사적 위상과 의의

조선 후기의 문학은 갈래와 계층을 넘나드는 양상이 나타났다. 이 중 특히 주목해야 할 부분은 민요와 한시의 관계이다. 조선 후기의 한시는 민요 취향이 대두하면서 민요에서 소재와 표현 등의 영향을 받았다. 이는 민요가 기층 문학으로서의 역할을 충실히 하면서 상층 문학에도 일정한 영향을 주었다는 점을 보여 준다.

민요는 구비 전승 과정에서 끊임없이 개작되고 변용되기 때문에 공동작의 성격을 지니면서 민족적·계층적·지역적 고유성을 띠고 있다. 따라서 민요를 민족의 노래 또는 민중의 노래로 지칭하고 지역 문화를 상징하는 표상으로 이해하기도 한다.

민요는 다른 노래 갈래에서 표현하기 어려운 주제들이 가창될 수 있는 개방성을 지니고 있다. 여성들이 노동을 하며 부르는 민요 가운데에는 자신의 사연을 담아낸 형태의 노래들도 많이 있는데, 이 민요들은 막막한 심정을 처연하게 표출한 개인적인 노래이다. 또한 민요는 불합리한 현실의 모순을 풍자하고 비판하면서 잘못된 점을 개선하고자 하는 지향성을 지닌다. 이렇듯 민요는 개인과 사회 문제를 아우르는 넓은 외연을 지니고 있는 노래 문학이다.

참고 문헌

구비 문학으로서 민요의 전반적인 내용을 정리한 글로는 윤용식·손종흠, 『구비 문학 개론』(한국방송통신대학교 출판부, 1998); 장덕순 외, 『(한글 개정판)구비 문학 개설』(일조각, 2006); 『한국 민속 문학 사전(민요편)』(국립민속박물관, 2013); 강등학 외, 『(신수판)한국 구비 문학의 이해』(월인, 2016) 등이 있다.

민요의 역사와 주요 특징에 관한 연구 성과로는 임동권, 『한국 민요 연구』(선명문화사, 1974); 최철, 『한국 민요학』(연세대학교 출판부, 1992); 강등학·정재호, 「민요」, 『한국 민속의 세계 8 — 민속 시가·판소리』(고려대학교 민족문화연구원, 2001); 강등학, 『한국 민요학의 논리와 시각』(민속원, 2005): 『한국 민요의 존재 양상과 판도』(민속원, 2016) 등이 대표적이다.

무가

1——개념·범주·특성

'무가(巫歌)'는 무당이 굿을 하며 부르는 노래로, 자연과 사회 현상의 기원과 질서를 설명하고, 신에게 인간의 소망을 전달하거나 신의 뜻을 인간에게 전파하는 기능을 한다. 무가의 일부가 대중에게 전파되어 유희적 성격의 노래로 불릴 수도 있지만, 이것은 엄밀한 의미의 무가라고 할 수 없다. 무가는 무속 신앙을 떠나서 존재할 수 없기 때문이다. 무속인이 아닌 사람이 무속 의식을 목적으로 하지 않고 오락을 위해 부르는 노래는 설령 무가와 내용이 같다고 해도 기능을 상실한 것이기 때문에 무가에 해당하지 않는다. 설화나 민요는 일반인이 연행할 수 있지만, 무가는 판소리와 유사하게 오랜 수련을 거친 전문 연희자가 구연한다. 무가는 또 신과 인간이 주종 관계를 맺고 있는 굿판에서 구송되기 때문에 사설의 변화가 크게 나타나지 않는다. 이는 개방성을 기본으로 하는 구비 문학의 보편적 특징과 다른 점이다. 무가가 다른 구비 문학 갈래와 구별되는 특징을 구체적으로 살펴보면 다음과 같다.

첫째, 무가는 신성성을 지닌다. 무가는 신을 대상으로 구연하는 것이기 때문에 구연자는 무가를 신성한 것으로 인식한다. 무가를 부르는 무당은 신성성을 지키기 위해서 여러 가지 부정한 것들을 피하고 금기를 지킨다. 무당뿐만 아니라 굿을 주최하는 사람 역시 경건한 자세로 의식에 참여한다. 무가는 인간과 신이 나누는 대화를 무당이 중개하는 것으로, 일반인의 현실 언어와는 다른 면이 있다. 따라서 설화, 민요, 판소리 등 다른 구비 문학 갈래에서는 찾아볼 수 없는 신비함이 뚜렷하게 나타난다.

둘째, 무가는 주술성을 지닌다. 굿에 참여하는 사람들은 원하는 것을 바라는 것에 그치지 않고, 무가를 통해 원하는 것을 표현하면 진술된 내용이 실현된다고 믿는다. 즉, 자신들이 신에게 강림을 부탁하면 신이 내려오고, 좋은 일을 원하면 운수가 대통하고, 특정 대상에게 저주를 퍼부으면 그 사람이 저주를 받는다고 생각한다. 이런 점에서 무가는 일상 언어와 변별되는 주술성을 강하게 드러낸다.

셋째, 무가는 유희성이 강하다. 무가에서 신들은 인간의 형상을 하고 있는데, 사람들은 신을 즐겁게 하면 인간의 소원이 이루어진다고 믿는다. 따라서 신을 만족하게 하기 위한 방법을 강구하게 되었고, 인간이 즐거워하는 노래와 춤, 익살과 재담 등을 통해 신의 욕구를 충족시키고자 하였다. 무가의 유희성은 기본적으로 신성성과 주술성을 바탕에 두고 있으며, 이러한 면은 풍농 풍어를 기원하는 굿에서 더욱 뚜렷하게 나타난다. 인간이 무탈하게 살기 위해서 굿이 행해졌고, 인간이 행복하게 사는 길은 신에게 정성을 바치며 서로 협력하는 것이라고 믿었기 때문에 굿은 신과 인간의 흥겨운 놀이판으로 자리 잡게 되었다.

넷째, 무가는 전승이 제한적이다. 무가는 굿을 통해서만 연행하기 때문에 생활에서 구연되는 설화나 민요와는 달리 전승 폭이 제한적이다. 무가의 내용은 구연자의 즉흥적 창작 부분과 고정 전승 부분으로 나눌 수 있는데, 즉흥적 창작 부분은 무당이나 굿에 따라 매번 다르게 이루어진다. 이것은 특히 축원이나 공수 등에서 많이 나타난다. 전수받은 내용과 형식을 그대로 반복하는 고정 전승 부분은 무속 신화인 서사 무가의 구연 등에서 나타난다. 무가는 전승이 제한되어 있고 내용상 고정 전승되는 부분이 있기 때문에 다른 구비 문학 갈래보다 과거의 형태를 잘 보존하고 있다.

2——개관 및 대표 작품

민족 형성기로부터 불교 전래 이전인 4세기 무렵까지는 고대 제천 의식이 무속 의례의 기반이 되었다. 이 시기의 무당은 처음에는 정치 군장과 제사장을 겸한 최고 권력자로서 국가적 공식 제전인 나라굿을 주관하는 지위를 누렸으나, 제정 분리와 함께 종교적 직책만을 수행하는 것으로 권한이 약화되었다. 「단군 신화」, 「주몽 신화」, 「박혁거세 신화」, 「김수로왕 신화」 등이 이 시기의 무속 의례와 무가의 모습을 추측할 수 있게 해 준다. 이후 불교의 유입과 확장에 따라 무속 의례가 차지하는 비중이 줄어들자 무당의 지위는 더욱 격하되었다. 이 시기에 무속은 불교와의 융합 과정을 밟게 되었고, 나라굿으로서의 의미가 퇴색하고 일상의 재복과 안녕을 추구하는 개인적 제의 쪽으로 방향이 전환되었다.

성리학이 유입되고 그것을 통치 이념으로 삼은 조선이 개국되자 무속은 더욱 기층화할 수밖에 없었고, 무당의 사회적 신분은 최하층으로 전락하였다. 『시용향악보』에 전하는 많은 노래들은 대체로 이 시기의 무가 자료로 볼 수 있다. 그러나 이 자료들은 매우 단편적인 것들이라, 굿거리의 명칭이나 구체적 사설을 오늘날과 연결 짓기 어렵다. 현재 우리가 볼 수 있는 굿의 형태와 무가의 내용은 조선 후기의 자료들을 통해 확인된다. 이옥의 『봉성문여』와 작자 미상의 『무당 내력』 등을 통해 18세기 후반의 굿거리 명칭이나 순서, 신의 직능, 구체적인 무가 사설 등이 현재와 유사하다는 점을 알 수 있다.

무가를 문학적인 관점에서 연구하기 위해서는 문학 갈래별 분류를 시도해 볼 필요가 있다. 무가는 언어 양식을 고려한 엄밀한 의미의 문학 갈래 명칭이 아니다. 무가 속에는 서정 갈래, 서사 갈래, 희곡 갈래, 교술 갈래 등이 함께 존재한다.

서정 무가는 신이나 인간의 감정을 표현하는 것으로, 신과 인간이 함께하는 굿거리에서 불리는데, 통상 교술 무가나 서사 무가 속에 삽입된 노래를 서정 무가로 볼 수 있다. 무가 중에는 서정성이 강하게 나타나는 구절이 있기는 하나 전편이 서정 갈래에 해당하는 것은 찾아보기 어렵다. 서정 무가로는 서울과 경기도 동해안 지역의 굿에서는 「노랫가락」과 「창부 타령」이 나타나고, 전라도의 씻김굿에서는 「희설」, 「넋올리기」, 「초가망석」 등을 들 수 있다.

서사 무가는 무속 신화이면서 무속 서사시로, 개성 있는 주인공의 행적을 중심으로 사건이 전개되며, 결말에 가서 주인공은 신이 된다는 구조를 지니고 있다. 신화, 신가, 본풀이라고 부르기도 하는데, 여기서 '본풀이'라는 말은 신의 근본을 푼다는 의미로 무당들이 사용하는 용어이다. 서사 무가는 잘 짜인 이야기 구조 속에 신비롭고도 경이로운 상상력을 한껏 펼치면서 깊은 감동과 깨우침을 전해 주고 있어 문학적 가치가 높다. 「단군 신화」나 「주몽 신화」 같은 건국 신화도 고대 무속 신화와의 연관 속에서 형성된 것으로 보인다. 서사 무가는 굿거리 초반부에서 신의 위대한 행적을 굿판에 참가한 사람들에게 소개함으로써 신의 전지전능함을 찬양하며 신비감을 갖도록 유도하는 역할을 한다. 서사 무가에는 전국적으로 나타나는 광포 유형과 특정 지역에서만 보이는 지역 유형이 있다. 대표적인 광포 유형에는 「제석본풀이」, 「바리공주」 등이 있고, 지역 유형에는 평안도의 「일월놀이 푸념」, 경상도의 「악양국 왕자 노래」, 함경도의 「셍굿」, 경기도의 「성주본가」 등이 있다.

희곡 무가는 대사와 행위가 중심이 되는 굿의 대목이나 거리를 뜻하는 무극에서 구연되는 무가로, 서사적 내용을 각 등장인물의 개성을 살려 행동과 대사로 표현한다. 희곡 무가는 간단한 몸짓을 통해 구연하는 서사 무가와 다르게, 일인 다역이나 2인 이상이 분장을 하고 등장하여 연극처럼 연행한다. 희곡 무가에는 동해안 지역의 「거리굿」, 「도리강관 원놀이」, 「중잡이」, 「범굿」, 중부 지역의 「장님놀이」, 「소놀이굿」, 제주도의 「삼공맞이」, 「세경놀이」, 「영감놀이」 등이 있다.

교술 무가는 인간이 신에게 올리는 축원과 소망, 그리고 신이 인간에게 알려주는 사실들을 주된 내용으로 삼는 무가이다. 신을 청하기 위하여 신의 이름을 열거하는 무가 역시 교술 무가에 해당한다. 여기에는 청배, 제의 준비 과정과 제물 설명, 찬신, 축원, 공수 등이 포함된다. 청배는 신의 강림을 요청하는 것으로, 신격의 호명과 신이 기거하는 본향에서부터 굿을 벌이는 장소에까지 이르는 노정을 노래하는 무가인 노정기 등이 포함된다. 찬신은 신의 외모, 치장, 위력, 공덕을 찬양하여 노여움을 풀고 원하는 것을 이루고자 하는 것이 목적이다. 축원은 인간이 자신의 소원을 신에게 기원하는 것으로, 거의 모든 굿거리에서 빠짐없이 등장한다. 공수는 인간에게 전하는 신의 언어로, 어투도 해라체의 낮춤말이고 어조 또한 권위적이다.

여기서는 서사 무가인 「제석본풀이」와 「바리공주」를 중심으로 무가의 작품세계를 살펴보고자 한다. 「제석본풀이」는 인간의 출생과 양육에 관한 이야기이고, 「바리공주」는 죽은 사람을 부활시키는 이야기로 생명을 관장하고 보호하는 신에 관한 이야기이다. 이 작품들은 무당굿에서 구연되는 대표적인 무가로서 전국적인 분포를 보이며, 낯선 세계를 배경으로 특별한 능력을 지닌 인물들이 현실의 경계를 뛰어넘는 이야기를 펼친다.

「제석본풀이」는 생산신 또는 수복신의 본풀이로, 주인공의 이름을 따서 중부 지방에서는 「당금아기」, 제주도에서는 「초공본풀이」 등으로 부른다. 「제석본풀이」는 여러 각편이 있고 세부 내용에서 크고 작은 차이가 있지만, 대체로 다음과 같은 줄거리를 공유하고 있다.

옛날 어느 부귀한 가정에 아들은 아홉 형제를 두었으나 딸이 없어, 딸을 낳게 해달라는 치성을 드린 끝에 딸을 낳아 이름을 당금애기라고 하였다. 당금애기가 처녀가 되었을 무렵 가족이 모두 볼일을 보러 떠나고 당금애기만 홀로 집에 남게 되었다. 그때 서역에서 불도를 닦은 스님이 찾아와 시주를 빙자하여 당금애기와 하룻밤을 지낸 후 사라졌는데, 당금애기는 임신을 하게 되었다. 며칠 후 가족이 돌아와 당금애기가 아이를 갖게 된 사실을 알고는 집에서 내쫓았다. 당금애기는 뒷산으로 올라가 돌에 구멍을 파고 그 안에서 지내다가 아들 세쌍둥이를 낳았다. 아들 삼 형제가 일곱 살이 되어 서당에 다니게 되었는데 친구들에게 아비 없는 자식이라고 놀림을 당하였다. 삼 형제는 당금애기에게 아버지가 누구며 어디 있는지를 묻고, 당금애기와 함께 스님을 찾아 길을 떠났다. 서천국의 한 절에 이르자 스님은 당금애기와 아들 삼 형제가 찾아온 것을 알고 친자 확인 시험을 하였다. 종이옷을 입고 강에서 헤엄치기, 모래성을 쌓고 넘나들기, 짚북과 짚닭 울리기 등의 시험을 거쳐 마지막으로 손가락을 베어 피를 내었는데, 스님과 세 아들의 피가 합쳐지는 것을 확인하고 스님은 삼 형제가 자신의 아들임을 인정하였다. 그리하여 삼 형제에게 신직을 부여하였고, 당금애기는 삼신이 되었다.

「제석본풀이」는 당금애기와 스님이 결합하여 아들 삼 형제를 낳고 이들이 농경 생산신인 제석신이 된다는 본풀이이다. 「제석본풀이」 서사의 핵심은 잉태와 출산이다. 잉태와 출산은 풍요와 다산을 기원하던 생산신의 기능을 서사화한 것으로 보인다. 당금애기를 잉태시킨 스님은 도술이 가능하고 신성함을 지닌 해모수와 같은 천상적 인물로 해석할 수 있고, 당금애기는 지상의 한 지역을 관장하는 여신으로 볼 수 있다. 따라서 「제석본풀이」는 생산 신화로서 천신계 남성과 지상계 여신이 결합하여 새로운 신을 낳았다는 것으로 풀이될 수 있으며, 이는 건국 신화인 「단군 신화」나 「주몽 신화」와 관련지을 수 있다.

「바리공주」는 「바리데기」, 「오구풀이」, 「칠공주」라고도 한다. 부모에게 버림받은 바리공주는 지옥의 시왕에게 갇혀 있는 망자를 해방시키고 극락으로 천도하는 역할을 한다. 전국적으로 다수 채록되어 있고, 세부 내용에서는 다른 점이 있지만 대체로 다음과 같은 공통 줄거리를 가지고 있다.

옛날 천하궁에 사는 주상금마마와 중전부인이 혼인을 하려고 하였다. 다지박사에게 물으니 혼사를 서두르지 말라는 금기를 내리지만, 둘은 이 말을 어기고 혼인을 하였다. 이로 인해 계속 딸을 낳게 되고, 일곱 번째 역시 딸을 낳자 '바리공주'라는 이름을 지어주고는 버렸다. 이렇게 버려진 공주는 비리공덕할아비와 비리공덕할미에게 거두어져 양육되었다. 세월이 흘러 바리공주의 부모가 중병에 걸리는데, 자신들에게 필요한 약이 무장승이 있는 저승에서 얻을 수 있는 약수와 꽃임을 알게 된다. 부왕은 여섯 공주에게 서천 서역국에 가서 약수를 구해 오라고 하지만, 여섯 공주는 온갖 핑계를 대면서 가지 않겠다고 하였다. 하는 수 없이 자신들이 버린 일곱 번째 공주에게 부탁하기 위해 바리공주를 찾는다. 바리공주는 남장을 하고 약수를 구하기 위해 저승 여행을 떠나고, 여러 가지 주문과 주술 도구를 이용하여 지옥에서 고통받고 있는 이들을 구원한다. 마침내 저승에 이르러 무장승을 만난 바리공주는 무장승에게 여러 가지 일을 해 주면서 공덕을 쌓은 끝에 아이들을 낳고, 그곳에 있는 약수와 꽃을 구하여 부모를 되살린다. 그리고 이러한 공적을 인정받아 부왕에게 신직을 부여받는데, 아이들은 칠성신으로 자리하고, 무장승은 시왕군웅 노릇을 하게 되었으며, 바리공주는 만신의 몸주 노릇을 함으로써 무당의 시조가 되었다.

바리공주는 공주라는 고귀한 혈통으로 태어났지만 곧바로 버려지는 시련을 겪고 양육자를 만나 구출된다. 이후 계속되는 위기 속에서도 이를 극복하고 부모를 살려 내는 공로로 무신(巫神)이 되는 영광에 도달한다. 「바리공주」는 비범하고 초월적인 능력을 소유한 영웅의 일대기를 서사의 기본 골격으로 삼는 구조로 되어 있다. 이러한 서사 구조는 신화나 전설, 민담 등에서 전해 내려오는 다양한 이야기들에서 찾을 수 있다. 영웅은 집단의 지배적인 이념을 대표하는 신화적 존재로서, 자신이 소유한 초자연적이고 경이로운 힘으로 집단에 해를 가하는 적대 세력과 대결하여 승리를 거둔다. 이는 『유충렬전』, 『조웅전』 등 고전 소설의 영웅들과 상통하는 면이다.

3——문학사적 위상과 의의

무가는 현재까지도 무속 현장에서 구송되는 살아 있는 구비 문학이다. 무가에는 민간 신앙의 형태를 띠는 무속의 핵심적 요소가 담겨 있을 뿐만 아니라 한국인의 인간 중심적 사고와 현세적 삶을 중시하는 태도 등이 녹아 있어 한국 문화의 원형을 이해하는 데 도움을 준다.

무가는 오랜 세월 동안 전승되면서 다른 문학 갈래들과 끊임없는 교섭을 통해 우리 문학 발전에 이바지해 왔다. 민요, 잡가, 판소리, 시조, 한시 등 다양한 갈래들을 적극 수용하여 스스로 기초를 굳건하게 다지면서 동시에 판소리, 민요, 민속극 등이 성장할 수 있는 기반을 제공하였다. 이러한 예로 무가의 노정기가 판소리의 암행어사 노정기, 제비 노정기, 선인 노정기, 별주부와 토끼의 노정기, 가면극의 말뚝이 노정기 등에 영향을 준 것을 들 수 있다. 또한 무가에는 여성이 주인공으로 등장하고 핍박을 받는 경우가 많은데, 이러한 여성 수난의 서사는 『숙향전』, 『춘향전』 등의 고전 소설과 이해조의 『화세계』, 최찬식의 『추월색』 등의 신소설, 그리고 현대 소설 황석영의 『바리데기』에 이르기까지 지속되고 있다.

학교 현장에서 무가를 교육하기 위해서는 무속과 무가를 동일한 범주로 이해하고 있는 학생들에게 문학 교육에서 다루고자 하는 무가는 종교의 영역인 무속의 무가가 아니라 문학 연구 대상으로서의 무가임을 주지시켜야 한다. 문학적으로 접근하는 무가는 인간의 보편적 삶 속에서 자생적으로 발생하고 성장한 문화 현상의 하나이다.

참고 문헌

구비 문학으로서 무가의 전반적인 내용을 정리한 글로는 윤용식·손종흠, 『구비 문학 개론』(한국방송통신대학교 출판부, 1998); 장덕순 외, 『(한글 개정판)구비 문학 개설』(일조각, 2006); 강등학 외, 『(신수판)한국 구비 문학의 이해』(월인, 2016) 등이 있다.

무가의 역사와 주요 특징에 관한 연구 성과로는 서대석, 『한국 무가의 연구』(문학사상사, 1980): 『무가 문학의 세계』(집문당, 2011); 홍태한, 「서사 무가 바리공주 연구」(민속원, 1998): 「서사 무가 당금애기 연구」(민속원, 2000) 등이 대표적이다.

한시

1——개념·범주·특성

'한시(漢詩)'란 무엇인가? 일단 국립국어원에서 간행한 『표준 국어 대사전』에 실린 한시의 정의를 살펴보면 다음과 같이 두 가지로 나누어 뜻풀이를 하고 있다.

> 1. 한문으로 이루어진 정형시. 고대 중국에서 이루어진 양식으로, 평측과 각운에 엄격하며, 한 구(句)는 네 자, 다섯 자, 일곱 자로 이루어진다. 고시, 절구, 율시, 배율 따위가 있다.
> 2. 중국 한나라 때의 시.

첫 번째 풀이가 우리가 흔히 사용하는 뜻을 풀이한 것이라면, 두 번째 풀이는 중국 한(漢)나라 때의 시를 지칭할 때에도 사용한다는 점을 일깨워 주고 있다. 그런데 두 번째 풀이는 흠잡을 데 없지만, 첫 번째 풀이는 오해의 여지가 있다. "평측과 각운에 엄격하며"는 근체시(近體詩)의 특성으로, 근체시는 당(唐)나라 때 형성된 양식이다. 그런데 일반적으로 당나라 시대를 '고대'라 하지 않는다. "한 구(句)는 네 자, 다섯 자, 일곱 자로 이루어진다."는 것도 조금 세심하게 살펴볼 필요가 있다. 주로 네 글자로 이루어진 것은 『시경(詩經)』에 수록된 작품인데, 『시경』 이후에도 사언시(四言詩)가 종종 지어졌다[다만, 『시경』에 수록된 작품은 사언구(四言句)가 주류이기는 하지만, 모두 사언구로 이루어진 것은 아니다]. 고체시(古體詩)와 근체시는 주로 한 구가 다섯 글자 또는 일곱 글자로 이루어진 오언시(五言詩)와 칠언시(七言詩)가 많지만, 드물게 육언시(六言詩)와 잡언시(雜言詩) 등도 지어졌다.

중국 최초의 시가(詩歌) 모음집인 『시경』은 유교의 경전이기도 하다. 오늘날 우리가 볼 수 있는 『시경』은 공자(孔子)의 편집을 거친 것이라 전해지는데, 공자가 '산삭(刪削)'한 범위에 대해서는 학자에 따라 의견이 다르다. 『논어(論語)』에는 공자가 제자들과 『시경』에 실린 작품들을 화제로 나눈 대화가 몇 대목 실려 있으며, 공자는 자신의 아들에게도 『시경』을 꼭 배우도록 권하였다. 사실 『시경』에 수록된 작품들은 본래 노래의 가사였다. 음악 부분은 실전(失傳)되고 지금은 노랫말만 남은 셈이다.

『시경』에 실린 작품들에서 볼 수 있듯이 고대에는 사언시가 주류였고, 한대(漢代) 이후 근체시가 출현하기 이전에는 오언 고시(五言古詩)가 주류였다. 그러다가 평측(平仄)과 대우(對偶) 등 여러 가지 형식적 요소에 대한 연구가 시도되고, 시인의 감정과 경물의 관계를 표현하는 방법에 대한 고민이 심화되면서 당나라 때 절구(絶句)와 율시(律詩)로 대표되는 근체시가 형성되었다. 근체시의 주류는 오언 절구(五言絶句)와 칠언 절구(七言絶句), 오언 율시(五言律詩)와 칠언 율시(七言律詩)이며, 때때로 율시의 중간 부분이 확장된 형태인 배율(排律)도 지어졌다. 그리고 당나라 때 근체시가 출현한 이후에도 고체시는 즐겨 지어졌다. 다만 그중에는 한위육조(漢魏六朝) 시대의 고시의 풍격을 충실히 재현한 작품들도 있고, 이전의 고시와는 확연히 구분되는 풍격을 지닌 작품들도 있다. 한시의 경우 사실상 당나라 때 근체시가 형성된 이후로는 주목할 만한 형식적 변화가 없이 천여 년 이상 이어졌던 것이다. 중국 고전 시의 정점에 당시(唐詩)를 두는 것은 시체(詩體)의 개척이라는 점만을 염두에 두더라도 필연적이다.

당나라 이후의 시들은 당시에 반발하여 새로운 길을 모색하거나 당시의 경향을 적극 수용하는 양자택일의 길을 걸었다 해도 과언이 아니다. 대체로 송시(宋詩)는 새로운 길을 개척하였고, 원시(元詩)와 명시(明詩)는 옛 길을 따라갔다고 논할 수 있다. 흔히 시를 품평할 때 시대를 불문하고 당풍(唐風)과 송풍(宋風)으로 대별해서 이야기하는 것은 그 까닭이 있는 것이다.

그러면 한시는 한국 문학과 어떤 관계가 있는가? 우리 옛 노래로 백수광부(白首狂夫)의 처가 지었다는 「공무도하가(公無渡河歌)」와 고구려 유리왕의 「황조가(黃鳥歌)」는 모두 한시의 형식으로 정착되어 있다. 「공무도하가」는 중국에서는 악부시(樂府詩)로 받아들여져 무수히 많은 후속작이 지어졌으니, 시체(時體) 말로 원조 한류(韓流)인 셈이고, 「황조가」는 『시경』에 실린 민요들과 꼭 닮았다. 물론 「공무도하가」의 경우 중국 작품으로 보는 견해도 있으며, 「황조가」의 경우 우리 노래를 한시로 옮겼는지, 본디 한시로 지어졌는지 밝힐 수 있는 명확한 증거는 없지만 시적 발상 자체가 『시경』의 '흥(興)'과 상통하는 점은 부인할 수 없다. 또 을지문덕의 「우중문에게 주는 시(與隋將于仲文詩)」는 명백한 한시이다. 이미 삼국 시대부터 유교와 불교를 비롯한 여러 선진 문물을 수용하면서 적지 않은 지식인들이 한문과 한시를 익혔으리라 짐작된다.

특히 남북국 시대에는 발해와 신라에서 많은 유학생을 당나라에 파견하였다. 또 당나라가 쇠멸하던 시기에는 지금의 강소성(江蘇省)과 절강성(浙江省) 일대에 자리 잡고 있던 오월국(嗚越國)으로 유학을 떠났다. 거의 중국 전토가 큰 혼란에 빠진 시기였지만, 이 지역은 평화와 번영을 누리던 곳이었기 때문이다. 고려 시대에는 북송(北宋)에 유학생을 파견하였으나 북송 멸망 이후 유학의 전통이 중단될 수밖에 없었고, 나중에 고려가 원(元)나라와 본격적인 국교를 수립하면서 역시 많은 지식인이 그곳에 가서 공부하였다. 조선 시대 사상계의 주류였던 성리학도 이때 처음 수용된 것이다.

조선 시대에도 줄곧 중국에 유학생을 파견한 줄 알고 있는 이들이 많은데 실상은 다르다. 조선 시대에는 명(明)나라에 유학생을 파견하려고 하였으나 다분히 폐쇄적으로 국정을 운영했던 명나라가 거절하였고, 청(淸)나라가 들어선 이후에는 한동안 그들을 오랑캐라 하여 적대시하였기 때문에 유학을 떠날 생각을 하지 못하였다. 19세기 말에 영선사(領選使)를 파견하여 청나라에 신식 기술을 가르쳐 달라고 요청하기 전까지 공식적인 유학생은 단 한 명도 없었다. 대신 일 년에 최소 세 차례 이상 오가는 사신단을 통해 중국에 대한 최신 정보를 얻을 수 있었다.

직접 중국에 가서 중국어를 배우면서 공부한 사람들과 우리나라에서 책으로만 공부한 사람들 사이에는 여러 가지 차이가 있을 수 있다. 비교적 유학이 자유로웠고 중국어에도 능통하였던 신라·고려 시대 문인들과 우리나라에서만 공부하고 중국인들과 소통할 때에는 필담(筆談)을 나누거나 역관에게 의지하던 사람들이 주류였던 조선 시대 문인들 사이에는 언어 감각이나 문화 수용 태도가 달랐으리라 짐작되는데, 아직 이에 대한 본격적인 연구는 이루어지지 않았다.

우리나라에서 한시의 발전 및 성행과 관련하여 꼭 염두에 두어야 하는 것이 과거제(科擧制)이다. 신라 때부터 독서삼품과(讀書三品科)가 시행되었지만 골품제(骨品制)가 워낙 강고하였고, 고려 광종 이후에 과거제가 본격적으로 도입되었지만 여전히 문벌 귀족의 위세가 줄지 않다가 무신의 난 이후 문벌 귀족이 몰락하면서 과거제를 통해 등용된 신진 사대부들의 활약이 두드러지게 되었다. 개국 초기부터 송(宋)나라를 모범으로 하였던 조선 시대에는 아무리 벌열(閥閱)의 자손이라 할지라도 문과에 급제하지 않고는 조정에서 행세할 수가 없었다. 문과에 합격하기 위해서는 유교 경전에 밝고, 한문으로 된 시문을 창작하는 능력이 월등해야 하였다. 다만 우리나라의 과시(科詩)는 일반적인 근체시나 고체시와는 다른 독자적인 규칙이 있었다. 내용과 형식에 여러 가지 구속이 심했던 과시가 작품성이 뛰어나다 할 수는 없지만, 지식인들이 시를 짓는 데 몰두하게 된 중요한 계기가 된 점을 잊어서는 안 된다.

과거에 합격하기 위해서는 과시를 잘 지어야 했을 뿐만 아니라, 고려·조선 시대 지식인들의 일상생활에서 한시는 없어서는 안 될 매체(媒體)였다. 친척이나 지인이 먼 곳으로 떠날 때에는 떠나는 사람이나 남은 사람이나 시를 지어

석별의 정을 표현하였다. 축하할 일이 있을 때나 위로할 일이 있을 때에도 마찬가지였다. 심지어 시를 짓는 것이 참된 학문에 해가 될 수 있다고 탐탁해하지 않던 극단적인 성향의 성리학자들도 친척과 지인들을 애도하는 만시(挽詩)만은 꼭 지었다. 요컨대 한시를 짓지 못하면 '사회생활'을 할 수 없을 만큼 '한시 권하는 사회'였던 셈이다. 과거에 합격하여 입신양명하는 것은 둘째 치고, 한문과 한시를 짓는 능력 자체가 상류층임을 상징하는 중요한 '문화 자본'이었다고 할 수 있다. 한문학사에서 사대부들의 전유물이었던 한시가 중인층에게까지 확대된 것도 이와 연관해서 생각해 볼 수 있다. 심지어 노비 출신이라도 시를 잘 지으면 면천되고 사회적으로 인정받는 일이 드물게나마 있었다.

갑오경장 때 과거 제도가 폐지된 뒤에도 한문학의 영향력은 일시에 소멸되지 않았으며, 20세기에 들어와서도 한동안 이어졌던 것으로 보인다. 한시를 짓는 계층이 도리어 더욱 확대되고, 그들의 시사(詩社) 활동도 활발하게 전개되었다. 또 신식 출판 기술의 도입으로 출판비가 훨씬 저렴해지면서 한문 문집의 출판이 폭발적으로 증가하는 기현상이 벌어지기도 하였다. 이승만(李承晩)의 경우, 영어를 모국어처럼 구사하고, 미국 프린스턴 대학교에서 박사 학위까지 받았다. 언뜻 생각하기에 한문학보다는 영문학에 더 호감을 보였을 것 같지만, 뜻밖에 지금 전하는 한시만도 200여 수가량 된다. 또 장관들에게 보내는 편지도 한문으로 쓴 경우가 많았다고 전해진다. 한국 사회에서 '문화 자본'으로서 한문학의 영향력이 당시까지는 남아 있었던 것이다. 물론 20세기 이후에 지어진 한시들 중에서 문학사적으로 중요한 의미를 부여할 수 있는 작품은 소수이리라 생각되지만, 그 존재 자체에 대해서는 염두에 둘 필요가 있다.

근대화 초기에 익숙한 전통과 결별하고 근대화를 앞당기기 위해서 기존 전통에 철저하고 무자비한 비판을 가하는 것은 충분히 납득할 만한 일이다. 다만 최근 25년 안팎으로 정치적 성향을 불문하고, 20세기 이전의 한국 사회와 문화에 대해서 지나치게 부정적인 시각만 견지하는 지식인들이 갈수록 늘어나는 듯하다. 최근 중등학교 국사 교과서가 근현대사 위주로 재편되는 것도 이러한 경향과 결코 무관하지 않은 것으로 보인다. 그 반대쪽에는 무조건적으로

'우리 것이니 좋다'를 넘어서 '한자와 한문도 우리 민족이 발명한 것이다'라는 의론까지 나오고 있다. 둘 다 20세기 이전의 사회와 문화에 대한 무지에서 연유한 것이라 생각된다. 가령 지금도 여전히 한문학이 숭상되고 우리말과 우리글이 천대받고 있다면 분연히 한문학을 성토하는 것이 시대의 책무일 터이다. 그러나 지식인들의 대화는 영어 단어에 우리말 토만 달아 쓰는 정도에 이른 오늘날까지도 한문만 보이면 거부감을 드러내는 것이 바람직한 태도인지 신중하게 헤아려 볼 필요가 있다.

중국을 제외한다면, 우리나라는 한문을 해독하고 지을 수 있는 사람의 숫자가 동아시아의 다른 나라들보다 압도적으로 많았다. 이것은 여러 도서관에 소장된 한문 문집의 숫자로 증명이 된다. 한국고전번역원에서 간행한 『한국 문집 총간(韓國文集叢刊)』은 정편 340책, 속편 160책으로 이루어져 있는데, 한 면에 옛 한적(漢籍)이 두 장씩 영인되어 있다. 그리고 아직 여기에 수록되지 못한 문집이 셀 수 없이 많다. 중국을 제외하고 한문으로 된 자국의 문집을 이렇게 많이 보유한 나라는 없다. 지금 생각하면 여기에 쏟은 정성의 반의반만이라도 우리말 문학에 쏟았으면 하는 아쉬움이 크지만, 그 당시에는 한시와 한문을 능숙하게 창작하는 것이 '문명화의 징표'였다. 일본만 해도 자국어로 된 문학 유산은 상당히 많지만, 한시를 창작할 수 있는 식자층의 숫자는 극히 제한되어 있어서 자국어 문학과 한문학의 비중이 우리와는 거의 반대라고 알려져 있다.

한시는 기본적으로 지배층의 문학이다. 1970년대와 1980년대에는 노골적으로 지배층의 문학에 적대감을 표하는 사람들이 적지 않았지만, 신분제가 폐지된 오늘날에도 자랑스럽게 민초의 후예임을 표방하고 다니는 사람은 거의 없다. 위에서 언급한 문집들에 실린 작품들의 절반 정도는 한시라 봐도 무방하다. 물론 양이 질을 담보하지는 않는다 하더라도, '우리말'에만 초점을 맞추게 되면 과거 '우리 문학 활동'의 상당 부분을 잃어버리는 우를 범할 수 있다. 한시는 서정적 작품이 주류를 이루지만, 서사적·교술적 작품도 적지 않다. 특히 장편 고시의 경우 서사적 성격의 작품이 많다.

2——한국 한시사의 흐름

한국 한시사에 대한 연구는 일부 저명한 작가들의 경우를 제외하면, 아직까지도 윤곽을 어렴풋이 잡아 보는 정도에서 크게 벗어나지 못한 실정이다. 여기서는 각 시기별로 대표 작가와 그 특징을 간략히 언급하는 선에서 그치고자 한다.

우리 한문학의 개산시조(開山始祖)로는 단연 최치원(崔致遠)을 꼽을 수 있다. 그 이전에도 시문을 남긴 사람이 없지 않았고, 그 이후에도 당나라에서 빈공과(賓貢科)에 급제하고 나름대로 문학 활동을 한 사람이 꽤 있었다. 그러나 생전의 활약상이나 최초의 개인 문집을 남긴 점으로 볼 때 최치원으로부터 이야기를 시작하지 않을 수 없다. 최치원이 유학해서 활동하던 시기가 만당(晩唐) 시대였으므로 당시 유행하던 만당풍의 한시를 배울 수밖에 없었다. 특히 쇠퇴기에 처한 당나라와 신라를 오가며 「가을밤 비는 내리고(秋夜雨中)」처럼 주변인으로 겉돌면서 느끼는 고독한 정서가 주조를 이루는 작품을 많이 남겼다. 우리 문학사에서 작가의 내면과 작품 세계를 온전히 살필 수 있는 첫 번째 작가라는 점에서 중요하다. 훗날 성당(盛唐)을 추종하는 후배들에게 비판의 대상이 되기도 하였지만, 그것은 어디까지나 당대 현실을 무시한 제한된 견해일 뿐이다.

고려 전기 무신의 난 이전에 주목할 만한 작가로는 박인량(朴寅亮)과 정지상(鄭知常)을 꼽을 수 있다. 박인량의 작품으로 현전하는 시문은 「송나라에 사신으로 가서 사주 귀산사에 들러(使宋過泗州龜山寺)」를 비롯한 다섯 수 안팎에 불과하다. 그렇지만 송나라에 사신으로 가서 지식인들 사이에 시적 재능을 인정받았으며, 그때 지은 시들을 모아서 중국인들이 『소화집(小華集)』을 출판하였을 정도로 시명(詩名)을 떨쳤다. 북송 시대는 목판 인쇄 기술이 발달하고 상업 출판이 한창 번성하기 시작했을 시점이다. 박인량의 작품이 중국 출판 시장에서 '상품성'이 있었다는 뜻이다. 정지상은 역모의 누명을 쓰고 죽었기 때문에 역시 전하는 작품은 20여 수에 불과하지만, 한 편 한 편이 모두 절창이다. 특히 거의 천 년 동안 애송시 목록에서 빠지지 않는 「떠나가는 님을 보내며(送人)」(칠언 절구)는 중국 시의 고전을 능숙하게 이용하면서 참신한 발상으로 대동강에서의 이별을 읊은 대표작이다. 정지상의 시는 한결같이 이미지가 산뜻하면서도 음조가 매끄럽고 부드럽다.

무신의 난 이후의 작가로는 이인로(李仁老)와 이규보(李奎報)가 주목할 만하다. 이인로는 이미 고려 시대에 문집에 주석본이 나올 정도로 존중받았으나 지금은 모두 없어지고 약간의 시문만이 여러 선집에 전한다. 필기(筆記)인 『파한집(破閑集)』만은 온전히 전하는데 격조가 매우 높다. 이규보는 시를 빨리 짓는 것으로 유명하였고, 무신 정권에 협조하였기 때문에 사후에 『동국이상국집(東國李相國集)』이 간행될 수 있었다. 청년 시절에 지은 영웅 서사시 「동명왕편(東明王篇)」은 민족 영웅인 고주몽(高朱蒙)의 이야기가 박력 넘치게 전개되는 귀중한 작품이다.

원나라와 관계를 정상화한 이후의 작가들 중에서는 이제현(李齊賢)을 가장 주목해야 한다. 이제현은 충선왕(忠宣王)이 연경(燕京)에 차린 만권당(萬卷堂)에 출입하면서 조맹부(趙孟頫)를 비롯한 원나라의 대표적 문인·학자들과 교유하고, 중국 대륙을 종횡무진 다니며 곳곳에서 시를 지은 일은 조선 시대 문인들에게 선망의 대상이었다. 이제현이 고려 가요를 칠언 절구로 옮긴 소악부를 지을 수 있었던 것도 어떻게 보면 국제적으로 활동하면서 키운 안목과 무관하지 않을 것이다. 고려 말의 대가로는 단연 이색(李穡)을 꼽을 수 있다. 부친 이곡(李穀)의 뒤를 이어 원나라에 유학하여 그곳에서 제과(制科)에 합격하였고, 귀국한 뒤 정계와 학계에서 중요한 역할을 하였다. 고구려의 옛 수도인 평양(平壤)에서 지은 「부벽루(浮碧樓)」는 무한한 자연과 유한한 인간의 대비라는 한문학의 보편적인 주제를 동명성왕 신화와 유적을 통하여 육화(肉化)시켜 웅건(雄健)하게 담아낸 걸작이다. 조선 시대에 간행된 이색의 문집은 정치적인 이유로 많은 부분이 누락되었음에도 상당한 분량에 이르며, 조선 시대 초기까지 활동한 많은 문인들이 그의 문하에서 배양되었다.

온전히 조선이 배출한 작가라 할 만한 시인들은 서거정(徐居正), 김종직(金宗直), 김시습(金時習) 세대를 꼽을 수 있다. 서거정은 대제학 권근(權近)의 외손으로 시(詩)와 문(文) 모두 뛰어났고, 오래도록 문형(文衡: 대제학)을 지내면서 문풍을 주도해 나갔다. 김종직 역시 시문이 뛰어났으며, 최치원부터 조선 초까지의 명시를 뽑아 『청구풍아(靑丘風雅)』를 엮기도 하였다. 김종직 자신은 전형적인 도학자의 삶을 산 것도 아니었고, 사상적으로 서거정과 뚜렷이 구분되는 지향을 가졌던 것은 아니지만, 그 문하에서 후세에 사림파로 분류되는 인물들이 많이 나온 것만은 분명한 사실이다. '방외인(方外人)'의 삶을 살았던 김시습은 몇몇 작품만 읽어 보아도 서거정과 김종직과는 풍격이 확연히 다르다는 것을 알 수 있다. 여러 문체에 대한 실험을 활발히 감행하였는데, 『금오신화(金鰲新話)』 역시 이러한 성향과 무관하지 않다고 생각된다.

그 뒤를 이어서 이행(李荇)과 박은(朴誾)이 우뚝하다. 천수를 누렸던 이행은 높은 성취를 이루어 여러 비평가들로부터 이구동성으로 대가로 꼽히며, 거질(巨帙)의 시문집 『용재집(容齋集)』을 남겼다. 연산군에게 밉보여 불과 스물여섯에 비극적으로 삶을 마쳤던 박은은 나이를 뛰어넘는 노성(老成)한 작품들을 남겼고, 훗날 정조에게서 조선을 대표하는 빼어난 시인으로 인정받았다. 이행과 박은을 포함하여 그 후배인 정사룡(鄭士龍), 노수신(盧守愼), 황정욱(黃廷彧) 등을 '해동 강서파(海東江西派)'라 일컫는다. 이들은 황정견(黃庭堅), 진사도(陳師道) 등 송대(宋代) 강서시파(江西詩派)를 배워서, 전고를 복잡하게 구사하여 난해하지만 기굴한(奇崛)한 작품들을 남겼다.

이달(李達), 백광훈(白光勳), 최경창(崔慶昌) 등 이른바 삼당시인(三唐詩人)은 당풍을 적극적으로 받아들여 함축적이고 음악성이 뛰어난 작품을 많이 남겼다. 여류 시인 허난설헌(許蘭雪軒)은 우리나라 여느 남성 시인보다 중국에 가장 널리 알려진 시인이다. 시도 잘 지었지만, 명대(明代)만 해도 여류 시인이 극히 드물었기 때문이다. 다만 허난설헌의 작품들에 대해서는 더 정밀한 원전 비평이 필요하다. 최립(崔岦)은 산문가로 이름이 높았지만 시에서 이룬 성취도 만만치 않다. 성당(盛唐)을 배웠다는 권필(權韠)과 이안눌(李安訥)도 비슷한 시기에 활동하면서 명성을 나란히 떨쳤다. 이들보다 한 세대 뒤의 인물인 정두경(鄭斗卿)은 평생 송대 이후의 책은 아예 눈에 대지도 않았다는 극단적인 복고파 시인으로, 그의 시 세계에 대해서는 당시부터 포폄(褒貶)과 호오(好惡)가 엇갈렸다. 간난기구(艱難崎嶇)한 국세(國勢)와는 대비되는 힘차고 호방한 작품을 많이 남겼다.

김창흡(金昌翕)은 소싯적에는 명대 복고파를 추종하였지만 나중에는 이를 배격하고 새로운 시풍을 선도하기 위해 노력하였다. 이런 흐름을 이어받은 18세기 전반의 시단에서는 이병연(李秉淵)과 최성대(崔成大)를 우선적으로 거론할 수 있다. 이병연은 진경산수화가 정선(鄭敾)의 벗으로 담박하면서도 개성적인 시 세계를 구축하였는데, 일생 동안 만여 수에 달하는 시를 썼다고 하나 아쉽게도 지금 전하는 것은 500수 안팎이다. 최성대는 우리나라 한시 작가 중 최고의 민요 시인으로, 여성 화자를 주인공으로 내세운 민요풍의 한시 중에 걸작이 많다. 이들보다 조금 후배인 이용휴(李用休)는 시와 문 모두 중국이나 우리나라 어느 작가와도 뚜렷이 구별되는 자신만의 개성적인 세계를 구축하였으며, 신광수(申光洙)는 이전 시기의 전통을 그대로 계승하면서도 서정성을 더욱 강화시켰다.

18세기 후반의 시단은 후사가(後四家)라 일컬어지는 이덕무(李德懋), 유득공(柳得恭), 박제가(朴齊家), 이서구(李書九)가 주도하였다. '첨신(尖新)'으로 요약되는 이들의 시풍은 동시대 문인들에게 신선한 충격을 주었다. 이들의 공동 한시 선집인 『한객건연집(韓客巾衍集)』은 청나라로 보내져 저명 문인들의 품평을 받아 왔는데, 널리 필사되어 백 년이 넘도록 애독되다가 20세기에 들어와 주석이 첨가되어 『전주사가시(箋註四家詩)』로 간행되었다. 이들은 19세기에 조선 문인들과 청나라 문인들의 교유를 확대하는 데 선도적인 역할을 하였다.

후사가의 뒤를 이어서 19세기 시단을 주도한 인물로 신위(申緯)를 꼽을 수 있다. 시(詩)·서(書)·화(畵) '삼절(三絶)'로 일컬어지는 신위는 당시까지의 우리나라 한시의 흐름과 청대(淸代) 시학의 최신 조류를 자신의 개성 안에서 조화시켜 일가를 이루었다고 할 수 있다. 19세기 경화 세족(京華世族)들 사이에 가장 영향력이 크고 인기 있는 시인이었다. 신위와 동시대를 살았던 정약용(丁若鏞)은 조선 후기 실학의 집대성자로서 시적 재능도 탁월하였다. 특히 유배 이후 민(民)과 같은 눈높이로 시대의 부조리한 현실을 고발하고 비판한 작품들은 한시사에 드문 명편으로 꼽힌다.

19세기 중반기를 대표하는 시인으로는 이상적(李尙迪)과 조면호(趙冕鎬)를 꼽을 수 있다. 이상적은 역관 출신으로 청나라의 대표적인 문인들과 깊은 교분을 나누었고, 상당히 유미적인 성향의 작품을 많이 남겼다. 조면호는 신위와 김정희(金正喜) 이후 사대부들의 시단인 북촌 시사(北村詩社)를 이끌어 갔다.

이들 이후로는 한말(韓末) 사대가로 일컬어지는 강위(姜瑋), 김택영(金澤榮), 이건창(李建昌), 황현(黃玹)을 거론할 수 있다. 강위는 시인으로도 유명하지만 조선의 개화를 위해서 진력하다 세상을 떠났고, 이건창은 강화 학파(江華學派)의 적손(嫡孫)으로 시와 문 모두 탁월한 성취를 남겼다. 황현은 몸가짐뿐만 아니라 시 세계 역시 개결(介潔)하였는데, 경술국치(庚戌國恥)를 겪자 「절명시(絶命詩)」를 짓고 목숨을 버리는 것으로 항거하였다. 김택영은 개성 출신으로, 조선 시대 여느 문인들과는 생각이 다른 점이 많았다. 시문이 모두 뛰어났는데, 시는 특히 신위의 영향을 많이 받은 것으로 알려져 있다. 중국 남통(南通)으로 망명하여 한묵림인서국(翰墨林印書局)이라는 출판사에 근무하면서 우리나라 사람들의 여러 저작물을 출판하는 일을 주선하다가 그곳에서 생을 마쳤다. 이때 간행되어 우리나라로 들여온 책들이 지금도 여러 도서관에 상당수 소장되어 있다.

3——악부시

한시에 대해서 이야기할 때 '악부(樂府)', '악부시(樂府詩)', '악부체시(樂府體詩)' 등의 용어가 등장할 때가 있다. '악부'는 본래 음악을 담당하는 관청으로 한나라 무제(武帝) 때 처음 생겼다. 이곳에서는 여러 궁중 의식에 쓰인 음악과 노래들을 정리하고, 중국 각지의 노래를 대대적으로 채집하여 궁전에서 공연하였다. 이러한 성격의 기관은 한대(漢代) 이후에도 계속 이어졌고, 한대 이후로는 특히 남조(南朝) 시기에 채집된 작품이 많다. 그런데 시간이 지나면서 음악은 점차 사라지고 노랫말만 남는 경우가 많았으며, 악부(시)는 정리된 노래의 노랫말을 가리키게 되었다. 중국 남북조 시대 양(梁)나라의 소명태자(昭明太子)가 고대부터 그때까지의 대표적인 시문을 뽑아 『문선(文選)』을 편찬하면서 시 이외에 따로 '악부'라는 항목을 둔 이래로 당당히 문학사에서 한 자리를 얻을 수 있었다.

그런데 문인들이 노래와 무관하게 옛 악부(시)들을 본떠서 같은 제목으로 시를 짓게 되었는데, 이러한 작품들을 '의고 악부(擬古樂府)'라 한다. 또 두보(杜甫)나 백거이(白居易) 같은 시인들은 단순히 옛 악부풍의 작품을 짓는 데 그치지 않고 새로운 제목으로 자신이 처한 시대의 모습을 그렸다. 이러한 작품들을 '신제 악부(新題樂府)', '신악부(新樂府)'라 일컫는데, 특히 현실의 모순을 고발한 작품들이 돋보인다.

다만 옛 문헌들을 살펴보면 송사(宋詞)와 원곡(元曲)처럼 노래의 가사는 모두 '악부'라 부르는 경우가 종종 있고, 우리 고려 가요나 시조를 한역(漢譯)한 작품을 '소악부(小樂府)'라 일컫는 것도 이러한 관습과 관련이 있다. 사실 악부(시)의 범위를 '노랫말' 일반으로 무한히 확장한다면, 「아침 이슬」의 김민기나 최근에 노벨 문학상 수상자가 된 밥 딜런도 악부(시) 작가라 말할 수 있다.

우리 문학사에서 첫 악부(시)로는 「공무도하가」를 꼽을 수 있다. 본래 노래였을 뿐만 아니라 중국 송대에 곽무천(郭茂倩)이 편찬한 『악부 시집(樂府詩集)』에 '공후인(箜篌引)'이라는 제목으로 실려 있다. 그 뒤 고려와 조선 시대에 중국 악부시를 의작(擬作)한 작품들이 많이 나왔다. 특히 조선 중기에 명대 복고파 문학이 큰 영향력을 발휘하면서 악부시가 많이 지어졌는데, 이미 그 당시에 대표적인 작품들을 모아 『악부신성(樂府新聲)』이라는 시집을 간행하기도 하였다. 다만 이 작품집에는 단순한 의고 악부뿐만 아니라 당대 조선의 현실을 노래한 작품들도 꽤 수록되어 있는 점에 유의할 필요가 있다.

우리 노래를 한시로 옮기거나 우리 역사와 풍속을 읊은 작품들을 짓고 '○○ 악부'라 일컫는 경우도 적지 않았다. 전자의 경우 고려의 이제현, 조선의 신위 등이 각각 고려 가요와 시조를 칠언 절구로 옮기고 '소악부'라 일컬은 것이 유명한데, 여기서 '소(小)'는 자겸(自謙)의 의미가 아니라 형식이 단소(短小)하다는 것을 뜻한다. 후자의 경우 역사를 읊은 작품을 '영사(詠史) 악부', 풍속을 읊은 작품을 '기속(紀俗) 악부'라 하며, 조선 중기 이후에는 '해동(海東) 악부'라는 제목으로 우리 역사를 읊은 연작이 많이 지어졌다.

한편, 악부(시)는 주로 고체시로 지어진 것이 많은데, 당나라 이후에 지어진 악부(시) 중에는 근체시도 많다. 악부(시)면 무조건 고체시라고 생각하는 것은 오해이다.

4——문학사적 의의 및 교육적 접근

조선 세종대에 훈민정음이 창제되기 이전에는 향찰(鄕札) 이외에 우리 시가를 표기할 방법이 없었다. 훈민정음이 창제된 이후에 가곡창(歌曲唱)과 시조창(時調唱)의 노랫말이었던 '시조(時調)'가 문헌에 수록되기 시작하였지만, 문자가 창제되었다고 해서 문학의 형식이 하루아침에 저절로 형성될 수는 없다. 우리로서는 대단히 아쉬운 일이지만, 한국 고전문학의 경우 엄밀한 의미에서 '노래'의 가사가 아닌 '시'는 한시뿐이다.

한시를 수용해서 사용한 우리 선인들의 경우, 시를 짓기 위해 사용하는 언어는 물론 여러 가지 문학적 관습까지도 외국, 그것도 한참 지난 시기의 외국에서 빌려 온 것이었으니, 실제 생활을 반영하는 작품을 쓰는 것이 얼마나 어려웠겠는가? 현대 시가 존중할 만한 전범이 없어서 문제라면, 한시의 경우에는 전범이 너무 강고해서 문제였던 셈이다. 그중에는 진부하고 상투적인 작품들도 적지 않지만, 우리 문학사를 풍성하게 하고 앞으로의 창작에 밑거름으로 삼을 만한 작품들도 많다. 우리가 한시를 도외시하고 방치하기만 해서는 안 되는 까닭이 여기 있다.

2009 개정 교육과정에 따른『문학』교과서들을 살펴보면 한시가 아예 한 편도 수록되지 않은 책들도 있고, 수록되었다 해도 고전 시가편의 부록 비슷하게 1~2수 정도인 경우가 대부분이다. 그리고 한시의 경우 번역과 해설이 매우 중

요한데, 번역의 수준이 일정하지 않은 것으로 보인다. 또 작가 밑에 역자를 따로 밝히지 않는 것이 편집 방침인 듯한데, 앞으로는 밝혀 주는 것이 바람직하다고 판단된다.

그리고 교과서는 아니지만 수능 대비 참고서나 문제집(EBS 교재 포함)의 경우, 학계에서 진작 변증하였음에도 작자가 잘못 알려진 작품들이 수록되어 있기도 하다. 가령 이규보의 작품으로 알려진 「절화행(折花行)」은 『동국이상국집』에는 없다. 본디 당나라 사람의 사(詞)인데, 조선 숙종 때 남용익(南龍翼)이 엮은 시선집 『기아(箕雅)』에 이규보의 작품으로 잘못 실리면서 엉뚱하게 이규보는 표절 작가라는 오명을 쓰게 되었다.

근체시인 절구와 율시 중에서 그나마 절구는 우리말로 옮겨도 시의 맛을 어느 정도 전달할 수 있는 작품이 상대적으로 많지만, 율시는 중국어와 한문 특유의 언어 구조에서 유래한 특징이 너무 도드라져서 뜻만 겨우 통할 수 있는 경우가 대부분이다. 적어도 인문 사회 계열 학생들에게만이라도 지금 서구에서 라틴어 교육을 시키는 것의 반 정도라도 한문을 가르치면 좋겠다는 것이 개인적인 생각인데, '입시'와 '실용'이 화두인 지금의 교육 현실에서는 먼 나라 이야기일 뿐이다. 줄거리가 있는 장편 고시가 비교적 우리말로 가르치기에 용이하지만, 분량이 너무 긴 작품은 학교 현장에서 감당하기가 쉽지 않을 것이다.

워낙 전체에서 한시가 차지하는 비중이 미미해서 이런 말을 덧붙이는 것조차 무의미하게 느껴지지만, 전체적으로 『국어』나 『문학』 교과서에 최근 25년 사이의 한시 연구 성과들이 거의 반영되어 있지 않다고 생각된다. 국문학 연구에서도 학문 분야가 세분화되고 있는 것이 전체적인 추세이기는 하지만, 조금 더 소통하는 것이 바람직하다. 적어도 수록 작품의 선정과 학습 지도를 위한 해설을 감당할 만한 전공자에게 도움을 구하는 것이 옳다고 생각한다.

참고 문헌

우리 한시 작품을 해설한 책으로는 임형택 편역, 『이조 시대 서사시(상·하)』(창작과비평사, 1992); 송준호 평석, 『한국 명가 한시선 1』(문헌과해석사, 1999): 『우리 한시 살려 읽기』(새문사, 2006); 이종묵, 『우리 한시를 읽다』(돌베개, 2009): 『한시 마중 — 생활의 시작·계절의 미학』(태학사, 2012); 김종서, 『봄 여름 가을 겨울 — 서늘하고 매혹적인 명품 한시와 옛 시인의 마음 읽기』(김영사, 2011); 민병수·김성언 외, 『내가 좋아하는 한시 — 시와 삶이 하나로 만나다』(태학사, 2013) 등이 있다.

한시 이론과 개설, 역사에 대해서는 김상홍, 『한시의 이론』(고려대학교 출판부, 1997); 안대회, 『18세기 한국 한시사 연구』(소명출판, 1999): 『조선 후기 시화사』(소명출판, 2000): 『한국 한시의 분석과 시각』(연세대학교 출판부, 2000); 정민, 『목릉 문단과 석주 권필』(태학사, 1999): 『(완결 개정판)한시 미학 산책』(휴머니스트, 2010); 진재교, 『이조 후기 한시의 사회사』(소명출판, 2001); 이종묵, 『한국 한시의 전통과 문예미』(태학사, 2002); 심경호, 『한국 한시의 이해』(태학사, 2000): 『한시의 세계』(문학동네, 2006): 『한시의 서정과 시인의 마음』(서정시학, 2011); 송재소, 『한국 한시 작가 열전 — 송재소와 함께 읽는 우리 옛 시』(한길사, 2011) 등을 참고할 만하다.

시화(詩話)에 관한 논저로는 홍찬유 역주, 『시화총림(상·하)』(통문관, 1993); 곽소우 교석, 『창랑 시화』, 김해명·이우정 공역(소명출판, 2001); 기태완 외 역주, 『호응린의 역대 한시 비평』(성균관대학교 출판부, 2005); 민족문학사연구소 한문분과 역, 『삼명 시화』(소명출판, 2006); 안대회, 『궁극의 시학 — 스물네 개의 시적 풍경』(문학동네, 2013); 안대회 역, 『소화 시평 — 조선이 사랑한 시 이야기』(성균관대학교 출판부, 2016) 등을 권한다.

중국 고전시 및 시론에 대해서는 원행패, 『중국 시가 예술 연구(상·하)』, 강영순 외 역(아세아문화사, 1990~1994); 주광잠, 『시론』, 정상홍 역(동문선, 1991); 요시카와 고지로 외, 『당시 읽기』, 심경호 역(창작과비평사, 1998); 오가와 다마키, 『당시 개설』, 심경호 역(이회, 1998); 진백해, 『당시학의 이해』, 이종진 역(사람과책, 2001); 왕력, 『중국 시율학(1~4)』, 송용준 역(소명출판, 2005); 요시카와 고지로, 『송시 개설』, 호승희 역(동문선, 2007) 등을 참고할 만하다.

5부
고전문학 교육의 현장적 적용

고전 시가 수업의 실제 1
모둠 수업과 교과서 재구성을 중심으로

1——고전 시가 수업 설계의 중점

'ㅿ'과 '·' 같은 옛 표기가 살아 있는 고전 시가와 달리 현대어 풀이가 되어 있는 고전 소설은 표기뿐만 아니라 내용도 고전 시가보다는 학생들과 거리가 가깝다고 본다. 고전 소설에 자주 보이는 환상적 요소는 학생들이 선호하는 판타지 영화나 소설과 유사점이 있기 때문이다. 그런데 고전 시가의 원문에 대한 축자적 해석과 당대 상황에만 집중하는 수업 내용은 학생들에게 고전 시가에 대한 시간적 거리감 외에도 심리적 거리감마저 준다. 고전 시가를 통해 과거를 탐구하는 것은 분명 의미 있는 일이지만, 점점 멀어지는 고전 시가와 학생들 간의 간격을 좁혀야 고전 시가의 참된 가치를 내면화할 수 있으므로 학생들이 활동 중심으로 수업에 참여하도록 안내해야 한다.

강의 중심의 고전 시가 수업은 문제 풀이와 암기에 치중한 나머지, 타인과 소통하며 주체적으로 행동하는 태도를 기를 수 있는 고전 시가의 힘을 외면하는 측면이 있다. 고전 시가에서 시적 화자와 주제만을 읽어 내려고 하다 보니 고전 시가에 깃든 선조들의 위대한 정신적 가치를 간과하는 수업이 진행되는 것이다. 고전 시가에 관한 '지식'을 중심으로 과거에만 맴돌게 하는 수업에서 벗어나, 고전 시가를 통해 우리 학생들이 행복하게 삶을 꾸려 나가는 주체적인 태도를 기를 수 있다는 점을 강조해야 할 것이다.

이 점에 주목하여 고전 시가의 수업 설계 방향을 고전 시가의 '현재화와 미래화'로 제안해 본다. 일차적으로는 표기 체계에서 주제 의식까지 '옛것'의 소중함만을 강조한 수업에서 학생들이 미처 알지 못했던 고전 시가의 유용성을 학생들의 눈높이에 맞춘 수업 활동을 통해 수행함으로써 학생들이 고전 시가와 친밀한 관계를 형성하도록 해야 한다. 이차적으로는 재미있는 수업 기술만 준비할 것이 아니라 고전 시가가 현재에도 효용성이 있으며, 미래를 준비하는 학생들에게 필요한 자질을 함양할 수 있다는 점을 주지시켜야 할 것이다.

이를 구체화하기 위해 「제망매가」를 제재로 한 모둠 수업과 교과서 재구성 방법을 통해 고전 시가의 '현재화와 미래화'를 어떻게 구체화할 수 있는지를 공유해 보겠다.[1] 최근 『문학』 교과서에서는 한국 문학의 전개를 설명하면서 바탕글로 「제망매가」를 수록하는 경향이 일반적이다. 길재의 시조 「오백 년 도읍지를 필마로 돌아드니」의 종장 감탄사 '어즈버'와 10구체 향가의 낙구(落句)의 연관성을 통해 고전 시가의 형식적 전개를 탐구하는 활동이 대표적이다.[2] 물론 문학사적으로 인정된 두 작품의 연관성을 찾아보게 하는 것도 의미 있지만, 학생과 고전 시가가 괴리되어 있는 현재 상황에서는 학생들이 좀 더 쉽게 접근할 수 있는 작품을 고민하는 것이 필요하다. 교과서 학습 활동을 재구성함으로써 학생들이 깊고 넓게 사유할 수 있는 과정을 수업 시간에 실행한다면 고전 시가와 학생들 간의 거리는 더 가까워지리라고 본다.

1 컴퓨터와 인터넷을 활용한 수업 사례도 소개해 보겠다. 전자 기기에 익숙한 학생들의 특성을 수업에 반영함으로써 학생들에게 좀 더 가깝게 다가가기 위해서이다. 필자는 '스마트한 수업'이 학생들의 생각을 더욱 구체적으로 확인할 수 있는 방식이라고 보기 때문에 학생들과 소통하기 위해 전자 매체를 활용하고 있다.

2 2011 개정 교육과정의 『문학』 교과서에서 「제망매가」를 수록한 교과서는 총 5종이다. 이 중 4종이 「제망매가」와 길재의 시조의 형식적 연관성을 묻고 있다.

2——「제망매가」의 현재화: 모둠 수업과 교과서 재구성

1)「제망매가」 교과서 학습 요소 분석

2011 개정 교육과정의 『문학』 교과서에서 바탕글로 「제망매가」를 수록한 교과서들의 학습 목표와 학습 활동을 정리해 보면 다음과 같다.

출판사(대표 저자)/단원명	학습 목표	학습 활동의 요소
창비(박종호) Ⅲ. 한국 문학의 역사 1. 고대~고려 시대의 문학	향가의 형식적 특징과 비유적 표현 방법에 주목하며 감상해 보자.	1. 제목의 의미와 비유 2. 화자의 태도 3. 시조와 향가의 형식적 특징 비교
신사고(이숭원) Ⅱ. 한국 문학의 범위와 역사 2. 한국 문학의 흐름과 사회(1)	서정 시가로서 향가의 성격을 살펴보고 작품에 반영된 당대인의 세계관을 이해해 보자.	1. 시어의 의미와 화자의 정서 2. 향찰 표기 3. 서정 시가의 특징 4. 죽음에 대한 세계관
지학사(권영민) 3. 한국 문학의 갈래와 흐름 (2) 중세 문학	이 노래에 나타난 시적 상황과 화자의 정서를 파악하면서 작품을 감상해 보자.	1. 시적 상황과 비유 2. 향가의 특징(향찰)과 의의(문화) 3. 향가의 형식적 특징
천재교과서(정재찬) Ⅱ. 한국 문학의 이해 2. 한국 문학의 갈래와 흐름 (1) 서정 갈래의 흐름	• 향가의 서정성을 중심으로 읽어 보자. • 시적 화자의 상황과 정서를 중심으로 읽어 보자.	1. 비유와 형식 2. 향가의 역할과 성격 3. 시조와 형식 비교
해냄에듀(조정래) Ⅱ. 한국 문학의 범위와 역사 2. 한국 문학의 갈래와 흐름 (1) 서정 갈래의 흐름	이 작품이 향가로서 지니는 문학적 가치와 더불어 향가와 후대 서정 문학의 관계에 대해서도 알아본다.	1. 형식과 표현상 특징 2. 주제 파악 3. 향찰 표기 4. 시조와 형식 비교

5종 교과서의 '학습 활동의 요소'를 살펴보면 「제망매가」를 통해 '향가(향찰), 한국 문학의 흐름(서정성, 시조와의 비교), 죽음에 대한 세계관' 등을 감상할 수 있도록 구성되어 있다. 천 년 이상의 역사를 지닌 「제망매가」와 관련하여 표기 체계에서 문학사까지 아우르는 방대한 양을 배우고 익힐 수 있는 다양한 구성이다. '죽음에 대한 세계관'은 한 교과서에서만 다루고 있지만 필자가 보기에 학생들이 꼭 생각해 봐야 하는 중요한 문제이기 때문에 제시해 보았다.

그러나 교육과정을 실현하기 위한 교과서 수록이라는 한계 때문에 「제망매가」가 내포하고 있는 의미를 충분히 포괄하지 못하여 필자가 생각하는 고전 시가 수업 설계의 주안점인 고전 시가의 '미래화'라는 학습 요소는 두드러지게 나타나 있지 않다. 그래서 필자 나름의 관점을 가지고 「제망매가」의 학습 요소를 학생들의 현재와 미래로 확대하고 싶었다. 현재의 삶과 연관성을 찾고, 미래를 살아가는 태도를 형성할 수 있는 심화 활동을 위한 학습 요소로서 태도 측면을 추가해 본다. 이는 '작품에 담긴 의미를 토대로 우리가 살아가는 현실을 성찰하고 공동체 문화 발전에 기여할 수 있는 태도를 기를 수 있다.'라는 목표이다. 이 점은 다음 장에서 '편지 쓰기'로 구체화해 보겠다.

2) 모둠 수업 방식[3]

고전 시가와 학생들의 친밀감을 형성하는 데에는 학생들이 수동적인 자세로 참여하는 강의식 수업보다는 친구들과 함께 탐구하는 모둠 수업 방식이 훨씬 효과적이다. 또한 수업 시간에 다양한 활동으로 고전 시가를 탐구하는 것은 친구들과의 소통을 통한 협력적 과정 속에서 학생의 삶으로도 융합될 수 있기 때문에 이를 고전 시가의 '현재화'의 시작이라고 본다. 다음은 「제망매가」의 모둠 수업 처음에 학생들에게 제시하는 사례이다.

3 교실 자리 배치를 활용하여 모둠을 구성하는 방법도 있고, 학생들끼리 서로 배우고 가르칠 수 있도록 성적이 우수한 학생과 부진한 학생을 한 모둠 구성원으로 조직할 수도 있다. 여러 방법 중에서 필자는 MBTI 성격 유형 검사를 활용하는 모둠 구성 방법을 제안한다. MBTI 성격 유형 검사는 학생을 기질과 성향에 따라 외향↔내향, 감각↔직관, 사고↔감정, 판단↔인식의 선호에 따라 둘 중 하나의 범주에 속한다고 판단하고, 이를 다시 16가지 성격 유형으로 분류하는 이론이다. MBTI 성격 유형 검사 결과를 응용하여 모둠을 구성함으로써 학생의 생활 방식과 성격까지 수업 시간에 적용해 보는 것이다. 성격 유형 검사와 모둠 구성에 대한 연구가 진행 중이라 이질적인 성향의 모둠이 좋다거나 동질적 성향의 모둠이 좋다고 단언할 수는 없지만, 비슷한 성향의 학생들 속에서 공부하기보다는 성향이 다른 학생들과 함께 토의하며 배우는 기회를 제공함으로써 타인과 소통하는 의미를 체득할 수 있도록 수업을 설계하자는 것이다. 모둠원끼리 활동을 수행하면서 서로의 장단점을 이해하고, 상호 협력 과정에서 결과까지 도출해 냄으로써 타자에 대한 이해와 협동적 소통 능력까지 향상할 수 있다고 보기 때문이다. 타자와의 소통 능력 향상도 문학 교육의 중요한 목표임을 감안하면 시도해 볼 만한 가치가 있다. 그리고 모둠 활동을 '모둠 내 개인 활동 → 모둠 내 활동 → 모둠 간 발표 활동 → 학급 전체 활동'으로 모둠 수업의 흐름을 학생들에게 제시하면서, 활동의 구체적 시간까지 학생들과 상의하여 정하면 원활한 진행에 도움이 된다.

「제망매가」 학습 요소 재구성을 위한 마인드맵 예시[4]

「제망매가」를 재구성한 학습 요소는 세 가지로 간추릴 수 있으나, 30명이 넘는 반에서는 8개 정도의 모둠을 구성하는 것이 적당하다고 보기 때문에 학습 요소를 신축적으로 조정하여 모둠별로 다른 과제를 수행하도록 한다. 「제망매가」에 배정된 수업 시간 내에 학생들이 학습 요소를 모두 해결하기는 어렵기 때문이다. 그리고 해결 과제를 교사가 부여하기보다는 모둠별로 자신들이 탐구하고 싶은 학습 요소를 스스로 정하도록 하는 것이 좋다. 수업 도입부에서 학습 동기를 유발하기 위해 「제망매가」 노랫말로 된 가곡을 틀어 주는 경우가 있는데, 교사가 열심히 준비한 시청각 자료로 동기를 유발하는 외부적인 자극보다는 탐구해 보고 싶다는 학생들의 자발적인 동기를 유도하는 것이 능동적 참여를 끌어낼 수 있기 때문이다. 물론 교사가 모둠의 구성을 보고 과제의 수준 차를 배려하여 부여하는 것도 한 방법이다.

학생 개인의 활동과 모둠의 토의 활동으로 진행되는 모둠 활동을 체계적으로 이끌기 위해서는 탐구 활동을 안내하는 지도와 같은 세부적인 학습지[5]를

4 마인드맵 프로그램을 활용한 도식 자료이다. 수업 내용의 전체를 조망할 수 있도록 안내함으로써 학생들에게 미시적 수업 참여가 아닌 거시적 참여를 유도할 수 있다. 정보나 생각을 지도처럼 정리해 가는 마인드맵 프로그램은 머릿속에 있는 생각을 구체화할 수 있으며, 수업 중이나 수업 이후에 학생들이 학습한 내용을 작성한다면 자신의 생각을 체계적으로 정리하고 구체화하는 데 도움이 된다.

5 창비 『문학』 교과서의 경우, 작품에 대한 학습지가 교사에게 제공되고 있다.(창비교육 홈페이지 http://www.changbiedu.com. 선생님 자료실) 이를 교사가 설계한 형태로 수정·보완하여 작품 전체의 내용을 아우를 수 있는 교실별 학습지를 재구성하는 것이 좋을 것이다.

준비해야 한다. 학습지로 자신의 생각을 구체적으로 정리할 수 있게 한 다음에 모둠원과 의견을 교환한다면 작품의 내용을 다양한 관점에서 이해할 수 있을 것이다. 이 과정을 모둠 조장이 정리하여 발표하게 하고, 교사가 총평이나 총정리를 함으로써 모둠 활동을 마무리하면 된다.

학습지는 학생들이 주어진 정보를 활용하여 스스로 답을 찾을 수 있도록 자세한 안내 과정이 있어야 한다. 학습지가 결과만 정리하는 것이라면 강의식 수업을 정리하는 필기에 불과하기 때문이다. 「제망매가」의 '시적 화자'에 대한 탐구 활동에는 다음과 같이 학생들이 주어진 정보를 재조직하여 결과를 이끌어 낼 수 있는 학습지가 필요할 것이다. 즉, 모둠 수업 방식을 준비할 때에는 학생들에게 학습지라는 수업의 구심점을 제시하기 위해 세부적인 사항까지 점검하는 교사의 노력이 필요하다.

'제목을 바탕으로 시적 화자 파악' 활동지 예시

제목	글자의 의미	제목의 의미	등장인물	시적 화자	화자의 정서	화자의 태도
祭	제사 지내다	죽은 누이의 제사를 지내면서 부르는 노래	월명사, 죽은 누이	월명사	슬픔, 그리움, 안타까움, 허무함 등	극락(미타찰)에서 다시 만나기를 기약함
亡	죽다					
妹	누이					
歌	노래					

* 밑줄 부분은 학생이 작성한 내용

3) 교과서 재구성

교과서는 교사와 학생 간의 활동을 위한 안내서일 뿐이다. 교과서가 절대적인 권력을 갖던 '닫힌 교과서관'인 국정 교과서 제도에서 지금은 우리 사회의 다양한 목소리를 담을 수 있는 '열린 교과서관'인 검인정 제도로 바뀌었다. 국가 수준의 교육과정을 민간이 재구성하여 교과서를 제작하고, 교사가 자율적으로 선택할 수 있는 것이다. 그러나 급변하는 교실 현장의 특수성까지는 포함하지 못하기 때문에 학생들의 환경과 성향에 맞게 교사가 교과서를 재구성하면서 수업을 설계하는 것이 요구된다. 그런데 2007년부터는 교육과정의 수시 개정이 가능해져, 새로 나온 교과서를 3년 정도 쓰면 개정되곤 했기 때문에 학교 현장에서는 교과서 재구성에 대한 논의가 활발히 진행되지 못하고 있는 실정이다.

학생들 눈높이에 맞는 살아 있는 수업을 하기 위해서는 교과서의 학습 요소를 재구성할 필요가 있다. 그러려면 많은 시간과 노력이 든다. 여기서는 수월하게 교과서를 재구성할 수 있는 방법으로 「제망매가」가 수록된 2011 개정 『문학』 교과서 5종을 비교·대조하는 방법을 소개하려 한다.[6] 교육과정이라는 공통분모를 구현하고자 저자들이 고심 끝에 조직한 교과서이므로 그 안에서 풍부한 자료를 찾아 재구성할 수 있을 것이다. 그런데 보통 학교 현장에서는 연간 수업 계획을 수립하면서 운문 한 작품은 1~2시간, 산문 한 작품은 2~3시간 내의 수업 차시 안배를 한다. 교사의 욕심으로 다른 교과서의 모든 활동까지 수업 시간에 수행하는 것은 어렵기 때문에 작품에 대한 이해를 심화할 수 있는 학습 요소를 선별해야 한다. 또한 교사의 자율성과 전문성을 바탕으로 교육과정이라는 테두리에 갇힌 교과서를 뛰어넘어, 학습 목표로 표면화되지 않은 학습 요소를 새롭게 추가할 수도 있다. 교과서에서 명시적으로 드러난 학습 요소뿐만 아니라 암시적으로 내재된 학습 요소가 무엇인지에 대한 교사의 진지한 고민과 성찰이 필요할 것이다. 고전 시가의 '현재화와 미래화'를 위해서는 교사의 노력이 더욱 요구된다.

4) 작품 대체의 재구성

교과서 5종 중에서 한 종의 교과서만이 '죽음에 대한 세계관'을 중심으로 구성되어 있지만 학생들이 자신의 삶과 문학 작품을 견줄 수 있는 활동이기 때문에 중요하다고 본다. 그래서 사고를 확장하는 대표적인 사례로 제시하고자

6 물론 교과서들을 서로 비교하는 방법 말고도 주제, 목표, 작품, 활동 중심으로 단원이나 학습 요소 등을 자유롭게 재구성할 수 있다.

한다.

교과서 학습 활동에는 아내를 잃은 슬픔을 노래한 김춘수의 「강우」의 시적 화자와 「제망매가」의 시적 화자 사이에서 발견할 수 있는 죽음에 대한 태도의 차이점을 찾는 활동이 있다. 그런데 죽음이라는 소재의 유사성에 근거하여 전혀 성격이 다른 작품을 비교하게 하는 것보다는 바탕글에 초점을 맞추어 「제망매가」를 충분히 이해할 수 있도록 작품의 내용을 심화할 수 있는 작품으로 재구성하는 것이 좋은 방법일 것이다.

> 한 그루 나무의 수백 가지에 매달린 수만의 나뭇잎들이 모두 나무를 떠나간다.
> 수만의 나뭇잎들이 떠나가는 그 길을 나도 한 줄기 바람으로 따라나선다.
> 때에 절은 살의 무게 허욕에 부풀은 마음의 무게로 뒤처져서 허둥거린다.
> 앞장서던 나뭇잎들은 어디론가 사라지고 어쩌다 웅덩이에 처박힌 나뭇잎 하나 달을 싣고 있다.
> 에라 어차피 놓친 길 잡초 더미도 기웃거리고 슬그머니 웅덩이도 흔들어 놀밖에
> 죽음 또한 별것인가 서로 가는 길을 모를밖에
>
> —박제천 「월명」 전문

「제망매가」의 "한 가지에 나고서도/가는 곳 모르온저!"를 패러디한 작품인 박제천의 「월명」은 죽음을 그대로 수용하는 초연한 자세를 취하고 있기에, 사별의 고통을 종교로 극복하는 「제망매가」와 대조하는 과정에서 신라인과 현대인의 죽음에 대한 세계관까지 비교해 볼 수 있다. 또한 부가적으로 비유법이라는 표현 기법을 설명하여 작품의 학습 요소를 강조할 수도 있다. 이처럼 다양한 방법을 통해 다른 작품과 비교·대조하는 활동을 함으로써 사고의 확장을 꾀할 수 있을 것이다.

하지만 다른 작품과의 연계 과정에는 또 다른 작품을 소화해야 하는 학습 부담이 생긴다. 따라서 되도록이면 학생들에게 익숙한 작품으로 교체하여 쉽게

탐색할 수 있도록 하는 것이 좋다. 한용운의 「님의 침묵」은 교실 현장에서 많이 언급되는 작품인 데다가 '부재'라는 큰 항목으로 작품의 공통점을 이끌어 낼 수 있어 재구성의 좋은 사례가 된다. 만남과 이별을 일회적인 사건이 아니라 '회자정리 거자필반(會者定離 去者必反)'을 전제로 재회를 확신하는 「님의 침묵」에 나타난 시적 화자의 자세와 「제망매가」의 시적 화자를 연계하면 된다. 아니면 학생들의 취향을 고려하여 거부감이 적은 대중가요를 활용하면 더욱 좋다.

다음은 신승훈의 「나보다 조금 더 높은 곳에 니가 있을 뿐」이라는 노래의 가사이다. 학생들에게는 '사별'이라는 소재의 유사성을 바탕으로 동기 유발과 함께 10구체 향가의 형식적 특징인 3단 구성의 시상 전개 방식도 논의해 볼 만하다.

나 다시 태어나도 너만을 사랑할 거야
나의 전부인 너만을
다시 태어나 그대가 없다면
또 다른 세상을 기다리며 살 거야
넌 편히 잠들면 돼
그리고 기억하면 돼 사랑했던 내 모습
다음 세상에 우연히 만나도
그냥 스쳐 지나가는 일이 없도록
다시는 볼 수 없다는 걸 알고 있어
너의 숨결도 마지막이란 것을
하지만 난 지금 헤매이고 있어
넌 분명 이 세상엔 없는데
그래도 이젠 나 울지 않아
나보다 조금 더 높은 곳에 니가 있을 뿐
더 이상은 슬프지 않아
습관처럼 하늘만 볼 뿐
너와 난 함께 있는걸
그래도 이젠 나 울지 않아
다음 세상 우리 만날 때
서로 다른 모습이라도난
너를 찾을 수 있어

* 강조는 인용자

'하지만/그래도'의 접속사를 기점으로 3단 구성으로 나누어 '이별 상황 속의 화자 → 부재 상황에 대한 인식 → 이별 수용을 통한 슬픔 극복'이라는 점을 학생들이 찾을 수 있도록 한 다음 이를 '죽은 누이에 대한 슬픔 → 인생의 무상감 → 슬픔의 종교적 승화'라는 「제망매가」의 시상 전개와 비교하면 된다. 학생들은 지고지순한 사랑의 감정을 통해 멀게만 느껴진 죽음을 감정적으로 접근할 수 있을 것이다. 아무래도 가족의 죽음보다는 영화나 드라마에서 자주 접하는 사랑하는 사람과의 이별이 학생들에게는 부담이 적을 것이라 본다. 물론 최근에 가까운 사람의 죽음을 직접 경험한 학생이 있다면 이 부분을 조심해야 한다. 교사 한 명이 수백 명의 수업을 담당하는 현실에서 한 학생의 개인사까지 점검하는 것이 무리이기는 하지만, 학생의 개인적 상황까지 섬세하게 살피는 교사의 애정이 필요하다.

지금까지 「제망매가」를 협동 학습인 모둠 활동을 통해 작품의 내용을 학생들의 수행으로 탐구할 수 있는 방법을 예시하여 고전 시가를 '현재화'하는 수업을 고민해 보았다. 학생들의 실정에 맞게 작품을 재구성함으로써 고전 시가에 대한 흥미와 관심을 유도할 수 있을 것이다.

3——「제망매가」의 미래화: 월명사에게 편지 쓰기[7]

고전 시가를 수업하는 이유 중의 하나는 작품에 서려 있는 작가 정신의 가치가 현재에도 의미가 있기 때문이다. 개인적 서정 시가인 「제망매가」도 몇 가지 장치를 한다면 우리가 살고 있는 세상을 새롭게 바라볼 수 있도록 재구성할 수 있다. 죽음이라는 소재는 앞길이 창창한 학생들에게는 먼 미래의 일일 뿐이다. 따라서 '월명사에게 편지 쓰기' 활동만 제시하기보다는 죽은 누이와 같은 절박한 마음을 동일시할 수 있는 동기 부여와 공감대 형성이 필요하다. 또한 학습 요소 재구성을 통해 고전 시가의 '미래화'를 추구하자면 개인의 문제가 아닌 우리 모두의 문제가 될 수 있도록 학생들을 안내해야 할 것이다.

7 생산 활동은 학생들에게 작품의 의미를 내면화하는 효과적인 방법이다. 의사소통으로서의 글쓰기와 문화 실천 행위로서의 글쓰기를 염두에 두면서 글쓰기를 실천하는 과정에서 작품에 내포된 다양한 의미를 받아들일 수 있도록 안내하면 좋을 것이다. 박경원, 「학생 활동 중심 협동 학습을 통한 문학 감상 능력의 신장」, 부산광역시교육청, 2011 참조.

필자는 「제망매가」를 수업할 때 '세월호 사건'을 언급하면서 뜻밖의 죽음이라는 점과 단원고 학생들의 안타까운 죽음을 연결시켰다. 그다음에는 국가적인 총체적 난국에서 벌어진 '세월호 사건'은 우리에게도 일어날 수 있는 '너와 우리'의 문제임을 설명하면서 공동체의 문제라는 사실을 확인할 수 있도록 하였다. '세월호 사건'이 개인적 문제로서의 죽음이 아니라 우리 사회 현실의 구조적 문제로 인한 중대한 사건임을 학생들이 확인하는 과정을 통해 타인만의 문제가 아닌 우리 모두의 문제임을 성찰하고, 타인의 고통과 슬픔을 함께 아파하며 공동체의 문제를 해결할 수 있는 태도를 생각해 보도록 하였다. 학생들이 직접 작품의 계기와 현실의 문제점을 찾을 수 있도록 토론 시간을 준다면 더욱 심적으로 동기화될 수 있다.

우선 모 방송국에서 단원고 학생들의 휴대 전화 메시지를 편집한 '하늘에서 온 편지'를 활용하여 학생들에게 동기화를 했다. 이 과정에서 글과 말의 힘을 향가의 주술성을 통해 주지시키면 좋을 것이다. 『삼국유사』에 종종 향가가 천지와 귀신을 감동시켰다거나 「제망매가」를 부르며 태우던 지전이 광풍이 일어 서쪽으로 날아갔다고 한 설화의 내용을 접목시킴으로써 천도재의 성격을 설명한다면 학생들도 편지 쓰기에 좀 더 집중할 수 있을 것이다.

편지 쓰기 활동은 전체 학생들이 개별적으로 수행함으로써 각자가 내면화하도록 하는 것도 좋지만, 공동 생산 과정을 통해 수행하는 것도 좋은 방법이다. 이를 위해서 구글 드라이브를 활용하면 좋다.[8] 공동 창작물을 만들기 위해

8 구글 드라이브(https://drive.google.com)의 '문서' 기능은 인터넷상에서 활용할 수 있는 프로그램이다. '문서' 기능의 댓글을 이용하여 모둠원 또는 다른 모둠과의 의사소통을 할 수 있기 때문에 서로 협력하고 고민하면서 글을 쓸 수 있다. 사이트에 가입하면 자유롭게 사용할 수 있으며, 수업 시간에 컴퓨터를 활용할 수 없다면 과제로 부과하여 학생들이 자유롭게 수행하도록 한다. 구글 드라이브의 접근 주소만 공유하면 교사와 학생의 모든 글쓰기 과정과 결과물 등을 살펴볼 수 있으며, 글쓰기 활동과 발표가 온라인상에서 이루어지기 때문에 글을 쓰기보다는 글을 입력하는 학생들의 사정을 배려한 수업 설계가 가능하다. 또한 수준 차가 있는 학생들이 함께 토론하고 글을 작성하는 과정에서 함께하는 마음도 기를 수 있다. 그리고 구글 드라이브의 '양식'을 활용하면 쉽게 설문 응답이나 학생들의 반응을 수집할 수 있으며, 그 결과를 시각적으로 볼 수도 있다. 필자의 경우에는 학생들의 이해 정도를 파악하기 위해 수업 마지막에 형성 평가 문제를 구글 드라이브 양식을 이용하여 학생들의 이메일로 보낸 뒤 답신을 받아 이를 정리하여 수업 결과를 분석하고 학생들과 공유하였다.

학생들이 소통하는 과정에서 함께하는 힘을 배울 수 있을 것이다.

결과물을 발표하는 시간을 통해 학생들에게 필요한 미래 사회를 지향하는 태도와 자세를 정리하면 좋을 것이다. 여기서 나희덕 시인의 시를 소개할까 한다. 편지 쓰기 초반에 이를 다양한 생산 활동의 결과물로 보여 주는 것도 좋지만, 자유로운 생산 활동을 한 다음 수업의 마무리로 보여 주는 것이 의미 있을 것이다. 단, 학생들의 의견이 부정적으로 흐르지 않도록 냉철하면서도 미래 지향적으로 생산 활동을 유도할 필요가 있다.

> 나는 친구들과 잘 지내요.
> 우린 새로운 세상에서 여행을 계속하고 있어요.
> 잠시도 가만히 있는 법이 없지요.
> 가만히 있으라고 하는 어른들도 없구요.
> 물론 시험 걱정도 없는 세상이죠.
> 그동안 하고 싶었던 일들 마음껏 할 수 있고
> 좋아하는 것도 마음껏 먹을 수 있어요.
> 그러니 제 걱정은 그만하고 잘 지내세요.
> 말괄량이 소녀가 이렇게 활짝 웃고 있으니까요.
>
> —나희덕 「나의 고양이, 다윤에게—단원고 2학년 9반 정다혜 생일에」 부분

4——공동체를 만들어 가는 노래로

'지식' 중심의 주입식 교육으로 인해 학생들이 자신이 살아가는 세상과 괴리된 채 고전 시가 수업이 진행되는 것이 아닌가 하는 고민에서 시작한 고전 시가 수업 설계가 '세월호 사건'과 연결되면서 '고전 시가의 가치'를 확인할 수 있었다고 자평해 본다. 학생들이 고전 시가와 친밀한 관계를 형성하기 위해서는 활동 중심의 수업을 진행하기 위한 교사의 노력이 우선해야 한다. 고전

시가에는 삶과 죽음, 희망과 절망의 다채로운 이야기가 담겨 있기 때문에 우리가 살아가는 현재의 다양한 모습을 논의할 수 있는 수업 설계가 가능하다. 교사의 연구와 열정이 뒷받침된다면 학생들이 고전 시가에서 배울 수 있는 정신과 가치는 무한하다. 따라서 고전 시가 수업에서 과거의 사실에 얽매이기보다는 현재와 미래 사회에 유용한 의미를 바탕으로 올바른 가치관과 태도를 형성할 수 있게 하는 것이 필요하다. 그럼으로써 학생들에게 고전 시가가 정전이기 때문에 배워야 한다는 압박감에서 벗어나 작품을 계기로 자신이 살고 있는 세계에 대한 탐구와 성찰, 그리고 행동과 실천을 익힐 수 있도록 해야 한다.

고전 시가 수업의 실제 2
프로젝트 학습을 통해 「관동별곡」 흥미롭게 익히기

1——문학 수업의 고비 「관동별곡」

「관동별곡」 수업을 앞두고 학생들에게 이 작품을 한번 훑어보고 오라는 과제를 내 주었다. 그리고 첫 시간에 「관동별곡」에 대한 느낌을 물었다.

① 쉬울 것이다 ② 그저 그렇다 ③ 어려울 것이다 ④ 잘 모르겠다

①을 선택지에 넣기는 했으나 이 보기를 택하는 학생은 없을 것이라 짐작하였다. ②를 택한 학생도 거의 없었다. 예상대로 거의 모든 학생이 ③을 택했다. 몇몇은 ④를 택했다. 「관동별곡」이라는 작품과의 첫 만남에 마음의 문부터 닫아 버린 것이다.

교실에서 배우는 문학 작품 가운데 「관동별곡」을 엄청난 고비로 꼽는 학생들이 많다. 고전문학 작품을 어느 정도 공부해 본 학생들 사이에서는 악명 높은 작품으로 통하기도 한다. 「관동별곡」은 학생들에게만 힘든 고비가 되는 작품일까? 학생들에게 「관동별곡」이 고비가 된다는 사실은 이 작품을 가르치는 교사들에게도 고비가 찾아왔음을 의미한다.

그렇다면 대부분의 학생들이 「관동별곡」을 제대로 배워 보기도 전에 '어려울 것이다'라고 생각한 이유는 무엇일까. 「관동별곡」을 수록하고 있는 『문학』 교과서의 단원별 학습 목표를 살펴보면 "표현 방법과 종결 방식에 주목하여 문학 작품을 감상할 수 있다. 자연을 대하는 태도에 나타나는 한국 문학의 전통을 이해할 수 있다."(비상교육, 한철우 외), "가치 있는 내용의 언어적 형상화인 문학의 특성 이해하기, 문학적 형상화에 담긴 작가의 의도 파악하기, 문학 작품은 작가가 독자·사회와 소통하는 매개가 됨을 이해하기"(미래엔, 윤여탁 외) 등이 제시되어 있다. 그러나 학생들이 토로하는 어려움은 「관동별곡」이라는 작품을 통해 다양한 표현 및 문학적 형상화의 특징을 이해하고, 한국 문학의 전통적인 자연관을 찾는 과정에서 나오는 것이 아니다. 그보다 훨씬 이전 단계, 즉 이 작품을 처음 '읽어 내는' 과정부터가 문제이다.

하지만 「관동별곡」을 '읽어 내는' 단계를 충실히 밟지 않고서는 교과서에 제시된 학습 목표에 도달할 수 없다. 따라서 「관동별곡」 수업에 임하는 교사는 학생들이 이 첫 단계, 즉 「관동별곡」을 읽고 내용을 이해하는 기본적인 과정을 잘 수행할 수 있도록 이끌어 주어야 한다. 교사는 여기서 다양한 안내자의 모습을 그려 보게 된다. 풍부한 사진이나 영상 자료를 동원하여 학생들이 지루하게 느끼지 않도록 하는 방법, 또는 빼곡히 들어찬 한자어와 고사를 하나하나 쉽게 풀어 작품을 읽는 어려움을 덜어 주는 방법도 있다. 아예 현대어 풀이를 따로 제시해 주고 이것을 달달 암기하게 하여 작품 자체를 익숙하게 받아들이도록 하는 사례도 보았다.

필자도 「관동별곡」이라는 작품을 두고 고민을 거듭하며 갖가지 수업 방식을 시도해 본 경험자의 한 사람이다. 새로운 시도는 뿌듯한 결과를 가져다주기도 하였지만, 때로는 생각지 못한 시행착오에 당황한 적도 있었다. 여기서 소개할 모둠별 프로젝트 학습은 「관동별곡」에 대한 학생들의 기본적인 이해를 목적으로 시도해 보았던 수업 방식 중의 하나이다. 구상 과정에서는 좀 더 효과적으로 작품에 대한 흥미를 유발하면서 교사의 일방적인 주도가 아닌 학습자 주도의 수업이 되도록 하는 데 중점을 두었으며, 결국 기대 이상의 성과를 거두었다.

「관동별곡」은 혼자 공부하기에는 매우 어렵고 힘든 작품일 수 있다. 첫 느낌부터가 '어려울 것 같은' 작품이었던 만큼, 혼자 몇 줄 읽어 내려가다가는 바로 지쳐 그 자리에 주저앉아 버릴 수 있다. 우리 문학사를 대표하는 작품일 뿐 아니라 입시를 위해서도 중요한 작품이라고 힘주어 강조하는 정도로는 동기 부여도 쉽지 않다. 그래서 '함께' 공부하는 방식을 구상해 본 것이다. 학생들 스스로 모둠을 이루어 함께 공부하는 방식이라면 「관동별곡」 작품 자체에 대한 흥미 유발도 좀 더 자연스럽게 이루어질 것이라 생각하였고, 그 예상은 어느 정도 맞아떨어졌다.

2——모둠별 프로젝트 학습으로 「관동별곡」 고비 넘기

프로젝트 학습은 공동의 학습 목표 아래 모둠을 구성하여 과제를 수행하고 산출물을 만들어 내는 일종의 협동 학습이라 할 수 있다. 협동 학습은 "공동의 학습 목표를 이루기 위해 이질적인 학생들이 학습 집단을 통하여 함께 학습하는 교수 전략"으로, 학생들 간의 활발한 상호 작용을 통해 학습 효과를 극대화한다.

「관동별곡」 수업에서 모둠별 프로젝트 학습을 시도한 목적은 학생들이 작품을 읽고 이해하는 기본적인 단계를 잘 넘어서도록 하는 데 있었다. 프로젝트 학습에서는 교수법이 정형화되어 있지 않다. 교사가 어떤 식으로 수업을 설계하고 어떤 수업 기법을 활용하느냐에 따라 수업의 양상이 크게 달라질 수 있다. 또 모둠별 프로젝트 학습이라 하면 전적으로 학생들에게 모든 것을 맡기는 시간이라고 생각하는 경우가 있는데, 결코 그렇지 않다. 모둠별 프로젝트 학습법을 「관동별곡」 수업에 활용하고자 하는 교사는 모둠별 프로젝트 과제를 단락별로 치밀하게 설계함으로써 작품 내용 이해라는 공동의 학습 목표에 부합하면서도 학생들이 작품이나 수업에 흥미를 느낄 수 있도록 해야 한다. 또 일부 학생들이 모둠에서 소외되지 않도록 전체 활동을 구성하는 주의도 기울여야 한다.

필자가 실제 진행하였던 모둠별 프로젝트 학습의 수업 사례를 본격적으로 소개하면서 여기에 몇 가지 이야기를 덧붙이고자 한다. 이 수업은 총 3차시에 걸쳐 수행되었다. 1차시에 '1) 모둠 구성하기, 2) 단락별 내용 이해를 위한 프로젝트 제시하기, 3) 모둠별 프로젝트 선정하기', 2차시에 '4) 모둠별 프로젝트 진행하기, 5)모둠별 프로젝트 완성, 발표하기', 3차시에 '5) 모둠별 프로젝트 완성, 발표하기, 6) 모둠별 프로젝트 평가하기'를 진행하였다. 단계 5)의 경우는 2차시 후반에서 3차시 전반에 걸쳐 이루어졌다.

1) 모둠 구성하기

모둠별 프로젝트 학습은 모둠 구성에서 시작된다. 모둠 구성원 간의 친밀감이 어느 정도 형성되어야 프로젝트 학습이 비교적 매끄럽게 진행될 수 있는데, 다행히 「관동별곡」은 교과서 진도 후반에 배치되는 경우가 많다.

필자는 한 모둠당 5~6명씩 총 6개의 모둠을 편성하였다. 모둠당 인원수나 반별 모둠 수는 교사가 학교 사정에 따라 적절하게 조정하면 된다. 학기 초에 모둠을 구성해 두면 꼭 이 수업이 아니더라도 다양하게 활용할 수 있는 이점이 있다.

여기서 학급의 특색에 따라 모둠을 달리 구성해 보았던 필자의 경험을 공유하고자 한다. 첫째 반은 본래 멘토와 멘티로 구성된 학급이었기에 그에 따라 남학생과 여학생을 적절하게 섞어 모둠을 편성하였다. 학기 초부터 여러 활동을 해 와서인지 프로젝트를 이해하는 속도가 빨랐고 결과물의 내용도 알찼다. 다만 1~2개 모둠에서는 서로의 장단점이나 특기를 이미 파악한 뒤라 이 프로젝트에 강점을 보일 수 있는 소수만 결과물 제작에 참여하였다. 둘째 반에서는 출석 번호에 따라 모둠을 편성하였다. 이 반의 경우에는 처음 과제의 방향을 잡는 것에서부터 어려움을 호소하였다. 구성원 간 손발이 잘 맞지 않아 생각보다 많은 시간이 필요했으며, 아예 과제를 수행하지 못한 모둠도 나왔다. 그렇지만 모둠 구성원 전원이 과제를 분담하여 완수하고자 하는 의지가 강했고, 완성된 결과물의 수준도 높았다. 셋째 반에서는 친한 친구들끼리 모둠을 구성할 수 있도록 자율권을 주었다. 남녀 혼성반이었지만 한두 개 모둠을 제외하고는 남학생 모둠, 여학생 모둠으로 나뉘는 경향을 보였다. 프로젝트 수업에 임하는 태도는 첫째 반 모둠과 유사하였다.

처음 모둠을 편성할 때에는 편의상 '1모둠', '2모둠', '3모둠'과 같이 앞에다 숫자를 붙였으나 편성된 뒤에는 각기 모둠명을 짓도록 하였다. '4남 3녀', '꽃밭에서 놀아요' 등 개성적이고 다채로운 모둠명이 나왔는데, 이 과정을 이후 '3) 모둠별 프로젝트 선정하기'에서 진행함으로써 학생들이 작가나 작품과 관계되는 모둠명을 지어 보도록 유도할 수도 있겠다.

2) 단락별 내용 이해를 위한 프로젝트 제시하기

앞에서 언급한 바와 같이 모둠별 프로젝트 학습이라 하여 모든 진행과 의사결정을 학생들에게만 맡겨서는 곤란하다. 모둠별 프로젝트 학습법을 「관동별곡」 수업에 활용하고자 한다면, 교사는 단락별 내용 이해를 위한 과제와 활동부터 짜임새 있게 설계하여 제시할 수 있어야 한다.

필자가 수업한 학교에서는 6개의 모둠이 구성되었으므로, 그에 따라 다음과 같이 6개의 모둠별 프로젝트를 제시하였다. 단락 범위는 서사, 본사 1, 본사 2, 결사로 나누었으며, 서사와 결사 단락 부분은 각기 한 개 모둠이, 본사 1과 본사 2 단락 부분은 각기 두 개 모둠이 맡도록 하였다. 그리고 서사, 본사 1-①, 본사 1-②, 본사 2-①, 본사 2-②, 결사 부분을 미리 표시한 「관동별곡」 현대어 풀이를 나누어 주고, 각 단락을 짚어 가며 그에 해당하는 프로젝트에 대해 설명해 주었다.

	단락 범위	단락 내용	프로젝트
1	江湖(강호)애 病(병)이 깁퍼 竹林(듁님)의 누엇더니~汲長孺(급댱유) 風彩(풍치)를 고텨 아니 볼 게이고	서사(부임과 순력)	서사 단락 내용을 그림으로 그려 보기
2	營中(영듕)이 無事(무ᄉᆞ)ᄒᆞ고 時節(시졀)이 三月(삼월)인 제~어와 너여이고, 너 가트니 또 잇는가	본사 1(금강산 유람 ①)	금강산 유람 여정을 노래로 만들기
3	開心臺(개심대) 고텨 올나 衆香城(듕향셩) 바라보며~廬山(녀산)이 여긔도곤 낫단 말 못 하려니	본사 1(금강산 유람 ②)	금강산 유람 여정을 노래로 만들기
4	山中(산듕)을 매양 보랴~天텬地디間간 壯장한 긔별 자셔히도 할셔이고.	본사 2(관동팔경 유람 ①)	관동팔경 유람 여정을 지도에 표시하고 사진 자료 찾기
5	斜陽(샤양) 峴山(현산)의 텩튝을 므니발와 羽蓋芝輪(우개지륜)이 鏡浦(경포)로 나려가니~五月(오월) 長天(댱텬)의 白雪(ᄇᆡᆨ셜)은 므ᄉᆞ 일고	본사 2(관동팔경 유람 ②)	관동팔경 유람 여정을 지도에 표시하고 사진 자료 찾기
6	져근덧 밤이 드러 風浪(풍낭)이 定(뎡)ᄒᆞ거O~明月(명월)이 天山萬落(천산만낙)의 아니 비쵠 ᄃᆡ 업다	결사(월출과 꿈)	결사 단락 내용을 그림으로 그려 보기

1번, 6번 프로젝트의 목표는 학생들이 단락별 주요 내용을 그림으로 그려 봄으로써 「관동별곡」의 내용을 이해하고 자기화하는 데 있다. 「관동별곡」의 내용을 그림으로 옮기는 방식은 여럿일 수 있다. 구체적으로 어떤 그림을 그려야 할지 묻는 모둠도 있어, 스토리가 있는 웹툰 형식도 좋고, 주요 장면과 소재를 포착하여 간단한 그림으로 그리는 방식, 커다란 한 장의 그림 안에 여러 장면을 함께 담는 방식 등 여러 방식이 가능하니 자유롭게 그려 보라고 이야기해 주었다. 이 프로젝트의 경우 소위 '능력자'로 불리는, 즉 미술에 특기가 있는 학생의 참여 여부가 중요하다. 모둠을 구성하는 과정에서부터 이 부분을 고려하면 도움이 될 것이다. 이때 그림 그리기의 주요 부분을 맡은 학생을 제외한 나머지 구성원들이 방관자로 전락할 우려가 있다. 따라서 다른 모둠원들이 줄거리를 파악하는 역할, 인물의 특징을 찾는 역할, 스토리를 만드는 역할 등을 나누어 맡도록 하는 것이 좋다.

2번, 3번 프로젝트 역시 다양한 방식이 가능하다. 예시 자료로는 돈춘호의 우리말 랩 UCC 영상(「훈민정음」, 「용비어천가」, 「관동별곡」)을 보여 주었다. 그런데 돈춘호의 랩은 「관동별곡」의 표현 일부를 차용하기는 했으나, 대상이 되는 공간 자체를 서울로 옮긴 일종의 패러디 곡이다. 모둠별 프로젝트는 고전 시가 「관동별곡」에 대한 일차적인 이해가 목표인데, 학생들이 자칫 그 취지를 오해할 수 있겠다는 생각이 들었다. 그래서 이러한 랩 형식을 취할 수는 있지만 우리 프로젝트에서는 「관동별곡」에 드러난 여정과 소재를 있는 그대로 충실히 담아내야 한다는 설명을 덧붙였다.

4번, 5번 프로젝트는 학생들이 「관동별곡」에 드러난 유람 여정을 더욱 흥미롭게 받아들일 수 있도록 하기 위해 마련하였다. 유람 여정을 단순한 암기의 대상으로 여기는 것이 아니라, 지도에 점을 찍어 가며 금강산과 관동팔경의 풍경을 감상하는 과정을 통해 그 여정을 간접적으로나마 체험해 볼 수 있도록 한 것이다. 그리고 사진 자료를 찾을 때에는 금강산과 관동팔경의 풍경을 담아낸 무수한 자료 가운데 「관동별곡」 속의 표현이나 정서와 가장 잘 부합하는 것을 택하도록 하였다.

3) 모둠별 프로젝트 선정하기

다음에는 각 모둠에서 수행할 프로젝트를 한 가지씩 선정하도록 하였다. 모둠별로 어떤 프로젝트를 선택할 것인지 토의할 시간을 배정해 주고, 프로젝트에 대한 구체적인 질문에 답해 주었다.

토의를 마친 후에는 모둠별로 원하는 프로젝트를 택하도록 하였고, 성격이 유사한 1번과 6번 프로젝트, 2번과 3번 프로젝트, 4번과 5번 프로젝트의 경우 프로젝트 수행 방식이 가능한 한 겹치지 않도록 사전에 조정하였다. 어떤 학급에서는 여러 모둠의 선택이 한 가지 프로젝트로 몰리는 상황이 발생하기도 했는데, 이때는 수업 진행 상황에 따라 대처를 달리하였다. 토의가 길어져 수업 시간이 부족하게 된 경우에는 가위바위보와 같은 방식으로 우선순위를 정했고, 수업 시간이 어느 정도 여유로운 경우에는 그 프로젝트를 수행하기 위한 계획을 모둠별로 모두 들어보고 나머지 모둠의 동의와 호응에 따라 프로젝트를 배정하였다.

프로젝트를 선정한 이후에는 모둠 조장을 뽑고 모둠원 개개인의 역할을 분담하도록 하였다. 이는 수업의 체계적인 진행을 위한 절차로, 협동 학습에서 흔히 발생하기 쉬운 방관자 문제를 미연에 방지하는 효과도 있다. 모둠 구성원 개개인에게 구체적인 역할을 부여함으로써 구성원 간의 상호 협력을 강조하는 한편, 일부 학생들이 학습 과정 중 집단 속에 자신을 감추는 일을 줄이고자 한 것이다.

이번 프로젝트 수업을 통해 「관동별곡」이 완성된다면 이것은 송강 정철 선생이 지은 조선 시대의 가사 작품이 아니라, 여러 모둠의 협력으로 현대에 재탄생된 ○○고등학교 「관동별곡」임을 강조하는 것도 잊지 않았다. 동기 부여를 위해서였다. 이는 학생들이 자기 모둠에 주어진 프로젝트의 결과물을 더 멋지게 만들어 내고자 노력하는 계기가 되었을 것이다.

4) 모둠별 프로젝트 진행하기

모둠별 프로젝트의 진행을 한 차시 내에 시작하고 끝내기란 거의 어렵다고 보아야 한다. 그러므로 교실에서 전체 과정이 이루어지도록 할 것이 아니라 내용 구성에 대한 합의, 기초적인 자료 조사와 검색 등은 사전에 과제로 부여하는 방식이 적절하다. 프로젝트의 3분의 2 정도를 완성해 오는 부분까지 과제로 내 주고, 나머지 3분의 1 정도는 교실에서 교사의 지도 아래 마무리하도록 하였더니 흐름도 훨씬 원활하였다.

수업은 모둠별로 활발히 진행하되 분위기가 너무 어수선해지지 않도록 하였다. 교실을 계속 돌아다니며 각 모둠이 어떻게 활동하고 있는지 살피고, 필요한 경우 조언도 해 주었다. 그 가운데에는 현재 자신들이 프로젝트를 잘 진행하고 있음을 수시로 확인받기를 원하는 모둠도 있었다. 미완성의 그림을 보여 주고 노래를 들려주며 평가를 묻는 식이었다. 이 경우 그 모둠이 프로젝트를 끝까지 완수할 수 있도록 격려와 칭찬의 말을 자주 건넸다. 5번 프로젝트를 맡은 모둠의 어떤 학생은 프로젝트의 주제와는 무관하게 졸업 후 자신이 꿈꾸는 여행에 대한 계획을 이야기하기도 하였다. 교사는 이러한 소소한 활동들에 대한 학생들의 반응도 놓치지 않아야 한다. 또한 방관자 또는 모둠에서 소외되는 학생이 생기지 않도록 모둠별 상황과 분위기도 수시로 점검해야 한다.

모둠이 교실에서 프로젝트를 마무리하고 발표하는 단계에는 컴퓨터의 활용이 필수적이다. 학생 개인이 노트북을 준비해 오도록 하기보다는 교사가 학교에 노트북 대여를 신청하는 방식을 추천한다. 사전에 학교 측에 노트북 대여를 신청하면 한 모둠당 한 대 정도의 노트북 사용은 충분히 가능할 것이다.

5) 모둠별 프로젝트 완성, 발표하기

모둠별로 프로젝트를 완성한 후에는 「관동별곡」을 함께 찬찬히 읽어 가며 내용을 발표하는 시간을 가졌다. 1번, 4번, 5번, 6번 프로젝트의 결과물은 단락을 읽기 전에, 2번, 3번 프로젝트의 결과물은 읽은 후에 발표하도록 하였다. 그 결과물의 사례 몇 가지를 제시한다.

1번 프로젝트: 서사 단락(부임과 순력) 내용을 그림으로 그려 보기

2번 프로젝트: 금강산 유람 여정(본사 1-①)을 노래로 만들기

울릉도 동남쪽 뱃길 따라 200리
외로운 섬 하나 새들의 고향
그 누가 아무리 자기네 땅이라 우겨도
독도는 우리 땅

봄바람 좋구나 금강산으로 가보자
만폭동 폭포수 금강대 선학
진헐대 오르니 봉우리 봉우리 많구나
망고대와 혈망봉

5번 프로젝트: 관동팔경 유람 여정(본사 2-②)을 지도에 표시하고 사진 자료 찾기

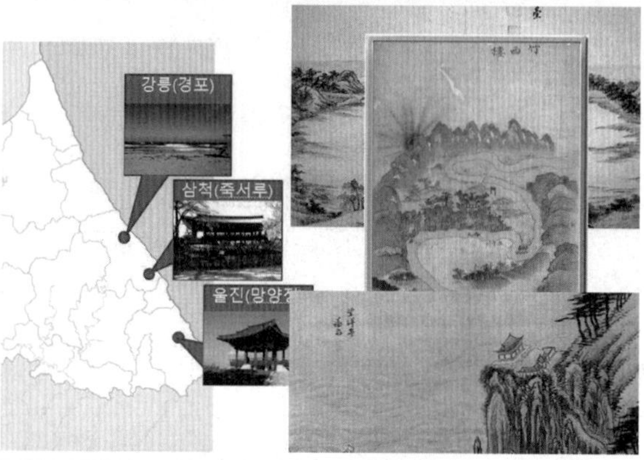

1번 프로젝트 팀에서는 서사 단락 한 행, 한 행에서 핵심적인 내용만 간추려 그려 내는 형식을 취했다. 그림에 넣은 "죽림: 전남 담양", "관동 관찰사…!", "성은이 망극하옵니다."와 같은 말도 대부분 작품의 표현을 그대로 가져오거나 풀어 낸 것이다. 작품을 읽고 이해하는 데에는 도움이 되겠으나, 톡톡 튀는 상상력이나 기발한 재치 면에서는 다소 아쉬웠다. 이러한 유형의 프로젝트에서는 학생들로 하여금 기본 줄거리에서 완전히 벗어나거나 화자의 정서를 왜곡하지 않는 선에서 최대한 표현의 자유를 주는 것이 좋겠다.

2번 프로젝트의 경우, 돈춘호의 랩 영상을 예시 자료로 보여 준 만큼 랩 형식을 따른 결과물이 많았으나 이렇게 '노래 가사 바꿔 부르기' 형식을 활용한 결과물을 낸 모둠도 있었다. 「독도는 우리 땅」이라는 비교적 쉽고 간단한 멜로디의 노래를 원곡으로 했기 때문에 이 모둠에서 노래를 부르자 다른 모둠의 학생들도 금세 따라 불렀다. 학생들은 이 곡을 통해 「관동별곡」의 여정을 재미있게, 오래 기억할 수 있게 되었다며 긍정적인 반응을 보였다. 다만 이 노래에는 여정과 견문만 제시되고 감상이 빠져 있어, 이 단락의 정서와 의도, 문학적 표

현 등에 대해서는 교사가 설명을 덧붙였다.

5번 프로젝트를 맡은 모둠에서는 파워포인트를 활용하여 결과물을 만들었다. 먼저 지도에 표시한 유람 여정을 하나씩 짚어 가면서 「관동별곡」에 언급된 관동팔경의 현재 모습이 담긴 사진을 보여 주었다. 그다음에는 김홍도나 정선 등이 그린 옛 그림을 다시 보여 주면서 「관동별곡」의 해당 구절과 유사하게 묘사된 부분에 대해 설명하는 식으로 발표를 진행하였다. 학생들은 현대 사진보다 옛 그림을 오히려 신선하게 받아들이는 듯했다. 모둠 발표 이후, 필자는 이와 같은 장소를 나중에 직접 여행해 본다면 그 울림이 더욱 클 것이라 이야기하며 관동팔경 답사 코스와 관련 자료에 대해 간략히 소개하였다.

프로젝트 발표를 진행한 결과, 각각의 프로젝트에 대해 설명하는 2단계에서 과제 수행 방식을 좀 더 명확하게 제시해 주었더라면 하는 아쉬움이 남기도 하였다. 「관동별곡」 수업을 위해 필자가 제시한 프로젝트 학습을 시도해 보고자 한다면 첫째, 가능한 한 「관동별곡」의 원 내용에 입각하여 과제를 수행할 것, 둘째, 결과물에는 「관동별곡」에 대한 모둠의 감상을 포함시킬 것 정도의 두 가지 원칙을 견지할 것을 강조하고 싶다. 내용과 감상이 프로젝트 결과물에 충실히 담기도록 하기 위해서이다. 1차시 수업 때 「관동별곡」 현대어 풀이를 모둠별로 나누어 줄 것이므로, 아예 다음과 같은 프로젝트의 구성 틀을 보여 주는 것도 한 방법이겠다.

<table>
<tr><td rowspan="2">1번, 6번 프로젝트</td><td>(그림)</td><td>(현대어 풀이)</td></tr>
<tr><td colspan="2">(이해와 감상)</td></tr>
<tr><td rowspan="2">2번, 3번 프로젝트</td><td>(바꾼 노래 가사)</td><td>(현대어 풀이)</td></tr>
<tr><td colspan="2">(이해와 감상)</td></tr>
<tr><td rowspan="2">4번, 5번 프로젝트</td><td>(지도, 사진)</td><td>(현대어 풀이)</td></tr>
<tr><td colspan="2">(이해와 감상)</td></tr>
</table>

물론 이렇게 틀만 제시해 주는 것에 그치지 말고, 이것을 5)단계의 발표 시간에도 활용할 수 있도록 해야 할 것이다. 예를 들어 1번, 6번 프로젝트의 경우, 그림과 해당 원문에 대한 현대어 풀이를 보여 주고, 이러한 그림으로 표현한 이유와 의도, 가사의 내용을 그림으로 표현하면서 느꼈던 점 등을 함께 발표하도록 하면 된다.

6) 모둠별 프로젝트 평가하기

학생들이 직접 모둠별 프로젝트에 대한 간단한 평가지를 작성하는 시간을 짧게 가지는 것으로 전체 프로젝트 학습을 마무리하였다. 다른 모둠의 프로젝트 결과물과 발표 내용을 평가하는 과정은 자신이 속한 모둠이 맡았던 프로젝트에 대해 간접적으로 반성하는 계기가 되기도 한다.

모둠별 프로젝트 발표를 병행하면서 「관동별곡」 읽기 수업을 진행해 본 결과, 과거 필자가 처음부터 끝까지 단락별 내용 설명을 전담하였던 사례와 비교해 볼 때 학생들의 수업 태도나 학습 성취도 면에서 효과가 뚜렷하게 나타났다. 「관동별곡」에 대한 이해도가 높아지고 해당 단원의 내신 성적이 향상된 점도 주목할 만하지만, 무엇보다 프로젝트 학습 이후 고전문학 수업 분위기가 일정 정도 나아지는 변화가 있었다는 점에서 보람이 있었다. 어려울 것만 같았던 작품, 엄청난 고비로 느껴졌던 작품을 친구들과 함께 읽어 내는 과정을 통해 학생들도 얼마간의 흥미와 자신감을 얻었던 것이 아닐까.

3——「관동별곡」 수업을 준비하는 교사들에게

서두에 언급했듯이 「관동별곡」은 교사에게도 부담이 되는 작품임에 틀림없다. 인터넷에 '관동별곡'이라는 검색어를 입력해 보면 원문, 해석, 어휘 풀이, 관련 읽기 자료, 사진 자료 등 참으로 많은 내용이 넘쳐난다. 이는 역으로

「관동별곡」과 만나는 이들의 부담과 고민이 상당했음을 증명하는 것이기도 하다.

초년 교사 시절을 떠올려 보면 교사 주도의 강의식 수업에 의존하여「관동별곡」을 읽고 해석해 주는 정도에 그쳤던 것 같다. 그리고 단원이 끝나면 그 해방감에 아이들보다 더 홀가분해했던 기억이 있다. 한참을 지나서는 학생 주도의 발표식 수업을 도입하여 학생들 스스로 어려운 어휘를 찾아보고 원문을 현대어로 풀이하는 활동을 하도록 하였다. 아마도 학생들은 자습서의 어휘 풀이와 현대어 풀이를 거의 그대로 가져왔을 것이다. 지나고 보니 그리 좋은 방식은 아니었던 것 같다.

「관동별곡」 프로젝트 학습법을 여기에 소개한 것은, 이것이 작품 내용의 효율적인 이해와 고전문학에 대한 재미 부여라는 일석이조의 교육적 효과를 얻을 수 있었던 방법론이라고 판단하였기 때문이다. 학생들은 선생님이나 자습서에 의존하였던 수동적인 학습 태도에서 벗어나 다양한 방식으로 내용을 이해하는 경험을 하였고, 어려운 내용의 고전문학 작품이 쉽게 느껴지는 데에서 성취감과 보람도 맛보았다. 또한 수업이란 소위 공부 잘하는 몇몇 학생들을 위한 것이라고 인식하였던 일부 학생들은 프로젝트 모둠의 일원으로 참여해 본 경험 이후 더욱 긍정적인 마음과 적극적인 태도로 수업에 임하게 되었다. 프로젝트 수행을 위한 토의와 토론, 자료 조사와 정리, 발표와 질의 등과 같은 활동을 통해 스스로 자신의 의견을 표현하는 방법을 익히게 되었으며, 자신이 맡은 역할이 프로젝트 전체에 영향을 미치게 되는 상황을 겪으며 책임감과 유대감을 가지게 되었다.

마지막으로「관동별곡」을 비롯한 고전문학 작품의 프로젝트 수업을 준비하고자 하는 교사가 있다면, 설계 단계부터 다음 사항을 고려하여 더욱 완성도 높은 프로젝트 수업을 만들어 가길 바란다. 첫째, 미리 교과서를 살펴 프로젝트 수업을 진행할 단원을 학기 초에 선정하고, 그에 따른 구체적인 계획을 세워야 한다. 둘째, 학기 초에 모둠 구성을 먼저 해 두면 여타 학급 및 교내 활동, 수업 중 활동에 활용할 수 있고, 이를 통해 모둠원 간 친밀도를 높일 수 있다. 이러한 관계는 프로젝트 결과물의 질적 수준을 향상시키는 기반이 된다. 셋째, 각 모둠이 맡은 프로젝트의 진행과 관련하여 가상 순서도를 그려 보거나 그 상황을 시뮬레이션 해 본다. 이는 프로젝트 수업의 시행착오를 최소화하는 방안이 될 수 있다. 넷째, 프로젝트 학습은 교육과정상 배당된 것보다 많은 시간을 필요로 하므로 진도나 시간 관리에 대한 계획을 세워야 한다. 소요 시간을 줄이기 위해서는 과제 부과가 필수적이므로, 과제 분량과 방법에 대한 고민도 있어야 할 것이다. 다섯째, 모둠별 프로젝트 학습법을 일차적인 내용 이해 단계가 아닌 심화 학습 단계에 활용하는 방식도 있다. 「관동별곡」의 경우라면, 「관동별곡」을 토대로 인터뷰 기사, 칼럼, 광고, 사실 보도 기사 등을 작성하여 신문을 만드는 활동, 「호남별곡」, 「영남별곡」, 「충청별곡」, 「제주별곡」 등으로 그 지역을 바꿔 '○○별곡'을 재창작하는 활동 등을 포함시킬 수 있겠다.

고전 소설 수업의 실제

사람을 제대로 이해한다는 것은 평생을 노력해도 어려운 일인 것 같다. 타인과 소통하기를 게을리하는 순간부터 우리는 서로를 쉽사리 오해하게 된다. 다른 이의 내면을 들여다보며 나의 마음을 살펴보는 방법으로 소설 읽기만큼 쉽고 흥미로운 일이 없다. 그런 점에서 고전 소설은 장점이 있다. 우리가 고전 소설의 인물들을 단편적인 이미지로만 이해하고 있기 때문이다. '심청은 효심 깊은 아이이다', '흥부는 착한 사람이다'와 같은 단편적인 이미지에서 출발하여 그들이 어떤 고민과 욕망을 지녔는지를 제대로 살펴보는 것이 이 수업의 목적이다.

1——학습 목표를 구체적으로 제시하기

교육은 특정한 목적을 지닌 가치 지향적 활동이다. 교과서에는 단원마다 교육과정의 성취 기준에 기초한 특정한 학습 목표가 제시되어 있다. 하지만 소설을 학습한다는 것은 작품에 담긴 삶의 총체적 국면을 다루는 것이기 때문에 교과서의 학습 목표를 달성하는 것만으로 수업을 끝낼 수는 없다.

교사가 할 일은 교과서의 목표에 국한되지 않는 매 차시의 수업 목표를 분명히 하는 것이다. 그러기 위해서는 각 차시의 목표에 맞게 교과서를 재구성할 수 있는 능력이 필요하다. 교과서의 제시 순서를 순차적으로 따라가다 보면 학습 목표를 염두에 두는 것이 의미 없는 일임을 깨닫게 된다. 교과서의 각 단원은 동일한 체계로 이루어져 있기 때문에 이러한 구조를 따라가는 수업을 하게 되면 학습 목표가 바로 그 차시의 수업과 별 상관이 없는 경우가 생긴다. 따라서 교사는 오늘의 수업에서 달성해야 할 목표를 새롭게 제시할 필요가 있다. 예를 들면, '심청이 인당수에 몸을 던지기까지 고민했던 것은 무엇인지 추측해 보자', '홍부가 궁극적으로 원했던 것은 무엇인지 찾아보자' 등과 같은 목표가 있을 수 있다.

2——옛이야기로 동기 유발하기

동기 유발은 학생들로 하여금 수업에 집중하게 하는 방법을 말한다. 동기 유발 전략은 여러 가지가 있지만, 고전 소설과 같이 낯선 문학 작품을 수업할 때에는 기존에 알고 있는 지식과 연결시키는 방법을 사용한다. 학생들이 이미 가지고 있는 지식을 활성화하는 일, 다시 말해서 학생들이 자기 기억 속에 간직하고 있는 정보를 꺼내어 고전 소설의 내용과 관련짓는 것이다. 이를 위해 배경지식을 끌어낼 수 있는 적절한 단서를 제시하는데, 이는 교사의 발문이나 설명을 통해 이루어진다. 배경지식이 활성화되면 낯선 소설일지라도 흥미를 보일 수 있다.

> 해는 멀리 곤명지에 떨어지고, 구름 그림자는 광야에 낮게 드리웠다. 눈부신 가을색이 선명한 그림을 펼친 듯했다. 소유가 옥퉁소를 잡고 한 곡을 부니, 그 소리가 흐느끼는 듯 목이 메는 듯 원망하는 듯 하소연하는 듯 우는 듯 그리운 듯했다. 진시황을 죽이러 가던 자객 형가가 역수를 건널 때 친구 고점리와 축을 연주하며 마지막으로 노래를 부르는 듯, 초패왕 항우가 패전 직전 군막 안에서 사랑하는 우

미인과 이별을 안타까워하며 노래를 부르는 듯했다. 처첩들이 연주를 듣고 구슬픈 생각이 들어 눈물이 옷자락에 가득하니, 두 부인이 소유에게 물었다. (김만중, 『구운몽』)

위 글은 『구운몽』의 일부이다. 진시황이나 패왕(霸王) 항우의 이름 정도는 들어 본 적이 있을 것이다. 하지만 진시황을 암살하러 가는 '형경(荊卿)'의 이야기와 사면초가의 상황에 몰린 '패왕'의 이야기를 모른다면 작가의 의도를 제대로 읽어 낼 수 없다. 막연히 슬픈 소리라고 이해하는 학생과 그 두 이야기를 알고 승상의 옥피리 소리를 상상하는 학생의 문학 감상 능력은 확연하게 차이가 날 것이다. 조선의 사대부들은 문학적으로 본보기가 될 만한 모범을 자신의 글 속에 담아내었다. 작가가 '형경'과 '패왕'의 이야기를 끌어들인 것은 독자들이 승상의 옥피리 소리를 상상하도록 하려는 의도이다. 이러한 표현들에 대한 이해를 깊이 있게 안내한다면 학생들의 수업 몰입도는 높아질 것이다. 무엇보다 이러한 학습이 쌓여야 다른 고전 소설 독서에 전이 효과를 일으킨다. 학교에서 고전 소설을 학습한 경험이 다른 고전 소설을 읽는 데 도움이 되지 못한다면 무언가 중요한 것을 놓친 것이다. 고전 소설을 읽으며 풍부하게 상상할 수 있는 능력을 길러 주는 것이 필요하다.

여기서 놓치지 말아야 할 점이 있다. 문학이라면 잠시 그 진실하고 아름다운 표현에 마음이 사로잡혀야 한다. 학생들에게 이야기를 들려줄 때도 마찬가지이다. 교사가 '형경'과 '패왕'의 이야기를 할 때 신문 기자가 사건을 전달하듯이 일목요연하게 정리해서 설명하는 것은 중요하지 않다. 학생들이 이야기 속의 인물과 장면들을 생생하게 상상할 수 있도록 하는 것이 소설 수업이다. 예를 들어 '절세미인 우희'라고 하지 않고 '한 송이 꽃 같은 우희'라고 하고, '장수 항우'가 아니라 '삼백 근짜리 무쇠솥을 내던질 수 있었던 항우 장수'라고 표현하는 것이다. 중국의 고사가 아니고 작품의 배경이 되는 역사적 사건이나 사자성어와 같은 어휘에서부터 수업을 시작해도 좋다. 익숙한 언어를 사용하는 현대 소설의 어휘에 담긴 의미와 감정은 학생들 스스로 직관적으로 파악할 수 있지만 고전 소설에 나오는 어휘나 표현들을 이해하는 데에는 교사의 안내가 필요하다. 학생들로 하여금 고전문학 작품을 감상하고 즐길 수 있는 태도를 갖게 하려면 관습적 표현들에 담긴 느낌과 분위기도 함께 전달해야 한다.

3——단어 하나하나를 명확히 읽게 하는 학습지 수업하기

고전 소설 중 접하기 어려웠던 글들은 우선 꼼꼼히 짚어 읽게 해야 한다. 현대 소설과 달리 고전 소설은 현대의 독자들을 배려하고 있지 않기 때문에 하나하나 짚어 가며 그 의미를 명확하게 확인할 필요가 있다. 읽기 능력이 부족한 학생들은 글을 건성건성 읽는 것이 습관화되어 있다. 자신이 단어나 문장의 의미를 제대로 이해했는지에 유의하지 않기 때문에 피상적인 이해에 머무르게 된다. 세심하게 읽으라고 잔소리만 하는 것은 효과가 없다. 잔소리가 통하는 학생들은 오히려 읽기 능력이 우수한 학생들이다. 실제로 글을 완전히 이해했다는 것이 어떤 것인지 모르는 경우가 많기 때문에 학생들이 그것을 경험할 수 있도록 교사가 안내해 주어야 한다.

교사는 학생들, 특히 독서 능력이 부족한 학생들이 꼼꼼히 읽을 수밖에 없도록 하는 학습지를 준비할 필요가 있다. 학습지의 발문 개수는 A4 2쪽을 꽉 채울 만큼 많아야 한다. 그 정도가 1차시 수업 분량이다. 대부분 고전 소설의 사실적 이해를 돕는 문제들로 구성하되 그중 2~3개는 추론적 이해를 돕는 문제들로 만든다. 아주 중요한 정보는 물론이고, 지극히 사소해서 지나치기 쉬운 정보도 물어야 한다. 교과서에 의미 풀이가 되어 있지 않지만 학생들이 모를 만한 단어의 뜻을 질문할 수도 있다. 그래야 꼼꼼한 읽기가 된다. 추론 문제는 소설을 처음부터 끝까지 다시 훑어보고 깊이 생각해야 답을 할 수 있는 수준 높은 것들이어야 우수한 학생들의 지적인 호기심을 자극할 수 있다. 그러나 『춘향전』이나 『토끼전』처럼 익히 줄거리를 알고 있는 글이라면 학습지 풀이가 도전적인 느낌을 주지 않기 때문에 학생들이 놓치고 넘어갔던 세부 사항들 위주의 문제를 선별하는 데 주의를 기울여야 한다.

다음은 「허생전」 학습지이다. 읽으면 바로 답을 알 수 있는 문제들이 아니라 조금 더 생각해 보아야 답을 찾을 수 있는 문제들만으로 구성해 보았다.

「허생전」 학습지

____학년 ____반 번호________

1. 한평생 독서를 하고도 돈을 벌지 못한다면 무슨 소용이 있느냐는 아내의 말을 통해 아내와 허생이 각각 어떤 인물인지 말해 보자.

   아내는 실리를 추구하는 인물이며, 허생은 명분을 추구하는 인물이다.

2. 소설의 앞부분에 있는 허생과 부인의 대화를 읽고 허생의 독서와 가정 경제의 관계에 대해서 이야기해 보자.

   양반의 독서가 가정 경제에 아무런 도움을 주지 못하고 있다.

3. 허생의 비정상적인 상행위(매점매석)를 통해 작가가 비판하고자 했던 것은 무엇인가?

   폐쇄적이고 허약한 경제 구조를 비판하고자 하였다.

4. 양반의 허례허식과 관련된 소재는 무엇인지 찾아 적어 보자.

   과일과 말총

5. 허생과 도적들과의 문답을 통해 그들이 도적이 된 까닭을 말해 보자.

   밭이 있고 아내가 있다면 괴로운 도적질을 하지 않겠다는 내용을 통해 먹고 살 길이 막막하여 도적이 되었음을 알 수 있다.

6. 허생이 도적들을 데리고 섬에 들어가서 한 아래의 행동을 통해 허생이 이루고자 한 이상향의 특징에 대해 말해 보자.
<u>곡식이 남아 다른 섬에 팔았다: 폐쇄적이지 않은 경제 구조를 갖추었다.</u>
<u>바른편 손으로 숟가락 쥐기를 가르치고 하루를 일찍 났어도 먼저 먹게 사양하도록 하였다: 예를 갖춘 사회를 만들고자 하였음을 알 수 있다.</u>

7. 이완이 허생의 요구를 모두 받아들이지 않은 것을 통해 위정자들이 주장한 북벌론의 실체가 어떤 것이었는지 말해 보자.
<u>위정자들이 주장하는 북벌론은 명분일 뿐이었음이 드러난다. 명분만을 좇아 실리적 대안을 외면하고 있는 것이다.</u>

8. 결말에서 허생은 자취를 감춘다. 허생이 사라진 이유를 추측해 보고 이를 글로 적어 보자.

9. 허생에게서 배울 만한 삶의 태도가 있다고 생각한다면 어떠한 이유 때문에 그러한지 써 보자. 만약 배울 만하지 않다고 생각한다면 어떠한 이유 때문에 그러한지 써 보자.

* 밑줄 부분은 예시 답안임.

4——인물의 성격 파악하기

이제 소설 속 인물이 어떤 성격을 지닌 사람인지를 파악하는 수업 방법에 대해 생각해 보자. 수업 목표는 단순히 인물의 성격을 파악하는 것이 아니라 인물에 대한 선입견을 깨고 정당하고 객관적인 평가를 하는 것이라는 점을 분명히 한다. 고전 소설의 인물은 대체로 단순하고 왜곡된 이미지로 독자에게 각인되어 있는 경우가 많다. 최시한의 소설「허생전을 배우는 시간」에 아주 재미있는 인물 해석이 나온다. '허생'이라는 인물에 대해 알아보는 시간이다. 학생들은 이렇게 말한다. "외로운 사람입니다. 친구가 없습니다." "아내를 전혀 돌보지 않은 걸 보면, 좀 매정한 데가 있습니다." "배짱이 두두욱한 사람 같습니다." "장사 수완이 아주 좋은 사람입니다." 앞의 두 대답은 소설을 아주 세밀하게 읽고 깊이 생각했기 때문에 나올 수 있는 내용이다. 그냥 지나치기 쉬운 부분을 지적한 것이 매우 흥미롭다. 우리가 허생을 '매정하다'고 평가하지 않은 것은 허생이 훌륭한 선비이고, 장인바치 일이나 장사는 하찮은 직업이며, 남편을 이해하지 못하고 천한 직업을 권하는 부인은 소견이 좁은 인물이라는 선입견에 빠져 있었기 때문인지도 모른다. 그래서 배가 고파 울면서 이야기하는 '아내'의 물음에 웃으며 대답하는 '허생'의 행동을 이상하다고 여기지 않고 지나쳐 버린 것이다. 이렇듯 인물의 성격을 이해하는 것은 기존의 판단이 편견에 기반하였음을 확인하는 것에서 출발한다.

성격은 인물의 언행이나 서술자의 설명으로 파악한다. 인물의 성격 파악하기 수업은 최시한의 소설에 나오는 바와 같이 학생들이 인물의 언행을 근거로 성격을 추리하도록 하는 수업 전략을 사용한다. 인물의 성격은 논증의 방법을 통해 파악하도록 한다. 주장과 이유, 근거를 대는 것이다. '허생은 돈을 중요시하지 않는 인물이다'는 주장이고, '자신이 번 돈을 개인적 욕심을 위해 쓰지 않았기 때문이다'는 이유이다. 근거는 '12쪽의 구절 ~'이라는 형식을 갖추어 말하도록 한다. 정답을 얻는 데 목표를 두기보다는 설득력 있는 답변을 하도록 하는 데 중점을 둔다. 그리고 하나씩 점검해 나간다. 이 점검 과정을 통해 학생들은 자신의 생각을 조정한다. 학생들이 능동적으로 참여하는 점검이 어려운 상황이라면 교사가 먼저 점검할 필요가 있는 구절에 밑줄을 친다. 그리고 이를 올바르게 수정해 보도록 격려한다. 그러면서 강조해야 할 것은 우리가 허생을 훌륭한 선비로만 바라보던 기존의 관점을 되짚어 보는 태도이다. 대부분의 학생들은 고전 소설을 동화로 먼저 접한다. 따라서 인물에 대한 단편적인 이미지만 머릿속에 남게 된다. '온달'은 바보이고, '놀부'는 나쁜 사람일 뿐이다. 그동안 일차원적으로만 인식하였던 인물을 다르게 바라보는 경험이 이 수업의 목표이다.

소설 속 인물은 인물이 속한 역사적·사회적 배경을 파악해야만 비로소 제대로 이해할 수 있다. 따라서 고전 소설에 담긴 사회적·역사적 배경을 파악하는 것은 꼭 필요한 과정이다. 등장인물들이 자신의 삶의 목적을 성취하기 위해, 혹은 신념을 지키기 위해 벌이는 사건들은 현재 우리가 사는 세상에 대한 이해만으로는 그 의미를 분명하게 파악할 수 없다. 『채봉감별곡』의 김 진사는 벼슬자리를 얻기 위해 금지옥엽으로 키운 딸 채봉을 허 판서에게 바치려고 한다. 돈으로 관직을 사고파는 매관매직은 동서고금을 막론하고 있었던 일이라 그럴 법하다고 여길 수 있지만, 딸을 팔아 관직을 사는 일은 이해하기 힘들다. 이 일은 매관매직이라는 당대의 부패한 사회 현실의 극단을 보여 준다는 해석에서 더 나아갈 필요가 있다.

> 당초에 김씨가 서울로 올 때는 천금 같은 딸을 위하여 좋은 배필을 얻어 슬하에 낙을 보려 함이더니, 그때는 평안도 사람으로는 벼슬 얻어 하기가 승천(昇天) 적선(謫仙)같이 어려운 세월이라 김 참봉이 천만뜻밖에 세가(勢家: 세력가)를 만나 출륙하고, 또 이같이 세가 재상의 농락에 들어 수작을 하여 보매 헛된 영광에 불같은 욕심이 나는지라. (『채봉감별곡』)

김 진사는 평안도 출신이다. 조선 시대에는 평안도와 함경도 지방 사람들에 대한 극심한 차별이 공공연히 벌어졌다. 과거 시험에 합격하더라도 발령을 미루거나 '서토 놈들'이라는 말로 비하하는 등 김 진사와 같은 평안도 지역 사람들이 겪었던 지속적인 차별과 무시, 그리고 그에 대한 분노와 좌절감은 뿌리 깊은 것이었다. 김 진사가 허 판서의 제안을 거절하지 못한 것을 단순히 매관매직의 유형으로 파악한다면 그는 관직에 눈이 먼 탐욕적인 사람일 뿐이다. 이러한 관점은 고전 소설의 인물을 단편적으로만 인식하게 만든다. 하지만 당시의 사회적 배경에 대한 이해는 김 진사가 지속적인 차별에 한이 맺힌 사람이라는 점을 일깨운다.

이렇듯 인물을 제대로 파악하기 위해서는 당시의 시대적 상황에 대한 이해가 선행되어야 한다. 소설 속의 사회적·역사적 배경은 학생들이 직접 조사해 오는 것이 좋지만 어떤 책을 읽고 조사를 해야 할지 갈피를 잡지 못하는 경우가 많다. 자료를 찾는 방법 자체가 교육이기는 하지만 인터넷에서 복사만 해 오는 학생이 많다면 소설의 역사적 배경에 관한 자료는 교사가 준비한다. 고전 소설의 배경과 관련된 참고 서적으로 사계절 출판사에서 낸 '역사 신문' 시리즈가 학생들의 호응도 면에서 좋았던 기억이 있다. 실제 신문을 구독하는 것처럼 느끼게 하는 편집 방식이 학생들의 흥미를 불러일으켰다. 다만 내용의 깊이가 부족하다는 점이 다소 아쉬운데, 학생들에게 좀 더 상세한 자료를 보여 주고 싶다면 더 전문적인 책을 찾아보는 것도 좋을 것 같다.

5——문답 또는 글쓰기로 평가하기

평가는 바로 할수록 효과가 좋다. 여기서는 교사의 질문에 학생이 답하는 방식으로 평가를 하는 것에 대해 이야기해 보고자 한다. 이 방식은 학생들이 적극적으로 참여하지 않는 데 문제가 있다. '몰라요'가 연속적으로 이어지거나 당황하면서 말을 못 하기도 한다. 학생들이 수업을 듣고도 모른다고 말하는 것은 문제가 아니다. 이 평가의 목적은 학생들이 스스로를 점검하고 부족한 부분을 개선하는 데 있기 때문이다.

학생들은 대개 틀릴까 봐 대답을 못 한다. 학생들이 이런 감정을 느끼는 이유를 개별 학생들이 극복해야 할 성격적 특성으로 치부해서는 안 된다. 틀리면 교사가 실망하거나 화를 낼까 봐, 혹은 반 친구들이 무시할까 봐 주저한다. 학생들이 그렇게 느끼고 생각하는 것은 그 나름의 타당한 이유가 있을 것이다. 평가를 수업의 한 과정으로 받아들일 수 있도록 환경을 조성해 주는 것은 교사의 역할이다. 학생들에게 질문을 한다. 처음부터 다양한 해석을 인정하는 열린 문제를 내는 것보다는 분명한 답은 있지만 찾기가 쉽지 않은 질문을 하고 한 명씩 대답하도록 한다. "틀린 답을 할 수는 있어도 '모른다'는 받아들이지 않겠다"라는 규칙을 먼저 알려 준다. 학생들은 말도 안 되는 이야기라도 대답을 해야 한다. 그리고 최대한 무심하게 '틀렸어', '그건 아니고' 하면서 계속 다음 학생으로 넘어간다. '무심하게'가 핵심이다. 누군가는 결국 올바른 답을 말하겠지만, 반 학생들이 모두 틀린 답을 말해도 상관없다. 모든 학생이 틀렸다면 수업 내용이나 문제가 적절하지 않았다는 피드백으로 받아들이면 된다. 교사가 내는 문제는 수준 높은 것이어야 한다. 단순한 지식을 요구하는 문제는 학생들을 수동적으로 만든다. 답을 맞히면 간단하게 칭찬하고 연속적으로 다른 문제를 낸다. 한 학생이 틀린 답을 말하면 다른 학생에게 '얼른' 순서를 넘긴다. 순서는 '빨리' 넘겨야 한다. 그래야 학생들이 누가 말도 안 되는 대답을 했는지에 대해 무관심해질 수 있다. 틀린 답을 해도 누구도 실망하거나 무시하지 않는다는 것을 지속적으로 경험하는 교실 환경을 만드는 것이다. 응답의 순서는 무작위로 하는 것이 좋다. 다음 순서가 자신일지도 모른다는 생각을 하게 만들어야 평가의 긴장감이 유지될 수 있다. 결국 틀린 답이 정답으로 가게 하는 길임을 받아들일 수 있다면 그 구두 평가는 제 역할을 충분히 다했다고 볼 수 있다.

고전 소설의 마지막 차시 수업은 학생들끼리 의미를 나누며 교양을 쌓는다는 관점에서 접근한다. 지금까지 학습한 고전 소설이 당대에 지닌 가치 혹은 오늘날에도 빛을 발할 수 있는 가능성 등의 주제로 글을 써 보도록 한다. 글쓰기를 할 때에는 표현력이 좀 부족해도 상관없으니 다른 사람의 글을 참고하지 말고 온전히 자신의 생각만을 적어 나가도록 한다. 글자 수 제한을 두어야 집중해서 쓰므로 1,000자 이상 혹은 A4 반쪽 이상 등의 조건을 달아야 한다. 지금까지 학습했던 당대의 사회적 배경이나 인물의 성격을 집어 넣으라는 조건을 제시하는 것도 학생들에게 도움이 된다. 글쓰기의 어려움은 '쓸 거리'가 없다는 것이기 때문이다. 글쓰기 수업은 결과물을 학급 친구들과 피드백을 주고

받는 활동으로 마무리된다. 이 과정은 서로를 믿고 이해하며 협조하는 분위기에서 효과적이다. 그렇지만 학생과 학생 사이의 협력적 학습 관계는 개인주의적인 분위기가 지배적인 교실에서는 다소 혼란스럽게 받아들여질 수 있다는 점도 충분히 고려해 보아야 한다.

고전 수필 수업의 실제

허균 「통곡헌기」 수업 사례

1——고전 수필 수업의 현실

'고전을 면치 못하기 때문에 고전인가'라는 생각이 들 정도로 학교 현장에서 생동감 있는 고전 문학 수업을 진행하기란 쉽지 않다. 친절하게 현대어로 제시되어 있음에도 낯선 어휘나 구절, 고사 등으로 인해 내용 파악에서에서부터 벽에 부딪히게 되고, 고전은 어렵기만 하다는 학생들의 선입견이 워낙 강해서 옛이야기의 정서에 충분히 공감하고 분위기에 젖어드는 경지까지 이르기는 쉽지 않다.

특히 고전 수필의 경우 기(記), 설(說), 논(論), 전(傳), 서간문, 일기문, 기행문 등을 모두 아우르는 갈래라고 볼 때, 고전문학에서 차지하는 비율이 작지 않음에도 학교 현장에서는 그다지 대접을 받지 못하고 있다. 고전 소설이나 고전 시가 작품에 비해 교과서에 제시된 작품 수도 적고, 그마저도 소단원 바탕글로 온전한 한 편이 수록되는 경우도 드물다. 간간이 학습 활동의 참고 글로 등장하거나 국어의 옛 모습을 살피는 자료 등으로 제시되는 정도이다. 또한 고전 소설이나 고전 시가는 대학 수학 능력 시험에 일정 정도 문항이 꾸준히 출제되고 있어 입시라는 실용적 목적이라도 강조할 수 있지만, 고전 수필은 그렇지 않다 보니 여러 가지 면에서 뒤로 밀리고 있는 실정이다.

그러나 사정이 이렇다 하더라도 고전 수필을 소홀히 할 수는 없다. 고전 수필은 옛사람들이 경험을 통해 깨달음에 이르는 과정을 보여 줌으로써 우리가 옛사람들의 삶의 모습과 정신세계를 직접적으로 만날 수 있게 해 주는 통로가 되기 때문이다.

2——고전 수필 수업의 실제

그렇다면 고전 수필 수업은 어떻게 해 나가야 할까. 필자 역시 뾰족한 수는 없다. 그저 학생들의 상황에 맞게, 또는 작품에 맞게 이렇게도 해 보고 저렇게도 해 보는 것이다. 최근 몇 년간 '배움의 공동체', '거꾸로 교실', '비주얼 싱킹'(생각을 시각적으로 표현하는 것), 하브루타(유대인식 질문 교육법) 등 다양한 수업 방법이 제시되어 다양한 실천이 이루어지고 있다. 이러한 수업들은 방법의 차이는 있지만 결론적으로 학생 활동 중심의 수업을 통해 학생들이 서로 도우며 스스로 배움에 이르게 하는 것이 최종 목표이다. 기존의 교사 강의를 통한 지식 전달식 수업이 아니라 학생들이 협력 학습을 통해 서로 묻고 답하는 과정에서 배우는 것이다. 따라서 교사는 학생들이 최종 목표에 도달할 수 있도록 어떤 활동을 해 나가야 할지 수업을 디자인하는 데 전력을 다해야 한다. 그리고 수업 시간 중에는 학생들이 스스로 읽고 생각하며, 서로 질문하고 답하는 활동을 마음껏 할 수 있도록 지켜보면서 여유롭게 기다려 주어야 한다. 무엇보다도 자신의 생각이 틀린 것은 아닌지 움츠러드는 일이 없도록 작은 목소리도 귀담아 듣고 격려함으로써 자신감을 갖고 자신의 생각을 주저 없이 모둠 친구들과 나눌 수 있도록 응원해야 한다.

1) 작품 선정, 학습 목표 확인 및 수업 계획 세우기

허균의 「통곡헌기」는 시대를 걱정하여 통곡하는 이야기이다. 눈물이 마른 시대를 사는 학생들이 공감에 이를 수 있을지 의문스럽지만 '통곡'의 의미를 알아가는 과정에서 옛사람의 정서를 이해하고 오늘의 사회와 우리의 삶의 모습을 돌아보기에 적절한 작품이라 생각된다. 마침 한 교과서에 제시되어 있고 교육과정 내에서의 모습도 함께 살펴보기에 적절하다고 생각하여 예시 작품으로 선정하였다.

문학 수업에서 가장 중요한 것은 작품 자체를 이해하고 감상하는 것이다. 그러나 교과서는 단순한 작품집이 아니라 교육과정을 실현하기 위해 조직된 책이다. 그러므로 수업에 들어가기에 앞서 일단 해당 작품을 통해 달성해야 할 성취 기준을 확인해야 한다. 예시 작품인 「통곡헌기」는 지학사판 고등학교 『국어 I』 교과서의 '6. 문학의 숲을 거닐다'라는 대단원 중 네 번째 소단원 '(4) 교술 갈래의 이해'의 바탕글이다. 그러므로 작품 자체에 대한 이해와 감상은 물론이고, 수업을 통해 교술 갈래에 대한 충분한 이해에 도달할 수 있도록 수업을 디자인해야 한다.

필자는 먼저 교과서 소단원에서 수필의 특성을 설명한 이론 글을 읽고 간단한 묻고 답하기 활동을 통해 교술 갈래의 기본적 특성을 정리한 다음, 작품을 읽고 나서 내용을 이해하고 주제를 파악하는 활동과 작품을 통해 교술 갈래의 특징을 확인하는 학습 목표 활동을 하였다. 그리고 정서적 공감을 위한 글쓰기 활동으로 수업을 마무리하였다.

구체적인 과정은 이러했다. 우선 수업 계획에 맞추어 학습지를 제작하여 모둠별로 배부하였다. 4명 기준으로 구성한 모둠은 학습지의 안내에 따라 스스로 생각하고 서로 묻고 답하며 빈칸을 완성하고, 학생 발표를 통해 이를 학급 전체가 공유하였다. 그리고 더 알고 싶은 것이나 수업에 대한 소감을 적어 내도록 하였다. 학습지를 제작하면 교사의 의도에 따라 수업을 진행하기 쉽고, 학생들도 새로이 제작된 학습지를 받으면 교과서를 넘겨 가며 수업을 할 때보다는 빈칸을 채워야 한다는 무언의 압력을 받게 되어 뭐라도 써 넣어 보려고 애를 쓰게 된다. 학생들이 수행한 학습지를 교사가 확인하는 과정에서 학생들의 학습 정도를 파악할 수 있고, 잘못 형성된 개념을 수정할 기회도 생기며, 수업 소감을 통해 학생들이 성장한 모습도 엿볼 수 있다.

2) 동기 유발

한자를 잘 모르는 학생들에게 고전문학 작품은 제목부터 도통 짐작하기 어려운 '외계어'이다. 그래서 고전 수업을 시작할 때에는 제목의 뜻을 풀이하여 글의 대략적 내용을 짐작할 수 있게 해 주는 것이 필요하다. '통곡헌기'는 '크게 소리 내어 우는(통곡) 집(헌)에 대해 쓴 글'이라고 설명한 다음, '편액(간판)'의 사진을 보여 주며 옛날 사람들은 집에도 이름을 짓고 그것으로 편액을 달았다는 것을 언급하였다. 그리고 "옛날 사람들은 집에 이름을 지었단다. 너희들은 집을 짓는다면 무슨 이름을 붙이고 싶니?", "이 사람은 크게 소리 내어 우는 집이라고 지었다는데 왜 그랬을까? 이유를 한번 찾아보자."라는 정도로 질문을 던져 동기를 유발하였다.

이 외에도 수필은 작가가 직접 노출되므로 작가에 대한 정보를 제공하여 관심을 유도할 수 있다. 예를 들면, 『한중록』은 혜경궁 홍씨, 「통곡할 만한 자리」는 박지원의 삶의 이력을 풀어 낼 수 있다. 마찬가지로 「통곡헌기」는 허균에 대한 이야기로 관심을 끌어 볼 수 있을 것이다.

3) 작품 읽기

(1) 단어와 구절의 이해

고전 수업에서 학생들이 가장 어려움을 겪는 부분은 모르는 단어가 너무 많아서 내용을 이해하기가 어렵다는 것이다. 교과서 본문 옆 별도의 난에 설명이 제시된 단어 외에도 '환락(歡樂)', '곤궁(困窮)', '궁핍(窮乏)', '배치(背馳)되다',

‘준엄(峻嚴)하다’ 등의 단어 역시 학생들에게는 쉽지 않으며, 간혹 ‘말세(末世)’, ‘그릇되다’ 등 당연히 알고 있을 것이라 생각한 단어조차도 몰라 읽기 진행이 더딘 경우도 있다. 학습지에 미리 단어 뜻을 제시하고 일정 시간을 주어 모둠별로 함께 공부하게 한 뒤 모둠 대항전을 통해 단어의 의미 파악을 확실하게 하는 방법도 있으나, 「통곡헌기」의 경우 길이도 짧고 단어의 의미 파악이 학습의 중점이 아니므로 몇몇 단어의 뜻을 학습지에 제시하는 정도로 하였다. 그러나 안타깝게도 단어 풀이를 읽고도 무슨 말인지 모르는 학생들이 있었고, 다 아는 단어들로 조합된 구절을 읽고도 의미를 파악해 내거나 문맥적 의미를 알아내지 못하는 경우도 많았다. 그런데 신기한 것은 제시된 설명을 읽고도 뜻을 파악하지 못하지만 똑같은 내용을 친구의 설명을 통해 들으면 알아듣는 경우가 있었다. 서로 묻고 답하며 공부하는 것의 유용성은 이런 과정에서도 증명된다. 묻지 않는다고 해서 알고 있는 것은 아니다. 사실은 적당히 넘겨 버리거나 엉뚱하게 마음대로 해석하고 지나가는 경우가 많다. 필자가 이전에 근무한 학교 복도에는 ‘모르면 묻자, 서로 배우자’라는 목판이 붙어 있었다. 학생들은 간혹 어째 이런 것도 모르나 싶은 것들을 너무도 태연자약하게 묻는다. 처음에는 한숨이 나오기도 하였지만 모르는 것을 숨기고 얼렁뚱땅 넘어가는 것보다는 모르는 것을 드러내고 당당하게 물어보는 모습이 좋은 것이라 생각하며 학생들의 질문에 답해 주기도 하고, 스스로 답을 찾을 수 있도록 도움을 주기도 하였다.

(2) 고사 내용 설명하기

단어와 구절의 문맥적 의미를 확실하게 파악하는 단계를 통과한다 해도 또 다른 고비가 남아 있다. 즉, 고사(故事)에 대한 이해이다. 「통곡헌기」에는 ‘가의’, ‘묵적’, ‘양주’, ‘완적’, ‘당구’의 통곡에 대한 내용이 나온다.

> 그렇기 때문에 시사(時事)가 어떻게 해 볼 도리가 없이 진행되는 것을 가슴 아프게 생각하여 통곡한 가의가 있었고, 하얀 비단실이 본바탕을 잃고 다른 색깔로 변하는 것을 슬퍼하여 통곡한 묵적이 있었으며, 갈림길이 동쪽·서쪽으로 나 있는 것

을 싫어하여 통곡한 양주가 있었다. 또 막다른 길에 봉착하게 되어 통곡한 완적이 있었으며, 좋은 시대와 좋은 운명을 만나지 못해 스스로 인간 세상 밖에 버려진 신세가 되어, 통곡하는 행위로써 자신의 뜻을 드러내 보인 당구가 있었다.

필자 역시 처음 들어보는 이야기인데 학생들은 오죽하겠는가. 교과서에는 "가의: 중국 전한 문제 때의 학자·정치가. 유학과 오행설에 기초를 한 새로운 제도의 시행을 주장함." 정도로 각각의 인물에 대한 설명이 곁들여져 있을 뿐이라 해석하는 데 충분한 도움은 되지 못한다. 본문 뒷부분의 "저 여러 군자들은 모두가 깊은 생각이 있어서 통곡했을 뿐"이나 "저 여러 군자들이 처한 시대와 비교할 때, 오늘날은 훨씬 더 말세에 가깝다."라는 구절을 통해 그들이 잘못된 시대와 사회를 한탄하여 통곡한 것이라는 짐작을 할 수 있을 뿐이다. 이 정도로 이해하고 넘어가도 무방하지만 학습지를 통해 간략하게 추가 설명을 달아 주거나 고사를 아는 즐거움에 빠질 수 있도록 더 풍부한 자료를 제시하고 교사가 이야기보따리를 푸는 것도 좋겠다.

4) 내용 파악하기*

(1) 작품 읽고 질문에 답하기

내용을 이해하기 위한 방법으로 교사가 "사람들이 허친을 비웃은 이유는?", "허친이 추구하는 것은?", "세상 사람들이 추구하는 것은?", "가의, 묵적, 양주, 완적, 당구의 통곡의 의미는?", "그 군자들이 처한 시대와 비교하여 허친이 지금 살고 있는 시대는 어떠한가?", "허친이 집 이름을 통곡헌이라 지은 이유는?" 등과 같은 질문을 만들어서 순서대로 나열하고 답을 찾아가며 읽도록 해도 되고, 같은 질문이라도 내용의 구조적 파악을 위해 도식화하거나 표로 만들어 제시할 수도 있다.

* 이삼형 외, 고등학교 『국어 Ⅰ』, 지학사, 2014, 253~254면 참조.

허친이 추구하는 것	세상 사람들이 추구하는 것

가의, 묵적, 양주, 완적, 당구의 통곡	아녀자의 통곡

작품을 좀 더 적극적으로 읽게 하고 싶다면 내용과 관련된 문제를 일정 개수만큼 만들게 한 뒤 짝과 바꾸어 답을 달게 하거나, 모둠별로 질문을 모아 함께 답을 찾아보게 한 뒤 좋은 질문을 뽑아 보게 하고 반 전체가 공유하는 방법을 써도 된다. 이때 막연히 질문을 만들어 내라고만 하지 말고 '~ 부분의 의미는 무엇인가?', '~는 왜 ~한 행동을 했을까?', '~한 표현을 사용한 이유는 무엇인가?' 등 질문의 유형을 대략 알려 주고, 단순히 단어의 뜻을 묻는 질문이나 답이 뻔한 질문은 하지 않는 방향으로 지도하여 진지하고 깊이 있는 문제를 만들고 답할 수 있도록 안내하는 것이 좋다.

(2) 주제 파악

내용에 대한 이해가 이루어졌다면 결국은 하고 싶은 말이 무엇인지 생각해 보도록 한다. 고전 수필은 갈래의 특성상 교훈적·성찰적 성격이 강하므로 작가가 이야기를 통해 전달하려는 교훈이나 감동을 깨닫고 느끼는 데 초점을 두어야 한다. 「통곡헌기」에서는 다음과 같은 교과서 제시 활동을 통해 필자가 말하고자 하는 바를 정리해 보았다.

허친과 작가가 인식하는 현실의 모습	

▼

여러 군자들이 이 시대를 직접 본다면 취할 태도	

▼

허친과 작가가 현실에 대해 취하는 태도	

허친과 작가는 가의, 묵적, 양주, 완적, 당구가 통곡하던 때보다 자신들의 당대가 훨씬 더 말세에 가깝다고 인식하였다. 이에 허친은 속세에 휩쓸리지 않고자 세상 사람들과 반대되는 것을 추구하며, 세상을 걱정하여 통곡하고 싶은 마음을 집의 이름에 담아 편액을 걸었다. 작가는 단순히 집의 이름만 보고 허친을 비웃는 세상 사람들에게 허친의 깊은 뜻을 알려 줌으로써 그들은 물론 스스로도 경계하는 마음을 가지려 한 것이다.

물론 학생들은 쉽게 이와 같은 답을 내놓지 못한다. 그러나 허친과 작가가 자신들이 살던 시대가 말세에 가까움을 걱정하였다는 것, 시대를 걱정하여 우는 사람들이 있었는데 그들이 울던 당시보다 자신들이 살던 시대가 훨씬 더 말세에 가깝다는 것, 그래서 그들이 허친과 작가가 살던 시대를 본다면 물에 몸을 던지려 할 수도 있다는 것, 그리고 허친은 집의 이름을 크게 통곡한다는 뜻으로 지었다는 것 정도의 내용은 찾아낼 수 있다. 여기서 교사는 학생들이 서투르나마 스스로 읽고 스스로 주제를 정리해 볼 수 있도록 충분히 시간을 주고 기다려야 한다. 교사가 깔끔하게 정리해서 말해 주고 학생들이 그것을 받아 적으면 내용은 확실하게 전달된다. 그러나 그것은 남이 떠먹여 주는 밥에 입만 벌리는 꼴이 되어 학생들이 스스로 작품을 읽어 내는 힘을 기르는 데에는 도움이 되지 않는다.

5) 성취 기준 도달 활동

이제는 학습 목표에 도달하기 위한 활동에 들어간다. 앞에서도 언급했듯이 문학 작품은 그 자체로도 가치가 있지만 학교 수업에서의 문학 작품은 교육과정의 성취 기준 도달을 위한 재료이다. 「통곡헌기」는 교술 갈래에 대한 이해를 위해 선정된 작품이다. "이 글에서의 '나'는 누구인가?", "이 글에서의 '나'와 소설에서 서술자로서의 '나'의 차이는 무엇인가?", "작가가 허친의 이야기에 빗대어 자신의 생각을 나타냄으로써 얻는 효과는 무엇인가?" 등의 질문을 통해 작가가 자신의 구체적 사실이나 경험을 통해 깨달은 바를 직접 전달하는 것이 교술 갈래의 한 특징임을 확인할 수 있다.

다른 교과서에 제시된 김창흡의 「낙치설」은 '문학과 삶의 다양성'이라는 대단원 중 소단원 '자아 성찰'에 제시되어 "글쓴이가 자아를 성찰하여 새롭게 인식한 내용을 정리해 보자."라는 학습 활동을 통해 글쓴이의 자기 성찰을 파악하도록 하고 있다. 박지원의 「통곡할 만한 자리」는 대단원 '문학의 수용과 생산' 중 소단원 '문학의 인접 분야'에 '북학 정신'과 연결지어 보는 활동을 제시하여 문학이 인접 분야인 인문 분야와 통하고 있음을 보여 준다. 이렇게 각각의 작품에 대한 이해를 바탕으로 교과서에서 제시한 성취 기준에 도달하기 위한 활동도 소홀히 하지 않아야 한다.

6) 옛사람의 정서에 공감하기

수업의 마지막 활동은 허친에게 짧은 편지글을 써 보는 것으로 마무리해 보았다. 편지글도 작가가 그대로 드러나는 수필의 한 갈래임을 소개하고, 막연한 내용으로 흘러가는 것을 막기 위해 쓰기 전에 생각해 볼 만한 질문을 몇 가지 제시하였다. "허친이 집의 이름을 '통곡헌'이라고 지은 것에 공감하는가?", "공감한다면(공감하지 못한다면) 이유는 무엇인가?", "시대나 사회, 나라의 상황을 걱정해 본 적이 있는가?", "있다면 어떤 것인가?", "없다면 이유는 무엇인가?" 등의 질문을 던지고, 이를 바탕으로 허친에게 편지를 써 보자라는 과제를 내 주었다.

다른 고전 수필 작품도 해당 작품의 내용과 형식상의 특징에 따라 다양한 글쓰기가 가능하다. 예를 들어 「조침문」을 공부하였다면 "자신이 아끼는 물건이 망가졌던 경험을 떠올려 보자.", "그 물건이 자신에게 소중한 이유를 정리해 보자.", "그 물건이 망가진다면 심정이 어떨지 생각해 보자." 등의 질문을 던지고, 정리한 것을 바탕으로 애도의 심정을 담은 글을 쓰게 할 수도 있다.

7) 읽고 나서 생긴 궁금증이나 소감 적어 보기

수업을 마무리하면서 그래도 더 알고 싶은 것이나 작품을 접한 소감을 적어 보게 하면 학생들이 작품을 어떻게 이해하고 있으며 자신의 삶과 어떻게 연결하고 있는지 알아볼 수 있다. 작품이 짧으면 세 가지, 조금 길 경우 다섯 가지 정도로 쓰게 하면 된다. "나라를 걱정해서 울 수 있다니 허친은 보통 사람이 아니다.", "요즘 세상 돌아가는 것도 허친이 살던 때랑 똑같다.", "허균이 자기 집도 아닌 조카 집 이름 이야기를 한 이유는 무엇일까?", "허친은 어떤 성격의 사람일까?", "아무리 그래도 집 이름에 통곡을 넣다니 이상하다.", "허친의 가족들은 찬성했을까?" 등 그 나름대로 의미 있는 생각들을 읽을 수 있다. 학습지를 걷어 확인하는 과정에서 발견한 의미 있는 질문이나 소감이 있다면 다음 수업 시간에 한번 언급할 수도 있으며, 학생들이 질문을 해 보는 그 자체만으로도 의미가 있으므로 굳이 시간을 할애하여 답해 주지 않아도 무방하다.

3——고전 수필 수업의 의의

학생들은 작품을 읽으며 질문을 던진다. 「통곡할 만한 자리」를 읽으며 "그런데 솔직히 왜 우는지 모르겠어요."하면서 너른 벌판을 마주한 것이 왜 통곡할 만한 자리인지를 받아들이지 못한다. 「조침문」을 한참 읽으면서 "선생님, 그런데 이 사람 왜 울어요?"라고도 반응한다. 고작 바늘 하나 부러졌다고 통곡하는 것을 이해하지 못하기 때문이다. 그러나 수업을 통해 박지원이 살았던 당대의 답답한 현실을 떠올리며 드넓은 요동 땅이 한바탕 울 만한 자리가 될 수도 있음을 어렴풋이 알아차린다. 옛 조선 여인의 삶에 대한 이해가 더해지고 소중한 물건을 잃어버렸던 자신의 경험을 떠올려봄으로써 수백 년 전 한 여인의 통곡에 공감하고, 비록 사물이라 할지라도 소중한 대상이 될 수 있음을 깨닫게 된다. 이렇게 고전 수필을 통해 학생들은 시대를 초월한 보편적 삶의 진실을 발견하고 자신의 삶의 태도를 돌아볼 수 있게 되는 것이다. 또한 옛사람들이 일상의 경험을 바탕으로 깊은 성찰을 이끌어 내어 글로 표현해 왔음을 알게 되는 것이다.

신화 수업의 실제
「단군 신화」를 중심으로

고전문학 수업이 충분히 흥미로울 수 있다면 그것은 신화에서부터일 것이다. 신화는 문학일 뿐만 아니라 역사이며 문화이다. 다양하고 복합적인 특성을 함께 지니고 있다. 그런 만큼 깊이 있고 다채로운 수업을 시도하기에 적합한 영역이다. 여기에서는 건국 신화의 대표 격인 「단군 신화」를 바탕으로 하여 실제 수업 시간에 활용할 수 있는 여러 가지 수업 전략들을 학습 목표에서부터 동기 유발, 교수·학습 방법, 평가까지 수업의 시작부터 마무리라는 순서를 따라 적어 나가려고 한다.

1——학습 목표

신화에는 왕이 될 인물이 알을 깨고 태어나는 이야기, 물고기와 자라들이 떠올라 다리를 이루어 무사히 강을 건너는 이야기 등으로 가득하다. 그런데 학생들은 우리 신화보다는 똑같이 비현실적인 그리스·로마 신화 속의 오르페우스 이야기, 메두사 이야기 등을 더 친숙하고 흥미롭게 느낀다. 일상과 동떨어진 추상적인 내용이라고 느끼기 때문일 것이다. 그리스·로마 신화는 다양한 방법으로 현재에도 그 효용을 발휘하고 있다. 죽음과 맞선 오르페우스의 사랑 이야기는 우리가 살아가면서 무수히 겪게 되는 불안과 사랑, 슬픔의 순간들과 연결되어 공감을 불러일으키면서 오늘날에도 생생하게 살아남았다. 그런데 현재의 신화 수업은 천부인, 신단수의 의미, 곰이 웅녀가 된 까닭 등을 풀이하는 데에서 멈춰 있다. 그것이 현재와 어떤 연결 고리를 가지며, 오늘을 살아가는 우리에게 주는 의미는 무엇인지에 관한 내용까지 나아가지 못하고 있다. 과거와 현재가 연결된 지점을 찾는 학습 목표가 있어야 신화는 의미 있게 받아들여질 수 있다. 신화의 내용이 현재와 어떤 관련이 있는지를 찾아보는 학습 목표가 추가되면 좋겠다.

신화는 풍부한 이야깃거리를 담고 있다. 선악의 개념을 넘어선 이야기로 인간의 가장 자유로운 상상을 보여 준다. 신화는 또 상상력 훈련의 가장 좋은 교재가 될 수 있다. 그런데 신화 속의 이야기들을 실제로 어떤 특정한 시공간에 존재하였던 역사적인 사건들로 치환하여 정리하려고만 하는 수업은 신화의 독특한 특성을 무시하는 일일 것이다. 신화는 기본적으로 사실성과는 거리가 멀다. 신화의 본질을 놓치지 않기 위해서는 신화를 있는 그대로 존중하는 것이 필요하다. 그리고 이러한 방향의 수업을 위해서도 학생들에게 제시할 학습 목표를 상상력의 계발 측면에서 새롭게 만들 필요가 있다.

신화는 집단적 정체성을 지닌 이야기이다. 그것을 만들고 전승시켜 온 사회의식의 반영물이다. 탄생과 죽음, 인간의 삶을 보는 관점, 신과 인간의 관계뿐만 아니라 우리 민족이 가치 있다고 여겨온 것과 오랫동안 꿈꾸어 왔던 이상을 표출하고 있다. 곰이 인고의 과정을 거쳐 인간이 된 것을 통과의례의 과정으로 이해할 수도 있으며, 우리 민족의 끈기라는 특성에 가치를 부여한 것으로 해석할 수도 있다. 신화는 학생들의 가치관 확립에 기여할 수 있으며, 더 나아가 학생들 자신의 정체성 확립과 연결 지을 수 있다. 따라서 신화에 드러난 우리 민족의 정체성을 알아보고 학생들 스스로를 돌아보게 하는 학습 목표를 설정할 수 있겠다.

2——동기 유발

동기 유발은 신화의 내용과 현재의 연결 고리를 찾는 방식에 중점을 둔다. 자신의 삶과 아주 동떨어져 있다고 여길 만한 내용에는 호기심이 떨어진다. 따라서 교사는 「단군 신화」의 내용을 학생들에게 친숙한 경험이나 지식과 연결시킬 수 있도록 돕는다. 숫자 3이 우리 민족의 일상과 밀접한 관련이 있음을 여러 가지 자료로 보여 주는 것이 좋겠다. 「단군 신화」에는 삼위태백, 천부인 세 개, 삼천 무리, 풍백·우사·운사 등 삼백(三伯), 곰이 삼칠일을 견디고 인간이 되는 등 3이라는 숫자가 많이 나온다. 일단, 학생들과 같이 「단군 신화」를 읽어 본 후 숫자 3과 관련된 것을 찾는다. 그리고 3과 관련되는 것들이 일상 속에도 있는지 이야기해 본다. 가위바위보를 삼세번 해서 결정한다든지 우리나라를 삼천리금수강산이라고 표현하는 것, 동화에 나오는 아기 돼지 삼형제, 국회에서 의사봉을 세 번 두드리는 것 등 찾아보면 사례는 정말 많다. 이후 학생들이 자유롭게 이야기해 보도록 한다. 이때 교사가 먼저 예시를 들어 주어야 학생들이 편안하게 발표한다.

태백산이나 신단수와 같이 산과 나무를 영험하게 여겨서 숭배하는 일이 오늘날에도 여전히 영향력을 유지하고 있음을 보여 주는 사례를 제시할 수도 있다. 이 내용은 신화의 특징인 신성성과 연결이 가능하기 때문에 민담, 전설과 비교되는 신화의 특징을 설명하는 차시의 동기 유발 전략으로 적절하다. 백 년 된 나무가 고사했다는 신문 기사, 마을의 수호신을 모시는 서낭당에는 보통 신목으로 여기는 나무 또는 장승이 세워져 있다는 사실, 인왕산 산신제 안내문, 속리산 꼬부랑길 안전 시공을 위한 산신제 기사 등 자료는 다양하다. 교사는 말로 전달하기보다는 시청각 자료를 동원하여 학생들의 동기 유발을 유도한다.

학생들 자신의 태몽을 이야기해 보게 하는 것도 신화 수업의 동기 유발로 적합하다. 꿈속에는 원시 시대부터 우리의 유전자에 각인되어 온 온갖 상징들로 가득하다. 우리는 꿈의 의미 혹은 그 꿈이 예고하는 무언가가 있다고 생각하고 그것을 해석하려고 한다. 융은 이렇게 말했다. "신화는 집단의 꿈이고, 꿈은 개인의 신화다." 그렇다면 태몽은 곧 자신의 탄생 신화라고 할 수 있다. 우리는 그 태몽이 계시하는 것을 믿었으며, 실제로 실현된 것을 확인하기도 하였다. 자신의 태몽에 담긴 상징적 사건과 소재들은 무엇이었으며 그것을 어떻게 해석하였는지 학생들 각자가 발표하게 한다. 태몽 발표는 고대인들의 믿음을 현재와 단절적으로 인식하지 않게 하는 동기 유발 활동이 될 것이다. 또한 신화 속에 나타난 여러 가지 상징들의 의미를 자연스럽게 받아들일 수 있는 분위기로 수업을 유도할 수 있다.

3——교수·학습 방법

「단군 신화」의 1차시 수업은 내용 파악이 중심이 된다. 기본적인 내용을 파악하는 수업은 교사가 주도한다. 학생들이 수업 내용에 대해 어느 정도 배경지식을 가지고 있어야 토론 수업이든 협동 학습이든 효과가 있다. 환웅이 내려온 까닭을 이야기하고, 환인과 환웅의 관계에 대해서 설명해 본다. 신화 속 부자 관계는 의외의 지점이라 학생들이 관심을 보일 수 있다. 아버지를 죽이는 오이디푸스 신화처럼 대부분의 신화에서 부자 관계가 반역의 관계임에 반해 「단군 신화」에서는 아버지가 아들의 뜻을 인정해 준다. 신의 행동을 인간적인 측면에서 설명한다면 학생들이 신화를 덜 권위적으로 느낄 수 있을 것이다. 태백산이 나라를 열기에 적합한 까닭, 천부인의 의미, 신단수와 신시의 뜻, 그리고 곰이 웅녀로 변할 수 있었던 이유를 차근차근 설명한다. 그 밖에도 곰과 호랑이의 성격, 통과의례의 의미 등 수업할 내용은 많다. 어려운 개념들을 명확하게 설명할 수 있는 능력이 교사가 기본적으로 갖추어야 할 자질인데 그러자면 공부를 많이 해야 한다. 다 아는 이야기이지만, 수업 내용은 단편적으로 전달하지 말고 논리적으로 알기 쉽게 전달해야 한다. 쑥과 마늘을 통과의례의 소재라거나 수성(獸性) 제거와 인간 형성의 기능이라고만 설명한다면 수업의 매력은 떨어질 것이다. 왜 쑥과 마늘인지를 설명해야 수업이 논리적이면서 흥미로워진다. 쑥은 『동의보감』에 약으로 기록되어 있으며, 특히 여성에게 좋은 음식이다. 마늘은 살균 및 항균 작용을 하며, 서양의 이야기에도 드라큘라를 경계하는 데 마늘이 등장한다. 수업의 마무리는 인상 깊은 장면을 네 칸짜리 만화나 그림으로 그려 보는 것으로 정리할 수 있다.

2차시 수업은 신화의 내용을 학생 자신의 삶과 연결하는 활동을 한다. 신화 속 인물의 고난 극복 과정과 자신의 시련 극복 방법을 비교해 보는 것이다. 그러자면 교사가 통과의례의 개념을 설명해야 하고, 학생들은 지난 시간에 배운 인물의 고난 극복 과정을 스스로 정리할 수 있어야 한다. 학생들에게 질문하는 방식을 통해 「단군 신화」에 드러난 고난의 내용을 상기하도록 한다. 통과의례의 시기는 교사가 지정해 주는 것이 좋다. 학생들의 관점에서 생각해 볼 만한 인생의 고비들을 교사가 제시한다. 취직이나 결혼은 너무 먼 이야기이고 입단식이나 취임식은 소수의 경우에만 해당되는 일이라 중고등학교 입학 시 겪었을 만한 보편적인 시련을 아주 구체적으로 제시하는 것이 적합할 것 같다.

신화가 지금까지 이어져 우리 민족의 삶과 우리의 정신을 풍요롭게 하고 있음을 이야기해 주는 데까지 수업이 나아간다면 좋겠다. 무속 신화 「바리데기」를 바탕으로 한 황석영의 소설 『바리데기』와 강은교의 시 「바리데기의 여행 노래」를 예로 들 수 있겠다. 학생들은 다양한 장르와의 연계 수업을 통해 영화, 소설, 시 등에 담긴 신화적 상상력을 이해하는 능력을 키울 수 있다.

3차시 수업은 글쓰기를 통해 상상력을 훈련하는 데 중점을 둔다. 신화의 뒷이야기를 상상하여 말하거나 신화 속의 한 인물을 부각시켜 그 인물의 생애를 신화로 만들어 보도록 한다. 글쓰기는 평가와 함께 시행한다. 시도하기에 부담스러운 과제이므로 대부분의 학생들이 결과물을 제출할 수 있도록 약간의 압박이 필요하다.

『우리 신화의 수수께끼』라는 책에서는 웅녀의 이야기가 충남 공주의 곰나루 전설, 영남 지방의 봉화산 암곰 전설, 에벤키족의 시조 신화와 무관하지 않다고 설명한다. 웅녀의 이야기를 지니고 있는 종족이 고조선에 편입되면서 신화 역시 통합되었다고 보는 것이다. 힘을 잃은 종족의 웅녀는 「단군 신화」 속에서 단순한 기능만을 한 뒤 자취를 감춘다. 저자는 웅녀의 잃어버린 신화가 기필코 발굴되어야만 할 유적이라는 것을 강조하면서 글을 마무리한다. 다른 신화와의 관계 속에서 「단군 신화」를 바라보는 경험은 학생들로 하여금 여신 웅녀에게 창조와 재생의 힘을 되찾아 주고 싶게 만드는 글쓰기 동기로 작용할 수 있다. 또한 웅녀의 이야기가 「단군 신화」에만 국한되지 않는다는 것은 신화가 고정되어 전승되는 것이 아니라 변용되는 이야기임을 알 수 있게 한다.

4——평가

글쓰기 수행 평가를 하기에 앞서 교사는 학생들이 어떤 기준에 의해 평가받는지를 자세하게 알려 준다. 만약 성공의 기준이 없다면 학생들은 자신이 어떻게 성공할 수 있는지 모르고, 또 성공에 대한 기대도 갖지 않게 된다. 글쓰기는 대부분의 학생들이 꺼리는 수행 평가이다. 많은 시간과 노력을 들이지만 성과는 보잘것없기 때문이다. 필자의 경험상 글쓰기를 과제로 내 주는 것은 좋지 않은 것 같다. 다른 것을 베낄 수 있는 여지가 많고, 또 교사가 그것을 매번 구분해 낼 수가 없기 때문이다. 이런 표현은 저 학생이 직접 쓰지 않았을 것이라는 확신에 가까운 의심이 들어도 증거가 없으면 소용이 없다. 의심이 가는 학생에 대한 감정만 안 좋아질 뿐이다. 학생들도 감정이 상하기는 마찬가지이다. 형평성이 유지되지 않은 평가는 부당하다고 여기기 마련이라, 자신이 좋은 점수를 받았다고 할지라도 다른 친구가 별 노력 없이 좋은 점수를 얻으면 불만을 느낀다. 그런 일이 한번 생기면 다음의 글쓰기 수행 평가에도 악영향을 미친다. 글쓰기 동기를 떨어뜨리거나 다수가 인터넷에 있는 내용을 복사하고 붙여넣기 할 가능성도 크다. 글쓰기 수행 평가는 전반적으로 잘 짜여 있고 표현력이 우수한 것을 기준으로 글을 잘 쓰고 못 쓰고는 고려하지 않아야 공정한 평가라고 생각한다. 오로지 조건을 제대로 맞추어 썼는지만 본다. 설정된 목표를 충분히 주지시키고 이것만 충족된다면 수행 평가에서 만점을 주겠다는 약속을 분명히 한다.

「단군 신화」의 마지막 수업은 상상력을 발휘하여, 단군을 출산하고 자취를 감춘 웅녀의 이야기를 지어내는 것이었다. 이 글쓰기의 조건으로 몇 가지를 제시한다. 예를 들면 이렇다. '800자 이상 쓴다.' 분량을 지정해 주지 않으면 몇몇 학생들은 학업성취의 무관심을 그대로 드러낸다. 열의가 강한 학생들은 남보다 많이 쓰려고 교사가 부담스러울 정도로 길게 쓴다. 그리고 수업을 통해 가르친 지식들을 제대로 학습하였는지 확인할 수 있는 조건들을 추가한다. 교수·학습 내용 중 교사가 가장 중요하다고 생각하는 것들을 추려 넣으면 된다. '곰과 웅녀의 이야기에 드러난 고대인의 사고방식을 담는다.', '통과의례의 절차가 나타나도록 한다.', '풍백, 우사, 운사에 드러난 사회의 모습을 표현한다.' 등 조건으로 만들 수 있는 내용은 다양하다. 단, 조건이 너무 많으면 교사가 평가하기에 좋지 않다는 점을 고려해야 한다. 한 학생의 글이 위의 조건을 모두 고려하였는지를 확인해야 하는데 조건이 많을수록 평가 시간이 오래 걸리기 때문이다. 그 밖에는 학생들이 자유롭게 내용을 구성하도록 격려한다. 우리가 학습하는 것은 신 혹은 신적인 인물의 이야기인 신화이다. 못할 일이 없다.

글쓰기 수행 평가는 그 유용성까지 설명하는 것이 학생들의 동기 유발에 더욱 도움이 된다. 글쓰기가 기억력을 향상하는 데 얼마나 좋은지 말해 주는 것도 좋고, 이번 수업에서 꼭 알아야만 하는 중요한 내용들로만 조건을 구성하였으므로 중간고사나 기말고사와 연계된다는 점을 이야기해 주는 것도 괜찮다.

고전문학 평가 문항 개발의 실제

1——머리말

교육 목표를 실현하기 위한 평가는 교육과정의 일부이지만 최종 목표의 도달지처럼 인식되었다. 평가를 통해 학습자의 성취도를 판단할 수 있고, 교과의 교육 방향이 제대로 이루어지고 있는지를 파악할 수 있다는 것이다. 이런 점에서 평가는 교과 학습의 방향성을 제시하는 것이면서 교수·학습의 귀결처라는 동시성을 갖는다고 할 수 있다. 평가를 통해 학생들은 의식과 인식이 바뀌게 되고 올바른 행동의 변화를 이룰 수 있다. 즉, 평가란 교육 방향을 제시하고 행동 변화에 대해 피드백 한 것을 검증하는 두 축으로서의 기능을 하는 것이다.

그런데 현재 학교 교육의 현실에서 평가는 입시를 위한 수단으로 전락한 지 오래되었다. 교육 목표와 교육과정의 유기성을 잃어버린 채 평가 자체를 목적으로 하고 결과 자체에 몰두하다 보니 교육의 본래적 의미를 상실해 버렸다. 작품의 표현 기법이나 형식, 주제, 작가가 말하려는 진실은 주입식으로 저장되고 기출 문제와 정답을 파악하는 일이 중요해졌다. 그러다 보니 시의 정서나 예술적 재창조에 의한 감흥, 소설 속 주인공의 삶의 가치를 스스로 성찰하여 내면화하게 하는 것은 등한시되었다. 이런 면은 문학 교육에서 일반적으로 지적되는 문제이지만 특히 고전문학 교육에서는 더욱 심각하다.

고전문학을 감상할 때 학생들은 현대 문학에 비하여 어려움을 느낀다. 한자 어휘 자체에 대한 어려움과 고어 표기의 낯섦, 시대적·문화적 생활 방식의 차이, 가치 체계의 차이 등으로 정서적 고양이나 공동체적 삶의 지향으로 나아가지 못한다. 다양한 시각에서 작품을 판단하는 일이나 내면화와는 거리가 멀고, 대부분 참고서나 교사가 정리해 주는 학습 내용에 의지하여 이를 암기하는 데 급급하다. 고전은 싫지만 내신 성적이나 입시를 위해서는 어쩔 수 없이 암기하고 정리해야 할 과제로 여긴다. 이는 평가 방식의 개선을 통해 해결할 수 있어야 한다. 최근 논술 평가, 수행 평가의 확대 등으로 다소 긍정적 변화를 보이고 있음이 주목된다. 또한 수시 모집의 확대와 더불어 학교 생활기록부의 교과목 세부 특기 사항의 기재는 수업의 변화를 학생 중심으로 이끌어 내는 기능을 하고 있다. 이러한 국가 주도적 변화와 함께 학교에서 실시하는 다양한 평가에서도 논리성과 자율성이 확보되어야 할 것이다. 지필식 문항은 가장 가까운 해석이나 맥락의 일관성을 찾는 방향으로 하고, 다양한 상상력을 논리화하는 수행 평가를 통해 작품의 감상 능력을 신장시킬 수 있을 것이다. 근본적으로 학교 현장에서 교수·학습의 변화를 일으키는 실천적 의지가 무엇보다 필요하다는 인식이 전제되어야 한다고 생각한다.

일반적으로 고등학교에서의 문학은 고전문학과 현대 문학을 구분지어 교수·학습하는 것이 관례화되었지만, 2009 개정 교육과정부터 『문학』 교과서 자체를 문학 능력의 신장에 중점을 두어 내용 체계를 영역별로 대별한 다음 성취 기준을 중심으로 편찬하였다. 따라서 시기별 작품의 발생 순서나 문예의 흐름은 기존처럼 크게 중시되지 않는 경향을 보인다. 이는 교육과정의 변화에 따른 문학 교육의 성격과 관련이 있어 2015 개정 교육과정에서도 문학을 고전문학과 현대 문학으로 구분하여 다루지는 않았다.

문학이 삶을 새롭게 하고 긍정적인 방향으로 사회의식의 변화를 꾀하며 가치 있는 체험을 전달하는 기능을 한다고 할 때, 문학 교육의 학습자는 문학 향유의 주체로서 이러한 의식을 갖게 되며 긍정적 문화 발전의 기여자가 된다고 할 수 있다. 교사는 이러한 학습자들의 문학 행위를 촉진시키는 역할을 해 주는 존재로서, 문학이라는 범위 내에서 고전문학과 현대 문학을 구분하여 다룰 필요가 없으며, 문학 교과의 평가 방향도 이를 구분하여 별도로 성취 기준을 만들 필요가 없게 된 것이다.

하지만 고전문학과 현대 문학은 마치 대나무 줄기의 매듭처럼 뚜렷하여 언어적·사회 문화적 측면에서 시대별로 확연한 차이가 있는 것이 또한 사실이다. 고전문학과 현대 문학이 단절된 것이 아니며 재창조된 역사의 과정이라는 것을 전제하더라도 관념으로나 편의상 고전문학과 현대 문학을 나누어 이해하려는 것은 한국 문학사의 일반화된 이해의 맥락과 닿아 있다 할 것이다. 이 글은 편의성을 중심으로 고전문학 교육을 구분하고, 학교 현장의 평가 문제를 개선하려는 방향으로 시도되었다.

2——고전문학 교육과 평가에 대한 문제 인식

일반적으로 학생들은 국어 교과의 여러 영역 중에서 현대 문학을 가장 선호하는 반면 상대적으로 고전문학은 어려워하며 기피하는 경향을 보인다. 그 이유를 살펴보면 다양하게 나타나지만 대체적으로 다음과 같이 귀결된다. 우선 고전문학을 학습할 때 가장 큰 장애로 언어 자체의 요인이 거론된다. 즉, 고전은 현대어로 해독하기 힘들고, 암기해야 하는 것이 너무 많다는 것이다. 현대어로 해독하기 어렵다는 것은 어려운 낱말이나 한자어 습득의 문제로 이어진다. 이는 순환 고리처럼 연결되어 고어의 해석 부재, 당대의 사회·문화적 맥락이나 이해의 부족, 고사나 배경지식의 부재, 지루한 수업 방식 등과 결합하여 고전을 기피하게 된 것으로 파악된다.

연구를 위한 대상인 문학 텍스트의 해독은 작품에 대한 이해와 해석의 출발점이다. 원전의 의미를 제대로 파악하지 못하면 결국 작가의 의도나 작품의 진실성을 왜곡할 수 있으므로 텍스트 해독은 선행되어야 할 과제이다. 텍스트의 표기를 이해하지 않고는 독서 과정을 제대로 실현했다고 할 수 없으며, 작품을 총체적으로 해석할 수도 없다. 중등학교 교육에서는 모든 교과가 유기적인 연관을 맺고 있는데, 특히 '국어'와 '한문' 교과는 특성상 깊은 연관 관계에 놓여 있다.

교육용 한자 1,800자 정도만 알면 어렵지 않게 고전문학 텍스트를 읽고 그 의미를 대략적으로 이해할 수 있지만 현실은 그렇지 못하다. 중학교에서 '한문' 교과는 컴퓨터, 외국어 등의 교과와 함께 선택 과목으로 분류되어 있기 때문에 많은 학생들이 한문을 배우지 않고 고등학교에 입학한다. 중학교에서 900자 정도의 한자를 배웠다 하더라도 나머지 900자는 고등학교에서 별도로 배워야 한다. 그런데 1학년 때부터 등장하는 고전문학 작품은 흥미가 있어 보이지만 잘 쓰이지 않는 낱말이나 한자어 표기가 많아 이를 어렵게 인식하는 것이다. 이러한 어휘력 부재는 연쇄적으로 고전문학과 관련한 다양한 고사의 이해나 배경지식의 부족을 동반하게 하여 고전문학 독서를 기피하는 것으로 이어진다. 결국 독해나 감상 능력의 부재 상황이 연쇄적으로 중첩되어 국어 교과의 중요성을 인정하면서도 고전은 어려운 교과라 강변하게 되는 것이다.

국어과에서 학생들이 어려워하는 교과는 '고전'을 포함하여 '문법'을 들 수 있다. 특히 중세 국어를 위주로 하는 고전 문법은 낯선 표기와 예외 규정, 적용할 수 있는 다양성을 외워야 하는 것이 많은 데다가 시대의 차이로 인하여 생겨난 어휘 자체가 현대어에 비해 익숙하지 않은 것이 많다. 또한 시대별 특성이나 어휘의 변천 과정을 학습하는 과정에서 학생들은 흥미를 느끼기보다는 시험에 대비하기 위하여 어쩔 수 없이 공부해야 하는 고루한 학습이라 판단한다. 고전 문법을 어려워하면서도 고전문학을 좋아하는 경우도 있으나 이는 대체로 서사물에 국한된다. 결국 고전 원전의 경우 고어 표기의 의미 파악은 작품을 이해하는 선결 조건이지만 어휘나 문장을 세밀하게 분석해야 해석이 가능하다고 여겨 이를 어려워한다. 원전과 주석에 따른 어휘 파악, 고사를 비롯한 배경지식 등 작품 이해를 위한 정보 요구량이 많다 보니 정작 문학 체험의 내면화나 본질적 작품 이해는 위축되는 것이다. 이러한 형식적이고 본질적인 문제 외에 내용적 측면에서 학습자의 문제를 또한 살펴볼 수 있다.

우선 학생들은 고전문학의 경우 작품 해석을 작품의 내적 질서나 논리, 또는 작가 의식의 투영 속에서 파악하지 않고 시대 배경이나 일반적 사회 제도 등을 피상적으로 설정하여 작품을 이해하려는 경향을 보인다. 즉, 문학의 본질적 이해보다는 문학 외적인 사실로 문학 작품을 설명하려 한다는 것이다. 그런데 그 외적인 사실도 막연하다는 데 문제가 있다. 이는 교사들의 문제에도 기인한다. 가령 고전 소설의 경우, 권선징악의 주제, 재자가인(才子佳人)형의 주인공, 우연적인 사건 전개, 행복한 결말 등의 특징을 먼저 주지시킨 다음 이를 작품에 기계적으로 적용하여 암기하게 하는 지식 전수 방식의 문제를 지적할 수 있다. 그러다 보니 상황적 맥락 속에서 다양하게 파악해야 할 인물들의 행동 요인이 천편일률적으로 해석되며, 이는 작품을 유기적으로 재구성하여 이해하는 데 방해 요인이 되고 있는 것이다.

또한 고전문학 작품에 대한 설명적 이해 능력이 부족하고, 다양한 해석의 관점이 보이지 않는다. 가령 『흥부전』에서 흥부가 자식을 많이 거느린 이유를 농경 문화 속의 노동 인력의 필요성에서 찾는 경우가 많은데, 그렇다면 놀부는 왜 자식이 없는지에 대한 답변은 궁색해진다. 『춘향전』에서 변학도의 관점에서 본 춘향의 태도를 점검해 보는 것도 작품의 맥락을 이해하는 요체이나 거기까지는 나아가지 못한다. 「허생전」의 경우 허생의 상업적 행적과 양반 신분이라는 권위 의식의 괴리가 왜 나타나는지, 그것이 어떤 의미가 있는지를 교사의 설명을 통해서 이해하려고만 한다. 이러한 문제는 학생들의 열린 생각을 유도할 수 있는 교수·학습 방법의 개발을 요구하지만 교과 내용의 과다에 의한 진도 확보의 어려움, 평가에 따른 객관성 유지의 필요성 등으로 수용론의 관점이 점점 외면되고 있다.

고전문학은 작자 미상인 작품이 많다. 이는 상황적 맥락에 의해 설명하거나 화자나 서술자의 처지를 생각하고 대상에 대한 태도를 먼저 추리할 수 있는 자료로, 추리 상상력이나 비판력을 키우는 좋은 자료가 될 수 있다. 예를 들어

「청산별곡」은 해석의 다양성이 존재하므로 토론이나 발표 수업으로 적절한 제재가 된다. 「청산별곡」의 작자는 유랑민, 실연한 사람, 사회에 참여할 수 없는 지식인, 이별한 여성, 고관대작, 현실적 고뇌에 빠진 사람 등으로 다양하게 추정할 수 있다. 하지만 특정한 연의 성격을 강조하여 일방적으로 작자를 한정하여 추정하는 경우가 많다. 열린 관점으로 작품의 창작 의도를 파악할 필요가 있으나 교과서에 따라서는 한정된 관점에서 설명하는 경우도 있다. 이를테면 「청산별곡」 작품의 전체적 맥락에 대한 이해보다는 3연의 '가던 새'를 '갈던 사래'의 ㄹ탈락과 줄인 말로 한정하여, 전체적으로 농토를 빼앗긴 유랑민이라는 식으로 작자를 추정하는 것이다. 그렇게 되면 2연의 소재인 '새'와의 관계가 궁색해지고, 5연과 7~8연의 연계성도 떨어져 작품을 전체적인 맥락으로 해석하기에 무리가 따를 수 있다.

화자를 고관대작이라 할 경우 5연의 '믜리'와 '괴리'의 의미를 짐작하여 이들을 정치적 붕당의 두 세력이라 추정한다. 화자는 돌 던진 이(왕)에게 이를 중재해 달라는 부탁을 받지만 화해는 실패로 돌아가게 된다. 화자의 의지와 상관없이 던져진 돌은 파직을 의미하기도 하고, 화자에게 가해진 고통으로도 해석된다. 화자는 부정적 현실을 벗어나기 위한 공간으로 청산을 설정하였으나 같이 있던 새마저 속세로 떠나 화자도 그곳에 미련을 갖게 되며, 청산 속에서 더욱 절망적 고독을 느낀다. 그러면서 자신의 고독한 처지를 되뇌다가 '바다'라는 새로운 공간을 설정하게 된다. 화자는 새로운 이상향으로 가는 길에 공연을 보게 된다. 그것을 보고 잠시 근심을 잊으려 하지만 군중 속의 고독이라는 절박한 자신의 심정을 재차 확인하고는 술을 통해 고뇌를 해소하고자 한다는 일련의 해석이 있다고 하자. 이는 전체적으로 논리적 일관성이 있어 보이며, 맥락 속에서 이러한 해석이 가능하다. 이럴 때 교사는 이를 인정해 주는 관용의 자세가 필요하다. 즉, 학습자가 근거와 논리를 갖추어 설명하였다고 판단되면 그것을 해석의 하나로 인정해 주어야 한다. 물론 문학 교육에서 해석의 다양성은 인정하되 더 옳은 해석이 있다는 관점의 정립은 필요하다. 하지만 종종 교사의 권위, 참고서의 해석에 의해 수용자의 다양한 해석은 외면당하는 경우가 많다. 맥락을 통해 본다면 오히려 농토를 빼앗긴 유랑민보다 화자가 고관대작이라는 해석이 더 설득력이 있어 보인다.

그러나 수업 시간에는 이러한 해석을 인정하더라도 실제 평가에서는 참고서와 문제집, 그리고 지도서의 유형적 해석에서 벗어나는 경우 오답으로 처리되는 경우가 대부분이다. 결국 교사는 수업 방식의 개선이나 학생 중심의 다양한 수업 형태를 추구하려 하지만 평가를 생각할 때 기존의 관념이나 해석에 의존하게 되는 것이다. 평가를 전제로 할 때 학생의 다양한 상상력 대신 정해진 해석의 틀 내에서의 상상으로 제한하게 되고, 이는 강의식 수업의 타당성을 설명하는 근거가 되기도 한다.

고등학교에서의 교과 수업에 대한 평가는 학생 생활기록부 내의 교과 성적, 이른바 내신 성적으로 표출된다. 물론 수업을 근간으로 하면서 보충 학습 등을 통해 대학 수학 능력 시험이나 논술 대비도 동시에 이루어진다. 이는 대부분 상급 학교 진학을 위한 입시에 초점이 맞추어져 진행된다. 대학 입시라는 치열한 경쟁 속에 평가에 대한 관심은 커지고, 이에 따라 인생과 진로가 결정될 수 있다는 중요성이 강조되다 보니 여러 불협화음이 발생한다. 평가에 의해 교육의 목적이 훼손되는 것은 어제오늘의 일이 아니다.

교과 성적을 산출하는 평가 문항이 대학 수학 능력 시험 문항과 유기적인 관련성을 지녀야 하는데 그렇지 못한 경우도 종종 발견된다. 이는 학교 교육에서의 출제 범위와 관련이 있다. 학교에서의 총괄 평가는 학습 진도 내에서 평가한다는 원칙을 정하여 출제하므로 그 범위는 교과서 위주의 학습 내용으로 한정된다. 하지만 수능은 광범위하다. 수능에서는 낯선 작품도 출제되고, 다양한 관련 작품들이 지문으로 활용된다. 그러다 보니 학교에서의 평가는 상상력이 제한되며 암기력이 강조되는 경향이 있는 반면, 수능은 추리나 비판적·논리적 상상력이 더욱 요구된다고 일반적으로 생각한다. 이런 판단의 결과, 물론 부분적이지만 내신이 우수한 학생이 있고 수능이 우수한 학생이 별도로 있다는 생각이 설득력을 얻기도 한다. 이는 전반적으로 학교 교육과 수능 대비가 별개라는 인식을 낳기도 하는 것이다.

다음은 고등학교 고전문학의 총괄 평가 문항이다.

제시문: 고려 가요「청산별곡」

1. 시어의 의미 내용으로 적절하지 않은 것은? [정답 ③]

① 1연의 '청산'과 6연의 '바다'는 화자의 이상향이며 현실 도피의 공간이군.

② 2연의 '새'는 감정 이입의 대상으로 화자의 슬픔이 전이된 객관적 상관물이군.

③ 3연의 '믈 아래'는 청산과 반대되는 공간으로 새가 지향하는 이상적 세계로군.

④ 5연의 '돌'은 화자의 의지와 상관없는 운명적이고 불행한 삶이라 볼 수 있군.

⑤ '얄리얄리 얄라셩 얄라리 얄라'의 후렴구는 시적 자아의 정서적 지향점과 일치하는군.

2. 위 글을 〈보기〉와 같이 파악할 때 시구의 대응이 적절하지 않은 것은? [정답 ②]

〈보기〉

「청산별곡」의 5연과 6연의 순서를 바꾸면 청산의 노래(1~4연)와 바다의 노래(5~8연)로 대칭적 구조를 이루고 있음을 알 수 있다.

① 자고 니러 우니노라 – 마자셔 우니노라

② 널라와 시름 한 나도 – 누리라 마치던 돌코

③ 잉무든 장글란 가지고 – 사ᄉᆞ미 짒대에 올아셔

④ 우러라 우러라 새여 – 어듸라 더디던 돌코

⑤ 오리도 가리도 업슨 바므란 – 조롱곳 누로기 ᄆᆡ와 잡ᄉᆞ와니

위 문항은 시어의 의미 또는 구조와 형태를 묻고 있는 고전 시가 평가 문항의 일반적 유형이다. 수능은 다양한 발상이나 정서적 공통점, 화자의 태도 추리, 〈보기〉를 활용한 적용 등 다른 작품과의 관계를 통해 문항을 제시하지만, 학교에서의 평가는 제한된 작품 내에서 이루어지다 보니 위와 같이 단독 작품을 대상으로 출제 문항을 만드는 경우가 많다. 즉, 학교 내에서의 지필 평가는 교과서에 한정된 작품을 활용하여 위의 문항처럼 작품 내에서 수업 내용을 중심으로 한 암기력 평가 위주의 문항을 주로 개발하게 된다. 낯선 작품과의 비교를 통한 관계 파악이나 다른 갈래와의 차이를 묻는 문항 등은 선행 학습을 금지하는 '공교육 정상화법'과도 일부 관련되어 있어 제시문으로 활용할 엄두를 내지 못한다. 더구나 출제 시비에 시달리는 것을 꺼리는 교사들은 참고서와 교사용 지도서에 더욱 의존하는 실정이다. 물론 참고서나 문제집에 나오는 문항들은 학생들의 구매 학습 여부에 따른 유불리가 발생할 우려가 있기에 실제 수업 내용을 중심으로 하되 이외의 자료들을 참고하는 수준으로 활용하여 문항을 개발하기도 한다.

최근 시도되는 수준별 반 편성에 의한 수업 형태는 비슷한 수준의 학습자가 모여 그 수준에 맞는 다양한 수업 활동을 수행하는 장점이 있다. 그러나 기본 학습이나 심화 학습이 단계적으로 이루어지는 수준별 수업 형태는 긍정적인 면이 있는 반면, 학습 수준이 낮은 학생이 또래 집단의 영향으로 학습 성취 욕구를 억제하게 되는 부정적인 면도 있다. 이러한 수준별 수업은 집단에 맞는 수업을 다양하게 시도할 수 있지만 총괄 평가를 할 때는 결국 전체 학생을 대상으로 평가가 이루어진다. 수준별 반을 지도하는 개별 교사에 따라 작품 해석, 강조점, 수업 형태 등에서 차이를 보이지만 평가의 전 과정을 공동으로 관리하다 보니 평가 문항의 공공성과 객관성을 확보하기 위해 더욱 개념화된 지식, 공통으로 중시하는 지식이 강조되는 평가가 이루어지게 된다. 이는 결국 학교 내에서의 총괄 평가는 수업 내용과 관련한 한정된 지식, 암기력을 바탕으로 한 배경지식을 통해 학습자의 공통 이해도를 측정하는 문제가 다수 출제되는 구조적 결함이 있다.

학교 현장에서 선택형 지필 평가와 같이 이루어지는 서술형 평가도 암기식, 주관식 평가로 흐르는 경우가 많다. 다음은 서술형 출제 문항이다.

제시문: 가사 「관동별곡」

[서술형] 〈보기〉의 (가)와 (나)에 해당되는 문학의 미적 범주를 각각 서술하시오.

[4점]

〈보기〉

(가) 놉흘시고 망고딕(望高臺) 외로올샤 혈망봉(穴望峰)이
하늘의 추미러 므스일을 스로리라.
천만(千萬) 겁(劫) 디나드록 구필 줄 모르는다.
어와 너여이고 너 ᄀᆞᄐᆞ니 또 잇는가.

(나) 명사(鳴沙)길 니근 ᄆᆞᆯ이 취션(醉仙)을 빗기 시러,
바다ᄒᆞᆯ 겻틱 두고 힉당화(海棠花)로 드러가니
빅구(白鷗)야 ᄂᆞ디 마라 네 버딘 줄 엇디 아는

* '~와(과) ~이(가) 나타난다.'의 형식으로 쓸 것.

단답식 평가를 지양하고 논리성과 창의성을 신장하기 위해 서술형 평가가 이루어지고 있지만 채점에 따른 범주의 외연을 넓게 잡을 경우 교사는 종종 출제 시비에 시달릴 수 있다. 그러다 보니 이러한 외연의 범주에서 자유로워지기 위해, 그리고 출제 시비를 줄이기 위해 위 문항처럼 용어 위주의 단답형 문항을 제시하는 경우가 많다. 사실 위 문항은 엄밀하게 서술형 문항이라 할 수 없다. 문학의 미적 범주를 서술하라는 조건을 제시하였지만 결국은 해당되는 용

어를 적으라는 문제이다.

고등학교 교육에서 교과 성적은 중대한 관심거리이다. 교사는 위와 같은 문제를 통해 채점을 수월하게 할 수 있으며, 학생들과 문항의 외연을 넓히는 범주에 대해 논쟁을 하지 않아도 된다. 학생들은 조건문에 대입하여 암기한 용어를 서술만 하면 되는 것이다. 여기에 무슨 창의성이 신장될 수 있겠는가. 차라리 특정한 미적 범주를 제시한 다음 이러한 특징이 있는 부분을 본문에서 찾고, 그것이 왜 그러한 미적 범주를 구분할 수 있는 요인이 되는지 서술하라는 문항으로 제시되었다면 창의적 사고를 신장할 수 있는 방안이 되었을 것이다. 다양한 답이 나올 수 있다는 것을 전제로 더욱 근접한 답에 이를 수 있도록 채점 기준을 정하고 단계마다 부분 점수를 제시하는 방향으로 진행하거나 최소한으로 포함되어야 하는 조건을 제시한 후 이를 적용하도록 하는 등 학습자의 주체성을 확대시키는 방향으로 서술형 평가 문항이 개발되어야 할 것이다.

전통적인 평가 방식에 대한 대안적인 평가 방법으로 수행 평가가 강조되고 있는 현시점에서 학교 현장의 수행 평가도 역시 한계점을 지니고 있다. 지필 평가와는 별개로 학교에서 이루어지는 수행 평가도 형식과 분량을 제시하고 이를 양식화한 틀에 맞추어 결과를 요구하는 정형화된 평가의 형태로 이루어지고 있다. 수행 평가는 말 그대로 수행하는 과정을 평가하는 것이어야 한다. 하지만 객관화한 채점 기준이 채점의 효율성을 보장해 주고 채점에 필요한 시간이 부족하다는 점 등을 이유로 교사들은 대체적으로 과정보다는 결과 위주의 평가를 선호한다. 창의적 발상이나 의문에 대한 탐구 과정 없이 일반적인 작품 해석 등을 담은 과제물을 기한 내에 제출하였는지, 분량은 적절한지를 판단하는 평가가 이루어지는 경우가 많다.

학생들이 학습 과제를 수행하는 과정과 그 결과를 직접 관찰하고, 관찰 결과를 토대로 학생의 지식, 기능, 태도 등을 전문적으로 판단하는 평가 방식이 수행 평가의 본래의 취지에 걸맞을 것이다. 그렇다면 다양한 산출물에 대해 결과보다는 과정을 중시하는 평가 방법을 적용해야 할 것이다. 이를테면 작품을 읽고 스스로 의문점을 설정하여 이를 발표하거나 답해 본다든지 조별 학습이나 질문을 통해 의문과 답을 공유하는 등의 작품 해석이 이루어지는 과정을 평가의 대상으로 삼아야 할 것이다.

3——고전문학 평가와 관련한 제언

1) 맥락 중심의 평가

전통적인 시험 방식은 탈맥락화된 방식의 평가가 대부분이었다. 지엽적인 단어나 구절의 의미를 파악해야 하는 문제는 맥락을 벗어난 평가의 대표적인 예라 할 수 있다. 이러한 평가는 작품에 담긴 작가의 의도나 진실성이 무엇이며 오늘날 어떤 의미를 띠고 있는지 등의 종합적 감상 능력을 잃게 만들고, 고전 자체를 진부한 것으로 인식하게 만들었다. 따라서 앞으로의 고전문학 평가는 실제적인 맥락으로 전이할 수 있는 평가를 실시하여 일방적인 학습이 진행되던 고전문학 교육의 문제점을 개선해야 할 것이다.

> 학습자는 문학 작품의 가치와 아름다움을 파악하는 활동을 통해 작품의 수용과 생산 능력을 기를 수 있다. 또한 문학 활동에 참여하여 이를 자신의 삶과 연계함으로써 자아를 성찰하고 정서를 함양하며 창의적인 언어 능력과 사고력을 기를 수 있다. 나아가, 개인과 공동체의 생활 경험과 미의식을 파악하고 공유함으로써 세계관을 확충하고 삶의 질을 높이며 문화의 발전에 기여할 수 있다.
>
> '문학'에서 학습자는 다양한 사회·문화·역사적 맥락 속에서 생산된 문학의 제반 양상을 이해하고 향유하며 평생 독자로 성장하는 기초를 다진다. 이를 위하여 문학의 갈래, 문학의 역사, 작품의 수용과 생산 원리를 학습하는 한편 문학의 가치와 미를 느끼고 자신의 삶과 관련하여 감상하고 창작하는 활동을 한다. 아울러, 통합적 관점에서 인문학적 소양을 길러 삶의 질을 높이고 문화 발전에 기여하는 태도를 기른다. (교육부 고시 제2015-74호(별책 5)『국어과 교육과정』)

2015 교육과정의 문학 성취 기준에서도 제시되었듯이 '문학'의 학습은 맥락 속에서 생산된 문학을 이해할 것을 강조하고 있다. 또한 '평생 독자'로 성장하는 기초를 다지는 것을 목표로 한다. 교육과정에 근거하여 고전문학 교육 또한 학습자가 고전문학을 평생에 걸쳐 감상하고 주체적으로 수용할 수 있는 평생 독자로 만드는 것을 교육의 목표로 삼아야 한다. 이는 학교 수업 현장에서부터 시작되어야 하며, 학습자가 다양하게 사고하고 감상할 수 있도록 수업을 진행하고 평가해야 한다. 단순 암기식 문제나 개념 위주의 서술형 문제에 의존하는 평가 방식은 오히려 상상력을 제한하여 학생들의 생각을 고착화하는 역기능을 할 수 있다. 생각은 다양하게 하되 가장 적합한 논리적 해석을 만들어낼 수 있는 방향으로 지필 평가의 출제 방식이 개선되어야 할 것이다.

제시문: 고려 가요「청산별곡」

1. 글 (가)의 화자를 추리해 보는 활동을 한 내용으로 적절하지 않은 것은?

[정답 ⑤]

① '가던 새'를 '날아가던 새'로 해석할 경우, 화자는 청산 속에서 더욱 고독감에 빠져 있는 존재라 할 수 있군.

② '믜리'와 '괴리'를 정치적 두 세력으로 볼 경우, 화자는 이를 중재하지 못하여 파직당한 인물이라 할 수 있군.

③ '가던 새'를 '갈던 사래'로, '잉무든 장글'을 '녹슨 쟁기'로 해석할 때 화자는 토지를 빼앗긴 농민이라 할 수 있군.

④ '에정지'는 '부엌', '잡ᄉ와니'의 목적어를 '임'으로, '잉무든 장글'은 '이끼 묻은 은장도'로 볼 때 여성 화자라 할 수 있군.

⑤ 'AABA 구조'와 '살어리랏다'를 '현재 그렇지 못하다'는 후회의 심정으로 볼 때 화자는 무신 집권기의 권력자라 볼 수 있군.

위 제시 문항은 근거를 들어 화자를 추리해 보는 문제이다. 해석 과정이 다를 수 있다는 것을 전제로 논리적 관련성을 따져 볼 수 있는데, 특정한 연을 중심으로 화자의 의미를 고착시키려는 문항의 오류를 극복하고 다양한 각도에서 화자와 작품의 의미를 파악하고 있는지를 평가하고자 하는 문항이다.

제시문: 가사 「관동별곡」

2. '보기'에서 선생님의 대화 내용으로 적절하지 않은 것은? [정답 ④]

〈보기〉

민국: 선생님, 화자의 갈등을 중심으로 이 작품의 구조를 설명 좀 해 주세요.

선생님: 좋은 질문이야. 「관동별곡」에는 여정을 통해 나타나는 대상물을 통해 우국과 연군, 백성을 잘 다스려야겠다는 선정의 다짐 등을 드러내지만 ① 선학(仙鶴), 황정경, 뉴하주, 우개지륜 등의 다양한 신선적 소재를 활용하고 있기에 도교적 배경도 많이 나타나고 있지. 화자는 외면으로는 관찰사로서의 의무와 책임이 있는 공인이지만 내면으로는 경치가 좋아 자연을 즐기고 싶은 본연의 욕망도 있단다. 이러한 ② 사적(私的)이고 감성적인 자연 친화적 태도는 도교적 신선 사상을 추구하는 것이고, ③ 위정자로서의 우국이나 유교적 애민 정신은 공적(公的)인 의식이라 할 수 있지. 이러한 외면과 내면의 갈등은 산과 바다로 공간이 이동되면서 심화되는데 ④ 산에서는 주로 신선의 세계를 동경하는 것을, 바다에서는 위정자로서의 책임감을 드러내고 있지. 다시 말해 작자의 외향하는 인격이 추구하는 '연군(戀君)'의 세계와 작자의 내향하는 영혼이 추구하는 '선인(仙人)'의 세계가 마침내 갈등을 일으켜 그것을 토로(吐露)하게 되지. ⑤ 결국 이러한 갈등은 술을 매개로 하여 꿈으로 해소되고 있단다.

위 문항은 「관동별곡」에 나타난 화자의 태도를 중심으로 이를 심화하여 작품의 의미를 파악하고 있는지를 묻는 평가 문항이다. 정답을 추리해 내는 활동도 중요하지만 이러한 문항을 통해 작품의 전체 맥락을 재정리하고 작품 속에 담긴 의미를 또 다른 관점에서 파악하게 하는 학습 효과를 기대할 수 있다.

지필 평가는 학습 내용을 객관화하여 성적을 산출하는 평가 방식으로, 엄밀하게 말하면 결과 위주의 평가라 할 수 있다. 또한 선다형이라는 틀이 있어 다양한 상상력이 제약될 수밖에 없다. 이러한 약점은 수행 평가를 통해 많은 부분을 보완할 수 있다. 결론적으로 수행 평가는 학습자들이 고전문학 작품을 감상하고 실제적인 과제를 수행할 수 있도록 하는 평가, 다양한 해석은 하되 작품의 진실에서 벗어나지 않게 하는 평가, 논리성을 중시하는 평가가 되어야 한다. 예를 들어 가상의 청중 또는 독자를 설정하여 이야기의 결말을 바꾸거나 풍자적인 시선으로 바라보기, 현대인의 시선으로 바라본 고전문학 작품 패러디하기, 등장인물의 행동에 대한 자신의 생각 발표하기, 작품 속에 등장하는 논쟁거리를 토론하는 학습 등 현장 교사들의 다양한 고민을 거쳐 만들어진 과제들을 통해 수행 과제를 평가하는 방식으로 이루어져야 할 것이다.

2) 고전문학과 현대 문학을 연계한 평가

고전문학과 현대 문학의 연계를 통한 학습을 진행하고, 그에 따른 평가를 실시해야 한다. 고전문학에서만 나오는 개념과 현대 문학에서 학습하는 개념으로 이분법적으로 나누어 학습하고 평가하는 것이 아니라, 고전과 현대의 흐름 속에 공통으로 존재하는 문학 개념들을 연계하여 학습하고 평가해야 한다. 또한 고전문학 작품 속의 화자, 작가, 등장인물들이 느끼는 감정은 여전히 현대에서도 동일한 정서로 나타날 수 있다는 점에 주목하여 그들과도 정서적인 소통을 할 수 있음을 깨닫는 문제를 출제해야 한다.

가령 '비유와 상징'을 학습하고자 할 때 이러한 개념들은 현대 문학의 작품들에만 적용되는 개념이 아니라, 과거의 문학 작품들과 그 역사를 함께했다고 해도 과언이 아닌 만큼 고전문학 속에서도 중요한 개념으로 여겨진다. 교과 내용을 재구성하여 고전문학과 현대 문학의 제시문을 병치하여 평가해 보는 것도 문학의 이론적 지평을 넓히는 계기가 될 것이다.

3) 문화적 상상력을 발휘하게 하는 수행 평가

평가를 위한 평가가 아니라 평생 독자로서 문학의 가치와 미를 느낄 수 있도록, 때로는 학생의 특성에 따라 감상하고 표현하는 학습과 평가가 병행되어야 할 것이다. 교사와 학생의 상호 협력을 통해 보람 있는 고전문학 학습을 수행하고, 학생은 진정한 독자가 되기 위해 노력해야 한다.

고전문학에 대한 흥미가 수업 시간 내의 학습에만 한정되는 것이 아니라 또 다른 고전문학 작품을 읽고자 하는 시도로 이어질 수 있도록 평가의 방향을 모색해야 한다. 학습자의 고전문학 배경지식 활성화를 위해 다양한 매체를 활용하여 자료를 수집하고, 수업을 통해 다른 학생과 공유할 수 있는 수행 과제를 제시해야 할 것이다. 고전문학 작품을 감상하는 것에 그치지 않고 관련된 뮤지컬 공연을 보거나 인터넷에서 관련 영상 자료 등을 찾아 좀 더 확장된 이해를 도모하는 수행 과제도 중요하다. 나아가 고전문학을 현대적으로 재해석한 동영상 제작해 보기, 고전문학 작품 내용을 만화로 표현해 보기, 고전문학 작품을 각색하여 직접 연극을 해 보고 손수 저작물(UCC)로 제작하여 공유하기 등이 평가로 이루어진다면 고전문학과 현대가 소통할 수 있는 교량 역할을 학생들이 직접 경험해 보는 학습 기회가 될 것이다.

(1) 맥락을 파악하는 수행 평가의 예

[목표] 고전 소설 작품이 쓰인 시대 배경과 문화적 맥락을 파악할 수 있다.

항목	조사 내용
작가, 작품	
시대·문화적 배경	

작가의 삶 및 작품 탄생의 계기	
작품 내용	
작품이 발표된 후 사회의 반응(추리)	
기타(관련 이미지, 도표 자료 등)	

(2) 손수 저작물 제작 과제의 수행 평가의 예

[목표] 고전 소설을 감상하고 원작 내용을 새롭게 변형하거나 재해석하여 모둠별 손수 저작물을 작성할 수 있으며, 작성된 저작물을 원작과 비교하여 감상할 수 있다.(전체 내용이나 특정한 장면을 중심으로 제작, 감상할 수 있다.)

항목	조사 내용	
	고전 소설	손수 저작물
작품명		
중요 인물		
중심 사건		
주제 의식		
차이점		
강조점		

이러한 수행 과제와 평가는 고전문학 독서의 성찰과 내면화, 전통의 계승, 다양한 문화적 상상력의 발휘와도 관련이 있다. 중요한 것은 이것을 확인하고 학생들과 공유하여 이해하는 방향으로, 그리고 보편적 가치를 고양하는 새로운 방향성을 제시하는 평가로 실행되어야 한다는 것이다.

작품 출처

3부 고전 산문의 내용 이해와 교육적 적용

1장 고전 소설

권필, 『주생전』: 박희병·정길수 편역, 『끝나지 않은 사랑』, 돌베개, 2010, 46~47면.

허균, 「남궁선생전」: 신해진 역주, 『조선조 전계 소설』, 월인, 2003, 81면, 105면.

임제, 「원생몽유록」: 박희병·정길수 편역, 『이상한 나라의 꿈』, 돌베개, 2013, 117~118면.

허균, 「허생전」: 김혈조 역, 『열하일기 3』, 돌베개, 2009, 227면.

김만중, 『사씨남정기』: 류준경 역, 『사씨남정기』, 문학동네, 2014, 65~66면.

『소현성록』: 지연숙 역, 『소현성록』, 문학동네, 2015, 212면.

『소대성전』: 이상택 엮음, 『(해외수일본)한국 고소설 총서 2』, 태학사, 1998, 18~19면. 현대어 풀이는 필자.

『이춘풍전』: 최혜진 역, 『계우사/이춘풍전』, 지식을만드는지식, 2009, 97면, 134면.

『화용도』: 김진영 외 역주, 『화용도』, 민속원, 2004, 373면, 375면.

『두껍전』: 이상택 엮음, 『고전 소설』, 해냄, 1997, 371면.

2장 고전 수필

허균, 「호민론」: 김풍기 엮음, 『누추한 내 방 — 허균 산문집』, 태학사, 2003, 199면.

임춘, 「국순전」: 민족문화추진회, 『국역 동문선 Ⅷ』, 민족문화문고간행회, 1977, 50면, 52~53면.

유씨 부인, 「조침문」: 『한국 고전 수필선』, 백문사, 1991, 61면.

「규중칠우쟁론기」: 『한국 고전 수필선』, 백문사, 1991, 57면, 59면.

의유당 김씨, 「동명일기」: 구인환 엮음, 『조침문』, 신원문화사, 2004, 51~52면.

혜경궁 홍씨, 『한중록』: 정병설 역, 『한중록』, 문학동네, 2010, 132면.

이규보, 「슬견설」: 『동국이상국집』 권21, 『(영인표점)한국 문집 총간 1』, 민족문화추진회, 1988, 507~508면. 현대어 풀이는 필자.

이용휴, 「허연객생지명」: 박동욱·송혁기 역편, 『나를 찾아가는 길 — 혜환 이용휴 산문선』, 돌베개, 2014, 87~88면.

3장 설화

김순이 구연, 「해와 달이 된 오누이」: 『한국 구비 문학 대계 1-7(경기도 강화군편)』, 한국정신문화연구원, 1981, 275면.

이규보, 「동명왕편 병서」: 민족문화추진회 엮음, 『이규보 시문선』, 솔, 1997, 30면.

김쌍돌이 구연, 「창세가」: 서대석, 『한국의 신화』, 집문당, 1997, 57면.

일연, 「고조선」: 김원중 역, 『삼국유사』, 민음사, 2007, 35~36면.

김용규 구술, 「용정리의 용소 전설」: 『한국 구비 문학 대계 1-1(서울특별시 도봉구편)』, 한국정신문화연구원, 1980, 259~261면.

조막심 구연, 「토끼가 꾀를 부려 호랑이를 잡았다는 이야기」: 『(증편)한국 구비 문학 대계 8-24(경상남도 남해군 ②)』, 한국학중앙연구원·역락, 2016, 98~99면.

4장 판소리

박송희 창, 「흥보가」: 채수정 엮음, 『박록주·박송희 창본집』, 민속원, 2010, 193면.

성창순 창, 「심청가」: 김진영 외, 『심청전 전집 2』, 박이정, 1997, 361~362면.

「변강쇠가」: 최혜진 외, 『쉽게 풀어 쓴 신재효 판소리 사설집』, 민속원, 2012, 289면.

「배비장전」: 김기형 역주, 『적벽가·강릉 매화 타령·배비장전·무숙이 타령·옹고집전』, 고려대학교 민족문화연구원, 2005, 273면.

정순임 창, 「유관순 열사가」: 『창작 판소리 열사가』 가사지, 신나라레코드, 1993.

김명자 창, 「슈퍼댁 씨름 대회 출전기」: 오세영 외, 고등학교 『국어(상)』, 해냄에듀, 2011, 317면.

5장 민속극

「강령 탈춤」 '양반 과장': 전경욱 역주, 『한국 고전 문학 전집 8 — 민속극』, 고려대학교 민족문화연구소, 1993, 187면.

「봉산 탈춤」 '양반 과장': 전경욱 역주, 『한국 고전 문학 전집 8 — 민속극』, 고려대학교 민족문화연구소, 1993, 161~162면.

「꼭두각시놀음」 '꼭두각시 거리': 서연호, 『꼭두각시놀이』, 열화당, 1990, 96면.

「도리강관 원놀이」: 서대석, 『한국 무가의 세계』, 집문당, 2011, 333~335면.

신흠, 「노래 삼긴 사람」: 김흥규 외 편저, 『고시조 대전』, 고려대학교 민족문화연구원, 2012, 217면.
정철, 「속미인곡」: 정재호·장정수, 『송강 가사』, 신구문화사, 2006, 139면.

1장 국문 시가

혁련정, 『균여전』: 최철·안대회 역, 『역주 균여전』, 새문사, 1986, 59면, 63면.
월명사, 「제망매가」: 양주동 전집 간행위원회 엮음, 『양주동 전집 1 — 고가 연구』, 동국대학교 출판부, 1995, 540면. 현대어 풀이는 필자.
「청산별곡」: 김명준 편저, 『고려 속요 집성』, 다운샘, 2002, 138면, 144면.
정서, 「정과정」: 김명준 편저, 『고려 속요 집성』, 다운샘, 2002, 77~78면, 82면.
「사모곡」: 김명준 편저, 『고려 속요 집성』, 다운샘, 2002, 133~134면.
「상저가」: 김명준 편저, 『고려 속요 집성』, 다운샘, 2002, 186~187면.
「오륜가」: 김명준 역, 『악장가사 주해』, 다운샘, 2004, 161면. 현대어 풀이는 필자.
권호문, 「독락팔곡」: 『송암집』, 『(영인표점)한국 문집 총간 41』, 민족문화추진회, 1988, 289면. 현대어 풀이는 필자.
정도전, 「신도가」: 김명준 역, 『악장가사 주해』, 다운샘, 2004, 126면.
정도전, 「문덕곡」: 『삼봉집』 권2, 『(영인표점)한국 문집 총간 5』, 민족문화추진회, 1988, 320면. 현대어 풀이는 필자.
「용비어천가」: 경성제국대학 문학부, 『용비어천가(하)』, 조선인쇄주식회사, 1938, 539면. 현대어 풀이는 필자.
이현보, 「어부단가」: 김흥규 외 편저, 『고시조 대전』, 고려대학교 민족문화연구원, 2012, 95면.
이황, 「도산십이곡 — 언학」: 김흥규 외 편저, 『고시조 대전』, 고려대학교 민족문화연구원, 2012, 268면.
윤선도, 「어부사시사 — 동(冬)」: 김흥규 외 편저, 『고시조 대전』, 고려대학교 민족문화연구원, 2012, 676면.
김광욱, 「율리유곡」: 김흥규 외 편저, 『고시조 대전』, 고려대학교 민족문화연구원, 2012, 967면.
김천택, 「녹이 상제는」: 김흥규 외 편저, 『고시조 대전』, 고려대학교 민족문화연구원, 2012, 229면.
「나무도 바윗돌도」: 김흥규 외 편저, 『고시조 대전』, 고려대학교 민족문화연구원, 2012, 152면.

송순, 「면앙정가」: 윤덕진, 「가사집 『잡가』 해제」, 『열상 고전 연구』 제9집, 열상고전연구회, 1996, 501~502면.

박인로, 「누항사」: 『노계집』 권3, 『(영인표점)한국 문집 총간 65』, 민족문화추진회, 1988, 246면. 현대어 풀이는 필자.

「노처녀가 (2)」: 「노처녀가」 필사본, 고려대학교 도서관, 청구기호: 대학원 C15 A23.

유만공, 『세시풍요』: 김창원, 「조선 후기 '가사'에 대한 역사적 검토」, 『한국 가사 문학 연구』, 상산 정재호 박사 화갑 기념 논총 간행위원회, 태학사, 1995, 647면.

한산거사, 「한양가」: 김창원, 「조선 후기 '가사'에 대한 역사적 검토」, 『한국 가사 문학 연구』, 상산 정재호 박사 화갑 기념 논총 간행위원회, 태학사, 1995, 647면.

「유산가」: 임형택·고미숙 엮음, 『한국 고전 시가선』, 창작과비평사, 1997, 223~224면.

「맹꽁이 타령」: 임형택·고미숙 엮음, 『한국 고전 시가선』, 창작과비평사, 1997, 228~229면.

2장 국문 시가 외

「진도 아리랑」: 권순긍 외, 『살아 있는 고전문학 교과서』, 휴머니스트, 2011, 224면.

「어사용」: 권순긍 외, 『살아 있는 고전문학 교과서』, 휴머니스트, 2011, 171면.

손노순 구연, 「시집살이 노래」: 『한국 구비 문학 대계 7-18(경상북도 예천군편 ②)』, 한국정신문화연구원, 1988, 263~265면.

5부 고전문학 교육의 현장적 적용

박제천, 「월명」: 『달은 즈믄 가람에』, 문학세계사, 1984, 84면.

나희덕, 「나의 고양이 다윤에게 — 단원고 2학년 9반 정다혜 생일에」: 강성은 외, 『의자를 신고 달리는』, 창비교육, 2015, 30~33면.

김만중, 『구운몽』: 정병설 역, 『구운몽』, 문학동네, 2013, 97면.

『채봉감별곡』: 이상택 해설, 『옥단춘전 채봉감별곡』, 새문사, 2015, 262면.

허균, 「통곡헌기」: 이삼형 외, 고등학교 『국어 I』, 지학사, 2014, 251~252면.

찾아보기

| 인명 |

| 작품 |

ㄱ

ㄴ

ㄷ

ㅁ

ㅂ

ㅇ

ㅎ

지은이 소개

고화정(高和廷) 서울 영등포고등학교 국어 교사

1977년 서울에서 태어나 한양대학교 국어교육과를 졸업하였다. 서울 경기고등학교, 월계고등학교, 영등포여자고등학교를 거쳐 영등포고등학교에서 휴직 중이다. 『문학 교과서 작품 읽기 — 고전』, 『국어 교과서 작품 읽기 — 고등 고전』 등에 엮은이로 참여하였으며, 창비 고등학교 『문학』 교과서를 집필하였다.

서유경(徐庾卿) 서울시립대학교 국어국문학과 교수

서울대학교 사범대학 국어교육과를 졸업하고 동대학원에서 석사·박사 학위를 받았으며, 서울시립대학교 국어국문학과에 재직 중이다. 논문으로 「공감적 자기화를 통한 문학 교육 연구: 〈심청전〉의 이본 생성을 중심으로」, 「〈숙향전〉의 정서 연구」 등이 있고, 저서로 『고전 소설 교육 탐구』, 『판소리 문학의 문화 적응과 확산』 등이 있다.

송미경(宋美敬) 한국항공대학교 인문자연학부 강사

1983년 서울에서 태어나 고려대학교 국어국문학과 및 동 대학원 박사 과정을 졸업하였다. 논문으로 「춘향가 소리 대목 및 더늠의 전승 양상과 판소리사적 의미」 등이 있으며, 창비 고등학교 『문학』 교과서 집필에 참여하였다.

송혁기(宋赫基) 고려대학교 한문학과 교수

1970년 충북 청주에서 태어나 고려대학교 한문학과 및 동 대학원 국어국문학과를 졸업하였다. 2007년부터 고려대학교 한문학과에 재직 중이다. 저서로 『조선 후기 한문 산문의 이론과 비평』이 있고, 역서로 『농암집 — 조선의 학술과 문화를 평하다』, 『나를 찾아가는 길 — 혜환 이용휴 산문선』(공역) 등이 있다.

이민희(李民熙) 강원대학교 국어교육과 교수

1970년 경기 강화에서 태어나 연세대학교 국어국문학과를 졸업하고 서울대학교 대학원에서 석사·박사 학위를 받았다. 폴란드 바르샤바대학교 한국학과 조교수를 거쳐 2008년부터 강원대학교 국어교육과에 재직 중이다. 저서로 『16~19세기 서적 중개상과 소설·서적 유통 관계 연구』, 『쾌족, 뒷담화의 탄생 — 살아 있는 고소설』 등이 있다.

이성환(李成煥) 광주 숭덕고등학교 국어 교사

1962년 광주에서 태어나 전남대학교 교육대학원(교육 공학 및 방법) 석사 과정을 졸업하였으며, 광주 숭덕고등학교 국어 교사로 재직 중이다. 저서로 『고등학생을 위한 우리말 우리글』(공저)이 있고, 『문학 시간에 시 읽기(1·2·3)』에 엮은이로 참여하였으며, 창비 고등학교 『문학』 교과서를 집필하였다.

이현일(李炫壹) 성균관대학교 한문교육과 교수

1973년 서울에서 태어나 연세대학교 국어국문학과에서 학부와 석사를 마치고, 성균관대학교 한문학과에서 조선 후기의 대표적 시인 신위를 연구하여 박사 학위를 받았다. 2014년부터 성균관대학교 한문교육과에 재직 중이며, 역서로 『신편 백호 전집』(공역), 『한국 산문선』(2017 간행 예정) 등이 있다.

이호승(李鎬丞) 서울 오산고등학교 국어 교사

1973년 서울에서 태어나 고려대학교 국어교육학과 및 동 대학원 국어국문학과 석사·박사 과정을 졸업하였다. 주로 근대 이전의 구비 연행 문학을 역사적 관점에서 연구하며, 고려대학교에 출강하고 있다. 저서로 『전통 연희 곡예 종목과 줄타기 연구』, 『세계 연극 교육의 현황과 전망』(공저) 등이 있다.

전길운(全吉運) 대전 유성여자고등학교 국어 교사

1963년 대전에서 태어나 충남대학교 국어국문학과를 졸업하고 동 대학원 박사 과정을 수료하였다. 공주 영명고등학교를 거쳐 대전 유성여자고등학교에 재직 중이다. 저서로 『창비 언어 영역 — 운문 문학편』(공저)이 있고, 논문으로 「고전 소설에 나타난 명부의 실상과 활용 양상」 등이 있다.

정지영(鄭址英) 천안 북일고등학교 국어 교사

1974년 충남 보령에서 태어나 동국대학교 국어국문학과를 졸업하고 동 대학원 박사 과정(고전문학 전공)을 수료하였다. 천안 북일고등학교 국어 교사로 16년째 재직 중이다. 저서로 『선생님과 함께 떠나는 문학 답사』(공저) 등이 있으며, 창비 고등학교 『문학』 교과서 집필에 참여하였다.

최광석(崔光晳) 대구 칠성고등학교 국어 교사

1968년 경북 고령에서 태어나 경북대학교 국어교육과를 졸업하고 동 대학원에서 박사 학위를 받았다. 경북대학교, 대구교육대학교, 울산대학교 등에 출강하였으며, 저서로 『고전문학 교육의 방법과 실천』, 『토끼전의 지평과 변이』 등이 있다.

최윤영(崔允瑛) 대구 시지고등학교 국어 교사

1976년 대구에서 태어나 경북대학교 국어교육과를 졸업하였으며, 대구 시지고등학교에 재직 중이다. 저서로 『선생님과 함께 떠나는 문학 답사』(공저)가 있고, 『국어 교과서 작품 읽기 — 고등 수필』에 엮은이로 참여하였으며, 창비 고등학교 『문학』 교과서를 집필하였다.

하윤섭(河允燮) 충북대학교 국어교육과 교수

1980년 경북 구미에서 태어나 고려대학교 국어교육과 및 동 대학원 국어국문학과를 졸업하였으며, 충북대학교 국어교육과에서 예비 교사들을 가르치고 있다. 저서로 『조선조 오륜시가의 역사적 전개 양상』 등이 있으며, 최근 논문으로 「'새로운 민중사'의 시각과 19세기 현실 비판 가사: 연구사에 대한 비판적 검토와 새로운 독법의 마련」, 「'항우'에 대한 기억의 변화와 조선 후기의 문학적 재현」 등이 있다.